袁世凯评传

（上）

刘忆江 著

图书在版编目（CIP）数据

袁世凯评传/刘忆江著. -- 北京：经济日报出版社，2004.3（2023.5重印）

ISBN 978-7-80180-271-2

Ⅰ.袁… Ⅱ.刘… Ⅲ.袁世凯（1859～1916）—评传 Ⅳ.K827=52

中国版本图书馆CIP数据核字（2004）第008196号

袁世凯评传

作　者	刘忆江
责任编辑	孙　展　刘雅溪
责任校对	刘小利　刘凤珍
出版发行	经济日报出版社
地　址	北京市西城区右安门内大街65号（邮政编码：100054）
电　话	010-63567960（发行部）　63567687（编辑部）
	010-63516956　63559665　83558469（发行部）
网　址	www.edpbook.com.cn
E－mail	edpbook@126.com
经　销	全国新华书店
印　刷	北京文昌阁彩色印刷有限责任公司
开　本	710毫米×1000毫米　1/16
印　张	48.75
字　数	700千字
版　次	2004年6月第1版
印　次	2023年5月第6次印刷
印　数	13001—15000
书　号	ISBN 978-7-80180-271-2
定　价	80. 00元（上、下）

前言

在中国近代史上，袁世凯似乎已是盖棺论定的人物。近百年来，无论民国时期，还是新中国时期，史学界对袁均持否定的评价，似乎“窃国大盗，一世奸雄”即足以概括袁的一生。北洋集团影响和左右清末民初政局三十余年，作为其创始人和领袖，袁之言论和作为，既有其个人品质、性格的因素在内，同时也是当时复杂的社会历史环境的产物，对他的评价不是简单地肯定或否定所能解决的。

晚清时的中国积弱积贫，列强环伺，国家面临被瓜分的危机，变法维新已是全国有识之士的共识。但正如所有改革运动一样，变法也有激进与温和之分：激进派以康梁为代表，其成员多为得风气之先的知识分子，由于他们的轻动躁进，导致了戊戌变法的失败，改革运动一度停滞甚至倒退。温和派多由思想较为开化且担负实际领导责任的各级官僚构成，主张缓进，在现有条件下，从一点一滴的实际事务做起。这一派走的是洋务运动的路子，而接过曾国藩、李鸿章的衣钵，继续推动清末改良主义运动并成为其主要领袖的人物，正是袁世凯。

中国史学有一个好的传统——知人论世，这与唯物史观强调通过具体的环境与条件来理解和评价历史人物的论点是相通的。中国的“史圣”司马迁对历史人物“不溢美，不隐恶”，“不以成败论英雄”，更是为中国史学树立了良好的学风和传统。本书写作亦求本此传统，以客观中立的方式剖析袁之言论、行事与为人，让读者看到一个真实的袁世凯。

史学大家钱穆先生在谈到读史时曾强调，要想深入了解一个时代的历史，应认真阅读当时的名臣奏议。因为这些人都是在国家重要岗位上担负实际责任的人，他们奏稿中的种种议论和建议，大都针对时弊和实际问题而发，比起不了解内幕和接触不到实际的局外人与后人的空谈，要有意义得多。故本书尝试以一种新的结构诠释袁世凯：即以其仕途不同阶段有代表性的奏议为纲，以此阶段袁在外交、军事、政治中的活动为目，夹叙夹议，以求较为全面、准确地勾勒出袁的本来面目。全书体例则是将袁的奏议原文列前，前面加一小段导读，点出奏议的时间、背景和目的；下接史事，扼要交代奏议所针对的事件和相关背景资料，揭示奏议背后的故事，侧重分析袁之智术谋略，并加以适当评论。奏议所涉及的某些今天不易理解的称谓、典故、制度及相关史料、书证等，则放入每章后的注释，以备读者随时查阅。书中引用的历史资料和当事人的笔记大多是文言文，为了便于读者的阅读，除少数易懂的语句外，均译成了白话文，但仍注明出处，以便查对原文。奏折则不加翻译，保存原貌，其内容因已在史事中予以分析和说明，读起来并不困难。全书摒弃时下流行的主观臆造，向壁虚构的恶劣文风，凡引文必注明出处，力求做到言必有征，殊不致误导读者，贻害国人。

长期以来，史学著作给人的印象是，要么是以论代史，严肃得让人觉得可怕的高头讲章；要么是有骨头没肉，枯燥无味到让人读不下去的断烂朝报。而由司马迁开创的史学传统本不如此，他笔下的事件、人物，数千年以后读起来，仍然栩栩如生，如在目前。笔者踵武前贤，尽可能以与袁同时代的当事人、知情人的回忆及较为可靠的笔记史料说话，而结论则读者自会由史料中得出，笔者之评论则只是提出一种别样的视角，供读者参考。袁世凯作为反面人物，长期以来只是被当作批判的靶子，而未能得到认真的研究，与之相应的是，有关袁的文献资料也未得到系统地整理和出版，因而作为在近代史上有重大影响和作用的历史人物，其公私文献，尤其是早年和晚年的部分是很不完整的，故本书亦难免挂漏。好在本书作为文史读物，目的只在抛砖引玉，提供诠释历史人物的新视角，而非对袁之为人事业的盖棺论定。

改良主义作为中国近代史乃至现代史上或显或隐的主题，一直是个挥之不去的重要问题。中国在一个孤独的世界中踽踽独行了几千年，直到遇到西方近代文明的空前挑战，才从“中古状态”的沉睡中逐渐醒来。在起而应战的过程中，传统的精英阶层开始分化：始而强大渐而衰落的保守主义，始而弱小渐而强劲的改良主义，而改良主义在成长中又进一步分化出激进派和革命派。激进派主导的戊戌变法失败后，保守主义一度抬头，但很快将中国拖入灾难，其势力也随之瓦解。庚子事变后，改良主义再次主导了社会进步的方向，即使辛亥革命也未能终止改良主义的势头。其实，在中国近代史上，改良主义是有过很大的成功机会的，晚清新政实已造成了中国改良主义的思想、社会基础，但很可惜的是，作为改良主义后期领袖的袁世凯昧于历史发展的潮流，当皇帝，开倒车，最终葬送了自己开创的渐进改良的大好局面，导致了改良主义运动的蹉跌，其后几十年，中国即陷入内战、革命和外患不断的动乱之中，使中国实现近代化的进程中断，至今仍追赶不上西方现代化的脚步。所以深入研究改良主义及其代表人物如李鸿章、袁世凯等，总结近代史上改良主义成功和失败的经验教训，对于国家、民族的复兴大业，应该有重要的借鉴和反省作用。

目录

上

第一章

早年生涯

一个走出了封闭的
乡土社会的士绅子弟。
从青少年时代的
袁世凯的身上，
可以看到他日后
所作所为的影子。

图1　袁世凯与生母刘氏的合影。
(河南项城市博物馆提供)

【导读】本章开头没有引用奏章或信函，原因是这一阶段的袁世凯还没有进入仕途，但早年的生活经历对他以后的成长和事业有着十分重要的影响。孟子说："读其书不知其人，可乎？是以论其世也。"知人论世，后来不仅成为历史撰述的传统，而且也成为分析和评价历史人物的一条重要标准。袁世凯是个很复杂的人物，也是他所处历史时代及生活环境的产物，把握住这一点，才可能较为深入和准确地了解袁的行事、为人和言论。通过其早年生涯，我们可以在青少年时代的袁世凯身上看到他日后所作所为的影子。

中国人讲历史有一个传统：知人论世。袁世凯何许人也？就其一生的作为而言，他是个曹操、刘裕之流的人物，是个"治世之能臣，乱世之奸雄"类的枭雄。这样的人在历史上，可塑性非常大，早生五十年，他真可能做成了开国皇帝；晚生五十年，他也会是一个政治强人；当然，他也可能成为一个中兴名臣或富于谋略的政治家。成为什么样的人，全在于因缘时会。这与唯物史观强调把人物、事件放到一定的历史环境中加以评价的观点是一致的。袁世凯晚年昧于社会发展的潮流和大势，帝制自为，落了个身败名裂、为天下笑的可悲下场，但这否定不了他作为重要历史人物对晚清民初中国政坛的重要影响。

司马迁在其杰作《史记》中为历史人物的评价树立了一种"不溢美，不隐恶"，"不以成败论英雄"的良好学风和传统。"虽不能至，心向往之"，笔者在对袁世凯其人、其事、其言的评述中将遵循太史公的史法，设身处地，就事论事，实事求是，尽可能透视出这个重要历史人物的真实面目。

袁世凯 (1859—1916)，字慰庭，号容庵，河南项城县人。袁氏是当地有名的官宦地主家族，世代以耕读为生。到了袁的祖父袁树三这一辈，袁家出了做大官的人。袁树三之弟袁甲三 (世凯之叔祖，1806—1863) 于道光十五年中进士，历任礼部主事、军机章京、监察御史、兵科给事中，一直做到督办安徽、河南、江苏三省军务、漕运大臣等高位。袁甲三同曾国藩、左宗棠、李鸿章等一样，在镇压太平天国的战争中以军功起家，多次蒙皇帝传旨嘉奖并赏戴花翎，穿黄马褂，死后赠谥“端敏”，宣付国史馆立传，在当时这是极大的荣耀。他的长子袁保恒 (1826—1878) 也是进士、翰林院编修，以军功升任内阁学士、户部左侍郎，官至刑部左侍郎。次子袁保龄，举人出身，官至二品的候补道员。袁世凯的嗣父袁保庆 (袁树三次子，袁世凯生父袁保中的弟弟) 也随袁甲三从军，以军功候补济南，后调任江苏，署理江南盐运道。袁世凯的生父袁保中也捐过一个同知，但由于他是袁氏家族的长房长孙，在老宅主持家务，故未能出仕做官。袁氏一门两世簪缨，不仅成为当地的高门显宦，在京城和地方的官场上也建立了广泛的人际关系，为袁氏子孙将来的出人头地、飞黄腾达奠定了良好的政治基础。

1859 年 9 月 16 日 (旧历八月二十日)，袁世凯就出生在这样一个背景的家庭里。他是袁保中的第四个儿子。不久，其叔袁保庆的妻子牛氏

图2　袁氏故居中的一角，1859年9月16日，袁世凯即诞生于此。

(孙　展　摄)

也生下一子，但很快就夭折了。袁世凯的生母刘氏产后缺乏奶水，而牛氏的奶水却很充足，故而由牛氏哺乳，牛氏视世凯如己出，疼爱异常。1866年，袁保庆以知府衔候补济南，当时年纪已过四十，仍然没有子嗣，袁保中便将世凯过继给了弟弟。袁世凯时年七岁，随嗣父赴任济南、南京等地，领略了大城市的繁华，也熟悉了官场上的世故人情，大大开拓了自己的眼界。

袁保庆非常重视袁世凯的教育，在济南时请了名举人王志清做他的发蒙老师，在南京时请的家塾先生也是个文武双全的举人。袁世凯自幼聪明，但读书不用功，而偏好拳脚，塾师也乐得因材施教，做个顺水人情，就每天教他习武。袁保庆将自己几十年的带兵心得、官场经验编为一书，名之为《自缲琐言》，有空闲时，便以此书为课本，向世凯传授

图3　袁寨今景。袁寨原名石腰庄，是明末官宦石氏之庄园。1858年，袁保中与袁重三(袁世凯叔祖)斥巨资，从家道中落的石氏手中买入此处庄园，加筑寨堡，袁氏遂从项城袁张营村举族迁居于此，改称袁寨。袁寨建筑规模宏大，总占地二百七十余亩，楼瓦房五百余间，分设住宅、家塾、兵营、花园等。其中住宅占地五十余亩，房屋二百六十六间。寨墙呈方形，四角筑有碉楼，外有三道寨河，吊桥高悬，防卫森严，是当时中国聚族而居的大户人家典型的防御式寨堡。

(河南项城市博物馆提供)

自己的人生体验。总之，少年时期的袁世凯，作为官宦世家子弟，受过良好的教育，同时封建大家庭和官场生活的耳濡目染也给了他一种实际的人生教育，使他逐渐历练出一身圆熟的世故人情。

譬如，袁保庆的正妻牛氏和姨太太金氏积不相能，时生龃龉，袁世凯以嗣子的身份夹在中间，竟能巧妙地加以调和转圜，使两人都很喜欢他，这就突出反映了家庭和社会环境对袁世凯的影响。中国传统宗法式家庭往往几世同堂，家口众多，人际关系复杂。项城袁氏就是个四世同堂的大家族，袁世凯从小就擅长左右逢源，具有人情练达的素质，与这种家庭环境的影响有很大关系。

1873 年 7 月，袁保庆因患霍乱，在南京去世，十四岁的袁世凯随嗣母牛氏扶柩还乡。次年，在西北左宗棠处帮办军务的堂叔袁保恒回乡省亲，认为这个侄子是个可造之才，应该出去见见世面，所以在返回西北时将世凯带在身边，加意培养。以后几年中，袁保恒调任北京、河南时，袁世凯都随行在他身边。尽管袁世凯自小就不喜欢八股制艺的学问，但在堂叔的严格督责下，还是把四书五经读得很熟，对作八股文章则还是不得其门，缺乏灵气。

袁保恒两代进士，也希望侄儿走这条光宗耀祖的仕进之路，所以在京任职期间，遍聘名师，期望世凯读书上进。如请举人谢廷萱教其作文，举人周文溥教其作诗，进士张星炳教其写字。但世凯的另一堂叔袁保龄(当时在京任内阁中书)则看出他在学问上“资分并不高，而浮动非常”。俗话说，从小看到老。的确，尽管出身于世代耕读的名门显宦之家，自幼便一直受到名师的调教，世凯的资质却不在于学问，而在于事功。袁保恒在京任刑部侍郎时，工作繁剧，常教世凯在读书之余帮办公务。世凯当年随嗣父学得的官场经验由此派上了用场。他办事干练，颇得两位堂叔的欢心，夸奖他“办事机敏”，是“中上美材”。所以袁保恒在奉调河南帮办赈灾事务时，就有意带他同行，“有密要事案，均令往查，并参佐一切[1]”，多方培养、历练他的从政才干。

1878 年 8 月，袁保恒因感染时疫，病逝于开封任上。袁世凯失去庇荫，返回了项城老家。先是，世凯曾于 1876 年返回河南乡试不第，在乡完婚，娶妻于氏。此年返乡，适逢四世同堂的袁氏家族分家，家产按世凯父辈的人数分割为十二股，世凯作为唯一的嗣子，获得了袁保庆名下的丰厚家产，从此自立门户，成为一家之主。此时的袁世凯虽年仅十九，但足迹已遍布江南塞北、通都大邑，见识之广，在当地可以说是出乎其类，拔乎其萃，已不可能安于现状，过安安静静的乡绅生活了。袁家在陈州有一所大宅，世凯不愿过乏味的乡居生活，举家迁居于此。本年，他的长子袁克定出生。

起初，袁世凯不想辜负父辈对他的期望，仍打算走科举入仕的道路，所以在家读书，准备再考。由于此时他已自立家门，不再有长辈们的管束，所以着实放纵了自己一阵子。“居家多暇，嗜酒好骑马，日饮数斗，驰骋郊原，又喜为人捉刀[2]”，一副倜傥不羁的世家公子模样。袁氏为当地高门，袁世凯又是见过大世面的富家公子，而且“性任侠，喜为人鸣不平。慷慨好施与，以善为乐，寒士多依为生，士绅推戴，负一郡望[3]”，故而很自然地在身边聚集起一批文人学子。为此，袁世凯办起了“丽泽山房”和“勿欺山房”两个文社，袁“主其事，捐资供给食用[4]”。袁还与陈州知府吴重熹约为“诗酒友”，过了一段诗酒流连的悠闲日子。1879年，袁世凯的姑丈张向宸办理河南赈捐，委托他“分办陈州捐务”，袁世凯办得非常出色，“集款独巨”。为此，张将袁保恒生前的捐款，为他捐了一个从七品的“中书科中书”的虚衔以资奖励。当年秋天的乡试，踌躇满志的袁世凯再入闱场，却不料再次落榜。

袁世凯自幼受教于名师，见多识广，人情练达远过于本地士子，他对此也很自负。然而此次秋闱，他主持的文社中有两人中举，他自己却又名落孙山，感到十分丢脸。于是“倾箧举所作诗文付之一炬，曰：‘大丈夫当效命疆场，安内攘外，乌能龌龊久困笔砚间，自误光阴耶[5]！’”颇有汉代班超投笔从戎的气概。袁世凯决意北上京都，以自己的官场经验和父辈们的人际关系谋取前程。可他居乡二年，不事生产，坐吃山空，家产挥霍了大半。为筹措进京活动的川资，不得不向亲友借钱。到京后遍访父辈们的门生故旧，试图谋个一官半职，结果官没谋到，钱却花光了，还是靠了故交徐世昌的资助，世凯才有了回乡的路费。这一段经历使他看到了世态的炎凉，人情的冷暖，也使他的头脑冷静、现实起来。后来在得到一封写给李鸿章的荐书时，他经过一番权衡，感到自己无位无名无财，在李鸿章人才济济的幕府中很难出头，便断然放弃了这个机会，决心弃文从武，投奔嗣父的好友，督办山东海防的吴长庆。

关于袁世凯投奔吴长庆一事，有多种不同的说法。其中与袁直接有关的人的说法有三种，但各不相同。一是张謇，当时在吴长庆幕府，袁世凯初到庆军时，张曾受吴长庆委托，教袁作八股文。1930年出版，由其子张孝若编写的《南通张季直先生传记》中说，袁投奔吴长庆时，带了家乡旧部几十人一同前往。后来这些人由吴长庆给资遣回，只留下了袁世凯一人。二是张黎辉根据袁世凯本人这一时期的家信，研究分析后得出结论，认为袁世凯是由天津他的堂叔袁保龄处乘船赴登州投奔吴长庆的，袁保龄还赠送给他四十两银子的川资。三是袁世凯的三女儿袁静雪（原名袁叔桢）的回忆，说袁是由上海北上投奔吴长庆的。袁静雪是袁世凯的爱女，她的说法应该出自袁世凯本人，按她的讲述，袁世凯在上海还经历了一场红尘奇遇。“落魄公子床头金尽，风尘知己赠银赎身”，在中国传统的戏剧传奇和话本小说中是常见的题材，这次却让袁世凯赶上了。据袁静雪讲述，当时的过程如下：

他曾到上海谋事。上海是当时最繁华的地方，他一方面想领略一下这里的风光，另一方面也觉得在这样一个地方谋事的机会总要比较多些。但是，他营谋了一个时期，始终没有成就。那时候，他一个人住在旅店里，感到寂寞，就去逛妓院。由此结识了一个苏州籍的名妓沈氏，这就是后来他所娶的大姨太太。他们两人见面以后，情好日密。沈氏劝他及早离开上海，另谋出路，并且资助他盘费，鼓励他早日成行。行前，沈氏备酒送行。席间对他说明，在他去了以后，她立刻就自己出钱赎身，搬出妓院，希望他努力功名，不要相负。我父亲听了之后，也就指天誓日，洒泪而别。后来，他随吴长庆到了朝鲜，果然把她接了去，做他的大姨太太。

当他由上海前往山东的时候，无意间在途中遇见了阮忠枢，由于他们同行同宿了几天，因此互相结识。通过交谈，他知道阮忠枢将进京应试，他也将自己的家世和现在的情况详细地告诉了阮忠枢。阮又帮助了他一些川资，然后才依依惜别。别后，我父亲径直到了山东登州，向吴长庆投效。那时候他已经是22岁了。有的人说，我父亲到山东投军时，曾冒昧地携带了他父亲的旧部几十个人一同前往投效，因而吴长庆对他的印象很不好。这种说法，大概是不确实的。要知道，他由项城老家出来以后，是由上海前往山东的。这么多的人，如果和他一道绕道，他在举目无亲的上海是无法安置这些人的；何况他本人还先后受过沈氏和阮忠枢的接济，他又怎么能够有余钱供给这些人的食用呢？[6]

后两种说法否定了第一种说法，因为当时的袁世凯落拓困顿，自己还要靠别人资助路费，是负担不起几十个老乡一路上的花销的。但第二种说法除说明袁确实到过天津，赴山东时他堂叔资助了川资一事外，并没有直接的证据否定袁世凯由上海北上的说法。而且如果袁世凯是直接由河南老家经天津去登州的话，就没办法解释袁何以能结识身在江南的沈氏，并把她娶到朝鲜做姨太太的事情；因为袁从 1881 年到登州后的四年内，一直身在庆军，根本没有机会回家和回国。而如果袁世凯径直去了山东，则袁保龄资助路费一事又从何说起呢？

上文曾提到袁世凯曾得到一封写给李鸿章的荐书，荐书据说是出自李鸿章的亲信幕僚周馥之手。周馥与袁保龄当时同在李鸿章幕府。从这一线索判断，袁世凯并没有直接去山东，而是从上海北上天津，他堂叔托周馥(因为是自己侄儿，袁保龄须避嫌)写下荐书，让他在北洋谋事。袁世凯经过权衡，最终还是决定投奔吴长庆，袁保龄于是资助给他路费。这样后两说合而为一，顺理成章。

通观袁世凯自立后的所作所为，可以看出他已具备日后成功的重要政治潜质。有人把成大事者的基本素质归结为三句话，曰：爱才如命，挥金如土，杀人如麻。袁世凯此时尚未掌握有生杀的权力，第三点素质自然无从表现。但前两种素质，他不仅具备，而且出色。

首先，袁世凯不仅爱惜，而且极为善于笼络人才。比如组织文社，把家乡的士子聚集在自己的旗下，就表现出他具有非凡的组织领导能力(把具有“文人相轻”传统的士子们聚集在一起决非易事)。又如，当时穷困潦倒，在陈州教书的徐世昌拜访求告于他时，他不仅不轻视徐，反而一见如故，结拜为兄弟，解囊赠款，资助其赴省应试。徐后来中进士，点翰林，仕途发达，成为袁一生事业中的重要谋士和清末民初政坛中的重要人物。

其次，袁世凯不看重金钱资财，而是将之视为实现自己愿望和目的的工具，因而能够不役于金钱。由于“慷慨好施与”，捐资办文社，资助寒士，家产挥霍大半，以至自己也要向人求告，但他并不因此而后悔，变得吝啬起来。即使用的是母亲们的私房钱和借来的钱，他也并不仔细，而是更为注重维持其世家子弟的气派。据袁静雪回忆，袁世凯落第之后，原想进京走捐官这条路，“可他到了北京，却把那捐官的正事搁在脑后，一味地讲吃、讲穿、讲玩乐。有一些兴赌害人的人，看到他孤身一人，认为可欺，便合伙引诱他去赌博，把他所带的钱都给赢去。他官既没捐成，钱又输了个净尽[7]”。从军后的头几年，袁世凯年薪只有四十两银子，过了一段相当拮据的日子，但这仍不足以改掉他早年养成的豪奢习气。所谓“天生我才必有用，千金散尽还复来”，做大事者多有此气概，大概是因抱负远大，才不看中钱财的罢。

还有非常重要的一点是，袁世凯具有极强的现实感，这也是一种基本的政治素质。比如，两榜落第后他能断然放弃科举之路，立志从事功上出头，证明他有现实感，有自知之明。他自小不好章句，自知不是作学问的材料；而乱世人才多以军功起家，曾左李胡[8]和他的祖、父辈都是榜样。又如，当得到写给当时权势如日中天的李鸿章的推荐书时，一般人均会忙不迭地赶去投靠，而他却能冷静地权衡利弊，放弃来之不易的机会，扬长避短，改投权势、名气都要小得多的吴长庆。袁在其一生事业的重要关头，多次表现出这种现实感，这是他成功的一个重要原因。

实际上，袁甲三、袁保恒、袁保龄、袁保庆等均是李鸿章为首的淮军系统的重要成员，而当时在位的淮系大员如刘铭传、丁汝昌、周馥、吴长庆等均是袁世凯的父执辈，袁为何不去依附当时在李鸿章幕府，极受倚重的堂叔袁保龄或其他父执，而选择投奔吴长庆呢？这就不能不提到其嗣父与吴的特殊关系了。

吴长庆 (1834—1884)，字筱轩，安徽庐江人。其父吴廷香有文名，是当地的绅士，受命办理庐江团练，1854 年太平军攻破庐江时战死。庐江被围困时，吴廷香派遣吴长庆到宿州向身兼督办安徽团练大臣的清军统帅袁甲三求救，当时袁保恒、袁保庆俱在军中效力，袁甲三对是否援救庐江踌躇不决，问计于子侄。袁保庆力主增援，袁保恒则坚持不能分兵，二人争执不下，致使耽延时日，庐州城破，吴廷香死节。吴长庆愤而与袁保恒断交，与袁保庆则“订兄弟之好”。后来袁保庆为官南京时，驻扎在浦口的吴长庆与他时相过从，感情非常好。袁保庆患霍乱突然病逝，吴渡江视殓，抚柩痛哭，帮助料理丧事。由于吴与袁保庆的特殊情谊，吴定能对其挚友的唯一嗣子另眼相看，格外照拂，这是袁世凯算计之中的。且此时的吴长庆已是官居一品，主持方面的淮系大将，深受李鸿章的信任和倚重。吴长庆还以礼敬士大夫闻名天下，其幕府中多一时名士，被目为儒将。以这位父执作靠山，仕途的顺利发达可以预期。这确实是袁世凯的最佳选择。1881 年 5 月，袁世凯到山东登州投奔了庆军统领吴长庆。

注　释

1. 沈祖宪、吴闿生：《容庵弟子记》卷一。
2. 同上。
3. 同上。
4. 同上。
5. 同上。
6. 袁静雪：《我的父亲袁世凯》，《文史资料选辑》第74辑，第125—126页。
7. 同上，第124页。
8. 曾，曾国藩；左，左宗棠；李，李鸿章；胡，胡林翼。这四个人都是以文人带兵起家，以军功封侯拜相，成为清代的“中兴名臣”。袁世凯的叔祖袁甲三、堂叔袁保恒等也是由进士出身的文人，带兵立功，置身高位的。

第二章

初露峥嵘

临危不乱，当机立断。

在朝鲜的两次事变中，

年轻的袁世凯脱颖而出，

展示了自己面对危机时的应变能力。

图4　青年时代的袁世凯。

【导读】 袁世凯从军一年后，清廷的属国——朝鲜就发生了壬午兵变。袁世凯放弃了参加科举考试的机会，随同吴长庆的庆军开赴朝鲜平乱，从此开始了长达十二年的外交生涯。在壬午兵变和两年后发生的甲申政变中，袁世凯充分展示了自己面对危机时的应变能力，从而获得了吴长庆和李鸿章的赏识与重用，为自己的仕途创造了一个良好的开端。俗话说，万事开头难。难就难在对机会的把握上，人往往会面临多种选择，舍得放弃才会有所获得。袁世凯放弃科举考试，选择了从军出征，是因为他认准了自己只能在事功上找出路。目标确立后，他就毫不动摇地朝此努力，当然就抓住了机会，成就了自己。人们常说机遇偏爱有准备的头脑，而危机是最考验人和锻炼人的，也是最能展示一个人真本事的机会，袁世凯可算是这方面的一个例证。本章开头所选引文是袁世凯在甲申政变前夕，向直隶总督兼北洋大臣李鸿章汇报朝鲜政局动态的函禀，表现了他出色的形势判断能力。

致北洋大臣李鸿章报告朝鲜政局禀[1]

(1884年11月12日)

朝鲜君臣，为日人播弄，执迷不悟；每浸润于王，王亦深被其惑，欲离中国，更思他图。探其本源，由法人有事，料中国兵力难分，不惟不能加兵朝鲜，更不能启衅俄人。乘此时机，引强邻自卫，即可称雄自主，并驾齐驱，不受制中国，并不俯首他人。此等意见，举国之有权势者半皆如是。独金允植、尹泰骏、闵泳翊意见稍歧[2]，大拂王意，渐疏远。似此情形，窃虑三数年后，形迹必彰。朝鲜屏藩中国，实为门户关键，他族逼处，殊堪隐忧。该国王执拗任性，日事嬉游，见异思迁，朝令夕改。近时受人愚弄，似已深信不移，如不设法杜其骛外之心，异日之患，实非浅显。卑职谬膺重任，日思维系，不避艰险，竭力图维。初犹譬喻可悟，自中法兵端既开，人心渐歧，举止渐异；虽百计诱导，似格格难入。日夕焦灼，寝食俱废，大局所关，不敢壅于宪听[3]。近闻福州台湾同时告警，东洋讹传最多，韩人不久必又有新闻。鬼蜮之谋，益难设想。外署虽与日人不睦，而王之左右，咸用其谋，不知伊于胡底[4]也。竹添进一郎[5]带兵换防，八九日内必到。薛斐尔[6]已在东洋，闻将偕至，嗣有所闻再当密禀。

朝鲜在历史上长期是中国的属国，在制度上也仿效中国，实行闭关锁国的政策，当时也像中国一样面临着列强的巨大压力，其中日本与俄国对其有着特别的野心。在外来压力下，朝鲜的内政也是危机重重。“麻雀虽小，五脏俱全”，宫廷内部充满着争权夺利的派系倾轧，改革与守旧、亲华与亲日派别之间的斗争十分激烈。作为清帝国驻朝鲜的使臣，既要维护所谓“天朝上国”的尊严体制和宗主国的特殊利益，又要调解朝鲜王室内部的矛盾和纷争；既要压制亲日派的抬头和日本在朝势力的扩张，又要平衡、折冲列强对在朝利益的争夺，以维护清帝国对朝鲜的控制。而这一切又是在本国积弱积贫，政治、经济、军事实力远不如列强，而朝鲜也日益离心离德的局面下所要做到的，放在谁身上，哪怕是一流的外交好手，也绝不是一件轻松的使命。袁世凯就是在这样一种错综复杂、杀机四伏的环境中崭露头角，脱颖而出的。应该说，他出使朝鲜十二年，使出了浑身的解数，基本上做到了不辱使命，竟可以称得上是一个海东的小班超呢。

当时统治朝鲜的是李朝。李朝建立于明代洪武年间，已持续了近六百年，几乎与明、清两代相始终，也一直与中国维持着良好的属国关系。1864 年，朝鲜国王李昪去世，李昪没有儿子，于是以其弟李昰应之子李熙入承大统。李熙年方十二，没有能力亲政，遂由父亲以大院君的身份摄政。大院君思想保守，对外闭关锁国，对内则加强集权，十年后李熙长大亲政，权力逐渐转入其妻王妃闵氏及其家族和亲信的手中。但大院君不甘寂寞，仍想揽权，这样在朝鲜王室中就形成了以闵妃和以大院君为首的两个权力集团。1876 年，日本以朝鲜拒绝邦交，蔑视日本为借口，出动兵舰，胁迫朝鲜签订建交和通商条约。由于清政府畏懦无能、息事宁人的政策，朝鲜政府被迫与日本签订了不平等的“江华条约”。由于在国家危难之际，清政府未能尽到宗主国的保护责任，又看到日本在明治维新后蒸蒸日上的国势，朝鲜王室和大臣中的一些人在失望之余，把目光转向了日本，想依靠日本实现改革和独立自强的目标。日本则借此鼓动朝鲜脱离中国的控制，并大肆培植亲日势力。这样在朝鲜政权内部又形成了以闵泳翊(闵妃之侄)、金允植、闵泳穆、赵宁夏等为首的保守派和以金玉均、朴泳孝、洪英植等为首的“开化派”。前者掌握政府实权，主张维持现制度，亲华，是主流派；后者主张仿效日本，进行自上而下的改革，亲日，是非主流派。此外，由于政权的腐败和日本的侵略政策，朝鲜国内的社会矛盾和民族矛盾也十分尖锐，就像一座随时可能爆发的火山。

清政府既不愿出面维护朝鲜的权益而同日本和俄国(这是当时另一亟欲染指朝鲜的列强)发生对抗，又怕日俄并吞朝鲜，对其“龙兴之地”的东北构成威胁，故决定利用列强之间的矛盾，大行“以夷制夷”的故智。1879 年 8 月，清廷令李鸿章“婉为开导”朝鲜，开放门户，与西方各国立约通商，以“潜弥外患”。李鸿章则致函朝鲜国王李熙之叔、原太师李裕元，他所传授的方略是：“用以毒攻毒、以敌制敌之策，乘机次第亦与泰西各国立约，借以牵制日本”。“以朝鲜之力制日本，或虞其不足；以与泰西通商制日本，则绰手有余……若贵国先与英、德、法、美交通，不但牵制日本，并可杜俄人之窥伺”[7]。朝鲜政府开始时并不愿开放，但最终还是接受了清政府的“劝导”，在 1880 年 10 月的御前会议上通过了“开化自强”方针，并在清政府的居间帮助下，相继与美国、英国、德国、俄国、法国等西方列强签订了通商条约。朝鲜的大门从此洞开，成为列强争夺角逐的外交舞台。而在朝鲜王室中占有主导地位的闵妃一派又逐步走上了摆脱清廷，实现自主，结好西方以御日俄的道路，致使朝鲜的政治、外交更为错综迷离。袁世凯初到朝鲜时，所要面对的就是上述这样一个内外交迭、错综复杂的政治局面。

袁世凯初到庆军时，吴长庆安排他与其子吴保初一起从师张謇[8]，在军营读书，为翌年的乡试做准备；但袁世凯对八股制艺是油盐不进，而且这也不是他投奔吴长庆的初衷，所以学习并不努力，很让老师头痛。“謇曾命题，课以八股，则文字芜秽，不能成篇。謇既无从删改，而世凯亦颇以为苦。”但“偶令其办理寻常事务，井井有条，似颇干练[9]。”

袁世凯在军营这个新环境中，尽管与吴长庆有着特殊的家世渊源，但他却很懂得“谦抑自下”，一点儿也没有表现出世家子弟惯有的狂傲不羁的习气，博得了上上下下的好感；加上办事干练得力，很快就被任命为庆军营务处的帮办。此时的袁世凯，所需要的就是一个能够施展才能的机会了，而这样的机会也很快就来临了。

1882 年 7 月，朝鲜爆发了“壬午兵变”。兵变的起因是，朝鲜王室接受清廷劝导实行开放后，于 1880 年对军制进行了改革。闵妃集团借改革之机削弱大院君集团的实力，在裁汰大院君手创的“亲军营”的同时，组建了以日本人为教官的新军“别技营”。新军在装备和待遇上都高于旧军，激起了旧军的很大不满，为平息军队的不满情绪，当局向欠饷已十三个月的汉城驻军发放饷米。由于饷米中掺了砂石秕糠，不堪食用，愤怒的士兵殴打了库直(管理粮库的官员)。兵曹判书[10]闵谦镐下令逮捕为首的士兵，成为激起汉城驻军兵变的导火索。激愤的士兵和大批贫民冲入军械库，夺取武器，攻进捕盗厅，释放了被捕士兵，并到大院君府上诉说冤情。大院君在温言抚慰的同时煽风点火，暗示此事是闵妃一党勾结日本人所为。变兵随即攻击日本使馆，杀死日本教官，袭击当政高官的住宅，处决了领议政大臣李最应、兵曹判书闵谦镐等很多后党高官，并攻入宫中搜捕闵妃。闵妃装扮成宫女，逃出王宫，汉城大乱，政局陷入瘫痪。国王李熙被迫召还大院君，由他主持国政以收拾乱局。大院君柄政组阁，宣布大赦，恢复旧军制，发放军饷。乱军退出了王宫，一场兵变方告平息。

日本驻朝公使花房义质逃回国后，报告了事变经过，日本政府遂决定借此事件大举派兵入朝，胁迫朝鲜谢罪、赔款、割地、签订新的不平等条约。清廷驻日公使黎庶昌侦知此事后，于 7 月 31 日、8 月 1 日两次急电署理直隶总督、北洋大臣的张树声(当时李鸿章因丁母忧，已告假还乡)，告知日本即将出兵朝鲜的情报，建议“中国宜派兵船前往观变”。几乎与此同时，惊魂甫定，逃到忠清道的闵妃也指示后党成员通知正在天津的朝鲜使臣金允植、鱼允中向清廷求救。张树声于8月2、4、5日三次致函总理衙门，要求派兵朝鲜，7日得到批准后，9日由庆军统领吴长庆、水师提督丁汝昌、候补道马建忠率军乘威远等三舰赴朝。10日，清军抵达仁川，早于日军到达半天，占据了政治军事上的主动。庆军六营直入汉城，“旬日之间，祸乱悉平，人心大定[11]”。日军原想以武力迫使朝鲜订立“城下之盟”，不料在军事上失了先机，不得不改换策略，降低筹码，放弃了割让朝鲜领土的要求。

袁世凯在进军朝鲜的过程中，表现出了突出的才干。首先是善任繁剧，办事干练。清军从得知日本出兵的情报到登船赴朝，前后不过十天。而吴长庆出征的准备时间只有七天。当时张謇在吴处主持幕府事务，“吴公嘱余管理策划前敌军务，当时同事们全都因回乡应试而散去，只有我因丁内艰，单独留下来措置前敌事务。手书口说。昼作夜继。苦不给，乃请留袁慰廷执行前敌营务处事。”张謇之子张孝若在给他父亲写的传记中也记述了此事：

> 那时吴公幕府中人才却也济济，但是重要机密和笔墨上的事，吴公却是信托我父亲，完全责成他去主持和办理。朝命下来，急于星火，差不多立刻就要出发。但是所有的准备，都要我父亲一人担当处理，而且期限既非常迫促，应布置的事，又一件不能耽误，所以我父亲计划出发和前敌的军事，写奏折，办公事，实在忙得不可开交。嘴里说，手里写，白天忙不完，夜间接续办，实在是烦劳辛苦得很。在这时适当乡试的时候，吴公叫袁世凯去考举人，袁心里实际上不情愿，嘴里又不好意思说。我父亲当时一个人应付内外事务，实在也忙不过来，就对吴公说：“大帅不要叫慰廷去考试了，就让他帮我办办出发的军事吧。”我父亲这样一说，吴公自然立刻就答应了。于是我父亲就派袁赶办行军应用的各种物件。哪晓得限他五六天办好的事，他不到三天就办得妥当齐备。我父很称赞他有干才。出发时，就接下来派他执行前敌营务处的差事。[12]

又如，清军抵达仁川马山浦后，吴长庆曾指派某营为先遣部队，下令立即登陆，但该营指挥官却表示士兵不习惯航海，多数晕船，请求暂缓登陆。吴大怒，立刻将该营官撤职，派袁世凯代理。袁受命后，督率该营于两小时内完成登陆，大受吴长庆的夸奖[13]。

其次，是处事果断，善于临机应变。袁世凯初入军营，就表现出随机应变，处事果断的特点。1882年春节，营中循例放假三天，很多士兵在营中聚赌，一言不合，由争吵而殴斗，最后发展到彼此开枪的地步，而各营营官多已回家过年，无人主持，营中秩序大乱。袁世凯当时正在营中，“他当时灵机一动，假传统领的命令，带领一些亲兵赶到出事的地方。把事情真相查明以后，他立即把为首肇事的人就地正法。这场纠纷就此平定下去。事后，他向吴长庆报告了事情的经过，并且就自己‘专擅杀人’一事向吴请罪。吴长庆不但不责怪他，反而奖许他的临机应变之才，教他为营务处帮办[14]。”

金允植在出兵前曾建议诱捕大院君，归政国王。吴、丁、马、袁等人在马山浦会议，决定依此计行动，命令袁世凯“密为布置”。8月26日，大院君赴清军军营回访，袁设计将其众多卫士阻于军营之外。大院君入营与吴长庆寒暄之后，察觉气氛有异，在与吴笔谈时问：“将军将作云梦之游[15]耶？”吴长庆“尚支吾其辞，不忍发动”，袁世凯则“持刀在侧说：‘事情已经泄露，迟则生变！’随即督促手下将大院君强行扶入轿子，星夜奔赴马山浦，登上兵舰，押送天津[16]。”充分表现了袁处事果断的作风。

再次是心狠手辣，治军有道。庆军承平日久，军纪松弛，在进入朝鲜平乱的过程中，“奸淫掳掠，时有所闻”。袁世凯认为“作为前来戡乱的王师，军纪如此，贻笑藩封，玷辱国体”，自告奋勇整顿军纪。吴长庆授予袁全权，并发给他令箭。袁“于是传令各营，有擅入民居及军营者斩。恰好有违犯命令者，于是立刻处斩数人传首示众”。有士兵强奸妇女，袁“徒步前往查办，亲自监督搜捕，竟然废寝忘食。最终查获了人犯，亲手处决了他”。为了整饬军纪，袁世凯还向吴长庆请求惩治对违法乱纪负有责任的军官，“吴公同意了他，发文任命他总理前敌营务。允许他便宜行事。于是选择军官中对部下约束不严者，撤职查办了几个人，将士们都被慑服了，(对军纪)不敢再犯秋毫，军队的声威才重新振作起来[17]。”

从袁世凯在庆军的所作所为看，他无疑具有前面提到的“杀人如麻”

的素质。然而他也很懂得并擅长“恩威并施、宽猛相济”的治术。“他严于执法，而待遇属下却十分厚道，训诫劝告不停于口。常常说：‘服从命令者是我手足，违抗命令者就是贼寇仇敌。(我)信赏必罚，决不会有一点迁就。’士兵的伙食日用，下令全部要充分供给。有病者他亲自前往抚慰探视，发给他们药物。夜间巡查军营，看见有在外露宿者，都招呼他们入室休息。阵亡者他亲自视殓祭奠他们，负伤者他监督医疗救治，每日必亲自探视一次。所以士卒都感动奋发，全都乐于为他所用[18]。”他也很善于收揽人心，“对待朝鲜的军民百姓多主张宽厚体谅，所以朝鲜人对他的感戴就如同对待父母，连妇女小孩也都知道尊敬爱戴他[19]。”

当时，参与兵变的士兵和贫民聚集在城郊利泰院和枉寻里一带。应朝鲜国王请求，清军派袁世凯等率军剿捕，“捕获其中强悍者百人……从中选择诛杀了尤其凶悍的十个人，其余的全部予以遣散。日本与朝鲜政府也缔结条约重归于好，事变于是完全平定[20]。”事后论功行赏，袁世凯被授予五品同知官衔，优先补用并赏戴花翎。吴长庆给他的评语是：“治军严肃，调度有方，争先攻剿，尤为奋勇[21]”。

壬午兵变后，朝鲜王室重新编练新军。袁世凯因在平息事变中表现突出，也受到王室的器重[22]，被委以训练新军的重任。袁“起草创立规章制度，编选壮丁，先建立新建亲军，然后建立镇抚军……未到一年，成效极为显著。前来参观的韩国诸位大臣及各国外交官员，全都盛赞新军技艺娴熟，步伐整齐，堪称劲旅。吴公及韩王亲临检阅，也都欢欣喜悦，赞叹不已[23]。”

袁世凯靠父执关系寄身军旅，而且不走科举正路，所以无论吴长庆幕府中的名士们，还是各营中的骄兵宿将全都认为他不过是个纨绔子弟而已。然而赴朝鲜平乱时，袁一反从前“谦抑自下”的作风，勇于任事，杀罚决断不讲情面，使他得罪了不少人。加上他因表现出色受到越级提拔，就更为人侧目，被说成是“不学而刚”“专而好杀”之人。

中国自隋唐以来就以科举取士。明清更是专考八股，不知埋没了多少人才！但在文人们看来，科举才是晋身官场的正途，袁世凯不通制艺之术，不走科举之路，就是“不学”。其实，袁世凯自幼即受到良好的教育，书读得并不少，只不过兴趣不在八股上面而已。要说到“学”，袁世凯所注重的是经世实用之学，如军事。袁所处的时代正当清朝的多事之秋，战祸频仍，内乱外患不断。他虽出生于世代耕读的乡绅家庭，但其父、祖两代均以军功致显达。这种家庭、社会环境必然会影响到他，也是他从小喜读兵书，长大后投身军旅的主要原因之一。兵书教给他的是理论和战例，军旅生涯给他的是军事实践。据袁的女儿袁静雪（原名袁叔祯）回忆，他父亲“自从投效吴长庆的庆军以后，对军事上的事情处处留心。他一方面细心钻研有关操典、战术一类的军事书籍；另一方面，不论部队出操或是野外演习，他都是跟着观看，表面上说是监督考察，实际上却是跟着学习……就这样，他渐渐地由外行转变成为内行[24]”。也正是靠着这种书本与实践相结合的实学，袁才得以在壬午兵变中崭露头角，并熟练运用淮军的营制操典编练朝鲜新军。后来的文人学者往往因袁晚节不保，对他的评论多含有成见，因此在论及袁的为人处世的时候，多好引用吴长庆幕僚们对他的负面评价，较少客观具体地分析。其实，作为一个从小锦衣玉食的世家子弟，二十几岁就能有如此上佳的表现，已经是非常不容易的了。吴长庆力排其所尊重的幕僚和追随他多年的将领们的非议而重用袁世凯，不排除他有给袁机会以报答盟兄故友的动机，但这是次要的。袁若是个不成器的纨绔，那是想扶也扶不起来的。袁世凯之能够获得重用，除去吴长庆识见过人、知人善任这个因素外，也因为在当时暮气已深的淮军之中，袁世凯确实是个难得的人才。

从袁在朝鲜时与其关系最深之人对他的评价，也可以佐证这一点。金允植为亲华的“东道西器派”的领袖人物，壬午事变后主持朝鲜外交事务，与袁世凯相交最厚，“自以为平生知己，海内无二。自从壬午、甲申以来，未曾一日相离，患难甘苦，全都共同承受[25]。”袁与金结识于壬午清军东渡赴朝平乱之际，当时二人同乘一船，谈得十分投机。袁世凯少年心性，头角峥嵘，夸口自己只要能统带数百士兵，即可直捣汉城，擒拿大院君，很为金氏心折。金汉学底子很好，诗有魏晋风，常与袁诗酒往还。他的文集中有“津河舟中逢袁慰庭世凯舍人”一首，诗前题词称袁“英达夙成，志气轩豁，吴筱帅常称慰庭是中州有数男儿”。吴筱帅即吴长庆，吴字筱轩，故有此称。从中可见吴对袁之器重。而金在赠诗中也称袁“豪慨似宗悫，英达类周郎[26]”。宗悫，南朝宋、齐间人，14岁时，叔父问他的志向，他回答说：“愿乘长风破万里浪”。宋文帝时，宗悫率军讨伐林邑（今越南），立了大功，他的事迹见于《宋书》《南史》。周郎，即因小说《三国演义》而闻名的周瑜周公瑾，因倜傥风流，人称“周郎”，曾统帅吴蜀联军火攻赤壁，阻止了曹操的大军南下。史书称其“文武筹略，万人之英”，“有王佐之资”。金允植诗中的比附未免过甚其辞，但也可透视出袁世凯当时少年壮志、抱负不凡的原型。

张謇为吴长庆掌理机要，也曾当过一段袁世凯的老师，他在写给世凯堂叔袁保龄的信中，对袁世凯的评价是：

> 慰庭任事非不勇，治事非不勤，而时时夹杂着世故客气的做作，所以他的举动总达不到有学问人的标准，但论其才能，他当然是您家族中谢幼度一类的人物啊；从军驻扎在动乱的国家，希望嘱付他谨慎从事。[27]

张謇是大才子，于袁世凯是长辈，兼有师生之谊，袁在张那里不免拘谨，不像在密友面前敢于放言高论，故以官场“世故客气之习”相处。对同一人物的不同看法往往就是这样得来的。但张謇许其为谢幼度，虽有对他堂叔客气的成分在，评价可说是相当高的。谢幼度，谢玄也，幼度是其字；史书纪其“有经国才略”，最著名的就是淝水之战，他率八千人击溃了前秦苻坚的百万大军，使东晋免于灭亡。

鉴于袁世凯在整饬军纪，训练新军中的出色表现，1884年春吴长庆奉调回国之际，保举他总理留驻朝鲜的庆军营务处并兼领庆字营。“庆字营的士兵官弁，跟从吴公最久，军官中很多都是提督、总兵级的将领，士兵平素也都骄横不逊。(袁)公恩威互用，几十天内就使全营服从听命，操练和纪律位于各营前列[28]。”袁世凯至此总算是有了可以自己指挥的兵。庆军留驻朝鲜的另外两营分别由吴兆有、张光前统带。吴、张都是跟随吴长庆征战多年，官居提督、总兵的一、二品大员，而袁此时不过是个五品的候补同知[29]，能够独领一营，可谓不次之擢升。而且他还有总理营务处和会办朝鲜防务的名义，在权势上更是压人一头。庆军驻扎在国外，军事之外，免不了与朝鲜当局和各国使馆打交道，这方面的事务，吴长庆也都交给袁世凯办理。当时朝鲜刚刚开放，“不谙外交，而内政亦极暗蔽。其君臣遇有重要事件，多咨商于(袁)公[30]。”袁世凯老于官场的结交笼络之术，自然如鱼得水，很快就与国王和当朝主政的“东道西器派[31]”大臣们建立了良好的关系。由于有了这层关系，袁的沟通能力和对朝鲜政府的影响反而高于清廷的外交代表，为此他又受到了时任北洋大臣、负责外交事务的李鸿章的器重。“东西方各国有来与韩国订立条约者，李相国就命令袁公赞助，指示韩国人(对条约中的问题和漏洞)多所补救。李相国说袁公不但懂军事，而且熟悉外交了[32]。”

中国古代的国际外交是一种“天朝”与“四夷”之间的册封朝贡关系，简称封贡体制。著名外交史专家蒋廷黻先生对此有中肯的分析：

> 中国原来自己是个帝国主义。我们的版图除本部以外,还包括缅甸、暹罗、越南、琉球、高丽、蒙古、西藏。这些地方可以分为两类：蒙古、西藏属于第一类，归理藩部管，中国派有大臣驻扎其地。第二类即高丽、越南等属国，实际中国与他们的关系很浅，他们不过按期朝贡，新王即位须受中国皇帝的册封。此外我们并不派代表常驻其国都，也不干涉他们的内政。在经济方面，我们也十分消极。我们不移民，也不鼓励通商，简直是得不偿失。但是我们的祖先何以费力去得这些属地呢？此中也有缘故。光绪七年(1881年)，翰林院学士周德润先生说得清楚：“臣闻天子守在四夷，这真是深谋远虑的策略。自古以来的敌国外患，隐伏时甚难发现，而苗头又蓄积得甚早。不守四夷而守边境，就已无法遏止了；不守边境而守腹地，则更无法遏制了。我朝幅员广为开辟，龙沙雁海[33]全都列为藩封属国。以琉球守东南，以高丽守东北，以蒙古守西北，以越南守西南；难道不是所谓山河带砺[34]，与国家休戚与共的意思吗？”
>
> 换句话说，在历史上属国是我们的国防外线，是代我们守门户的。[35]

但是这种格局在近代西方列强到来之后已经被打破了，而清朝统治阶层头脑中的传统理念(即“天朝—四夷”的观念)却根深蒂固，未能随时代和客观形势一同转变，最终导致了外交和军事上的一系列重大失误。

当时主持中国外交的是李鸿章。鉴于日本1879年吞并了琉球，法国也正在逐步吞并越南，清政府一反从前对附属国放任自流的消极政策，改行积极介入，加强控制的政策。对地处清朝“龙兴之地”——满洲大门口的朝鲜，尤其如此。李鸿章在主政的洋务派重臣中是最有眼光的一个，早在明治维新的初年，他已看出日本是中国的劲敌。“他觉得日本是中国的真敌，因为日本一心一意谋我，他无所图，而且相隔既近，动兵比较容易。”“他并且知道中、日的胜负要看哪一国的新军备进步得快[36]”。为此他极力主张发展海军，并格外关注朝鲜问题。

壬午兵变之后，朝鲜王室对中国的向心力大大增强，请求中国帮助善后，清政府借机对朝鲜实行了全面控制。首先，平乱的庆军六营全部留驻朝鲜，并帮助朝鲜训练新军，在军事上加强了介入。其次，与朝鲜签订通商条约，以此重申中国的宗主国地位，并派遣陈树棠为总办朝鲜商务委员，常驻汉城。再次，推荐、代聘马建常、穆麟德[37]代朝鲜管理海关，朝鲜并分别任用马、穆二人为交涉通商事务的会办和协办。此后，朝鲜的海关和外交事务实质上被控制在清廷手中。

日本在壬午兵变中被清军抢占了先机，没能达到预定的目的，但也通过“济物浦条约”获得了五十万元赔款和在汉城驻军的权利。日本把侵占朝鲜看作实现其大陆政策的跳板，朝鲜是其必争之地，所以极为反对和仇视清政府对朝鲜的控制。于是在朝鲜内政方面，日本采取支持和利用“开化派[38]”的策略，试图推翻亲华的后党政权，扶植亲日政权，为将来全面侵占朝鲜铺平道路。

明治维新后的日本政治家和思想家，在向西方学习的同时，也接过了当时流行的地缘政治学说，并在此基础上制订了所谓大陆政策。如1889年出任首相的山县有朋在其《外交政略论》中宣称：“国家独立自卫之道，一是捍卫主权线，二是防护利益线。何谓主权线？国家之疆域是也；何谓利益线？即同我主权线的安全紧密相关之区域是也。”而在列强纷争的时代，“仅守主权线已不足以维护国家的独立，必须进而保卫利益线，始能经常立足于形胜之地[39]。”而所谓利益线，就是朝鲜和中国的东北地区。日本生怕在殖民瓜分的潮流中落后，尤其怕抱有同样野心的俄国抢先控制朝鲜，由于实力尚不足以从中国手中夺取朝鲜，日本便在积极扩军备战的同时，鼓吹中、日、美共同保护朝鲜，想借此抵制俄国的势力，但为清政府拒绝，理由是不合宗藩体制。有些国家还建议由多国订立条约，保证朝鲜成为瑞士、瑞典那样的中立国家，李鸿章内心是赞成这么办的，因为一个有国际条约保障的中立的朝鲜，同样可以起到缓冲国的作用，无论日本还是俄国的企图，都将遭到其他列强的反对。无奈清廷死抱着陈腐的宗藩体制不放，就是不愿意看到朝鲜成为一个独立平等的国家，几次错失了从朝鲜脱身的机会。

俄、英、德、美等西方列强出于各自的利益，也反对清廷和日本独占朝鲜的企图，支持朝鲜的“独立自主”，同时相互间既争夺，又勾结。小小一个汉城，亲华与亲日，保守与开放，改良与激进，列强与列强（主要是日本与俄国，俄国与英国）之间的矛盾错综复杂，交织成一个波谲云诡的外交战场。大清帝国没有相应的军事实力，自己尚在列强利益纷争的夹缝中生存；在朝鲜又想要一家独大，时时处处维持宗主国高人一等的体面和尊严，牢牢控制住附属国，实在是很艰难的外交任务。

所以，在朝鲜这个重要的外交阵地上，李鸿章需要一个硬手、一个干才。袁世凯适逢其会，作为驻朝官员中的佼佼者，他顺理成章地搭上了李鸿章这艘大船。而有了中堂大人的眷顾和保护，袁世凯的宦海生涯自会是一帆风顺，成功可期的了。

当时朝鲜的政治格局是，闵妃的后党与事大派[40]是掌权的主流派，代表人物为闵泳翊、金允植、尹泰骏、赵宁夏等，亲华，后盾是吴长庆、袁世凯及其编练的朝鲜新军和清朝驻军。另一派则是以金玉均、洪英植、朴泳孝为首的开化派，亲日，后盾是日本公使竹添进一郎、日本使馆驻军和开化派编练的新军。起初，开化派的实力远逊于前者，只能在自己职权范围内通过渐进改良的方式推动自己的事业。

朝鲜国王李熙喜听外国新闻，金玉均、朴泳孝借此经常进宫，向国王讲述国际形势和各国政治制度，力陈改革与自立之必要，获得了国王一定程度的支持。开化派实行的改革措施主要有：选派赴日留学生，编练新军并由留日学生负责训练，设立巡警局、邮政局、治道局，创办《汉城旬报》，启蒙民智，为改革和独立制造舆论。守旧派出于自身的利益，开始阻挠并破坏开化派的改革运动。为了压制开化派日益增长的实力和影响，他们将金玉均、朴泳孝调离汉城，以此架空开化派，使开化派的改革运动严重受挫。

1884年，中法战争爆发[41]，南方吃紧。5月，吴长庆奉调率领三营庆军回国驻防，力量对比发生了有利于开化派的转变。由于清军在战争中节节败退，清廷在朝鲜的威望大为降低，原想托庇于清廷保护的王室和一些事大派的成员也开始动摇。开化派和日本认为清廷在战争期间无暇北顾，是发动政变，推翻亲华政权的绝好时机，遂决意大举。

在开化派与日本使馆积极准备政变之际，袁世凯已觉察到情况有异，在政变发生前之廿一天，即已将朝鲜山雨欲来的紧张局势函告李鸿章。这就是前面那封函禀。函禀开头就点明，朝鲜政局幕后有日本人操纵。而国王及其亲信大臣之所以敢于如此，在于中法战争牵制了中国的军力，难于兼顾朝鲜。这样一来，亲华的大臣虽坚持既有的立场，但已渐渐被国王所疏远；政治力量的对比已开始逆转，三五年后，托庇列强图谋自立的形迹会越来越明显。国王左右，都是与日本合谋的人，国王又是个不成器的君主，自己尽了最大努力，“虽百计诱导，似格格难入”。而“如不设法杜其骛外之心”，即遏止国王的离心倾向，未来肯定会有严重的祸患。函禀内容很简单，但对朝鲜政局判断得很透彻，很准确，对局势的严重性，袁世凯以自己“日夕焦灼，寝食俱废”的状态加以强调。函末并告，日公使竹添进一郎携换防日军将于八九日内返回汉城。预示届时可能有事发生。

由于有了这封起着警示作用的报告，李鸿章得以预先指示机宜，命令袁世凯等“不动声色，坚守镇静，并随时侦探情形详细密报。”而有了李鸿章的指示，袁世凯才可能要求非他统率的其他清军共同行动，“密令下军中，夜不解带卸履，困束兵士，一如战时[42]”。11 月 17 日，后党的重要成员闵泳翊夜访袁世凯，密谈多时。袁旋即“下令阵中，困束更密”，并“转访吴兆有的军营，天快亮时才返回到驻地[43]。”袁世凯在朝鲜宫廷内外建立的情报网络此时发挥了重要作用，使其能够根据宫廷的趋向、日本使馆和开化派活动中的蛛丝马迹判断形势，预为布置[44]。但此时之李鸿章与袁世凯，谁也没有料到政变的发生已是迫在眉睫了。

1884 年 12 月 4 日 (即旧历十月十七日)，政变爆发，是年干支为甲申，故史称甲申政变。政变经过是，4 日晚 6 时，开化派的重要成员、时任邮局总办的洪英植以庆祝邮政大厅落成的名义邀请守旧派大臣和外国使节赴宴。日使竹添托病不出，中方总办朝鲜商务委员陈树棠、税务司穆麟德，朝守旧派大臣闵泳翊等出席。席间，开化党徒在厅外放火，宾客纷纷外出观看。早已埋伏在厅外的开化党徒一拥而上，将闵泳翊乱刀砍倒，宾主哗散。金玉均等乘乱入宫，谎称清军作乱，砍伤闵泳翊，“王及妃大怖”。在金玉均等的恐吓下，国王亲书“日本公使来卫朕”

的敕书，由朴泳孝按预定计划持敕书引日使竹添带兵入宫，并将国王、闵妃和王子迁至景佑宫。整个王宫由日军和开化派编练的新军控制，国王实质上已被软禁。当夜，政变者矫诏传召守旧派重臣闵台镐、尹泰骏、韩圭稷、李祖渊、闵泳穆、赵宁夏入宫，进宫一个处死一个。翌日，开化派组成新政府，以国王谕旨形式公布并函告各国使节，金玉均、洪英植、朴泳孝、徐光范、徐载弼等开化派中坚人物均出任新政府要职。6日上午，颁布新政纲。早与开化派达成默契的美、英等国使节晋谒国王，政变似乎大功告成。

由于事出突然，一开始袁世凯等并不知道发生了政变。在接到陈树棠的事变报告后，袁随即带兵二百赴邮局，但彼处已空无一人，日本使馆则大门紧闭。袁到闵泳翊躲藏的穆麟德处询问出事原因，闵仅说“开化党杀我”，亦不明内情。袁随后带兵沿宫墙巡视，遇到疾行的韩军，问其所往，回答是奉命入宫禁卫。巡视至宫门，则宫门已闭，直至拂晓收队，仍未搞清楚到底发生了什么事。次日，终于探明政变真相。得知相熟的诸大臣被杀，袁世凯顿感沉重，好像自己的羽翼被翦除了一样势单力孤。

当时中朝之间尚未架设电报线，公文均靠停泊于马山浦的北洋兵船函送天津北洋衙门，往来一次需要数天时间。如按常规请示，如此重大事变之应对决策非由北京的清廷最高当局做出不可，其间时间延误必不可免，而挽回大局的机会极可能就此失去了。在这个重大历史关头，袁世凯再次表现出其勇于任事、处事果断的过人素质。

5日（旧历十八日）上午，在开化派公布新政府名单时，清军将领们也在磋商挽救局势的对策。吴兆有、张光前全都表示“没有北洋的命令，不敢轻举妄动”；袁世凯强调事机紧急，已不可能待命而行；陈树棠则转达美、英、德三国使节要求清军暂缓行动的劝告，并表示自己意见相同，因为“恐怕我方士兵一出动，日方士兵必出面阻挠，将会说争端由我方挑起。而且朝鲜国王也没有派人来军营邀请我方出兵，因此师出无名[45]”。与袁交好的金允植也来函请清军暂缓出动，以免伤及被日本人挟持的国王。会商结果是，清军暂时按兵不动，由陈树棠、吴兆有紧急函告李鸿章朝鲜发生政变，请求增兵并指示对策，函件由泰安舰递送，途经旅顺时，交袁保龄先以电报拍发。而袁世凯则负责联络争取由其编练的朝鲜新军[46]，当晚，袁世凯向新军“发放上等成色的黄金六百两，与左右营指挥官金钟吕、申泰照秘密约定次日入宫，共同护卫国王[47]”。

6日(旧历十九日)上午，开化派政府发布改革政纲，汉城居民都已知道政变是开化派勾结日本人所为，“韩举国惶恐”。幸免于难的守旧派政府成员纷纷要求清军出兵干预，金允植、南廷哲亲赴清营“痛哭乞师”，领议政大臣沈舜泽“准备了印鉴文书恳求出兵救助国王”，内监沈相薰、承旨李凤九也以密函报告了宫内日本人和开化派的最新动向。清军将领仍整日会商对策，吴、张等仍犹豫不决。但在两次致信国王，要求晋谒并带兵入卫王宫的请求被拒绝，而致日本公使竹添的信函也迟迟没有答复的情况下，袁世凯以事态紧急，间不容发，而且应朝政府大臣的请求，师出有名，力主即刻入宫戡乱。“吴、张请再告急于北洋。袁公说：‘朝鲜的防务和外交，我负有专门的责任，如果因为挑起争端获罪，由我一个人承当，决不牵累诸位。’吴、张才勉强答应[48]。”袁世凯随即“按约定会合朝鲜左、右营，整队分三路入宫[49]。”袁率一营及朝左右营自任中路，入敦化门；吴率一营为左路，入宣仁门；张光前率一营为右路，负责策应。

袁世凯带队入宫后，即遭到守军猛烈射击，“枪子如雨”，清军还击，双方展开激战。宫内顷刻大乱，闵妃携王子趁乱逃出宫门，投奔北山清军营地。袁攻至景佑宫，发现国王已被转移，遂与退守楼台的敌军展开又一轮的激战。袁身先士卒，“左右前后，兵卒伤亡者枕藉”，随后“遇到袁公过去所教练的韩兵数百人，合力进战，士卒争先，声震屋瓦[50]。”新军的倒戈，使战局从相持转为有利于清军。竹添首先动摇，率领日军退回使馆，金玉均、朴泳孝等政变骨干亦随之逃往使馆，一路上受到聚集在宫外的市民的追打。洪英植等则护卫国王出宫赴北庙避难。整个战斗仅持续了一个时辰，清军获胜，但仍不知国王所在。于是悬重赏打探国王去向，夜间方探到国王下落，遂将国王接至吴兆有军营，洪英植等试图阻拦被杀。次日上午，国王移居袁世凯所部军营，并召集原政府成员金弘集、金允植等，商议善后，组成了以沈舜泽为首的新政府。8日，国王召见各国使节，告以政变平息。日使竹添因使馆连日遭到愤怒的汉城民众的围困和袭击，在致信袁等诿过卸责后，于当日自焚使馆，率领使馆人员、驻军和金玉均、朴泳孝等政变骨干逃往仁川领事馆。甲申政变以中国大胜，日本惨败告终。此后，袁世凯则应国王之邀，居于“偏殿楼下，与国王居所仅一墙之隔，朝夕接触会晤，握手谈心。各部大臣每日必造访袁公禀告公事，环绕左右听指挥……袁公不动声色，代韩内筹抚治，外辑邦交。一个月来一手秉笔，一手按剑，衣不解带，目罕交睫。当时年龄才二十六岁，头发却由此而斑白[51]。”

清军当时在朝的三营兵力约一千五百人，朝鲜左、右两营约八百人。但袁世凯所统一营分驻马山浦，随其进宫的只有四哨。清军编制每营五百人，一营五哨，每哨一百人，考虑到军营尚需留守，而张光前所部并未参战，所以清军一方入宫参战者的实际人数应不足一千人[52]。在日本和开化党人控制的王宫中，有竹添带入的二百名日军和朴泳孝指挥的两营新军八百人，共一千人。在实力上，与对方相差并不悬殊，且已挟制了国王，控制了王宫，作战有险可据，以逸待劳。为何败得如此之快呢？一个原因是为防止与清军冲突，政变方未关宫门，从而失去了防守的优势和屏障，使清军得以顺利入宫。另一个原因就是日本人中途退缩，撤出王宫，导致军心瓦解。进一步分析，则政变与反政变之成败，实与双方领军人物的意志与决心有关。

政变一方的核心和主脑人物是日本驻朝公使竹添进一郎。竹添是个狂热的帝国主义分子，到任后积极扶植开化派，中法战争爆发后，则极力怂恿开化派发动政变，推翻政府，建立亲日政权。在政变前夕，竹添将政变计划报告日本政府，要求批准。但日政府在接到竹添报告的同时，也收到了驻华公使榎木武扬的密报，说正在进行中的中法谈判，法国有意割占中国的台湾。日政府闻讯大为恐慌，认为台湾重于朝鲜，遂决定倾全力阻法夺台，指示竹添暂停发动朝鲜政变。而竹添不待政府之批准，即擅自决定立即发动政变。这是竹添的狠处。

反政变一方的核心和主脑人物应该说是袁世凯。袁是个坚定的“传统帝国主义”者[53]，为维护清廷在朝鲜的利益不遗余力，而且勇于任事，具有杀伐决断的作风。在政变突发，无法与国内及时联络，请示机宜，而且在政治军事上已经落了后手的形势下，不顾主官之犹豫，慨然自任，甘负严谴，断然出兵平乱。这是袁世凯的狠处。

也就是说，无论日方或中方，政变方或反政变方，其军事行动都是未经政府批准的行动。成功则罢，一旦失败，则会承担严重的罪责。所以无论哪一方，一旦发动，就非干到底不可。任何犹豫、畏缩和动摇都会使行动功败垂成，所以这又是双方领军人物个人意志的一场较量。从竹添和袁世凯在事变中的表现来看，其强弱优劣，高下立判。

在政变一方，起初进展相当顺利，确有出奇制胜的效果。清军猝不及防，国王、王宫、新军均已在政变者控制之下[54]；亲华的重臣被诛杀；开化派政府组成，新政纲发布；被挟持的国王召见了外国使节，政变似乎已经成为既成事实。但竹添低估了清军反击的意志和决心，没能迅速扩大战果，把优势转化成为胜利。由于政变并没有得到政府批准，竹添心里没底，没有破釜沉舟的决心，而是想控制事态，避免给清军以介入的借口。

5日(旧历十八日)晚间，清军沿宫墙巡逻至宣化门时，曾因阻止关闭宫门与守卫的新军发生争执。统领新军的开化派领袖朴泳孝主张与清军开战，但为竹添和金玉均所劝阻，他们主张避免与清军正面冲突，所以下令不关宫门，制造形势已恢复正常的假象，希望清军能够接受政变的既成事实。但此举等于放弃了防守的最大屏障，是军事上的大忌。袁、吴能够带兵顺利入宫，端赖于此。竹添之错，此其一。6日(旧历十九日)，在吴、袁两次派人入宫送信，要求晋谒国王并进宫入卫后，竹添内心已开始恐惧动摇，竟提出将日军撤出王宫，虽经开化派反复恳求，他勉强同意再留两天，但已极大地动摇和挫伤了政变一方的士气。竹添之错，此其二。当日傍晚清军强行入宫，激战后政变者不支，金玉均建议挟持国王退走仁川，再作后图，为竹添所拒绝。所谓挟天子以令诸侯者，合法性所在也。谁控制了国王，谁就有合法性，政治上就占有主动。不料竹添惶恐之际，竟主动放弃了政治、外交斗争中最关键的棋子。竹添之错，此其三。

反观袁世凯，在清廷驻朝官员中，主外交、商务者为陈树棠，长军事者为吴兆有，袁虽有总理营务处和会办朝鲜防务的名义，但权、位均在陈、吴二人以下。袁虽一开始就力主反击，但凡事均需会议，颇多掣肘，难以当机立断。陈怕引起中日冲突，主张缓发；吴、张则谓“无北洋令，不敢轻动[55]”。最后在袁表示所有后果他愿一身承担的情况下，吴等才勉强同意发兵。在双方的意志较量中，袁远胜于竹添。

其次，袁在朝鲜宫廷、军队内部建立起来的关系网络在反政变过程中起了重要作用。袁曾编练朝鲜新军，其治军虽严，但善于以恩驭下，颇为韩人感戴。政变时新军全在开化派控制之中，而经袁联络策动，其左右两营随即加入清军一方，加强了反政变的力量。朝宫廷内外的官员内侍不断向袁通报消息，使清军及时了解政变者的动向，也是反政变得以胜利的重要因素。在政治、军事资源的利用上，袁亦远胜于竹添。

开化派矫诏诛杀守旧派大臣、组阁、发布政纲、召见外国使节，全是以国王的名义进行的。清军干预政变，强行带兵进宫，用的也是护卫国王的名义。国王在谁手上，谁的行动就具有合法性。但竹添在紧急关头，竟轻易放弃了这一对双方都是至关重要的筹码。反观袁世凯之作为，他对这一点的认识，也远远超出了竹添。清军攻占王宫，遍搜宫内而不见国王踪迹，又传闻国王已经遇害。袁当即派人寻找国王的庶子，打算立为监国，以争取政治上的主动。在找到国王后，立刻迁入清营加以保护；迁回王宫后，袁更是以自己统带的部队入宫护卫，并亲自住在国王隔壁以便于控制。其实，国王当时已有离心倾向，虽未参与政变阴谋，但未必不愿意就此摆脱清廷控制。

正被中法战争搞得焦头烂额的清廷与北洋大臣李鸿章，接到甲申政变，清军卷入的消息，十分震惊。迟至九天后才发下“目前办法，以定乱为主，切勿与日人生衅”的密旨，态度十分消极。次日，朝旨对陈、吴派兵赴援的请求，予以驳斥，“目下办法，以查办乱民、保护朝王、安日人之心，并剖析中倭误会打架，以释衅端为第一要义。驻朝委员等所禀，请兵救援，此事本未与日本开衅，何援之有？所禀殊未可尽信。著吴大澂克日前往熟审机宜，悉心办理，一面迅速奏闻，并与李鸿章会商妥办[56]。”从清廷的指示来看，其大事化小、息事宁人的意图十分明显。如果按吴、陈的意见，坐等北洋和清廷的指示，固然在丢失朝鲜的责任上，可以为自己预留退路，但结果肯定会是政变获得成功，清军将被迫撤出朝鲜。实际上，由泰安轮传送的吴、袁等报告事变的函件，经丁汝昌由旅顺电报转发，10 日（旧历二十三日）午间才传到北洋衙门，而朝廷的旨意更是迟至 15、16 日（旧历二十八、二十九日）才发布，而此时距政变的发动已逾半月，清军如没有当机立断地采取行动，政变早已成功是毫无疑义的。也正如陈树棠、吴兆有所担心的，清廷果然要追究谁先挑起事端的责任，并派吴大澂、续昌为钦差大臣前往查办。据说吴大澂原想以袁世凯作为替罪羊[57]，虽系齐东野语，但也反映出当时一般人均认为袁是在事变中起主要作用的人物。

实际上，在惊闻甲申政变而彷徨无计之际，得知清军已及时平叛，而没用国内派一船一舰，添一兵一卒，清廷和李鸿章实在是大喜过望，所谓查处肇事者不过是官样文章。就在朝廷委派吴大澂赴朝鲜查办事件的旨意下达之际，袁世凯关于政变始末的详细报告也送到了北洋，很得李鸿章的赏识。九天后，李发电报给行至山海关的吴大瀓，告知他袁有一份报告，“分条详禀此事始末万余言，极为详尽，抵马山后可索取一阅[58]。”李鸿章的关照实已表明了自己的立场。而袁世凯也“详尽叙述政变起因、事实为一册，附列证据，派人等候在马山浦。11月13日，两位特使到达后，立即送览。”16日(公历1885年1月1日)，吴大瀓等到达汉城，袁世凯参见时，对自己带兵入宫之事颇为理直气壮：

袁公入见说：“袁某带兵驻韩，责任即在于保护，如果失掉了韩国，并且丧失了其君主，朝廷会不会予以谴责？”吴公说：“必会严厉谴责。”袁公说：“既然拼以死力救护，韩之君主国家俱存，但也有擅自挑起争端之罪，愿朝廷按律法惩治。然而袁某自问，还是觉得无所愧怍啊。”吴公急忙说：“君劳苦功高，相见恨晚，当以实情上达。”续公也说：“我们自当竭力保全，希望不要灰心。”[59]

吴、续二人显然已受到李鸿章的态度和袁氏报告的影响，对袁已有很好的印象，而且吴是著名的主战派，故会有上述勉慰有加的话。但袁之出色，反衬了吴(兆有)、张(光前)的庸懦，因而吴大瀓等对二人态度颇为轻视怠慢，对袁世凯则和颜悦色，引起了吴兆有等人的嫉恨[60]。加上袁平时锋芒毕露、跋扈专断的作风，吴、张等遂借查办的机会，将责任全部推到袁世凯身上；但发觉钦差对此不以为意，并不认真追查出兵责任(事实上他们认为袁能当机立断，挽回大局，不仅无过，而且有功)时，遂揭发袁挪用军饷一事。据王伯恭《蜷庐随笔》记载此事如下：

朝鲜甲申之乱，一时间重要大臣，全都被乱党杀死，慰亭(即袁世凯)对死者家属全都给以优厚的抚恤，仓促间没有钱，就挪用了军饷。事后，禀请合肥(即李鸿章)作为正项开支核销，合肥批评驳斥他说：“该管带纯粹是以银钱买结韩人之心，实属荒谬，所请示之事不予批准。”而且发函命令吴兆有，责令该管带将借用的军饷，照数赔补。慰亭之叔子久观察[61]，也寄函痛训他，令速为补赔……于是慰亭交卸营务回籍，所借兵饷，则售卖家产进行补偿。[62]

袁世凯挪用军饷，为的是在大乱之后收拢人心，增强韩人对华的向心力，并非私用。但不经请示批准而擅自做主，确实违纪，被人抓到了短处。人们指责其“专擅”，不是没有原因的，就此也可见其办事作风之一斑。其实，李鸿章是极为欣赏袁世凯的，但作为淮系集团的首领，也不能不敷衍那些跟随了自己多年的老部下，平息一下他们的不满。而袁世凯也看出风头不对，遂借口嗣母牛氏身体不适，请假归省。这是袁世凯走上仕途后的第一次蹉跌。

甲申政变的平息，袁世凯功劳最大，不惟未获嘉奖，反而颇遭物议，竟致被迫回乡避风，原因究竟何在？当时对其最为不满的就是吴长庆庆军的将领们。产生龃龉的最初原因，是袁在壬午兵变时雷厉风行地整饬军纪，得罪了庆军将领。如“分统提督黄仕林泣诉于吴公，谓公枉杀[63]。”至于“专擅跋扈”，则需具体分析。壬午整军，乃吴长庆特许便宜行事。甲申不待清廷指示出兵平乱，虽系袁氏力主促成，陈、吴、张等虽出于勉强，也是会议通过，不能称之为专擅。暂挪军饷抚恤死难韩人家属，虽然在袁世凯总理营务的职权之内，但没有时任清军总领的吴兆有的首肯，袁世凯恐怕是不能也不敢这样做的，否则他也不会敢于向李鸿章要求报销此笔款项。不料吴兆有事后来了个不认账，使袁不仅受到严厉申斥，而且要个人掏腰包赔补军饷。此事在他堂叔袁保龄给他的信中可以略见端倪：“你此次朝鲜之功，众论昭然，而吃吴某如此大亏者，就是犯了阔字之病。行有不得，反求诸已，怨天尤人，有什么益处呢[64]？”所谓“阔”者，在这里指的是手面大，好铺张排场，不吝惜钱财之义。这确是袁为人行事的一贯特点，所以袁保龄有“你的举动总不免于阔，是一个大毛病”的责备之言。胡思敬所撰《大盗窃国记》为批判袁世凯所作，但也不得不承认袁有善以名利驱策天下的本事：

> 世凯生平，滥交污取，俯视一切，不问家人生产。从他少年的时候，即好为游荡。偶尔有点钱，总是招呼朋友们饮酒，顷刻而尽……其横绝古今，为诸多奸雄所不及者，敢于用财，视黄金如同土块；敢于用人，不念私仇，不限流品，不论资格而已。名利能令普天下的人争相向前，所以小人皆乐于为

他效力。[65]

至于“跋扈”之说，可见于张謇给袁世凯的书信之中。张謇自1876年入幕府，直至1884年吴长庆病故于金州，一直在吴幕中参与机要。不仅资格老，而且极受吴长庆及庆军上下的尊重。在袁世凯初入吴幕时，他还辅导过袁读书，彼此间有师生之谊。张显然是从吴兆有等留驻朝鲜的庆军将领处得知袁的所作所为的。他在信中列举袁之种种跋扈情形是：

袁司马[66]所谓的营务处，是分统三营的营务处；会办朝鲜防务，是孝亭的会办，(任命的)公牍俱在，文理昭然。而司马的信函封面自称“钦差北洋大臣会办朝鲜防务总理营务处”，是不屑于上述职务吗？那么就不应接受差事。是以此愚弄朝鲜人吗？则朝鲜人不全是无知。是偷借北洋的名义骗人吗？则人是不可以欺骗的。弹劾左宝贵的言官，列举了他妄称“钦差”“钦命”字样，不知司马此种举动，与左宝贵有何差别？这是一件事。

营务处只是件差事，而(你的)官阶则是同知，才五品么。对于镇将用扎，对于州县官用扎，算是身份上的需要。以道员兼营务处的身份，对于实缺的提督总兵，也应当用扎吗？事情荒谬反常，这也是一件事。

既然身为孝亭的会办，同见国王时，便应当由孝亭在前，一应公事，便应当把孝亭的职衔放在前面。而(你)事事任性，妄自尊大，威福在我，凌蔑一切，致使将领寒心，士卒愤涕。司马是说凭势力可以镇摄人，靠权诈可以处世吗？不学无术，这又是一件事。

内地的职官，只有实缺官员出行排列仪仗，像营务处、营官，从未见过有用仪仗的。乾隆嘉庆年间册封使臣到朝鲜时，国王以肩舆相迎，(使臣)曾被诏旨申饬。而司马居然乘舆张盖，制作五色马旗，出入都有部下呵斥清道，平时在兵船上建树黄龙大旗。不知置自己于何种地位？置孝亭于何种地位？置国家体制于何种地位？这是一件事。

……此次国王来函，没有一处不提到“袁会办”，而孝亭在书信中反而好像是被顺带提及一样，这难道不是由袁司马的心思、力量、手眼所造成的吗……[67]

张謇信中罗列袁氏诸般跋扈的事实，实来自吴兆有等驻韩将领。孝亭是吴兆有的字，而吴是留驻朝鲜的庆军分统，朝鲜防务的总办。张謇以老师的身份，写信责备袁世凯，全信含讥带讽，口气十分不客气。信中不称慰庭而称“司马”，意在提醒袁世凯，你不过是个五品的同知而已。张謇的指责，实际上也代表了吴兆有等庆军将领，归纳起来，无非两点：

一、妄称钦差，仪仗逾制。根据是袁在自己行文发函的封面上题有“钦差北洋大臣会办朝鲜防务总理营务处”的落款，但不确实，是道听途说或有意诬蔑之辞。从今天所能见到的袁世凯当时的信函看，其信封上的署名格式为：“钦差北洋大臣奏派总理亲庆等营营务处会办朝鲜防务袁[68]”，在“钦差北洋大臣”后空一格，在袁的职务前则有“奏派”二字，说明袁之任命系由李鸿章上奏委派，故用此格式，除表现袁有高自标置的心理而外，并无任何逾格僭制之处。诚如张謇所说，吴长庆回国后，吴兆有为朝鲜防务总办，作为会办，袁只是吴的助手。但诸多对韩对日对各国使节的交涉，多由袁出面，他用“钦差北洋大臣奏派”的名义，出入仪仗逾制，实在有其不得已的苦衷。

清廷自认是“天朝上国”，不屑于与属国互派使节，因为互派使节就意味着关系平等，有违“天朝”的体制。所以，只派陈树棠以“总办朝鲜商务委员”的名义常驻汉城，朝鲜之商务、外交由其监管。但此种做法不合国际公法，列强驻汉城使节也决不会接受，否则就等于他们也承认清廷是比其高一等的所谓“上国”。不仅如此，列强使节们还借口所谓“商务委员”充其量是个商务代表之类的角色，不具有全权使节的地位，在外交场合往往故意轻视清使，以此贬辱清廷的妄自尊大。

图5　与袁世凯有师生之谊的张謇。

譬如1885年，李鸿章在向译署[69]推荐袁世凯的函件中即指出，“陈树棠充通商委员，各使均鄙为不得与领事同品，平日宴会应接，卑亢俱难[70]”。又如，甲申政变后，日本派井上馨为全权大使赴朝交涉，清廷则派吴大澂为钦差大臣前往查办。吴曾主动拜访井上，但井上故意以吴“无全权字据”加以拒绝。其后，吴曾硬闯入日韩交涉的会场，而“井上竟飘然而返，不一枉顾[71]。”由此可见，由于清廷坚持自己宗主国的特殊地位，使得中方官员在外交场合常因身份名义问题而难堪。袁世凯当时官职不高，但所代表的是国家，为防窘辱，在名义、仪仗上做了点文章，还是情有可原的。而李鸿章等也知道他们的难处，不愿深究，这可能也是袁世凯没有像左宝贵一样受到弹劾的原因。

二、妄自尊大，凌蔑一切。指作为五品同知的袁世凯，对官阶职级都比他高的将领们，特别是作为清军统帅，官居一品的吴兆有，行文一律用扎，给人以以下凌上的感觉。清代官场文书往来，分上行(即下级对上级)、平行(即同级对同级)、下行(即上级对下级)三种格式，而“扎”通常为下行格式。在对朝交涉事务中，袁则事事当先，以至于韩王把他当成了主角，而吴兆有等反而好像是次要人物了。清廷在朝官员，外交、商务由陈树棠负责，驻军、防务由吴兆有总办。袁世凯官职虽低，但总理营务处和会办防务的差事使他位居第三，他能力既强，交际又广，加之年轻气盛，勇于任事，不免给人以“一切更革，露才扬己”的印象。但袁世凯自幼混迹于官场，老于世故人情，为何一反常态，如此作为呢？张謇信中指责的诸事，都发生于吴长庆回防金州之后。此前，袁世凯虽因整饬军纪而与庆军将领产生龃龉，因少年新进而遭人忌恨，但因有吴长庆在，双方尚能相安无事。吴长庆撤离汉城，旋即病故于金州之后，双方都没有了顾忌[72]，矛盾遂至于表面化。但矛盾之最终激化还是在甲申政变之后。据沈祖宪等撰的《容庵弟子记》[73]记载，袁率中路清兵及朝鲜左右营(自敦化门)强行入宫后，即与守军展开激战，直至攻到王宫后院山坡下，方见率左路(自宣仁门)入宫的吴兆有正由两名士兵搀扶着仓皇走避：

兆有跌足号哭。袁公问其缘故，回答说：“士兵入宫受到攻击，逃跑溃散不知道哪里去了。”袁公笑道：“你作出这副模样，敌人就能放过你吗？不要乱我军心，赶快回营收集残兵吧。”袁公仍指挥众人前进，遇到埋伏的地雷，(敌人)格林炮齐发，有两名士兵被炮弹炸飞到空中，几天后才找到他们的尸体。地雷距袁公不过数十步，爆炸声浪把袁公震得仆坠到坡下，受了点轻伤，仍然率兵追击。听说日兵已归使馆，天快黑时遂收队回营。而袁公所训练的韩军与日本人所训练者仍在相互射击，枪声达旦，也未看见张光前部的士兵。派人查看，原来都在王宫西面金虎门内的高墙下躲避子弹，未敢发一枪进一步。袁公叹息道：“淮军的暮气怎么会到了这种地步啊！”

将吴、张二人作战中的表现说得如此不堪，不排除袁世凯为泄当年被中伤的旧恨而有意夸张，但淮军“暮气已深”并非虚言。军纪松弛，训练疲沓，临战畏懦[74]，日后甲午大败即种因于此。庆军创始人刘秉璋之子刘体仁在其所撰笔记《异辞录》中也曾述及淮军之暮气及其将领的庸劣，是其一证：

武壮(吴长庆谥号)出征高丽病故，张光前、黄仕林分别率部驻扎在旅顺，日寇到来时全都溃败逃走……己亥年，文忠(李鸿章谥号)复出总督两广，光前前往道贺，说到自己曾到(安徽)无为县拜会文庄(刘秉璋谥号，刘为庆军创始人，庆军将领都是其老部下)而被拒于门外时，文忠说：“你是败军之将，(他)不见你是合适的。”既而，仍用张为两广驻军中的防营统领。文忠对于淮军旧部，终究还是顾念旧情的。[75]

袁世凯既眼见了吴、张等的“怯懦庸劣”，就难免不对这些人心存轻蔑，在举止行为上也会有所表露，而双方之矛盾也必然愈来愈深，乃至于不可调和。

甲申政变之善后，袁世凯大包大揽，操纵一切，未始不由他对吴兆有等的轻视和不信任所致。据郭廷以《近代中国史事日志》所记，清军在汉城北门关帝庙找到韩王李熙的当天 (12 月 7 日，旧历十月二十日)，即将其移至袁世凯营中。次日，“朝鲜国王在袁世凯营中延见各国公使”。10 日，“朝鲜国王回宫，袁世凯带队护卫”。15 日，“袁世凯禀告李鸿章，主张特派大员，设立监国，统率重兵，代理朝鲜内政外交，并示日本以必战，以促成和局[76]”。其间，“所有韩之内政、外交、军务悉请公主持调度”，而袁亦当仁不让，“代韩内筹抚治，外辑邦交[77]”。重组政府、抚恤被害重臣家属等均由其一手办理。

1885年1月1日(旧历十一月十六日)，清廷派出的查办朝鲜事务的钦差大臣吴大澂等到达汉城时，吴兆有等迎诸江渚，而袁独单骑迎于南门外，可见双方当时嫌隙之深。在追查中日交兵起因责任的过程中，袁世凯因与吴、张等人的关系紧张而陷入孤立，袁曾当众表示过自己愿意承当引发争端的责任，当然不能反口，而吴、张等不仅不愿代他分担责任，反而在背后中伤他；至于日本方面和其他暗中支持朝鲜自立的列强使节，更是众口一词地把责任归咎于清军和袁世凯。在这种内外夹攻的局面下，袁的日子很不好过。他的好友金允植曾叙述过他此时的窘境：“当时清廷钦差吴大澂来查诸将的功过，外国人全都以流言诋毁慰庭；留防朝鲜的清军诸将也都嫉妒其功劳而中伤他，而钦差对慰庭也追查得很急。慰庭愤懑不已[78]”。适逢家乡来信，得知嗣母牛氏身体不适，他于是以此为借口，提出回家省亲。

袁世凯借回乡省亲抽身而退，以屈求伸，不失为避风头的好策略。袁保龄对此颇为赞赏：“凯侄脱身回里，觉此子狡狯，亦复胜其痴叔矣[79]”！甲申事变中袁的出色表现已使他腾誉中外，加上他办事周到干练，大得钦差们的好感。不仅准其归省，且携其同船返津。吴大澂甚至对李鸿章说：“公一向说张幼樵[80]为天下奇才，在我看来天下奇才非幼樵，乃袁某也。”“两位特使入都复命，扬言于朝，认为公才可大用，由是名望重中外[81]”。李鸿章也对其“慰劳有加”，并保留了他的总理营务处和会办朝鲜防务的差事。在询及他与庆军将领的矛盾时，袁遵循乃叔的指教，不仅不为自己辩解，而且“无一语及吴兆有，李相咨嗟叹服[82]”。其后李对吴兆有等对袁的攻讦，不惟不听，而且在了解真相后将吴撤差[83]。其时，李鸿章已对袁世凯的才干、度量和能力有了深刻的印象，认定他在复杂环境中可以独当一面，而要把列强环伺的朝鲜牢牢控制在清廷的手中，李鸿章需要的正是这样一个得力助手。

日本政府在接到竹添关于甲申政变失败，使馆人员撤退至仁川的报告后，在研究善后对策时，虽认为超越公使职权，违背政府命令和条约擅自派兵入宫，责任在竹添。但政变既已发动，“召荣致辱，皆政府之责”，竹添代表日本，政府应出面迅速处理此事。并决定以外相井上馨为全权大使，率陆军两营、兵船三只赴朝交涉，以军事威胁迫使朝鲜就范，签订有利于日本的新的不平等条约。在交涉策略上，则只进行双边谈判，避免中国介入，以利于压服弱小的朝鲜。而对甲申政变本身，由于日本公使实为祸首，所以避谈起因，只谈善后，即“日馆焚毁”“日人被害”问题[84]。

1885年1月1日，井上和清廷派来的钦差大臣吴大瀓同日抵达朝鲜。当日，吴即晋谒国王，在笔谈中，吴秉承清廷“切勿与日人生衅”的指示，要求朝鲜息事宁人：“中朝不愿与邻邦失好，贵国又不能与日本相抗，其势不能不委曲求全，以息事宁人为归结[85]。”败者咄咄逼人，胜者反而软弱退让，清廷怕事妥协的对外政策，暴露了“天朝上国”外强中干的本质。特别是再一次在关键时刻牺牲朝鲜的利益，使朝鲜王室托庇于清廷的信心，刚刚恢复又随即动摇，引发了越来越大的离心倾向。朝鲜此后愈发坚定了结好列强以摆脱清廷控制，走独立自主道路的念头。此后十年的中朝关系竟成为波澜不断的控制与反控制的持久较量，这是清廷、李鸿章等始料不及的。

前面已讲过，清廷坚持不向朝鲜派驻公使以显示宗主国高人一等的颟顸做法，由于不合近代国际公法，常使中国代表在外交场合遭遇难堪。日本在此次事变的善后过程中，也充分利用了这一点。井上先是要求中国派出有便宜行事权力的全权大臣赴朝议事，被拒绝。李鸿章认为这是日本的“狡计”，意在“证明朝鲜自主也……果派全权，适中其计，事更难办。今我处若即若离之交，但使朝日议定，则本案已结，当不致另生波澜。”孰知这正中井上下怀，使其得以贯彻通过双边谈判迫朝屈服的初衷。3日，井上即以无全权委任为由拒绝与吴大瀓会商。8日，吴大瀓闯入朝日谈判的会场，“命查办乱党，勿与日本草草立约，并告井上馨中日现无可议。”井上则“飘然而返，不一枉顾。”次日，朝日即签订《汉城条约》，计五款，主要内容是：朝以国书向日道歉、赔款、缉凶等，其中最重要的一条是日本有权增加在汉城的驻军。井上随即将自己所率日军中的一营(一千人)留驻朝鲜。11日，井上通知吴大瀓，“说他不是全权大臣，不便前来会晤。随即赴仁川返日[86]。”

朝日《汉城条约》的签订，并不如李鸿章所愿是“本案已结，当不致另生波澜”；而是日本政府按其既定方针，嗣后要求与清廷展开双边谈判，以讨得更多便宜的开端。日本策动并参与政变，本已理亏，在军事上又是失败的一方，有什么资格向胜利者讨价还价呢？最根本的就是日本人看透了清廷外交政策妥协退让、委曲求全的本质，也把握了正与法国作战的清政府不愿两线作战，力求息事宁人的心理。而日使竹添逃离汉城前留下的一封推卸责任、嫁祸于人的信件，为日本政府提供了所谓的根据。

1884 年 12 月 6 日 (旧历十月十九日)，袁世凯等带兵入宫之前，曾致信竹添说明理由：

> 敝军与贵部驻此，同系保护国王，昨日朝鲜内乱，杀大臣八九人，现在城内外军民不服，据报告有入宫环攻贵部的说法。弟恐国王再受惊吓，又恐贵部遭受围困，因此才敢率部进宫，一以保护国王，一以援护贵部，别无他意，务请放心，专此奉布。[87]

信函自辰刻 (早 7—9 时) 发出，至未刻 (午后 1—3 时) 仍无回信，袁等即于申刻 (下午 3—5 时) 带兵强行入宫。实际上竹添早已收到信函，但直到 7 日，政变已彻底失败后，竹添为推卸责任方复函袁世凯等，声称自己是奉韩王手谕入宫护卫，而昨日“会接手翰，未及拆视，贵国兵队闯入宫门，乱发小枪。弟恐祸及大君主，不得已亦应发小枪，以尽保卫之谊[88]。”为自己预留退步并嫁祸于人，这是竹添的狡猾之处。

1885 年 2 月 10 日，日本政府“决意主和”，并派伊藤博文 (时任日本宫内卿)、西乡正道为正副使前往中国进行甲申事变善后问题的谈判。日本在谈判开始前，针对清廷的畏战心理，大造中国如不从朝鲜撤军，日本不惜一战的舆论。先声恫吓的同时，伊藤博文又向清驻日公使徐承祖示好，说自己“平素力主中日必须和好的主意，及此次奉命，仍未失其初心[89]。”此外，日本还请英国驻华公使以调解的名义向清廷施加压力。伊藤途经上海时，还与在沪的法国公使巴德诺会面，刻意制造日法欲联手对付中国的假象。3 月 11 日，清廷任命李鸿章、吴大瀓为对日谈判的正、副使，谈判于 4 月 2 日开始。伊藤根据政府的指令，提出三项要求：一、清军撤出朝鲜；二、惩处参与事变的清军将领；三、抚恤事变中日方商民。这三条的核心是迫使清军从朝鲜撤军，因为壬午、甲申两次事变中，日本的图谋均因清军的行动而受挫，故把清军的存在视为实现其目的的最大威胁和障碍。

谈判充分反映了当时中国外交的不成熟。首先，在朝鲜已获军事和政治胜利从而具有优势的清廷，没有乘势追究日方的政变责任，提出自己的要求和谈判方案，而是围绕日方的三条反复辩难，放弃了主动权。其次，由于朝廷一开始就抱定了“和”的宗旨，在谈判中只有退让一种选择，以至于每当日方以罢谈回国相威胁时，清廷就不得不做出让步，委曲求全。最后，也是最主要的是，李鸿章主持洋务多年，是当朝重臣中最懂外交的，在谈判中主要靠他拿主意，但因谙于国际公法，以致落入伊藤的圈套而懵懂不觉，对策失误，损伤国体，且贻大患于将来。

起初，对日本的三条，清廷的态度是，撤军一事可以商量，对其他两条则断然予以拒绝。在任命李鸿章为谈判之全权大臣时，即明确电示：“日人欲我惩在朝武弁，断不能曲徇其请”。在谈判开始后亦曾电示：“朝鲜防营并无错误，日使所请惩处，断不可行。中日兵均有伤亡，两毋庸议[90]”。在谈判相持不下时，伊藤每每以罢谈回国为要挟。4月7日(旧历二月二十二日)，在中日第三次谈判中，伊藤因中方拒绝赔恤日本商民而“辞色怫然”，暗示下次再谈不妥即要罢谈返日。其实，中方同意谈判撤军问题，伊藤此行的主要目的可望达到，他是绝不会退出谈判的。但李鸿章却沉不住气了，担心谈判破裂，引发战争，故于次日向清廷建议：“议处营官、赔恤难民两层，纵不能悉如所请，须求酌允其一，俾得转场而固和局。”李认为，“日人最贪小利”，而“即使加恩优恤，谅不过数万元[91]。”总署遂于10日(旧历二月二十五日)回电同意以朝鲜名义“酌加抚恤”，而“此项银两可由中国发给朝鲜暂付[92]。”

图6　天津谈判时的日方首席代表、侵华老手伊藤博文。

其实当时的国际外交并无公理可言，本质上是强权政治；若从国家利益出发，也没有是非可言；但在国际公法上，却有是非可言，虽然只是形式上的，但事关国体，决非银钱之类的小事。赔偿日本人即意味着责任在中国一方。李鸿章不谙国际公法，此其一也。

4月10日，双方集中谈判撤军问题。在伊藤答应日本同时撤兵之后，谈判进展顺利，李鸿章不知是高兴还是为了表现泱泱大国的宽厚通达，犯下了更大的错误。他对伊藤说：

> 我有一个大议论，预先说明。我知道贵国现在无侵占朝鲜之意，以后若有此事，中国必派兵争战。若是中国有侵占朝鲜之事，日本亦可派兵争战。若他国有侵占朝鲜之事，中日两国全都应当派兵救护。因为朝鲜关系我两国，是紧要的藩篱，不得不加以顾虑。目前无事，姑且讨论撤兵就可以了。

伊藤闻言大喜过望，原想迫使清军撤兵已属不易，未曾想中方竟能允诺双方共同保护朝鲜（由此，朝鲜由中国的附属国一变而为中日双方共同的保护国），遂立刻表态："中堂所论，光明正大，极有远见，与我意相同，当谨识勿忘[93]。"次日，双方谈判和约，中方副使吴大澂提出四款，其中第四款为："朝鲜本国如有乱党滋事，该国王若请中国派兵弹压，自与日本无涉，事定之后，亦即撤兵回国，不再留防[94]。"日方则坚决反对此款，并针锋相对地提出五款，核心是两国共管朝鲜。由于争持不下，伊藤再次以退出谈判为威胁，谈判再次陷入僵局。清廷遂于15日（旧历三月初一）电示李鸿章再作让步："撤兵可以允许，永不派兵不可允许……万不得已，或于第二条内若干语句下面，添加'两国遇有重大事变，各可派兵，互相知照[95]。'"李接此旨意后，于当日与伊藤举行第六次谈判，商定条约三款内容。吴大澂的第四款被改为："将来朝鲜国若有变乱重大事件，中日两国或一国要派兵，应先相互行文通知照会，及其事定，仍即撤回，不再留防[96]"。对于日方要求惩处驻朝清军将领一事，李鸿章也答应"戒饬""查处"，并以照会的方式予以公布。至此，伊藤大获全胜，而清廷认为以不多的让步消弭了争端，也自觉满意。

外交争端，无论如何小事，均关系一国之尊严与责任。伊藤以竹添复信为由无理纠缠，企图把事变责任推到清廷身上，中方本应予以严厉驳斥，揭露、追究日方的责任。吴大澂、续昌根据在朝鲜查办时了解到的事实据理批驳竹添的谎言，伊藤实已理屈词穷，落了下风。而李鸿章以为可以变通处理，所谓“戒饬”“查实处理”等等不过是搪塞敷衍日人的官样文章而已。殊不知见诸文字后，就如答应赔偿一样，意味着清军有肇事之责，日本反而成了受害者，甲申事变的真正祸首——竹添则安然于事外，实在是清廷外交上的大失败。可笑的是，李鸿章对以“戒饬”代“惩处”，大事化小、小事化了的做法颇为得意，把它比喻为“犹如人家子弟与邻舍口角，其父兄出面为他们转圜，也是情理之常[97]。”反观伊藤，对于竹添擅自发动政变之责，他心里是一清二楚的。但在谈判中却一口咬定竹添无错处，无责任。只是条约签订，照会发布之后，方在宴会中略为表态：“伊藤私下也认为是竹添不对，说回国后即另派妥当人员前往充任驻朝鲜公使，其中已寓含了撤职的意思[98]。”李鸿章谓伊藤“貌似平和，内甚狡黠”，诚是也。

伊藤所要求惩处的清军将领主要是指袁世凯，而如上所述，李鸿章立意要保护的也是袁世凯。但为何在今天所能见到的当时谈判的文献中，并无袁的名字呢？笔者以为，一是李等根本否认争端由我方挑起，自然也就无所谓责任和惩处问题；二是，伊藤可能明指袁为祸首，但李为防万一，在向总署报告谈判情况时，故意略去袁的名字不提。何以见得？这可求证于袁保龄当时给在老家避风的袁世凯的书信：“伊藤此次极力欲撼汝，尚赖合肥相国持正，颇费口舌，此节自是可感。”袁保龄在致李之亲信幕僚章晴笙的信中也表示：“凯侄得蒙我帅力持正论以覆庇之，感彻心骨[99]。”

甲申军事的胜利功在袁世凯，外交的失败过在清廷和李鸿章不谙公法，梁启超曾对《天津条约》第三款(即朝鲜有内乱，双方无论谁派兵都须预先通知对方)的谬误评论如下：

> 此项条约款对两国的限制好像很平等，然而日本不过不能马上得到其所想要得到的而已，我方则把原来既有的权利丧失殆尽了。就好像我一直有个仆人，却忽然与客人约定说：我与客人都不能随便使唤这个仆人。客人要管束仆人，必得请示于我；我要管束仆人，必得请示于客人。天津条约，正类似于此。总之，江华湾条约，使朝鲜自己认可不是我们的属国；天津条约，使我们认可朝鲜不是我们的属国。因为江华湾条约，

明确了朝鲜与日本平等，日本既非他人之属国，朝鲜自然也非他人之属国；天津条约，明确了中国对于朝鲜之权利义务与日本平等，中国既然可以把朝鲜视为我们的属国，日本自然也可以把朝鲜视为他们的属国。[100]

这就是袁世凯回项城省亲时中日交涉的大概，也是袁不久返回朝鲜时所要面对的新的政治局面。随着清军的撤出，他将不再有可指挥之兵，而失去军事的后盾，单凭外交战场上的纵横捭阖来维护清廷对朝鲜的控制，他的能力将面临新的、更为困难的考验。

注　释

1.《李鸿章全集·译署函稿》卷十六，第3300—3301页。

2. 金允植，当时任朝鲜外署(即外交部)督办，是亲华的“东道西器派”的领袖人物，与袁世凯私交极好；尹泰骏，当时任朝鲜新军后营使(指挥官)，“东道西器派”重要成员，甲申政变中被开化派杀害；闵泳翊，闵妃后党重要成员，甲申政变时被开化派砍伤，原与袁世凯关系密切，后因参与王室自立活动而与袁反目。

3. 宪听，下属对上司的尊称，如宪台、上宪等。

4. 伊于胡底，成语，意思是：到何种地步为止。

5. 竹添进一郎，原任日本驻仁川领事，壬午事变后担任驻朝公使，是狂热的帝国主义分子，甲申政变的幕后策划者和主使人，政变失败后逃回日本。

6. 薛斐尔，当时的美国驻华公使兼驻朝鲜公使，也是朝鲜自立的幕后支持者。

7.《清季外交史料》第十六卷，第15—16页。

8. 张謇(1853—1926)，字季直，江苏南通人，有“江南名士”之称。1876年在浦口入吴长庆幕府，“治机要文书”，直至1884年吴病逝于奉天金州。光绪廿年，张考中状元，后返乡办实业。民国初年曾任“名流内阁”的农林、工商总长。

9. 参见李宗一著《袁世凯传》，中华书局版，第16页。

10. 兵曹，即兵部；判书，即尚书。朝鲜官制仿效中国，设吏、礼、工、刑、兵、户六部，由于是中国的附属国，为避免僭越之嫌，故称部为曹(清廷六部的下一级机构统称诸曹)。

11. 马昌华主编《淮系人物列传》，黄山书社版，第264页。

12. 庄练著《中国近代史上的关键人物》(下册)，中华书局版，第90页

13. 李宗一著《袁世凯传》，中华书局版，第20页。

14. 袁静雪：《我的父亲袁世凯》，载《文史资料选辑》第七十四辑，第126页。

15. 云梦之游，汉高祖刘邦借巡游云梦泽之机，消灭地方诸侯韩信、彭越、英布的故事。大院君以此暗示清军名为平乱，实则欲对他不利。

16. 沈祖宪、吴罡生撰《容庵弟子记》卷一。

17. 同上。

18. 同上。

19. 同上。
20. 同上。
21. 同上。
22. 如朝鲜国王李熙在宴谢吴长庆等清军大员时，当时仅为普通幕僚的袁世凯也在被邀之列，9月底李熙还曾单独接见袁世凯，并亲自向吴长庆指名借调袁训练新军。参见李宗一《袁世凯传》第21页。
23. 沈祖宪、吴罡生撰《容庵弟子记》卷一。
24. 袁静雪：《我的父亲袁世凯》，《文史资料选辑》第七十四辑，第126页。
25. 金允植：《云养集》卷三，参见《中日战争》(二)，第404页。
26. 同上，第405—406页。
27. 同上，第315页。
28. 沈祖宪、吴罡生：《容庵弟子记》卷一。
29. 清绿营兵制，提督为一省最高军事长官，官阶从一品；总兵在提督之下，官阶正二品，负责一镇(清代最高一级军事编制)军务。清代地方行政分为省、道、府(或州)、县四级。同知为文职，是知府(或知州)的佐官，分别负责督粮、缉捕、海防、河工、水利等事务。
30. 同注23
31. 朝鲜统治阶层中主张仿效清朝洋务派的“中体西用”模式的官僚集团，主要成员有金允植、鱼允中、金弘集等。壬午兵变后，此派与后党集团联合组织政府，其成员出任政府尤其是外务部要职。
32. 沈祖宪、吴罡生：《容庵弟子记》卷一。
33. 龙沙雁海，成语，泛指边疆沿海。庾信《对烛赋》有“龙沙雁塞甲应寒，天山月没客衣单”的诗句；龙沙，西域有白龙堆沙漠，后泛指西北或东北边疆。雁塞，传说西北梁州有雁塞山，山中有大池，为大雁聚集栖息之地，故又称雁海，疑为今天之青海湖。此诗句后人用以泛指边疆海隅等蛮荒地带，此处指边境外的藩属国家。
34. 山河带砺，成语，寓意国家永存。《史记·高祖功臣侯者年表》记载汉高祖建国时与众功臣盟誓誓言曰：“使河如带，泰山若砺，国以永宁，爰及苗裔。”意思是，即使将来黄河狭窄如衣带，泰山细小如砾石，国家依然永存。
35. 蒋廷黻：《中国近代史》，岳麓书社版，第63—64页。
36. 同上，62、65页。
37. 马建常，即马相伯，马建忠之兄，不久就离任回国；穆麟德，德国人，前德国驻天津领事。
38. 面对国家内乱外患不绝，危机深重的状况，朝鲜统治阶层中一批青年官僚和贵族子弟在本国和外来启蒙思想影响下，主张尊王攘夷，独立自主；开放改革，富国强兵，并结成秘密团体，主要成员为金玉均、洪英植、朴泳孝、徐光范、徐载弼等。比起“东道西器派”，“开化派”的主张更为激进，而且由于清政府支持后党政府并不肯放弃宗主国地位，“开化派”遂接受日本的拉拢欺骗，主张仿效日本明治维新，并依靠日本的力量实现国家独立。这不啻为与虎谋皮的幻想，最终在日本吞并朝鲜的事实面前破灭了。
39. 《中朝关系通史》第615—616页。
40. 即朝鲜统治阶层中主张同中国维持良好的宗藩关系的官僚集团。由于附属国与宗主国之间是以小事大的关系，故被称为“事大派”，清廷对属国是所谓“天朝上国”，故此派又被称为“事上派。”

41. 法国自19世纪70年代起即开始侵略越南。越亦为中国之属国，故邀请刘永福的黑旗军入越作战。1882年法军攻陷河内，次年迫使越南签订《顺化条约》，越南沦为法国的保护国。此后，法要求清撤出越南北部的清军，为清廷拒绝。在越南北部，清军连战连败，退至中国边境。中法谈判亦时断时续，陷入僵局。1884年8月23日，法海军攻击福建马尾海军基地，清南洋水师全军覆没。三天后，清政府对法宣战。

42. 金玉均：《甲申日记》，《中日战争》卷二，第467页。

43. 同上，第471页。

44. 根据有关史料的记载，由于袁世凯等的警觉和戒备，至少两次吓阻了开化派的袭击清军、暗杀其将领的阴谋；从而推迟了政变的发生。一次是金玉均、洪英植与日本代理公使岛村谋划设宴诛杀清军将领，“伏士官生徒于庭中，二鼓开筵，四鼓起事”。同时派开化派掌握的新军分头攻打失去统帅的三营清军。但由于岛村顾虑清军“皆久经战场，赴宴时侍从必多。若起事座中，万一不敌，反受其害。此议遂寝。”此后不久，他们又共谋“夜半袭取三营，遣人入视三营垒，见防守森严，亦不果。”参见《清季中日韩关系史料》第1536页。

45. 《清季中日韩关系史料》第1506、1537页。

46. 朝鲜新军分前、后、左、右四营。其中前、后两营由日人教练，左、右两营由清军教练。当时四营均已由开化派政府掌握。

47. 《清季中日韩关系史料》第1534页。

48. 沈祖宪、吴罡生：《容庵弟子记》卷一。

49. 《清季中日韩关系史料》第1527、1534页。

50. 沈祖宪、吴罡生：《容庵弟子记》卷一。

51. 同上。

52. 又据金玉均《甲申日记》所记，“袁世凯今请陛谒，率兵士六百名而入阙，分二队三百名从东、西门入来”，则清军实际参战人数为六百人。《中日战争》（二），第494页。

53. “传统帝国主义”即前面所引用蒋廷黻先生所说意义上的“帝国主义”。

54. 在被矫诏入宫杀害的大臣中，有四人掌握军权，即：督办海防总管闵泳穆、前营使韩圭稷、左营使李祖渊、后营使尹泰骏。开化派旋即以朴泳孝为前后营使，徐光范为左右营使，控制了新军。

55. 沈祖宪、吴罡生：《容庵弟子记》卷一。

56. 《李鸿章全集·电稿一》，上海人民出版社版，第353—354页。

57. 胡思敬《大盗窃国记》云：“时法事未结，朝旨戒用兵，命吴大瀓东渡，主和解。大瀓中途与幕客罗丰禄谋，欲诛世凯以谢日人，丰禄力谏。”

58. 同注56，第369页。

59. 沈祖宪、吴罡生：《容庵弟子记》卷一。

60. 吴大瀓、续昌等到达汉城时，“吴兆有等跪迎江干，星使未降舆(连轿子也没有下)”，而袁“单骑至南门外揖迓道左，星使降舆寒暄”，故吴兆有“甚愤，并衔及公。”参见《容庵弟子记》卷一。

61. 即袁保龄(1841—1889)，字子久。袁世凯堂叔，时以候补道员督办旅顺海防工程兼水陆军防务总办，极受李鸿章信任。

62. 参见庄练《中国近代史上的关键人物》(下)，中华书局版，第102页。
63. 同注59。
64. 庄练：《中国近代史上的关键人物》(下)，中华书局版，第99页。
65. 同上，第103页。
66. 清代称呼府(州)的佐官——同知为司马，袁当时的官位即五品候补同知，故称其为司马。
67. 庄练：《中国近代史上的关键人物》(下)，中华书局版，第100—101页。
68. 《北洋军阀史料·袁世凯卷》(一)，第98页.
69. 为处理外交事务，清政府于1861年1月设立总理各国事务衙门，简称译署或总署。
70. 《李鸿章全集》第十七卷，第3349页。
71. 《李鸿章全集》卷二十，第2800页。
72. 吴长庆于袁世凯是于其有恩的父执，于庆军诸将领是跟随了多年的老统帅，故在其麾下，双方能相安无事。有一种看法认为，袁早已轻视吴，而其飞扬跋扈的作风也引起吴的不满(庄练之《中国近代史上的关键人物》和李宗一的《袁世凯传》均持此论)，不确。这多半是吴兆有等人事后中伤袁世凯或耳食之言，否则，无法解释吴长庆在离朝之前为何向北洋力荐重用袁世凯的事实。
73. 《容庵弟子记》初版于民国二年(1913年)，时袁世凯仍在位，其中所记应为袁所亲述并经其认可，且沈祖宪追随袁数十年，自朝鲜时期即在袁幕中作文案，所记多亲闻亲见。
74. 《容庵弟子记》载，“吴兆有营距宫近，当王未回宫时，兵多入宫掠物。”又载，政变后传闻日本将派兵赴朝问罪，袁与吴、张会商分兵守汉江，“二将畏缩不敢任”。
75. 刘体仁：《异辞录》，山西古籍出版社版，第130页。
76. 郭廷以：《近代中国史事日志》(上)，中华书局版，第762—764页。
77. 《容庵弟子记》卷一。
78. 金允植：《云养集·送慰庭归河南》卷三。
79. 李宗一：《袁世凯传》，中华书局版，第27页。
80. 张幼樵，即张佩纶，当时是风头正健的清流派成员，名噪一时；中法战争时特派为福建军务会办大臣，在马江战役中惊慌失措，逃跑偾事，致使南洋水师全军覆没，被撤职充军。李鸿章欣赏其文才，招致于幕府，后来还把女儿嫁给了他。他也是后来著名女作家张爱玲的祖父。
81. 《容庵弟子记》卷一。
82. 同上。袁世凯返津前，其堂叔袁保龄写信嘱其面见李鸿章时“千万勿谈孝亭一字短处”。参见《中国近代史上的关键人物》（下），中华书局版，第99页。
83. 吴兆有“恐公回营，弱其权力，重馈其乡人周提督盛传，属谮之李相。吴兆有继摭词禀讦之。李相廉，得其情，滋不悦。未几，撤其差回籍，呕血暴死。”《容庵弟子记》卷一。
84. 参见《中朝关系通史》，吉林人民出版社版，第546—547页。
85. 同上，第546页。
86. 参见《李鸿章全集·译署函稿》卷十七；郭廷以：《近代中国史事日志》（上），中华书局版，第767—768页；《中朝关系通史》，吉林人民出版社版，第547页。
87. 《中朝关系通史》，吉林人民出版社版，第540页。
88. 同上，第542页。
89. 同上，第548页。

90.《李鸿章全集·电稿一》，上海人民出版社版，第447、471页。
91.《李鸿章全集·译署函稿》卷十六，第3304、3309页。
92. 同上。
93. 同上，第3314页。
94. 同上，第3315页。
95. 同上，第3320页。
96. 同上，第3323页。
97. 同上，第3320页。
98. 同上，第3320页。
99. 参见李宗一《袁世凯传》，中华书局版，第28页。
100. 梁启超：《饮冰室专集之二十一·日本吞并朝鲜记》

第三章

外交“双簧”

外交战场上的诡谲多诈，

十二年的纵横捭阖，

造就出袁世凯的枭雄素质。

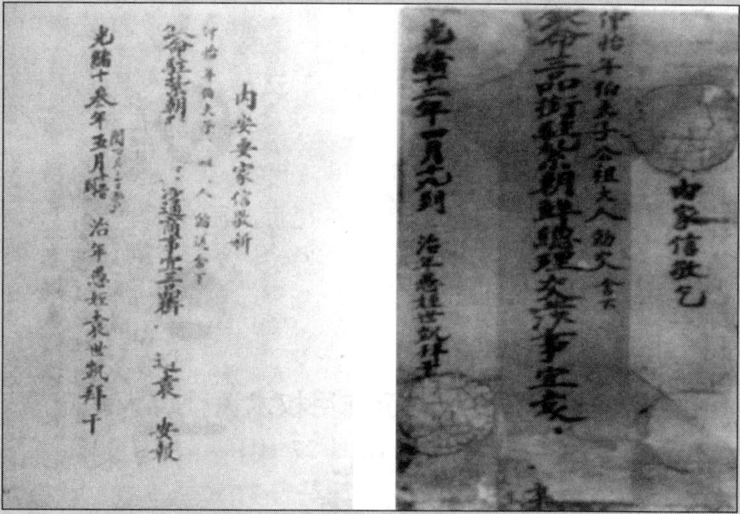

图7　袁世凯从朝鲜寄的家信。

(河南项城市博物馆提供)

【导读】《孙子兵法》曰：兵者，诡道也。其实政治、外交又何尝不是诡道？袁世凯出任总理朝鲜通商交涉事宜大臣时，清军已经撤出朝鲜，此后与对手的较量，靠的是外交上的纵横捭阖。在没有武力可恃的条件下，面对朝鲜宫廷内外的复杂局面，要想应付裕如，袁世凯只能依靠自己的谋略智术和遍布朝野的关系网。用进废退，外交斗争的诡谲多诈使其素质的发展偏向于权术一面。历代的枭雄都本能地倾向于以术驭人，而袁世凯更是把这一点发挥到了极致，应该说，朝鲜的外交经历对他依赖、迷信权术的做法有很深的影响。本章开头所引用的电稿，是袁向李鸿章提出的诱使朝鲜就范的建议，赤裸裸地展示了袁世凯运用权术的方式。通过他运用权术成功控制住朝鲜的事实，可以透视出袁世凯从一个向往、效仿班超等古代名将的青年英才，逐步发展成为枭雄式人物的真实轨迹。成也权术，败也权术，靠权术青云直上造成袁世凯对权术的迷信，以为可以把天下人玩弄于股掌之中，结果落得一个身败名裂的下场。权术在一定条件和场合中是可以用，而且必须用的，但一味迷信权术，把别人都当作傻瓜，那么无论何等人物，再大的事业，都注定是要失败的。有袁世凯这种本事的人不多，他的失败，就是明证。

电致北洋大臣李鸿章请示施用权术诱使韩人就范禀[1]

(1889年12月27日)

韩人素行玩狡，非稍用权术难有济。凯因假作究欲严究，而凯悉心为韩筹助，吞吐间若极难了各语意，并谆嘱洪所谈万不可泄，如宪查知，凯罪甚大，似不但尊宪体制，亦冀妃、王暂信，凯乃可相机排布，姑待先革朴职，再查酌诱办，似不必遽令政府复。恐韩谓已结，数日后又授朴显官，尤损事体，似用一办一托法，方可操纵。至洪云妃、王悔前疑凯，亦诱凯术，凯姑作已受其术，而因以先办朴案，后继以诚似易为力，惟乞酌防金明圭伺察语风，谓凯诱办，虑王变卦。是否有当，乞训示。再，凯因此案棘手，参用谲术，有违训令，无任悚惶。凯。

在袁世凯归省期间，朝鲜的局势又有了新的变化。甲申事变后，朝鲜王室对清廷失望，对日本惧怕，遂决定加强与北方强邻——俄国的关系，试图由此找到一条自主之路。在朝、俄之间牵线搭桥的，竟是当年李鸿章推荐出任协办朝鲜交涉通商事务的德国人穆麟德[2]。俄国插手朝鲜事务，又引起了英国和日本的警惕。当时，英、俄在阿富汗的争夺已成剑拔弩张之势。为防俄国海军南下，威胁英国在长江流域的利益，英国采用先发制人的手段，先一步占领了位于南下要道对马海峡中朝鲜所属的巨文岛。而“日本更怕英、俄在高丽得势，于是日本、英国都怂恿中国在高丽行积极政策。英国觉得高丽在中国手里与英国全无损害，倘若到俄国手里，则不利于英国甚大。日本亦觉得高丽在中国手里，他将来还有法子夺取，一旦到了俄国手里，简直是日本的致命之伤[3]。”6月5日，日本外相井上馨约见清廷驻日公使徐承祖，建议“朝鲜用人及大政由中国主持，罢免穆麟德，代之以美国人，并以敏捷决断的官员替代陈树棠[4]”。7月2日，日本驻清公使榎木武扬向李鸿章面交井上所拟解决朝鲜问题的八条建议。李遂于8日致函总署，转达井上建议，其中对日方建议撤换清廷驻朝代表一事，李认为可行，“至于驻朝鲜道员陈树棠，谨厚有余，才智不足，自然是确论[5]。”他决定启用袁世凯，嘱咐袁保龄去信催袁世凯销假，限期返津。8月21日袁返津，“李相见袁公至，非常高兴。开玩笑说：‘如今就像演戏，戏台已搭成，客人已请到，专等你登场了[6]’。”27日(旧历七月十八日)，李鸿章致函总署，举荐袁世凯替代陈树棠出任驻朝鲜使臣：

正好有前管理庆军营务处的袁世凯，曾两次带兵救护韩

> 王，屡立战功，该国君臣士民深为敬佩。(袁)才能见识突出，精明敏捷，忠实开朗。清卿(吴大澂)、燕甫(续昌)去年冬天在朝鲜已熟知其为人。昨天奉调来津，激劝闵泳翊往见李昰应，立时为俩人释憾交欢，李闵全都深深感谢他。(袁)与在朝鲜执政的金允植、金炳始等人全都是莫逆之交，李昰应、闵泳翊等也再四恳求下令袁世凯驻朝鲜办事，可以平息争端，免除内患。似乎应该顺应朝鲜人的舆论情感，暗暗消解其反复无常。现在拟等待奉旨赦回(大院君)，应该派袁世凯护送前往，将来或要恳请特别的恩典，从优赏加更高的职衔，使其接替陈树棠的差使，可以得到耳目臂指之助。[7]

李鸿章此封荐函可谓不遗余力，亦可见其对袁氏期望之大，倚重之深。此函中提到的李昰应，即三年前被清军绑架到中国，安置在保定的大院君。闵泳翊即大院君的死对头闵妃之侄，是后党集团的重要成员。李、闵势同水火，所谓“立为释憾交欢”，不过是迫于清廷压力而作出的姿态。闵泳翊是袁世凯在朝鲜时交下的朋友，难得的是，大院君是当年袁一手绑架并押送到中国的，居然能够同闵泳翊一起四次恳求派袁世凯出使朝鲜！由此亦可透视出袁世凯笼络结交人的手段。

细分析起来，大院君之所以赞成袁世凯出使朝鲜，在于清廷释放其回国，最早是由袁提出的建议。应该承认，袁世凯对朝鲜甲申事变发生的原因看得很清楚：

> 是役也，韩王平庸糊涂，荒谬狂妄，想与各国并驾称帝，以臣属清廷为耻；闵妃贪残专横，时时担心大院君回国，不利于己，也图谋巩固自己的权力，各有各的隐衷。洪英植、金玉均等顺情揣摩(国王)意旨进献对策，以为中国方有战端，自顾不暇。如果近亲日，远结俄，乘机崛起，驱逐中国军队，便可自立为帝，永不受制于清室，也不用担心大院君再回来。国王和王妃虽然不能立刻决断施行，而倚重这些乱臣，实际如同心腹。[8]

即日本的策动不过是外因，而王室和开化派的自主独立愿望才是真正的起因。因此事变刚刚平息，袁世凯就袭其老师张謇的故智，“献策北洋，宜早早了结与法国的争端。趁此机会，请旨斥责韩王政治不修，迭生变乱，选派监国，代其执政。”“11 月中旬，又上书痛切言之，请仿照汉代封建设相治事，否则韩终非我有。”[9] 世凯此议，李鸿章认为不可行，不予采纳，倒是他给其堂叔家信中的一个建议，不仅受到袁保龄的激赏，在袁保龄推荐给李鸿章后，李亦认为是牵制朝鲜王室离心倾向的上策，便在 12 月 12 日 (旧历十月二十五日) 和 14 日 (旧历十月二十七日) 两次向总署致电发函，请旨放还大院君，“交吴 (大瀓)、丁 (汝昌) 等带往，或宠赐职衔，维系朝鲜人心，以示笼络。”[10] 在函稿中，李详细说明放还大院君的缘由，由此可知此策实出于袁世凯：

> 鸿章曾致信该国王，(劝其)勤修政治，连络外交，以图自强。不料其糊涂懦弱得厉害，闵氏擅政，偏听朝臣中日本人同党的愚弄。而日本人则从旁挑唆，以该国(受日本)资助，不应藩属于其他国家。所以外表尚尊循服事上国之礼，内里已渐有背离藐视之心。本年法国和越南事端紧急，该国君臣的谣传蛊惑更多，打算结交日本以自固。凡自韩国来的人，全说朝鲜没有怀二心的人，老百姓都盼着大院君归国，何况值此变乱之时，尤其应当实行收拾人心的策略。庆军营务处袁世凯在朝鲜多年，熟习民情。昨日家书内亦有应饬命大院君随同清兵一同返回，暗置军营之中等语。道员袁保龄极力怂恿，说是以父临子，在道义上较顺，不失为有见识的看法。[11]

大院君是朝鲜壬午兵变的幕后指使者，清廷为遏乱萌，将其绑架押解回中国安置。袁、李为何又主张将其送还朝鲜呢？袁、李的如意算盘是，甲申事变后，开化派的势力在朝鲜被扫荡一空，政治上闵妃的后党呈一党独大之势，而对清廷的离心倾向也愈来愈大。此时将其老对头大院君送还，利用其声望重振亲华的守旧派的声势，在政治上是一种平衡和牵制，同时也是一种强烈的暗示和威胁：朝王室若恭顺清廷，谨守宗藩体制，则可以相安无事；否则即可以大院君取而代之，而且以王室内部宫廷政变的形式进行，较少予外人干预的借口，这一点是李鸿章最为看重的。

9月20日，朝旨命释大院君回国，行前，袁世凯因为自己官位较低，请求派大员护送，为李鸿章拒绝。“李相笑曰：‘朝人闻袁大将军至，欢声雷动，谁敢抗拒[12]？’”10月3日，大院君由袁等陪同从天津出发，5日送达汉城。出乎袁、李预料的是，这着棋不仅没有收到预定的效果，反而大大加剧了朝鲜王室与清廷之间的矛盾，使王室谋求独立自主的愿望更趋强烈。朝鲜王室虽迫于清廷的压力接受了大院君归国，但朝野的反应大不一样。“韩国士绅民众络绎来迎，父老多流涕者。由仁川至汉城，七十里不绝于道。”而王室不仅不派人迎接，反而在大院君到达汉城的当天，以壬午乱党之名捕杀了大院君的三名亲信，国王还传谕禁止诸大臣与大院君往来和私通信件。对此种意外情况的处理，正是袁世凯的强项。

> 袁公登岸入住宾馆，通知照会各国兵船及各领事，往还应酬答谢；一面函电痛切责备韩国朝廷。次日才开始有韩官及内侍先后来迎。公诘问责备，他们于是诿过于派遣于中国的使臣(通报不及时)。(袁)公正告韩国朝廷，袁某奉朝命，送还你们国王的父亲，像这样简慢不敬，何以面对君父？无论如何，仪式必须庄重严肃，以昭敬重，要求国王迎于郊外。二十七日，抵达汉京，国王设帐幕迎候于南门外……次日袁公拜会国王，委婉讽劝，申明朝廷赐予恩典的目的是，全你们的骨肉之亲，存你们的慈孝之义，决不许大院君干预国事。王妃藏在屏风后偷听到了，猜嫌之意才稍稍减轻。又责备诸闵及其近臣说，辜负朝廷之恩是不忠，慢待父亲是不孝，陷王于不忠不孝，腾笑各国，贻讥后世，国王何以面对人民？诸位大臣何以侍奉君主？诸闵入宫转告王妃。(袁)并劝大院君杜门谢客，颐养天年，不要干涉国事，大院君领会其意。(经过)多方调停，始各相安。[13]

将大院君安置完毕，袁即着手另一任务，掐断朝王室与俄国的联络。穆麟德鼓动朝鲜寻求俄国保护以谋求自立，在清廷看来是背恩负义的小人，但穆是德国人，清廷拿他没办法，只能压朝鲜政府解聘其职务。穆虽被解职，仍勾留不走，恰值大院君回国，“穆麟德乃愚弄闵妃，说有办法可以阻挠大院君回来，又鼓吹（俄国公使）韦贝来恫吓韩人。

王妃每月支给他三百薪金，出入宫廷，至是尤其肆无忌惮[14]。”10月8日，袁约见金允植，嘱其勿受穆氏蛊惑；10日作《摘奸论》，“揭露俄国对朝鲜的阴谋，及朝鲜受俄国保护，韩兵归俄国教练之害，劝以越南为戒[15]。”14日，在《俄韩和好通商条约》互换的当天，袁“以论送给国王。又遍示诸闵及韩诸近臣，国王及王妃惊悟。次日，王请公笔谈良久，公反复譬喻，国王的主意才定下来。解除了穆麟德典圜局的差使，发给三个月薪银，让他离开。穆麟德失意，求袁公为他另谋差事。公禀报李相，许可给予差事以笼络住他[16]。”其实，所谓国王和王妃“惊悟”云云，不过是作戏而已。在朝鲜一方，已通过穆氏与俄国搭上了关系，没必要为了他与清廷搞僵；在清廷一方，通过一压一拉(假意允诺穆氏回津另委差使)，摘除了这颗眼中钉，也可满意。此后中朝之间关系，实为一种控制与反控制的关系，而中朝之交涉亦多为软硬兼施(清)和阳奉阴违(朝)的外交戏剧矣！

其实，袁世凯对此一清二楚，回津后即将其观察所得到的印象及时密报李鸿章。因此李在接到朝鲜国王来函请求派清兵驻扎汉城时，就不再为其所惑。在给总署的密函中，李对此的态度十分明朗：

> 袁丞密称，大院君及该国政府均不愿依附俄国，惟国王游移无定见，诸闵少年，阴谋唆使闵妃主持其事。欲请求俄国保护，凭藉俄国为后援，以对付中国，(同时)仍外结中国以防俄国。其心叵测，请求驻兵乃尝试敷衍之词，不足信也……穆麟德即使不在那里播弄，而诸闵与闵妃专权，难保不荧惑国王接受其奸计。鸿章虽已一次次去函剀切开导，据袁丞密告，该国王还是表面顺从心里违拗。物腐虫生，后患甚大，实在无可如何，不敢不据实情密陈，敬乞转奏，预先筹划方略大局。[17]

可见，袁在朝鲜，通过自己在宫廷内外的关系网，能够准确把握王室和朝鲜政府内政外交的动向，为李鸿章和清廷提供决策的根据。仅此一项，袁就具有无可替代的价值，也是在朝鲜执行清廷全面控制政策的最佳人选。

10月28日，李鸿章正式向朝廷上奏，荐举袁世凯替代陈树棠出使朝鲜：

奏折以公胆略兼优，能持大体，为韩人所重。其国王也来函，敦请遣往相助。宜从优授予其权限，办理朝鲜交涉、通商各事，略示与闻外交之意。该员历著劳绩，请超擢职衔官阶，以重体制，而资以镇摄。又附片密陈：韩王趋向不专，择强自庇，日本兵刚刚撤退，俄国使节随即到来，反复筹算，几乎想不出什么办法。袁世凯足智多谋，希望可以挽回匡正，暗中扭转(这种趋向)。该员两次戡乱，皆身在行武，操纵合宜，其功甚伟。本应优加奖擢，以酬劳绩。现在奉命出使属邦，尤其需要提高其地位和威望，使他稍有威风，作为坐镇(朝鲜)的凭借等语。随即(30日)奉旨：以道员升用，加三品衔。于是按照北洋的建议，由总理衙门派发公文，委任袁公驻扎朝鲜，总理交涉、通商事宜。[18]

此时的袁世凯，年龄不过二十六岁，从军不过四年多时间，即由布衣一跃而为三品的候补道，职衔直追入宦已二十三年的乃叔袁保龄(当时袁保龄为二品直隶候补道)，可谓官场上的奇迹。这固然与袁在朝鲜壬午、甲申两次事变中表现出色有关，更与李鸿章对他的爱重与力荐分不开。李鸿章向总署(即总理各国事务衙门，又称译署)、皇太后(其时慈禧尚垂帘听政)举荐袁世凯的函件、奏章和附片中对其赞赏有加，情见乎词，可谓不遗余力。没有李的力荐，袁不可能越次擢升[19]。

回过头来看，当初袁世凯选择从军，而不是投奔李鸿章幕府的决定无疑是明智的抉择，表明他有自知之明和工于计算的头脑。其一，两次乡试落榜后他已非常明白自己不是科举的材料，出路唯有事功之一途，故于从军后即不再动摇，主动放弃了壬午年的大考机会，随军东渡朝鲜。其二，自己无科举功名，在李鸿章幕府中自然不被重视，而且书牍文案非其所长，于此出头几乎没有可能。故虽有荐书，亦予以放弃。此为自知之明。李鸿章位望虽高，但与袁素不相识；吴长庆局面虽小，但更重故人情谊，而且吴幕人才相对少，更易崭露头角。如投奔李鸿章，必依附已在李鸿章幕府的堂叔袁保龄，为避嫌疑，乃叔必会时时管束，事事小心，难得有放手表现的机会，并且循劳绩和年资升迁，远不如军功快速。北洋衙门大，虽可慰虚荣而无裨益于实际；吴处机会多，自然投吴。正所谓“宁为鸡首，不为牛后”，由此可见袁头脑实际，工于算计的一面。以袁之办事处世的能力而言，他无疑具有领袖人物的潜质，所缺乏的只是表现施展的机会而已。无论局面大小，只要给以机会，他都能做得很好。朝鲜的变乱所带来的机会，若无吴长庆的器重使其得以施展，袁世凯是不可能以才干见知于李鸿章，终得大用的。古人云，良臣择主而事，良禽择木而栖。所以，投靠什么人，走哪条路，在人生事业的抉择上是至关重要的。古人又云，人生贵早立志。早立志，早成功。袁世凯立志走事功之路，又择人得当，其成功实在不是偶然的，可以说就发端于此次抉择。

1885年11月13日(旧历十月七日)，袁世凯以“总理朝鲜交涉通商事务大臣”的名义再赴汉城，比起陈树棠，虽然只多了“交涉”二字，但事权比陈大得多。举凡朝鲜外交内政诸多事务，袁均有权过问，实际上等于北洋衙门的常驻代表。此后直至甲午战争爆发前的十年间，诚如蒋廷黻先生所言，清廷对朝鲜的政策完全是李鸿章和袁世凯的政策[20]。为什么这样说呢？由于李鸿章倡导洋务，是高层中仅有的具有外交经验的人，清廷倚畀之重，对李几乎可说是言听计从。清人刘体仁在其笔记《异辞录》中对此有如下记载：

> 文忠坐镇津门，朝廷大事悉谘而后行，北洋章奏所请无不予也，淮军将校果有能者无不用也，臣下弹章……皆立予谴责，不能动也。[21]

李鸿章如此，袁世凯不过是一驻外使节，又何能左右清廷对朝鲜的政策呢？李鸿章以直隶总督兼任北洋大臣，实际上负有全面的责任，行政、外交、军事，样样要管，公务极为繁忙。对于朝鲜政策的制定和决策，全要依赖作为其耳目臂指的袁世凯提供信息，分析情势，执行决策。而袁世凯有一大特点，即对人对事均有自己的主见，且好建言。袁在外交一线，消息灵通，足智多谋，所提建议多出于实际，这正是李鸿章所需要的。从现存文献来看，袁、李电函往来之频繁，远过于其他驻外使节，而袁之建议也多为李氏所采纳。不同之处在于，李更老成持重，更注重全局；袁年轻气盛，更倾向于对朝鲜采取高压政策。二者在对朝政策的制定和执行上颇有文武张弛、默契无间的特点。

当然，清廷对朝的所谓外交政策，以20世纪的眼光来看，也是一种根本无视朝鲜之主权，粗暴干涉其内政外交的帝国主义的政策。但在19世纪，清廷仍固守“天朝—四夷”的传统观念，根本不知民族国家为何物。在清廷看来，加强对朝鲜的控制，维持传统的宗藩体制以抵御列强对满洲的觊觎是天经地义、理所当然的。彼亦一是非，此亦一是非，外交政策均以国家利益为出发点，所谓是非亦由出发点之不同而不同，由时代的不同而不同，于今仍不免如此。故笔者对李、袁之朝鲜政策，只能肯定其为传统的帝国主义政策，宜其受到朝鲜的抵制和反抗。对李、袁之作为本身之是非对错，则置于具体历史环境之中加以判断评论。否则二十五史中众多历史人物与事件，除贴标签一法而外，实在难以置评了。

袁世凯自投笔焚诗，立志从戎起，其所作所为颇类似于汉代的班超。班超投笔从戎，以三十六骑进军西域，纵横捭阖三十年，使大汉声威普被西极，拜将封侯，荣归故里，是古今传诵的英雄。袁之选择从军，未始不受此激励，而他若生于国家强盛之时，也未始不能成为立功异域的英雄。但他所处之时代，是老大帝国风雨飘摇的暮年；他所面对的敌手，也不再是匈奴、突厥一类的落后民族，而是制度先进、国力强盛且武器精良的诸多列强。班超之成功，一在于其后有一强大帝国作为后盾，二在于他可根据实际需要合纵连横，交替使用招抚与诛杀的手段达到目的。而袁世凯则上述两条都不具备，他所掌握的资源仅只是大清帝国在朝鲜的余威和自己由壬午、甲申两次事变中树立起来的威望而已。由于瘸着军事这一条腿，仅靠外交手段实现控制属国的使命，较之班超当年无疑要困难得多。然而当时的世凯踌躇满志，抱负不凡，并不觉得有多大难处。

如前所述，日本在甲申之后，通过《中日天津条约》获得了中日共管朝鲜事务的权利，为日后干涉朝鲜事务张本。而伊藤老谋深算，又提出了暂不与中国争夺朝鲜，反之鼓励中国全面介入朝鲜，日本既可以此抵制俄国势力进入朝鲜，又可埋头发展充实国力，以待将来与清廷决战的方针。日本外相井上馨据此制定了《朝鲜外务办法》，建议清廷与日本协商共管朝鲜，但除撤换陈树棠、释还大院君，启用亲华大臣等有利于清廷的条款被采用外，协商、共管等要求均不被接受。当时清廷的对朝政策有三种选择：

一、“监国论”，以清流派为主，如张謇、张佩纶、邓承修、袁世凯等，主张或收朝鲜为郡县，或派大员代行国政。由于朝鲜开放后，列强多已与朝建交，此举必将引发列强的干预，故为清廷和李鸿章所拒绝。

二、“中立论”，由德国驻朝鲜领事提出。主张由中、俄、日三国联合保证朝鲜中立。李鸿章原来颇有意于此，但中立意味着不再从属于中国，故被清廷以“不合体制”而拒绝。

三、可称之为“控制论”，是上述两种方案的折中，具体表现为：政治干预，外交监控，财政扼制。此方案亦为甲午战争爆发前，李鸿章主持，袁世凯在朝鲜积极推行的政策。

袁再返汉城(1885年11月15日)，发现朝鲜政局已发生了变化。此时日本在朝鲜采取低姿态，不再是主要矛盾，而且鼓励清廷出头抵制俄国对朝鲜的渗透。而由于送回大院君，主政的后党集团离心倾向日趋严重，亲华的大臣或被排挤，或无实权，从国王、闵妃到政府内的多数大臣均倾向于联俄拒清，“孤行己意，毫无忌惮，天朝的话不尊从，上宪(指李鸿章)的教诲不畏惧。(世)凯反复劝导，还是表面听从内心违背，极不愿意中国干涉其事[22]。”袁所要作的，就是遏止朝鲜的联俄趋向。本来，积极鼓吹联俄并为朝、俄牵线搭桥的德人穆麟德11月底已被迫离开朝鲜，袁把精力放到了防备金玉均等开化派残余势力的死灰复燃上面，却忽于7月25日(旧历六月二十四日)得到后党亲华成员闵泳翊的密报，说政府已屡屡派人赴俄公使韦贝处要求保护，并可能有文字密约。袁即电告北洋，同时嘱闵进一步查明实情并将密约文本搞到手。8月5日(旧历七月六日)闵再报云：

> 韩王听信廿余个小人，时时密商于韦贝，韩国将不附属于中国，如果中国不允许，请俄派兵相助保护。韦贝迟疑未许，说恐怕中国先动兵。韩国的小人说，中国兵无用，如俄国兵来，中国兵必退。韦贝许以三思再定。正逢闵泳翊回宫，韩王使他决断此事，他知道韩国朝廷蓄意已久，这群小人固结太深，如违背此意，不但会为韩王所疏远，而且将为群小所害，徒死无益。不如佯作顺从引俄之议而背地秘密通知中国，即藉中国之力尽除群小。有这样的变化，才可以持久。

次日，袁即建策北洋：

力持依附俄国者乃金嘉镇、郑秉夏诸小人耳，然亦不过迎合韩王的心意藉以为进身之阶。如果仅除掉诸小人，也还是不能清其本源而杜绝后患。暗查韩王现在祈求西方国家的保护，要求(与各国)一样平等，时时以三千里山河臣服于中华为耻，群小因而附和，以至鼓惑日深。甲申事误于引日拒华之议，近年来谬于引俄背华之议。自从撤去金允植，而引俄之议遂决，所以会这样，韩王首先有此意向而群小随之附和而已。

圣朝驾驭属国，惟尽仁义，从韩国来看，以为(我)碍于各国不能把它怎样，渐渐尝试滋长，以至没有忌惮。以世凯管见，韩国纵然送文件于俄国，俄兵未必能速来；不如待其引俄主张暴露，中国先派水师，少量搭载步兵，奉旨迅速东渡，废了这个昏君，另立李氏王族中的贤者。随后以数千士兵继续东渡，俄国见中国兵已先入，韩国另易新君，或可平息事态……如能明降谕旨，再由宪(指李鸿章)授谕大院君相助，三五日即可安定，还不难办。如待俄兵先入，恐怕中国难以措手。[23]

袁密电中将欲图自主的韩国君臣称作“昏君”“群小”，提出以“废昏立贤”扭转朝鲜的离心倾向，充分反映出清廷对弱小国家民族的帝国主义嘴脸。但如前所述，本书主旨不在于明辨外交上的是非，故对此不予置评。通俄密函事件，事后证明为英国驻朝总领事贝克录制造的骗局，意在离间中俄关系。但袁、李处理该事件的所作所为，亦可见清廷对朝鲜实施政治干涉之一般。

然而不得不承认的是，袁世凯在面对突发的重大事变时，具有很强的应变和筹划大局的能力。首先，他指明问题之症结在韩王，不去韩王，不能扭转局面，而这只能以武力完成；其次，欲擒故纵，待韩联俄迹象明显之后，清廷可利用地理位置近的优势制敌机先，以迅雷不及掩耳之势实施政变，造成既成事实，使俄难有干预的借口；至于善后，可推出大院君，将早已安排好的这着棋付诸实用，而英、日等国均反对俄国介入朝鲜事务，干涉的可能性不大。

袁之对策颇得李鸿章青睐，他于 8 月 13 日（旧历七月十五日）致函总署，认为“机缄已露，碍难迁就，恐非诛乱党、废国君，无以挽回局势”，建议允许袁世凯与大院君“筹商一切，如果大院君有诛戮乱党的能力，即支持他一面正名诛除群小，一面电报北洋，由鸿章相机酌办”。但由于刚与日本签订的《天津条约》中有一方出兵朝鲜，必先通知另一方的约定，为稳妥起见，李建议“令徐承祖（时为驻日公使）知照该国外务省，再派兵东渡，以资镇慑。到时应否简派钦差使臣，修废立之事，须俟察看情形，请旨定夺[24]。”而慈禧于8月17日下达的懿旨为：“此时情事未定，先以整军备俄为主”，但允许李鸿章“酌调兵轮，赴朝鲜海面，不时操巡，以联声势[25]”。李即下令丁汝昌出动北洋舰船赴朝鲜近海巡视，同时准备运兵船只，并电告袁世凯。

但袁不是那种奉命唯谨的人，他的作风是快，所以不待朝命就行动起来。先是，他发现俄使向其国内发送长篇电报，因电线损坏未能发出，当即命令报务今后应借口电线未修好阻其向俄国发送电报（由于朝鲜之电报业务操纵于清廷手中，故中国占有信息通讯上的优势）。袁怀疑俄使所欲发出的即韩俄密约，为抓到证据，遂强使其在宫中的内线闵泳翊盗出密件，闵于是交出一份以领议政大臣沈舜泽署名的致俄使韦贝的密函，内容是朝鲜欲行独立自主，请俄国协助并派兵舰保护等等。袁以为抓到真凭实据，一面火速电告北洋，要求抢在俄国之前发兵，一面虚张声势，于8月14日在官邸宴请朝鲜军政大员时出示伪造的清廷电报，称“金州七十二营今午乘轮赴高丽王京”，并对朝鲜背清联俄，私通密函之事大发雷霆“厉辞责问，喻以利害，俱悚惧，驰入宫”；袁也随后进宫面见国王，要求“速肃清君侧之奸臣，以缓和局势”。朝鲜君臣不明就里，十分惊慌。15日，大院君来访，袁继续施加压力，“凯告以大义，嘱付他赴宫泣奏韩太妃，痛陈利害。”数日之内，朝鲜政府大臣沈舜泽、金弘集等穿梭往返于王宫与袁的官邸之间，反复解释实无此事，袁提出“索还文凭，查办小人”，否则天朝将兴兵问罪。国王遂于16日将金嘉镇、赵存斗、金鹤羽、金养默等主张联俄大臣免职，但密约一事，朝、俄双方均予否认，形成僵局。而袁世凯见“赤手舌战”，已不足以震慑，遂接连致电李鸿章，请求“速派大员率兵查办”，他认为，“此时臣民发生内讧，举国鼓噪沸腾，如果有五百士兵，必可废黜国王擒拿群小，押解到天津听候询问[26]。”北洋方面在接到袁的报告后即通过使馆通告日本，查询俄国，日本不以为然，俄国则一口否认，而朝鲜君臣则坚持所谓的密函为小人所伪造，而盗出密函的闵泳翊也出走烟台，出兵一事遂失去根据，最后不得不以朝政府声明密函作废，派使臣赴北洋辩诬草草了事[27]。整个事件过程中袁的高压、恫吓和专擅做法引发了不少非议，特别是日俄等国使节，使总署对袁的表现感到不满；李鸿章则再次予袁以有力的保护，在致总署的信函中，他暗示，比袁更优秀的人才并不容易物色：

> 各国驻韩使节趋向不一，日来颇怪袁世凯多事，大概都有嫉妒韩国为我属国之意……袁守精明而刚躁，鸿章经常剀切谕以镇静勿扰，但因壬午、甲申两次定乱，该守身在行武之间，颇有德于韩民，情形亦较熟悉，变通用之。只是他在洋务方面素少历练，年龄资格也较轻，诚如钧谕，宜预先估量通达洋务者，作为他日替换的人选，但这是篇难作的文章题目，通达的人才也是不易得到的。[28]

平心而论，袁穷竭其智计、手段维护国家(清廷)在朝鲜之利权，原系职责所在，他无非是想干得更漂亮些，本无可厚非，何况当时袁尚不满三十，正值血气方刚的年纪。袁若手中有兵，想必会如甲申一样当机立断，先斩后奏的，其后果如何殊难逆料，历史或会与后来之面目有所不同。历史就是这样，冒险犯难，成功了谓其有胆有识，失败了则谓其偾事辱国，不当其事责者尽可以大发事后之议论，但身历其境，议论者的表现或远不如当事者。故谈史论人，若中肯必心存恕道，即设身处地是也。李鸿章当国数十年，深识其中甘苦，故能对袁之实心办事了然于心，一力维护。

密函事件虽不了了之，但亦暂时遏止了朝鲜王室联俄拒清的势头，李、袁也趁势继续施加压力。9月30日(旧历九月三日)李鸿章致信朝鲜国王，嘱其“事大国当诚心，交邻邦当慎重，君子当亲近，小人当疏远……倘不惩前毖后，力图振刷，四维不张，(我)私下忧虑无以为国[29]”。袁世凯亦于同日应韩国诸臣之请，面见国王，“笔谈至夜始归，亲手递交十款四条，切实劝戒，反复比喻。王颇自怨自艾，认过改悔[30]”。从袁之十款四条的内容，颇可见北洋和袁世凯对朝鲜局势和内政之看法。所谓四条，实即以比喻的方式分析朝鲜之现状，其内容为：

(1)“立国如立室”。“中国看待朝鲜，(就像)一院之中的东偏房。东边的屋室倾覆，则中间屋室的厅堂必暴露于外。世凯(就好像)派在东偏房的看门人，看到东边屋室将倒塌，(于是)每天在居于此室者之前呼叫说：你的屋室应紧急修理，不然必会倒塌。聪明人听到此话，知道此言不谬，欣然答应。糊涂人则视之漠然，反而说东边屋室即使倒塌，与你有什么相干？于是就此吵闹不休，不但不答应，而且很讨厌并想要赶走他。”

(2)“朝鲜如破舟”。舟的“木质已腐朽……必须更换木头和帆蓬以使它坚固，纵使现在无力重修，也应当随时查看破漏的地方，设法弥缝。不料同舟有小人贪图舟中金币，不但不肯弥缝，而且故意摇摆，使舟沉陷而后可携金币以自利。世凯充当修船工匠的角色，已屡次代为修理，殿下及诸臣民全都是舟中人啊，如果舟任意摇摆，倘若舟匠智尽力穷，一时修理不及，舟中人将不知漂流到什么地方了。”

(3)“治国如医病”。“朝鲜病入膏肓……然而良药苦口，病者不知道其有利于病，因此厌恶而不再用药。于是有以美味进献者，病者喜其适口而食之，一食病加剧，再食而病重以至于不可救药。”

(4)“一国如一身”。“治国者应该先修明内政，后致力外观。不应该把心思用于粉饰外表，松懈荒疏于内政的治理。就好像人天天能够吃饱，虽然衣服简陋，也没有什么损伤。不然，饥饿不堪，即使天天穿着锦绣华衣，他又如何生存呢？”

“喻言四条”概括言之，以朝鲜为危房、破舟、病人，讽喻其听从“工匠”(即代表清廷的袁世凯)的劝告与指导是也。以一名外交使节对一国元首作如此训导，放在今日之国际关系之中，会立即造成严重的外交后果，但在当时，双方却不觉有何不妥，因为这是已经持续了数百年的宗藩关系所决定的。把事件、人物置于当时的历史环境与条件下，设身处地地加以审视，当不难体会到韩王之屈辱与压抑、愤懑和不满，而其内心挣脱束缚，自主独立的愿望只会愈发强烈与坚定。而在袁世凯则如辅导一冥顽不灵的学生，苦心孤诣，对方却未必领情。

十款即“时事急务十款”，实即改善内政的指导方针，由此可见清廷干涉朝鲜内政之全面，其主要内容是：

(1)“任大臣”。暗示应将被革职的亲华的金允植、鱼允中等大臣予以重用。

(2)“屏细臣”。指责亲日之金玉均、亲俄之金嘉镇等为小人，类似人等均应从君侧清除。

(3)“用庶司”。“众多的事务分任于众多的部门，而殿下综理核查其大纲，计其得失，明其赏罚，则不劳而治，不扰而有成。”意思是国王不必事事躬亲过问，放手让下属做事，提纲挈领，无为而治。

(4)“收民心”。“所谓收民心者……如选择一、二件极有弊害之政，切实努力地去除它们。再由各部门大臣商议推举贤明的官员，令其与民兴利除害，并长久任用他们，以便考察其优劣，民心没有不像旗幡那样随风向化的。”

(5)“释猜疑”。“如果殿下开诚布公，从衰靡中振作起来，乾纲独断，可疑者黜退之，可信者任用之，使人人各尽其所长，上下之间的猜疑，(就会)涣然冰释。”暗示国王应摆脱王妃控制，自理朝政。

(6)“节财用”。“宜先修明内政，开财富之源……等到国家财政充裕，然后一件件事有序地做下去，直到国家富强。如果不度量财赋的多少，而只追求外观的奢侈宏大，将使没有成效的靡费日益增多，财用枯竭而贫弱日趋严重。”讽劝国王改掉铺张浪费、浮华不实的习惯，办事量力而行。

(7)“慎听闻”。“听者必须先审其言能否贴近事理，继之察其言是否属实，只要有人欺骗隐瞒，则明令摈斥放逐到远方，以清理进言之路。”

(8)“明赏罚”。“赏罚严明则政令通行，人心也会翕然归服”，暗示国王疏远鱼允中、金允植，重用亲俄派为用人不当，赏罚不明。

(9)“亲中国”。“所谓亲密者，并非外表的虚文假套，(双方)必须以诚相待，两国一心，没有办不好的事情。况且有中国的声援，外侮不作，正可以励精图治，力谋富强，难道有什么不利于朝鲜的吗？”

(10)“审外交”。“应责成外署，认真周旋，外则尽到礼节，内则示以信用，方可以长久敦睦友好，各自相安……如果事无巨细，必由诸大臣公议处理，则何至于有阴谋，何至于有隐祸，何至于有甲申之变？”意在告诫国王，外交事务应由外署专责办理，事情无论大小，交由相关部门和大臣们公议，然后再做决定，睦邻友好可以长久保持，阴谋隐患也无从产生。

在袁世凯，这些无疑都是针对朝鲜内政外交中现有的弊病而发，算得上是耳提面命，苦口婆心；在国王看来则是无孔不入，钳制、欺负人太甚。清廷传统的宗藩观念和体制与近代国际关系及民族主义潮流实在是方枘圆凿，格格不入，其实自甲申起，朝鲜与大清国就已是同床异梦了。

10月7日（旧历九月十日），袁世凯再以其所作的《朝鲜大局论》呈示朝鲜国王，内容是分析阐述朝鲜对清廷向背之利害关系。文章首先论述朝鲜国小民贫，非托庇强国不足以自存：朝鲜，“万国中最贫弱之国也”，“当此强邻逼处之时，（韩）人却致力于偷安，权衡比较起来，（朝鲜）不仅孱弱得徒有其形，不能自主，而且没有强国的庇荫，根本难以自存，这是自然的道理。”

其次论朝鲜不能依附东西方列强之原因：“英、法灭亡他人的国家，觊觎他人的土地，犹如引虎入室”；“德国兵虽强，美国虽富，然而不喜欢生事，不愿为他人帮忙，（依附于他们）自保有余，远大志向则未可与议”；“求俄国……那可真是开门揖盗，不知存亡的办法啊”；“求日本……这是更为糟糕的论调了”。

然后论述朝鲜依附中国的必然性：“朝鲜本来附属于中国，现今想要背离（中国）转而依附他人，就好像小孩子离开父母而求他人照顾一样”。袁世凯接下来列举朝鲜依附于中国的六点有利之处：

(1)“中韩水陆毗连……朝发夕至，缓急能通，其势可恃。”

(2)“中国视天下为一家，待藩封如一体”，“有变乱立予削平，命将出师不索要兵费，不责成供给……其德可恃。”

(3)“中国以大国爱护小国，仁至义尽。不把其国变为郡县，不在其土地上收租敛税，只期望唇齿相依，人民相安”，所以朝鲜可以“永保无疆，其心可恃”。

(4)“中国抚恤朝鲜已数百年，上上下下依恋（中国），臣民愿意从属（中国）。若率由旧章，诚心服事，则朝野相安，政令易行，其恩泽可恃。”

(5)“强邻环伺，其欲望虎视眈眈，如果看到中韩团结，就无隙可乘……其威望可恃。”

(6)“中国信任而不疑心韩国，韩国恃中国得以巩固，内乱不作，外侮也没什么可怕。及时修明刑律政治，任用贤能，励精图治，富强会慢慢到来……其机会可恃。”

然后，袁又指出背离中国的四点害处：

(1)“不思旧好而结新交，是亲近者暂被疏远，疏远则必生疑心。疏远者(指列强)韩欲亲近，亲近者(指中国)则会愈发猜忌，疑忌互生，祸乱转眼就会到来。”

(2)“背离中国求自主，势必引欧洲以为后援”，“欧洲疑忌成性，以吞噬他人为计……得到机会而入，必会先夺朝鲜的兵权，而后占据其要害地区。”

(3)“中国贴近朝鲜，一时为他人所占有，必不甘心，水陆并进，捷足先登，弹指一顾之间，大兵压境。纵使欧洲有救援之师，而已经急迫得来不及等待，朝鲜就已灭亡。”

(4)“倘若一意背离中华，则君臣百姓上下交相疑惑，人心离叛，等不到中国兴师问罪，而内乱就已经爆发。”

最后的结论是，朝鲜欲求“至近、至大、至仁、至公之国以庇荫之，除了中国还能有谁呢[31]？！”

在强大压力下，国王李熙不得不以屈求伸，10月10日致信袁世凯，承认“有年少浅识之徒，虚诳放肆”，而袁的文章令他“不胜感佩……怎敢不洗心革面，图维新政”云云。年底，李熙致函清朝礼部，就密函事件感谢“天朝宽恕”，持续数月的风波至此平息。

我们说甲申后，甲午前这十年间，清廷之朝鲜政策基本上就是李鸿章与袁世凯的政策，根据就在这里。在政治上，壬午以前，清廷对朝政策是放任不管；甲申以后则一变而为全面控制，看了袁的上述论说，也基本上可以知道其大概了。

下面来看外交方面的干涉与监控。联俄风波甫定，外交风波又起。翌年5月，朝鲜政府任命闵泳骏为驻日公使，朴定阳为驻美公使，沈相乎(后改为赵臣熙)为驻英、法、德、俄、义(大利)五国公使。作为试探，8月先派闵泳骏赴任，但迟至9月13日，始致书清廷告之此事，由此引发了持续数年之久的外交风波。

事件大致过程是：清廷认为朝鲜先斩后奏，擅派使节的做法，不合附属国外交事务要经请示批准的宗藩体制，9月23日谕令：“朝鲜派使西方国家，必须先行请示，等待批准后再前往，方合乎属邦体制”；李鸿章则致函朝鲜国王，嘱令该国外交，应遵行附属国的旧章。袁亦连续致函责问朝政府。朝方则虚与委蛇，一方面表示遵循旧章，一方面又声称互派使节乃建交时约定，“近日各国请之愈切”，故不得不派赴云云，同时仍为朴定阳出使美国作积极的准备。10月，迫于清廷压力，朝鲜不得不走走形式，咨请清廷礼部批准外派使节；清廷则只同意以属国体制派使，且只能派三等公使，不能使用“全权”字样。对此，朝鲜国王李熙11月初致函北洋，解释派任全权公使的初衷，是以“小国之上卿，位当大国下卿之意也。而且敝邦偏小，久已为各国所轻侮，如派使不足以壮观瞻，尤恐怕愈见轻侮，玷辱天朝，因而酌派全权公使，分别驻扎，虽然表达的是小邦敦睦之谊，也宣传了天朝怀柔远方之德。”并强调“全权公使”这一称号“已于派定之后，即下令外署通知照会各国使节先行报其政府，以备接待。如果此时忽然改派，深恐见疑于诸国，失信于天下，益开启各国轻侮之心，而加重强邻窥伺之意。”请求“仍准许派驻全权公使……待报聘事情完毕，或调回，或以参赞等官员代理，以便节省经费”云云[32]。李鸿章请示清廷后回函同意朴定阳此次以“全权公使”身份赴美，但附加了“三端”，即三条外事纪律：

一、韩使初至各国，应先赴中国使馆报到，请由中国钦差携同赴外交部，以后就不再有什么要求。

二、遇有聚会公宴，酬酢交际，韩使应跟随于中国钦差之后。

三、一切交涉大事关系紧要者，韩使应先密商于中国钦差，核准请示。这全都是属邦份内应行的体制，与各国没有关系，各国不能过问。[33]

朝鲜打擦边球，而且赢得了第一个回合的胜利。国王一面表示“恪遵体制，恭谨行事”，一面会见袁世凯，“极力称赞准许派出全权公使，感激天朝恩德上宪教诲，殷勤款待，礼意有加。闵妃派其家族长幼诸闵，也殷勤致谢。凯则加意抚摩，酬酢而归[34]”。

孰料这只是个障眼法，朝驻日公使、驻美公使赴任后均未首先拜会清廷驻日、美之公使，朴定阳更是单独谒见美国总统，呈递国书。李鸿章接到驻美公使张荫桓的报告后，责成袁世凯查问，朝方则答复如下：

此次派使西方国家，议准三端中，先拜谒华使并请携带前往(呈递国书)一端，太有失韩国国体，而且恐怕各国拒绝国书，不以平等相待，则贻羞匪浅，所以朴公使因(维护)国体以至于违反原定章程。而出使五国的赵公使还在香港，如到了西方国家，也势难遵守，请婉言恳请北洋大臣俯准，删去第一端，以顾全韩国国体。

袁此时已看出韩国是故伎重施，但韩使已在海外，颇觉无可奈何，遂复电北洋："伏查韩国谬妄狡黠，因此可知朴(定阳)违章，必有授意，现今受到查问时才提出此种请求。如果不允许，也必会悍然行事，反复筹思，难以理喻。"清廷恼羞成怒，断然拒绝："三端既经议定，岂容轻易更张？著即电知该国王，恪遵前议办理[35]。"但生米已做成了熟饭，李、袁遂压朝政府撤回并惩处朴定阳，否则不再批准朝鲜外派使节。两国在外交上控制与反控制的斗争亦进入第三个阶段。朝鲜方面对清廷压力采取了如下应对措施：

一是推，即把责任推到列强和朴定阳身上。朝君臣认为"清廷素来畏惧洋人，我派遣使节结好洋人，清廷也必会畏惧我。北洋电报必是虚声恫吓，计划断无可虑……从速派使结好西洋，清廷无可奈何[36]"。从这一判断出发，朝鲜一开始就把派使、违反"三端"等事说成是被动无奈之举，把责任推到列强一边，希望借列强之势为自己争得外交上的空间。但清廷不谈原因，只就朝方阳奉阴违，出尔反尔的做法诘责不已，朝外署遂将责任推到朴定阳身上。1888年2月2日(旧历十二月二十一日)回复袁世凯称：

查以前议定的三端，已于赴美使臣启行之前，饬令遵办……未知该使至美为何托词不遵，以致有此诘问，实令人惊怖，立即发电诘问该使。后据该使电称，前定三端，本不敢违背，只是到美国后，查访打探国情，如果由华使带往外交部，美政府有意斥退国书，故冒罪违章，暂且完成使命，待回来后请罪等语……是以该公使碰到万万难处的境地，才出此不得已之举，其情极苦，或许也该原谅。

袁是何等人，能受此愚弄？在转给北洋的电报中随即点明韩政府的答复"意在捏词搪塞"，"曲袒朴使，也无非是想要为赵使留下违章的余地[37]。"李鸿章因此大发雷霆："韩政府外署竟敢用擅自违章的小人的无从查证之语转复，尤属胆大包天[38]。"

二是拖，即借口朴远在海外，回国后方能惩处，希望将大事拖小，小事拖了。2月6日(旧历十二月二十五日)，朝外署再次致函袁世凯：

> 所有该使违章之罪，亟应议处，而现在本人出疆，无以施加谴责，拟等到调任回国，再行议处……我国王殿下，自闻此报，殊为震怒。本督办亦不胜惊惑之至。总之该使朴谬妄的事实，可看出大致轮廓，容等到该使返回复命之日，应由敝政府再行查核并施加谴责，还要乞求贵总理特别给以包涵体谅。

责任既已推到朴身上，朝政府亦答应予以惩处，袁觉得再责无益，不如以静制动，遂建议北洋"姑且等待朴使回国，视韩廷如何查办后再诘问[39]。"袁的盘算是，朴不回，则"违章案"不能了结，案子不结，则清政府绝不会批准朝再外派使节。此时朝鲜驻欧洲五国公使赵臣熙滞留香港观风已近三个月之久，势不能久拖不决，到时朝自会找上门来要求结案的。果不出袁所料，朝鲜迫于清廷压力，于1889年召回了朴定阳，而滞留香港的赵臣熙在迟迟不得出使的状况下，亦于1890年3月自行返国。清、韩遂又就处罚朴定阳一事展开新一轮的折冲。

先是，朴甫抵仁川，朝外署赵秉稷即向袁世凯请示如何结案，袁答以惩办朴；赵以惩办朴美国公使必会过问，"不如毋予追究，以此顾全中、韩双方的体面"，袁答以"如不惩办，中方体面何在？美国公使诘问又何足吓唬人？赵语塞，即赴宫。"袁通

图8 李鸿章访德时与德国首相俾斯麦的合影。西方舆论当时称李鸿章为"东方俾斯麦"。

过其在朝宫廷内的眼线，很快了解到朝方的打算，在向北洋汇报的同时建议严词诘责：

又闻韩王打算在朴回来后即授职外署督办，以彰显自主之权。如中国追究得严，先支吾其词，不得已则暂时定罪，而暗中唆使美国公使诘问，便仍可赦回充当督办云。只是朴回来后的查处如听之任之，不但大损国体，而且赵臣熙仍在香港，必会即刻赴任而重新违反三端，所以妨害尤其大。凯拟待朴回来后，即备办文书坚持严词诘查，料其必难搪塞，朴如受到惩办，赵自会中止违章。

李鸿章自然同意并称赞他“驳赵语甚有劲[40]”。朴定阳回到汉城后向韩王辩解自己并未接到朝廷的明确指示，而且“万国互通使节的公例，无先往他国使馆的礼仪，也无通过他国公使谒见外交部的事例”。而朝鲜所聘外署协办德尼则“力言于王，如听任中国对朴处罪，韩国就不是自主国家，各国必定不接待韩国使节，必须立即补授朴显要的职务以昭示各国，中国必无可奈何，这全是袁某一人作祟，尤其无足顾虑。”韩王于是派大臣多人，连日劝说袁“含糊了结，毋深究”，其外署督办闵种默并告诉他，“国王久已嫌你恐吓”。袁不为所动且严加驳斥：

凯驳以韩国虽与各国有约，也应恪守藩属体制的派使规章，岂得阳奉阴违？你们既然包庇朴，必然是你们朝廷故意放任朴违章，你们朝廷可以儿戏自欺，也想要中国的朝廷这样么等语。言辞神色甚为严厉，闵(种默)颇为畏惧惭愧地返赴王宫。[41]

此后，对朝鲜诸臣车轮战般的软磨硬泡，袁干脆托病，“拒不与谈”。

由于袁为清廷及北洋全权代表，朝鲜外署致北洋函件非通过袁不能上达于北洋，袁借此以逸待劳，将不遂所愿的函件不断退回，要求重写。李鸿章认为此着“甚妙”，嘱袁“不要催其回复。若是回复达不到要求，仍须掷回，宁拖着也不结案。”并向袁交底，“将来结束，若他们恳求不办重罪，或将朴撤职并停止差委，便可下台[42]。”这样“违章案”的处理又拖了下来。

但到了12月4日(旧历十一月二日)，国王径自委任朴定阳为都承旨兼副提学。在袁看来这是公然无视大清尊严的挑战，随即致电北洋，要求对韩施加重大压力：

> 惟查前定三端，为的是昭示宗藩体制，朴违背而受中国诘责，韩国始而诿罪于朴，答应究办；继而不处理，反而授予朴显要职务，是违反属国体制之罪在国王而不在朴，又未免欺中国太甚。凯如只向韩政府诘责，终归于儿戏；若从此含糊忍受，则各国讥笑，韩国人的轻视慢怠必日甚一日，而藩属体制名分必日渐解体，而且赵使也必会再次违章。关碍大局，殊非浅鲜。似应由凯亲自谒见国王当面诘问，倘若王托故不接见，再秉请宪台以公函诘问国王，或请旨斥责，方合乎事体。[43]

此后，袁世凯连日催逼朝政府就任用朴一事作出答复，并运动王太妃(即王太后，亲华)向国王施压。太妃“闻知甚怒，责备国王事奉大国不敬，国王甚为恐慌，声称先立即罢免朴的官职，(以后)再慢慢办罪[44]”。12月26日(旧历十二月五日)，袁入宫面见国王，王“外甚亲密，谈话涉及朴定阳的事，则惟请周旋了事”；后又通过臣下向袁暗示，对朴可以秘密治罪而不予公布，而由袁转告李鸿章以了结此案，也就是私下了结以顾全双方体面。袁世凯则判断此为韩国之圈套，建议将计就计，以权术诱使韩国就范，这就是本章前面那封函电的来由。

朴定阳一案，此时已由王室幕后的实权人物闵妃接手，她的策略是，先笼络住袁世凯，然后免去朴的职务，但不予公开，由袁世凯说服李鸿章接受这个顾全双方体面的做法。为此闵妃派其亲信洪在羲反复游说袁世凯，说国王和王妃对袁的剀切陈词和苦心筹办极为感谢，并后悔从前听信人言而怀疑、误解了他。至于朴定阳案，实在难于公开处分，打算秘密治罪但不予公布，请袁以已经治罪上报李鸿章，以了结此案。如果不行，则挑个小错处置朴，含糊其辞，“使人不能指实为违章罪，而在中国看来是已加惩处”。

闵妃的做法，在袁世凯那里实在是小儿科。韩国方面之所以坚持不公开处理违章案的目的，袁心里十分清楚："王妃、国王坚志蓄谋，寝食不忘者，惟在不令赵（即等候出使欧洲的赵臣熙）遵奏章，以保全自主体制[45]。"但袁世凯也想尽快了结这件拖延已久的案子，于是将计就计，演出了一场好戏。他首先作出很感动的样子，然后吞吞吐吐地透露出李鸿章打算严办此案，事情极难了结，而他泄露了北洋的底牌，如果让李鸿章知道了，"罪甚大"，嘱咐洪在羲对自己所谈论的事，"万不可泄"；至于一起糊弄李鸿章，则是欺骗上司，他不敢与闻。但为保持中朝关系的大局，他"必尽力"。国王可按原来的打算办，先把朴革职，然后他再了解社会上对此事的舆论，探察北洋有无允许从宽处理的意思，"方可相机周旋"。至于韩政府的公文，可暂不呈报，如果北洋允许从宽，再随时呈报。袁世凯的"诚恳""合作"态度，使洪在羲大喜，一直谈到天快亮时才回宫复命。

其实，北洋的底线是"轻办示惩，或明订出使欧洲者仍遵奏章办理"，问题的焦点已不在惩处朴定阳上面，而在今后朝鲜能否遵行"三端"上。朝鲜念念不忘的是自主，清廷坚持的是不让朝鲜自主，根本不可能调和。但案子僵持下去有损两国关系，袁世凯于是想出了上述"一办一拖"的办法。"办"，即先诱骗朝鲜将朴革职；"拖"，即不要求朝鲜马上上报处理此事的呈文，无呈文意味着没有结案，这样一可以防止朝鲜借口已经结案重新任用朴定阳，二可以根据需要随时重提此案，主动权即操在清廷一方。实现这个阴谋的前提是不让朝鲜摸清楚北洋真正的底牌，所以袁世凯在电函末尾请求李鸿章提防朝鲜驻天津使臣金明主"伺察语风"，防止他向韩王揭穿骗局。

由此封函电可以看出，传统软硬兼施的做法已难见效，即智如袁世凯者也感到棘手，不得不主张施以骗术尽快了结此案。朝王室的目的是修改矮化、束缚朝鲜的"三端"，尽快使滞留香港的使臣赴欧就任，袁遂虚与委蛇，"拟诱其先革朴职，次令政府复文认错"。袁世凯的计划，全都事先详细电告了李鸿章，李不仅同意，而且指示机宜，双方合作无间，成功地演出了一场外交双簧剧。朝鲜为修改三端，派使赴任，遂免去了朴的职务，拖延数年之久的"违章案"至此告一段落。

1890年初，朝政府派赵秉夏赴北洋，请求修改三端、允准驻欧使节赴任和准许任用朴定阳，清廷坚持必得惩处朴，否则其他两项免谈。直至9月，李鸿章致函总署时，仍坚持这一方针：

> 朝鲜未治朴定阳违背之罪，中国即不变通中韩使节体制，以延宕其派赴五国的公使成行……如彼迟迟搁置不理，我亦将此案暂悬不结，牵制其五国使臣难以很快成行。[46]

双方再次陷入僵局。1891年11月，朝再次任用朴定阳为户曹判书，当时袁世凯因母病回国省亲，李鸿章电令代理袁职的唐绍仪责问，朝鲜以朴职务“并非显秩重任”搪塞，并请求清廷允准。11月15日，清廷终于准许朝鲜起用朴，但“不得委以重任或再充使臣之职”；迁延5年之久的“外交违章案”终于画上了句号。朝鲜坚持不处罚违章者，清廷无可奈何，最终不了了之；而清廷坚持不改三端，亦牵制了朝鲜外交的开展，结果是两败俱伤。

再来看清廷对朝鲜财政的扼制。中、朝近代以前均实行闭关锁国的政策，被迫开放后又对西方长期持有轻视和抵制态度，故极端缺乏既懂外语又通国际商法的人才，不得不聘任外国人代理海关事务。譬如英国人赫德，就担任中国总税务司达半个世纪之久。朝鲜开放通商，也无此人才，求助于清廷，清廷遂于曾任职于中国的外国人中，有选择地推荐给朝鲜。与袁同时期派驻朝鲜的外国人先后有德人穆麟德，英人墨贤理，德人史纳机、马根，美人德尼等。清廷的本意是通过这些人将朝鲜的海关通商大权把握在自己手中，孰知多数人并不领推荐之情，而是更为认同领谁的薪金为谁办事的职业操守，并且多对清廷过时的天朝观念不以为然。尤其是穆麟德和德尼，到了朝鲜后均公开支持王室的自主愿望，并代为联络列强，出谋划策，如朴定阳使美违章案，就是德尼一手策划而成，很让清廷头痛。为把这些人弄出朝鲜，也很费了李鸿章、袁世凯的一番心力。

孰知一波未平，一波又起。1890年3月5日，税务司史纳机向袁世凯透露，朝鲜国王准备任用一个来自日本的美国人李仙得接替德尼并兼任总税务司，并打算收回海关权利。袁当即指示：“你奉中国的委派，韩国如欲撤换，应先咨请中国调回，如擅自派代，你不应遵从，可随时告我诘问韩廷，断不可遽自交代。”以袁遍布朝鲜宫廷内外的眼线，很少有事能瞒得过他的耳目。袁早知道史纳机暗中鼓动朝鲜收回海关权利，

“不受中国海关节制，如穆麟德故事”，于是先施以威胁：“有关韩国海关的权利，如在你手中损失，赫德（时任中国海关总税务司，兼管朝鲜海关事务）将不满意你，恐怕今后在中国海关再无立足之地[47]”；继之以笼络，答应代其谋取朝总税务司职务，稳住了史纳机。袁随即通过禧在明（英国驻朝领事）、闵种默（时任朝鲜外署督办）搞清了李仙得的来历和动向。李仙得曾任美国驻厦门领事，后又受聘于日本外务省，得以结识朝鲜驻日公使金嘉镇。李卸任后仍滞留于日本，成了无业侨民，用袁世凯的话说就是为谋职业而生事的“流氓”。朝鲜驻日使臣所以推荐他，是因为他声称能为朝鲜贷来巨款，他向韩廷提出可向外国银行贷款一百五十万元，由朝鲜三口海关收入中逐年扣还。袁即将详情电告北洋，嘱其设法阻挠，并向李鸿章提出了从根本上亦即从经济上控制朝鲜的对策：

> 李(仙得)此次募贷，未必有成，然朝鲜国王贷款计划的决心甚大，终必为狡猾阴险者藉以施放诱饵。凯历年熟思，办法有二：其一，等待韩请求中国从而杜绝外资，最为得体，而且增加驭属之权；其二，韩如外贷，日久必生事端，等到事端发生，再由中国移贷偿还。衡量韩国时势，终必有此二者。然而第一法自然是釜底抽薪之计，如果中朝(即清廷)现有此力，可否密示，以便相机嘱其谋求。如妥善订立合同，由海关按年扣还，当可完璧归赵。[48]

袁之所以建此策，是因为其数年来深感对于朝鲜之自主倾向，晓谕劝说和虚声恫吓均已难以奏效，在军事之外唯一能迫使王室就范的方法就是金钱。具体做法一是牢牢把持住朝鲜的钱袋——海关；一是在朝急需用钱时予以优惠的贷款。王室不缺钱花，收回海关权利的动力就会减弱，而贷款及利息均可自掌握在中国手中的钱袋里掏还，绝无风险。朝欠债愈多，对中国的依赖也愈深，借此即可牢牢控制住朝鲜。

对袁的建议，清廷认为是釜底抽薪的妙计，不但立刻批准，许袁相机行事，而且予以积极的配合。5 月 3 日（旧历三月十五日），总署及李鸿章分别电令清廷驻俄、英、美、日等国使节：

密闻朝鲜议借洋债，此端果开，后患无穷。请知照(所在国)外交部，转告绅商，说明朝鲜贫穷而浪费，偿还贷款极为困艰，各国绅商不宜与该国订立合同，贷以巨款，将来如有借债不偿之事，中国不会为之担保。若各国因欠款而索债于朝鲜海关，中国也决不允许。预为声明，以昭和睦之谊。[49]

由于李仙得仅系一朝鲜所聘用的外籍雇员，虽有官方颁发的文书，终因清廷的声明而信用不彰，朝鲜从国际上贷款的计划终成泡影。

对于朝鲜宫廷中为国王出谋划策的那些外国人，头脑诡谲的袁世凯已看出他们难以同心共事，大可施以离间之术：

德(尼)、丹(士谟)、李(仙得)均非善类，可相攻挤，当可牵制，似宜静听。[50]

袁如何离间今天已难得其详，但确实起了作用是没有疑问的。3 月 9 日，朝鲜政府任命李仙得为内署协办，李为了增大自己在王室中的影响力，果然援引其在日本时熟识的美国前驻横滨总领事，靠采矿发家的富翁葛累好士来朝鲜，朝政府 4 月 15 日免去了德尼内署协办的职务，代之以葛累好士。失势的德尼最终不得不黯然离开朝鲜。对于李、葛二人，袁则施以威胁，“屡次嘱人转劝 (他们) 以不可干预 (中朝间事务)，免贻后悔，德尼可为前车之鉴[51]。”至于史纳机，袁不仅未为其谋求留任，而且断然拒绝了朝政府对他的挽留。

对于李仙得的贷款活动，袁料定没有中国和朝鲜海关的担保，李断难成事，所以并不急于放出诱饵，而是请假回乡省亲，一走就是多半年。翌年 (1892 年)5 月，袁回到汉城。此时李仙得四处告贷无门，已被拖得疲惫不堪；而朝鲜欠德国商人的债务已经到期；朝鲜驻美、日使馆已无维持经费，不断向国王告急。袁世凯看火候已够，方向前来拜访他的内署督办闵泳骏、外署督办闵种默表示：“倘有正宗要需，不妨商请中国设法，切不可再向他国贷款，致贻后患。”国王果然入彀，袁迅即电告北洋和总署，建议以华商 (而非政府) 的名义低息贷款十万元给朝鲜偿债：

查韩国贷洋债，固应阻止，然惟有中国提供贷款，始有词阻其向外国贷款，而且可固持其海关权利，只是在韩的中国商人，断难凑此巨款。听说出使经费存在上海的甚多，拟乞商议总署下令拨十万两贷给韩国，利息订低一些，假托在韩中国商会之名与韩海关妥订合同，按月由税务司于所征税金内分划本息解送上海，并由凯与闵种默等监订印押，必不致巨款虚掷，尤可坚固驭属的权利体制。[52]

袁之建议两天后即获清廷批准，且利息低至六厘(日本银行利息此时为二分半)。袁即与闵种默商定此贷款按八十个月期由韩海关收入中扣还，“此后不许再以关税划抵他国债务。”朝鲜政府内对此项贷款有争议，闵商镐、葛累好士等反对，认为“由海关划归，必受钳制”；闵种默、郑秉夏等支持；国王则迟疑不决，但终于抵挡不住债务的压力和低息的诱惑，同意以郑秉夏(时任转运漕米御史，为国王亲信，亦为袁在宫中的眼线之一，所欠德国的债务即为漕运船脚费用)名义告贷，与袁世凯代为选择的在韩华商同顺泰号于8月20日签订贷款合同，清廷于次日批准由上海江海关以库平银十万两支付，9月8日交付，解了朝鲜的燃眉之急。德债刚清，所欠日、美债务利息又届到期，韩王遂又派郑秉夏找袁商贷。袁认为“贷的愈多中国权利愈增。前次贷款，只由仁川税司扣偿，倘若再贷，拟商由釜山税司分扣，如此则海关权利(的控制)又进一步”，建议总署允贷。清廷自然批准，遂于11月再贷给朝鲜十万元。由于袁世凯在朝鲜外债到期，窘急无计之际，干脆利落地办了这两笔低息贷款，解了王室的燃眉之急，袁与朝王室十分紧张的关系大大缓和，他在电报中颇为自信地告诉李鸿章，国王在年底会晤他时，“情意甚为殷切，嘱咐凯遇事指教，务期中、朝没有一点芥蒂，现在深知凯待韩国甚厚，以往各事请毋介意……近来自从贷款二十万，韩国君臣感激欣悦，凯乘机联络开导，与权贵闵泳骏、闵泳达、郑秉夏等均关系友善。骏等屡屡劝谏王妃，诚心事奉中国，信待凯以自保。国王、王妃都渐渐感悟。倘若能够长久持有此种见解，东方事务可望逐渐理顺[53]”。清韩关系似又进入了柳暗花明的阶段。

然而此时，蛰伏了近十年的日本自觉力量已足以战胜中国，又蠢蠢欲动起来。此时袁世凯在朝鲜的主要任务，不光是阻遏王室的自主倾向，还要帮助朝鲜应付日本的挑衅和威逼。先是，1893年初日本派大石出使朝鲜，大石是个狂热的帝国主义分子，赴任伊始即口出狂言，“其论韩事有二法，驻该国俄使则结以恩，华使则畏以威”；到任后则宣称“连合各国扶持韩国自主，永不受中国凌侮，中国所派遣的海关官员可以驱逐，出使五国的使节可以派遣”，摆出一副与袁作对的架势。袁何许人也，自然不吃这套，电告李鸿章：“前年韦贝、德尼等谋使韩国自主，迄无寸功。倭强大不如俄国，大石阴险狡猾不及韦贝等人，各国亦未必听其连合，庸人自扰，似乎没什么了不起[54]”。但大石到朝鲜就是生事来的，他奉政府之命，以日朝间一些经济纠纷挑起事端，强逼朝鲜作出经济赔偿，并以撤使断交相威胁。袁则于背后指导朝鲜外署与之周旋，一拖二磨，使大石蛮横凶恶的面目暴露无遗，其帮助韩国自主的宣言遂不攻自破，最后由袁出面调处，以中国垫付赔偿了事。而此时大石已“为韩君臣所深嫉”，难以顺利执行外交任务，上任仅半年(当年7月)即不得不离任回国。袁略施手段，大石即铩羽而归，日本挑起事端以干涉朝鲜内政的阴谋亦遭挫败。

1894年2月，朝鲜开化派领袖金玉均在上海遇刺，成为日本干涉朝鲜内政的又一借口。金玉均、朴泳孝在甲申政变失败后，随日使竹添逃匿日本，不断进行推翻政府，在朝实行改革自主的活动，被朝鲜和清廷当作了心腹大患，除通过外交途径要求日本限制其活动外，亦不断策划暗杀二人的阴谋。1892年，朝政府派李逸稷赴日办理此事，李很快取得二人的信任，并拉由法国返国途经日本的洪钟宇(甲申政变中死难的“开化派”骨干洪英植之子，他认为其父之死，金等有责任，怀有复仇心理)参与此事，介绍洪与金、朴二人相识，由于有故友之子的身份，洪也很快取得了二人的信任。李、洪策划将其中一人引出日本后同时举事，各杀一人。于是洪钟宇遂诱骗金玉均随其赴中国求助：“故国革命，非自身力量所能达到，余曾流离中国十四年，与李鸿章之子李经芳最相亲善。若赖李经芳得其父之一诺，大事成矣[55]。”金遂决计随洪赴中国，1894年3月28日(旧历二月二十二日)，金甫抵上海，即为洪钟宇击毙于租界中日人开设的东和洋行，洪随即被捕；4月，清廷应朝鲜要求，将洪钟宇暨金玉均的尸体一并引渡给朝鲜。由于金等于甲申政变中曾谋杀多名守旧派大臣，深为保守势力所仇恨，朝政府遂将金之尸体枭首断肢，以泄其愤。日本起初对此大肆渲染，煽动敌视朝鲜与中国的情绪，宣称清引渡金尸，致其被枭首戮尸，是对日本的侮辱，也是日中韩三国间外交的重大问题。一些好战的浪人团体上书政府，要求立即向清开战，很多高级军官亦鼓动于后。但金为韩人刺杀于租界，清之引渡乃应朝政府请求，日首相伊藤博文与外相陆奥光宗认为借口不足，但日本以武力控制朝鲜，通过战争迫使清廷屈服的计划已准备就绪。

1889年日本宪法将军队的统帅权由内阁移交于天皇，以参谋总长和军令部长为其辅佐，天皇握有宣战、媾和与缔约大权；1893年，天皇又批准了《战时大本营条例》；规定大本营是战时最高统帅机构，由天皇主持，由此完善了对外战争的指挥体系。其多年来派赴中国、朝鲜收集情报的间谍网源源不断输送来的情报也使日本参谋本部对中国各种情况，尤其是军事情势了若指掌，甚至“比中国人自己更清楚地知道，每省可以抽调多少人出来作战[56]”。日军参谋次长川上操六以旅游为名，于1893年连续赴朝鲜、中国实地考察4个月之久；在中国天津、上海、南京等地参观军火工厂、军事设施、部队操练，李鸿章不知大难将至，还将其作为上宾殷勤款待。川上经过实地考察，确信“中国不足畏惧，增强了必胜信心[57]”；日本还根据大量情报绘制出了朝鲜、中国东北三省和渤海湾的军用详图，上面标明了这些地区每个小丘和每条道路的位置。日本的战争准备已万事俱备，所缺的只是合适的借口，而这个借口也很快就找到了。

1893年，朝鲜发生了东学党组织的大规模请愿活动，全国处于骚动不安之中。东学教是19世纪70年代开始流行于朝鲜的一种民间宗教，其基本教义杂糅了儒、佛、道教的很多成分，主旨是社会平等、反对贪官污吏和外来思想影响，在农村和下层社会有很大影响。东学教的创始人是崔济愚，由于其思想传播愈来愈广，信徒愈来愈多，引起了政府的注意和恐慌，1863年朝官府将其逮捕，翌年将其杀害并禁止信奉和传播东学教。但东学教仍在地下传播与发展，其第二代教主崔海月利用教徒和农民对政府的不满，发起了为教祖崔济愚申冤的活动，希望借此使东学教取得合法地位。1892年，崔海月率教徒六十余人赴汉城上书官府申冤，翌年又提出“惩办贪官污吏”“斥倭斥洋”等政治性口号，并在忠清道组织了有数万人参加的报恩集会，要求废除取缔东学教的禁令，号召广大教徒不达目的誓不罢休。朝鲜统治阶层对事态的发展极为震惊，感到单凭安抚已无济于事，而仅靠自身的力量亦难以镇压，遂再次求助于袁世凯和清廷。

袁世凯一向主张早遏乱萌，早在东学教掀起为教主申冤的活动时，他就“屡次劝韩廷早为翦除，毋使滋蔓”。在崔海月等赴汉城上书时，他又建议朝政府要“格外镇定，毋遽惊惶。为士民倡，宜速治魁首以厉其余，并出示剀切的谕令禁止”。在东学教举行忠清报恩大集会时，面对渐成燎原之势的动乱，朝鲜王室、政府方寸已乱，筹商于袁。袁遂建策“劝其简派公正重臣前往抚辑，将各城镇的贪官污吏和苛政分别汰除，再调各处练军到那里虚张声势，显示将进行征讨，并切实明白地吩咐其解散，倘若终不遵从，再议进剿[58]。”但韩廷畏葸不决，经袁再三劝说，并表示愿自任督剿，朝政府才派鱼允中带兵赶往忠清道驱散了东学党的集会。

就袁世凯为朝鲜政府设计的对策而言，可以看出他对民间社会动乱有着十分清醒的政治判断。对东学党这类以“神道设教”方式动员组织群众的民间宗教(类似于中国历史上之太平道、白莲教、拜上帝教等)，如不能及时将其遏制于萌芽之中，往往很快发展成燎原烈火，造成整个社会的大动乱，历史上类似的事例屡见不鲜。而消除乱萌的手段就是擒贼先擒王，凡民间宗教运动均建立于对教主的迷信之上，除掉教主，教徒们建立于这种迷信之上的精神信仰亦会随之崩溃，整个运动自会土崩瓦解。

凡一种民间宗教运动的兴起，多出于对社会现实的不满和政治的腐败，镇压是治末，改良政治方为治本。袁建议派“公正重臣前往抚辑，将各邑贪吏苛政分别汰除”的用意即在于此。改良政治，消除腐败的作用就如釜底抽薪，多数人的满意度提高了，对社会的未来、自己的前途抱有希望，少数野心家就难有作为，历史上政治开明、国家繁盛时期几乎没有动乱的原因即在于此。

当然，动乱已成气候之际，政治改良缓不济急，为免于整个社会的崩溃，暴力手段的使用不可避免。但怎样使用，却大有学问。举而不用，通过暴力的震慑作用，不战而屈人之兵，无疑是上策，但前提是相比于对手，你具有压倒性的优势。其次则通过谋略制胜，分化瓦解之，诛杀祸首、胁从不问，袁所建议的即此种方法，其后来在山东镇压义和团时用的也是这种方法。而且成功地治理动乱局面，古今中外，概莫能外。但袁之建议，因朝政府“诸多畏葸，意更游移”而未能全部采纳与实行，

图9 甲午开战前，增援平壤的清军正在登船，此为英国当时的绘图报道。

东学党运动在消沉了半年之后，又在全罗道复燃。

1894年3月，全罗道古阜、泰仁两郡数千东学教徒和农民在全琫准领导下举行了起义，先后成功攻击了两郡官署，并向各地广发檄文，称："吾辈举义至此，决非他故。所希望的是拯百姓于涂炭，尊国家于磐石，当内斩贪虐之官吏，外逐横暴之强敌[59]"，号召广大民众加入起义。5月31日，全琫准攻占全罗道首府全州，东学党声势大振，起义势如野火，迅速蔓延到忠清、庆尚、京畿、江原、黄海等道，发展成为全国性的政治动乱。

早在3月古阜爆发起义时，袁即电告北洋，要求派兵船赴朝弹压：

> 东学邪教联名诉请韩王尽数驱逐洋人，屡有揭贴榜文，沿西方人门前多端诟詈，声称将驱逐杀戮。在汉城的洋人都大为恐慌……凯屡劝韩国政府严厉缉拿惩办，终畏怯不敢。刚才英国官员禧在明来称，各国洋员均要求调兵船防范，(禧在明)已告以中国有弹压责任，应该静候。请求凯速调数船，以防意外，而消除各国的疑惧云。查西方人既等待中国(出面)弹压，自然属于好事，乞即电令水师，迅速派遣两艘兵船来仁(川)，以尽弹压之责。[60]

甲午战争后，国人追原祸始，多把引发战争的责任归咎于袁世凯，认为是他的错误情报导致李鸿章派兵赴朝平乱，给了日本发动战争的借口。其实，无论清廷派兵与否，日本武力干涉、控制朝鲜的大计已定，或迟或早都会挑起事端，找到借口的，如前面提到的经济赔偿案和金玉均被刺案，都是这种企图的表现。袁的任务就是控制住朝鲜，阻止列强

图10 甲午战争前，日本借口保护使馆侨民，派兵登陆仁川。

的渗透和干预。从袁上述要求派兵的电文看，其动机在于稳定住汉城的局面，杜绝列强以保护侨民的名义出兵干预朝鲜局势，与朝廷的方针是完全一致的。这也可由他就韩王求清廷派兵援助一事拍给李鸿章的电文中看出：“如不允，他国人必有乐为之者，将置中国于何地，自为必不可推却之举”；李鸿章也认为，“韩国归中国保护，其内乱不能自我了结，求中国代其戡乱，自为上国体面”，建议派陆海军赴朝平乱[61]。而且李鸿章之相信日本不会出兵，也是日本人积极诱使的结果[62]。至于日本之所以能以此作为其出兵朝鲜的借口，其远因恰在于十年前李鸿章与伊藤博文签订的《天津条约》中给了日本人这种借口。6月7日，在接到清驻日公使汪凤藻关于清廷派兵赴朝鲜平乱照会的第二天，日外务省即复照宣称，日本将依照《天津条约》之规定，也派兵赴朝；同日，日驻华代理公使、驻天津领事也分别照会清总理衙门和李鸿章，宣布根据《天津条约》，中国出兵，日本亦将出兵“保护使署、领事及商民[63]。”而实际上在接到清廷照会的前一天(6月5日)，日本即以护送日使大鸟圭介返任为名，派遣海军陆战队400名随其赴朝了。

《孙子兵法》曰：兵者，诡道也。其实政治、外交又何尝不是诡道！日本谋占朝鲜，处心积虑已二十余年，计划、准备十分周密。东学党起事后，日参谋本部次长川上操六即授意日本浪人团体玄泽社，派内田良平等党徒赴朝鲜打入东学党内部，以同情起义者的姿态推波助澜，并企图将运动锋芒由“逐洋灭倭”引至以袁世凯为代表的清廷势力方面。袁对此有所觉察，而李鸿章犹认为“伊藤尚明大局，不致嗾使韩匪起事。来电似尚不知韩国有内匪也……伊藤与我交好，并非虚伪[64]。”外交之诡道的表现是虚虚实实，真真假假，背后隐藏着的是尔虞我诈的利益争夺，办外交几十年的李鸿章怎会看不透？其实这里还有一段故事。李鸿章甲午兵败后失势，仅挂个总署大臣的名义略备顾问而已，居住在京城贤良寺，也是门庭冷落。闲下来常同在其幕中的曾国藩的孙女婿吴永聊天，曾话及曾国藩在办外交上对他的重要影响：

别人都晓得我前半部的功名事业是老师提挈的，似乎讲到洋务，老师还不如我内行。不知我办一辈子外交，没有闹出乱子，都是我老师一言指示之力。从前我老师从北洋调到南洋，我来接替北洋，当然要先去拜谒请教的。老师见面之后，不待开口，就先向我问话道：“少荃，你现在到了此地，是外交第一冲要的关键。我今国势消弱，外人方协以谋我，小有错误，即贻误大局。你与洋人交涉，打算作何主意呢？”我答道：“门生只是为此，特来求教。”老师道：“你既来此，当然必有主意，且先说与我听。”我道：“门生也没打什么主意。我想，与洋人交涉，不管什么，我只同他打痞子腔(痞子腔盖皖中土语，即油腔滑调之意)。”老师乃以五指捋须，良久不语，慢慢才开口说：“呵，痞子腔，痞子腔，我不懂得如何打法，你试打与我听听？”我想不对，老师一定不以为然，急忙改口说：“门生信口胡说，错了，还求老师指教。”他又捋须不已，久久始以目视我曰：“依我看来，还是用一个诚字。诚能打动人，我想洋人亦同此人情。圣人说言忠信可行于蛮貊，这断不会有错的。我现在既没有实在力量，尽你如何虚强造作，他是看得明明白白，都是不中用的。不如老老实实，推诚相见，与他平情说理；虽不能占到便宜，也或不至过于吃亏。无论如何，我的信用身份，总是站得住的。脚踏实地，蹉跌亦不至于过远，想来比痞子腔总靠得住一点。”我碰了这钉子，受了这一番教训，脸上着实下不去。然回心细想，我老师的话实在有理，是颠扑不破的。我心中顿然有了把握，急忙应声回答说："是，是，门生准定尊奉老师的训示办理。"后来办理交涉，不论英俄德法，我只捧着这个锦囊，用一个诚字，同他相对，果然没有差错，而且还有很大收效的时候。古人谓一言可以行之终身，真是有道理。要不是我老师的学问经济，如何能如此一语破的呢？[65]

然而在19世纪殖民主义大行其道的时候，同豺狼讲诚信可乎？曾、李均由进士而翰林，饱受儒家思想的熏陶，以诚信立身待人固然是君子所应为，但以此作为对待列强的法宝，未免迂阔。实际上李鸿章在外交上也并未完全遵循曾国藩的教诲，而是"与洋人交，略为参用痞子手段"；看他对待更为弱小的朝鲜的所为和对大行外交权术的袁世凯的倚重，就可知所谓"诚"字完全是迷惑列强的障眼法。但不知什么原因，李独对貌似谦恭、内藏诡诈的伊藤怀有好感。乙酉年天津谈判时，李落入伊藤的圈套而不自知，事后反而致函总署称赞伊藤是个人才，颇有惺惺相惜的意思。君子可以欺之以方，东学党的起义已如火如荼，诡谲如伊藤者能不知道？个人的私交再好，在国家利益冲突面前也要让步。李鸿章一误再误，事后仍不醒悟，遂又有中俄密约的产生，贻害无穷。当然中国外交失败的责任也不应全由李鸿章来负，国家外强中干，办外交的人腰杆子想硬也硬不起来，外交斗争归根结底也是国家实力的较量。相反，袁世凯的头脑要清醒得多，他那套纵横捭阖的权术在朝鲜的外交战场上一直没落下风，但真到了兵戎相见之际，没有强有力的军事为后盾，他亦陷入困境，难有作为了。

6月9日，大鸟率四百名日军抵达仁川，翌日到达汉城；同时，派赴朝鲜平乱的聂士成、叶志超部清军也相继抵达距汉城一百五十余里的牙山。此时，东学党被政府军打败，又迫于清军大兵压境，内部产生了分裂，全琫准遂与政府军议和，并于6月12日率起义军退出全州。由于动乱趋于平息，袁世凯电告李鸿章暂缓增兵，并会晤大鸟圭介，据袁发给北洋的电报，双方会谈情况如下：

凯谓，韩国乱事已渐平，我国兵拟早撤，以免暑雨。如果听到日本派遣大兵，自然也将增兵前来。因相互防备，必生嫌隙。倘若在韩西方人伺隙播弄，或西方人也派兵来候收渔利，

> 不但韩国危急，对中国日本亦必有损。中日和睦，亚洲大局可保。倘若互生嫌隙，徒然自害。我辈奉使，应统筹全局以利国家，岂可效武夫庆幸多事？我深知必无利，故尚未调一兵来汉(城)。大鸟回答说甚是，我正好有相同见解。我国政府把韩国匪徒看得太重，(所以)才从速派遣大兵，我年逾六旬，岂能愿意生事……我们二人就此约定，我除八百(士兵)外尽力阻止增兵，你也发电阻止中国增兵，我二人在这里必可推诚商办。[66]

袁所贯彻的是清廷和李鸿章的意图：韩乱将平，双方可依《天津条约》同时撤军，相安无事。大鸟则完全是虚与委蛇。早在5月，日军即已秘密动员。6月1日(旧历四月二十八日)，日本政府在得知朝鲜正式向清廷请援的当日，即召开了内阁会议，并请日军参谋总长等军方要人参加，决定以保护使馆和侨民为名出兵朝鲜。其行动策略是：在外交上“尽可能居于被动者地位，事事使中国成为主动者”，“极力避免和第三国发生纠葛”；在军事上“力争居主动地位，一切要先发制人，以便处处陷中国于不利地位[67]。”会后即着手组成指挥战争的大本营。朝鲜国内局势稳定后，日本也根本不打算撤军，而是训令大鸟按原定计划继续增兵朝鲜。大鸟之所以与袁订约，为的是在朝日军人数还不足以形成对清军的压倒性优势之前，麻痹中国，延缓清廷的增兵速度，占据先机。在此次约定之后，日本仍源源不断向朝增兵，到六月底，在朝日军已有陆军万人，兵舰七艘，集中在仁川、汉城一带，构筑工事，准备作战。

日军在朝鲜站稳脚跟之后，即按其既定方针，向清廷提出共管朝鲜

图11　1894年9月，清军在平壤与进攻的日军作战。

的三端建议：(1) 日、中共同会剿东学党；(2) 日、中共同改革朝鲜内政和税务；(3) 日、中共同训练朝鲜军队。三端之外还有两个附加条件，即无论清廷同意与否，日本决不撤军；清廷不同意共同改革朝鲜内政，日本将独力进行[68]。李鸿章则指示驻日公使汪凤藻，“韩贼已平，我军不必进剿，日军更无会剿之理。乙酉伊藤与我订约，事定撤回。又，日韩条约承认韩国自主，尤其没有干预内政之权，均难于条约之外另商办法”，拒绝了日本的建议[69]。李鸿章试图以公法和条约制约日本，殊不知日本对此有利于己则用，不利于己则废；翻手为云，覆手为雨，把两国间的条约视同无物。李鸿章见中日交涉撤军已不可能，遂转而求助于列强调停，迫日撤军。此后一段时间内朝鲜的局面是：日本积极备战增兵，中国则无所作为，坐待各国调停。事态的发展竟好像完全是按照日本的行动策略进行的，即外交上中国积极，日本消极；军事上中国消极，日本积极。如果说中国在军事上本来还有机会的话[70]，随着时间的流逝，甲午之战的败局也就是不可避免的了。

甲午战争失败的原因错综复杂，但外交上的失误绝对是重大起因之一[71]。清廷昧于潮流与时局，顽固坚持“天朝一四夷”的过时观念，故步自封，失误不断。在朝鲜问题上，不明公法，放弃宗主国之责任于前，不知变通于后，最终陷入了自己没有准备且不情愿进行的战争。

从日本在朝鲜的行动步骤来看，清廷的失误往往被抓住作为其侵略行动的外交掩护。日本在诱使清廷出兵后，立即以保护使馆商民的名义出兵朝鲜，而后要求共同会剿东学党，再后提出日中共同改革韩国内政，其借口均出于《天津条约》的有关规定；在遭到清廷拒绝后，遂依仗优势兵力，强力迫使朝鲜“改革内政”，实即建立亲日政府，再以此政府之名义否认朝鲜为清属国，并请求日本代为驱逐在朝清军，其根据则是自《江华条约》起，日本就从未承认过朝为中国的藩属，而这恰恰是当年 (1875 年) 中日交涉时清廷放弃宗主国责任，让日本钻了空子所致。其颟顸可叹，其惨败亦势所必至，理有固然。

在清廷军事观望，寄希望于列强的外交调停之际，身在一线的袁世凯已觉察到苗头不对。面对源源不断开到汉城的日军，他感到中日之较量将由外交转为军事，而他赤手空拳，单凭口舌已难有作为，遂于 6 月 18 日 (旧历五月十五日) 致电驻军牙山的叶志超：

日人跳梁，意在防我，强行以大兵入我藩国首都，终将相机狡猾图谋。我方如一振作，日方必自衰落。只是派兵的来意，在保局息事，殊无可奈何。麾下不妨先散播进军汉城的声势而不必马上开进，看其如何转变态度？

袁的意图是要叶虚张声势，作出欲进兵汉城的样子，使自己对日交涉有所倚恃，无奈叶怕刺激日本，并不响应。李鸿章一再指示袁与日使大鸟交涉，要求日本停止增兵朝鲜，其实，武力控制朝鲜已是日本既定国策，正全力贯彻执行，岂是袁世凯所能阻止的？袁同日致电北洋，陈述其所处的外交困境："凯屡次与之协商，均反复无常，极为可恨，恐怕非口舌所能争"；袁联络各国驻汉城外交官共同诘问大鸟日本增兵之事，"然而日本气势甚为凶悍，各国官员一时亦无可奈何。"至此，袁世凯已完全意识到事态已发展到实力较量阶段，而清廷政策是"保局息事"，有军队也不能使用，瘸了军事这条腿，在日军环伺的汉城，单凭口舌之争已不可能有何作为，如果坚持和局，也不是在汉城所能解决的："屡次努力劝阻大鸟毋令增兵来汉城，他已答应，然而前言俱食，后言何可再信？况且日本政府意在威胁韩国，大鸟自己不能做主，难以口舌争讲，似应先调南北水师迅速前来严加防备，继续准备陆军；一面电令汪(驻日公使)商办，并由总署酌请驻华各公使调处，或不致很快破裂[72]"。

此后袁在朝鲜的作用便局限于收集情报、指导亲华的朝鲜政府官员如何应付日本的压迫等方面。起初朝鲜政府的对日交涉，还经常与袁磋商讨教，袁也能由此获取日本方面的情报转达清廷；但随着日军逐步控制了仁川、汉城，政府也逐渐为亲日派所控制，靠日本摆脱清廷控制，自主独立的言论大兴，袁在这方面亦难有作为了。据曾在朝鲜袁世凯官邸做文案的沈祖宪追记，当时日本人确有假手东学党人除掉袁世凯的迹象：

时东学党人必欲害公，藉日兵势力，伺察周密，以至于不能出使馆一步。使馆薪米缺乏，幕僚皆托故潜遁。文牍电报，(袁)乃以一身兼之。[73]

东学党人之所以仇恨袁世凯，是因袁在镇压东学党起义过程中，一直充当朝鲜政府的主心骨和军师；日本则有甲申政变被袁挫败的旧恨，袁被派驻朝鲜之初，日本就反对，“谓彼曾带队在韩杀败日兵者，显非睦谊”。袁在任十年，关系网遍布朝野，日本欲控制朝鲜，非袪除袁的影响不可，但袁有外交人员身份，日人不便公开出面，而假手乱党暴民则易于掩饰。总之，袁此时所处的环境已是杀机四伏。

6 月 30 日 (旧历五月二十七日)，袁世凯在得知朝鲜在日本胁迫下已正式照会大鸟，申明朝鲜为自主国家，非清廷之属国的消息后，致电李鸿章，在报告这一消息后，提出了撤退回国的请求：“听说大鸟拟照公法来作梗，依例派兵押解凯出境。果真如此则耻辱甚大。(现在) 只可依照万国 (公法) 使节条例，送文通知照会韩国，回国禀商，请兵伐韩。”袁的考虑是，朝不承认为清属国，他这个宗主国派驻朝鲜的“总理交涉通商事宜”的名义就不被承认，日本可按国际公法，以“职名均舛”为借口派兵将他递解出境，如此则不但使他，而且使国家受辱蒙羞，不如主动撤回，另作他图。清廷当时认为，朝鲜自立“究无实据，袁若马上归国，日本又将引为口实”，不予同意；李鸿章遂电令袁“要坚贞，勿怯退[74]。”

袁世凯在朝鲜纵横捭阖十二年，在军事、外交上都是占尽风头的人物，袁在监控朝鲜王室、政府外，还通过操纵其在朝政府内的关系，百般阻挠列强们渗透、控制朝鲜的图谋，因此深为列强们尤其是日、俄所嫉恨。如今坐困危城，其心境之焦虑恐惧可想而知。随着汉城局势日益紧张，袁不顾总署和李鸿章的劝阻，自 6 月 29 日起，连续致电北洋，陈述目前困境，要求撤退回国。李鸿章对此不置可否，只是将其电文转陈总署，但不表态的本身就是一种态度，表明李对袁在关键时刻沉不住气的表现不以为然。7 月 4 日，总署复电指示李鸿章，“袁道想马上降旗回国，反而好像与日本国失和，办法仓促有失国体，希望速发电制止，万勿轻举妄动”；李将电稿转发袁世凯，自己只加了“应遵办”三字。次日鉴于形势严峻，袁再电北洋，详细报告目前情势和自己的分析：

日兵万人分守汉城，四路各要害及我军由陆地前来(汉城)

之路均置炮埋雷，每日由水路运弹丸、雷械甚多，兵帐、马厩架备多处，观其举动，不但无撤兵息事意，似将有大兵续至。日本蓄谋已久，其志甚奢。倘俄、英以力勒令，或可听；如只调处，恐无益，徒误我军机。日虽答应不先开衅，然而削除我宗藩体制，控制韩国内政，自难以坐视，阻止他即争端自我挑起。日本狡诈，以大兵来，岂肯空手回去？要想寻衅，何愁找不到机会？叶军居于牙(山)难以接济。日本一再加兵，(意图)显露无忌，应迅速派兵，全以商船载往鸭绿江或平壤下船，以待大举。韩国既报称匪平，我先撤亦无损害，况且《天津条约》日本已经违反，我应自行其是。若以牙(山)驻军与日本持续到来之兵相持，争端一开，连退路都没有了。

从袁此封电稿中可看出，他已看出除非清廷放弃其在朝权益，战争势不可免。所谓列强调处只会“徒误我军机”；日本既已决心强占朝鲜，中国要么主动撤军，要么立刻增兵备战，别无其他选择。用兵就必须制敌机先，无须顾忌由哪一方开衅。根据这一分析判断，袁再次向李鸿章请求撤使回国：

凯在此已无办法，徒受困辱，拟赴津面禀详情，佐筹和战。倘蒙允许即刻成行，以唐守(即唐绍仪)暂代。唐有胆识，无名望，日本也不忌恨他，打探消息，密谋助韩较易。乞速示。

但清廷仍不放弃通过列强调停解决朝鲜问题的幻想，7 月 7 日，竟以圣旨的形式拒绝了袁的请求：“现在韩日情势未定，袁世凯在彼可以常通消息，且与各国驻韩使臣商议事件亦较熟悉，著毋庸调回，钦此[75]。”袁一再请调回国，却因为他在朝鲜人太熟，关系太多，无人能够替代而屡屡为朝廷所拒绝，不由得急火攻心，发起烧来，袁马上托病躺倒，委托唐绍仪代司其职[76]。袁的想法是，列强调停已不可恃，在朝外交亦不可能有何作为，战争势将爆发，滞留险地，徒死无益。朝廷既以自己能干而不放，现在病倒，可谓天从人愿；自己不能坚持办公，又有唐绍仪代替，或许上司会同意自己回国。两天后，形势更趋恶化，有驻韩国西方外交官遭到日军殴打的事件发生，官邸的雇员因害怕日军大多不再上班，袁再次致电李鸿章请求回国：

> 凯等在汉(城)，日军围困月余，视华仇甚，赖有二三员勉可办公，今均逃避。凯病如此，惟有死，然死何益于国事，痛绝。至能否邀恩拯救，或准赴义平待轮，乞速示。

唐绍仪亦于同日连发两电请示李鸿章：“在汉城两署办公只剩二人，今闻南北进兵，均马上逃走，没办法挽留。仪一人译电办公断难处理，袁道[77]有病又须照料，势急情迫，乞速示。”又报告袁的病况：“袁道病日重，发高烧，心跳厉害，左肢痛不可耐。韩国事态危险已极，医药并乏，留汉城难望治愈，仪目睹心忧如焚。韩国事务以袁道最为熟悉，调回尚可就近商办一切，无论和战，当可图报效。若弃置不顾，可惜。”李鸿章此次动了恻隐之心，就调回袁世凯一事电商总署，并于7月15日(旧历六月十六日)，奉旨调袁回国[78]。

袁接到电报，如逢大赦，连夜打点行装乘船逃离汉城。叶恭绰曾撰文记叙此事：

> 先是，袁世凯……以道员为中国驻韩商务总办，在东学党起事前后，日本正横行无忌，密谋杀袁，事为唐绍仪所知。唐时在中国驻韩海关任职，遂与税务司穆伦德告之英国领事朱尔典请求援助。复得朱同意后，唐即于夜半手持两枪两刀，乘着双马，护送袁世凯到江边，登上朱尔典所准备的英国兵舰，随后把袁氏送回天津。计袁到江边时，距日人密谋动手时间，才差十几分钟。[79]

叶恭绰所述，据说是唐绍仪亲口告诉他的，应是事实，但亦不免有错处。如此时朝鲜税务司应为英人柏卓安，而非德人穆伦(麟)德，穆氏早于十年前即被免职调回中国海关了；而袁亦非在汉江乘英轮脱身，而是赴仁川乘清舰平远号回的国。袁世凯自己的说法有所不同，但唐、袁均为当事人，所说不会有错；转述人的话都是时隔几十年后的回忆，难免有不准确之处。日本人阴谋借东学党人之手除掉袁世凯则是没有疑

问的。据他的女儿袁叔桢(即袁静雪)回忆:

> 据他以后说起,当他准备回国的时候,忽然得到了一个秘密的情报,说是朝鲜的东学党打算在他回国的途中派人谋杀他。他为了避免发生意外,便化了装,改变了回国的路线,就这样,他才得以安然脱险。[80]

袁走后四天,日本就策动了朝鲜的宫廷政变,强行建立亲日政府,同日日军还攻占了中国驻韩总理公署,唐绍仪避入英国总领事馆。7月25日,日海军突袭清军运兵船,中日战争爆发。7月28日,驻朝清军于成欢驿与北进的日军发生激战,唐绍仪亦在英人护送下,经仁川回国。李宗一所著《袁世凯传》把袁在战争前夕的表现说成"临阵脱逃",有失公允。从上述所引资料可肯定,袁是坚持到正式调令下达后才离开的,袁一再要求撤退回国的理由也是正当和可以理解的。

但甲午战争失败后,国内士大夫多把引发战争的责任归咎于袁世凯。如孙宝暄所撰《忘山庐日记》曾详记其朋友宋恕[81](即文中的"燕公")对袁的评价,很能代表当时一般士大夫对袁世凯的看法:

> 燕公又云:甲午之役,朝鲜无所谓东学党。其事为袁世凯所虚造,而两国因之酿战祸,以至于割地赔款,使中国遭受严重耻辱,损伤元气……起初,袁世凯继吴武壮[82]镇抚朝鲜,颇干预其政权,曾受人私托,强迫国王予以官职;或有私怨,亦强迫国王抓捕。国王有时没按他的意思办,世凯乃伪造国王谋叛书,上达于朝廷,阴谋废立。国王亦上书诋毁袁而自我辩解。我国北洋大臣李鸿章闻而调停之,然信袁不疑。是年,朝旨以潘某代袁。袁闻而恐慌,乃电告北洋大臣说:朝鲜有东学党将作乱,袁某宜暂留,不可归,且请兵。北洋大臣信之,为遣叶志超统一旅赴朝鲜。日本人闻之,怀疑中国将乘机灭亡朝鲜,夺其土地,也派兵前往。两国兵皆至,东学党不知所在。日本人遂正告于我国曰:朝鲜政秕民苦,我二国何不代为改革?朝鲜能自立,才不用担心俄国人。朝廷不许曰:朝鲜,我属国也。我都不干预其内政,何况贵国乎?日本人复曰:贵国

指朝鲜为属国，朝鲜与我往来，未曾自言附属贵国也。所请既不见纳，则各行其是可已。战祸遂开，中国由此一蹶不振。其后卫汝贵被诛杀了，叶志超、龚照屿进监狱了，李鸿章被解任入阁了，唯独袁世凯置身于事外，而且奉命与聂功亭编练新军，为朝廷倚重。不久，又巡抚山东，成为封疆大吏，也没有人揭发他，不是很奇怪吗！[83]

了解袁世凯在朝鲜实际作为的人不难看出，此番评论不过是局外人的道听途说。说没有吧还像有那么点影子，说有吧又全然不是那么回事，所谓望风捕影指的就是这种耳食之言。

袁在朝鲜是清廷政策的忠实执行者，而且是出色的执行者。出兵朝鲜是应朝政府的邀请，也是作为宗主国的清廷对其属国的应尽义务。无论是否有东学党起义的事件发生，中日在朝鲜早晚要兵戎相见，除非清廷主动放弃对朝鲜的控制，而这在当时绝无可能。李鸿章作为统帅自应为战争的失败负责，卫、叶、龚对于败战朝鲜、辽东和旅顺失守负有主要责任，受到惩处是理所当然的。清廷和李鸿章之所以不惩罚袁世凯，是因为他没有错处；之所以重用他，是因为他能力出众。

固然，袁世凯不是君子，好用权术，但在波谲云诡的外交战场上，君子往往偾事，善用权术者则时常占得便宜，袁世凯、伊藤博文就是如此。权术是一种诡道，在政治、外交中有时不得不用；权术也是双刃剑，迷信权术者最终会败于权术。袁世凯在朝鲜以权术大行其道，尝到了甜头，此后事事偏好使用权术，形成了对权术的迷信。一种事业、一个团体，靠权术是难以维系始终的，袁世凯日后酿成众叛亲离的悲剧，很重要的原因在于他偏好以术驭人。然而有此偏好者，仍然举目皆是，袁之所作所为，或可为后来者引以为戒吧。

注 释

1.《李鸿章全集·电稿二》，第174页。
2. 穆麟德，原为德国驻天津领事。卸任后，适逢朝鲜壬午兵变平息后清廷帮办朝鲜海关关务，经李鸿章推荐出任朝鲜商务协办。
3. 参见蒋廷黻《中国近代史》，岳麓书社版，第71页。
4. 郭廷以：《中国近代史事日志》(上)，中华书局版，第780页。
5.《李鸿章全集·译署函稿》卷十七，第3333页。

6. 沈祖宪、吴罡生：《容庵弟子记》卷一。
7. 《李鸿章全集·译署函稿》卷十七，第3348—3349页。
8. 沈祖宪、吴罡生：《容庵弟子记》卷一。
9. 同上。袁所提出的“监国论”，实滥觞于张謇。张于1882年壬午兵变后即上书李鸿章，建议“对韩事，请援汉玄菟、乐浪郡例，废为郡县；援周例，置监国；或置重兵，守其海口，而改革其内政；或令自改，而为练新军，连东三省为一气。”参见王芸生：《六十年来中国与日本》。
10. 《李鸿章全集·电稿一》，第347页。
11. 《李鸿章全集·译署函稿》卷十六，第3302页。
12. 沈祖宪、吴罡生：《容庵弟子记》卷一。
13. 同上。
14. 同上。
15. 郭廷以：《中国近代史事日志》(上)，中华书局版，第787页。
16. 《容庵弟子记》卷一。
17. 《李鸿章全集·译署函稿》卷十八，第3351页。
18. 《容庵弟子记》卷一。参见《李鸿章全集·奏稿》卷五十五，第1636页。
19. 但在形式上，袁之使任还是依程序办的。“命以知府分发，尽先补用，候补缺后以道员升用，并加三品衔。”
20. 参见蒋廷黻《中国近代史》，岳麓书社版，第71页。
21. 刘体仁：《异辞录》，山西古籍出版社版，第82页。
22. 《李鸿章全集·电稿》(一)，第611页。
23. 《李鸿章全集·海军函稿》卷二，第2859页。
24. 《李鸿章全集·海军函稿》卷二，第2858页。
25. 王芸生：《六十年来中国与日本》卷一，第295页。
26. 《李鸿章全集·海军函稿》卷二，第2861—2862页。
27. 1886年9月，“朝鲜国王咨礼部：致俄文凭，系小人捏造，永作废纸，已照会各国公使声明。”郭廷以《中国近代史事日志》(下)，第808页。
28. 同注26，第2863页。
29. 《李鸿章全集·译署函稿》卷十八，第3374—3375页。
30. 《李鸿章全集·电稿一》，第725页。
31. 《清季中日韩关系史料》，第2140—2163页。
32. 《李鸿章全集·电稿一》，第882页。
33. 同上，第883页。
34. 同上，第886页。
35. 同上，第915—917页。
36. 同上，第861页。
37. 同上，第919页。
38. 同上，第919页。
39. 同上，第920页。
40. 《李鸿章全集·电稿二》，第70页。

41. 同上，第124页。
42. 同上，第129—130页。
43. 同上，第167页。
44. 同上，第168页。
45. 同上，第174页。
46. 《清季中日韩关系史料》，第2825页。
47. 《李鸿章全集·电稿二》，第204—205页。史纳机作为中国总税务司外籍高级雇员，如违背清廷意志，将失去任满后重回总税务司任职的可能和退休时应得的丰厚退休金。穆麟德即因其在朝鲜的作为不得志于总税务司而蹉跎一生。
48. 同上，第231页。
49. 同上，第232页。
50. 同上，第212页。
51. 同上，第409页。
52. 同上，第482页。
53. 同上，第526页。
54. 同上，第521、524页。
55. 刘彦：《中国近时外交史》，第192—193页。
56. 丁名楠等：《帝国主义侵华史》第一卷，第331页。
57. 《中朝关系通史》，第615页。
58. 《清季中日韩关系史料》，第3165—3166页。参见《中朝关系通史》第628页。
59. 《中朝关系通史》，第629页。
60. 《李鸿章全集·电稿二》，第540页。
61. 同上，第681页。
62. 日本先后通过驻朝使馆译员郑永邦、代理公使杉村等，以动乱损害商务，韩国无力平定，清应代其戡乱，日不会干预等语告袁世凯，袁亦转告李；且清驻日公使汪凤藻也在给李的电文中判断，日本国内“官民争执日益加剧……决没有再外生事之余力”。李等由此决定出兵，落入日本所设的圈套。
63. 参见《中朝关系通史》，第633页。
64. 《李鸿章全集·电稿二》，第552页。
65. 《庚子西狩丛谈》，第109—110页。
66. 《李鸿章全集·电稿二》，第698页。
67. 陆奥宗光：《蹇蹇录》，参见《中朝关系通史》第632页。
68. 《中朝关系通史》，第637页。
69. 《李鸿章全集·电稿二》，第706页。
70. 如驻朝清军统帅叶志超鉴于日本不断增兵，且开始派小队日军在牙山周边侦察，6月25日(旧历5月22日)电告李鸿章：“我愈坚定，彼愈猖獗，不添大兵，摄以威势，恐养痈成患，一溃难收……务求中堂主持，将彻底情形转达总署，速发大兵，以弭大患。”但李复电认为，“彼断不能无故开战，切勿自我先挑衅”；嘱其“仍坚忍，勿张皇”。7月1日(旧历6月9日)，鉴于局势日益危险，叶再致电李鸿章：“倭日益猖獗，韩急望救援，各国调处，卒无成议。此时速派水陆大军由北来，超率所部由此前进，择要扼扎，托名护商，若至决裂，免致进兵无路，此上策也。否则，请派商轮三四只来牙，将我军撤回。盖我军为剿匪来，匪既受抚，随即撤回，亦系正办。撤后行文各国公使并日廷，申前次同撤之约，如彼不依，秋初再图大举，是为中策。若守此不动，徒见韩人受困于日，绝望于我，且军士既无战事，久役露处，暑雨受病，殊为可虑。”李认为“现正与日商，未便遽派大军，致生疑阻。”对于中策，则“虑示弱”，请示清廷决定，清廷亦犹豫不决，遂使前敌清军陷于不战不走的困境之中，丧失了军事上的主动。李鸿章想避战，在开战之前撤军是唯一的选择；日本初占朝鲜，控制消化需要时间，可为清廷赢得战备的时间。参见同上，第724—725页，763—764页。

71. 日本屡次欲同朝鲜建交，均为朝鲜拒绝。1871年9月，清廷与日本签订《中日修好条规》和《中日通商章程》，1873年3月，日本借换约之机，试探清廷对日本欲与朝鲜建交的态度，清廷竟答复说：“中国对高丽虽与册封及正朔，然其内政与和战，皆高丽自主，与中国无关。”1875年江华岛事件后，日本以武力胁迫朝鲜与其谈判，朝鲜推说自己为清属国，不能自主。日本遂派森有礼来华交涉，当时中俄正进行归还伊犁的交涉，不愿多事，主持总署的恭亲王竟放弃宗主国的责任，答复日使：“朝鲜虽隶中国藩属，其本处一切政教禁令，向由该国自行专主，中国从不与闻。今日本欲与朝鲜修好，亦当由朝鲜自行主持。”日本以后就据此不承认朝鲜为清之属国，并强迫朝鲜与其签订了不平等的《江华条约》。以后清廷又授意朝鲜对外开放，与西方列强建交通商，试图“以夷制夷”，牵制对朝鲜有野心的日本和俄国。美国著名外交史家马士在其名著《中华帝国对外关系史》中对清廷的这种做法评论说：“按照西方行事的照例办法来说，中国应看作是对朝鲜未尽责任。它既是宗主国，那么它就必须保护它的藩属，使之免于内忧外患……这种不干涉政策竟然执行到那样的地步，致听任朝鲜随意和外国做条约上的安排。”参见该书第三卷第29页。此后清廷又转而实行全面控制政策，粗暴干涉朝鲜之内政外交。当日本派兵赴朝与清廷争夺朝鲜的控制权时，清廷无军事上的把握，一味求助于列强的调处，而当德、英等国提出由中、日、俄或多国订约保证朝鲜中立之时，清廷又以“不合体制”为名加以拒绝，失去了外交上的转机，最终陷入自己并不情愿的战争。

72. 《李鸿章全集·电稿二》，第708—710页。

73. 沈祖宪、吴罣生：《容庵弟子记》卷二。

74. 参见《李鸿章全集·电稿二》，第737—741页。

75. 参见同上，第752—753、758页。

76. 7月11日，袁发烧躺倒，电告李鸿章：“凯素有发烧症，近因久病气虚，昨夜剧犯，头目昏瞀，周身疼痛，即延洋医诊视。据云热过百度，首置冰，始稍轻，似尚不致害事……已饬唐守绍仪暂照料。唐优智略，明机宜，确有应变才，与韩西员均熟，必不至误。”《李鸿章全集·电稿二》，第773页。

77. 袁世凯去年已被清廷实授浙江温处道的实缺(即道员)，故简称袁道。

78. 7月18日(旧历6月16日)，清廷下旨调袁回国。李鸿章当日电告袁世凯：“总署午电，本日奉旨：‘袁世凯著准其调回。钦此。’希将经手各事交唐绍仪代办即回津。鸿。”《李鸿章全集·电稿二》，第788页。

79. 参见庄练：《中国近代史上的关键人物》(下)，第117页。

80. 袁静雪：《我的父亲袁世凯》，《文史资料选辑》第74辑，第127页。

81. 宋恕(1861—1910)，字平子，号六斋，小名燕生，浙江(温州)平阳人。出身儒生世家，幼聪颖，通经史，16岁进学，后在书院任教。宋是当时著名维新派人士，曾以变法维新干谒张之洞、李鸿章，但因所论多为社会伦理、经济改革，未受重视。曾任北洋水师学堂总教习。宋怀有大志，有文才，与梁启超、谭嗣同、章太炎等为同志，然其志不得伸展，郁郁而终，年仅39岁。

82. 即吴长庆，武壮为其谥号。

83. 孙宝暄：《忘山庐日记》(上)，第307—308页。

第四章

好风凭借力

好风凭借力，

送我上青云。

李鸿章成就了袁世凯；

袁世凯亦凭借李的声望发展自己，

最终成为李鸿章的衣钵传人。

图12　回项城省亲时的袁世凯。

【导读】古往今来，任何想要获得事业成功的人，无论从政、经商、治学，在初始阶段都离不开有力人物的提携和帮助，在特别注重人际关系的中国，这尤其是一等一重要的大事情。为什么呢？凡事都有内与外、主观与客观两个方面，而内因只是变化的根据，外因才是变化的条件。个人的才干和能力固然是事业成功的基础，但是，一个巴掌拍不响，离开"有力人物"即长官、老板或导师的提携和帮助，资质再好的人恐怕也难以出头。试想，假如上司对你非但不能才尽其用，而且嫉贤妒能，刻薄寡恩，没有担当，你就有天大的本事，在他下面又能有何作为呢？中国古代有句箴言，叫作"良禽择木而栖，良臣择主而事"，讲的就是这个道理。所以选择并跟定一个好的上司，是事业成功的必要条件，千万马虎不得。此章开头所选引文是袁世凯做了北洋大臣兼直隶总督后，为建立李鸿章生祠而向朝廷上的一份奏折，从中可看出袁对李鸿章既有感激之情，又有利用之意。好风凭借力，送我上青云。从前一章所述袁在朝鲜的经历可以看出，李鸿章对他的赏识和重用，奠定了其事业成功的基础，本章则略论李鸿章如何成就了袁世凯，袁世凯又怎样借用李鸿章的声望发展自己。

请在天津建立故督李鸿章专祠并列入祀典折[1]

(1903年7月11日)

奏：为故督驻津日久，功德在民，公请建立专祠，恭折仰祈圣鉴事。

窃据天津在籍绅士翰林院编修严修，户部郎中李士铭，刑部郎中李士钰，候选员外郎黄昭章、杨俊元，光禄寺署正卞煜光，候选部寺司务华承彦，特用道黄世煦，前浙江台州府知府王贤宾，候选知府宁世福，李宝恒等联名呈称，已故直隶总督、太傅、一等肃毅侯、大学士李鸿章勋隆柱石，名震环球，业经奉旨准于京师及立功省份建立专祠。直隶之保定省城亦经奏准建祠在案。伏念故督，坐镇畿辅，前后几三十年，以驻节天津之日为最久，津民之追维遗爱，亦转他郡尤深。同治九年，民教交讧，酿成丰大业之案，法人调集军舰，势将决裂。故督亲率劲旅，由陕入直，防务渐固，法使卒就范围，成约以去。其年遂奉命移督直隶兼通商大臣，天津不致再滋教案者，故督有以消弭之也。津沽本系九河入海故道，自同治十年以后，迭遘水灾，故督或奏请截漕，或饬商轮运米平粜，或各处派员劝捐协赈。灾势以光绪十六年为最重，集款至千万以外，存活饥黎无算，且留余款备荒。天津几忘屡被水灾者，故督有以拯济之也。十七年，热河朝阳县胡匪肇变，故督不动声色，调兵助剿，不日敉平，天津幸得免罹寇乱者，故督有以绥定之也。平日讲求新法，锐意富强。致富莫要于通商惠工，致强莫急于整军储饷。如创办招商局、电报局、电报学堂、开平煤矿、漠河金矿、京津铁路，以及设立海军衙门、水师学堂、武备学堂、机器局、军械所，购铁甲战舰，筑大沽炮台，是皆富强之显著者。采泰西之精华，树中原之基础，巩京师之屏翰，壮甸服之声威，津地为发端所自之区，津民有造福无穷之感。盖亲炙故督之善政、善教，观摩奋起，三十年如一日也。至若北洋医院之疗治疾苦，集贤书院之振拔寒俊，乃惠泽之绪余耳。各国综论外交专家，咸推故督为巨擘，心悦诚服，异域同声，中外方恃以为安危，天津一隅依赖尤甚。甲申、甲午两役，海上多事，迄未窥犯天津。迨庚子变生，天津先受其害，佥谓故督不去，何至若斯。及闻移节议和，由粤莅沪，虑其缓至，不啻大旱之望云霓；喜其果来，有似婴儿之获父母。入都越岁，和议垂成，方期还我使君，与民休息。胡天不吊，遽创骑箕，津民设位尽哀，为之罢市。灵柩过津回籍，津民燕香行哭，私奠塞途。是故督之再造天津，与天津之永怀故督，悉本一诚所固结，历始终而罔或渝也。昔蜀中伏腊拜丞相之祠堂，岘首涕洟；抚太傅之碑石，旗常不朽；俎豆有虔，以古方今，夫岂异致。绅等恪遵明诏，详述遗型，勤尸祝于生前，冀歆承于殁后，拟于天津建立故督专祠，藉隆报飨，呈请据情陈奏前来。

臣复查李鸿章移督直隶，长驻天津行馆，从容擘画，一以养民固圉为经，而达变通权，则在交邻之政策。臣相从甚久，知之较深。兹承恩命，忝替疆符，愧抚辑之未遑，幸规随之有自，高山景仰之咏，前事堪师，甘棠茇憩之思，美谈无斁。既据该绅士等呈称，故督驻津日久，公请建立专祠，出自真诚，未敢壅于宸听，合无吁恳天恩，俯准于天津建立故督李鸿章专祠，并敕部列入祀典，由地方官春秋致祭，以昭伟绩而顺舆情。

理合恭折具陈。伏乞皇太后、皇上圣鉴、训示。谨奏。

袁世凯出使朝鲜十二年，由一个胸怀大志但却初出茅庐的青年，成长为人情练达、事业有成的官僚，得益于三个人的提携与帮助。这三个人是：庆军统领吴长庆、他的堂叔袁保龄和时任直隶总督并兼北洋大臣的李鸿章。

吴长庆顾念旧情而且慧眼识人，给袁世凯以机会并能放手使用，最后力排众议授袁予实权位置，使他有了自己事业的根基。

袁保龄是李鸿章的得力幕僚，此种身份使他对北洋官场的内幕了若指掌，并能及时将消息告知袁世凯；对侄儿行事为人所招致的嫉恨、攻讦与中伤，他更是利用种种关系予以化解，并以自己的人生和官场经验告诫和指导袁世凯，使他少犯了不少错误。这些对热衷仕途的袁世凯的历练与成熟，无疑具有极大的作用。

但这两个人的寿命都不长，不能始终给袁以助力。1884 年 5 月，吴长庆率庆军三营返国，驻扎在旅顺金州，7 月即因病去世，年龄只有五十一岁；袁世凯 1881 年投奔他，在他手下只干了三年。袁保龄则自 1882 年起负责监修旅顺的海防工程，1889 年 7 月因中风死于任上，终年仅四十八岁。而且吴、袁二人官位权势都不够大，在仕途的起步阶段，他们的作用是重要的，但对袁世凯“欲乘长风破万里浪”的志向来说，他们的力量就太不够了。能够保证袁世凯宦海一帆风顺的，只有当时名望、权势都如日中天的李鸿章。

图13 时任直隶总督兼北洋大臣，主持大清外交的李鸿章。他的提携与保护，奠定了袁世凯一生事业的基础。

李鸿章(1823—1901)，安徽合肥人，字渐甫，号少荃，谥号文忠。道光二十三年中举，二十七年考中进士，入翰林院为庶吉士。曾入曾国藩幕府，后以编练淮军起家，在剿灭太平天国、捻军战争中因功升至封疆大吏。时任大学士、直隶总督兼北洋大臣，是继曾国藩的湘系集团之后中国最大的军事官僚集团——淮系的领袖，长期主持清政府的外交、军事和洋务运动，在甲午战争失败前，一直是慈禧太后和清廷最为倚重的大臣。清人刘体仁在其所著的《异辞录》中曾这样记叙李鸿章主持北洋时的权势：

> 文忠(即李鸿章)坐镇天津，朝廷的大事都要咨询他的意见后方能见诸施行。北洋所上的奏章没有不被批准的，淮军的将校只要有能力也没有不被任用的，弹劾李鸿章的奏章都会立刻受到朝廷的谴责，根本撼动不了他的权势……文忠安内攘外，声望极一时之盛[2]。

袁世凯自甲申年间挫败日本策划的政变后，受到李鸿章的器重，被李推荐为驻朝使臣，由于对朝事务归李鸿章亲自负责，袁世凯由此与李鸿章建立了极为密切的工作关系。李鸿章可以说是袁世凯当时所能依靠的最为“重量级”的人物，他的提携和帮助，让袁顺利渡过宦海风波，奠定袁一生事业的基础。

在导读中我们曾强调，选择、跟定一个好的上司，是事业成功的必要条件。袁世凯在这方面做的无疑十分到位，也是上述观点的极好例证。什么样的上司是好上司？首先一条，他应该是做大事业的人。历史上做大事业的人的共同特点是都爱才，对于人才不光是使用，而且爱惜，并加以多方面的历练和培养。李鸿章无疑是做大事业的人，否则他身边也不会聚拢起那么多人才，淮军也不可能立起那么大的山头来。下面我们就以李、袁的关系作为例证，看一下好的上司是如何对待下属的。

李对袁的提携的第一点重要表现是，给以机会，放手使用。袁世凯的军事外交才能，只有放在朝鲜那种错综复杂的环境下，方能作到才尽其用。但袁当时年方二十五岁，从军仅三年，不仅资历浅，而且职位较低，只是个五品的同知，如果循资格，袁绝无可能出任此职。李鸿章只重才能，不循资格，力保袁出任总理朝鲜通商交涉事务的大臣，并将其越级提拔为三品的候补道员，使袁世凯在这个独当一面的岗位上得以充分施展其才干，这在注重论资排辈和学历出身(如是否是进士、举人等)的官场是十分难得的。

李鸿章对袁世凯的提携的第二点重要表现是，李用人不疑，对袁抱有充分的信任。当时主持总理各国事务衙门的醇亲王奕譞曾致函李鸿章，认为袁世凯的长处是“捷于肆应，巧于侦察”，但“其人年少未可恃也[3]”，但李鸿章不为所动。我们看李袁往来的公函电稿，袁在汇报朝鲜情况时，往往针对实际，提出自己的对策和建议，而李鸿章则从善如流，十之八九予以采纳；尤为可贵的是，李在向总理各国事务衙门(即总署)转达这些建议时，均说明其出自袁世凯，袁能受知于最高当局，即所谓“简在帝心”者，全要拜赐于李鸿章不掠他人之美的品德。其实，李作为对朝政策的决策者，无论是否采纳下属的建议，他都要对此负全责，因而他完全可以将下属的对策或建议以自己的名义提出而免遭非议，古今官场上大部分人就是这么做的。所以袁世凯能在李的直接领导下工作，实在是运气，也是难得的际遇。读者试想，你的想法和建议如果总能被上司采纳，你会不会有知遇的感觉？你的智慧和勤奋如果不会被上司掠美和埋没，你对工作的积极性和主动性会不会高涨？好的上司能为下属创造一种受器重、得施展的工作氛围，使其充分施展自身潜力，拿出十分劲儿投入工作；反之，差的上司使下属投入三分劲儿都很难。这可以作为衡量好上司的一条标准，你可以暗自在心里做一下评估，如果你肯为上司或老板付出的努力低于五成，十有八九他不值得你跟从，可另外择人而事，直到你的潜力能得到较好地发挥。

一个人能不能做大事业，值不值得下属跟从，还要看他是否是个有担当，肯负责任的人。什么叫有担当？即无论对事对人，都具有很强的责任感。身处逆境，不是怨天尤人，更不会文过饰非，诿过于人，而是勇于承担责任，保护下属。李鸿章是个有担当的大丈夫。当中国在甲午战争中失败之际，追原祸始，舆论一般都将责任归咎于袁世凯，认为他在朝鲜擅作威福，积怨甚多，而且提供日本不会出兵的错误情报，导致清廷出兵，让日本人抓住了借口。据说《马关条约》签订后，当时主持督办军务处的恭亲王奕䜣曾追问李鸿章："吾闻此次兵衅，悉由袁世凯鼓荡而成，此言信否？"李鸿章则回答说，"事已过去，请王爷不必追究，横竖皆鸿章之过耳[4]。"其实，不光甲午战后，在袁世凯出使朝鲜的十年间，李鸿章都给予了他及时的关照和保护，这是李对袁的帮助的第三个重要方面。

袁世凯在朝鲜有两大任务：控制朝鲜，维护中朝间传统的宗藩体制；办理交涉，抵制列强对朝鲜的渗透。朝鲜当时是列强在东亚争夺的焦点地区，国内国际矛盾错综交织，而袁世凯在这种复杂的局面下，为维持宗藩体制和清廷的利益，软硬兼施，纵横捭阖，基本上做到了不辱使命，但也由此得罪了朝鲜王室，触怒了列强。不利于袁的舆论开始源源不断地传往北洋和朝廷，此时理解和支持袁世凯的，李鸿章一人而已。

在"韩俄密约"和"外交违规"案（其事见第三章）期间，为迫使朝鲜就范，袁世凯使尽浑身解数，从军事威胁，阴谋政变到挑动派系争斗、君臣关系，可说是无所不用其极；朝鲜虽最终屈服，但国王和操纵朝政的闵妃也对袁产生了极大的恶感。于是自1888年秋天起，朝鲜发起了一轮要求更换驻朝使臣的攻势。先是，朝聘用的美国人德尼到天津向李鸿章告状，说袁对朝鲜外交横加干涉，处处作梗，要求撤换袁世凯，李未加理睬。8月，朝鲜驻天津的使臣成歧运拜会李鸿章，转达朝政府更派使臣的请求，并提出派"老成练达，诸臻妥协"的马建常（曾一度担任朝鲜税务司帮办）出任朝鲜统署督办的职务，意在以马制袁，削弱袁的权力。李鸿章当即予以驳斥，指出朝鲜要办的事是马上将鼓动自主的德尼解职，否则一切免谈。9月，朝鲜国王直接致函清总署，提出与袁世凯“终难相济，亟望更派，以维持时局”。

总署征求李鸿章的意见，李完全站在袁一边，指明朝鲜国王“近年专信小人用事，阴谋自主”，“日渐恣肆……乃敢擅请撤袁更派，藉图要挟”；对更换使臣，李的态度更是十分鲜明：“若以袁守持正认真为非，更派模棱谐俗之人，必致同流合污，有失上国体统[5]”，坚持以袁世凯担任驻朝使臣不变，给了袁极为有力的支持。

次年11月，朝鲜派驻天津的新任使臣金明圭在拜会李鸿章时，再次提出更换袁世凯，理由是袁曾阴谋废黜国王，拥立大院君，使国王与袁“表里隔膜，情志不符，乃抵牾而不相入，甚有损于大局”，应“选一公正明识者亟代其任，认真办理，惠我敝邦。”李对此则断然否认，认为说袁欲废王是“造谣倾陷，其心可诛”，国王以此怀疑袁世凯是“偏信”，自己断不能“以莫须有三字疑案坐出使属邦大员之罪”。对国王及作为其代表的金明圭，李鸿章甚至不再顾及外交礼仪，像对待下属一样予以严厉斥责：“国王咨请撤换尤属唐突，该国群小附和倾挤，不明大体。汝胆敢来做说客，小人之流也[6]。”几乎在同时，朝鲜王室还通过其驻日公使金嘉镇，特意向清廷驻日公使黎庶昌透露了袁世凯图谋助大院君夺取政权，废掉国王的证据。证据是密约事件时袁代大院君草拟的致各国驻朝使节的照会手稿，出自一个曾在袁手下任职的华人姚赋秋，此人后来投靠德尼，并将此手稿交给了国王。黎遂向总署报告并建议调回袁世凯。其实，当初派袁护送大院君回国以牵制国王和闵妃的后党，遏止朝鲜的离心倾向，必要时拥李(罿应)废王，是清廷和北洋都赞同的一着棋，大家心知肚明，不过不能承认而已。阴谋既已败露，清廷想以回国引见的方式，不露痕迹地召回袁世凯，平息朝鲜的不满，但又为李鸿章所拒绝，他在给总署的回函中强调，“若轻信谣诼，而使任事者抱不白之冤，以后稍知自好，顾全国体者，孰敢蹈此危机哉[7]！”

袁世凯在朝鲜建立了并经营着一个庞大的人际关系网络，其中有王宫内监(即国王、王后身边的太监)、闵氏后党的成员、大院君一派的保守派元老、国王的宠臣、亲华的“东道西器派”大臣、朝鲜新军的首领和政府各部尤其是外交部门的重要官员。靠着这个关系网，袁世凯不仅消息灵通，对朝政局内幕了若指掌，而且能够巧妙操纵朝鲜之内政外交，以达成自己的目的。因此，清廷虽是积贫积弱的老朽帝国，作为其代表的袁世凯在与列强使节的折冲之中，却游刃有余，不落下风。对列强试图在朝鲜传教、陆路通商、开矿、修建铁路、开设新海关口岸、租借土地等各种计划，袁无不操纵王室和外署，千方百计地予以阻挠和破坏。在外交往来方面，袁亦秉承清廷的意旨，坚持实行高于列强的外交礼仪，以凸显其宗主国代表高人一等的地位。譬如，袁世凯晋谒国王，乘舆一直可以进到宫内，坐在侧面与国王谈话；而列强公使晋见，只能在王宫门口下车，步行入宫，与国王谈话时须肃立。在各国使节的聚会场合，袁世凯往往不到场，只派下属出席，标榜自己的“上国”使臣地位。凡此种种，使列强啧有烦言，因此对袁的指责不仅出自韩王，而且来自列强。如清廷驻俄公使洪钧曾向李鸿章转达俄国外交大臣对袁世凯的看法：“袁某性情急躁，办事过火，殊欠和平，与韩官及各国公使不睦。韩王每做一事，袁即疑他国怂恿。与俄使亦甚不和，似非所宜[8]。”尤其是美国驻华公使，更是代表美外交部正式照会清廷总理各国事务衙门，查问袁在朝鲜为何种身份，凭什么傲慢无礼，有无外交授权等，意在不承认袁的使臣地位。

清廷可以无视朝鲜，但不敢得罪列强，总署将照会转给李鸿章处理，李坚不为动，在给总署的回函中指出：“中韩交涉事件，攸关国体大局。德尼等皆想要朝鲜自主，不承认(为我)属邦。美使复从旁附和，动辄与袁道为难，是以怂恿其外(交)部，多方刁难诘责。若不明目张胆揭破疑团，不独袁道在彼为(列强)所轻视，处处掣肘，即嗣后派员接办，亦多窒碍难行”，主张坚决顶住列强的外交压力。李鸿章并亲自拟定对照会的答复，强调袁世凯“实与驻朝各国公使大臣权位相等，遇事均得平行往还。朝鲜固不得慢怠，即现驻朝鲜之各国大臣亦不得轻视。才可以共敦睦谊。至于各国驻朝鲜之公使总领事等，若有公事会议，自应由中国驻朝之员随时察度办理，其应否前往与议，应听其自行酌办。这本来就没有一定的体例，本衙门不便遥为测度，贵国似乎也不必过问[9]。”给了美国一个软钉子。

袁世凯的所作所为，使他成为备受争议的人物，总署多次打算调其回国，每一次都是李鸿章保护了他。清廷每次商调袁世凯，李均以没有替换的合适人选为借口，将球踢回总署。而袁世凯在驻朝使臣的位置上干满了三任(清廷驻外使臣，按例三年一轮换)，每次任满，李也是以替换乏人而加以挽留，足见李鸿章对其依畀之重。而勇于承当责任，保护下属，实属领袖人物才有的品质，李之言传身教对袁世凯也有潜移默化的影响。袁氏后期的亲信幕僚王锡彤即认为，袁“大过人处在肩头有力，绝不诿过于人。凡一材一艺一经甄录，即根据各人的才能本领加以委任，度材量力，不求全责备，对人也无分外的期望。办成一事，则奖励提掖唯恐不及；办不成则自任其咎，不使别人分谤。这就是各类人物所以归仰于他，天下英雄全都乐于为之尽死力的缘故[10]。”袁晚年帝制自为，落了个身败名裂的下场。张一䴙(1867—1943)在袁幕府十余年，曾任袁总统府政事堂机要局局长，因不赞同帝制而为袁所疏远；袁撤销帝制时，召张一䴙起草文告，张事后追述了当时情形：

> 那天，项城(即袁世凯)把我叫去说：我糊涂，没能听你的话，以至于此。但今天这个(撤销帝制的)命令，非得你来写不可。(袁)拿出王式通(起草)的原稿给我看，并且说，我的意思最好直接命令取消，并将推戴书焚毁。我因此说，这件事你是被小人蒙蔽了。袁回答说：这件事是我自己不好，不能怪罪别人。(袁)还是不失英雄气概。[11]

袁世凯确实是存了当皇帝的心，下面的筹安会也好，请愿团也好，劝进诸臣也好，或经袁授意，或揣摩逢迎，投其所好，责任当然要由袁世凯来负。袁肯负这个责，不诿过于人，尚不失做大事业的人的气概，这里面就该有李鸿章的影响吧。

李鸿章对袁世凯，不仅保护，而且爱惜，其表现是时时指出其不足，或勉励，或训诫，或指示机宜，均含有培养陶铸的意思在内，这是李鸿章提携袁世凯的第四个重要方面。袁世凯初使朝鲜，挟壬午、甲申两次军事胜利的余威，头角峥嵘，意气飞扬，办事行险侥幸而不计后果，使原本尚好的中朝关系出现波折。李鸿章对他并不单纯地怪罪指责，而是时时指出其毛病，诫其痛加改正；在朝王知道袁曾企图废掉自己，从而怀恨并一再要求撤换袁世凯时，李鸿章除出面予以有力保护之外，亦及时将情况通告袁世凯，要他“切须镇静，勿与太公(即大院君)及内监交通，徒滋疑衅，致生事变”；对于朝方拿到的证据，李则指示他佯装不知，“以不闻不见之法处之，切勿轻躁自生事[12]”。李鸿章宦海沉浮数十年，可谓老马识途，这种过来人的经验可使人少走许多弯路，免栽大的跟头，对于袁世凯这样初出茅庐的新手无疑是十分宝贵的。

中国古代有所谓“三不朽”之说，即太上有立德，其次有立功，其次有立言。概括的是古代三种人生的追求和境界。立德的追求和境界最高，也最难做到，为什么？因为只有极少数圣人能达到这一层次。如孔夫子、释迦牟尼、耶稣基督等等，一念无私，以救世为怀，“虽千万人，吾往矣”，“我不入地狱，谁入地狱！”一般人难有此种胸怀境界，更不肯付出牺牲，可以不论。立功，古代指成王称霸，出将入相，做一番轰轰烈烈的大事业；现代社会，如做大老板、政治家或一流的演艺、体育明星等诸多职业追求也大致可归入此类。立言，古今一体，指的是著书立说，如司马迁著《史记》，以毕生的心血和理念灌注于笔下，藏诸名山，传诸后世，构成一代民族文化的精华，可谓立言。立言难于立功，现今社会为吃饭生存而述作者虽多，难称立言，因粗制滥造，剽窃成文者太多，书尚存而名已灭，盖其言了无价值，立不起来也。

立功在古代就是做官从政，政治学上称从政者为政治人，即以做官为职业，以做更大的官为追求；中国传统上就是个官本位的社会，做官才有功名利禄，做官方能光宗耀祖，做官亦可封妻荫子，科举制度鼓励做官，社会舆论也羡慕、敬畏做官者，所以读书做官是一种社会的普遍追求。而一入官场，即身为政治人，盼望升官的动机更是不言而喻，无可厚非的。推而广之，今天的各行各业也是一样，经商必得以经济人的方式行事，追求更大的利润，由小资本家积渐而成大资本家；刚出道的小演员也没有不想混成头牌和大明星的，用现代的语言来说，就是一要生存，二要发展，三要成功。而好的上司会自觉地把下属的升迁问题放在心上，适时地给予机会和提携，把它作为一种激励机制。李鸿章正是这样的上司，逢有保荐的机会，就会主动进言，除评语大加褒奖而外，还尽可能为其争取优缺、实缺，这是李对袁提携帮助的第五个方面。

袁世凯初入军旅时是个从七品的中书，还是花钱捐来的，但由于他在壬午、甲申两次事变中的优异表现，三年中即获得两次越级提升：壬午事变后由从七品一跃而为正五品的同知，甲申后则又跃升为正三品的候补道员，此后其仕途开始进入平稳阶段，即徇年资升迁的阶段。李鸿章在下属的发展问题上也是个好上司，他事先并不封官许愿，但每当袁世凯三年任期届满之前，李即上奏朝廷将袁留任，同时为袁叙功议爵。

但朝鲜尽管重要，却只有那么大的局面，光绪十八年六月（1892年7月），袁世凯在朝鲜已经干满了两个任期，但在仕途上只前进了一步，从三品升到了二品，原因是在外交使臣的位置上，这已是最高职衔，升无可升了。为使袁世凯安心留任，李鸿章决定在职缺上给以补偿。他在给朝廷的奏折中指出，袁世凯因职位所限，“虚衔实职无可再加”，要求越格将袁世凯“以海关道存记擢用[13]”。海关道经手税收银钱，在清代是有数的肥缺，官场利薮而且是实缺，以前只有满族亲贵才有可能出任此职。清廷虽未接受李的请求，还是在次年授予了袁世凯浙江温处道的实职。温处道即管理浙江温州、处州两府十数县的行政长官，相当于现代的地区专员，由于是实职，袁随时可以上任到职。这也是很难得的机会，因为国内各省都有不少候补道员，不知道要多少年才能补到一个实职。袁的堂叔袁保龄也是个候补道员，候补了十年，到死也没能补上个实缺。由此可知，如果没有李鸿章的力荐，袁是难以获此实缺的。李鸿章的荐章对袁确实当得上是好评如潮：

袁世凯经臣于光绪十一年九月奏派前赴朝鲜办理通商交涉事宜，时承朝鲜再乱之后，群情疑惧，俄日并谋侵占；该国王又惑于自主之说，宵小乘间构煽，与驻韩洋人连横唱和，变诈迭起，不可端倪。袁世凯先正藩属之名，以防其僭越；复筹外交之法，以杜其侵欺。凡体制所系，利害所关，或事先预筹，或当机立应，或事后补救，无不洞中窍要。自八年十年两次遣兵定乱，袁世凯均在行间，熟悉彼中情势。韩臣之老成持正者，皆敬服之，遇有疑难，辄输情以告。群小愈不便其所为，屡设机谋，巧图倾陷。袁世凯屹不为动，调停异党，联络各使，设法防护，卒令无隙可乘。苦心毅力，尤为卓绝，朝鲜以蕞尔弱国，外逼强邻尚能自保利权，不失臣节。自袁世凯驻韩以后，其国中之事，纤悉皆闻，臣乃得与总理衙门遇事筹商，上秉庙谟，控制藩服，其有关于东方全局者甚大……迹其从事海外，不避艰险，独为其难，实非寻常劳绩可比。臣于十一年十六年以该道胆略兼优，血性忠诚，先后奏保。近日察其器识，尤能深沉细密，历练平和，洵属体用兼备，置之交涉繁剧之区，必能胜任。[14]

从此篇奏折中我们可以看出在李鸿章的陶铸下，十年前少年气盛，头角峥嵘的袁世凯已成长为“深沉细密”“历练平和”“体用兼备”的优秀外交官了。袁世凯在朝鲜的重要作用体现在三个方面：一是资兼文武，且善于临机应变，措置裕如，所办事务“无不洞中窍要”。二是能够独当一面，任劳任怨，面对攻击挑衅时处乱不惊，折冲周旋，使对手无隙可乘，“苦心毅力，尤为卓绝”。三是在朝鲜威望高，关系广，信息灵，“其国中之事，纤悉皆闻”。而朝鲜能够自保利权，仍然臣属于清廷；李鸿章和总理衙门能够根据准确的情报运筹帷幄，控制住属国，全在于袁世凯这种无人能够替代的作用，而这种作用在很大程度上，又是由李鸿章的悉心培育所成就的。

用人不疑，敢于放手，又从善如流而不掠人之美；出现问题时保护下属，代为承担责任；平时言传身教，加意培养，有机会即及时提携奖掖。此为李鸿章的用人之术，也是做大事者借以成功的诀窍。盖用此法驭人，用不着鞭策，下属也必会人人奋进，亟思有以表现自己，工作的主动性和创造性自会大大加强，合众人奋发之力，事业自会有成。袁世凯在朝鲜十二年，一直保持着主动进取，任劳任怨的行事态度和作风，就是此法效验的明证。

袁世凯与李鸿章之间密切无间的关系因甲午战争的爆发而终止，原因很复杂，最根本原因却是由和战的问题上发生的。李鸿章是当时朝廷中最有见识的大臣，早已看出日本真心谋我，是中国的劲敌，而对抗日本，首要在发展海军。1885 年中法战争结束后，李鸿章运用其力量与影响，倾全力经营北洋海军，也取得了相当的成绩。甲午战争前夕，中国海军在吨位火力上已居世界第八位。但以这样一支海军去打当时仅居于第十一位的日本海军，他却并无获胜的把握，为什么呢？国内体制的陈腐、经费及舆论上的诸多掣肘，使海军的素质大成问题。整军经武非钱不办，而钱控制在与他不和的翁同龢手中，办事难以得心应手。甲午战争前夕，负责为清廷采购军备的驻英国公使龚照瑗鉴于经费短绌，曾致电痛切劝谏李鸿章在军备上不能图省钱：

西方有句谚语，叫作“船炮天下”。日本人无休止地增加船舰军械，引起了各国的吃惊和羡慕，就此已可见其强盛。中国半面邻海，靠近京城畿辅的防务重任，全要由中堂[15]一人承当。时局如此危急，想必(您)已非常明了。省钱与把事情办成哪样更重要？如因为省钱，致使威名受损于日本，恐怕天下后世都会归罪于您。精心装备的船舰军械必胜，在日本是尽人皆知的道理。[16]

李鸿章当然明白这个道理，无奈经费不由他管，在给龚的回电中透露了自己的苦衷："翁司农[17]不愿借洋债，又难筹巨款，故多棘手。尊论痛切可愧[18]。"李、翁不和，翁同龢对李在财政上时时掣肘，在清人笔记中多有记载。如张祖翼所撰《清代野记》中有"翁李之隙"一条：

李文忠(即李鸿章，文忠为其谥号)总督直隶，凡有造船或购买军械的举动，政府必多方阻挠。或者再三再四地请求，十项里仅能批准一两项，动不动就以国库缺钱来搪塞。更有甚者，有人说李鸿章受外国人愚弄，花大钱买了劣质的船舰枪炮自己还不知道……其实，在政府中使坏的不是别人，就是翁同龢。同龢本来就对李鸿章不满，原因是他哥哥(翁)同书任安徽巡抚时，纵容苗沛霖仇杀了寿州的孙家泰全家，(当时)同书督率军队，近在咫尺，却视若无睹。后来被人参劾，咸丰皇帝命令查办，李鸿章当时任翰林院编修，积极参与了此案的查办，但也是公事公办，并未掺杂私人意见。同书因此被革职充军，一直到同治皇帝登基改年号时，遇大赦才得以回来，随即病故。翁同龢因此恨上了李鸿章。[19]

胡思敬所著的《国闻备乘》一书搜集了很多晚清时期的掌故，其中"名流误国"一条也记载了李、翁之间在军费开支上闹矛盾的故事：

(甲午开战后)，屡战不胜，敌人逼近了山海关。慈禧太后大为惊恐，召见(主战的)翁同龢痛加责备，命令翁当天赶赴天津向李鸿章询问对策。翁同龢见到李鸿章，开口就问起北洋的兵舰，李则怒目相视，半天不发一言，然后慢慢掉过头去说："师傅[20]总理财政开支，平时请拨经费时动不动就驳回查问，事到临头了才问兵舰，兵舰果真靠得住么？”同龢说：“理财之臣以节省为尽职。若真是急事，为何不再次请拨呢？”李鸿章回答说：“政府疑心我跋扈，御史台的谏官们参劾我贪婪，我若再争辩不休，今天还能有我李鸿章吗？”同龢语塞，回京后再不敢言战了。[21]

由于经费不足，北洋海军自1888年起，就无力添购新的军舰了。原来在德国订购的两艘新式钢甲快船，也因没钱而放弃了；这两艘军舰后被日本买去，其中一艘即甲午海战中日本一方的主力战舰吉野号。所以，中国海军在数量吨位上虽超过日本，在船速和机动性方面却落后于对手。在训练和战术上，北洋海军就更差了。1891年，日海军高级将领东乡平八郎(后来任日本联合舰队司令官)在看到停泊在宫岛的北洋海军镇远、定远两舰的士兵将洗过的衣裤挂在舰炮上晾晒时，便已知道如此散漫无纪律的军队不是日本舰队的对手了[22]。

加强海防、建设海军是清廷既定的国策，财政上应有相应的经费准备，为何如此克扣、限制呢？翁同龢挟嫌掣肘，让李鸿章的事情办不痛快，容或有之，但他决不敢也不能以私人恩怨阻挠国家大政的施行。国库确实困难，那么钱到哪儿去了？这就涉及到腐败了。早于同治亲政之际，慈禧太后就提出要建个“园子”来代替被英法联军烧毁的圆明园，供自己“颐养天年”，但一直受阻于执政的恭亲王和管理户部的大臣文祥、阎敬铭等人。1884年，慈禧借故中法战争失利，罢黜了恭亲王内阁，改由更为顺从自己的妹夫醇亲王主政。光绪亲政时，慈禧又提起修园子的事情，便无人敢于阻拦了。经费除政府和各省官员们的报效外，主要从政府财政中挪用，其中的大宗就是海军经费。当时醇亲王兼管海军衙门，挪用起来就更无忌惮了。甲午年又逢慈禧的六十大寿，要大庆祝一番，处处少不了花钱，故户部自然会精打细算，克扣缩减正项开支，省出钱来供太后过生日用。

列强环伺，国内又是这么一种状况，李鸿章的对策是“外须和戎，内须变法”；即对内以变法图富强，对外以妥协求得一个和平的国际环境，为中国内政的革新与国力的发展赢得时间。毫无疑问，李的方针是当时历史条件下唯一的正确选择。但陈腐老旧的帝国的统治者和科举出身、左右全国舆论的官僚士大夫阶层仍沉浸在帝国昔日光荣的余晖之中，多数人(包括当时的袁世凯)对此并没有深切的认识，盲目自大的“天朝上国”意识仍弥漫于整个社会之中。真如伊藤博文预料的那样，中国又昏睡过去了。李鸿章自担任直隶总督兼北洋大臣之后，则坚定地实行自己认定的方针，对内推行洋务，对外妥协求和。二十多年过去，中国的洋务有了相当的规模，但并未能进行体制上的变革，所以才有挪用海军经费这样的事情发生。在外交上，李鸿章则一味妥协，坚决避战，即使不得已开战，也为的是求和。因此，甲午前夕，除朝鲜外，所有清廷的附属国，琉球、尼泊尔、锡金、越南、缅甸均被列强分割殆尽，李鸿章也因此为舆论所不容，被骂为丧权辱国。

李鸿章在镇压太平天国和捻军的战争中以军功起家，带兵作战多年，有丰富的军事经验，当然熟知制敌机先的道理。但甲午年日军借口《天津条约》的规定，以保护使馆商民为名出兵汉城，与应邀在朝鲜平乱的清军形成对峙时，李鸿章却坚持外交积极，军事消极的方针，使日军得以不断增兵，从容布置，致使清军陷入被动挨打的境地，原因即在于李仍然抱定“和戎”的宗旨，头脑中根本没有打仗的念头。为何一味避战？因为李鸿章对中日军事实力的了解，比朝廷和国人要清楚得多。自甲申到甲午这十年，日本是厉兵秣马，积极备战；中国却在旧体制的束缚下因循苟且，步履维艰。两军对垒，清军并无战胜的把握，而一旦失败，后果必定十分严重。但国家多年来耗费大量资源，供他办洋务，办海军，用西式枪械装备淮军，事到临头却不能一战，这种话实在难于出口，至于清军为何不堪一战的深层原因，就更不是李鸿章所能说和敢说的了。这样，在朝廷和舆论的期望与责备之下，李鸿章身不由己地卷入了自己根本不准备和不情愿打的战争之中，结局与其预感相同，是惨败，是割地赔款的屈辱，而李鸿章半世的荣名也随之灰飞烟灭，更被国人坐实为“卖国贼”。

那么，李鸿章如开始即在军事上积极布置，在日军立足未稳之际，调集陆海大军，倾全力与日军一搏，结局会有所不同吗？答案是：战争进程会有所不同，但结局仍脱不出“惨败”二字。甲午战争表现为军事，其背后却是两种体制的较量：日军的背后是明治维新后励精图治二十余年的新体制，清军的背后是落后于时代而又苟且因循，严重束缚社会发展和活力的旧体制，因此中国的失败，可说是这种较量必然的结局。十年后，更为强大的沙俄也败在日本手下，也是旧体制打不过新体制的例证。

李鸿章在甲午战前进退失据的尴尬境况和矛盾心理，直到《马关条约》订立，回京投闲置散时，才得以向其幕僚一吐胸中块垒。据吴永《庚子西狩丛谈》记载，李鸿章在京闲居贤良寺，与吴闲谈时曾自嘲为“裱糊匠”，表明他对国情认识之深刻远在一般人之上：

> 我办了一辈子的事，练兵也，海军也，都是纸糊的老虎，何尝能实在放手办理？不过勉强涂饰，虚有其表，不揭破犹可敷衍一时；如一间破屋，由裱糊匠东补西贴，居然成一净室，虽明知为纸片糊裱，然究竟决不定里面是何等材料，即有小小风雨，打成几个窟窿，随时补葺，亦可支吾对付。乃必欲爽手扯破，又未预备何种修葺材料，何种改造方式，自然真相破露，不可收拾，但裱糊匠又何术能负其责？[23]

但李鸿章的苦衷，甲午战前举国上下无人知晓，也不会有人理解，这其中当然也包括袁世凯。袁世凯发现日本公使大鸟背信食言，日军源源不断开赴朝鲜后，即已认识到外交折冲已解决不了问题，于是向李提出下旗回国筹划备战的建议，但为李鸿章所拒绝。在李鸿章看来，下旗撤使，意味着双方的决裂，会给正在进行中的外交调停带来不利影响。他要袁世凯坚持到最后，即使汉城的外交活动难有作为，袁利用自己广布朝野内外的耳目眼线，也可将第一线的情报传回国内，这对清廷的外交和备战都是非常重要的。袁世凯在关键时刻不愿坚守岗位，李鸿章当然不会满意，但这不是他冷淡疏远袁世凯的主因。当外交调停不成功，战争很可能爆发的前夕，李还是致电清廷，代袁商调回国[24]，说明李鸿章对自己一手培养起来的部下还是爱护的。

鉴于袁世凯对朝鲜情况的熟悉和干练的办事能力，李鸿章决定派袁世凯协助周馥办理前敌营务，也是量才使用；孰知袁不愿干后勤，竟背着他托人运动京中大老为自己另谋出路，尤其令他不能容忍的是，其中还有与他嫌隙最深的翁同龢。在李看来这无异于背叛，但李之涵养很高，并不见诸颜色。袁并不知道李翁之间的矛盾，但还是能够感觉出李鸿章的冷淡和疏远，在袁世凯固然是莫名其妙，不知道自己已犯了职场(官场、商场及所有的名利之场)中的大忌。由于不清楚上司之间的矛盾而无意中得罪了某位上司，是最让人头痛的。袁世凯尽管受到李鸿章的冷淡，尽管干军需后勤不情愿，但还是很好地完成了任务，受到清军前敌统帅刘坤一的称赞，说他“办事有条理”，是军中的“出色之员”。

甲午战争中淮军和北洋水师的溃败，导致了李鸿章政治上的失势。袁世凯是个头脑实际的实用主义者，在发现李鸿章疏远自己时就已开始另谋靠山，李鸿章失势后，他为了实现自己西法练兵的计划，更是奔走于势要权门，为自己谋取出路。翁同龢身为帝师，是最为光绪皇帝倚重的军机大臣，也是袁世凯重点结交的对象。李鸿章此时闲居北京贤良寺，对袁之所为十分不屑。刘体仁之《异辞录》中有一条记载，颇可反映李对袁西法练兵的态度：

> 中日战争结束，高阳李文正[25]用项城(即袁世凯)为将，以新法练兵于小站。文忠(李鸿章)从(日本)马关回来，李鸿藻偶然与文忠谈及此事，文忠说：“我是败军之将，等着袁大少爷练成新军后可以打一仗看看。”项城听到此话后，终身引为憾事。[26]

更有甚者，李鸿章当着众多下属的面让袁世凯下不了台，当时在李鸿章幕府的吴永曾亲眼目睹这一幕：

> 有一次，尤使项城难受。公(李鸿章)自出使回国后，驻节天津，尚未复命。我随同直隶的官员和候补官员共同进见。当时项城已被授予直隶按察使的职务，尚未到任，专责练兵。袁以监司[27]的资格，当然位于参见官员的前列。公入座后，与众人寒暄了几句，项城就汇报练兵事宜，说现在部署已初步定下来了，德国教员也已聘定，日内将订立合同等。话没说完，公即勃然变色，举起手中的手杖，连连用力顿地，砰砰作响，说道：“呸！小孩子，你懂得什么练兵！又是订什么合同！我治兵数十年，现在尚不敢自信有何等把握。兵是这样容易练的？难道雇几个洋人，扛上一杆洋枪，念几声‘横土福斯’，便算是西式军队么？”项城则面红耳赤嗫嚅不语。同列的都是直隶的官员，都很难为情，大家低着头谁也不敢看(项城)，那时候

项城已明显崭露头角，公好像是有意杀杀他的威风。[28]

李住在贤良寺时，门庭冷落，袁世凯虽热衷于结交势要权门，但出于对老上司的尊重，有时也来看望李鸿章。对袁世凯奔走于翁同龢门下，李鸿章始终耿耿于怀，对翁同龢的积怨和对袁世凯的不满，终于在袁世凯来访时爆发出来。吴永当时仍在李鸿章幕府，朝夕相从，因而再次目睹了李鸿章大发雷霆的场面，据他回忆，事情的经过是这样的：

公(李鸿章)担任直隶总督时，深受常熟(翁同龢)排挤，所以怨恨颇为深切，因此尤其不满意于项城。在贤良寺时，一天项城来访，我急忙避入旁边的屋子。不久项城就向李鸿章进言：“中堂是再造国家的元勋，立下了汗马功劳。而现在朝廷待遇如此凉薄，以首辅空名，随同上朝请安，形同寄宿于旅舍，真未免太不合适了。不如暂时请假还乡，养望林下，等朝廷一旦有事，闻鼙鼓而思将帅，不能不倚重老臣。到时候羽檄征驰，安车就道，方能显示出老成大臣的声望和身价啊。”话没说完，公就厉声呵斥说：“停！停！慰廷，你是来为翁叔平(即翁同龢，叔平是其号)做说客吗？他一心想得到协办(大学士)的头衔，我若出了缺，依次推升，腾出一个协办大学士的空额，他就可以安然补缺。你告诉他，教他休想！别人要是开缺，他得了协办，那是不干我的事。他想补我的缺，万万不能！武侯(诸葛亮)说过‘鞠躬尽瘁，死而后已’，这两句话我也还配说。我一息尚存，决不无故告退，决不奏请开缺。臣子对君上，还能有什么计较？有什么合适不合适？这样的花言巧语，别在我面前卖弄，我不受你的愚弄。”项城只得俯首谢过，诺诺而退。

项城出去后，(李)公就招呼我出来，问我说：“刚才来的是袁慰廷，你认识吗？”我说：“知道，不太熟。”公说：“袁世凯，你不知道吗？这真是个小人！他巴结翁叔平，来为他做说客，说得天花乱坠，要我乞休开缺，为叔平作成一个协办大学士。我偏不告退，教他想死！我老师的‘挺经’，正用得着，我是要传他的衣钵的。我决计与他挺着，看他们如何摆布？我当面训斥他，免得再来罗嗦。我混了数十年，何事不曾经验，还能受他们这种人的捉弄吗？”我见他盛气之下，以至于不敢再向他进言。全因为项城原来出自公的门下，颇受到奖励培植，此时公投闲置散，而常熟正当得权用事，不免有世态炎凉，人情去就的世故感慨，所以因怨恨常熟而连及袁世凯。他一时忿恨的话就是由此而发的，因为蓄之已久，而不是一朝一夕间的事啊。[29]

其实袁世凯未必是来做说客的，以翁同龢的性格和行事风格，也很难想象他会托袁世凯去游说李鸿章。李鸿章的这番话颇为意气用事，不像曾国藩评价他“劲气内敛”的为人行事的方式。李鸿章这次不常见的大发作，说明他对袁世凯的失望，深到了什么样的程度。

其实，官场的世态人情，从古到今都是一样的。身为政治人的官僚为谋自己的前程，见风使舵，依附更为有力的大人物是常理，与失势的官长共进退反而是例外，宦海浮沉几十年的李鸿章不会看不透这一点。但事情发生在自己身上，悲凉怨愤的情感还是不能自已，也使我们很难得地看到了他为人真实的一面，官僚面具后面的李鸿章仍不失为性情中人。

李鸿章北洋时期倚为左右手的另一员大将——盛宣怀，是李氏推行洋务的重要助手，跟从李鸿章更久，关系更深；但在李鸿章失势以后，除改换门庭而外，盛还四下散布贬低、攻击重用提携他多年的老上司的言论，颇有落井下石的意味。盛通过这种方式与李鸿章划清界限，为的是搭顺风船，新当权者大都是不满意李氏的人，盛宣怀投其所好，反映出他的头脑和胸怀脱不开商人式的功利和算计，这样的人可以做成大老板，但难以成为够格的政治家。反观袁世凯的所为，尽管他也在积极奔走，为自己寻找新的政治靠山，谋求更好的出路，但对李鸿章仍保持礼敬和尊重。当李大发无名之火，当面给其难堪的时候，他也并不争辩，而是“俯首谢过，诺诺而退”，与早年气盛不羁、头角峥嵘的他判若两人。袁的这种表现，说明他已具有了做大事者应有的气度和胸怀，有这种胸怀的人不屑于商人式的计算，更不会干落井下石的勾当，而是“以德报怨”，以宽容大度来面对。袁世凯面对李鸿章的疏远和羞辱，就是这样做的。这里面有感激李鸿章对自己十年保护栽培的因素，但还有更深的用心，充分体现了袁世凯在政治上的成熟和抱负的远大。

甲午战后的袁世凯，积累了丰富的政治外交经验，在官场也有了相当的资历，可以说已树立了自己事业的根基。前十二年，他靠的是“有力人物”如吴长庆、李鸿章的提携，现在他只是个中层官僚，今后仍离不开“有力人物”的提携，所以他仍要奔走权门，结交有势力的要人。但他此时的活动，决不仅是追求仕途的升迁，而是争取并把握机会，建立自己事业的基础，开创自己的局面。袁世凯在朝鲜时就被朝廷授予了浙江温处道的实职，回国后本可以赴任做官，但其志向不在于此，所以宁可留在京城，在督办军务处打杂，为的就是这里能够接触当朝政要，便于实现上述目的。功夫不负有心人，果然被他谋得编练新军的差使，小站练兵成为其事业的基础，而要独树一帜，开创自己的局面，袁世凯的位望和号召力，以及他手中的那点资源，还远远不够。

袁世凯所需要的资源，只有李鸿章那里才有。李鸿章虽然失势，但李鸿章经营多年的淮系官僚军事集团还在，虽然袁李关系一度冷淡，李鸿章似乎并无意将袁世凯作为自己的衣钵传人，但礼敬、尊重李鸿章，就在实际上利用了李鸿章这竿大旗，将分崩离析的淮系集团中正在寻求出路的大量人才吸引到袁世凯这里来，形成一个以袁世凯为核心的新班底。实际上小站练兵初期的骨干班底，正是由淮系的庆军、毅军中的同僚故旧和北洋武备学堂毕业生构成的。所以无论李鸿章生前还是身后，袁世凯对此老始终都是礼敬有加，从而牢牢抓住了这竿大旗，并最终继承了淮系集团的衣钵，建立起新的官僚军事体系——北洋集团，袁也由此成为清末民初中国政坛上举足轻重的领袖人物。

下面结合历史故实，评述本章的这篇奏折。1901 年 11 月 7 日 (旧历九月二十七日)，李鸿章在《辛亥条约》谈判的最后阶段因病去世，处于风雨飘摇之中的清廷颇有痛失干城的感觉，所以大颁荣典，于当日下旨晋封李一等侯爵，谥号文忠，追赠太傅，入祀贤良寺；数日后又下诏由其子李经述承袭一等侯爵，在京师、原籍和立功省份建立专祠，并将生平战功政绩宣付国史馆立传。袁世凯于李鸿章病逝当日即受命署理直隶总督兼北洋大臣之职，但他当时还在山东巡抚任上，接到电报后一马当先，第二天即上《督臣李鸿章功勋卓越胪陈在东事实请宣付史馆折》，将李鸿章在山东的事迹整理成文，大加褒扬，速度之快，令人吃惊。次年 6 月 9 日，袁世凯被实授为直隶总督兼北洋大臣，8 月 15 日从联军手中接收天津后，将总督衙门由保定迁回天津。天津战后劫余，百废待兴，而袁世凯却把为李鸿章修建专祠这样的不急之务作为大事来抓，其中隐含的意味是很明白的：天津是直隶总督和北洋大臣驻节之地，也是李鸿章生前从政时间最长的地方，如今他以早年受知于李，而今又继任于李的身份入主北洋，李氏之衣钵传人，自然非他袁世凯莫属。但袁世凯很小心地把得意藏在心里，行起事来十分谨慎。奏折起始就把天津的在籍官员作为发起人放在前面，而把自己放在代为陈请的位置上。此时的袁世凯已经历了戊戌政变、庚子拳乱等重大事变，深知权位愈高，猜忌愈深的道理，藉李鸿章之名接手北洋庞大的政治资产，这种抱负本身就很可能惹来杀身之祸。这是袁世凯深自韬晦，全篇均用转述他人意见之口吻落笔的原因。

奏折称赞李鸿章“平日讲求新法，锐意富强。致富莫要于通商惠工，致强莫急于整军储饷，如创办招商局、电报局、电报学堂、开平煤矿、漠河金矿、京津铁路，以及设立海军衙门、水师学堂、武备学堂、机器局、军械所，购铁甲战舰，筑大沽炮台，是皆富强筹策之显著者”。李鸿章大办洋务，带动了天津城市工商贸易的发展与繁荣，他在这里近三十年，天津由原来驻军的卫所和县城成长为兴盛的大都会，所以“津民有造福无穷之感”。奏折对李鸿章所办洋务事业的赞扬，寓含了袁世凯对“新法”“洋务”的肯定。

奏折称颂李鸿章另一大功业在外交方面，所谓“各国综论外交专家，咸推故督为巨擘，心悦诚服，异域同声”。以至于都认为，如果李鸿章还在外交岗位上，庚子事变就不会闹得那样不可收拾。庚子事变后，北京、天津都处于八国联军的占领之下，举国上下都期盼李鸿章出来扭转危局，在听到朝廷调派他北上议和的消息后，人们才松了一口气。折中甚至这样描述人们的心情：“虑其缓至，不啻大旱之望云霓；喜其果来，有似婴儿之获父母。”说到清朝的外交，李鸿章实在是第一人。早年围剿太平军时，李即指挥过戈登、华尔的洋枪队。以后办洋务，办交涉，主持外交，几乎一直同外国人打交道。李鸿章自己的幕府中也聘用了一批洋员，由此他不仅了解外国人的心理、脾性和行事作风，也对列强的政治和国际公法有所认识，加上他几十年出将入相的丰富阅历和地位，一般的外交官还真不是他的对手。在李鸿章看来，西方列强不过是为通商贸易而来的逐利之徒，是儒家义利之辩中所说的小人之流，对小人无所谓诚信道义，所以他“与洋人交，略为参用痞子手段”。不急、不怕、不怒，好整以暇，以柔克刚，往往把外国人搞得没办法，还对他心生敬畏。当然，外交的后面是国家实力，国家没有力量，最后也不得不以出让国家权益的方式来维持苟安的局面，但这个责任是不能由李鸿章来负的。其他清廷的重臣几乎没有几个了解国际局势和外交公法的，由无知而颟顸自大，因懵懂而心生畏惧，如李鸿藻、翁同龢等均把外交视为畏途，至少是令人头痛烦恼的事。清代有个叫刘治襄的人，曾亲眼目睹过李鸿章办外交的场面，颇有戏剧性，可以佐证李鸿章的外交风格。

我生平无缘认识文忠(李鸿章)，但在无意中还是见到过一次，至今头脑中还留有深刻的印象。前清时同文馆(主持翻译的部门)就设在总理衙门。有一天，我带着在同文馆任教习的两位朋友同到总署(总理衙门的简称)访友，经过一间客厅的后廊，听到人声吵闹，就从窗户往里瞧。看见座中有三位洋人，还有六七位中国官员及接待翻译等，全都顶戴花翎，气氛严肃郑重，正在讨论一项重大交涉。坐在首席的洋人正滔滔不绝地大放厥词，似乎在向我方责问什么，忽起忽坐，摇头顿足。其他两人更是扬眉瞪眼，助其声势，态度极为凌厉。说罢由翻译转述，中国官员端坐静听，面面相觑，支吾了许久，才由首座官员回答了一句，声音细得像蚊蝇，几乎听不见。还没有翻译完，末座的洋人又猛地站起，言辞不多，神情却非常凶暴，还频频做着手势，好像要把桌子掀翻一样。等翻译转述完毕，华方官员又彼此愕然顾盼多时，才说了一句话，就被首座的洋人打断，指责驳斥，气势汹汹，首末两座的洋人你来我往，好像不容中国官员有辩解的余地。惟居中坐着的洋人，态度稍微沉静一些，但偶尔讲一句，上下两座的洋人全都注目凝视，好像他具有操纵能力。而华方官员的答复，始终只有一两句话，脸红流汗，局促得不行。

我当日看到这种情况，(愤怒得)血管好像都要爆裂，这时候忽然听到外间有传报声，一会儿有人到厅外报称王爷到了；随着杂沓的脚步声，王爷身着团龙褂，跟随的官弁十数人，全穿戴着正式冠服，一拥而入，气势特别煊赫。我心想此公一来，应该可以抬高我方的气势了。(这干人)到了厅前的走廊，跟从者分列两排，王爷则昂然而入。华方官员全都肃立致敬，再看三个洋人竟视若无睹，虽勉强起立，注意力却并不在这上面，嘴中仍在不停地说着。王爷快步走到三位洋人的座前，一一握手，鞠躬时头几乎挨到了膝盖；而洋人傲慢如故，王爷还没有就座，就已向其厉声责问，王爷则含笑倾听，面色极为和顺。

看到这里我已不再能忍耐，就拉着两位友人一起去找(总署)的朋友，告诉他刚才的见闻。我的朋友问："中堂在座吗？"我说："我不认识谁是中堂。"(朋友)说："李中堂啊。中堂在那里，当不至于如此。"我于是约他一起到了刚才那个地方，朋友就为我们一一指认，说出那些官员的姓名，并说："中堂还没有到，但今天肯定来，何不再看看呢。"我亟盼中堂到场。过了一会儿，又听到传报，我以为中堂来了，结果是另一个人，仍前趋很礼貌地同洋人握手，然后很局促地就座。我大失所望。

正在这时候，又听到呼报，只见一个随从夹着衣包，喘着气快步走入，将衣包放置于厅门外的小桌上。我的朋友说："这回一定是中堂。"随后中堂果然走进来，左右随从只有两人；走入大厅才几步，即止步不前。此时三个洋人的态度，不知为什么一下子收敛了，一一快步走到(中堂)身边，鞠躬握手，十分恭谨的样子。中堂则好像不经意似地挥挥手，似乎请他们回去坐下，随即边放言高论，手讲指画。边让两个随从为他卸下朝珠，松开衣扣，一件件脱下外衣，似乎是更换内衣，又从容不迫地逐件穿上外衣。公一面更衣，一面说话，还时不时以手势作比喻。从人把衣袖抻开好久，公都没有将手臂伸进去，神态特别严肃郑重。而三个洋人仰面注视，就像聆听训示一样，竟然半天答不出一句话来。喧宾夺主，双方声势顿时为之一变。公又长身玉立，宛然一副鹤立鸡群的样子。再看坐着的诸公，全都喜笑颜开，如释重负。我也不觉为之大快，就像酷暑内热之际，突然服了一剂清凉散，胸间的郁火，立刻消散。(公)不久后就因人促请用餐而离去，始终不知他所议论的是什么事，说的是什么话。但想外交界中，必须得有这种资望，方当得起“折冲”二字。自公以外，衮衮群贤，只能称其为仗马[30]而已。

公此时虽然还在总理衙门办公，但已没有实权。而在外国人眼中，则唯独公称得上是中国朝廷上的领袖人物。大概勋名威望，得之有素，不是可以承袭的……庚子一役，若没有公在，还有谁足以当此重任呢？[31]

李鸿章可能是晚清外交中唯一能以嬉笑怒骂的方式与列强打交道的人物，从而在外交场合为清廷挽回了几分尊严，故凡重大交涉，战败议和，非此老不办；而李鸿章也当仁不让，以尽可能使国家少损失些利权，但在丧权辱国的条约上签字，也使自己背上了“卖国贼”的千古骂名，真有点“我不入地狱，谁入地狱”的意味。与列强在朝鲜周旋过十年的袁世凯深知其中的甘苦，他在另一篇奏折中曾感叹，人们只看见“李鸿章折冲樽俎，谈笑而却戎兵，有裨大局匪浅，而不知其凡办交涉事件，无不苦心经营，以尊主庇民为念，其素来的志向如此呀[32]。”

在以他人口吻铺叙渲染过李鸿章的功绩后，袁世凯说自己对李“相从甚久，知之较深”，并把李鸿章北洋时期的政略归结为以外交上的通权达变，实现巩固国防，让老百姓安居乐业，休养生息的政策；而他接任北洋后，因李鸿章“前事堪师”，自己对李高山仰止，在行政上自当亦步亦趋，萧规曹随。最后以上达民意的方式吁请朝廷准许在天津建立李鸿章专祠，“以昭伟绩而顺舆情”。整篇奏折借颂扬李鸿章标榜自己，不露痕迹地暗示自己不仅在职务上，而且在政策上接收了北洋的遗产，成为李鸿章实际上的衣钵传人。行文得体，含蓄而不张扬，不透露一丝抱负雄心，使朝廷和政敌没有猜忌的余地，而又有增加淮系旧人对自己的好感与亲和力的作用，显示了袁世凯政治上的成熟与狡猾。

袁世凯为了刻意营造自己李氏传人的形象，还积极为丁汝昌、聂士成等因甲午、庚子战争失利而受处分的淮系老人请求抚恤恩典。对没有尺寸之功，靠门荫承袭爵位的李鸿章之子李经述，也上奏清廷，要求以侍亲尽孝，送死尽哀，积劳成疾这样的理由，将其列入国史馆孝友传以示表彰。对李鸿章的后代，袁世凯也一直比较照顾和宽容。李经述体弱多病，继承李鸿章爵位后二年就去世了。李经述的长子李国杰是个纨绔子弟，晚清时曾任驻比利时公使，大兴土木修建使馆，还经常到巴黎、柏林等地冶游，亏空公款数万元，屡次向外务部要求核销未准。辛亥南北议和时，袁世凯复出任总理大臣，李又转向袁请求核销，袁二话没说便汇寄四万元。李国杰弥补了亏空，将余款用作路费回国。回国后正赶上清帝退位，李国杰见到袁世凯时问自己能不能进宫向隆裕太后和宣统皇帝请安，袁答复说，太行啦，别人不行，你还不行吗？不想进宫后，李国杰为表现自己是忠臣之后，不仅涕泪交流，而且对劝他的太后说，“念及先臣鸿章，引用非人，以至如此，不知涕泪之何从也。”几天后他见到袁之亲信徐世昌，徐说起他在宫中的表现，李非常吃惊，问徐怎会知道，原来徐世昌名义上负责照料清室，实际上是代袁世凯暗中监视清室及其与外界往来的负责人。徐世昌告诉李国杰，“这两天，谁请你吃饭，和谁见面，我都知道。设若你不是李文忠公的嫡孙，咱们就不能有今日之会面了[33]！”袁世凯当时是临时大总统，手握生杀大权；李的言行犯了大忌，袁放过他，显然是顾念到了李鸿章的旧情。对李氏的其他后人，袁世凯也一直比较照顾和优容，“项城为总统，感念文忠提携之力，于诸李特别优待。仲轩(即李经羲，李鸿章之侄)授予参政，其子国筠为安徽巡按史，离任后也被任命为参政。其他诸李有言于项城者，或差或缺没有不答应的[34]。”

李鸿章专祠就建在天津河北直隶总督衙门西面，祠堂建成后，袁世凯书赠一联，文曰：

> 受知早岁，代将中年，一生低首拜汾阳，敢诩临淮壁垒；
> 世难方殷，斯人不作，万古大名配诸葛，长留丞相祠堂。[35]

联中把李鸿章譬喻成郭子仪、诸葛亮这类名臣，意在表彰李在清末重大危机关头所起到的中流砥柱般的作用；极尽褒扬之能事，则在于标榜自己。“受知早岁”，是指朝鲜十年自己受到李鸿章器重那段历史；“代将中年”说的是目前的自己，指自己已接任了李鸿章从前担任过的直隶总督兼北洋大臣的职务，是李的衣钵传人。清代总督掌管一省或数省军政，下马治民，上马治军，所以又被称为“制军”，“代将”即接替总督职务之意；“汾阳”，郭子仪因中兴唐室被封为汾阳王，这里寓意李鸿章也是中兴清室的大功臣，而自己对李鸿章不仅感其知遇，一生崇拜，而且自诩所作所为也当得起李氏的期望。临淮即安徽，这里指李鸿章的事业，“壁垒”是袁世凯的自喻，表明他要继续李鸿章未竟事业的抱负。

注释

1.《袁世凯奏议》(中)，天津古籍出版社版，第810—812页。
2. 刘体仁：《异辞录》，山西古籍出版社版，第82页。
3. 同上。第122页。
4. 王伯恭：《蜷庐随笔》，山西古籍版，第25页；参见庄练《中国近代史上的关键人物》(下)，第118页。
5.《李鸿章全集·译署函稿》卷十九，第3396页。
6. 同上，第3408页。
7. 同上，第3408页。
8.《李鸿章全集·电稿二》，第47页。
9.《李鸿章全集·译署函稿》卷十九，第3399页。
10. 王锡彤：《抑斋自述》，河南大学出版社版，第237页。
11. 白蕉；《袁世凯与中华民国》，第234页。
12.《李鸿章全集·电稿一》，第845、849页。
13.《李鸿章全集·奏稿》卷七十四，第2133页。
14. 同上，第2133页。
15. 中堂，清代对身为大学士的高级官员的尊称。据说大学士在翰林院的座位都设于正堂的中间，故有是称。李鸿章身为文华殿大学士，故同僚及下属常称其为中堂。
16.《李鸿章全集·电稿二》，第903页。
17. 司农，古代掌理天下财赋的官职。明清时六部之一的户部与司农的职权相同，故户部的首长被称为“司农”；翁同龢当时主持户部，故有此称。
18.《李鸿章全集·电稿二》，第903页。
19.《近代稗海》第十辑，第189—190页。
20. 翁同龢从小教光绪读书，是皇帝的师傅，故有此称呼。
21.《近代稗海》第一辑，第231页。
22. 参见《中国近代史上的关键人物》(中)，第39页。
23.《庚子西狩丛谈》，第107页。
24. 六月初四，李鸿章致电总署，转述袁要求调回的意见后，提出“袁历年助韩拒日，与日夙嫌已深，若调回，以唐(绍仪)暂代，与下旗撤使有异，可否允其所请，乞速核示。”但为清廷拒绝。《李鸿章全集·电稿二》，第753页。
25. 李文正，即李鸿藻，文正为其谥号，高阳为其籍贯，李时任军机大臣，督办军务处大臣，是积极支持袁世凯西法练兵建议的重臣之一。
26. 刘体仁：《异辞录》，第136页。

27. 按察使，清代为一省最高司法长官，又称臬司、臬台，俗称监司。
28. 吴永：《庚子西狩丛谈》，第115页。
29. 同上，第114—115页。
30. 仗马，用作皇帝仪仗的马匹；寓摆设之意。
31. 《庚子西狩丛谈》，第129—131页。
32. 《袁世凯奏议》(上)，第377页。
33. 张达骧：《我所知道的徐世昌》，《文史资料选辑》第48辑，第226页。
34. 王锡彤：《抑斋自述》，河南大学出版社版，第248页。
35. 陶树德：《我眼中的几任直隶总督》，《文史资料选辑》第25辑，第118页。

第五章

送“高帽”的学问

李鸿章失势后，

袁世凯的事业转入低潮。

为另觅官场靠山，

袁大送“高帽”，

其善于揣摩、

投人所好而又不露

痕迹的手法可见一斑。

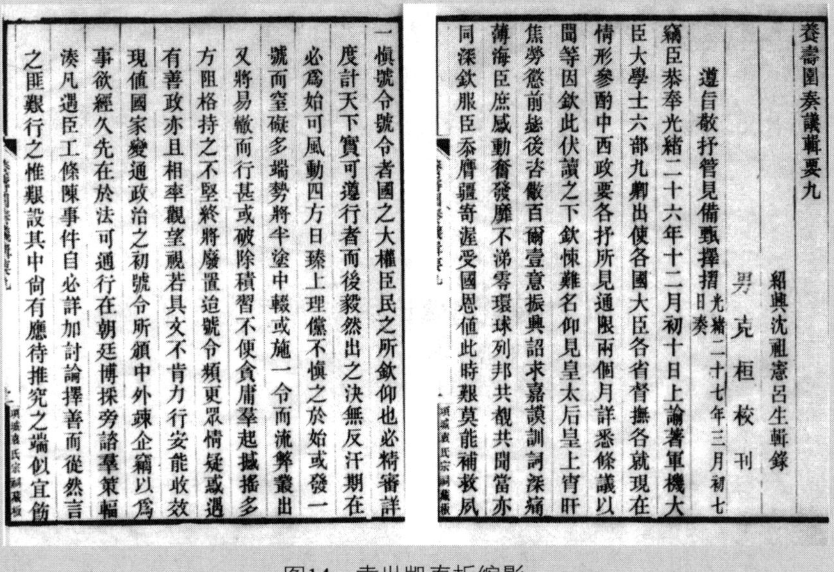

養壽園奏議輯要九

紹興沈祖憲呂生輯錄

男克桓校刊

遵旨敬抒管見備甄擇摺 光緒二十七年三月初七日奏

竊臣恭奉光緒二十六年十二月初十日上諭著軍機大臣大學士六部九卿出使各國大臣各省督撫各就現在情形參酌中西政要各抒所見通限兩個月詳悉條議以聞等因欽此伏讀之下欽悚難名仰見皇太后皇上宵旰焦勞懲前毖後咨儆百爾壹意振興詔求嘉謨訓詞深痛薄海臣庶感動奮發靡不涕零環球列邦共覩共聞當亦同深欽服臣忝膺疆寄渥受國恩値此時艱莫能補救夙

……

一愼號令號令者國之大權臣民之所欽仰也必精審詳度計天下實可遵行者而後毅然出之決無反汗期在必爲始可風動四方日臻上理儻不愼之於始或發一號而窒礙多端勢將半塗中輟或施一令而流弊叢出又將易轍而行甚或破除積習不便貪庸羣起撼搖多方阻格持之不堅終將廢置迨號令頻更衆情疑惑遇有善政亦且相率觀望視若具文不肯力行安能收效現值國家變通政治之初號令所須中外竦企竊以爲事欲經久先在於法可通行在朝廷博採旁諮羣策輻湊凡遇臣工條陳事件自必詳加討論擇善而從然言之匪艱行之惟艱設其中尙有應待推究之端似宜飭

图14　袁世凯奏折缩影。

【导读】甲午战争是中国近代史上的大事件，对袁世凯而言，也是他仕途中的转折点。战争期间，袁的事业走入低潮，他的所作所为招致了李鸿章的不满和疏远，而李鸿章因战败失势也使袁不得不考虑另寻靠山；战争中清军不堪一击的状况，也使袁世凯的思想发生了转变，由主战转为西法练兵，并把这作为自己今后事业的方向。要实现这个目的，没有当权政要的支持是根本不行的。如何结识本不认识自己的大人物，使之逐步了解乃至赏识自己，从而获得事业上的支持和助力？袁世凯采用了最直接同时也往往是最为上司所重视的做法：提供上司所需信息和可供采择的对策，辅之以官场最有效也最容易为人接受的方法——送高帽子。送高帽虽简单易行，但送的方式却颇有讲究，否则不起作用，甚至会适得其反。此章开头所选引文是袁写给时任军机大臣和督办军务处会办大臣李鸿藻的函禀，也是袁世凯思想转变和结交新靠山的重要证据，从中可看出他极善于揣摩人心，投人所好而又不露痕迹，送高帽的手段高明。

致军机大臣李鸿藻论甲午清军败因禀[1]

(1895 年 5 月 7 日)

太夫子大人钧鉴，敬禀者：

窃小门生于二月下旬由石山站肃上寸禀，屡陈前敌情形，谅已早登慈鉴。

嗣以相约停战，惟商同各将领认真整练，磨厉以须[2]，所用饷需仍分头筹办。迨至三月间，合肥傅相已经画诺[3]，复传闻有赔偿两万万并以辽东、澎、台作押之说，尚未能深知详确。宋帅深以辽东控制渤海，密迩畿辅，未可举以假人，嘱小门生迅来榆、津探询确情，并禀商诸帅，冀可设法挽补。乃先后行抵榆津[4]，谒晤诸帅，已均有定见，竟割予以人。天时、人事复多参差，大局如此，唯有痛哭而已！

伏查倭人十数年来，外示联合，内蓄叵测，其甘言愉色使我略不猜防，而整顿武备，踏勘形胜，密以谋我；迨祸机突发，我已支吾不暇，故败挫频仍，不克抵御。究其本原，虽由于练兵诸统将多未得人，亦由于未雨绸缪之义有所阙如。此固中国覆车之鉴，要亦中国更始之机也。日来又见津上将吏嘻嘻相庆，意若和局已定，可冀幸免，殊不知将来之危实甚于未和之前。何则？自军兴以来，募调各军纵未能尽属得力，然兵数甚厚，夙将尚不乏人，遇有战事，仍可节节支持，寇未敢长驱直入，任意所之。且倭寇与我限隔岛屿，内地民情究尚隔膜，不得不步步持重，冀保全胜。倘寇得北控辽海，南据澎、台，即居我之地，因我之资，练我之民，狎与我处，性情渐相通洽。而我之将吏似此幸免，移时必相率泄沓，行见军政又日就废灭。夙将[5]或忤时见斥，或衰老物故。敌则酣睡同榻，咫尺相逼。倘生教数年，又吹求衅端，突然再举，似不但奉、吉、闽、浙非我所有，即燕、齐各省恐亦保全无术。惟望以今此之款为喘息之计，仍即卧薪尝胆，釐庶政，修战备，决不可顷刻歇手，必须时刻存一恢复之志，务期蓄一恢复之力，庶几可勉支持[6]；否则，三数年后，大局之危必有大甚于今日者。

至此次军务，非患兵少，而患在不精；非患兵弱，而患在无术。其尤足患者，在于军制冗杂，事权纷歧，纪律废弛，无论如何激励亦不能当人节制之师。即如前敌各军，共计不下十万人，而敢与寇角者亦只宋祝帅、依尧帅[7]旧部各二三千人及聂提督千百人耳，此外非望风而逃，即闻风先溃；间或有一二敢战者，又每一蹶不可复振。为今之计，宜力惩前非，汰冗兵，节糜费，退庸将，以肃军政。亟检名将帅数人，优以事权，厚以饷糈，予以专责，各裁汰归并为数大枝，扼要屯扎，认真整厉。并延募西人，分配各营，按中西营制律令参配改革，著为成宪。必须使统将以下均习解器械之用法，战阵之指挥，敌人之伎俩，冀渐能自保。仍一面广设学堂，精选生徒，延西人著名习武备者为之师，严加督课，明定升阶。数年成业，即检派夙将中年力尚富者分带出洋游历学习，归来分殿最予以兵柄，庶将弁得力而军政可望起色。

今之征调诸将，亦诚不乏夙望，惟或优养既久，气血委惰；或年近衰老，利欲熏心；或习气太重，分心钻营；即或有二三自爱者，又每师心自用，仍欲以“剿击发捻[8]”旧法御劲敌，故得力者不可数睹耳。其各省防练诸军，大半安闲太久，习气熏灼，其真能御敌者，实难枚举；派驻前敌，徒足以滋扰闾阎[9]，与军务不但无补，而闻风惊扰，反为他军之累。况和局已定，嗣后饷源尤渐支绌，新募诸军自须依次汰遣。伏莽[10]之起，恐不旋踵，而各省防练诸军尤须先行调回，以资弹压；其南方诸军，又宜由就近海口船载以归，免至沿途地方遭其骚扰。现值奉省荒歉，农务方殷，兵民杂处，比户弃业；如能早遣一日，即为数万生灵之福。

且此次赔输甚巨，开源节流，亟须整理，而养兵之费，向属繁巨。似应速派明练公正、真实知兵大员，除将著名骄饱疲懦诸军即须遣散外，仍将拟留各军认真检点，分别裁汰，务期养一兵得一兵之用，庶库帑无虚糜，捍卫有实效。统计奉直一带，如有精兵六七万人，分归二三名帅扼要驻扎，计可自守。

正肃禀间，闻倭因俄、法、德三国要挟，已允还我全辽，诚足为大局幸。惟三国助我，应必有以自计，他族生心，亦在意中。而在我自强之道，仍属刻不容缓。以小门生卑微浅陋，何敢妄参末议！惟念世受国恩，未报涓埃，复蒙太老夫子恩遇陶成，有加无已，既有管见，不敢壅于上闻。是否有当，伏候采纳，不胜悚惶待命之至！

再，去秋来，家本生母右肢受风，迄今未愈；又以小门生奔走戎马，时切系念，病每因之有加。前以军务孔亟，未敢以私干请。现值和局已定，前敌输运已商同胡臬司燏棻饬各局总办委员依次收束，拟即禀请北洋赏假归省，以遂乌私；俟得批允，即将首途。此后遥荫慈晖，养瞻愈远，尚乞不遗葑菲[11]，随时教诲下颁，俾有遵循，不至玷辱知遇，尤为跂跱！

谨肃寸禀，恭敬崇安！伏乞垂鉴。小门生袁世凯谨禀。四月十三日。

袁世凯起家于小站练兵，而袁能出任此职，在很大程度上得力于当时任军机大臣、督办军务处会办大臣的李鸿藻的力荐。因此这封函禀是袁世凯结交李鸿藻并谋求其赏识、荐举的一封重要证物。

李鸿藻(1820—1897)，字兰荪，直隶高阳人。李家是当地的名门世家，李鸿藻道光廿四年中举，咸丰二年中进士，以后历任翰林院编修、上书房行走、河南学政，咸丰十年特召回京，任皇子(即后来的同治皇帝)的老师；此后历任协办大学士，户、吏、礼、兵等各部尚书，1864—1884年、1894—1897年两度入军机，当朝秉政数十年，是朝廷重臣。此外，李鸿藻还屡掌文衡，19世纪60至80年代，历届乡试、会试、殿试及翰林院散馆考评，李均任考官和阅卷大臣，所以门生故吏遍天下，是当时所谓“清流派”的领袖，张之洞、张佩纶等均出自其门下。“清流派”主要由台谏(即都察院和翰林院)的官员们组成，对朝廷和全国的舆论有着很大的影响。甲午战争前后，李与翁同龢是主战派的领袖，很得光绪皇帝的信任和倚重。甲午开战后，清廷于1895年11月2日(旧历十月五日)，设立督办军务处(实即皇帝的参谋本部)，以恭亲王为督办，庆亲王帮办，翁同龢、李鸿藻、荣禄、长麟会办。次日，又命翁、李等入军机，成为参与军政决策的重臣。

袁世凯的政治靠山是李鸿章。甲午之战，担任清军陆海军主力的是李一手创办的淮军和北洋舰队，但均遭惨败，加上他一力主和并签订了丧权辱国的《马关条约》，为朝廷清议和全国舆论所不容，几乎到了人人皆曰可杀的地步。1894年9月，清军败绩平壤，清廷以“未能迅赴戎机，日久无功”，朝命拔去李的三眼花翎，褫去黄马褂，交部严加议处。11月，旅顺失守，李又以调度乖方，革职留任且摘去顶戴。1895年2月，李因被派往日本求和而交卸直隶总督、北洋大臣的职务。4月，李瀚章(李鸿章之兄)被弹劾免去两广总督职务，这种种迹象都表明李鸿章已经失势。袁世凯热衷宦途，深知“朝里有人好做官”的道理，另谋靠山是势所当然的。再有就是，李鸿章是根据袁世凯提供的日本不会干预的情报才决心派兵赴朝鲜平乱的，结果给了日本发动战争的借口，李虽口中不说什么，但心有不慊。袁自朝鲜撤回，朝廷原本要他进京引见，但却被李鸿章派往辽东战场办理军需粮秣。袁在朝染病未愈，在东北复发，曾致电时任天津海关道的盛宣怀代为向李鸿章求情回后方调养，李则批示："始祸之人，无置身事外之理[12]"，态度十分冷淡。李的疏远，也是袁要另寻靠山的重要原因。那么，袁与李鸿藻并不相识，又是怎样接近李并博取其赏识的呢？张国淦所撰《北洋述闻》综述如下：

袁世凯甲午回国，中日开战，李鸿章仅令其与周馥同办转运，何以屡得特旨询问，督办军务处成立即派其创办新军呢……其时北京所谓清流者，有南北两派。李鸿藻为北派清流首领，张之洞、张佩纶等为其中坚；翁同龢为南派清流首领，黄体芳、陈宝琛、吴大澂、王仁堪、邓承修等为其中坚。袁得徐世昌介绍于李鸿藻，于是与其派系都有来往……陈夔龙《梦蕉亭杂记》谓："甲午中日之战失败后，军务处王大臣鉴淮军不足恃，改练新军，项城袁君世凯以温处道充新建陆军督办。该军屯兵天津小站，于乙未冬成立。当奏派时，常熟(翁同龢)不甚谓然，高阳(李鸿藻)力主之"。我曾面询陈，陈谓："袁世凯经徐世昌介绍于李鸿藻后，袁就对李拜门，并和李鸿藻子焜瀛往还极密，通过种种关系使李逐渐相信袁知兵。所以他首先推荐袁督练新建陆军，这完全出自爱才之意[13]。"

徐世昌当时在翰林院任修撰，是主战的清流派中的一员，李鸿藻则是翰林院掌院学士，于徐世昌有师生之谊，又是清流派的领袖。徐早年落拓时，袁有恩于他，二人由此结为好友。袁有所求，徐自是义不容辞[14]。袁世凯的叔父袁保龄是李鸿藻任河南学政时的得意门生，袁即以这层关系"拜门"，自称"小门生"，而李鸿藻按辈分也就成了"太老师"。袁世凯深谙文人心理，又故意再加上一顶高帽，称其为"太老夫子"，把此老抬到了孔夫子的高度，而李鸿藻居然也就舒舒服服地入了圈套。我们在上面信函中看到的称呼就是这样来的。袁世凯不仅以谦恭博取了李鸿藻的好感，而且还可一下子撇开官场上下级之间通常的拘谨，以通家子弟的方式畅所欲言。从袁结交李鸿藻的方式，可以看出他笼络人心的手段已堪称炉火纯青。

说起送高帽，还有段历史故事。清代乾隆时有个与袁世凯同姓的大才子袁枚，就是个送帽子的高手。袁枚(1716—1797)字子才，号简斋，浙江钱塘人。袁子才风流倜傥，行事幽默，还是个美食家。袁只做了几任县令就辞官不干了，在江宁买了块地，建起一座随园，招了些女弟子，每天赋诗作画，烹饪美食，过起了神仙日子。著有《随园诗话》《随园食单》《子不语》等书，一辈子悠哉游哉，以才学闻名于天下。袁枚是乾隆四年的进士，由于不通满文，散馆后没能留在翰林院，而是外放到江苏做县官。临行前去向老师尹继善辞行，尹继善是当时的名臣，做过两江总督，自身的道德修养很高。老师得知他外放了县令，年纪轻轻就做了这种责任很重的亲民之官，很高兴也很重视，就问他下去有些什么打算？袁枚说什么打算都没有，就是准备了一百顶高帽子。老师听了很不高兴地说，年轻人怎么也搞起这一套来了？袁枚说，现在社会上的人全都喜欢戴高帽，像老师您这样不要戴的能有几个呢！老师被他说的心里挺熨帖，觉得袁枚也有他的道理。袁枚辞行出来，同学们问他谈得怎么样，袁枚笑着说，很好，帽子我已经送出去一顶了。

袁枚的故事说明了一个普遍的道理：人都愿意听好话，或者说人都愿意受到别人的肯定，这出自人的本性，是一种精神或心理上的需要。古今中外，无不如此，所以送高帽是与人结交最便宜也最易见效的方法，其效验则取决于手法和技巧的高低。读者不信，可以随手试试它的效果；其实注意观察一下周围的人和事，你会发现这种事比比皆是，只不过太常见了，反而引不起注意，所谓习焉不察，就是这个意思。

袁世凯是1884年7月19日(旧历六月十七日)撤离汉城的，21日到达天津，向李鸿章汇报了朝鲜的现状。当时李仍持避免开战、请列强调停的主张，袁一直唯李鸿章马首是瞻，所以也写了一篇意见书，极力附和李鸿章主和的论点。实际上，在战争全面爆发，清军节节败退，暴露出其窳劣不堪的真实面目之前，袁世凯的内心实在是主战的。他在朝鲜有过两次成功的军事经验，深知制敌机先、兵贵神速的道理；而以他的外交经验，也深知列强调停之不可靠。以他一贯头角峥嵘的心性，应该是很愿意带兵作战，实现他久已有之的“拜将封侯”的志向的。

李鸿章翰林出身，饱读诗书，亦是曾、左一类的儒将，大事临头，于人之进退出处的大节还是非常看重的。袁世凯因受日使欺骗情报不实还在其次，而在紧要关头不顾李“要坚贞，勿怯退”的指示，一再要求撤退回国，并托病躺倒不干的做法，使李不慊。平心而论，在日军完全控制了汉城并决心对清开战的情况下，袁世凯孤悬海外，已发挥不了任何作用；而且日本人早就把他视为眼中钉，衔恨甚深，的确想乘乱干掉他。作为一个头脑实际的人，袁世凯认为徒死无益，要求撤回无可厚非，但在李看来则有大节不坚的嫌疑，这可能就是儒臣与枭雄之间的不同吧。

袁回到天津，李鸿章见他没有大病，遂于8月5日奏派袁“驰赴平壤办理抚辑事宜，并联络官军，协筹粮运[15]。”袁不愿再干营务处的差使，曾托堂弟袁世勋(袁保恒之子)运动当朝势要为其设法，此事在翁同龢的日记中有如下记载：

> 袁世勋敏孙(敏孙，为袁世勋的字)为袁慰廷事来见，慰廷奉使高丽，颇得人望，今来津不得入国门，李相保令赴平壤，欲求高阳主持，因作一札予高阳，即令敏孙持去。

这是8月16日(旧历七月十六日)的事，三天后翁、李(鸿藻)两人即提出“拟派袁世凯带数营，而以已革知州陈长庆交其委用，同人皆以为可，遂写入奏单请旨[16]。”翁、李此前并不认识袁世凯，而翁尤其不喜欢为人请托，而此次办事如此痛快，可知袁的请托与要求带兵出战有关。翁、李都是主战派大臣，故对袁之请缨乐观其成。但当时用兵任将的大权操于李鸿章之手，故二人派袁统率一军赴前敌作战的建议不被采纳，袁遂不得不于9月8日(旧历八月十日)随总办营务的周馥出关办差。

袁世凯自朝鲜返归到出关办差之间约有两个月的停留，其结交李鸿藻等当在上述请托事情之后。此时袁既觉察李鸿章对他已有成见，遂决定另找靠山。据清人刘体仁记载，袁在李鸿藻处对李鸿章颇有微词，这固然有发泄自己不满的因素，但更多是为了迎合主战派的观点，并借此来表现自己“知兵”。

> 中日之战，主战者高阳、常熟。奔走高阳之门者项城[17]……项城归自朝鲜，力诋文忠设计之缓，使从己谋，可以制敌于先。[18]

袁世凯在朝鲜办外交办了十二年，嘴上的功夫是没的说的，加上甲申朝鲜平乱时的出色表现早已昭昭在人耳目，由不得李鸿藻不对他另眼相看。但当时李鸿藻等人尚未入参军政，用人大权仍操于北洋之手，袁乃不得不尊令去前方操办军需粮秣。到了11月则不同了，翁同龢、李鸿藻同时奉旨进入军机处会办军务，在军事用人上有了实权。但翁、李等以文人入参军政，实在没有什么经验和成算，亟需有人为其提供信息，谋划方略；而袁世凯正好在前线，又素喜谈论军事，因逢时会，很自然地充当了李鸿藻的耳目和参谋。上面的信函就是袁世凯从前方向李报告军情，提供建议的函禀之一。

袁世凯的这封函禀写于1895年5月7日（旧历四月十三日），当时战争已近尾声，正当痛定思痛之际，需要的是总结军事失败的教训，另谋富国强兵之路;所以袁世凯函禀的主要目的,在于建议以西法教练新军。

信函起首，除对于《马关条约》割地赔款、丧权辱国表示痛心疾首外，袁指出了弥漫于前线各军之中的危险苗头：“日来又见津上将吏嘻嘻相庆，意若和局已定，可冀幸免”，“我之将吏似此幸免，移时必相率泄沓，行见军政又日就废灭。”强调“必须时刻存一恢复之志……否则，三数年后，大局之危必有大甚于今日者。”

接着，袁开始分析甲午之战失败的原因，将其归结为“非患兵少，而患在不精；非患兵弱，而患在无术；其尤足患者，在于军制冗杂，事权纷歧，纪律废弛”。

袁世凯的这些话并非危言耸听，确为当时清军之实录。在盛宣怀档案中存有一张1894年底屯驻于辽宁前线、山海关内外及天津一带的清军布防清单，总计四百余营（以战时每营足编五百人计，不下二十万人），却分属不同省份、军种、编制的五十二名将领统带，可证“军制冗杂，事权纷歧”的不虚。当时随周馥办理前线转运的辽阳转运局会办叶溶光谈及清军屡战屡败原因时亦指出：

> ……实在是因为将士不能同舟共济，此军与彼军之间原来就有成见，而同一军之中，此营与彼营也有畛域之分。你战他不接应，他战你也不接应。以致日久劳师，毫无功效。从牙山战败开始，平壤的失守，九连城的陷落，大都是互不接应所致。[19]

这是“事权纷歧”的一个旁证。至于“纪律废弛”的事例就更多了。盛宣怀档案中收有前敌将领姜桂题1895年的来函，谈到他所接统的铭军的状况：

> 铭军在同治年间立功中原，本来是著名的劲旅。如今则旧时名将，全都不在了；后起的人才，多数都没有打过仗。前任统领又为人宽厚，纪律不严。闲暇安适的日子过得太久，将领安逸，兵士疲沓，竟成为积习。去年奉调东征，遂以怯敌扰民的行为和表现，使军队的声威大为降低。[20]

清军前敌统帅宋庆在旅顺攻防战役期间亦致电李鸿章，抱怨所辖各军之窳劣。其论铭军：

> 刘盛休(部)乃刘铭传的亲军，素称劲旅，但是承平了廿年，已不是当年那样的士卒了。近年又都换上了刘氏本族或邻里的少年子弟，因粮饷丰厚，这类人还在不断增加，既娇气又懒惰，还不听约束……

又论山西练军[21]：

> 程之伟从前统领嵩武军时，我宋庆也知道他作战勇敢，但山西练兵积弱已久，而且承袭了绿营兵的习气，一半的人都嗜好抽鸦片烟。此次数千里来辽东，马瘦仆庸，又缺乏精良的武器，自保都成问题。[22]

北洋海军来远舰大副张哲溁条陈海军失败缘由时，所列诸条中有“纪律不严”一条：

> 海军将士的难处在于没有好坏优劣的分别。不肖者，(长官)碍于情面不加处置，所以大家多起而效尤。上有所好，下必有甚，相习成为风气，最后见怪不怪。下属不敢揭发上司的

问题，上司也能包庇下属的过错。对于临阵退缩、畏葸不前者，也不加以查办，因而功过颠倒，物议沸腾。[23]

这一类的议论，在甲午战争的军情电报和信函中所在多有。对于“不精”“无术”，袁世凯自己在给盛宣怀的电报中曾有番评论：

洋人用兵，一概(将队形)分为四排。前面一排散开开火，败则退到第三排后面整队，以第二排散开前进接应，轮流不断。后排也可以防备包抄和侧面的攻击。再有就是在部队后面十数里处驻兵设防，遏止退兵，整编残卒，虽然败退也不至于溃散。(我方)各军平时操练的时候也有用这种方法的，然而临阵时大多用非所学，全都按照打土匪的法子，挑选一批奋勇当先的(士兵)，骑马直奔向前，就像是孤注一掷。(冲锋的)喘息未定，后面的又不敢放枪，恐怕打到自己人。只靠冲到前面这数十人乱打，而且簇拥成一团，容易中弹，因此难于制胜。队伍后面也不驻军收容败兵，所以多溃散。[24]

时任天津武备学堂教官的雷震春、王德芳也对前线状况做了如下评论：

标下去年曾前往前线，亲眼目睹了各军导致失败的情形，实在是由于将帅不善于训练，士卒不经常操练演习，对手中的兵器缺乏了解，控制不了枪炮射程的远近；对(作战)地势缺乏仔细测量，驻扎的时候也不设营垒。而且有吝惜小费，克扣军饷，喜欢逢迎拍马，嫉贤妒能等弊病，以致将士离心，碰到敌人就奔逃溃散了。[25]

袁世凯在信函中直言无忌，用“骄饱疲懦”这四个字概括清军的现状，几乎是全盘否定。在他看来，将领“或优养既久，气血委惰；或年迈衰老，利欲熏心；或习气太重，分心钻营；即或有二三自爱者，又每师心自用”。士卒则“非望风而逃，即闻风先溃；间或有一二敢战者，又每一蹶不可复振”。这样的军队“派驻前敌，徒足以滋扰闾阎，与军务不但无补，而闻风惊扰，反为他军之累。”面对如此糟糕的局面，又该怎样整顿呢？袁的对策是，“汰冗兵，节靡费，退庸将，以肃军政。”但更要紧的是马上开始以西法练兵。对现有军队裁汰归并后，“延募西人，分配各营，按中西营制律令参配改革，著为成宪。”同时要“广设学堂，精选生徒，延西人著名习武备者为之师，严加督课。”

一般史家，多将袁在军前写给李鸿藻的信函视为钻营，这固然不错，但应看到，这也反映了袁世凯思想上的重要转变。战争伊始，袁之想法是自领一军赴前敌参战，建功立业[26]，但为李鸿章所阻，不得不干自己所不情愿的军需后勤工作；其间，耳闻目睹日军训练有素，连战连胜，而清军如乌合之众，望风崩溃的现状，袁之思想必会产生剧烈的动摇和转变。袁世凯曾经在朝鲜编练过新军，但当时完全是按淮军的方法训练，颇有效验，袁也颇以此自负。甲午战争的陆战中，清军前敌主力主要是淮军，却如此不堪一击，不能不使他认真思索其中的原因。军纪松弛、缺乏训练、器械不精均不难改正，惟战阵技法、军政管理诸事，非师从西法不可，否则难以适应与列强之间的战争。日军之强，即在于此。当时朝野有见识者对此均持同样的观点，故甲午战败后以西法练兵之说盛极一时。但如何着手，怎样编练，文人士大夫谁也说不出个所以然来。袁世凯是个头脑实际的人，对军事上的事颇肯用功，既已认定非西法不足以强兵，自会钻研实行的办法，这是他强于一般士大夫的地方。但在戎马倥偬之际，袁没有讲求西法的时间与条件，所以他关于西法练兵的建议，此时还是很初步很肤浅的。

袁之想法转变还可由他给盛宣怀的函电中看出来。盛宣怀(1844—1916)，字杏荪，江苏武进县人，1870年即入李鸿章幕府，追随多年，深得李之信任和倚重。当时盛宣怀以天津海关道兼任轮船招商局督办、中国电报局总办、总理后路转运事宜等要职，是李鸿章的重要助手，也是甲午战争中起着承上启下、内外交通作用的枢纽人物。袁为李所疏远后，很多不便向李直接提出的请求和建议，多托盛代为转达。1894年12月21日袁自石山转运站，连发数电，除汇报军情而外，两次提出卸职练兵的请求[27]：

公(指盛宣怀)如果筹到了款项，最好尽快延聘知名的教习，招募学徒千人，教士兵和军官认真研究西法，另行改革军制，为将来作打算。此项军事任务过去办军务的老人绝难办好，连枪炮都不会使用，还能打什么仗？如果认为我的话有道理，弟愿任监督，必将有以报答。

又说：

我患痰喘病很久了，跟随溃军奔逃，实在没有意义。可在道义上又难于请求退回后方，辜负相国(指李鸿章)的提携……如果公能婉言请示截止，免去世凯的差使回后方，实在感激。否则，以此项费用招募数百学生，聘请洋教习数人，设立兵官学堂，为将来报复用。日寇如果要割取奉天(即辽宁)，战争还会长期持续下去，亟须储备人才。请告诉我你的意见。

盛宣怀哪有力量决策此等大事，这其实是说给李鸿章听的，但遭到李冷冷地回绝。这使袁世凯真正意识到，他非得另觅出路不可了。

以西法练兵的建议，早已由李鸿章幕下的洋员汉纳根提出，而由李授意盛宣怀大力提倡之。汉纳根 (Constantin von Hannecken，1885—1925)，德军少尉，陆军要塞工程师，退役后被聘为天津武备学堂教官和李鸿章的军事副官。甲午战争中被李鸿章聘为北洋海军总教习兼副提督，黄海海战中与丁汝昌同在旗舰定远号上指挥作战，因"教练有方""奋勇出力"被清廷赏以宝星勋章和提督衔。1884年10月，鉴于清军在战争中节节败退，总理衙门特召汉纳根进京面商机宜，汉氏遂上递条陈节略，除建议添购军舰枪炮，招聘外洋水手和由外籍人员出任海军统帅外，主张以外籍人员编练十万新军，对日本则暂时采取以退为守的策略。清廷彷徨无计之际，曾试图一试，"命臬司胡燏棻即会同筹划，立予施行"，并于次年1月命胡氏先行编练十营，以后再议扩充，但很快就因为汉纳根的计划所需的花费太大而中止，但北洋新军的编练，实际上发轫于此。

值得注意的是军机大臣李鸿藻对汉纳根建议的态度，盛宣怀对此曾有记载："辽东失，请募德人练新兵，购快船充足海军。上数千言，枢轴[28]意稍动，高阳注意，派胡芸楣与汉纳根议办，中阻[29]。"可见李鸿藻是积极支持西法练兵的，因缺钱而中止，李是心有不甘的。袁世凯恰在此时来函大谈旧军之窳劣，西法练兵之必要，搔到了李高阳的痒处，自然被当作了编练新军的最佳人选，故“李相尤激赏公，以公家世代将才，娴熟兵略，如令特练一军，必能矫中国绿、防各营之弊，亟言于朝[30]。”

袁世凯在朝鲜与诸列强使节周旋了十二年，于列强尤其是日本对朝鲜和中国的意图了然于心。这在信函中也有所表现：“伏查倭人十数年来，外示联合，内蓄叵测，其甘言愉色使我略不猜防，而整顿武备，踏勘形胜，密以谋我”。寥寥数语，便可看出他对日本的图谋把握得相当准确。1884年，日本策动的甲申事变为袁世凯等挫败后，日本国内的好战派曾大肆鼓吹对清宣战，主张趁清廷在中法战争新败，振作图强尚未有成之时，以战争方式夺占朝鲜。而主政的伊藤博文、陆奥光宗等“文治派”官僚认为日本实力尚不够强大，还未到与清决战的时机。伊藤以他对中国的认识和了解，认为大可不必担心中国奋发图强，快速崛起：

> (清)虽然此时表面上对于水陆各军，好像都在整顿，以我看来，全都是空话。由于看到清与法国的战事刚刚平定后，似乎想要奋发有为，竟然不知道一二年后，(清)又会因循苟安，就像西洋人形容中国时所说的那样，又睡大觉了……如果此时我与之开战，等于是催其加速图强。诸位看不到吗，中国自从与俄国发生冲突(指左宗棠西征俄国支持的阿古柏政权一事),才开始架设电报线；自从中法战争，才开始建设海军。若平静上一二年,那些好发议论的言官必会多方阻挠更新变革的事情，而主持国政者又不敢变法图强了。[31]

伊藤确实老奸巨猾，但也不得不承认他对清廷的认识切中窍要。中日固然都在军备竞赛的路上迅跑，然而日本必然胜出，李鸿章必定失败，原因即在于李之洋务运动后面有一个过时的旧体制在掣肘。富国强兵必得有新体制的支撑，这一点，国人要到甲午惨败后方能领悟。

由上述之分析，伊藤主张对清采取和好政策，松懈中国的警惕和斗志，而日本则应“速节冗费，多建铁路，赶添海军，三五年后,我国官商皆可充裕，彼时看中国情形再做办理[32]。”日本在甲申事变后，其国策基本上采纳了伊藤的建议，在朝鲜保持低姿态。袁世凯当然不可能得知伊藤的密议，但从其信函中上述言论看，他对日本政策的认识是相当透彻的。对三国干涉还辽一事，基于对列强本质的了解，袁也指出了其中必有图谋，当务之急仍在于中国自身的自新图强：“惟三国助我，应该必有他们自己的计算，他族的不怀好意，亦在意料之中。而对于我们自己来说，自强之道，仍属刻不容缓。”袁的判断，不久后即由德国强占胶州湾，俄国强占旅顺等事件一一证实了。

图15　袁世凯之生母、一品诰命夫人刘氏。（河南项城市博物馆提供）

君子可以欺之以方，李鸿章可能上外国人的圈套，康有为也可能上外国人的圈套，但袁世凯不会上这个圈套，这不仅在于他有与列强折冲周旋的实际经验，更在于袁世凯具有枭雄才有的本能，善于以小人之心料事度人。十二年的官场和外交历练把他的头脑锤炼得更为实际了，所谓眼观六路，耳听八方，见人说人话，见鬼说鬼话，此时的袁世凯早已不是当年初出茅庐时的莽撞青年，而是头脑实际、胸有城府的成熟官僚了。

最后值得一提的是，袁在函尾提及自己因母亲刘氏中风偏瘫，拟回乡归省一事，也颇见其心机。中国传统伦理最重“忠”“孝”二字，有所谓“忠臣必出于孝子之门”的说法。像李鸿藻这类的所谓“清流派”最看中这一点[33]，袁有孝心，李自会增加对他的好感。同时袁也通过此事报告了他所从事的前敌转运事务即将结束，暗示自己已经可以以自由之身供朝廷任使，并且不露一点痕迹，由此我们可以体会出袁世凯处世上的圆融。

注 释

1.《中日战争》，第217—220页。

2.磨厉以须，磨厉，即磨砺；须，等待；意思是，磨砺自己，以待将来。

3.指李鸿章在《马关条约》上签字一事；李鸿章是大学士、太子太傅，故被尊称为“傅相”。

4.榆，榆关，即山海关，又称渝关、临榆；津，天津。

5.夙将，即宿将。

6.全句意思是：差不多勉强可以支持；庶几，差不多、几乎的意思。

7.宋祝帅，即宋庆，字祝三，山东莱州人，官太子少保，四川提督加尚书衔。甲午战争清军平壤败绩后，继叶志超出任前敌统帅。后刘坤一以钦差大臣督办关内外军务，宋与吴大澂同为帮办。收复海城之战失败后，革职留任。和议成，日本交还金州、旅顺后，宋率所部驻守。依尧帅，依克唐阿，字尧山，满族镶黄旗人，时任黑龙江将军，亦被调至前敌参战。

8.发，指太平军，因留长发而被称为发匪、长毛；捻，指捻军。

9.闾阎，意指民间、百姓。

10.伏莽，莽：灌木草丛；伏，隐藏；泛指匪盗。

11.葑菲，菜名，即蔓菁(芥菜)，典出《诗经》“采葑采菲，无以下体”，意思是：不要因根茎不良而连菜叶也一同丢弃；后被用作贡献意见时的谦辞。

12.《甲午中日战争》(上)，第327页。

13.张国淦：《北洋述闻》，第3页。

14.另有一说，出自李氏后人的回忆，说袁世凯初次拜谒李鸿藻，是由李氏门生、翰林学士李盛铎偕同前往的。此说亦有可能，因为李鸿藻对徐世昌心存成见，未必愿意见徐氏所引荐之人，故由徐托其翰林院的同事李盛铎代为引见。参见齐协民：《我所知道的李鸿藻》，《天津文史资料选辑》第35辑。

15.郭廷以：《中国近代史事日志》(下)，中华书局版，第879页。

16.《翁同龢日记》(五)，第2719—2720页。翁与李的奏折四天后即得到了主战的光绪皇帝的批准，8月20日(旧历7月20日)，总署电告李鸿章：“本日奉旨：‘袁世凯驻韩多年，情形熟悉。已革知州陈长庆，前随吴长庆带兵赴韩，人尚勇往。着李鸿章速催姜桂题、程允和招募成军。令袁世凯会同带领，即赴前敌，相机进剿。陈长庆著交袁世凯委用。钦此。’”但李认为缓不济急，前敌更需要的是办理军需粮秣的人才，故坚持原议。《李鸿章全集·电稿二》第901页。参见李宗一《袁世凯传》第40页，郭廷以《中国近代史事日志》(下)，第881页。

17.高阳，即李鸿藻；常熟，即翁同龢；项城，即袁世凯。三人的籍贯分别为河北高阳，江苏常熟，河南项城；清官场中往往以其籍贯、谥号称呼有地位之人，避其名讳以示尊重。

18.刘体仁：《异辞录》，山西古籍出版社版，第125页。

19.《甲午中日战争》(下)，上海人民出版社版，第422页。

20.同上，第452页。

21.所谓练军，即在洋务运动中由各省以新式洋枪洋炮及与之相应的操练方式编练的军队，带有野战军性质，与之前的绿营兵和老式湘军、淮军不同。

22.《李鸿章全集·电稿三》，第190页。

23. 同注19，第399页。
24. 同上，第590页。
25. 同上，第396页。
26. 如张佩纶曾指责袁“求翼长不遂，与叶争分不相见。”翼长为清军职官名称，为统帅之副，亦有独领一军者，如后来的新军。叶指叶志超，时为赴朝清军统帅。参见《中日战争》(五)，第232页。又其曾运动李鸿藻奏派其单领一军赴前敌作战，为李鸿章所阻，不果行。
27. 《甲午中日战争》(上)，第226—227页。
28. 枢轴，即中枢，指军机处；军机大臣被称为枢臣。
29. 《甲午中日战争》(下)，第482页。
30. 沈祖宪、吴罣生：《容庵弟子记》卷一。
31. 《中朝关系通史》，第575页。
32. 《光绪朝中日交涉史料》第10卷，第1—3页。
33. 如吴大澂为“清流派”的重要成员，甲申事变时曾奉派查办事变真相。袁为避风头，以母病请求回乡侍亲，很得吴的好感，吴并书赠对联一副以资勉励。联曰：“凡秀才，当以天下为任；求忠臣，必于孝子之门。”又跋曰：“慰庭仁弟，念母情切，乞假归省。朝鲜士民方系留之不暇，余不忍重违其意，偕之内渡。然时世多艰，需才正亟，尤愿慰庭以远大自期，移孝作忠，共图干济，因授是联以赠之。”顾廷龙：《吴愙斋先生年谱》，转引自《中日战争》(二)，第282页。

第六章

夤缘权门，结交有术

袁世凯在甲午之后
兴起的变革思潮中，
与康、梁等一样，
作为亦新亦旧的一代人，
维新志向与官场钻营看似矛盾，
却可以并行不悖。

图16　甲午战争之后的袁世凯。

【导读】本章开头所选引文是袁世凯步入仕途以后，第一次直接上呈皇帝的奏章，是了解袁世凯当时政治倾向的重要文献。甲午战争的惨败，使国人从“天朝上国”的迷梦中惊醒过来，身历其事的袁世凯更是如此。在当时变法维新的思潮中，他与康有为、梁启超等维新派先锋人物走得很近，也是变法维新的积极分子，他们的思想和政治倾向基本一致。但在那个历史时代，即使最先进人物的思想也并不能完全突破旧传统的束缚。袁世凯作为这亦新亦旧的一代人中的一个，既有变法维新的志向和热情，又有官场钻营的世故和圆滑；二者看似矛盾，但却并行不悖。所以我们在这篇堂皇的维新鸿文背后，不难发现官场最传统也最悠久的路数，古代称之为“夤缘”，现代称之为“跑官”。而袁世凯能够被皇帝召见，上呈条陈，留用于督办军务处，并最终实现自己西法练兵的愿望，全都离不开“夤缘”的路数。其实，又何止袁世凯如此，古今中外哪一位政治家的改革抱负后面，少得了这一套呢？

遵奉面谕，谨拟条陈事件呈[1]

(1895年8月20日)

窃维天下大事，递变而不穷者也。变局之来，惟变法以应，则事变乃消弭于无形。此次军兴失利，势诚岌岌，然果能中外一心，不忘仇耻，破除积习，因时变通，不过十数年间，而富强可期，是以更始之一大转机也。

顾说者谓：我国声教文物远驾他邦，何必舍己从人，轻更古制？不知孝悌忠信、礼义廉耻自应恪守我法，而富国强兵之道，彼已久著成效，势不得不参用各国新法，择善而从。试观三代之际，行井田，设封建；秦汉而后，农政钞法，兵律官制，迭经更易，降至今日，旧制所存者，百难一举。以汉宋大儒名臣，亦不能强违时势，追复三代成规。盖因时制宜，人心运会，有必不能相沿者也。

历观中外各国交涉情形，万国公法，指势力相均者言之；两国条约，为承平无事时言之；强邻奥援，又为彼图自利者言之。处今日之势，欲弥衅端杜外侮，舍亟求富强之道，讵有他策？且万国君臣，莫不互引治法，力图振兴，精益求精，孜孜不已。而我犹蹈常习故，孑然默处于五洲之中，风气隔阂，制胜无术，具繁庶之资，而甘居贫弱如病者，以孱躯而搏狼虎，欲求幸免，曷可得乎？

说者又谓，用夷变夏，古有明训，缙绅子弟，耻与彼族共周旋。不知通商开禁以来，门户洞启，即欲闭守，亦无善道，既不能不与各国交际往来，自必须习知其风土人情，始可相机制服，不为欺侮。犹之知物性者，虽猛虎毒蛇，亦可训而豢之；不知物性者，虽犬马牛羊，亦不免触噬之患。近来海外各国王子公卿每多出外游历，并学习他国语言文字，无他，亦以备两国有事，为折冲樽俎，指挥筹用耳。

日本幅员仅敌我两省之地，我则十数倍之，彼之所以胜者，由于讲求西法，实力推行；我之所以败者，由于拘守旧规，罔思改辙。殷鉴不远，亟宜更张。以我之地大物博，但求日人所以制胜之故，而事半行之，必将雄视海内，强邻慑息。(略)

甲午战争爆发前夕，袁世凯奉调回国，清廷原打算要他尽快进京引见，但为李鸿章所阻，并被派往前敌办理转运军需粮秣事宜。战争结束后，袁世凯销差回到北洋，时间已经过去了一年。此时，署理直隶总督兼北洋大臣的已经是王文韶，李鸿章则仍在天津办理《马关条约》的善后，其幕府也尚未遣散。袁世凯此时的身份是实授的道员，战时的差使既已结束，他如果愿意，即可申请赴任，去浙江温州作个安稳太平的地方官，置身于大败后的残局之外。但他向来是个求进取而非图安稳的人，此时满脑子想的都是西法练兵，所以宁可在天津闲待着，也无意去温州赴任。据当时在李鸿章幕府任文案的于式枚回忆：

> 袁(世凯)自朝鲜回国，在北洋散居闲曹，以家世关系，常到幕府(我当时在李鸿章幕府)谈论在朝鲜时的往事，大家全都喜欢聆听他的议论，目为一世之雄。每当袁世凯来到的时候，全都戏称他为曹操，他也漫不经心地答应大伙。我暗地观察他的举止，确非寻常之人。[2]

袁世凯回国后，正当战争爆发，北洋衙门和幕府人员均处于战时状态，根本没有时间也不允许闲聊，而且袁世凯也很快被派赴关外办差，不在天津。所以于式枚所说的，只能是发生于战后的事情。

袁世凯表面上好整以暇，其实也在为实现自己的计划做着积极的准备工作。要想西法练兵，首先要懂得西法，以其昏昏，使人昭昭不行。袁世凯虽对西法有些感性上的认识，但由于不通外语，对于书本上系统的西方军事理论、条例、操典的知识，还是很欠缺的。当时，清廷已委派胡燏棻在天津小站以西法编练新军十营，称为定武军。胡的编练方法取自前面提到过的汉纳根，还吸收了英国方面的经验。近人丁士源著有《梅楞章京笔记》一书，说胡燏棻曾托王宛生代拟练兵条陈。王修植(1860—1900)字宛生，浙江定海(今舟山)人；光绪十六年(1890)进士，翰林院编修；时任直隶候补道，受李鸿章委托办理北洋水师学堂，后任北洋大学堂总办、定武军营务处帮办等职。王为人文思敏捷，对新政素有研究。王写了两稿，一稿以英国公使的练兵说帖为蓝本，一稿则在此基础上加以文字润色而成；王认为后一稿较为出色，就拿它交给了胡，胡则以此呈递督办军务处王大臣，并被委任编练新军。

袁世凯在关外办理后勤期间，虽已认识到西法练兵的必要，但既无时间，也无条件钻研西法。回到天津后，听说王宛生搞过这么一份东西，自然十分关注；恰好王宛生此时正在北洋王文韶幕府，袁遂下力气结交，以便搞到这份东西，弥补自己对西法了解的不足，同时也可以由此途径结好于新任的北洋大臣王文韶。

袁世凯微有所闻，以王(宛生)为北洋大臣王文韶之重要幕府，袁日趋其门，并与王宛生修植及其同僚张金波锡銮、孙慕韩宝琦、潘子俊志俊四人结拜盟兄弟。宛生一向以袁为引发韩国事变(指甲午战争)的罪魁，所以待他颇为疏远，然而袁世凯仍厚着脸皮逢迎。当时候家后[3]的名妓是沈四宝、花媚卿、花宝琴、林柱笙、赛金花等，袁就靠着从朝鲜带回来的钱，天天把大宝班(妓院)当作聚会场所，放手施展其拉拢逢迎的伎俩，求王宛生代拟一份练兵条陈。王就把前一稿拿来搪塞他。而袁则奉若至宝，朝夕诵读，紧记要点。缮写成文后，求荣禄上呈。荣禄逐条详细询问，袁也逐条回答。荣禄于是带袁同见恭亲王和庆亲王。对两位亲王的询问，袁的答复深入浅出，而且比胡燏棻的回答更为详尽明白，因为胡是绍兴人，官话说得不如袁世凯流利。袁即因此于光绪廿一年，奉命督练新建陆军，隶属于督办军务处，并将胡所练定武军十营并入新建陆军。[4]

袁世凯在外交界折冲樽俎了十年，对各种人物的心理有透彻的了解。他没有科举功名，在当时尽管已是三品的高官，但因不是正途出身，在王宛生这类翰林、进士眼中仍会受到轻视；甲午战争后的舆论也对他不利，清流派中不少人认为他对战争的爆发负有责任，更有人认为他临战脱逃，是个胆小鬼，王宛生就是这样认为的。对他人的轻视、疏远，袁并不在意，反而加意笼络，“此其所挟持者甚大，而其志甚远也”，苏轼《留侯论》中这两句话，颇能表现袁世凯此刻的胸怀。明清时的文人，颇好狎妓冶游，袁即从他们的这一弱点下手，使出挥金如土的手段，很快摆平了这些高傲的文人。对自己不了解的东西，袁世凯肯于用心学习，所以很快了解和掌握了西法练兵的要点。在掌握了西法练兵的大要之后，袁世凯所需要的就是进京游说主持朝政的政要，使其见解上达并被接纳于朝廷，以实现自己的西法练兵的愿望。

袁世凯西法练兵的计划能否实现，取决于他的建议和计划能否得到督办军务处的重视和采纳。督办军务处的成立缘于甲午战争。1894 年 11 月 2 日，当时战火已燃烧到辽东，鉴于清军作战不利，光绪皇帝下旨命恭亲王、庆亲王、翁同龢、李鸿藻、荣禄、长麟等组成督办军务处，恭、庆二亲王领衔，其他翁、李、荣、长四人都是主战派；其作用相当于参谋总部，表明了光绪对李鸿章的不满和亲自过问战事的意图，此后督办军务处就成为决定军事事务的最高机关。在督办军务处起重要作用的主要是翁、李、荣三人。翁同龢是光绪皇帝的老师，最受皇帝的信任和倚重；李鸿藻是三朝的老臣，清流派的领袖，有影响舆论的力量；荣禄则是慈禧太后的亲信，当时虽只是个步军统领，但却是慈禧派在朝廷中的代表。战争结束后，北洋海军和淮军一败涂地，清帝国需要整军经武，重建国防，因此督办军务处保留了下来，继续作为战争善后和整军经武的最高机关。

7月(旧历六月)，袁世凯进京，对上述三位重臣展开游说活动。朝廷大老们因为朝鲜问题，对袁世凯的名字早已是耳熟能详，但却多未谋面。袁世凯的活动，有顺有不顺，譬如7月22日(旧历六月一日)，他初次拜见翁同龢，翁对他印象并不太好，在当天日记中对他的评语是，“此人开展而欠诚实[5]”。因而后来在督办军务处讨论是否委任他督练新建陆军时，“常熟(即翁同龢)不甚喟然[6]”。但袁世凯不是畏难退怯的人，仍不断拜访翁同龢，终于扭转了翁对他的不良印象。据翁氏9月29日的日记记载：“袁慰亭来辞，谈洋务事，点心去。此人不滑，可任也[7]。”在他处，袁世凯也获得了成功。

关于袁世凯如何结识受知于荣禄，有多种说法。一种是王伯恭《蜷庐随笔》的说法：

> (袁)于是招致幕友，租住于嵩云草堂，日夕翻译撰写兵书十二卷，以效法西洋为主。书成，无术进献，念当时朝廷的权贵中，惟有相国荣禄，深结主上的知遇，言听计从。然而素昧平生，没有途径结交。探听到八旗老辈中有个叫豫师的，最为荣禄所信仰，又探听到豫师与阎敬铭相国最相得，而阎既为路闰生的入室弟子，又有姻亲关系，非路氏开口不足以说动他。因此想到路氏子弟有在淮安做官的，家也在淮安，而项城(即袁世凯)的妹夫张香谷，系汉仙中丞之子，家也在淮安，必与路氏熟悉。于是托香谷以恭敬的礼节和丰厚的赀财请路辛甫北来，在自己的幕府中作为上等客人。由辛甫以见阎文介，由文介以见豫师，由豫师以见荣文忠，层递纳交，果为荣文忠所赏

识，项城于是执礼为荣相国的门生。[8]

图17　袁世凯的新政治靠山，权臣荣禄。

此说的作者王伯恭，是庆军吴长庆幕府的老人，也是对袁世凯成见很深的人，所以他的说法只能作为参考，没有其他佐证，不能作为信史。近代掌故大家徐一士在引用他的这个说法时，曾指出其中的失误："《蜷庐随笔》对世凯多贬词，此处于世凯进身荣门暨练兵事，言之历历，然其中有一大误。大学士阎敬铭，光绪十四年戊子以病免职，十八年壬辰病逝于家，何能于甲午（光绪二十年）战役后犹在人间，而为世凯介绍与豫师见面呢[9]？"由于阎敬铭这个重要的中间环节当时已不存在，整个故事就难以成立，而是道听途说的耳食之言。此外，袁世凯孤身一人来京谋差，也无所谓什么"幕友"；而他编订西法练兵的计划、方法在后，荣禄的接纳、指示在先。

其实，袁世凯想要结识荣禄，大可不必像王氏所说的那样大费周折，通过李鸿藻就可以了。袁世凯如何结交李鸿藻，上一章已经交代过。而李鸿藻与荣禄之间的关系，既深且久，非同一般。李鸿藻的资格很老，早在咸丰、同治年间，就以同治皇帝老师的身份进入军机处了。当时主持军机处的是恭亲王奕䜣、大学士文祥，荣禄当时在文祥手下任职，得以与李鸿藻结纳订交。到光绪甲午年同入督办军务处办事，二人相交已经三十多年了。李鸿藻的外孙祁景颐曾详记其外公与荣禄的交往渊源，说荣禄对李鸿藻极为钦佩谦恭，"所引用之人，皆文正（李鸿藻谥号文正）的亲友门生，对（文正）那一派人，相当信任。文正死时，文忠（指荣禄，文忠是其谥号）赠联挽之曰：'共济溯同舟，直谅多闻，此后更谁能益我？中流凭砥柱，公忠体国，当今何可少斯人？'落款题字是：'此兰兄（李鸿藻字兰荪）挽文文忠（指文祥，文忠是其谥号）联中的词句，今天就用它来挽兰兄。’大致就是这么说的，可见(荣禄)对文正是非常倾倒推许的。”李鸿藻的大弟子、老门生张之洞在回复荣禄的书信中对李、文、荣三人的密切关系也有如下披露：

还记得在北京做京官时，素来被称为已故协揆[10]李文正公的故旧，常常听他谈及心里话，说是平生相知最深、交谊最厚的人，远则是文文忠公，近则是您。说是文忠纯正忠贞，竭诚尽瘁；而您则是公忠宏达，直道不阿。深信文正所选择的朋友必然正派，所以(我)素来景仰您。[11]

荣、李关系如此之深，而李当时又极为看重袁世凯，袁走李的门路结交荣禄是顺理成章的事。就袁世凯一方的说法也是如此，据《容庵弟子记》记载：

当时军机大臣为翁相国同龢、李相国鸿藻、荣相国禄。而李相国尤其赞赏袁公，认为袁公出于世代将门之家，娴熟军事战略，如果特令他训练一支军队，必能矫正中国绿营、巡防营的弊端。屡次进言于朝廷；荣相国也赞同他的建议，嘱付袁公有空时拟订训练西洋操典的各种办法送上来。袁公亲手缮写数千言，其主要内容则是步军操典训练方法，以师法德国为主。[12]

而袁世凯给其兄袁世敦的信中谈到此事的经过大致与《容庵弟子记》所说相同：

正当朝廷因绿营不足为恃，急欲编练新军，从北洋试办入手，荣中堂正在物色人物。弟恰好拜见(他)，即蒙(他)详细询问最新外国兵制，我就以德国陆军制度详细回答他。中堂甚为欣赏我的回答，随即告诉了李爵帅(即李鸿藻)说：“袁某对于军事上的新学识深有心得，赋予练兵之责，必能胜任。”于是共同保奏，就受到(皇上的)召见，奏对称旨。奉旨派为北洋练兵大臣。[13]

综上所述，我们可推出袁世凯图谋西法练兵和游说政要的大致过程：他先在北洋从王宛生那里搞到外国人的西法练兵条陈，背熟后进京拜访李鸿藻，由李鸿藻将他引见给荣禄，在经过询问考察后，荣禄又把他介绍给督办军务处领衔的两位王爷，再经查询满意后，王大臣们同意袁世凯留在督办军务处听候差委，并请求皇帝引见和正式下旨留用。由此才有8月2日光绪的接见和朝廷正式的差委，荣禄则嘱咐他利用空闲时间拟订西法练兵的办法；在请人编译兵书，钻研外国军事操典，拟订西法练兵方法的同时，他频繁出入嵩云草堂，结交了一批维新派朋友，耳濡目染，开阔了他的眼界和思路。

荣禄之所以积极支持李鸿藻的建议，除了他与李的密切关系之外，还有另外两个原因：

一是他虽然赞成西法练兵，但主张编练、统率之权必须操在中国手中，必须由中国人主持，因而极力反对李鸿章所推荐、皇帝和其亲信翁同龢所支持的德国人汉纳根的练兵方案；为此他还与翁同龢发生过激烈的冲突。他曾在写给其好友鹿传霖的便条中透露了此事的经过：

常熟(即翁同龢)天生的奸险狡猾，真有令人不可思议者。他的误国之处，胜过了济宁(即孙毓汶)[14]，与合肥(即李鸿章)可以相提并论了。合肥甘心做小人，而常熟则是伪君子。目前与其共事，几乎没有一天不因为大事争执；而高阳(即李鸿藻)老了，又苦于才能欠缺，事事被他(指翁)欺蒙，太可叹了！

日前，常熟想要洋人汉纳根练兵十万，每年军费需三千万，而中国所有的练军都在可裁撤之列，拟订奏稿后由督办军务处上奏。鄙人大不以为然，与其力争，两位王爷及高阳全都不置可否；鄙人与常熟争得几乎难以收场，才暂时罢议。到了第二天早朝，皇上说必须叫汉纳根练兵十万，不准有人阻拦，并且说不准鄙人掣肘等等；是午间书房已有先入之言了，奈何……当争论时，鄙人说：“中国财赋已属于赫德，今天再把军队的权柄交给汉纳根，那么中国实际已被暗中送与他人，实在失天下人之望。”他却说“这是(实现)雄图大略的万不可失的机会”等话语，真不知道安的什么心！莫不是堂堂中国，要断送在合肥、常熟二人手里吗！所幸此事未成。鄙人仍打算竭力

> 征兵，冬月末腊月初，兵力可以倚恃时，即打算力主作战之事。[15]

荣禄所提到的赫德是英国人，当时担任中国海关总税务司已经三十多年，由于海关收入是当时清廷最大的现金收入来源，所以清帝国的钱袋可以说是握在外国人手里的。汉纳根的练兵计划要求德国军官不仅有教练之权，而且有统率之权；“此队伍所用之官，自哨官守备以上，用德国武官。”之所以如此，是因为“现在中国所有武官，不但无军律学问，不谙军律之事，而且没有武官应有的忠心。所以官民全都看不起[16]。”按照汉纳根的建议，中国要高薪聘请身任教官和各级军官的德国人七百四十二名。清代军制，哨为基层军事单位，每哨士兵百人左右，相当于现代连一级的编制，军官称哨官；守备则是营指挥官。外国军官控制到营连一级，难怪荣禄极力反对汉纳根的方案。光绪皇帝出于尽快雪耻复仇的心理，恨不能一下子练出一支精兵来，所以相当重视和支持汉纳根的方案；翁同龢作为皇帝的亲信大臣，当然要积极贯彻执行皇帝的意旨；两位王爷和李鸿藻虽未必满意于汉纳根方案，但拿不出替代办法，又慑于皇帝的威势，只好模棱两可；而荣禄作为满族亲贵，思想相对保守，又有慈禧作后台，所以敢于极力阻挠、反对实施该方案。但是，西法练兵已是当时的大趋势，不由外国人主持，就要拿出本国的人选来。胡燏棻虽在小站编练了五千新军，但胡出身翰林，是个文人，并无带兵的实际经验，不是最合适的人选。袁世凯恰于此时出现，资历、经验、见识和对西方军事的了解都够，为荣禄的主张提供了合适的人选，荣禄当然不会轻易放过。

二是荣禄在外省任职数年，重返中枢，又刚刚被授予督办军务处会办大臣的职衔，亟须罗致一批得力的人才为己所用。袁世凯由自己信得过的老友李鸿藻推荐，又对西法练兵有相当的了解，他也自然乐于援引举荐。

8月2日，光绪皇帝召见了袁世凯，并于当日下旨，让袁世凯留在督办军务处供王大臣差委。这是个闲差，但有接触中枢政要的宝贵机会。袁世凯办差之余，有大量的时间，他一面遵荣禄所嘱，翻译、研究和撰写兵书，拟订西法练兵的计划和章程；一面在京城继续奔走，结交权贵和各方面的人士。

据袁世凯的女儿回忆，他父亲此时结交的另一个重要人物，是慈禧太后身边的红人李莲英。

> 中日甲午战争结束后不久，我父亲便接受了“训练新建陆军”的命令，这就是一般所知道的“小站练兵”。他在经办这个差使的时候，深深地知道，当时官场中的惯例，仅有朝中大员对他的推荐是不够的，更重要的是走内线。恰巧他从前在旅途中结识的阮忠枢，这时候正在李莲英的弟弟家里处馆。这个李莲英弟弟的家，实际上也就是李莲英的家。我父亲就通过这个关系和李莲英拉上了交情。等到恭王、庆王会同军机大臣保举他来训练新军的时候，西太后很快地就批准了。这件事，李莲英是起了很大的作用的。[17]

内监(俗称太监)，尤其是君主身边的内监，袁世凯可以说是太了解他们的重要作用了。中国旧官场上有句常用的成语，叫作“先意承旨”，意思是在上司的意图尚未表露出来的时候，下属就已经揣摩了解了他的心思。中国古代一部专门讲帝王权术的书——《韩非子》对它的解释是：“此人主未命而唯唯，未使而诺诺，先意承旨，观貌察色，以先主心者也”。什么叫“未命而唯唯，未使而诺诺”？主人还没有下命令，给任务，下面就早已经给你预备好了；所以领导人决不是容易当的，身边的人和部下随时在窥测着他，搜集他的弱点和毛病，为的是投其所好，在不知不觉中利用他。所以韩非子把“先意承旨”列为“八奸”之一。在专制时代，帝王握有绝对的权力，臣子的生杀荣辱全都取决于君主的喜怒好恶；无论是想升官，还是想避祸，作臣下的都或多或少要有点先意承旨的工夫。但臣下于公事之外，难得有机会接触、了解帝王，而内监则不同了，他们要伺候帝王一家的衣食起居，一天到晚守候在主子身边，对主子的一举一动、喜怒哀乐、嗜好欲望知道得一清二楚；所以古代的权臣在揣摩之外，必要结交内侍，了解君主的真实意图，以便预先准备，固宠避祸。

袁世凯有过这方面的经验，也深知结交内监的好处。朝鲜国王李熙昏庸懦弱，国政由王妃闵氏在幕后操纵，为了及时了解王室的决策动向，以遏阻朝鲜的自立离心倾向，袁世凯结交收买了宫廷中多名内监，往往是宫廷中当日作出的决定，袁氏当晚或迟至第二天就能知道，所以能够预先谋划，相机行事，确保自己立于不败之地。

甲午战争之前，慈禧太后已归政光绪，表面上常驻颐和园“颐养天年”，实际上仍在幕后掌握着最高决策权，与朝鲜王室的情形颇为类似。太后归政之后，除亲贵重臣循例请安时能见上一面外，一般大臣难得见到太后，更无从窥测其意旨。袁世凯此时虽然还是个中高层官员，够不上皇上和太后，但太后有实权，不可不及时了解其好恶趋向，以把握朝局，决定进退取舍，这对他今后仕途生涯和前程的影响太大了，不能不格外加以用心。袁世凯被委任编练新军，是否得力于李莲英在太后面前为他说了好话，现已不得而知。但当时，凡二品以上大员的任用，都必须要慈禧点头。慈禧倚重李鸿章，当然会从李鸿章历年对袁氏的褒奖之语中，知道袁世凯是个极有能力的外交官员，督办军务处推荐，皇帝同意，太后当然没理由也不会反对。李莲英的作用不在一时，而在长远；对慈禧这类阴鸷猜忌的君主，袁世凯能善始善终地得其欢心和重用，自身的韬晦谨慎而外，李莲英通风报信的作用，绝对是非常重要的。有一则故事可以说明李莲英的重要作用。

1904 年，日本与俄国为争夺对朝鲜和中国东北的控制权而爆发了战争，战场就在奉天(今辽宁)和旅顺。清政府在甲午、庚子两次惨败之后，对列强已不敢再有任何的违抗，竟然对这场在自己的国土上开打、无视和践踏中国主权的战争，宣布保持中立。这是中国外交史上的巨大耻辱，希望国人牢记。

日俄战争贴近畿辅，战场与北京就隔着一道山海关，使清廷十分紧张、惶恐。袁世凯当时担任直隶总督兼北洋大臣，有守土和外交之责，慈禧太后于是召袁进京，征询他对于如何避免卷入这场战争的意见。为了摸清太后的真实意图，袁世凯到京后，先找到了李莲英。

> 李莲英告诉袁世凯，近来太后心情一直不好，说话要留神，注意察言观色。喜欢听的就多说，不喜欢听的就别说。袁世凯听后很为难，因为跪见太后，怎能允许看着太后的脸回话呢？李莲英说，你回答太后的话时，注意看我的脚。如果我两脚并拢，你就不要说了，那是太后不喜欢听，如果我的两脚分开，就是太后喜欢听，你就大胆地说。于是袁世凯晋见太后

时，两眼总是盯着李莲英的脚，这一招果然灵验。[18]

袁世凯靠着李莲英和宫内的其他关系，对慈禧的心理意图、嗜欲爱好揣摩了解得相当透彻，使他在官场的政治斗争中屡屡挫败对手，化险为夷，但这是后话了。

梁任公先生曾把中国清末民初社会思潮的变迁分为三期：在西方列强的挑战面前，中国人起初只是感到自己在器物上面的不足，如坚船利炮、声光电化等，于是有了洋务运动；甲午战败后，又感觉到自己在制度上的不足，于是又有了维新变法运动；但宪政也好，民国也好，都未能使国家富强，于是又感到自己在文化上的不足，由此产生了五四新文化运动。

袁世凯进京运动西法练兵的期间，正是中国社会思潮迈进第二期，变法维新运动初起的阶段。在他进京前不久，北京发生了一件轰动全国的大事。1895 年是全国会试大比之年，各省赴京赶考的士子齐集京师；维新派的康有为、梁启超也参加了这次会试，康中进士，梁落榜。考试刚刚结束，就传来《马关条约》签订，中国割让辽东、台湾，赔款两万万两的消息，举国激愤。对于饱读儒家诗书，以修齐治平为己任的诸多学子来说，那种创痛巨深的感受就更大了。4 月 15 日(旧历三月二十一日)接受日本条件的电报传回的当天，康有为就听到了消息，当即派梁启超联络、鼓动各省在京参考的士子，联名上书朝廷，要求拒签和约，“连日并递送奏章于都察院，衣冠之人塞途，围其长官之车，台湾举人，垂涕而请收回成命，没有不(为之)哀伤的。当时以为士气可用，于是集合十八省举人在松筠庵开会，签名者达一千三百余人；以一天两夜时间起草万言书，请求拒和、迁都、变法三件事。卓如(即梁启超，卓如是其字)、孺博(即麦孟华，孺博是其字)连日缮写，遍传都下，士气奋涌”，大家联袂前往都察院呈递请愿，人群拥塞于都察院前长达一里多地，但为该院官员推托拒收。这就是中国近代史上有名的“公车上书”事件。梁启超事后回忆、评价该事件说：

唤醒我国四千年大梦的，实在要从甲午一战开始……乙未(1895年)二三月间，和议将定，当时正逢会试之年，各省举人汇集于北京的成千上万。康有为创议上书拒和，梁启超于是日

> 夜奔走号召联名上书议论国事。广东、湖南先于同一日上书，各省跟从，各自连署，麇集于都察院的人，无日不有。虽然他们的言论或有理或无理，或新或旧，驳杂不一，而士子之士气稍得伸张，实从此事开始。随后又联合十八省的举人，聚议于北京的松筠庵(该庵是明代烈士杨继盛的故居)，筹划大连署上书之事，与会者达一千三百余人，当时康有为中进士之事尚未张榜公布，但已是实际上的领袖。其上书大意总共三件事：一是拒和，二是迁都，三是变法，而以变法为宗旨……各省蒙昧的启发开通，实起于这次举动。此事的始末，上海刻有《公车上书记》加以记载，实在是清朝二百多年来没有过的大举动啊。[19]

公车上书之时，袁世凯还在关外，他7月(旧历六月)进京的时候，康及其弟子梁启超、麦孟华等仍滞留京都，租寓于嵩云草堂，为维新变法之事奔走联络。嵩云草堂实为河南会馆，袁世凯到京后，作为河南人亦租住于此，由此得以结识康、梁等维新派，开阔了自己的视野闻见。在运动其西法练兵主张的同时，积极参与了维新派的活动。

袁世凯进京后，几乎马上就同康、梁等维新派打成一片。对长他一岁的康有为，袁呼之为大哥；对梁启超，则爱其"少年英俊，叹为奇才[20]"。据有关记载，当时经常参加聚会的维新派人士，除康、梁而外，有文廷式、袁世凯、陈炽、洪良品、王鹏运、丁立钧、翁孙斌(翁同龢之孙)、曾广钧(曾国藩之孙)、张权(张之洞之子)等，"凡十余人，相与讲求中外掌故，每天孜孜不倦。随即起了'强学会'的名字，而另设强学书局于京师，拟议印行一切有用书籍[21]。"

这批人有的是世家名门的公子，有的是清廷各部门的中层官员，都是当时最能得风气之先，最具有维新头脑的人物。同声相应，同气相求，一个月后，大家就决定成立"强学会"。康有为《自订年谱》对此的记载是"七月初(阳历8月)，与次亮(即陈炽)约集客人，如袁(慰庭)世凯、杨(叔峤)锐、丁(叔衡)立钧，及沈子培、子封兄弟，张巽之孝廉……即席立约，各出义捐，一举而得数千金。""于是，三日一会于栅子桥[22]嵩云草堂，来者日众[23]。"不久英国传教士李提摩太也参与了进来，由此强学会又同外国使馆搭上了关系，"英、美公使愿大助西书及图器，规模日广；

于是发函于各省督抚，刘坤一、张之洞、王文韶各捐五千金，甚至于宋庆、聂士成，也都捐了数千金。士大夫云集[24]。”发展到后来，参与强学会竟成为一时的时尚，很多高官显宦或许以赞助，或附庸风雅，像来京觐见的巡抚王之春、提督程文炳、龙殿扬等，以及在京城任职的中下级官员“簪裾盛会，无虑百数。张之洞特拨五千金以供公用；工部尚书孙家鼐代为准备馆舍，以供聚会使用；户部尚书翁同龢则答应每年从户部拨发经费，并拨给印书机器，以便开工[25]。”甚至李鸿章也想要以三千金入股，但被主持会务的陈炽所拒绝。

那么袁世凯参与发起强学会，在康梁之外，结交的都是些什么人？强学会又是个什么样的组织呢？强学会的主要发起人是：

陈炽，字次亮，江西瑞金人；举人，当时任户部郎中，兼任军机章京。强学会成立后，陈炽为提调，梁启超为书记员。

沈曾植，字子培，浙江嘉兴人；进士，当时任刑部郎中。

沈曾桐，字子封，沈曾植之弟，进士，当时任翰林院编修。

文廷式，字道希，号芸阁，江西萍乡人；进士，当时任翰林院侍读学士，翁同龢的门生。

丁立钧，字叔衡，号恒斋，江苏丹徒人；进士，当时任翰林院编修。

张孝谦，字巽之，河北人；进士，当时任翰林院编修，李鸿藻的得意门生。甲午年袁世凯拜于李鸿藻门下时，与其结交认识。

杨锐，字叔峤，号钝叔，四川绵竹人；举人，当时任内阁中书。张之洞的亲信。

张权，字君立，直隶南皮人；举人，当时任主事。张之洞之子，张氏的慷慨捐助与他和杨锐的鼓动有关。

图18　戊戌维新时的梁启超。

上述诸人与康有为，康有为的弟子梁启超、麦孟华都是强学会的发起人。其中，康、梁、麦三人是新进的维新派；文廷式、沈曾植兄弟、丁立钧、陈炽等均出自翁同龢门下；张孝谦为李鸿藻高门弟子，张权、杨锐是张之洞的人，而张之洞也是李鸿藻的得意门生，所以也应归于李鸿藻一系。袁世凯是张孝谦介绍进来的，又向李鸿藻递过门生帖子，也可以归入这一系。所以，强学会实际上是维新派和南(翁同龢系)北(李鸿藻系)清流派结合而成的一个民间政治社团，由于主要成员大都是学养很高的文人，所以先天地带有激进倾向。作为其发起人之一的梁启超，认为强学会兼有学校和政党性质。他后来在北京大学的一次演讲中说："时在乙未(1895)之年，鄙人与诸先辈，有感于国事危殆，非大兴新学不足以救亡，于是共谋设立学校，以把欧美的学术输入到中国。只是当时的社会嫉恨新学如仇，一说办学，即视同叛逆，迫害无所不至，所以诸先辈不能公然设立正式的学校，而是组织了一个强学会，备置图书仪器，邀请人来参观，希望向国民输入世界的知识，而且在讲学之外，谋求政治的改革。因此强学会的性质，实际上兼学校与政党而一。今天固然可以视它为幼稚的团体，然而在当时风气未开之际，听说强学会之名的人，没有不惊骇并怀疑其有不轨举动的。这个幼稚的强学会，于是能够战胜数千年的旧习惯，而令当时的人耳目一新，具有革新中国社会的功劳，实在是不可以轻视的呀[26]。"

强学会声势最盛时，李鸿章也提出捐钱加入[27]，可惜主持者是翁同龢的人，翁、李矛盾甚深，而且清流一向把李鸿章视为卖国贼，尤其把甲午惨败、丧权辱国的责任归咎于他。对李的捐助轻蔑拒绝，使变法维新的两股力量失去了结合的良机，并且加大了变法的政治阻力。为什么这样说呢？

李鸿章办洋务已经三十多年，是洋务运动无可争议的领袖人物，而洋务运动又代表着改革运动中的改良主义力量。任何改革运动都离不开激进与改良两种力量的平衡与协调，这一点已一再为历史所证明。失去改良主义平衡制约的激进力量，必会如脱缰的野马，使改革运动翻车。李鸿章虽是改良派，但一贯主张变法维新。戊戌变法失败后，全国笼罩于血腥恐怖之中，而李鸿章仍坚持自己的信念不变。孙宝暄《日益斋日记》曾有如下记载：

合肥(即李鸿章)在京都时逢人就说："康有为我不如他。

废立(科举)制义的事情，我想了数十年而不能实行，他竟然做到了，我深感惭愧。”所以京都之人多把他视为康有为一党。在召见奏对时，太后以弹劾他的章奏出示说：“有人中伤你是康党。”合肥回答说：“臣实在是康党，废立之事，臣不与闻；六部的确可以废除，如果旧方法能致富强，中国早就富强了，还用等到今天。(如果)主张变法者即指为康党，臣无可逃避，实在是康党。”太后默然不语。[28]

如果换上康有为、梁启超、袁世凯等人主持会务，李鸿章极有可能被接纳入会，从而促成赞成变法改革的两股力量的合流。合流后的变法运动，由于受到改良主义的制约，步调可能减慢，但阻力也会小得多。李鸿章是众所周知的后党重臣，极受慈禧太后的倚重信任，有他居中调解帝后之间、维新派与改良派之间的意见，帝后两党间的矛盾后来或不至于发展成冰炭水火之势，维新变法运动或许可以稳步前行，历史的面貌也会有所不同。这种可能性无疑是有的。戊戌变法时维新派的重要成员之一王照就认为：

戊戌之变，外人或误会为慈禧反对变法，其实慈禧只知道权力，绝无所谓政治见解，纯粹是家务之争。所以我个人见解是，如果以太后的名义推行变法的主张，使她得以公开出头，皇上的志愿就可由屈而伸，时间长了顽固派大臣也无可奈何……此策略我曾于第一道奏章中明白揭示，也屡次以此劝南海(即康有为，南海为其籍贯，是尊称)，而南海被张荫桓所蒙蔽，坚持扶此抑彼的做法，认为那拉氏是万不可造就之物。[29]

当然历史是既定的事实，可能的机会和选择既然错过，历史也就只能是僵死的事实了。

李鸿章热心而来，却遭到深持党派门户之见的清流派的峻拒，“深为愤懑”。原有对清流派的积怨(甲午战争前后，清流派一力主战，对主和的李鸿章或几十人集体弹劾，或主张杀李以谢天下)遂转化促成为报复的心理。次年李鸿章奉命出使欧美各国考察政治，“即将出行前声言，这帮人与我过不去，我回来后，看他们还做不做得成官[30]？”；据说，杨崇伊劾奏强学会“植党营私”，导致该会被查封一事，就是李鸿章授意所为。

杨崇伊，字莘伯，江苏常熟人。光绪庚辰科(1880年)进士，翰林院编修，当时任广西道监察御史。杨与李鸿章有姻亲关系，杨的儿子娶了李的孙女(李之嗣子李经芳的女儿)为妻。早在甲午年清流派群起弹劾李鸿章时，杨就为这位亲家抱不平，“访查弹劾东方战事之人，开列清单”，徐图报复。1896年1月，杨崇伊上奏要求查禁强学会，目标直指清流派：“去年(与)日本之事，台(御史台)馆(翰林院)诸臣，遇事煽风，往往接连不断地呈递章奏，致使战事日甚一日”；现在又组会结社，“植党营私”；“专门贩卖西学书籍，并抄录各报馆新闻报刊编印《中外纪闻》，按户销售，而且还借口公费，发函各省大员索要钱财，以毁誉为要挟。请下令查禁[31]。”强学会随即被都察院查封。杨的矛头指向清流派，激起了翁同龢、李鸿藻等后台人物的极度不满，在他们的干预下，强学会不久后即以官书局的名义重新恢复，专司译书编书事宜，但被纳入官方体制，已失去了民间维新社团的性质。由门户之见演化为党派之争，使原本就很弱小的赞成维新变法的力量分道扬镳，不能不说是变法运动失败的一个重要原因。杨崇伊在后来的戊戌变法中，也是促成政变和慈禧“训政”的重要人物，未始不是在上述恩怨纠葛中埋下的祸根。

现在回到袁世凯与强学会的关系上来。袁世凯倾心结交维新派和清流并不奇怪，首先是基本的政治倾向一致，都赞同变法改革；其次，这些人都是名流，学问高，见识广，与之交往不仅增加见闻，开拓思路，更可以提升自己的名誉；再次，会中均为热心西学之人，西学的书籍资料也多，这是正在搜集西方军事资料以备撰写练兵计划的袁世凯求之不得的；最后，会中多数人都与当朝政要有密切关系，有些更是世家子弟(如张之洞之子，翁同龢、曾国藩之孙等)，是与高层建立联系的极好管道。比如，据史料记载，袁世凯到京后不久，就受到张之洞的举荐，奏折上推荐的陈宝琛、梁鼎芬、赵尔巽都是张的部下与幕府亲信，但加上一个素无渊源的袁世凯，这是很奇怪的。清代向朝廷保举人才，如果出了问题，举荐人要承担责任，所以内外大臣几乎不可能保荐自己不熟悉的人。张之洞当时任两江总督，不在北京，无从接触、了解袁，何以敢于举荐一个生人，推想起来，只能是袁在强学会中交下的朋友——张之洞的亲信杨锐和张氏之子张权游说鼓动的作用。

问题是清流派中大都是一时的名士，出身最低的也是举人，平时高自标置，不可一世；对不是科举正途出身的袁世凯，他们为何独加青眼，接纳他入会并作为发起人呢？袁世凯虽也是世家子弟，但在学历出身上只是个荫生，还是靠父辈的余荫得来的。打个比方说，在强学会中，袁世凯就像个只有中学学历的人，混迹于一群博士、硕士中一样；但他不仅不被歧视，而且很受大家的欢迎和推重，由此可透视出他结交有术的另一个方面。

首先，袁世凯学历低，知识水平却并不低，而且其见识和官场实际经验远比会中其他人丰富；他公子哥当过，幕府文人交往过，大风大浪、金戈铁马经历过，无论在世家子弟，还是文人名士面前，他应酬周旋的工夫都是轻车熟路，游刃有余。

其次，袁世凯对朋友大方慷慨，不在乎花钱，为人行事有一种洒脱不羁的作风。强学会发起立会时，袁一次就捐银五百两[32]，考虑到清代官员薪俸较低，袁世凯又没有赴任，没有养廉银的收入，而二品文官一年的薪俸收入不过三百余两[33]，其捐助的数额已很惊人了。此后，袁又陆续捐助，总额为千两以上[34]。此外袁还积极动员别人捐款，梁启超9月21日在致友人信中曾提到，“此间数日内，袁慰庭、陈仲垣诸人开一会，集款已有二千，拟即为译书刻报地步[35]。”

此外，袁世凯也很有个人的魅力，与人相对时目光炯炯，使对方感到很受尊重，对人谦抑自下，无一点官僚架子，对于朋友的困难则乐于相助。甲午战后，文人士大夫大多关注日本朝鲜事务，袁世凯驻朝十二年，朝鲜变乱的始末多为亲身经历，重大事件的曲折内情，均能娓娓道来，绘声绘色，极为吸引人。所以，听袁世凯讲述朝鲜往事，在当时是颇为时尚的事，文人名士趋之若鹜。如叶昌炽[36]《缘督庐日记钞》曾记载过张孝谦约他一同赴广和居喝酒，说是“袁慰庭观察[37]在座，可以询问东事(指朝鲜、日本之事)。冒雨前往，见子培兄弟(即沈曾植兄弟)、炯斋(吴士鉴)在场。袁君外表率直而内里精灵[38]。”

最后，袁的加入和被接纳的基本原因还在于，他们都赞同变法维新，即所谓同声相应，同气相求。此时的袁世凯，是个维新派，所以召见时光绪面谕他写出对变法的意见时，他才会洋洋洒洒写出上万字的呈文，畅述维新派的变法主张。

袁世凯此篇呈文于光绪召见半个多月后递上，正是强学会成立，他与维新派过往频繁之际，所以其中不少思想见解，应该得自康梁等人，但无疑也体现了袁世凯自己的看法。呈文起首，提出以变应变的思想，所谓“变局之来，惟变法以应”；甲午虽败，国势虽危，但只要“破除积习，因时变通，不过数十年间，而富强可期”。然后笔锋一转，设问反驳守旧派反对、攻击变法的论点，指出自秦汉以下，历代之声教文物、典章制度“迭经更易，降至今日，旧制所存者，百难一举”；但袁世凯仍恪守洋务派“中学为体，西学为用”的标准，认为“孝悌忠信，礼义廉耻，自应恪守我法，而富国强兵之道，彼已久著成效，势不得不参用各国新法，择善而从”。

甲午战争前列强调停的无效，战后三国干涉还辽的成功，使清廷的外交方针发生了重大变化，从“以夷制夷”转变为“结强邻以自保”。所以无论是维新派，还是当朝政要、地方督抚，都主张与一二列强结盟自保。袁世凯的主张则完全不同，他一针见血地指出，外交的成功与失败全都要取决于背后的国家实力，国与国之间只有利益的交换与争夺，无论是万国公法、两国间的条约、还是强邻的奥援都是靠不住的。因为“万国公法，指势力相均者言之；两国条约，为承平无事者言之；强邻奥援，又为彼图自利者言之。”袁的主张是自立图强：“处今日之势，欲弥衅端杜外侮，舍亟求富强之道，讵有他策？”而自立不等于封闭，而是开放；不是害怕列强，而是走出去了解世界。“既不能不与各国交际往来，自必须习知其风土人情，始可相机制服，不为欺侮。”袁世凯举出各国王子公卿出国游历和学习外语的事例为证，此后，多派留学生、让各级官员和士绅出国游历等，就成为袁世凯一贯的主张。

对于甲午战争的失败，袁世凯的结论是，日本“之所以胜者，由于讲求西法，实力推行”；中国“之所以败者，由于拘守旧规，罔思改辙”。而只要下决心变法维新，“以我之地大物博，但求日人所以制胜之故，而事半行之，必将雄视海内，强邻悚息。”充分展示了他对变法维新前景的信心。

袁世凯所递条陈，长达一万三千多字，据说涉及政治、经济、文化、军事、外交等诸多方面，分为储才九条、理财九条、练兵十二条、交涉四条[39]。考虑到当时袁世凯与康梁之间的密切关系，这篇呈文应有维新派的意见参与其中，之所以这样说，是因为袁的注意力是在西法练兵上面，所以尽快拟订、上呈西法练兵的办法以获得督办军务处的委任，是他的重中之重；外交交涉方面，他既有经验，又有心得，是他的长项。所以练兵、外交两项可以肯定主要是袁的思想，而政治、经济、文化诸方面的意见，应该主要是吸纳康、梁等人的意见敷陈而成。康有为刚刚中了进士，派为工部的主事，没有上书言事之权，朋友所得到的这个难得的机会，他是不会不加以利用的。鉴于康有为丁酉、戊戌年间（1897—1898 年），多次通过代人草拟章奏，借以上达自己观点的做法，袁世凯此篇呈文掺杂了康有为等维新派的意见似能成立。由于没有见到全文，于此不能深入考辨，希望有条件的学者加以研究，辩明真相。

后人多把袁世凯参与维新派的活动视为投机，笔者在细读了有关资料后，认为这也是出于成见的武断、片面的观点。人是其所处历史环境和时代的产物，晚清民初是个新旧嬗递、亦新亦旧的时代，而无论袁世凯还是康有为、梁启超，作为这个时代的产物，其头脑也都具有亦新亦旧的特点。不然，康有为在民国初年何以会组织保皇团体，支持张勋复辟呢？袁与康梁间的区别，在于前者倾向于稳步改良，后者主张快速急进；而这又是由于各自所处的不同的社会地位和环境决定的：袁世凯作为担负实际责任的官僚，奉行的是实用主义；康有为、梁启超作为初涉仕途的知识分子，更尊崇理想主义。同样是变法维新，前者注重的是可操作性问题，是时机是否成熟、适宜的问题，是成功可能性有多大的问题；后者则有高论无言责，不当家不知柴米油盐价，而且好用原则理想衡量现实，把现实看得一团漆黑，恨不能毕其功于一役，短时间内造出一个全新的中国。袁世凯是所有头脑实际的官僚的代表，康梁是理想主义的知识分子的代表；前者给予改革的是一点一滴的实际推动，后者对改革的作用主要体现在舆论思想的准备方面，引进新知，开启民智，造成社会观念的转变；前者过于求稳怕乱，常常导致改革的停滞，后者则常因过于激进而使改革翻车，欲速不达，反而导致改革的失败甚至倒退。综观戊戌变法以来的改革历史，不一直是如此吗？

判断袁世凯是否是改革派，不在于他是否始终站在康梁等维新派一边，而是要看他是否始终贯彻自己变法维新的理念，有机会就推动一下，办一件两件实事。由此标准判断，我们可以肯定的是，至少在宣统初年被迫告病还乡以前，袁世凯是个奉行实用主义的改良派。同时我们要看到的是，那个时代的维新派人物都有一副亦新亦旧的头脑，所以鼓吹维新变法，可以与夤缘求官并行不悖，他们自己并不以为有任何矛盾之处。官场自有其特有的铁律，身在其中，就不能不按照既定的游戏规则行事，即使是一秉大公、诚心改革者也跳不出这个怪圈，这可以说是古今所有改革者共同的悲哀和无奈吧。

注　释

1. 转引自孔祥吉《康有为变法奏议研究》，辽宁教育出版社版，第395—397页。
2. 张国淦：《北洋述闻》，上海书店出版社版，第73页。
3. 侯家后，当时天津城内最为繁华的商业闹市区，天津的娼寮妓院也大都集中在这一带。
4. 《近代稗海》(一)，第431—432页。
5. 《翁同龢日记》(五)，第2819页。
6. 陈夔龙：《梦蕉亭杂记》，第78页。
7. 《翁同龢日记》(五)，第2836页。
8. 徐一士：《一士谈荟》，山西古籍出版社版，第87页。
9. 同上，第88页。
10. 协，即协办大学士；揆，古代宰相协理百揆，故指宰相；李鸿藻生前为协办大学士，明清时把大学士入阁办事视为入阁拜相，协揆即成为宰相的尊称，此处指李鸿藻。
11. 《近代稗海》(一)，第121—122页。
12. 《容庵弟子记》卷二。
13. 张国淦：《北洋述闻》，第2页。
14. 孙毓汶，山东济宁人，甲午战争时身为军机大臣，与李鸿章同为主和派；称其为济宁为的是避称名讳以示尊重，这是当时官场的习惯。
15. 《中日战争》(四)，第576页。
16. 《甲午中日战争》(下)，第442—443页。
17. 袁静雪：《我的父亲袁世凯》，《文史资料选辑》，第74辑第128页。
18. 周岩：《袁世凯家族》，第38—39页。
19. 丁文江、赵丰田：《梁启超年谱长编》，第38—39页。
20. 沈祖宪等：《容庵弟子记》卷二。
21. 汤志钧：《戊戌变法人物传稿》(下)，第694页。
22. 栅子桥，即达智桥。嵩云草堂，位于北京宣武门外达智桥一带。咸丰末年，户部侍郎毛树棠(河南武陟县人)和漕运总督袁甲三(河南项城县人，袁世凯的叔祖)倡议并在此购地建立河南会馆，位置大致在达智桥与上斜街之间。其中大小厅堂斋舍约150余间，是京城各省会馆中较大的，总其名为“嵩云草堂”；光绪十年始告建成，大门前悬有白地黑字的大匾一块，上有翁同龢手书的“嵩云草堂”四字。戊戌变法前四年，这里是维新派经常出入的地方，“强学会”和“保国会”均设于此，即与袁有关；戊戌政变，六君子被难后，“其家属故旧为求袁世凯之庇护，亦多来此躲避。”松筠庵在嵩云草堂的东南角，公车上书时，据当时为国子监太学生的宋庚荫(后为袁世凯的秘书)说，他亲眼看到康有为在此起草上书，大批举人也是由此出发前往都察院上书请愿的。1901年清廷实行新政后，嵩云草堂被在京河南籍官绅改为学堂；民国时又改为河南私立中学；文革前夕，改建为北京204中学。

23. 汤志钧：《戊戌变法人物传稿》(下)，第693页。

24. 同上，第693页。

25. 同上，第694页。

26. 丁文江等编《梁启超年谱长编》，第42—43页。

27. 据《康南海自编年谱》记载，李鸿章提出捐金入会是在1896年10月12日(旧历8月24日)：“是日，合肥自愿捐金二千入会，同会诸子摈之，议论纷纭，杨崇伊参劾之衅，遂始于此。”

28. 汤志钧：《戊戌变法人物传稿》(下)，第548页。

29. 王照：《方家园杂咏纪事》，《近代稗海》(一)，第5页。

30. 汤志钧：《戊戌变法人物传稿》(下)，第545页。

31. 同上，第550页。

32. 梁启超后来曾在一次演讲中回忆说：“当甲午丧师以后国人敌忾心颇盛，而全懵于世界大势。乙未夏秋间，诸先辈乃发起一政社，名强学会者，今大总统袁公即当时发起人之一也。彼时同人固不知各国有所谓政党，但知欲改良国政不可无此种团体耳。而最初着手之事业，则欲办图书馆与报馆，袁公首捐五百金，加以各处募集得千余金。遂在后孙公园设立会所，向上海购得译书数十种，而以办报事委诸鄙人。”由此可知，袁氏一人所捐会费即占总数的一半。见丁文江等编《梁启超年谱长编》，第41页。

33. 黄惠贤等：《中国俸禄制度史》第541页。

34. 参见《戊戌变法人物传稿》(下)，第701页。

35. 同上，第697页。

36. 叶昌炽(1849—1917)字鞠裳，号增庐、缘都，江苏长洲人。光绪十六年(1889)进士，历任翰林院编修、国史馆总纂、提调、甘肃学政等；叶是近代著名的藏书家，著有《缘都庐日记》《藏书纪事诗》等。

37. 观察，清代对道、府一级的行政长官的尊称，袁世凯当时是实授的二品道员，故有此称呼。

38. 汤志钧：《戊戌变法人物传稿》(下)，第701页。

39. 参见孔祥吉：《康有为变法奏议研究》第九章第二节。

第七章

小站班底

袁世凯的成功，
很大程度上得益于他的用人。
与历代枭雄人物一样，
袁之用人也是不拘资格，
不限流品，选贤任能，
唯才是举，有足以供后人借鉴者。

图19　身着戎装的袁世凯。

【导读】1895年12月8日，袁世凯在京运动西法练兵的差事终于有了结果，督办军务处派其督练新军的建议获得了批准。袁世凯旋即赴小站接收定武军，并在此基础上扩编新建陆军。自己统带一军，建功立业，拜将封侯，是袁世凯投身军旅时就有的梦想。小站练兵给了他实现梦想的机会，也使他真正拥有了自己事业的基础。袁世凯很善于把握机会，扩建新军使他得以名正言顺地网罗各方面的人才，组建自己的班底。这个班底中，有四人在民国初年作过大总统，当过内阁总理的也不下五六位，至于各部总长、督军、省长更是不乏小站的人物。袁世凯培植起来的这个班底，最终发展壮大成为中国近代史上最庞大和最有势力的官僚军事集团——北洋集团。在招人、选人、用人的方式上，袁世凯与历代枭雄人物如出一辙：是所谓不拘资格，不限流品，上到文人雅士，下至贩夫走卒，三教九流，惟才是举，有足以供做大事业者借鉴之处。当然，以西法编练新军本身也是军制上的重大改革，开了中国近代陆军的先河，是继李鸿章之后对中国洋务运动的一大贡献。尽管北洋新军在民国后蜕变成为众多军阀争权夺利的工具，但并不能否定它当时的历史作用和地位。本章开头所选函禀是袁世凯赴任近五个月时向督办军务处提交的接收编练情况的汇报，所论全是具体的技术性问题，但结合史事，仍可看出袁氏拓展自己事业的用心。

六、上督办军务处论练兵事宜禀[1]

(1896年4月27日)

窃查此次军兴，往往易为敌乘、迭见挫败者，虽由调度之无方，实亦军制之未善；若不权时度势，扫除更张，参用西法，认真训练，则前车之鉴，殊足寒心。诚如宪台原奏，不得不为易辙之图，作补牢之计也。按泰西操法，每营分为四队，每队分为三大排，每大排分为两小排，均有弁目，层层节制，又节节策应，故战每制胜，即败亦不溃。向来湘淮营制，以五哨为一营，若照西人操法，分为四队，递分大小排，官弁头目，各失其伍，平时仅可饰观，临阵最易溃乱，似必须参用泰西军制，始可照西法操练。然全用西制，以步队一万二千人为一分军，炮队、马队、工程队均在外，恐人数过多，需饷太巨，势亦有所难行。兹仅参酌时宜并遵钧谕，简练一万二千人为一分军之数。拟分练步队八营，计八千人；炮队两营，计两千人；马队两营，每营五百人，计一千人；工程队一营，计一千人，共计一万二千人。步队为主，炮队辅制之，马队巡护，工程队供杂役，似部署可期周密，临敌亦鲜贻误。又拟将一军分为两翼，设统领二人管辖。每步队两千，炮队两千，马队一千，更各设分统一人，分领训练。每步、炮、工程队一千，马队五百，各设统带一人，专辖约束。统领以各分统兼充，冀可省官节费。俟训练有成，再加总统一人，以资督率。晚近将才甚少，简练甚难，总统统领之任，倍宜慎选，未得其人，无妨暂缺其额。至所拟饷数，例之湘淮饷制，未免嫌优，但饷薄则众各怀私，丛生弊窦；饷厚则人无纷念，悉力从公。且威著于知恩，罚行于信赏，每届关饷，并简派妥员，核实点发，营员不得经手，则上无侵蚀，下免纷纭，积习颓风，可冀力挽。惟现值库帑支绌，似难骤扩规模，拟先就定武军步队三千，炮队一千，马队二百五十，工程队五百，照新军章制，归并编伍，并加募步队二千，马队二百五十，合为步队五千，炮队一千，马队五百，工程兵五百，先行试练。俟训练就绪，简拨多才，再随时派募扩充，增足一万二千之数。务期练一兵必得一兵之用，庶足仰副宪台委任之至意。

经过数月努力，袁世凯终于搞出了两件东西上呈督办军务处，他“亲手缮写数千言，其大致(内容)则步军操法，以师法德国为主[2]。”从内容来看，主要是新军编练的营制、组织结构、人员配备、薪水待遇、军需杂项开支等，具体而琐屑，但却是一个可供操作的实用方案。方案以营为基本单位，每营一千零八人；营的下一级为队(相当于连)，每队二百五十二人；队的下一级为哨(相当于排)，每哨八十四人。每营辖四队，每队辖三哨，总计十二哨。哨的下一级为棚(相当于班)，每棚十四人，每哨辖六棚。此外，还配备有各级文案(哨一级配书识)、委员(负责军械粮饷)、医生、护勇(亲兵)、号兵、伙夫、长夫(杂役)数百人。每营设统带一人为长官，帮统一人为副手；下设管带(又称队官)四人，每人管辖三哨；每哨设哨官一人、哨长二人，后者为哨官副手，“一领排头，一押排尾”；每棚设正副头目各一人，正兵四人，副兵八人。

袁世凯拟订的这个营制饷章，参酌西方阵法和湘、淮军营制，是个折中而成的产物，为的是便于西法操练。比如西式操法“每营分为四队，每队分为三大排，每大排分为二小排，均有弁目，层层节制，又节节策应，故每战制胜，即败亦不溃”。而湘淮军营制是以五哨为一营，每营约五百人。此种编制无法贯彻上述西式的编队阵法，袁世凯于是将营扩大，将哨缩小，中间加上“队”这一级编制。每营辖四队，每队辖三哨。总计十二哨，分由四名管带统率，每人管三哨，以合“四队三排”的西式阵法；每哨又分为六棚，分由二名哨长管领，以符合“每大排又分为二小排”的操法；但在建制上仍沿袭了淮军的营制称呼。

1895 年 11 月 19 日(旧历十月三日)，督办军务处午后会议，终于确定由袁世凯接替胡燏棻督练新军。翁同龢当日日记记载了此事：“午到督办处，李(鸿藻)、长(麟)两君先来，恭邸(恭亲王奕䜣)亦上，所定者三事：一、胡燏棻造铁路；一、袁世凯练洋队；一、荫昌挑定旗兵入武备学堂也[3]。”12 月 8 日(旧历十月二十二日)，督办军务处联衔会奏：“查有军务处差委浙江温处道袁世凯，朴实勇敢，晓畅戎机，前驻朝鲜，颇有声望，因令(他)详拟改练洋队办法，不久就拟订呈上了《聘请洋员合同》及《新建陆军营制饷章》，臣等反复加以详细核查，甚为周密妥当。相应请旨下令派遣袁世凯督练新建陆军，假以事权，俾专责任。现在先就定武十营，步队三千人、炮队一千人、马队二百五十人、工程队五百人以为根本，并加募步队二千人、马队二百五十人，共足七千人之数，即照该道所拟营制饷章，编伍办理[4]”。当日，军机处奉光绪旨意：“此次所练，系专仿德国章程，需款浩繁，若无实际，将成虚掷。温处道袁世凯现经王大臣等奏派，即著(准)派令督率创办。一切饷章，准照所拟支取发放。该道当思筹饷甚难，变法非易，其严加训练，事事核实，倘仍蹈练勇绿营习气，唯该道是问，凛之慎之[5]！”语气中似乎包含着一种不放心。袁世凯则于委任的当日出都奔赴小站，其鸟儿出笼般的快意心情也是可以想见的。

袁世凯当皇帝不成，由肇造民国的元勋一下子蹉跌为窃国大盗后，负面评论的阴影就再也没有离开过他。后世文人学者论其小站练兵往往不离“野心”“投机”二词。“野心”是个贬义词，其实“抱负”应该更符合袁世凯此时真实的心境。徐世昌自袁世凯青年时起就是他的密友，与袁相知最深，他论袁氏之抱负当较局外之人更为可信：

> 项城自小站练兵，即树立北洋根基。戊戌政变后，以至入直军机(处)，其广布势力，无非争取政治地位，充其量不过欲为一权臣而已。在君主专制下，稍萌异志，辄(就)有杀身之祸。以项城之精明稳练，宁肯出此！[6]

至于“投机”，亦是贬义词，不如称之为“实用主义”更为贴切。袁世凯没有科举功名，要做大官，办大事，非走军功起家的路子不可，这是他选择练兵的内在动机。然而袁氏又不是那种为做官而做官，只图自身功名利禄的人，他想要做一番轰轰烈烈的大事业，而这类的事业往往与国家之前途命运相关联。我们在前面谈到过，甲午的惨败给了他重大的刺激和震动，是促成他热心西法练兵的直接原因。在东北前线办理军需转运事务时，袁世凯在给其弟袁世彤的家信中表露过自己的心情：

> 平壤溃败后，士兵已失去了战斗意志。后续援兵太零星，

徒然送死，简直没有办法。郁公(即周馥)及容(即袁世凯，袁号容庵)跟人蹭跑，没有意义之极，然而也不敢开口请求回去。时时在路上过日子，惟有自我嘲笑而已，天也？命也？痛苦愤怒竟无法诉说……堂皇的大国竟束手为小丑(指日本)所困辱，岂非天乎？然而也是因为谋之不善，平时未能预先防备啊。[7]

现在，我们来看一下20世纪外国媒体对清军的评价。1875年10月2日的《香港每日新闻》说："以国家规模和资源情况评价，世界上没有任何一国的军事力量像大清国。拥有巨大人力资源的大清国，其士兵数量相对来说少之又少，并且，这些所谓的士兵，其中大部分都名不副实。他们装备极差，而且几乎全军都缺乏严格的军事训练。他们在军容严整的欧洲军队面前恐怕抵抗不了5分钟。此外，清国军队军纪恶劣，他们的兵丁通常是社会上一些举止粗野和品行不端的人渣，在哪里驻扎，哪里的民众就恐惧万分[8]。"

的确，旧中国有句俗话叫作"好铁不打钉，好男不当兵"，对于一个小农社会来说，不到万不得已，一个男人是决不会背井离乡，外出当兵的。当兵为的是吃粮，但清代无论是绿营还是八旗，饷粮均很低，不足以养家糊口。加之长官克扣军饷，军营生活相当清苦，而且平时训练不力，军纪废弛。这样的军队，一旦面对强敌，很容易溃败。败后的士兵或开小差回乡，或三五成群，打家劫舍，成为扰害地方的土匪。曾国藩、李鸿章等就是鉴于绿营和八旗的窳劣无用，才大办团练，组织湘、淮军的。然而几十年过去，这些"中兴"的精兵变得与从前的绿营和八旗一样暮气沉沉了。

袁世凯受命小站练兵时才三十四岁，正当盛年，说他有重振帝国军队以抗外侮的抱负和志向应该不算过分。我们看他在此期间陆续制订的各类条例，完全是针对清军平时训练和战时暴露出来的弊病而来的，他有针对性地采用西方军队的制度和做法，而不是盲目地照抄照搬。比如，他特别注重军纪问题，禀呈督办军务处的练兵要则的第一条就是"申明军律"。其手订《简明军律》二十条，相当严厉：

一、临阵进退不候号令及战后不归队伍者，斩。

二、临阵回顾退缩及交头接耳私语者，斩。

三、临阵探报不实，诈功冒赏者，斩。

四、遇差逃亡，临阵诈病者，斩。

五、守卡不严，敌得偷过及禀报迟误，先自惊走者，斩。

六、临阵奉命怠慢，有误戎机者，斩。

七、长官阵殁，首领、属官援护不力，无一伤亡；及头目战死本棚兵丁并无伤亡者，全部斩首示众。

八、临阵失火误事者，斩。

九、行队遗失军械及临阵未经受伤，抛弃军器者，斩。

十、泄露密令，有心增减传达的指示及窃听密议者，斩。

十一、骚扰居民，抢掠财物，奸淫妇女者，斩。

十二、结盟立会，造言惑众者，斩。

十三、黑夜惊呼，疾走乱伍者，斩。

十四、持械斗殴及聚众哄闹者，斩。

十五、有意违抗军令及凌辱本管官长者，斩。

十六、深夜偷出军营浪游者，斩。

十七、官弁有意纵兵扰民者，官兵并斩。

十八、在营内吸食鸦片烟者，斩。

十九、夜深聚会谈话，私留闲人，酗酒赌博，不遵约束，及有寻常犯过者，均由该管官酌量情节轻重，分别插箭责罚。

二十、凡兵丁犯法，情节重大者，该管官及头目失察，均分别轻重参革、责罚、记过。[9]

军律在执行上也很严格，现举几个小例子：一次行军操练回营途中，一名士兵背着枪离队，到距队伍二百多步远的河堤柳荫下的瓜摊买了甜瓜，边走边吃，被执法营务处巡查人员发现。该士兵被插耳箭示众，其上级连带受罚，所在营管领被摘去顶戴，该哨哨官则被责打二百军棍。又如，一次，若干名士兵放假期间上街，没按规定穿着号衣，被发现后，负有责任的六名哨官一名哨长被传到执法营务处，每人责打四十军棍以示惩戒。再如，一名哨长让一名士兵为其携带物品，致使该士兵不能携带枪械，违反了军官不得擅自役使士兵的纪律，“且沾染旧式军营习气”，该哨长被责二百军棍，并被降职为棚兵头目，处罚相当严厉。

图20　指挥新军训练时的袁世凯(中间手执望远镜者)。

(河南项城市博物馆提供)

在训练上，袁世凯抓得也很紧。一次，攻守阵法几经演练，仍参差不齐，而且阵中时有嘈杂人声，除当时请假外出不在营内的三名军官外，参训部队诸营统带、帮带、执法营务处和督操军官，无一例外，“有功者均销去记功一次，无功者先行记过一次”，并限十日内操演纯熟[10]。袁世凯执行军纪的特点是士兵有错，官弁要负教训管束不严之责，且对官弁的惩处重于士兵。为杜绝军纪散漫松弛的旧军习气，袁世凯在军营纪律、操练阵法、行军驻防、夜间行军作战、打靶演习、军械使用保养、军容风纪、违纪稽查诸多方面制订了一系列的章程条例，具体而微，看似琐细，但无规矩不成方圆，这些章程条例，使官兵上下的行为，全都有定式可遵，其组织战斗能力自然大大增强。

又如，克扣、贪污军饷是当时清军中的通病，袁世凯拟订的练兵要则的第二条所针对的就是这个问题，他的办法是一竿子插到底，“不许营员经手”，“每月发饷，令饷局按名册分包数千份，平色必准，届时传派营务官一二员前往各营监视，发给兵丁，直接领饷，百弊不生[11]。”据他女儿回忆，袁世凯还经常亲自点名发饷。

据他自己说，他对小站练兵时期的各级军官和幕僚，甚至棚头弁目，几乎都能认出他们的面目，叫出他们的姓名，并且还能大致了解他们每个人的心性脾气以及他们的长处、缺点。他还特别注意抓住发放饷银的事。为了杜绝过去军营中惯有的一些毛病，如吃空额、冒领等等，在每月发饷银的时候，他一定亲自点名，按名发给。就由于他这样地认真办事，因而他所练的新军，在当时是享有盛名的。[12]

再如，鉴于清代绿营、八旗军官士兵的素质低下，袁世凯练兵伊始，就十分注重在军中开办随营学堂，培养提高官弁的军事素质。在向督办军务处申请设立学堂的函禀中，他对比了中外军官在素质和教育上的差距："各国将弁，全都自幼学习武备，由学堂考试升任职务。所以对于行军兵法，运用枪炮及绘图算术测量各法，均能通其奥妙。又多学习他国语言文字，分别出国游历，或参加他国军队充任兵弁，或入他国学校学习。各国互相取法，全力精益求精，没有不日新月异的。中国旧有的将弁，多因壮年时的奋勇获得职衔，到老年精力衰退，勇气也消磨掉了，仅以旧有的虚名，分任兵事；不但对于各国的兵学毫无了解，即使对中国古今名将治军之道，也茫然无知。以他们捍御外侮，恐怕必无制胜之道"。所以"尤其觉得设立学堂为练兵第一要义[13]"。为奖励成绩优异的学生，袁世凯捐出自己每月薪水的1/3——二百两作为奖金，其对于人才的渴望与急公好义之心于此可见。

对于士兵的素质，袁世凯也同样注重。他草拟的招兵告示中对应募士兵的条件做了具体规定：

一、年(龄)限二十岁至二十五岁。
二、力(气)限平(地)托起一百斤以上。
三、身高限官裁尺四尺八寸(约一米七)以上。
四、步(速)限一个时辰行走二十里以上。
五、要有邻里的担保具结。
六、报名时讲明家庭人口、住址。
七、曾经吸食过鸦片烟者不收。
八、平素不安分，犯有事案者不收。
九、五官不全，手足软弱，体质多病及有眼病者不收。

告示许诺："应募兵丁，如其秉性忠贞，矢志报国，考验才技，果属优长，必将不次擢用"，而"有能粗通文意者，口粮照头目之例(发给)[14]。"后来，袁世凯还上奏朝廷批准，减免了新军士兵家属的赋役。这在当时的中国，是拥有秀才以上功名的士大夫才有的待遇，新军及其家属的社会地位因此大大提高，对于稳定军心，促使本质较好的青年农民主动投军，起到了很好的鼓励作用。

鉴于参军的绝大多数农民不识字，袁世凯还组织编写了一系列通俗易懂的歌谣，通过背诵，使士兵能够将基本军事要领、军械使用技术和军营纪律牢记于心。在中国军事史上，这是袁世凯的一项创举，也是对士兵进行思想教育的最早尝试。如下面的这首《劝兵歌》：

> 谕尔兵，仔细听：为子当尽孝，为臣当尽忠。朝廷出利借国债，不惜重饷来养兵。一年吃穿百十两，六品官俸一般同。如再不为国出力，天地鬼神必不容。自古将相多行伍，休把当兵自看轻。一要用心学操练，学了本事好立功。军装是尔护身物，时常擦洗要干净。二要打仗真奋勇，命不该死自然生。如果退缩干军令，一刀两断落劣名。三要好心待百姓，粮饷全靠他们耕。只要兵民成一家，百姓帮忙功自成。四莫奸淫人妇女，哪个不是父母生？尔家也有妻和女，受人羞辱怎能行？！五莫见财生歹念，强盗终究有报应。纵得多少金银宝，拿住杀了一场空。六要敬重朝廷官，越分违令罪不轻。要紧不可说谎话，老实做事必然成。七戒赌博吃大烟，官长查出当重刑。安分守己把钱剩，养家活口多光荣。你若常记此等话，必然就把头目升。如果全然不经意，轻打重杀不容情。一篇劝尔要紧歌，务必字字记得清。[15]

为使新军将士安心于训练，袁世凯为新建陆军拟订了优厚的薪饷，正如他在本章函禀中所说，“饷薄则众各怀私，丛生弊窦；饷厚则人无纷念，悉力从公。”通过下页表中的对比，可以看出，袁世凯督练的新军，在当时的清军中，薪饷待遇是最高的(见下页表)。

最后，对于军事训练，袁世凯抓得尤其紧。除了按西法操练的要求改变调整军制外，日程安排也非常紧凑充实。冬春每月只有二天假日(其中一天为发饷日)，其他每天都有训练科目；夏秋每月放假四天(包括发饷日)，其余每天也都安排了训练课程。对于训练认真，学习努力，并在考核中成绩突出的官弁，均予以记名奖励(如哨长以哨官记名，哨官以统官记名等等)，遇缺即补，在晋级升职上有优先权。而在考核中成绩较差的官弁，则立刻予以降职处分(如从队官降为哨官之类)。对于基层军官(如哨长、哨官)的选拔，为防止主官援引私人的弊

清代各军兵种薪饷数额一览表

军　种	粮　饷　数				
八　　旗	前锋营领催[16] 粮：1.85 石 银：3 两	步军营领催 粮：0.883 石 银：2 两	马甲 粮：1.85 石 银：3 两	步甲 粮：0.883 石 银：1.5 两	养育兵 粮：0.133 石 银：1.5 两
绿　　营			马兵 粮：0.3 石 银：2 两	战兵 粮：0.3 石 银：1.5 两	守兵 粮：0.3 石 银：1 两
勇　　营 (湘、淮军)		亲军、护军 银：4.5 两	马勇 银：7.2 两	正勇 银：4.2 两	
新建陆军	哨长 (马)银 20 两 (步)银 15 两	护勇、号勇 (护)银 5.5 两 (号)银 5.5 两	马兵 银：9 两	正兵 银：4.5 两	

端，袁世凯也规定了相应的制度和程序：其选拔由上一级的官员(如分统、统带)拟定三个人选，经考试后从中择优选定一人任职。

从 12 月 8 日受命赴小站组建新军，到 21 日招募足数上报成军，袁世凯只用了不到半个月时间，这些新兵并非在当地，而是远到苏北、安徽、山东、河南等地招募来的。其办事效率，不能不让人佩服。“(袁)公朝夕督察，事无巨细，靡不躬亲”，这种全力以赴的劲头恐怕不是只想投机做官的人所能有的。督办新建陆军对袁世凯而言，确实是他进入仕途以来所争取到的最大机会，他不会也不可能不好好加以利用。为什么呢？

首先，它提供了一个真正能够按照自己的意愿和计划去做一件事情的机会，这样的机会，在人的一生之中，是难得碰得到的，很宝贵。

其次，它提供了一个空间，一个自由的、可以充分施展的空间，也很难得。为什么呢？组建一支新军，就像在一张白纸上作画，没有旧军队中盘根错节的人事关系的牵制，大家都是从头开始，做事情会简单得多。

再次，朝廷为练出精兵，批准了充足的经费。这可以说是小站练兵成败与否的前提，充足的经费就意味着高素质的人才和兵员，而高素质的人才和兵员又是袁世凯事业成功的基本要素。袁世凯此后的变法维新也好，洋务新政也好，都紧紧围绕着用人、筹款、练兵三者做文章，而筹款又是其中的重中之重，是必须放在前面解决的问题。袁世凯后来的许多主张，看起来卑之无甚高论，但都包含有一个筹款的路子或方案，因而具有较高的可操作性。这对于今天想要出人头地的官员或职员有重要的启示作用：你不能光向上司或老板献上一份方案和策划了事，认为找钱是上边的事情；如果你能随方案附上一份实用可行的筹款办法，那么包你获得主管的青睐。如果你能坚持不懈地这样做下去，久而久之，上司或老板的倚重信任自会随之而来，你的事业前程也一定会看好。不信，诸位可以试试看，而袁世凯就是现成的实例。

最后，也是最重要的，通过练兵这种方式，袁世凯得以筛选、吸纳、组建一个自己的干部队伍，形成以他为核心的新班底。袁世凯最初编练的七千人，分为步队四营，马队、炮队、工程队各一营，根据他上报督办军务处的军官编制简略统计，这七个营加上一处三局(即督练处和粮饷局、军械局、军医局)共设军官三百名，此外还有文职人员(如文案、委员、专业技术人员等)一百余名。所有这些官员均由袁氏一手选拔任用，而且是用公家的俸禄，名正言顺地进行的。这可能是近现代史上成气候或打天下的人的一条最为成功的经验。在袁世凯之前，有靠办团练起家的曾国藩和李鸿章，在袁世凯之后，有靠办黄埔军校起家的蒋介石，但最成功者莫过于袁世凯。在他的这个班底里，大总统就出了四位，内阁总理出了六位，各部部长、各省的督军、省长中更是不乏小站的人物，内中土洋并举，鱼龙混杂。小站班底的成员大致来自三个方面，一是淮军的老人，一是袁世凯的故旧亲朋，一是北洋武备学堂的教官和学生。这些人又逐渐形成了三个派系：老将亲兵、幕府文官、武备学员。下面介绍小站班底不同派系中的主要成员及其与袁世凯的渊源关系。

图21　姜桂题(前排正中)与其他淮军将领合影。

姜桂题(1843—1922)，字翰卿，绰号罗锅，安徽亳州人。早年投于宋庆的毅军，在剿捻战争中以军功起家，官至提督、毅军分统。甲午驻防旅顺，因旅顺失守受到“革职留营”的处分；随后接替刘盛休统率十营铭军，随宋庆驻守辽河下游一线，直至战争结束。姜桂题与袁家渊源很深，是袁世凯的族叔袁保恒的把兄弟。作为父执辈的人物，姜私下称呼袁世凯为“老四”，袁世凯则称其为“老叔”，两人关系很好。小站练兵时，姜已五十三岁，是小站新军中年龄最大、资格最老的将领，也是“老将派”的主要代表人物。姜桂题文化水平低，是个老粗，凭打仗勇敢升为高级军官。对后起的年轻军官，姜开口即称“小鸟孩”，对袁世凯也是如此，有时甚至当着袁的面端起痰盂小便[17]。费行简《现代名人小传》记载的一则趣事，可见其为人处世的作风：

(姜桂题)守旅顺口，夏季常把辫子盘在头上，赤足趿拉着鞋，披件短外衣，袒胸露腹，手执特大号扇子，在街面上溜达。有时候闯入人家，不认识他的人起来呵斥，他却问人家：我姜老汉，难道你不认识么？(他)驻守浦口时，一天微服出行于街头，兵士某甲买鱼不付钱，还殴打卖鱼的人；桂题见到后十分愤怒，上前就抽他的嘴巴。某甲新近入伍，不知道是统将，也还他以老拳，扰攘之际，有个头目从旁路过，吓得大叫说：这是大帅呀！某甲听到后飞步逃走，桂题也回了军营。没多久，某甲的管带已将他绑缚到辕门，请求军法处置，而且自请治失察之罪。桂题注视了(他们)很久，说：我扇他的嘴巴，他用拳还手，都是打嘛，治得哪门子罪嘛。竟将他们斥退，众人全都不觉笑了出来。[18]

对这样一个全无现代军事素质的老派军人，袁世凯一点也不轻视，反而委以重任，任命他为全军左翼翼长。袁世凯对他的评语是：“谋勇兼优，能识大体，朴诚忠直，晓畅戎机；无军营骄奢浮伪习气，驭下尤能得士卒心”，“实在是宿将中不可多得之员[19]”。袁世凯重用姜桂题，除去顾念旧情的因素外，主要还是想借此笼络淮军的老人。再有就是看中姜没有架子，爱惜士卒和以恩驭下的作风，袁世凯本人对此也很擅长，把姜这种宽厚的长者放在统驭的位置上，有利于增加全军的凝聚力。姜桂题后来一直忠心耿耿地跟从袁世凯，民国初年曾任热河都统，先后被授予陆军上将、昭武上将军、陆军检阅使等职衔。1922 年去世，终年七十九岁。

袁所罗致的老将还有龚元友、任永清。龚元友是安徽舒城人，原为淮军刘铭传的部下。以军功升至总兵、记名提督，被袁世凯招致小站后，任新建陆军右翼翼长兼步队第一营统带。1901 年病故。任永清是安徽蒙城人，原为淮军周盛传的部下，以军功官至总兵、记名提督。甲午战争后，淮军裁撤，任即投袁世凯，被任用为新建陆军马队一营统带。

张锡銮 (1843—1922)，字金波，浙江钱塘人。监生出身，“后随崇实入奉天，以捕盗功保知县”，先后任奉天通化、锦县知县，“历权繁要，有干吏称，荐擢至道员”。历任东边道、奉天新军统领兼鸭绿江团练、直隶海防营务处总办。袁世凯出使朝鲜时即与其相识，“因结昆弟交，世凯兄事之[20]”。小站练兵时为袁世凯罗致入营，历任左翼步队二营统带、北洋陆军营务处兼发审处总办。袁世凯罢职后，一度随袁世凯退居彰德，袁复出任总理大臣后，张亦获重用，转地方任职，历任山西巡抚、直隶都督、奉天都督，晋封为“镇安上将军”，督理奉天军务兼管吉林、黑龙江军务，后被袁世凯改封为“镇威上将军”，任参政院参政。

倪嗣冲 (1868—1924)，字丹忱，安徽阜阳人，秀才出身，早年投入淮军，小站建军后，投入新建陆军。后以捐纳为知府，历任奉天、黑龙江提法使，辛亥革命时任河南布政使、帮办河南军务；民国后历任苏、皖、鲁、豫四省剿匪督办、安徽都督兼民政长、巡按使 (即省长)、将军府安武上将军、安徽督军、省长等职。倪为洪宪帝制的积极拥护者，袁死后，归附皖系，任长江巡阅使兼安徽督军，拥护段祺瑞的“武力统一”政策，是皖系的中坚人物，皖系失败后下野，寓居天津。

吴长纯 (？ —1906)，安徽庐江人，以武举人投身庆军。壬午随吴长庆赴朝鲜平乱，任庆军帮带。吴长庆回国后，他留在袁世凯手下任职，是跟从袁氏最早的老人之一。袁世凯对他的评价是：“忠勇奋发，智略过人，迭著战功，屡平匪乱；又能虚心研究新操，练成劲旅[21]”。小站练兵时，继龚元友之后任全军右翼翼长，与姜桂题同为袁的重要助手，是小站建军的元老之一。历任提督、北洋陆军第二、第五镇统制。1906 年病逝于山东。

刘永庆 (1863—1908)，字延年，河南项城人。与袁世凯有姻亲关系，两人从小相识，刘称袁为表兄。1885 年随袁赴朝鲜，充当袁世凯的私人秘书，后升任驻仁川交涉通商分办委员。与吴长纯、唐绍仪等同是自朝鲜时就追随袁世凯的老人。袁世凯说他“才识闳通，志趣正大……遇事能持大体”，“严正自持，不避劳怨，十余年如一日[22]”。小站练兵时，刘任粮饷局总办兼转运局总办，掌管全军军需粮秣。后官至江北提督。

吴凤岭 (1853—1912)，河南项城人。是袁世凯家佣人的儿子，从小在袁家长大，后随袁世凯投奔清军。在朝鲜时任袁世凯的贴身护卫，后被提拔为亲兵哨长。小站练兵时任新建陆军马队一营后队队官，一直跟从袁世凯，民国元年时官至北洋陆军第四镇统制。

雷震春，字朝彦，安徽合肥人。1880 年投庆军，后入北洋武备学堂，毕业后被调回朝鲜，担任朝鲜新军教习，由此与袁世凯相识。小站练兵时投奔袁世凯，任右翼第三营后队队官。北洋扩军后历任第三镇协统、江北提督、河南护军使等职。1914 年后接替陆建章任北京军政执法处处长，“当时各省缉获国民党的重要案犯，全受命解送京师，交执法处，以种种严刑拷问，往往未及枪毙，已臂断骨折地死了。社会上称之为‘阎罗殿’[22]。”陆、雷均为以辣手为袁世凯专制扫清障碍的重要打手，雷并被袁封为“震威将军”。袁世凯死后，雷震春积极参与张勋的复辟活动，曾任督军团参谋长，复辟失败后一度被捕，终因是北洋老人而被释放。雷震春亦可归入“武备学堂派”，但在入学前已与袁世凯结识，所以归入故旧一派。

江朝宗 (1864—1943)，字宇澄，安徽旌德人。原在淮军刘铭传部任帮带，甲午战争中随袁世凯在辽东办理转运，“营解前敌军械并侦查各差”。小站练兵时任参谋营务处及兵官学堂监督。历任候补道、汉中镇总兵，民国后曾任北京步军统领。袁世凯死后，一度代理过国务总理，后参与张勋复辟，抗日战争期间，沦为汉奸。

“老将亲兵派”的成员还有王同玉 (直隶故城人)、赵国贤 (河南项城人)、王凤岗 (河南淮宁人)、徐邦杰(江苏句容人)、唐天喜(河南沈丘人)等，这些人大都是袁世凯在朝鲜时的官弁亲兵，文化素质较低，但袁世凯认为“到底不识字的人靠得住”，所以小站练兵时，他们被安排到新建陆军中担任队、哨一级的军官。

袁世凯当然也知道，单靠这些“老将亲兵”是难以完成组建新建陆军的任务的，他必须招纳一大批系统学习过西方军事知识的高素质人才作为建军的骨干力量。他的运气很好，有一笔现成的资源可以接收使用。武备学堂就是李鸿章办洋务时遗留下来的一笔军事资产。李鸿章自1862年起，就在所部淮军中聘任洋教习进行军事训练。李就任直隶总督兼北洋大臣后，于1885年(光绪十一年)在天津建立了北洋武备学堂，聘任了一批德国教习，为淮军培养将才。武备学堂开设的课程除传统的经史之外，有天文、舆地(即地理)、格致(即自然科学)、测绘、算化诸科，此外还有炮台、行军、布阵、营垒、分合攻守等军事科目。经过2—3年的学习后，学员可以掌握西方基本的军事技术，毕业后或留校充当教习，或回淮军各营担任军事训练的职务。

甲午兵败后，李鸿章的淮军一蹶不振，大都被改编裁撤，而具有武备学堂资历的青年军官大多被袁世凯罗致到了小站，成为新建陆军的各级军官和建军骨干。在此之前，武备学堂毕业生被分派到淮军各营后，并不被重视，只能在军事训练上发挥一点作用，而无统率、指挥部队之权，而且升迁速度也慢。因为"淮军诸将领，多以行伍起家，说是功名自马上得之，对于军事学习多谩语讪笑[24]"。袁世凯则求才若渴，积极罗致，凡武备毕业生，一律任为队官以上的军职，不仅负责训练，而且赋予带兵指挥之权。这本身也是一项重要的军事改革，对于推动陆军指挥系统的近代化和专业化起了积极的作用。而在旧军中倍受轻视，常遭主官"谩语讪笑"的武备生们，在新军中却备受青睐，委以实权，其内心的感受可想而知。知遇之恩，感戴之情，使这批既年轻(此时这批人大多是二十几岁，至多三十出头的年轻人)，又具有较高军事文化素养的人才建立起了对袁世凯的效忠和依附关系，成为袁日后拓展自己事业的生力军。而随着袁世凯的事业和权力的膨胀，他们自己的前程亦一帆风顺，水涨船高。其强者自开局面，其弱者也都靠着北洋的势力与关系，高官厚禄，安享荣华。就旧中国的官场而言，袁世凯的北洋集团确实是做的最为成功的一个。下面对"武备学堂派"的主要成员作些简要介绍。

段祺瑞(1865—1936)，字芝泉，安徽合肥人。以文童考入北洋武备学堂炮科，毕业后经选拔派往德国学习炮兵一年，回国后任威海防军随营学堂教习。1896年1月，被袁世凯调至新建陆军，越级提升为炮兵营统带兼炮兵随营学堂总办。此后一直追随袁世凯，在袁的提携下，仕途

图22　小站练兵时的骨干成员段祺瑞。

一帆风顺。北洋扩军后历任军政司参谋处总办、北洋陆军第三镇、第六镇统制兼武备各学堂督理、江北提督加侍郎衔。民国后出任首任陆军总长，曾一度代理国务总理。由于消极抵制洪宪帝制，被袁世凯削去兵权，封为“建威上将军”，管理将军府事务。1916年3月取消帝制后，段再次出任参谋总长、代理国务卿。袁世凯死后，任国务总理兼陆军总长，并成为分化出来的皖系的首脑。

史传称段“操行为洁，粗通文事，好弈。语言简率，惟徇私谊，愎而专权[25]。”由于“愎而专权”，段与冯国璋积不相能，造成北洋集团的分裂。段在直皖战争失败后下野，暗中策动奉系的张作霖反对直系，1924年第二次直奉战争，直系的曹锟政权因冯玉祥发动政变而倒台，段被推举为临时执政。1926年，冯玉祥的国民军在与奉系的战争中失败后，段祺瑞下野，退居天津作寓公直至去世。

图23　小站练兵时的骨干成员冯国璋。

段祺瑞与冯国璋、王士珍均是武备学堂出身，追随袁世凯小站练兵的元勋，被称为“北洋三杰”。段一直负责北洋各军事学堂的教务和培训，北洋陆军中大批军官都是其学生，故在袁世凯死后颇受拥戴，他自己也以北洋的正统传人自居。“世凯治兵小站，教练之事，专任之祺瑞；其后近畿诸军学，皆所经始，故北洋军官，半其弟子行，同辈中推其军事学第一[26]。”

冯国璋(1859—1919)，字华甫，直隶河间人。在武备学堂学习期间考中秀才，“在侪辈中，较通文事[27]”。毕业后留校任教习，后入淮军聂士成幕府，曾随聂军参加甲午之战。1895年，聂士成举荐他充当清廷出使日本大臣裕庚的随员，在日本与日军中的“中国通”青木宣纯(后升任陆军中将)结识，遂得以考察日本军制，汇编成书。次年回国后，冯将此书呈送聂士成，没有受到重视，于是转呈袁世凯。袁大喜，“以为鸿宝也”，赞誉他“军界之学子无逾公者[28]”。随即任命他为督操营务处帮办兼随营步兵学堂监督，不久后又升为总办，小站新军的兵法操典多由他一手修订。北洋扩军时期，任直隶军政司教练处总办，后调任北京练兵处军学司正使、军咨府军咨使等职。

辛亥革命爆发后，冯任第一军统领，率所部赴湖北镇压革命。攻下汉口后，袁世凯授意其缓攻待变，助成袁迫清帝退位，受任临时大总统的大业。民国成立后，冯历任直隶都督兼禁卫军统领、江淮宣抚使等职，在镇压了“二次革命”后，冯任江苏都督，被晋封为“宣武上将军”。袁世凯死后，黎元洪继任大总统，冯被国会选为副总统，留任江苏。黎元洪下野之后，冯国璋进京继任为第三任大总统。因与段祺瑞争权不和，导致北洋集团分裂为直、皖两系，冯为直系首脑。任满下台，次年病逝于北京。

图24　小站练兵时的骨干成员王士珍。

王士珍(1861—1930)，字聘卿，直隶正定人。史传称其“少而英挺，锐志功名，视天下无难事”。后入北洋武备学堂，“考试恒居优等”，1888年毕业，此后长期督办正定镇标随营学堂。1894年甲午战争中曾率学生军赴朝鲜，在平壤战役中负伤，战后随聂士成部驻扎芦台。1896年初，由武备学堂总办荫昌介绍投袁世凯，被委任为督操营务处帮办兼讲武堂总教习，后又提拔为工程营统带。此后一直追随袁世凯，北洋扩军时期，历任北洋常备军左翼翼长，直隶练兵处军政司正使，督练公所总参议，北洋陆军第二、六镇统制，江北提督，兵部侍郎等职。

在北洋集团中，王士珍是少有的为官清廉之人，“砥砺廉隅，属官馈献，不得入廨门。已丧母去官，不复出[29]。”袁世凯复出任总理大臣，任用王为陆军大臣，民国后，曾任徐世昌内阁的陆军总长。袁世凯谋帝制时，王“涕泣谏之，不听，坚卧(托病)乞去”。袁世凯死后，王任参谋总长，冯国璋任总统时，王任国务总理兼陆军总长。下野后被授予“德威上将军”衔，管理将军府事务。后退出政坛，1930年病逝于北京。费行简对他的评价是：“德优于才，近世武人中不易碰到，然而其学识难以济变[30]”。

曹锟(1862—1938)，字仲珊，直隶天津人，布贩子出身。北洋武备学堂毕业后，先在宋庆部任哨官，后至定武军充任教习。转入新建陆军后，被袁世凯提拔为右翼步队第一营帮统，不久又升为学兵营统带兼督操营务处提调。此后一直追随袁世凯，历任总兵、北洋陆军第三镇统制、提督等高级军职。南北和议期间，率部入卫京师，为阻挠国民党要袁世凯南下就职的要求，曹制造兵变。后任长江巡阅使，镇压“二次革命”，被授予“虎威将军”称号，护国战争期间曾被派赴四川镇压护国军。袁世凯死后，任直隶督军兼省长，是直系的主要成员。后以贿选成为民国第五任大总统，也是出自北洋集团的第四位大总统。第二次直奉战争期间，冯玉祥发动北京政变，曹锟被迫下野，后在天津作寓公。

“武备派”的其他重要成员还有：

张怀芝(1962—1934)，字子志，山东东阿人。以监生考入北洋武备学堂，毕业后即转入新建陆军，先任右翼步队第三营前队队官，后升任炮队第一营管带；“在同辈中，较为质厚，不喜作欺人语[31]”。袁世凯对他的评语是：“训练认真，纪律严明，讲习新操学术，夙有心得”，“资才并茂，实堪胜专阃之任[32]”。北洋扩军后，任北洋陆军第五镇统制。民国后历任天津镇守使、察哈尔都统、山东督军、湘赣陆军检阅使、参谋总长等职，晋封“清武将军”。

段芝贵(1868—1925)，字香岩，安徽合肥人。其父段日升是淮军军官，与袁世凯相识。世凯将其从武备学堂调入新建陆军，任督操营务处提调，后任左翼步兵第二营统带。北洋扩军时期任直隶军政司参谋处总办，后历任道员、布政使、署理黑龙江巡抚、北洋陆军第三镇统制。民国后历任江西宣抚使，第二军军长，湖北都督，督办湖北、奉天军务，陆军总长等职，被封为“彰武上将军”，后退居天津作寓公。

陆建章(1879—1918)，字朗斋，安徽蒙城人。北洋武备学堂毕业生，小站练兵伊始即投袁世凯，先后任督队稽查先锋官、左翼步队一营帮带。此后一直追随袁世凯左右，升任总兵、北洋陆军第三镇协统等职。史传称其“善阴谋，能翻云覆雨，在北洋武人中，有诸葛之号”。民国后负责袁的安全警卫兼任北京军政执法处处长，对反袁人士的镇压以严酷著称，“兴告讦，布侦探，日以杀乱党邀宠袁氏[33]”，有“陆屠户”之称。1914年，陆所部警卫师改为陆军第七师，陆就任陕甘剿匪督办，率部镇压白狼起义，因功升任陕西督军，后被其部下陈树藩驱逐出陕。袁死后归附冯国璋的直系，任总统府高级顾问官，后为皖系诱杀于天津。

李纯(1867—1920)，字秀山，直隶天津人。北洋武备学堂毕业后，曾在淮军中担任下级军官。投靠袁世凯较晚，但“素来镇静，富于智计，为同辈中翘楚[34]”，因而升迁很快。北洋扩军后，历任直隶军政司教练处提调、北洋陆军第六镇统制，民国改镇为师后，任第六师师长。“二次革命”时，率部赴江西镇压讨袁军，因功升任为江西护军使、江西都督，被封为“昌武将军”。袁死后，李归附直系冯国璋，历任江苏督军、苏皖赣三省巡阅使，晋封为“英威上将军”，与王占元、陈光远并称为“长江三督”，是直系的台柱子之一。后自杀身亡。

王占元(1861—1934)，字子春，山东馆陶人。早年投淮军刘铭传部，后被选送入北洋武备学堂，为该校第一期毕业生，与曹锟同学。小站练兵时任右翼步队工程营队官，北洋扩军后历任步兵营长、协统、北洋陆军第二镇统制；武昌起义时，王随冯国璋南下镇压起义，任前敌指挥，“奋勇当先，抢渡襄河，夺取汉阳，炮击武昌”。以此受到袁世凯的青睐，由师长而督理湖北军务、由湖北督军兼省长而两湖巡阅使，被封为“襄武将军”。袁死后归附直系的冯国璋，是作为直系台柱子的“长江三督”之一，后为吴佩孚逼迫下台，退居天津作寓公。

陈光远(1873—1939)，字秀峰，直隶武清人。北洋武备学堂毕业生，小站练兵时任步队队官；北洋扩军后历任直隶军政司总务处总办、协统、北洋陆军第四镇统制、热河巡防营统领兼赤峰镇守使等职。1914年，为重振北洋朝气，袁世凯组建模范军官团，自任团长，以陈光远为副团长，并兼任新编陆军十二师师长。袁死后，陈与段祺瑞马厂誓师，讨伐张勋复辟，“倒复辟以陈为首功[35]”。陈归附直系的冯国璋，冯任总统时派陈任江西督军，与李纯、王占元并称“长江三督”，是直系的台柱子之一。

田中玉 (1869—1935)，字蕴山，直隶临榆人。北洋武备学堂毕业生，史传说其“幼而颖敏”，在武备学堂“考试屡屡名列前茅”，“虽武人，而工书好学，日必临池摹钟、王书法[36]”。后为袁世凯罗致，任右翼炮队统带。北洋扩军后，历任北洋陆军标统、协统，陆军讲武堂总办、奉天督练公所总参议，曹州、兖州镇守使。民国后历任陆军第五师师长、陆军部次长、察哈尔都统。袁死后归附皖系的段祺瑞，曾任山东督军、省长，益威上将军等职。

杨善德 (1873—1919)，字树棠，安徽淮宁人。北洋武备学堂毕业，小站练兵时任右翼步队二营队官；北洋扩军后历任营长、协统；民国后历任陆军第四师师长、淞沪护军使，受封为“克威将军”。袁死后归附于皖系，后出任浙江督军，病逝于任上。

鲍贵卿 (1867—1934)，字霆九，辽宁海城人，原为淮军叶志超部士兵，后升哨官，保送至北洋武备学堂工兵科学习。毕业后分配到小站，被任为工程营队官；北洋扩军后历任营长、协统等职。民国后历任旅长、全国讲武堂堂长。鲍贵卿与张作霖同年同籍，后又结为儿女亲家，故在袁死后，归附于奉系。历任黑龙江督军兼省长、吉林督军、陆军部长、中东铁路督办等职，退职后在天津作寓公。

何宗莲 (1864—1931)，字春江，山东平阴人。北洋武备学堂毕业生，小站练兵时任左翼步队二营队官、统带；北洋扩军后历任左翼翼长、北洋陆军第一镇统制等职。民国后历任陆军第一师师长、察哈尔都统、大总统府侍从武官、将军府弼威将军等职。

李长泰 (1862—？)，字阶平，直隶武清人。北洋武备学堂毕业，小站练兵时任工程营队官；北洋扩军后历任北洋陆军第六镇统制、大名，冀南镇守使；民国后任陆军第八师师长。袁死后归附皖系，曾参加讨伐复辟，任东路讨逆军副司令；后任北京步兵统领，晋封为“泰威将军”，1919 年去职后寓居天津。

商德全 (1863—？)，字子纯，直隶天津人。毕业后，留学德国学习炮科。小站练兵时任炮队三营队官兼随营炮兵学堂教官；北洋扩军后历任北洋陆军第六镇统制，吴淞、南京、江阴诸炮台统领。民国后历任北京清河陆军军官学校校长、天津镇守使兼陆军第五混成旅旅长，袁世凯死后归附直系。

王英楷，字绍宸，奉天人。北洋武备学堂毕业，小站练兵时任执法营务处总办，是袁小站练兵时的骨干。后历任北洋陆军右翼翼长、督练公所总参议、北洋陆军第二镇统制等职。

吴金彪，字荫卿，江苏无锡人。北洋武备学堂毕业，小站练兵时任左翼步队一营队官；北洋扩军后历任九江、赣东镇守使。民国后曾任江西军务帮办，被封为“度威将军”；袁死后归附直系。

马龙标(？—1927)，字锦门，山东人。北洋武备学堂毕业，小站练兵时任右翼步队二营队官；北洋扩军后历任北洋陆军第二、第五镇统制。民国后历任山东护军使、北京军警督察长、将军府恒威将军等职。

张永成，北洋武备学堂毕业，小站练兵时任哨官；北洋扩军后历任营长、协统、北洋陆军第五镇统制等职。民国后任陆军第十一师师长、将军府绩威将军。

王金镜(1861—？)，字耀庭，山东武城人。北洋武备学堂毕业，小站练兵时任右翼步队二营队官、帮带，后历任标统、协统。民国后任陆军混成旅旅长、第二师师长、将军府将军等职。

靳云鹏(1877—1951)，字翼青，山东济宁人。小站练兵时由士兵升任哨长，随即被选入炮队随营武备学堂第一期学习，毕业后留任教习。后历任北洋军政司(后改为北洋督练公所)参谋处提调、浙江新军标统、陆军第十九镇参议。云南新军举义时逃回北洋，任第一军参赞、第五镇统制。民国后历任陆军第五师师长、山东都督、将军府果威将军。袁世凯死后归入皖系，与徐树铮同为段祺瑞手下大将，曾任总统府侍从武官长、参战督办处参谋处长、陆军总长、国务院代总理、总理、陆军上将等职。

袁世凯招徕淮军旧将以为号召，任用武备学生作为骨干，在此二者之外，其小站新军的班底中，还有一重要成分，可称之为“文治派”，主要由其幕府人员组成。幕府者，衙门也。身处幕府中的办事之人，即为幕僚。在古代是不食公家俸禄，而依靠幕主开支生活的顾问、参谋和文案人员。其与幕主的关系，在师友之间，合则留，不合则去，比起幕主的下属人员，身份要来得尊重。幕府之起源甚早，汉代的将领、官僚私人聘募的参军、记室之类的人员即是幕僚的雏形。唐代以后，幕府大为盛行，成为官僚系统之外重要的行政辅助系统。明清以来，任用幕僚主持案牍公文，尤其成为官场的普遍现象，就像现实官场上离不开秘书一样。幕主有时亦有意委派幕僚办理公差，一来可以由此获得一份薪俸，另一方面也是为幕僚的出仕创造机会；差使办得好，幕主可代其申请褒奖，幕僚可由此获得实缺官职进入仕途。清代最为著名的曾国藩、李鸿章的幕府中，均罗致了大量的人才，因幕主之任用保荐，后来升任方面大员或六部九卿等高级官员者不下百人，传为一时的美谈。袁世凯的幕府人员中的不少人后来也做了高官，他们也是袁世凯的小站班底和后来的北洋集团中的重要一派。与上述军人集团相比，他们与袁的个人关系更为密切，完全以袁之个人利害为利害，是袁身边的顾问和智囊。现将这一派中的主要人物简介如下。

徐世昌(1855—1939)，字卜五，号菊人，直隶天津人。其祖上亦为官宦世家，祖、父均任官河南，因而迁居河南汲县。到了徐世昌这一代，早年失怙，家道已经中落。徐年轻时靠做私塾先生谋生，初无大志，一心走科举入仕的路子。“朋友们聚集宴会，饮酒之余各言其志。至世昌，说(自己)如果能中进士，当回河南做知县，若能做到杞县、太康(这类富庶县份)的知县，必以俸禄收入多请一些宾客。其志向不过如此[37]。”其时徐家贫乏资，坐馆教书收入又少，无力赴省城参加考试。1879年，徐世昌在睢宁(陈州)县署坐馆时，听说袁世凯在陈州办文社，为人急公好义，慷慨喜施舍，遂慕名往访。“正逢看门人外出，袁公正在仰山堂读书，徐公也不招呼主人，径直入室，袁公起立揖谈，互相倾服，遂订交。徐公无力入省应试，袁公助以川资，始克成行[38]。”徐世昌科举考试还算顺利，壬午年(即袁世凯随庆军赴朝平乱那一年)乡试，徐氏兄弟双双考中

图25　小站练兵时袁世凯的主要幕僚之一——徐世昌。

举人；四年后的丙戌会试，徐世昌得中进士，入翰林院为庶吉士，三年后散馆考试合格，授职编修。

然而徐世昌科场得意，仕途蹭蹬。当时对翰林院这些编修、检讨们有所谓八红八黑之分；“红”指那些经常得派外差、仕途得意者，“黑”则指不得上官意，没有机会外派差使，守着自己微薄的俸银艰难度日者。徐世昌就是“八黑”中的一员。近人张达骧的祖父乃徐世昌的座师、时任大学士兼军机大臣的张之万，徐在翰林院时，有很长时间寄居在张宅的后院。据张达骧追忆，徐之难以出头是因为当时任翰林院掌院学士的大学士、军机大臣李鸿藻对他观感不佳所致。

> 光绪十二年丙戌会试，徐成进士，入翰林院，三年考满，授职编修。这时李鸿藻为翰林院掌院学士，张之万为东阁大学士、军机大臣，两人均系徐的老师。徐借住在我家后院，经常往见两师。有一天，国子监祭酒王懿荣对李鸿藻说，“徐世昌是后起之秀。”李说：“徐世昌为人，虚矫过人。”以后有些权贵也传闻到这一段话。因此，徐世昌在翰林院九年，因受掌院不喜欢他的影响，连一个督学使者也没有得到，但徐、李两家的世交关系并未因此有所隔阂。编修是一个七品京官，俸禄很少，他三节对老师的贽敬[39]，仅能送二两银子，生活的清苦，由此可以想见。[40]

袁世凯回京后，徐世昌追随左右，曾与袁一道参与强学会的活动[41]。袁世凯赴小站练兵后，大肆延揽人才，知道徐收入菲薄，故于1897年奏请调徐为新军参谋营务处总办，主持袁世凯的幕府事务，月薪加公费计一百六十两银子，全年约两千两，远高于其翰林薪俸和坐馆收入所得。徐与袁早年为布衣之交，知袁有大志，待人慷慨，故虽有翰林的清贵身份，仍不惜降格以从。而袁世凯待徐也十分优容，徐在幕府，凡家中有事，来去自由。徐不谙军事，袁以顾问、高参视之，在营时除委以公牍文书外，还要他负责各随营学堂考试的阅卷工作，并根据新军训练的实际，将营制饷章、操典律条等汇编成书。据《徐世昌年谱》记载，徐在小站期间，先后为袁世凯辑录编纂成了两部书稿：《新建陆军兵略录存》和《新建陆军操法详晰图说》。

由于袁世凯的保荐，徐世昌得以道员记名候补。庚子事变时，北京陷落，徐世昌赴济南投奔时任山东巡抚的袁世凯，袁力促并资助其赶赴西安行在，投鹿传霖(鹿时任江苏巡抚，庚子事变时带兵北上护驾，深得慈禧好感，被任为军机大臣；徐曾在鹿家坐馆，教授鹿氏二子读书)、王文韶(随驾西安，当时任军机大臣兼翰林院掌院)等，由王引见于慈禧太后。慈禧于落难之中，对奔赴行在的官员多具好感，所谓“板荡识诚臣”是也。徐世昌由此“简在圣心”，仕途开始发达。北洋扩军后，徐历任练兵处提调、兵部左侍郎、会办练兵事宜大臣、军机大臣、督办政务大臣、民政部尚书等要职。1907年，东北改设行省，徐以钦差大臣兼东北三省总督，兼管三省将军事务，建节沈阳，将北洋的势力扩展至东北。二年后，徐回京任邮传部尚书兼津浦铁路督办大臣；次年徐再入军机，并被授予体仁阁大学士职衔。

袁世凯被黜退回乡后，徐依附于庆亲王，在“皇族内阁”中任协理大臣。其时，直隶、山东的北洋嫡系袍泽，多由徐代袁世凯暗中照料。徐并利用其阁员身份，将清廷内部军政和人事情况通过段祺瑞秘密带往彰德，与袁互通声气。所以袁世凯虽然乡居，对朝廷内部大事尽知无遗。

辛亥八月，武昌起义爆发后，徐与庆亲王力主起用袁世凯，并代表清廷赴河南洹上敦请袁世凯出山。袁世凯就任总理大臣后，任徐世昌为军咨大臣，凡重要公文均送徐处咨询意见，并与徐世昌、赵秉钧等共同演出了“逼宫”的双簧。清室退位后，徐名为照料，实则代袁世凯监视清室的活动。徐后来移居青岛，以遗老自居，但仍暗中与袁世凯保持密切联系。1914年，袁世凯废除总理一职，将国务院改为政事堂，请徐世昌出任国务卿(即总理)。次年袁改行帝制，徐虽不以为然，但并不劝阻，且积极为其出谋划策，后辞国务卿之职，被袁封为“嵩山四友”之一，许其不称臣，不跪拜，以示优容。袁世凯取消帝制后，徐复任国务卿。袁世凯病危时，将国事、家事托付于徐世昌等人。袁死后，徐送葬至河南，并代为主持分配家产。随即退居卫辉县，自示淡泊，暗中仍以北洋元老的身份调和各派之争。1918年，冯国璋死后，北洋各派一致拥戴徐世昌出山，由“安福国会”选他为大总统，是民国第四任大总统，也是出自北洋集团的第三位总统。徐表面上调和北洋各派，实际上笼络、操纵皖、奉两系，抑制直系势力的扩张，试图以平衡之术保持自己的权位。最后终于在1922年被曹锟、吴佩孚等逼迫下野，退居天津作寓公。

徐世昌与袁世凯结交最早，徐长袁四岁，袁一直以“大哥”相称，公私书信几十年不断。徐是袁世凯的主要军师和智囊，对袁之所为的不妥不慎之处，“恒诫之，虽不尽从，而交以益笃[42]。”袁世凯对徐之提携保举也不遗余力，他对徐世昌的褒语是：“公正笃诚，才识明练”，“遇事能持大体，不避劳怨，调和将士，抚驭得宜，全军翕然悦服。尤于时局要政，潜心考究，志切澄清，故以儒臣而晓畅军情，洞达世务，迹其神明内敛，局干隐然，洵称远到之器[43]。”

阮忠枢(1867—1917)，字斗瞻，安徽合肥人，出身于淮军将领家庭。1881年，阮忠枢赴京赶考，与北上投奔吴长庆的袁世凯邂逅于途中，二人一路盘桓，极为相得，遂结拜为兄弟。1889年，阮考中举人，投奔李鸿章。李以其出身于武人家庭而能为文，对阮极为器重，先后派他担任北洋水师学堂汉文总教习、北洋军械局总文案之职。甲午战争失败，李鸿章失势，淮系集团亦作鸟兽散，阮一度在北京李莲英兄弟家做私塾先生。袁世凯在京期间，靠阮之引见得以结识李莲英。

袁被派赴小站督练新军后，阮忠枢也投奔小站，任幕府文案。众多文案中，唯阮忠枢的稿子最当袁世凯之意，“入幕不长时间，大倚任之，新军军制饷章、文牍机务皆出其手[44]。”关系既老，文章又好，所以袁世凯对阮极为优容。比如，袁世凯最厌恶人吸食鸦片，其所定军纪，对士卒在营内吸食鸦片者，一经发现，即予以极为严厉的处斩刑罚。但阮忠枢烟瘾极大，每天下午3时以后方能起床办公，袁对此既不责备，也不限制。在向朝廷保荐阮的评语中，袁给以他很高的评价，说他“才长心细，学博识优，平时留心时务，遇事义理自持[45]”，“考求东西政术，遇事覃精研思，发抒谠议，类皆确有心得。其办理紧要事件，竟委穷源，洪纤毕举，飞书草檄，赞画独多[46]”。屡经袁世凯的提携保荐，阮以一幕府文案一直做到二品衔的分省补用道，以至1908年有机会简任顺天府丞的实缺时，阮都不愿意就任，说是该职“一年所收入的五百两，仅抵得上幕府中一个月的薪金”。经袁世凯的极力说服，并允诺照常致送幕金后，阮才勉强同意赴任就职。

阮忠枢后来官至邮传部侍郎，终其一生对袁世凯忠心耿耿。武昌起义后，阮受命清廷，两次赴彰德请袁出山，袁复出后，阮一直追随其左右。袁世凯图谋帝制时，将原总统府秘书厅改为内史厅，委派阮作内史监(即秘书长)，仍负文案之总责。

田文烈(1858—1924)，字焕亭，湖北汉阳人。贡廪生出身，曾在朝鲜仁川理事府任文案，与袁世凯相识很早。后调北洋水师学堂任教习。小站练兵时为袁世凯罗致入幕，一直担任文案工作。北洋扩军后，田历任北洋督练公所总参议、兵备处总办、直隶巡警道、通永镇总兵、陆军部副大臣等职。民国后历任总统府军事顾问，山东、河南民政长、会办军务，河南都督、巡按使等职，被授予陆军上将军衔。袁世凯死后，曾出任农商部总长、内务部总长。

小站时期，在袁世凯幕府任文案、幕僚的还有言敦源、沈祖宪、吴笺孙、陈燕昌、萧凤文等人。

还有个不能归入上述三派之内的人物，就是后来因搞逊清复辟而出名的张勋。张勋(1854—1923)，字绍轩，江西奉新人。“少无赖”，曾为匪盗，后投军，在中法战争中因作战勇敢被擢升为军官。《现代人物小传》记载有一则故事，颇可见其无赖光棍性格：

> 有荐之广西提督苏元春者。元春给以两万金，命其赴上海订购军装。到了上海后，(他)却天天狎游，没多少日子就将钱花光了。有人劝其逃跑，他却说，若如此，就不像个男人了。竟然回了广西，自缚见苏，请其军法处置。元春奇之，佯为震怒，令下狱等候正法，暗中却派人放了他，且写信推荐给袁世凯。世凯喜欢他的勇气和豪迈，令(其)管带亲军。[47]

图26　小站练兵时投靠袁世凯的张勋。

此则逸事并不准确，但颇可见张氏做事鲁莽、不计后果的个性。张勋实际上是北上投奔了淮军，成了毅军宋庆的部下并随毅军参加了甲午战争。战后他在毅军中混的不得意，遂转投袁世凯，被任命为工程营统带，后又转任督练处的中军官，统率袁世凯的护卫亲军。后随袁世凯赴山东，任武卫右军先锋官兼巡防营帮带，在镇压当地义和团运动时十分卖力，大受袁世凯的好评，称其"胸富韬略，有胆有识，血性忠勇，精悍绝伦"；说他"每到一处，必先规划形势；每动一着，总能制贼于死命。往往以寡击众，屡立奇功，声威烂然，士民交颂。平时抚驭卒伍，亦能恩威并济，众人乐为所用，有古名将之风[48]。"

为此，1900年慈禧和光绪自西安返回北京时，袁世凯特派张勋率部"迎驾"，并一路护送到北京，使张大得慈禧的赏识，特命其护卫颐和园。张勋由此结交了桂祥(慈禧之弟)和李莲英等太后身边极有势力之人，不仅使袁世凯有了交通宫禁的便捷通路，张勋也由此官运亨通，数年之内由统领、总兵直升至提督。1903年，东北改建行省，钦差兼三省总督徐世昌特调张勋为东三省巡防营翼长，将北洋势力扩展到了东北。此后，张勋历任江南提督、会办长江防务大臣、江苏巡抚、两江总督兼南洋大臣等要职。武昌起义时，张勋在南京顽固抵抗革命军的进攻，兵败后退至山东兖州，仍反对南北议和，经徐世昌运动后表示，宫保(袁世凯曾被清廷封为太子少保，宫保是对袁的尊称)在，从宫保；宫保不在，仍从旧朝。民国成立，张勋及其所部军队全都不剪发辫，时人称之为辫帅、辫军。张勋原也是个行伍出身的老粗，"发达后才开始练习写字。坐镇徐州时，令幕僚按日讲授历史故事两则。常常对人说，民国二字不见于史册，我必摈弃之而归附大清[49]"，反映了他愚忠的顽固心态。

"二次革命"时，张卖力镇压，攻陷南京，被袁世凯任命为江苏都督、长江巡阅使，授予"定武上将军"衔。袁死后，张于徐州召集各省督军会议，组织督军团，亟谋复辟。1917年6月，借口调解"府院之争"，提兵北上，不顾北洋各派的劝阻，一意孤行，于7月1日凌晨拥立溥仪"登极"复辟[50]。张勋被封为"忠勇亲王"、议政大臣。其北洋旧友遂组织讨逆军誓师于马厂，7月12日攻入北京，"辫军"作鸟兽散，张逃入荷兰使馆避难。徐世昌任总统后予以特赦，并任命他为热河屯垦督办，但慑于舆论的反对，张蛰伏于天津作寓公直至病故。

综观小站班底的构成，可以看出袁世凯使用人才的方式，与历史上的枭雄人物如出一辙。他所罗致的人物，上至翰林，下有老粗，既有军校学生，亦有出身贩夫走卒者。如此不同流品之人才都能汇聚于他的旗下，甘受驱策，并在很长时间内结成一紧密的团体，必与袁世凯的领袖素质和个人魅力相关。具体而言，我们来看他的用人：不分地域，不拘资格，不限流品，不计亲疏，兼收并蓄，唯才是举。非抱负远大，魄力深沉者难于施行此种用人方式，袁世凯之领袖素质，此其一。

翻开中国历史，凡雄才大略之领袖人物，在用人上都有此特点。汉武帝刘彻的时代，文治武功盛极一时，即在于当时各类人才都能得以施展。班固在《汉书》中称“汉之得人，于兹为盛”，而所以能够如此，亦在于武帝不拘一格的用人观：“盖有非常之功，必待非常之人。故马或奔踶而致千里，士或有负俗之累而立功名。夫泛驾之马，跅弛之士，亦在御之而已[51]。”又如三国时的曹操，于天下大乱之际，扫平群雄，统一中原，人称其为“治世之能臣，乱世之奸雄”。他的用人观是：“若必廉士而后可用，则齐桓其何以霸世！今天下得无有被褐怀玉而钓于渭滨者乎？又得无盗嫂受金而未遇无知者乎？二三子其佐我明扬仄陋，唯才是举，吾得而用之[52]。”曹操不愧是英雄，能够坦白自己对人才的真正看法，并举实例加以说明。齐桓公是春秋时期先后成就霸业的五国诸侯中的第一位，他之能够“九合诸侯，一匡天下”，全在于他所任用的宰相——管仲的作用。曹操首先举出齐桓公的例子，鲜明地表现出了他的人才观：唯才是举而不必非用道德品质好的人。何以见得呢？因为管仲就个人品德而言，是有缺陷的。

中国有句流行至今的俗话，叫作“人生难得一知己”，确是千古不易的箴言，而其典故就出自管仲。人之一生，可以有很多朋友，可以有无话不谈的朋友，可以有患难与共的朋友，但很难有真正“知己”的朋友。一般测试交情的深浅，用金钱即可。譬如你可以试着向你所认为的朋友开口借一笔数目较大的钱，看他的反应如何，一般情况下，对方会依自己与你交情的深浅采取三种态度：拒绝或借辞推托，详细询问钱的用途并在按期还款有保证的条件下借钱给你，不问缘由马上借钱给你并且不限定还款期限。第三种应该是你很好的朋友，他对你的关系建立在充分信任的基础之上。但这离“知己”还差得很远。那么什么样的交情能称为知己，我们来看一下《史记》中记载的管仲的故事：

管仲夷吾者，颍上人也。少时常与鲍叔牙游，鲍叔知其贤。管仲贫困，常欺鲍叔，鲍叔终善遇之，不以为言。已而鲍叔事齐公子小白，管仲事公子纠。及小白立为桓公，公子纠死，管仲囚焉。鲍叔遂进管仲。管仲既用，任政于齐，齐桓公以霸，九合诸侯，一匡天下，管仲之谋也。

管仲曰："吾始困时，尝与鲍叔贾，分财利多自与，鲍叔不以我为贪，知我贫也。吾尝为鲍叔谋事而更穷困，鲍叔不以我为愚，知时有利不利也。吾尝三仕三见逐于君，鲍叔不以我为不肖，知我不遭时也。吾尝三战三走，鲍叔不以我为怯，知我有老母也。公子纠败，召忽死之，吾幽囚受辱，鲍叔不以我为无耻，知我不羞小节而耻功名不显于天下也。生我者父母，知我者鲍子也。"[53]

从这个故事中我们看到，两人一起做买卖，得利后管仲自己多分；在战斗中途多次开小差；主辱臣死，公子纠败死后，管仲非但没有像同为辅佐的召忽一样殉死，反而苟且偷生；等等。不仅在古代，就是今天也会被视为道德上的瑕疵。特别是管仲在辅佐公子纠时，曾一箭射中公子小白（即后来的齐桓公）帽子的带钩，差点要了他的性命。如果不是鲍叔牙的全力保荐，管仲可能连性命也难保，更不用说被拜封为宰相，辅佐齐桓公成就霸业了。在朋友一而再、再而三地作出对不起自己的事情之后，鲍叔牙不仅不记恨、揭露和责备管仲的不是，反而站在朋友的立场上予以谅解和包容，并每每在人生的关键时刻给朋友以全力的支持。所以管仲不把自己的成功归于齐桓公的重用，而是归结为自己有鲍叔这样一个知己。"生我者父母，知我者鲍叔也"，这就是传为千古美谈的"管鲍之交"，也是"知己"的出处和由来。"知己"的本质实际上就是儒家所讲求的"恕道"，即孔子所说的"己欲立而立人，己欲达而达人"，"己所不欲，勿施于人"。如果一个人能够设身处地地站在对方的立场上对朋友的作为给以谅解、同情和包容，特别在对方做了对不起自己的事情时也能如此，而且贯彻终生，他无疑具备"知己"朋友的资格。然而，即使在质朴的农业社会，具有这种修养和情操的人也是太少了。今天的商业社会以追求利益为中心，所谓"天下熙熙，皆为利来；天下攘攘，皆为利往"，人与人间的关系中充满了功利的计算和交换，所以“知己”在今天的社会中就真是凤毛麟角，少之又少了。不信，掰着手指算算你朋友中可有鲍叔这样的人！万一真有这样的朋友，那你可一定要珍惜了。

现在回到曹操的用人观上来。曹操说，求全责备，只把没有品行瑕疵的“廉者”，作为用人取舍的标准，齐桓公就成不了霸业，因为管仲是品行有缺陷的人。其中的用意很明显：品德不是他取用人的标准，反之他要“唯才是举”，特别是在“天下尚未定，此特求贤之急时”，更要如此。他接下来又举了陈平的例子。陈平与张良，是辅佐汉高祖刘邦打天下，“运筹帷幄之中，决胜千里之外”的著名谋臣。但陈平自小就名声不好。楚汉相争时，他通过魏无知的引荐，投奔到了刘邦那里，被封为都尉，地位反在那些征战多年的将领之上。陈平年纪轻轻的就受到如此重用，引起了一班老臣的嫉恨，于是都到刘邦那里中伤他。司马迁在《史记》中记载了这段故事。

> 绛侯、灌婴等咸谗陈平曰：“平虽美丈夫，如冠玉耳，其中未必有也。臣闻平居家时，盗其嫂；事魏不容，亡归楚；归楚不中，又亡归汉。今日大王尊官之，令护军。臣闻平受诸将金，金多者得善处，金少者得恶处。平，反覆乱臣也，愿王察之。”汉王疑之，召让(责备)魏无知。无知曰：“臣所言者，(才)能也；陛下所问者，(品)行也。今有尾生，孝己之行，而无益处于胜负之数，陛下何暇用之乎？楚汉相距，臣进奇谋之士，顾其计诚足以利国家不耳。且盗嫂受金又何足疑乎？”汉王召让平曰：“先生事魏不中，遂事楚而去，今又从吾游，信者固多心乎？”平曰：“臣事魏王，魏王不能用臣说，故去事项王。项王不能信人，其所任爱，非诸项即妻之昆弟，虽有奇士不能用，平乃去楚。闻汉王之能用人，故归大王。臣裸身来，不受金无以为资。诚臣计画有可采者，愿大王用之；使无可用者，金具在，请封输官，得请骸骨(辞职回乡)。”汉王乃谢，厚赐，拜为护军中尉，尽护(管)诸将。诸将乃不敢复言。[54]

与嫂子私通，收受下级的贿赂，即使在今天，也是很恶劣的品质了。但楚汉相争，刘邦的实力本来就不如项羽，他能得天下，全在于他能得人才，善用人才，像韩信、陈平这类起关键作用的人物，全是从项羽那里跑过来的。即魏无知所言，此时刘邦所要考虑的首先是“能”，而非“行”；这时计较什么品行问题，韩、陈这类人就留不住。所以曹操申明自己用人的主张：像卞和、姜子牙那样志节高尚的人，像陈平那样负有“盗嫂受金”污名的人，我这里都是兼收并蓄，唯才是举的。袁世凯有“曹操”的外号，在用人观上也与曹操是一致的。

事实上，鸡鸣狗盗有鸡鸣狗盗之用，贩夫走卒有贩夫走卒之用，博学大儒有博学大儒之用，正人君子有正人君子之用。人才确是难以一概而论的，关键在于如何驾驭、使用，也就是汉武帝所说的“泛驾之马，跅弛之士，亦在御之而已”。

袁世凯结交、驱策人才的手段也是十分厉害的。结之以恩义，厚之以爵禄，威之以刑杀，历来是专制政体下控驭下属的惯用方式，袁世凯自然不能例外。但袁在运用这些手段时，不仅自如，而且极富个人魅力，有常人所不能及者，是韦伯所说的“卡里斯马[55]”式的人物。袁世凯的领袖素质的表现，此其二。

下面举几个实例来说明袁接人待物的风格。前面我们曾提到过袁世凯的亲信幕僚阮忠枢，两人在进入仕途之前即为布衣之交，阮有文才，入幕府之后，不仅在公事上倍受倚重，对其不良嗜好(如吸大烟、迟睡晏起等陋习)袁世凯也予以优容，在生活上，袁更是无微不至。袁静雪在《我的父亲袁世凯》中讲到其父与阮忠枢的关系时，曾披露这样一则故事：

> 他们两人是老朋友，他对阮是另眼相看的。有一天，阮忠枢向我父亲说，他在天津某妓院里认识了一个叫作小玉的妓女，他们两人感情很好，想纳小玉为妾。我父亲当即说，这是有碍军誉的事情，严正地当面驳斥了。阮忠枢觉得，这既是关系军誉的大事，长官不准，也就只好作罢。过了不久，我父亲说是到天津有公事，邀阮忠枢一同前往。下车后，天色已晚，我父亲便邀他先去看一个朋友。他们走进一个院门，看到屋子里铺设得异常华丽，堂上红烛高烧，并且还摆着一桌丰盛的酒席。及至进入里屋，便见一个丫头一面喊着“新姑爷到啦”，一面又从里间屋里搀扶出一个新娘打扮的俏丽佳人。阮忠枢当

时不明所以，真个是如入五里雾中。及至细细一看，才知道便是自己所要娶的那个小玉。原来，我父亲在阮忠枢和他商议之后，就秘密地派人给小玉赎身。等到把事情办理妥帖了，他才引阮忠枢一同前来。从此，阮忠枢更加忠实地给我父亲效劳，一直到洪宪帝制时期，还是始终如一的。[56]

这就是“结之以恩义”的一个实例。对老友如此，对与自己并无渊源而在政治上有用的人，也是如此。林长民(1876—1925)，字宗孟，福建闽侯人。清末主张立宪，曾任福建谘议局书记长。辛亥革命时，响应起义，任福建都督府外交部长，南京军政府成立时被黄兴任命为陆军部秘书。民国后当选国会议员，与梁启超等共组进步党，后任参政院秘书长。林的政治立场是反国民党的，袁世凯对他和梁启超等笼络有加。林的父亲住在上海，时患重病，林因须赴沪探病，前往总统府请假。袁世凯知道此事后，演出了一场精彩的好戏：

(总统)极致殷勤，命车送人参鹿茸皮货诸珍之属约值二三千金，俾为老人颐养。林至沪不二旬，乃翁病殁，循例发讣，并撰哀启，以告于袁，袁赙赠银三千元。长民治丧毕，入都销假，至新华宫稽颡致谢。袁氏扶起慰藉，背诵林氏哀启，自始至末，随诵随流涕，一语不遗。长民惶悚，伏地叩颡不已。袁氏复拭泪扶而送之。长民自此于参政院惟袁氏之颐指气使矣。林氏尝密语人曰：“以日理万机者而于极不相涉之哀启，强记而面诵之，其责望于我已达严重之极点，不从之，即取我命矣！”[57]

袁世凯此等作为，是常人难以做到的。对一些可能只有一面之交的后生小辈，袁也决不忽视，总能使对方有知遇之感，留下良好、深刻的印象。1907年，袁世凯被调升为军机大臣兼外务部尚书。当时有条不成文的规矩，凡新调任进京的官员照例要逐一拜会京都的老资格京官，袁世凯自然是老于此道。一天，他来到一满族官员增崇（字寿臣）家拜访，增崇叫出自己的儿子察存耆见客。察存耆当时还是个孩子，他回忆自己见袁世凯的情形如下：

一进门，我走了几步，随即向前抢行到袁世凯跟前，认认真真地给袁世凯请了个安，叫一声“大爷”(“大爷”也是旗人中称呼比较亲近的人的敬语，对汉员则应当称“老伯”“太世叔”等等)。转瞬间，只见袁世凯闪电似的离了他的客位，也照样抢前几步，对我还安[58]如礼，口中还连说“不敢、不敢”。他这样的举动，大出我意料之外。当时我父亲忙说：“小孩子，小孩子，大哥太客气了。”袁世凯紧紧拉着我的双手，连声说：“老弟好！老弟好！”半侧着脸用炯炯的目光看着我，同时又半侧着脸看着我父亲说：“老弟真英俊，真英俊。”又回过头去对我父亲说：“让我们先谈一谈。”我父亲当然便不再言语。原来那时的习俗，尤其在官场里，若要同人家子侄说话，并不直接问本人，而要先向其长辈说明，再由其长辈命其好好回禀，然后才由其本人恭恭敬敬地一一作答。这时袁世凯便问我：“经书都读过了吧？”我说：“现在才读《周礼》，《易经》还未读。”袁世凯说：“读经是要慢慢地读的，不可太快。”又说：“老弟需要些什么书，我可以给送过来。”我当时想，我们旗人太不讲究读书，不可叫他小看了，我要显显我的志气，也给我父亲听一听，就回答说：“为将来考学堂，目前正预备学堂的各门功课。现用的教科书，只是上海文明书局出版的几种，似是有点不足。”袁世凯说：“好，好。明天我就给送过来。”他一面说一面看着我父亲，很郑重地对我父亲说：“世兄真聪明，好得很，好得很！打扰老弟用功。”于是我父亲对我说：“你回书房去吧。”我便退了出来。

我一面走一面想，袁世凯张口老弟，闭口老弟，给我还安。这可一点也不像我所见过的那些汉员如王文韶(大学士)、鹿传霖(尚书)那样的神气。我见王文韶时，给他一揖到地，他连座位都不离，手里的水烟袋也未放下，只是半起半坐，歪歪扭扭地拱一下手就算还礼，我对王文韶那种倚老卖老的傲慢神气很不高兴。我对老师陈述了方才见袁世凯的情况。老师是旗人，听了之后也连声说：“瞧瞧人家，这才真正是干才。要是多有几个袁世凯，中国何愁不强！”老师停了一下，接着又说：“可是外边都说袁世凯居心叵测，也许和曹操一样，治世之能臣，乱世之奸雄，可也真说不定啊。”

第三天的中午，我刚下早学，就看见门房的院子里摆着五个木板箱子……门房的人对我说：“袁大人差片[59]给少爷送书。”我一看那张大红名帖上的“袁世凯”三个字上，又加了墨笔写的“世愚弟”三个小字。打开书箱一看，其中有天文、地理、经济、政治、音乐、教育，以及兵法、军事、哲学、法律、国际公法、伦理等各种东、西洋学说的译本，还有多种教科书，真是种类繁多，不胜枚举，而且都是京师大学堂所编辑，直隶或湖北官书局出版的。[60]

袁世凯奖掖青年，提携后进，在当时是出了名的。也是在任军机大臣时，清朝推行新政，开始大量任用留学归国的人才，留学生回国后要到军机处引见。当时的军机处，领班是庆亲王奕劻，再有就是那桐、世续等满人，汉大臣只有张之洞、袁世凯二人。袁之风格与其他大臣迥然不同，“一同出入袁必随行在后，到门袁必头前打帘，表示谦恭。各国留学生归国往见军机，本已在国外剪发，必须在帽子上系上假辫子。见面伏地叩头，其他三人毫不理睬，袁必鞠躬伸双手，表示接受还礼[61]。”

据黄炎培说，袁世凯“长于记忆，某人一为所见，某事一为所闻，类能终身不忘。故各省官吏入见时，一语及所在省区人物或政事，袁谙熟之程度，往往过于所在地官吏。故人多惮之[62]。”如，辛亥革命时，陕西新军响应，陕西光复后，年仅二十余岁的张钫[63]被任命为革命军东路司令。张为河南人，到京办事时，袁借同乡关系加以笼络，除请客、送钱这些老套外，还多次接见，勉励有加。据张钫回忆，袁与他谈话时“辞色温和、洒脱，很有魔力”。

他让我坐下后先问：“你和张都督(即陕西都督张凤翙)谁是铁门人？”我答：“我是铁门人，张都督的老家是怀庆。”他说：“我二十岁来往陕西，经过铁门住过两宿，还记得店在路南，街东有河，两山对峙，形势和风景都很好。”我当时惊讶这个老家伙记忆力真不错，说的全对。他接着又谈他幼时经过豫陕时所见到的肴函之固、潼关之险、关中倚山带河的形势以及周、秦、汉、唐的遗址古迹，甚至比我知道的都详细。他接着又问："令尊是哪一科？是不是与张五先生、王肖庭先生同年？"我答："是的。"他又问："你是保定几期？与世琦(袁的族弟)、殿宇(袁的族侄)同期吗？"我答："同期。"同时我心中暗想，他日理万机，怎么对我家的琐细事都知道的这样清楚！接着他又渐渐谈到河南家乡风俗的淳厚、生活的俭朴、食物的可口以及河南人的好友尚义等等。

……正事说完，袁又问我："你今年多大啦？"我答："二十七岁。"袁哈哈大笑说："去年才二十六岁，竟能统率大军，独当方面，总算不容易。"袁沉吟了一下，面色忽变严正，对我说："有三句话你可愿听？"这时江朝宗以目示意，我连忙立起说："愿受教诲。"他说："一不要急着升官，二不要贪钱，三要多读书。"接着他又对这三句话解释说："二十几岁就做到这样高的军职，对一个青年来说，不算好事，因为学问阅历都不够，容易出乱子。钱多不但害身，而且堕志。多读书可以增学问，是事业根本。"……[64]

袁世凯之所以对青年后进人才奖掖提携不遗余力，是因为他有一套独特的用人观。他常教导部下要分别掌握四种人才，"一是现用的，二是备用的，三是储用的，四是培用的[65]"。而袁之注重储备培养人才，则在于他有做大事的雄心抱负，实现这种雄心抱负，离不开方方面面、源源不竭的人才，所以他的人才观具有前瞻性。说袁世凯有领袖素质，此其三。

一个人能否做大事，只须看追随、汇聚在他身边的人才便可判定；而他罗致人才的能力，又取决于他的事业、局面的大小。比如你现在做到了处长或是个小老板，如果你安于现状，不思进取，不能做大现有的局面或事业，你的部下只能停滞在科长、股长或部门经理的位置上，他们能否继续追随你，就很成问题，更不用说罗致外部的优秀人才了。因为他们会觉得，跟着你干没有奔头，俗话说的"水浅养不住大鱼"，讲的就是这个道理。社会中一般人为人处世没有什么主义，古代人追求的是荣华富贵，现代人追求的是成功，其本质没有什么不同。所以一般情况下，人与人之间皆为一种功利的结合。你能为别人提供施展和成功的机会，就不怕没有人才追随，你的事业和局面越大，所能提供的机会就越多，凝聚人才的能力也越强。

袁世凯深通此理，小站练兵伊始，他就不以朝廷给他的七千编制为满足。但在专制政体下，他又不能暴露自己的抱负雄心，而是必须行之以韬晦。从本章上呈督办军务处的函禀中，尽管他完全从技术层面谈编制不够的问题，但我们仍可以看出隐藏于其后的用心[66]。函禀先细陈西方的军制、阵法，及按此军制阵法练兵所需的编制人数，不算炮兵、骑兵和工程兵，光步队就应有一万二千人之数。而给他的七千编制中还包括了马、炮、工程等兵种的两千人，远远不足西法练兵所需人数。当然，袁世凯承认“人数太多，需饷太巨，势亦有所难行”，只能将就现有编制“先行试练，俟训练就绪，简拔多才，再随时添募扩充，增足一万二千之数”，为自己日后扩充实力，留下了伏笔。

此后的袁世凯，抓住了每一个可以用于扩充实力的机会。比如，在任山东巡抚时，借口镇压当地义和团的需要，裁撤整编了本地的巡防营，精壮者并入自己的武卫右军(即小站练兵时的新建陆军)；又借口部分军队北上勤王，省防空虚，使朝廷将张之洞、刘坤一编练的自强军并入北洋，其武卫右军由此扩充到近两万人。庚子事变后，武卫中、左、前、后各军均溃散，只有袁世凯这支武卫右军，因置身事外而完整保存了下来。八国联军退走后，因国防空虚，清廷责成袁以直隶总督、北洋大臣编练新军，袁又将武卫右军改为北洋常备军，分为三镇，扩编到二万五千人。日俄战争爆发，为防战争危及京畿，袁又以朝廷的名义将北洋陆军扩编至六个镇，兵力达八万人。除第一镇由满人铁良统率外，其余五镇均为袁之嫡系，各级将领均为小站出身。

小站练兵时，袁世凯的军力约为一个师，其部下分任翼长(团)、统带(营)、管带(连)等中低级军职；北洋扩军时，这批人随之升任为统制(镇，相当于师长)、协统(协，相当于旅长)、标统(标、相当于团长)等中高级军职。文职人员则升迁更快，由知县、知府、道员直升到各部的尚书、侍郎和地方上的封疆大吏。而到民国前后，袁世凯出任军机大臣、总理大臣和总统期间，这批人更是水涨船高，上至总统、总理，下至总长、各省的督军、省长，就是最不得意者，也都做到了将军、师长的位置。

然而以势利交者，终以势利而败；到了没有更多爵禄可给之时，内部的矛盾和积怨即难以调和。袁世凯死后，他一手培植的、建立在小站班底之上的北洋集团的团结亦告瓦解，分崩离析为军阀之间的混战了。没有共同理念的团体是没有持久的生命力的。

注 释

1. 转录自《北洋军阀》(一)，第21页。
2. 《容庵弟子记》卷二。
3. 《翁同龢日记》(五)，第2851页。
4. 《北洋军阀》(一)，第37—38页。
5. 同上，第336页。
6. 张国淦：《北洋述闻》，第73页。
7. 转引自李宗一《袁世凯传》，第41页。
8. 郑曦原编：《帝国的回忆——纽约时报晚清观察记》，第215—216页。
9. 《北洋军阀》(一)，第128页。
10. 同上，第138—143页。
11. 《容庵弟子记》卷二。
12. 袁静雪：《我的父亲袁世凯》，《文史资料选辑》第74辑，第128页。
13. 《北洋军阀》(一)，第38页。
14. 同上，第45—46页。
15. 同上，第150页。
16. 领催，八旗兵制，每一牛录(相当于营，三百人)设牛录章京(汉名佐领)一名，下设领催五人，相当于排长。
17. 唐在礼：《辛亥以后的袁世凯》，《文史资料选辑》第53辑，第195页。
18. 《现代名人小传》(下)，中国书店版，第21—22页。
19. 《袁世凯奏议》(上)，第11页。
20. 同注18，第50页。
21. 《袁世凯奏议》(下)，第1297页。
22. 同上(中)，第819页。
23. 费行简：《现代名人小传》(下)，第32页。
24. 张一鲒：《心太平室集》卷四，第14页。
25. 费行简：《现代名人小传》(上)，第31页。
26. 同上，第30页。
27. 同上，第17页。
28. 张一鲒：《心太平室集》卷四，第15页。
29. 费行简：《现代名人小传》(上)，第27页。
30. 同上，第27—28页。

31. 费行简：《现代名人小传》(下)，第50页。
32. 《袁世凯奏议》(下)，第1285—1286页。
33. 费行简：《现代名人小传》(下)，第52页。
34. 同上，第75页。
35. 同上，第76页。
36. 同上。第45页。
37. 费行简：《现代名人小传》(上)，第13页。
38. 沈祖宪、吴罡生：《容庵弟子记》卷一。
39. 三节，当时京官俸禄之外，没有其他收入，所以地方官对京官，下属对上司，学生对老师，逢年过节，总要送些节敬红包，称为别敬、节敬、炭敬(即今天之煤火费)，作为补贴生活所用的灰色收入，久而久之，成为一种人情往来的风气和陋规。
40. 张达骧：《我所知道的徐世昌》，《文史资料选辑》第48辑，第217—218页。
41. 《徐世昌年谱》乙未(1895年)八月记有“与袁慰廷、康长素诸君在嵩云草堂议开书局”事。《近代史资料》第69号，第17页。
42. 费行简：《现代名人小传》(上)，第23页。
43. 《袁世凯奏议》(上)，第283页。
44. 参见李宗一《袁世凯传》，第57页。
45. 《袁世凯奏议》(中)，第554页。
46. 同上(下)，第1226页。
47. 费行简：《现代名人小传》(下)，第24页。
48. 《袁世凯奏议》(上)，第365页。
49. 费行简：《现代名人小传》(下)，第27页。
50. 《现代名人小传》第26页记其事曰：“既入京，元洪惧其势，下令解散国会。方议调停。一夕，饮于乡馆，酒酣归。适康有为至，怂以时不可失，其幕僚万绳緫言尤力，议遂决。时已午夜，突下令勒兵守九门，自率卫士叩宫门，拥宣统升殿，宣旨复辟。勋授政务大臣兼领北洋军事。耗传，(曹)锟等以其单独行动，有卖友意；祺瑞思借此复出，梁启超等鼓之走马厂，誓师陈光远军中，分三路讨张。勋卒仅五千，战于天坛，败绩。内城兵亦溃，逃入荷兰使馆，复辟事遂瓦解。后国璋北上就任(总统)，世昌为(张勋)调解于冯、段，祺瑞谓：‘绍轩我老友，安忍害之？’果听其居留荷馆。亘年余，世昌继任，始特赦之出。”
51. 《汉书·武帝本纪》
52. 《三国志·魏志·武帝纪》
53. 《史记·管晏列传》
54. 《史记·陈丞相世家》
55. 卡里斯马，德文charisma的音译，意为“超凡魅力”。德国著名社会学家韦伯用以表示一种传统的政治统治类型，即以领导能力(领袖人物的超凡魅力及追随者对他的认同)为基础的权力。
56. 袁静雪：《我的父亲袁世凯》，《文史资料选辑》第74辑，第129页。
57. 参见李宗一《袁世凯传》，第350页。
58. 清代汉族人相见，都是相揖为礼；满族人相见，则单屈一膝，低首俯身向前请安。察存耆向袁请安，袁亦用满族礼节回安，是相当尊重的表示。

59. 旧时官员命人拿着自己的名片去送东西或办事，叫作“差片”。

60. 察存耆：《袁世凯与奕劻》，《魂断紫禁城》，中国文史出版社2001年版，第189—191页。

61. 陶树德：《我眼中的几任直隶总督》，《文史资料选辑》第25辑，第119页。

62. 白蕉：《袁世凯与中华民国》，《近代稗海》(第3辑)，第9页。

63. 张钫(1886—1966)，字伯英，号友石，河南新安人。1909年毕业于保定陆军速成学堂炮兵科，分至陕西新军任排长，同盟会会员。陕西光复时任秦陇豫复汉军东路司令、东征大都督；民国后历任第二师师长兼陕南镇守使、将军府中将参军、陕西讨逆军总司令、陕西靖国军副司令、河南代理省主席、国民革命军第二十路军总指挥兼第76师师长、第十二军团军团长、国民党中央执行委员、国民政府国策顾问、陆军上将。

64. 张钫：《我在反袁护国期间的经历》，《文史资料选辑》，第48辑，第66、69页。

65. 唐在礼：《辛亥以后的袁世凯》，《文史资料选辑》第53辑，第214页。

66. 但在其维新同志面前，他并不甚遮掩其不满。如维新派的徐致靖(其背后主使人则是康有为)在向光绪保举袁世凯的奏疏中就抱怨“惜所练之兵仅只七千，为数太少，兵力过单，虽曾奉旨添练数营，徒以饷无所措，不敢冒昧招募，是以迁延至今。该臬司尝言：‘假令西兵倍我，与之战，可胜；再倍我，亦可胜；若使数十倍于我，惟有捐躯效命而已。’言之慷慨泪下。”《戊戌变法档案史料》，第164—165页。

第八章

改良偏方

胶州湾事件引发瓜分危机，

变法维新声势再起。

袁世凯的变法条陈未被采纳，

却使他置身于政治漩涡之外，

塞翁失马，焉知非福？

图27　时局图。胶州湾事件引发瓜分危机后，爱国人士为警醒国人所绘，袁世凯干谒翁同龢时，所上即此图。

【导读】甲午战后，德、俄等列强以“三国干涉还辽”有功，向清政府索取报酬。清廷遂于1895年10月给予德国在汉口、天津开辟租界的权利。但德国并不以此为满足，提出“德兵船在华无埠(港口)不便，请中国或租或借，允划一地储煤屯船”。1896年12月，德政府正式提出租借胶州湾，为清政府所拒绝。次年，有两名德国传教士在山东巨野县被杀，巨野县属曹州管辖，故被称为“曹州教案”。德国以曹州教案为借口，于1897年11月4日出动兵舰强占胶州湾和青岛港。屡经交涉无效后，清廷被迫屈服，于次年3月6日签署了《胶澳租借条约》，使山东实际上成为德国的势力范围。这个先例一开，其他列强竞相跟进，纷纷胁迫清廷与之订约，强租沿海港口，争划势力范围。美国作为后来者，则照会诸列强，提出所谓“门户开放”政策，追求在中国市场上的“机会均等”。胶州湾事件及随之而来的瓜分危机，再次警醒了中国人，有识之士纷纷上书言事，直接促成了戊戌年的维新变法运动。袁世凯作为维新派的一员，自然不会例外，他在丁酉、戊戌之交，半个月内连续向光绪皇帝的亲信重臣翁同龢递交了两份说帖，提出自己对时局的看法和变法主张，希望翁同龢能将他的意见上达皇上。本章开头所选引文是第二份说帖，主旨是通过用人、理财、练兵三个方面，选择一省或数省做试点，自下而上、循序渐进地革新图强。与当时风头正劲的康有为等人不同，袁的改革主张具有务实、可操作性强的特点，改良主义的色彩更浓。可惜的是，整个维新变法运动从一开始就呈现出一种激进的态势，像袁世凯这类务实、理智的见解没能也不足以引起当朝政要的重视，而是很快淹没在激进求变的声浪之中。袁世凯也因此得以置身于政治漩涡之外，继续他编练新军的事业。“塞翁失马，焉知非福”呢？

致翁同龢论危机当前亟须变法图强说帖二[1]

(1898年1月15日)

续陈管见:

窃闻德案已结，胶澳议租，扰攘顿息，大局幸甚。惟闻英人有利益均沾之说，南洋各口未免可虑。或者俄英交相牵制，英未敢先发难端，尚可望其相安。然各国教士，布满内地，中国官民，多未谙悉洋务，稍有龃龉，动贻口实，借端寻衅，任意侵削；使不隐忍迁就，无以弭目前之祸，使徒遇事忍让，而夷情无厌，又不知伊于胡底。即或联与国、结强邻，冀得一时之安，而人终不能代我受祸。

查五洲万国政治法度，率皆随时变革，与日俱新。我中国地大物博，足资富强，乃独蹈常习故，因循泄沓，不克自振，揆时度势，终难自存。日本变法，雄称东亚，缅越守旧，渐就澌灭，近事之效，彰彰甚明。第于积重难返之秋，欲行改弦更张之事，疑信参半，殆不啻筑室而谋之道旁也。且上自庙堂，下逮各行省，欲于崇朝之间，尽革其深锢隐微之弊，亦知其难也。然中国目今情势，舍自强不足以图存，舍变法不足以自强，一国变可保一国，一省变可保一省。纵不能合朝野上下，一一舍其旧而图是新，而切要易行之端，要当及时。

而力求振作，似宜先遴饬二三忠诚明练督抚，姑参仿西法，试行变革，于用人、理财、练兵三大端，责其所为。不以文例相绳，不为浮言所动，期以年限，专其责成，俟有成规，再迅饬各省循法推广。今之疆臣，每曰用人为朝廷之责，理财为户部之责，练兵为将领之责，几若置身事外。以至近年来政治事权多归疆臣，疆臣不肯留心人才，秉公保荐，朝廷何得而用之？疆臣不肯清查税课，开源除弊，户部何得而理之？疆臣不肯筹饷造械，严刷陋习，将领何得而练之？该疆臣等身膺重寄，遇事诿卸，而事权又悉属其手，虽有良法美意，奉旨饬行，往往为其所持，无论庙堂如何忧勤，如何筹划，而卒归于无济。倘能严饬各疆臣，破其锢蔽之习，认真变法，实事求是，不出十年，可冀自强，五洲各国，谁敢蔑视？即或勋旧疆臣，未便摈弃，固可厚禄以养之，崇秩以荣之。至天下事非才不理，断不宜值此累卵之危，使膺国家之繁巨，而托诸优游之岁月，以至误国误民并误其身，得失利害，较然可见。

夫各国之所以富强者，不过用变法之人，行变法之政；我之所以贫弱者，不过用守旧之人，求变法之治。人与治殊，才与事违，以此望治，是欲南辕而北其辙也，必无幸矣。前陈管见，未尽欲言，故复续申其略。冒昧妄渎，曷任悚惶，伏乞垂览。

袁世凯到小站上任不过半年，就遇到了麻烦。先是，御史彭述奏劾各军营近来有军官层层盘剥，克扣军饷的弊端，引起了光绪皇帝的震怒。5月13日，光绪下谕旨申饬、警告各军将领，“如再有借端苛派等弊，或经纠参，或被告发，定即严行惩办，决不宽贷[2]。”袁世凯当时正忙于在天津开设德文、炮兵、步兵、骑兵等随营军事学堂，不想不久之后又有个叫胡景桂的御史参奏他“徒尚虚文，营私蚀饷，性情谬妄，扰害一方”。

小站的新军是朝廷下了最大的决心，予以最丰厚的饷粮，配备最精良的军械，寄予了最大期望的一支军队。光绪在批准由袁世凯督练新军时，原本就不太放心，故谕旨中有“倘仍蹈袭练勇和绿营的习气，唯该道是问，凛之慎之”的警告。为时不过半载，就出现了这种事情，光绪决定派大员严查究竟。5月28日下旨，“著荣禄驰赴天津，将该员督练洋操一切情形，详细查明。能否得力？断不准徒饰外观，毫无实际。其被参各节，是否属实，一并秉公查实具奏[3]。”

袁世凯及新建陆军此时由督办军务处节制，是清廷直辖的部队。但小站位于天津近郊，如系一般的参案，就近委派直隶总督兼北洋大臣王文韶查办就可以了。荣禄当时还只是北京步兵统领（也就是俗称的“九门提督”），负责京师的宿卫，本管不到王文韶地盘上的事。但荣禄是督办军务处中力荐袁世凯的大臣之一，又素称懂得军事，还是慈禧的亲信，由他到小站亲眼看个究竟，可以使各方面放心。为此，6月4日荣禄被任为兵部尚书、协办大学士，以便事权相侔；其原任的步兵统领一职，由麟书署理。此次查办，当时任职兵部，随同查案的陈夔龙在其所著的《梦蕉亭杂记》中详述了查办过程的始末：

> 甲午中日之役失败后，军务处王大臣鉴于淮军不足恃，改练新军。项城袁君世凯，以温处道充新建陆军督办。该军屯兵天津小站，于乙未(1895年)冬成立。当奏派时，常熟(翁同龢)不太赞同，高阳(李鸿藻)主之。谁知成立刚数月，天津的官绅啧有烦言，说袁君办事操切，嗜杀擅权，不受北洋大臣节制。高阳虽不护短，因系原来保举之人，不能前后说法自相矛盾。于是示意同乡胡景桂御史，搜集整理了多款(予以)参奏。奉旨命荣文忠公禄驰往查办。文忠当时官居兵部尚书，约我同行。刚抵达天津，直督王文勤公文韶传令，所辖淮、练各军排队远迎，旌旗一色鲜明，颇有马鸣风萧的气象。在津查办机器局某道参案完毕，文忠驰往小站。该军仅七千人，勇丁身量一律四尺以上，整肃精壮，专练习德国操。马队五营，各按方向辨色，较之淮练各营，壁垒一新。文忠默默查看，对我说：你观新军与旧军比较如何？我说素来不懂军事，何能妄加评论。但看表面，旧军的确不免有暮气，新军参用西法，独开声面。文忠说：你说对了，此人必须保全，以策后效。待参奏的条款查完，仅是擅杀营门外卖菜用人一条，已可以遭到严谴；其余各条，也有轻重不同的出入。我起草拟复的奏稿是交部议处。文忠说，一经过部里评议，最轻也是撤职的处分。此军刚刚成立，难以更换生手，不如请求恩典暂且从宽议处，仍命其严格操练，以鼓励将来。复奏上，获旨允许。当时高阳已病，仍带病上朝，看了文忠的覆折，神色不快。[4]

荣禄任职兵部仅四天，就启程赴天津。8日到天津，午后方对直隶总督王文韶谈了所要查办案件的详情，9日即赴小站，可见此次的查办带有突然袭击的性质，袁世凯事先并不知道。如果没有平时的严格训练，绝不可能有荣禄等人所见到的壮盛的军容和操练，所以袁之小站练兵，荣认为是名副其实，其保全、爱护乃至收为已用之心就不难理解了。

其实，陈夔龙的话也并非没有疑义。比如他说袁世凯不服从北洋节制就是无中生有之事，因为小站新军当时本来就归督办军务处而非北洋大臣节制。陈夔龙(1856—1948)，字筱石，贵州贵阳人。光绪十二年进士，授兵部主事，后升内阁侍读学士；因夤缘荣禄而不断高升，历任漕运总督、湖广总督、直隶总督兼北洋大臣。辛亥革命后退居上海，以遗老自居。陈对袁世凯迫使清室退位痛心疾首，认为袁世凯是“大盗窃国，阳借共和之名，暗窥神器[5]”，故书中对袁世凯多有贬语。而据《德宗实录》所载，荣禄的复奏是：“袁世凯被参各款，均无实据”，所以光绪下旨：“即著毋庸置议”。荣禄可能还汇报了新军训练之精、军容之盛，同时也挑了些枝节性的毛病以作搪塞，如委任的官员太多，与王文韶沟通不够等等，所以谕旨中才又有这些勉励与警策之语：“袁世凯勇往耐劳，于洋操情形亦尚熟悉，第恐任重志满，渐启矜张(骄傲自大)之习，总当存有则改之，无则加勉之心，以副委任。至(于)委任人员太多，则费用太滥(浪费)，尤其应该严加审慎选择，不要虚名浪费。王文韶近在天津，该道必应随时禀商办理，该督亦当就近考察。总期精益求精，全成为劲旅，使御侮确有把握，以符合朝廷实事求是之意。将此谕告之王文韶，并传谕袁世凯知道[6]。”

值得注意的是，陈夔龙把袁世凯的被参，归结为李鸿藻的授意。李鸿藻为何对自己前不久还极为欣赏的人，出之以此种手段，颇有令人不解之处。仔细分析起来，问题可能出在徐世昌身上。徐世昌留翰林院任编修之后，一直倍受兼任翰林院掌院的李鸿藻的冷遇和压制，原因是李认为徐虚伪矫情，而徐世昌也就成了不受待见的“黑翰林”。袁世凯十分念旧，知道了他这位“大哥”的窘况，聘请徐到小站任职，许以丰厚的薪资，这就在无形之中得罪了李鸿藻，于是便有了这次参奏之事的发生。

目前所见到的资料中，于此虽无直接的证据，但仍有蛛丝马迹可寻。比如，袁被参的主要罪名是滥委官员，“蚀饷营私”，也就是滥用公款招纳私人，委以官职。又如，以徐世昌拮据的经济状况而言，应该是很愿意到老友那里就职的，但却迟至1897年的8月，在李鸿藻刚刚去世(李于7月24日卒)后不久才应聘到小站上任，恐怕不仅仅是巧合，而是因李之作梗所致。李鸿藻是“清流派”的领袖，号称“正人”，为何会做这种阴毒的事情呢？其实细检其历史，他也是个卖主求荣的伪君子。

清代掌故大家许指严所撰《十叶野闻》一书中曾记载此事如下：

穆宗(即同治皇帝，李鸿藻是同治的老师)病渐濒危。一天，命召军机大臣、侍郎李鸿藻单独入见。鸿藻至，皇上命令打开帘子召他进来。当时皇后正在卧榻旁服侍，想起来回避。皇上制止说："用不着，师傅是先帝的老臣，你就是门生媳妇。我正有重要话说，为什么要避开呢？"鸿藻入，见到皇后在一旁，急忙免冠跪在地上。皇上说："师傅快起，此时岂是讲究礼节的时候？"于是握着李鸿藻的手说："朕的病好不了啦。"鸿藻失声痛哭，皇后也哭起来。皇上又制止说："现在不是哭的时候。"于是看着皇后说："朕若不讳(死了)，必须立嗣子，你看中哪一个，可快快说出来。"皇后回答说："国家需要年长的君主，我实在不愿意居太后的虚名，抱着襁褓中的幼儿，而给宗社留下实际的祸患。"皇上微笑着说："你知道此义，我无可担忧了。"于是与鸿藻谋划，以贝勒载澍入承大统，而且口授遗诏，命鸿藻于御榻旁边书写，总共千余字，所用以防备西太后的措施甚为周密。诏书完成，皇上看过，还对李鸿藻说："很妥当。师傅暂且休息，明天或许还能见上一面吧。"鸿藻出了寝宫，浑身战栗，面无人色，马上赶到西太后居住的宫殿，请求紧急接见。西太后召其进见，(鸿藻)拿出袖中的诏书草稿交上。西太后看完，怒不可遏，立刻将诏草扯碎扔到地上，呵斥李鸿藻出去。随后下令断绝医药饮水膳食(的供应)，不许(人)入乾清宫。不多时就报告皇上崩逝了。载澍后来得祸，这也是一大原因……高阳(即李鸿藻)身受穆宗的特殊礼遇……而顾虑退缩，畏葸怕事，不惜背叛故君以取媚于太后并且竟以此策殊勋，蒙上赏，晋升为尚书，随后又成为军机处的一员；虽然中途受挫，被解除权柄，投置闲散，而恩礼始终不衰，死后仍获得上等称谥……此事关系(爱新)觉罗氏兴亡大局者甚重，不佞(本人)从丹徒马眉叔(即马建忠，李鸿章的亲信幕僚)那里听到，马客居于李鸿章幕府，原本亲自得之于李文忠(即李鸿章)那里的。[7]

袁世凯渡过参奏查办这一关后，专心于小站新军的训练，公务繁忙，一时间似乎游离于北京维新派的活动之外，并于次年(1897年)7月升任直隶按察使。但是，当年11月发生的胶州湾事件的披露曝光及随之而来的瓜分危机，震动了全国，也震动了袁世凯，促使他再次回到维新变法运动中来。

1891年11月1日，山东巨野县天主教堂的两名德国传教士Henle和Nies被杀。巨野县属曹州府管辖，所以又被称作曹州教案。其实在严格意义上，它还称不上是一宗“教案”，而是一起发生在传教士身上的普通抢劫杀人案，具体过程是：

> 山东巨野县离城二十五里有一小村，不在商贾大道，居民稀少而且贫苦。村仅一街，街后东首有教士住屋一所，系中国房屋，门向西开，内有北房三间，此为德国教士薛田资Stenz与韩理Henle之居屋。光绪二十三年十月初六日，又有同教之能方济Nies教士自汶上何家堂起身前往曹县，路过是处，即寓于韩理房内。房有两床接连，各用其一。初七夜间约十一钟左右，有贼雷协身、惠二哑巴、朱得法等逾垣开门，进院行窃。韩理、能方济惊觉喊捕，并于窗孔间放枪攻击。贼受伤者二人，乃全部冲入，以标枪扎伤两教士，因以毙命。房中大橱一只，全被翻动，失去物件、赃银二百一十两。此即断送胶州湾之巨野教案也。[8]

案件发生的消息传到北京时，因为涉外，清廷严令山东巡抚限期破案，并派大员亲赴巨野办案，对这样一件普通的刑事案件，可以说是足够重视了。而且主犯雷协身、惠二哑巴等也在一个多月内陆续被抓获，清廷也答应赔偿一切损失，本来已可以圆满了结了。但醉翁之意不在酒，德国借口这一案件，开始实施其蓄谋已久的夺占胶州湾港口的图谋。

先是，德国借口自己在“三国干涉还辽”中有功于中国，向清政府索要报偿，清廷曾给予在汉口、天津开设租界的权利。但德国并不以此为满足，向清廷提出，“德国兵船在华没有港口不便，请中国或租

图28　晚清时身着中式服装的西方传教士。

或借，允许划一块地方储煤停船”。1896年12月，德国又正式提出租借胶州湾的要求，但为清政府所拒绝。曹州教案的发生，可以说是正中了德国的下怀，使它有了以武力强占胶州湾的绝好借口，这可以算是偶然因素引发重大历史事件的一个例证吧。11月14日，德国出动兵舰并强行登陆，占据了胶州湾和青岛港。

德军在胶州湾登陆的消息传到北京后，李鸿章“立即赶到俄国公使馆，要求俄国予以帮助。一直到他从俄国代办手里拿到一份发往圣彼得堡的密码电报时，才离开俄国使馆。”据《俄国的远东政策》(1881—1904)一书中说，电报的内容是，“(中国的)大臣们宣称，他们无条件地同意把一切不对外国人开放的港口立即、随时、无例外地对我们的船只开放，并且提出在需要时可以使用中国政府的军火库和仓库等等[9]。”

清廷为何如此求助、依赖俄国？这就牵扯到近代史上另一桩公案。由于它对晚清民国的政治、外交影响巨大，所以有必要向读者略作交代。鸦片战争以来，中国对待西方列强的方针和对策随着战争和外交上的不断失败，由强硬而妥协，而软弱，而屈服。用简单的话语来概括就是：从“师夷长技以制夷”，到“以夷制夷”，到“结强邻以自保”，最后到“量中华之物力，结与国之欢心”，一步步败落到半殖民地的地步。甲午战争惨败后，“结强邻以自保”，成了清廷外交的主导方针。这个要结好的强邻，就是北方的沙皇俄国。因为沙皇俄国在甲午战后带头迫使日本放弃了割让辽东的要求，清廷和国人都对俄国有好感，李鸿章和刘坤一、张之洞等封疆大吏都主张同俄国缔结密约，“联俄拒日”；俄国又乘此极力拉拢，于是就有了《中俄密约》。

1896年9月，沙皇尼古拉二世举行加冕典礼，俄国向清廷提出，为了感谢俄国代清廷讨回辽东的功劳，中国应派位高势尊的朝廷重臣亲临致贺，并指定要求李鸿章出席。不少研究者认为李鸿章因接受俄国巨额贿赂而与俄国订约，出卖国家权益，这种看法也未免太简单化了。李鸿章固然受到慈禧的倚重，对清廷的对外政策有重要影响，但在与外国密订军事同盟这样的大事上，决策只能是最高当局做出的。从光绪批准签订密约的电文中，已经明白地显露了这一点："奉旨：环球之大，惟俄国与中国为三百年的旧好，今俄国君主又与我联盟，中国也推诚相交。所拟条约草稿全都看阅知道了……着李鸿章转达俄国朝廷，将四条订立密约。倘中国西南水陆有事，俄国如何援助之处，也于条约内说明，以期周密。钦此[10]。"

李鸿章走时，就可能奉有与俄订立密约的秘密使命，何以见得？翁同龢在其《自订年谱》中透露了蛛丝马迹："李相既行，其密电本交张樵野，而来往电信则专付余与张译递，盖谕令如是，而同人颇疑为专擅。其实余岂乐办此等事者哉？电皆余手写进呈，李相与俄密约遇事相援，密旨允行[11]。"由此可看出，李鸿章此次出使，从一开始就负有重大秘密使命，否则皇帝不会亲下谕令，将本该由军机章京或总理衙门章京办的事交由自己的心腹大臣亲手办理，且不让其他政要参与。李赴俄

图29　出访欧洲时的钦差大臣李鸿章及其随员，此行清廷与沙俄订立了《中俄密约》，铸成了大错。

途经上海时，曾对来看望他的黄遵宪透露此行的目的是“连络西洋，牵制东洋，是此行要策。”回来时又曾亲口对黄遵宪说过，他此次西洋之行，“二十年无事，总可以得到吧[12]。”反映了他在达成密约这件事情上的自负心情。

《中俄密约》可能是中国历史上第一个与外国订立的军事同盟条约，与中国近现代史的关系甚大，所以全文照录如下，以供参考。

大清国大皇帝陛下暨大俄国大皇帝陛下因欲保守东方现在和平局面，不使日后别国再有侵占亚洲土地之事，决计订立御敌互相援助条约。是以大清国大皇帝特派大清国钦差、头等全权大臣、太子太傅、文华殿大学士、一等肃毅伯爵李鸿章，大俄国大皇帝特派大俄国钦差、全权大臣、外(务)部尚书、内阁大臣、上议院大臣、实任枢密院大臣王爵罗拔诺甫，大俄国钦差全权大臣、户部尚书、内阁大臣、枢密院大臣微德为全权大臣，即将全权文凭互换校阅，均属如式，立定条款如左(下)：

第一款日本国如侵占俄国亚洲东方土地，或中国土地，或朝鲜土地，即牵碍此约，应立即照约办理。如有此事，两国约明应将所有水陆各军，届时所能调遣者尽行派出，互相援助，至军火粮食，亦尽力互相接济。

第二款中、俄两国既经协力御敌，非由两国公商，一国不能独自与敌国议立和约。

第三款当开战时如遇紧急之事，中国所有口岸，均准俄国兵船驶入，如有所需，地方官应尽力帮助。

第四款今俄国为将来转运俄兵御敌，并接济军火粮食，以期妥速起见，中国国家允于中国黑龙江、吉林地方，接造铁路，以达海参崴；惟此项接造铁路之事，不得借端侵占中国土地，亦不得有碍大清国皇帝应有权利，其事可由中国国家交华俄银行承办经理，至合同条款由中国驻俄使臣与银行就近商订。

第五款俄国于第一款御敌时，可用第四款所开之铁路运兵、运粮、运军械。平常无事，俄国亦可在此铁路运过境之兵粮，除因转运暂停外，不得借他故停留。

第六款此约由第四款合同批准之日算起照办，以十五年为限，届期六个月以前由两国再商办展限。

大俄国钦差全权大臣、外(务)部尚书、内阁大臣、上议院大臣、实任枢密院大臣、王爵罗拔诺甫(签名)

大清国钦差头等全权大臣、太子太傅、文华殿大学士、一等肃毅伯爵李鸿章(签名)

大俄国钦差全权大臣、户部尚书、内阁大臣、枢密院大臣微德(签名)

光绪二十二年四月二十二日、俄历一千八百九十六年五月二十二日订于莫斯科。[13]

清廷之所以要与俄国订立这样一个密约，是因为在甲午战争中自己倚为主力干城的淮军被日本击溃后，短时期内难以重建有效的国防力量。俄国当时是远东最强大的一股势力，又是邻国，有事时缓急可恃。特别是“三国干涉还辽”的成功，使清廷认为，托庇于这个仗义执言的“朋友”，可以抵制日本及其他列强的侵略企图，危机时不致孤立无援。

俄国订立这样一个条约的心情，比清廷还要迫切得多。俄国所以指名要李鸿章作为特使，除去李在外交上对朝廷有重要影响力之外，主要因为他是“连俄拒日”政策的主张者。由于李此行不光是去俄国朝聘，而是考察西方列国政治，带有寻求潜在盟友的目的，所以俄国强烈要求把俄国作为首途。为此，俄国公使喀西尼甚至亲自设计了西行的路线，以确保李鸿章不会被其他列强抢先一步拉走。到达俄国后，沙皇则对李优礼有加，隆重接待之外，授之以勋章，许之以重贿，一切能满足清廷虚荣和面子的交际应酬，无所不用其极，目的只有一个，就是诱使清廷与其签订这个密约。这为的是什么呢？

图30　订立《中俄密约》的俄方当事人之一维特伯爵，时任沙俄枢密院大臣。

从地缘政治学的角度而言，远东原是中、俄、日三股力量交汇之处。甲午之前，争夺的焦点在朝鲜；甲午之后，中国不仅被迫退出了朝鲜，而且由于自身的虚弱暴露无遗，反而成为俄、日两强下一步争夺的对象。沙俄的远东政策(即所谓“黄俄罗斯”)和日本的大陆政策都是扩张性的，扩张的重点都是朝鲜和中国的满蒙地区，两国的利益冲突和争夺势不可免。俄国挑头迫使日本退还辽东，就是基于它的战略利益，而不是什么对中国的友好，所谓“仗义执言”不过是外交上的包装而已。俄国之所以急切地要与清廷缔结军事同盟，为的就是趁战后中国对日本同仇敌忾之际，抢先一步将中国东北纳入自己的势力范围，就像跑马圈地一样，有了这个密约，就控制住了清廷，使其不能再将东北的权益出让给其他列强，而俄国自己则可以名正言顺地进入东北，并在时机成熟时据为己有。

中国古代的经典《尚书·仲虺之诰》中有一句名言，叫作“兼弱攻昧，取乱侮亡”，什么意思呢？就是国力软弱、政治昏暗足以招致攻击和兼并，造成内乱、羞辱乃至灭亡。毛泽东后来所讲的“落后就要挨打”，与此近似。《中俄密约》就是个遗患无穷的东西，在俄国，它是“兼弱攻昧”的手段；在清廷，则是饮鸩止渴，“取乱侮亡”的失着。清廷签订密约，以为可保“二十年无事”，结果仅一年多后，这个密约到底管不管用，就受到了胶州湾事件的检验。李鸿章到俄国使馆向彼得堡发电，对俄兵舰开放所有港口，提供给养，即中国履行自己在密约中承担的义务的表示。而俄国兵舰在进驻旅大军港之后，不仅默许了德国对胶州湾的强占，而且以“保护中国对抗德国”的名义，强租了旅大军港及周边地区和水面，划定周边的所谓“中立区”，并取得了中东铁路及其支线南满铁路的修筑权和沿线林木、矿产的开采权。这样，清政府花三千万两银子从日本手中赎回来的辽东，连同整个东北的更多权益，转手间又成了俄国的囊中之物。这就是《中俄密约》带给中国的“好处”。

近代中国有两个最危险的敌人，一个是日本，一个是俄国。日本人杀的人多，俄国人占的地多；日本凶恶强横，明火执仗，俄国则阴险狡诈，诡计多端。但要从带给中国的实际损害而言，俄国实在是中国的头号威胁。中国被俄国以各种手段攫夺、分离出去而至今收不回来的领土，占现在中国全部国土面积的1/3以上。近代中国外交史专家蒋廷黻先生曾作过一部《最近三百年东北外患史》(从顺治到咸丰)，对俄国谋夺中国领土的手法做过透辟的分析。他指出，俄国是最善于乘人之危，以“朋友”“友谊”的幌子欺负和愚弄中国的强盗。咸丰年间，中国内有太平天国的内乱，外有第二次鸦片战争的外患，对当时的国际局势又懵懂无知，俄国得以用哄骗、利诱的方式与清廷签订了《中俄瑷珲条约》和《中俄北京条约》，蒋先生指出：

> 这两个条约——《中俄瑷珲条约》及《中俄北京条约》——在世界历史上开了一个新纪元，即土地割让的纪录。我国在咸丰八年及十年所丧失的土地，其总面积有四十万零九百十三方英里。现今的东三省加上江苏，比我们这两年所丧失的土地只多一千四百方英里。法、德两国的面积，比我们这两年丧失的土地还少六千五百三十一方英里。俄国从我国得着这么大的领土不但未费一个子弹，而且自始至终口口声声地说俄国是中国唯一的朋友。俄国友谊的代价不能不算高了！
>
> 咸丰以后的东北可称为半东北、残东北，因其整个面积缩小了一半有余，且因为她东边无门户，北边无自然防具——她是残缺的。所以到这种田地的原因有三：第一是太平天国的内乱；第二是咸丰年间全盘外交政策的荒谬，争所不必争，而必争者反不争。比这两个原由还重要，还基本的是在世界诸民族的竞进中，我族落伍了。有了这个原由，无论有无前两个原由，我们的大东北、全东北是不能保的。[14]

可叹的是，让人割走了半个东北自己却懵然无知。1871 年，俄军侵占伊犁时，俄国的借口是“以中国回乱未靖，代为收复，权宜派兵驻守”。但当中国收回伊犁时，还是被沙俄蚕食掉一万多平方公里的土地。即使如此，光绪皇帝竟还是认为“环球之大，惟俄与中为三百年旧好”，这就难怪俄国人要故伎重施，一而再，再而三地以骗术蚕食、鲸吞中国的领土了。1892 年 6 月，沙俄以武力强行侵占了帕米尔地区萨雷阔勒岭以西两万多平方公里的中国领土；1911 年 12 月，沙俄借中国国内爆发革命之机，策动外蒙独立，成立所谓“大蒙古国”，使上百万平方公里的领土从中国分离出去；此后，沙俄即强行将其垂涎已久的外蒙古西北部的唐努乌梁海地区十七万平方公里的土地占为己有。希望读者们能找到蒋廷黻先生的《中国近代史》，认真读一读，了解俄国欺侮愚弄中国人的历史，使我们的子子孙孙永远记住这笔旧账。

总之，俄国以哄骗的方式“兼弱攻昧”，而中国把这样的国家当作朋友和依靠，足以“取乱侮亡”。诚如蒋廷黻先生所说，“光绪二十二年的《中俄密约》是李鸿章终身的大错。甲午战争以后，日本并无于短期内再进攻中国的企图，是时日本政府反转过来想联络中国，因为西洋倘在中国势力太大，是于日本不利的。维特(中俄密约的签署者之一，后曾任沙俄首相)的本意不是要援助中国，是要利用中东铁路侵略中国的。以后的瓜分之祸及日俄战争、二十一条、九·一八，这些国难都是那个密约引出来的[15]。”

由于《中俄密约》是在极为秘密的情况下签订的，而关于胶州湾事件的交涉也是通过秘密外交进行的，相当长一段时间内，国人根本不知道幕后的真相，直到俄国的对头英国、日本报纸的揭露和曝光，事件的真相才逐渐开始为人所知。由于俄国对密约的背弃，清廷既无力量也无勇气与德国对抗，只能屈服。1898年3月，李鸿章、翁同龢与德国公使海靖签订《胶澳租借条约》，同意租借胶州湾并授予德国在山东诸多权益，使山东在实际上成了德国的势力范围。这个口子一开，列强纷纷跟进，强租港口，争划势力范围。此后两年之内，清廷又先后与俄国、英国、法国、日本签订租借合同；而后来的美国则要求各国在其租界和势力范围之内实行“门户开放”，使列强在中国的市场上机会均等，美国的建议最后为各国所接受，列强在中国的争夺从而达到了暂时的均衡。

上述背景交代完后，我们再回到袁世凯的说帖上来。胶州湾事件发生一个多月后，《时务报》《东方报》等中国报纸才根据日本、英国媒体的消息报道了德国强租胶澳、俄国借机占据旅大不还等事，瓜分的危机感再次笼罩了中国。12月30日(旧历12月7日)，袁世凯向翁同龢呈递了第一份说帖，陈述自己对时局的看法：

> 论者谓：中国贫弱不堪用武，亟宜阴嗾他国兴师助我，当可驱逐德人。抑或商准各国，开口通商，可公处胶澳。此恐未能嗾群雄之斗，饱群夷之欲也。何者？俄、法向有密约，英、倭近复缔交，四国各有党援，势若分成两敌。以德之中立也，于是彼四国者，莫不视其向背以为轻重。夫彼方重之际，安得

而背之？虽俄人与我关系较重，睦谊较敦，然亦唯利是视，又岂肯舍公法局外之例，爱我仇德，使德、英合谋，增树劲敌以自诒伊戚也哉。是诚有以知其必不然矣。且夫俄已俨然认东北数省入其版舆，英复隐然视大江南北在其掌握，倭视浙、闽，法图滇、桂，鹰瞵虎耽，各奋得时则驾之志。德人既发难于先，诸国将效尤于后，沓来纷至，群起而与我为难。数年前，西人有瓜(分中)华之谣，并具图说，遍传五洲，以今日时势揆之，似此谣不为无因，此诚可危之甚也。且夫我之忍辱含垢，降心俯首以相从者不为不至矣，而人初之怜也，既力遏势禁之不能，复理谕情动之不可，若复蹈常习故，不知变计，拱手坐视，听客所为，彼亦公然不让，择肉而食，长蛇封豕，肆其贪残，吞噬之余，所存有几？窃恐海疆日蹙，而关税之征，盐漕之入，向所资以裕帑藏、充度支者，一旦攘夺殆尽，而举不复为我所有，区区弹丸，何以立国？[16]

袁世凯当时以直隶按察使衔在小站督练新军，没有向朝廷专折奏事的资格，所以希望通过主持曹州教案善后和对德谈判事务，并且深受光绪皇帝信任的翁同龢将自己的意见上达圣听。袁世凯对时局的分析是建立在自己的外交经验之上的，因而对国际外交的本质有着十分深刻的认识，对列强更是不抱幻想，一针见血地指出了列强“鹰瞵虎视”，“择肉而食”，“长蛇封豕，肆其贪残”的本质。19世纪是殖民主义时代，当时世界政治的现实是：强权即公理。列强各以自身利益为其政策的出发点，决不会为贫弱的中国主持公道。列强的最终目的是瓜分中国，所以无论是“以夷制夷”，还是“门户开放”，均不足以挽救中国的危亡。应该说，袁世凯的这个看法远远高出了当时的朝廷重臣和康有为等对西方只有书本知识的知识分子。而袁世凯能有这种认识，则是与他在朝鲜十二年的外交、政治历练分不开的。

胶州湾事件发生时，正值慈禧太后的诞辰，清廷以为有与俄国订立的军事盟约，可保无事，所以依旧忙于祝寿活动；而将此事的交涉交由李鸿章、翁同龢、张荫桓等参与过《中俄密约》的大臣办理。后来在“百日维新”时受到光绪皇帝重用的刘光第对此十分愤懑，他在给朋友的信中写道：“现闻颐和园犹每日唱戏，皇上五日则须到园请安，于是即在园驻跸数日，共为欢乐。大臣等皆贿赂请托，日甚一日，绝不肯以国事为念。平时痴想盼望俄人保护，直到前几天，李鸿章相国三次往使馆去求俄使，只见得一次，而俄人不肯为力，德使又恫吓百端……事至于今，然后我军机大臣、总理大臣，才开始面面相觑，束手无策，坐待分裂而已[17]。”

胶州湾危机期间，维新派的代表人物康有为自广东北上，请工部代递《为外衅危迫，分割渐至，急宜及时发奋，革旧图新以存国祚折》(即所谓《上清帝第五书》)。此折言辞激切，力图以危言耸动圣听，其言曰："去国二年，侧望新政，而泄沓如故，坐以待亡”。折中建议皇帝下诏明定国是，借鉴外国经验，改革体制，设立国会，制定宪法，国家之要事则交与国会讨论实行；而年老体弱，无出国考察游历经验之官吏，应统统罢斥。若迁延不决，不奋而变法，则“皇上与诸臣，虽欲苟安旦夕，歌舞湖山而不可得矣！且恐皇上与诸臣，求为长安布衣而不可得矣”。工部堂官则认为康有为的奏折言过其实，危言耸听，拒绝上呈。康有为心灰意冷，甚至一度想移民巴西，已定于12月11日离京南归，行李已经装上了车，却逢翁同龢来访，劝他留了下来。翁并授意高燮曾于次日上折保荐康有为，奏上当日，谕旨交总理衙门讨论，恭亲王提出“等臣等见后再奏闻”，于是“奉旨令王大臣问话”。康有为在等候总理衙门问话的两个多月中，不断通过代写奏折的方式，向朝廷表达自己对时局的看法和主张。康在《自编年谱》中曾详细记载了其活动和主张：

> 自十一月十二日，德人发炮据胶州，掳去提督章高元。朝廷托俄使言和，德使甚桀黠，翁同龢与张荫桓与日议和未就。日人参谋本部神尾、宇都宫来觅湖广总督张之洞，请支持联英拒德。当时刚经过割让台湾不知道日本情况，朝廷官员也多猜疑日本，恭亲王更是主张倚靠俄国，于是拒绝了日本的请求。我走访翁同龢，说明日本可信，而且与日本使节议定将赔款再延长十年，并减低利息，日使矢野君极为积极，而政府始终信不过这个提议。于是为御史杨深秀草疏，请联合英、日；又为御史陈其璋草疏，再请联合英、日……上于翁同龢，请他主持此事。于是作联合英日策论，遍告满朝的官员。李苾园侍

郎深以为是，拿给廖仲山尚书看。李鸿章则不以为然，因而当面责问张樵野，张说："英国是大国，未必应许帮助我们。"迟迟不敢发起(此事)，就这样割让了胶州。已而英国公使果然提出将旅顺、大连湾、威海卫(开放)通商，俄国使节巴德兰富听说后，当即大怒，对李鸿章说："若贵国必要将旅顺、大连湾通商，则我们两国从前的盟约一概断绝。"朝议数日不敢决定。我听说后，上书翁同龢说："这是中国的生存之机啊。而且我的意思是想开放所有沿边口岸给各国以抵制俄国，旅顺、大连湾的开放又算得了什么呢？一定不要拒绝英国，俄国虽然愤怒，以诸国之力对抗它，必无弊害。"语言十分痛切。也对张樵野说了(这番话)，张认为我说英国可以联合，英国果然出头，甚为相信我的话，说可以面告翁同龢，最终没有见到。而后西太后及恭亲王过于畏惧俄国，最终没有接受英国的请求……然而经过此事后，俄、英、日的情形都明了了，朝廷官员渐渐知道英、日可以相信，也知道了俄国的居心叵测，此后大家的议论全都主张联合英、日了。我又告诉翁同龢说，俄国虎视眈眈，诸国随同其后，我们无可抗拒，把沿边口岸全部开放给诸国通商，既可以借诸国之力保守住边境，又可以开启民智。又誊写了一份给廖仲山，翁同龢大以为然，倡言于总署。于是亲王、大臣集议，大多不通情势，全都驳斥这个主张，没有通过。然而自此大连湾、广州湾等的索要，就纷纷而来了。[18]

看到康有为的上述主张，我们即可看出袁世凯此篇说帖对时局的看法是有所指的，表明他与康有为等人虽是维新同志，但在对时局与变法的主张上有着很大的不同。其实，康有为的建议完全不可行。由于中、俄已订立秘密军事同盟在先，清廷除了屈从，已别无选择，不仅不可能转而与英、日结盟，更不可能将沙俄视为禁脔的旅大港开放通商。西太后、恭亲王等人既已上了俄国人的圈套，只能是打掉牙齿往肚里吞。康有为不知内情，反而说当政者"多不通情势"，不知道翁同龢、张荫桓等是在敷衍他，结果其自以为高明的对策全成了可笑的自话自说。

康有为不知道的《中俄密约》，翁同龢却是十分清楚的。胶州湾事件的交涉，李鸿章负责对俄，翁同龢、张荫桓负责对德。德国的蛮不讲理，俄国的背信弃义，使他“愤懑之极，精神不支”；而“此次李相之电（指李要求俄国派兵舰支援的电报），引狼入室”，无兵可战，无理可讲，这种外交困境，使他觉得自己“如在汤火中矣[19]”。因而翁同龢在总理衙门与列强打过交道后，对其本质的认识当然要比置身于局外的康有为深刻得多。袁世凯同样不知道中俄密约之事，但他有多年与列强进行外交斗争的经验，他对时局的判断建立在没有任何列强可以信赖和依靠这个基点上。所以在对时局的看法上，翁同龢与袁世凯更为接近，所以称赞袁的说帖“论各国情形甚当”。

列强既无可依靠，出路就全在于变法自强，袁世凯很自然地引出了说帖的主题：

> 自甲午军兴以后，朝野士庶，凡稍识时务之辈，莫不争以变法为言。陈事者条说甚详，而饬下各行省尊办者，亦复指不胜屈。乃因仍迁就，迄未有实而见诸施行者。庙堂亦优容勋旧，不加督责，似此变法，终未有期。然而事变迭乘，人不我待，痛切于剥肤，厄甚于倒悬，又何可不幡然振厉，以图挽回补救于万一。《易》曰穷则变，现在是时候了。第于积重之秋，骤行变法之政，此事体大，难于一下子全都举办起来，而推究其中最为重要者，如用人、理财、练兵三大端，实属瞬刻不容稍缓。确实就此三者，而实力变革，汰除其宿弊，矫正其积习，用以培养元气，护持根本，二三年间，可望自力。纵不能抗拒群雄，保我全局，而划疆自守，政自我出，犹可多存数千里土地人民，以为异时徐图恢复之计。[20]

袁世凯这篇说帖，由列强之不能信赖依靠，引申出只能变法图强的主题，但在谈及变法要由“用人、理财、练兵三大端”做起后，却戛然而止。显然，袁此时对下一步怎么说还在斟酌，所以翁同龢对此帖的评语是：“论各国情形甚当。变法，空[21]。”

半个月后（1月15日），袁世凯又向翁同龢递上了第二篇，也就是本章选中的这篇说帖。说帖起首，依然强调亟须变法图强，“然中国目今情势，舍自强不足以图存，舍变法不足以自强”；然后提出变法图强如何着手的办法：“似宜先遴选二三忠诚明练督抚，姑且参照仿效西法，试行变革，于用人、理财、练兵三大端，责其所为，不以文例相绳，不为浮言所动，期以年限，专责其成，俟有成规，再迅饬各省循法推广。”

袁世凯的这个建议，在当时流行的各类改革方案中独树一帜，很有见地。当时的中国行的是中央高度集权的帝制，故康梁等多主张变法维新的发动应自上而下地进行，由皇帝独断乾纲，以收到高屋建瓴，牵一发而动全身之效。袁的主张的独特之处在于，他建议变法应自下而上地有序进行，选出二三省作为试点，先行改革，获得成效和经验后，再由中央下令在全国推广。再有，康梁等主张变法维新是全面铺开了搞，恨不能毕其功于一役；袁世凯则主张搞试点，成功后再以点带面，全面铺开。第三，康梁变法的重点在制度的变革；而袁世凯强调的是“切要易行之端”，所以只提出“用人、理财、练兵”三大端作为改革的着手点，具有务实、易行的特点。最后，康梁等为求变革的快速、彻底，主张采取激进的手段，罢黜、清除所有阻挠变法之人；袁世凯则认为，“勋旧疆臣，未便摈弃，原本可以用丰厚的收入来奉养他们，用崇高的官位来尊荣他们”，以温和的方式化解变法的阻力。显然，在中国的官场和社会尚不具备全面变革的思想和社会基础的条件下，袁世凯的改良主义方案具有更大的现实性和可操作性。

值得注意的是，袁世凯还给出了成功变法所需的条件：“不以文例相绳，不为浮言所动，期以年限，专责其成”。意思是，不以成规旧法加以束缚，不为各种（对于变法的）流言蜚语所动摇，给以相当的期限、专门的事权，变法方能切实收效。联系到前不久他受到参奏查办的事情，想必也是有感而发吧。

接下来，袁世凯笔锋一转，接续上篇说帖指出过的问题，论说如何解决变法中的“梗阻”问题。在第一篇说帖中，袁曾委婉地指出，改革推动不下去，是因为上边的力度不够：“而饬下各行省遵办者，亦复指不胜屈。乃因仍迁就，迄未有实而见诸施行者。庙堂亦优容勋旧，不加督责，似此变法，终未有期。”此篇说帖中，袁世凯避开高层对变法因循苟且这个敏感话题，把变法不利的责任推到了各省督抚的身上。这与他把改革的入手处和着重点放在省这一级是密切关联的。晚清时期的督抚上马治军，下马治民，握有很重的权力，如果中央授权，督抚在其所辖范围内，推行改革新政应该是可行的。所以袁世凯把他所主张的“用人、理财、练兵”的三大改革要务责成于地方之督抚，指出，如果事权很大的这一层“遇事推诿卸责”，变法必会出现梗阻，“无论庙堂如何忧勤，如何筹划，而卒归于无济。”但是，如果这一层“认真变法，实事求是，不出十年，可冀自强，五洲各国，孰敢蔑视”，展现了一幅大好的前景。最后，袁世凯把“用人、理财、练兵”这至要先行的三大端的关键归结到用人上来，“夫各国之所以富强者，不过用变法之人，行变法之政；我之所以贫弱者，不过用守旧之人，求变法之治，人与治殊，才与事违，以此望治，是欲南辕而北其辙也，必无幸矣。”

初读袁世凯这篇说帖，颇疑惑袁世凯为何不展开论述其“用人、理财、练兵”的具体方略，而是把重点放在阐述督抚这一层在变法中的重要作用上，总觉得他背后还有什么没能说出口的想法。后来看到《翁同龢日记》中的一则记载，方才明了袁世凯真正的用意。时隔两个月后，翁同龢1898年3月17日(旧历二月二十五日)的日记中有如下记载:“袁慰亭世凯来，深谈时局，慷慨自誓，意欲辞三千添募之兵，而以筹大局为亟。云须每省三四万兵，且以瓜分中国画报示我。”原来，袁世凯说帖和此次谈话所隐含的目的是，希望翁同龢在国家危机之际，利用他对光绪的重要影响，举荐自己出任封疆。何以见得呢？

首先，袁世凯当时在小站练兵已满两年，此时正是有机会扩充自己实力的时候。兵部尚书荣禄在通过查办案子了解了袁世凯确有治军能力后，已于年前(一月十六日，恰好在袁世凯第二篇说帖递上的次日)向朝廷上了《广练兵团以资防守折》，其中提出“臬司袁世凯新建陆军请再添募若干营”，光绪将折子交由军机处和督办军务处讨论，一个多月后(二月二十一日)，恭亲王领衔上奏，讨论的结果是，“臣等公同商酌，拟准其添募三千人，以足万人之数，与聂士成一军联络声势，悉成劲旅，用以扼守北洋门户。所需之饷，应请旨饬下王文韶破除情面，于直隶练军及防绿各营，严汰老弱，腾出的饷，以资应用[22]。”这是袁世凯求之不得的机会，但又是不知要等到什么时候才能兑现的空头支票。因为增募三千人的前提是，中央财政并不给钱，而是要等王文韶将直隶的练军、绿营、巡防营中的老弱裁汰完毕，省出的粮饷才能供袁招募新兵之用。王文韶当时是直隶总督兼北洋大臣，对于畿辅有守土之责。直隶的练军、绿营、巡防营虽劣，总是自己直辖的部队；袁世凯的新建陆军虽精，却是直属督办军务处节制的。裁己之兵，腾己之饷，以供他人，在王看来，无异于从自己本来就不满的饭碗中舀饭给别人吃，他执行起这道命令的积极性可想而知。在这种地方与中央之间的矛盾面前，袁世凯是有苦难言，一筹莫展，所以才有了第二篇说帖中对地方督抚的不满与攻击。然而，这种困境又提醒了袁世凯，若要实现自己的抱负，仅只有练兵之权是远远不够的，因为练兵及扩军，乃至延揽人才，非钱不办，只有兼管军民的督抚，其权力才可以既练兵，又筹饷，不受制约地把局面做大。

袁世凯当时已挂直隶臬司（即按察使）的职衔，离督抚的位置只差一个台阶，如能获得翁同龢的支持，出任督抚并非奢望。在他看来，翁氏是光绪皇帝从小的师傅，目前圣眷正隆，言听计从，只要翁同意，就不难说动皇上。所以在两份说帖没有回音的情况下，亲自进京拜访，“深谈时局，慷慨自誓”，甚至愿意放弃添募三千士兵的难得机会，“而以筹划大局为亟”。袁之意图至此已很明显，但显然并没有得到翁同龢的积极回应，两天后，袁世凯告辞返回天津。

翁同龢为何没有对袁世凯的说帖和来访加以重视？综合各种情况看，一是他已经向皇帝推荐康有为在先。康有为《自编年谱》记载此事的经过是：

> 当时河将结冻，于十八日决定回乡，行李都上了车，常熟(即翁同龢)来挽留。第二天，给事中高燮曾奏荐请召见(我)，并且加九卿的职衔出洋(办事)。常熟在皇上面前极力称扬，奉旨交总理衙门讨论。许应骙向恭亲王阻挠，常熟则一再坚持，恭亲王于是说“待臣等见过之后再奏闻”，奉旨令王大臣问话。[23]

有人认为，高燮曾的举荐出于康有为的授意，其实更可能出于翁同龢的授意。因为高的荐章意在要康出洋游说列强，协助解决胶州湾危机，而这决不是康有为所希望得到的差事；而翁同龢当时正被这场交涉搞得焦头烂额，一筹莫展，很希望康氏这样懂西学的人能助自己一臂之力。此外，没有翁同龢与光绪之间事先的商讨和默契，一封普通的荐章不会有如此迅速的批复和回应。

至于翁同龢为何没有举荐袁世凯，原因也不难理解。首先，康有为在变法维新的知名度上，要比袁世凯高得多。其次，康有为与翁同龢一样也是进士出身，而袁世凯没有出身，在科举倍受重视的时代，翁同龢的潜意识中未必不存有对袁的轻视。再次，翁同龢生性不喜欢为别人请托办事，自然不会对袁例外。最后，袁的说帖对其变法的“三大端”没有展开论述，内容较为空泛。而在这之前一年，另一改良派重要人物盛宣怀早已上过《条陈自强大计折》，其中提出的“练兵、理财、育才”的三端与袁的见解十分相似，且就如何实施进行了十分具体的论述。此折已经引起了朝廷的重视，所以，袁世凯的说帖所论相同而又过于笼统，翁同龢自然觉得没有必要再向朝廷反映了。

袁世凯此次干谒，有担忧国事危机的动因，也有借机夤缘求进，以实现自己抱负的动机。从他后来在山东、直隶出任督抚后的作为来看，确如他所说，一个封疆大吏，如果有意改革，是可以把事业搞得有声有色的。尤其在任直隶总督时，袁世凯不仅通过筹饷大大扩充了北洋新军的实力，也将直隶的“北洋新政”搞得有声有色，中外瞩目，将他当年提出的“用人、理财、练兵”这三大端，一一付诸实践，而且取得了相当不错的成果，证明了他的改良主义的改革思路和方案是完全可行的。他此次没能蒙受翁同龢的青睐，对他来说，也未必是一件坏事，这使他免于被拉入帝党的圈子中去，置身于政争的漩涡之外，而继续自己编练新军的事业。“塞翁失马，焉知非福”呢？

注　释

1. 袁世凯呈递给翁同龢的《变法说帖》两件，原藏于翁氏后裔翁万戈先生处，经孔祥吉先生在其所著《晚清佚闻丛考》一书中全文披露。此篇见该书168—170页。
2. 《戊戌变法文献资料系日》，第196页。
3. 《北洋军阀》(一)，第336—337页。
4. 陈夔龙：《梦蕉亭杂记》卷二。
5. 同上，卷一。
6. 《北洋军阀》(一)，第337页。
7. 许指严：《十叶野闻》，山西古籍出版社版，第217—218页。
8. 《胶州事件》，《义和团史料》(上)，中国社会科学出版社版，第277页。
9. [美]安德鲁·马洛泽莫夫：《俄国的远东政策》(1881—1904)，第109页。
10. 《王文韶日记》卷八，第15—16页。
11. 《翁同龢自订年谱》，载于《近代史资料》(总第86号)，中国社会科学出版社版，第44页。
12. 《戊戌变法文献资料系日》，第181页、242页。

13.《中华民国史事纪要》(初稿)，第547—549页。
14. 蒋廷黻：《中国近代史》(外三种)，岳麓书社版，第190—191页。
15. 同上，第77页。
16.《戊戌变法文献资料系日》，第448—449页。参见孔祥吉：《晚清佚闻丛考》，巴蜀书社版，第165－166页。
17.《刘光第集》，第275页。
18.《康南海自编年谱》，第34—36页。
19.《翁同龢日记》(五)，第50—51页。
20.《戊戌变法文献资料系日》，第448—449页。
21. 参见孔祥吉：《晚清佚闻丛考》，第168页。
22.《戊戌变法档案史料》，第328页。
23.《康南海自编年谱》，第34页。

第九章

局外人的收益

因握有兵权，
百日维新之中，
袁世凯成为新旧
两派都要争取的人物，
由此获得了很大的政治收益。

图31　袁世凯与小站练兵的重要将领合影。前排左起依次为言敦源、曹锟、铁良、袁世凯、冯国璋、王士珍，二排右二为段祺瑞。

【导读】胶州湾事件及随之而来的瓜分危机再一次警醒了国人，有识之士奔走疾呼，变法维新成为国内政治的主题。鉴于俄国不仅没有履行两国盟约中危机时帮助中国的义务，反而趁火打劫，强租旅顺港；光绪皇帝也放弃了“结强邻以自保”的幻想，下决心变法维新，并开始广开言路，广纳人才，积极推动变法活动。从1898年6月11日光绪皇帝颁布“明定国是”诏书起，到9月21日慈禧太后发动政变，恢复“训政”止，变法活动一共风风火火地进行了一百零三天，在历史上被称作“百日维新”。这次变法活动并非出于社会内部的需要，而是纯由外力逼迫出来的一次改革。由于变法缺乏广泛的思想基础和社会基础，又没有充足的准备和过渡时间，所采用的手段又过于激烈且缺乏善后措施，变法从一开始就遭遇到守旧势力的激烈反抗，政见上的分歧演化为维新与守旧的派别政治斗争，最终形成帝党与后党在用人行政上的权力之争。危机时刻，双方都进行了幕后的阴谋策划：维新派的康梁等人，为了取得军事上的凭借，说动光绪召见、提升了袁世凯。而袁世凯由于手握兵权，虽置身事外，却成为新旧、帝后双方都要争取的人物，最终成为了这场政治斗争的受益者。本章开头所选引文即袁世凯被晋升为候补侍郎后的谢恩奏折，奏折本身全是言不由衷的官场套话，但几天后就发生了政变，奏折背后隐藏着的是一个诡谋憧憧、杀机四伏的故事。

谢候补侍郎天恩折[1]

(1898年9月17日)

奏，为恭谢天恩，仰祈圣鉴事。

本月初一日内阁奉上谕：现在练兵紧要，直隶按察使袁世凯办事勤奋，校练认真，著开缺以侍郎候补。等因，钦此。窃臣一介庸愚，毫无知识，畿疆秉臬，靡头衔而深懔鹈濡[2]；营垒筹防，供指使而未娴豹略[3]。愧涓埃之莫报，五内滋惭，叨纶綍之荣颁，六卿忝列[4]，渥承恩遇，倍切悚惶。臣惟有益矢忠诚，愈加勤奋，勉策驰驱于驽钝[5]，冀酬高厚之鸿慈。所有微臣感激下忱，谨缮折叩谢天恩。伏乞皇上圣鉴。谨奏。

胶州湾危机交涉的失败，俄国对盟约的背弃和趁火打劫，随之而来的瓜分危机，使光绪皇帝放弃了托庇强邻的幻想，开始认真推动变法活动。从1898年6月11日光绪皇帝颁布“明定国是”诏书开始，到9月21日慈禧太后发动政变，重新“训政”为止，变法运动一共进行了一百零三天，史称“百日维新”。发生在19世纪末的这场变法运动，不是由于社会内部发展的需要而产生的，而是由外力的压迫所促成的。没有这个外力的压迫，中国社会恐怕还会沿着一乱一治的历史循环论的老路走下去。

中国在历史上并不乏“外夷”的挑战，从先秦直至秦汉以后的匈奴、鲜卑，隋唐时代的突厥、吐蕃，宋代的契丹、女真和蒙古，明末的满清等等。这些“外夷”起初都是一些新兴的、生气勃勃的力量，对中原王朝构成过很大的威胁，甚至部分或全部地占领了中国，建立起异族统治的王朝。但是有一点，这些“外夷”全都是游牧民族，在文化上落后于汉族；它们能够在军事上打败、征服汉族，但在文化上，它们最终被汉族征服和同化，包括统治中国已二百多年的大清帝国。但这次不同了，这次来的“外夷”是比我们这个农业民族更为先进的工业民族，不仅军事上比我们强，经济技术上比我们强，而且文化上也不比我们弱，甚至比我们更先进。如果不思进取，迎头赶上，那么一旦被占领和瓜分，沦为殖民地，中国可能永远也翻不了身，甚至最终被西方同化。这真是中国有史以来所遇到的最大挑战，也是几千年来未曾有过的大变局。从1840年的鸦片战争，英国用武力叩开国门起，直到戊戌变法时，中国人不断挨打受欺，花了半个多世纪时间，才有少数人真正认识到了这一点，原因是数千年历史所造成的经验主义和文化优越感带来的力量和惰性实在是太强了。这是戊戌变法发生的大背景。

认识到这种挑战，感到不变法不成的，只是士大夫阶层和统治集团中的少数人。多数人仍旧只顾自己眼前利益，因循苟且。而没有文化的广大民众虽然痛恨洋人，却根本不知变法维新为何物，继续浑浑噩噩地过着自己的日子。中国仍是个重农主义的国家，社会中也不存在一个有着自己经济和政治要求的“第三等级”，既没有改革的社会经济动力，也不具备改革所需的社会和思想基础。这是变法运动所处的小背景。所以变法从一开始就是由统治集团和士大夫阶层中的少数先进分子发动的运动，先天不足，后天又失调，失败的命运几乎是不可避免的。

戊戌变法的思想领袖是康有为，政治领袖是光绪皇帝，谈“百日维新”自然要从他们两人谈起。康有为(1858—1927)，一名祖诒，字广厦，号长素，广东南海人。少年时从其祖父修学文史，“频阅邸报，览知朝事，知道了曾文正(曾国藩)、骆文忠(骆秉章)、左文襄(左宗棠)的事迹，从而慷慨有远大志向[6]。”

图32　戊戌变法的政治领袖光绪皇帝、思想领袖康有为。

康有为少有大志，又聪明好学，勤于思考，抱负远大，自视甚高。“自以为圣人则欣喜而笑，忽思量苍生困苦则闷然而哭”；“既念民生艰难，天与我聪明才力拯救之，乃哀物悼世，以经营天下为治[7]”。广东与西洋通商较早，受西方的影响远大于内地。康有为亦得风气之先，在钻研古代典籍的同时，两游香港，搜购大量西学书籍，“自是大讲西学，尽释故见”。光绪十四年(1888)，康有为再游京师，上书朝廷，认为“中国发愤(图强)，只有此数年闲暇，及时变法，犹可支持；过此不治，后欲为之，外患日逼，几无及矣[8]。”康有为此次上书原想托时任吏部尚书的徐桐呈递光绪，但三诣徐桐均被拒之门外，且“以狂生见斥”。

康愤激之余，“冥思于经籍中觅取变法根据”，回乡讲学，收梁启超等为弟子。此后，康有为开始发愤著书，数年中写成《新学伪经考》《孔子改制考》《大同书》等著作。康氏这几本著作不注重于学术，而是服务于他变法改革的政治目的。《新学伪经考》的目的在于推翻古文经学之权威，从古籍辨伪上论证祖制、古训不足以拘泥信守。“要之此说一出，而所生影响有二：第一，清学正统派之立脚点，根本摇动；第二，一切古书，皆须从新检查估价；此实思想界之一大飓风也[9]。”《孔子改制考》则以中国士大夫阶层的偶像——孔夫子作为变法改制的祖师爷，希望以此使士大夫阶层认同变法改制，祛除变法维新的思想阻力。其概要为：“孔子改制，恒托于古。尧舜者，孔子所托也，其人有无不可知；即有，亦至寻常；经典中尧舜之圣德大业，皆孔子理想上所构成也。又不惟孔子而已，周秦诸子罔不改制，罔不托古。老子之托黄帝，墨子之托大禹，许行之托神农，是也。”“有为所谓改制者，则一种政治革命、社会改造的意味也，故喜言‘通三统’。‘三统’者，谓夏、商、周三代不同，当随时因革也。喜言‘张三世’。‘三世’者，谓据乱世、升平世、太平世，愈改而愈进(步)也。”有为政治上“变法维新”之主张，实本于此。《大同书》则是以《礼运·大同》一篇为蓝本，抒发其政治理想之作。康有为认为，晚清为衰败没落、乱象丛生的据乱之世，应通过变法改制重致繁荣富强的升平之世，而后进入天下大同、四海一家的太平盛世。据其弟子梁启超概括，此太平盛世的社会制度如下：

一、无国家，全世界置一总政府，分若干区域。

二、总政府及区政府皆由民选。

三、无家族，男女同栖不得逾一年，届期须易人。

四、妇女有身(孕)者入胎教院，儿童出胎者入育婴院。

五、儿童按年(龄)入蒙养院，及各级学校。

六、成年后由政府指派分任农工等生产事业。

七、病则入养病院，老则入养老院。

八、胎教、育婴、蒙养、养病、养老诸院，为各区最高之设备，入者得最高之享乐。

九、成年男女，例须以若干年服役于此诸院，若今世之兵役然。

十、设公共宿舍、公共食堂，有等差，各以其劳作所入自由享用。

十一、警惰为最严之刑罚。

十二、学术上有新发明者，及在胎教等五院有特别劳绩者，得殊奖。

十三、死则火葬，火葬场比邻为肥料工厂。

“有为虽著此书，然秘不以示人，亦从不以此义教学者，谓今方为‘据乱’之世，只能言小康，不能言大同，言则陷天下于洪水猛兽[10]。”这后两部著作，对晚清陈腐的思想界的冲击和震动作用，用梁启超的话来讲，“其火山大喷火也，其大地震也[11]”。

光绪十九年，康有为中举，二十一年中进士，授工部主事。当时正逢《马关条约》签订，割地赔款，举国大哗。康有为及其弟子梁启超、麦孟华等组织、发起了“公车上书”运动，康氏草拟的上书，其“大意凡三事：一曰拒和，二曰迁都，三曰变法。而其宗旨则以变法为归。”此期间康有为连续四次上书，“达者凡一(即上清帝第三书)，阻者凡三[12]。”此后康有为和梁启超在北京从事办报、译书、组织强学会等活动，以开通风气，讲求西学，宣传变法，康梁也正是在此时结识了袁世凯，引为维新同志。1895年秋，康氏南下江苏，游说两江总督张之洞支持赞助上海强学会，后回乡，在广州万木草堂讲学。康有为的上书活动虽没有获得成功，但却广泛宣传了自己的变法思想，结交了不少维新同志，知名度也大大增高。就其学识之广博，思想之新锐和他对推动改革的执着而言，康有为不愧是变法维新活动的思想领袖。任职于翰林院的胡思敬曾这样描述过当时的康有为：

> 有为身材高大，胡须修长，目光炯炯射人。起先钻研经学，继而专攻名家和法家，末了又变为纵横捭阖之学。初见人时抱拳鞠躬，朗声大笑，询问完姓名，依次又问(来自)何郡何邑，(当地)有何物产，乡里的长老、豪杰等事，再三细问，取西洋铅笔，一一记录下姓名，藏于夹袋之中。当时天子开设特科(会试)，四方高视阔步的士子，云集在京都，争相亲近结交康先生，有为也倾身结纳，终日怀揣名帖，汲汲奔走，就好像失常了一样。[13]

但需要指出的是，康有为的思想和变法主张，只得到了少数对西学有所认识的官僚士大夫的欢迎和认同。参加“公车上书”活动者虽多达上千人，但大多数是激于一时的义愤，对变法维新并无深切的认识和感受。而对于执掌权力的各级官僚，康氏等维新派的联络和宣传工作却做得远远不够，他们似乎也不屑于此。这同康有为对变法的思想认识极有关系。康有为虽通西学，但他所受的基本教育仍是中国传统的私塾教育，因而像所有深受儒家影响的知识分子一样，抱有“修身齐家治国平天下”的人生理想，期望知遇于明君，做一番大事业。中国两千多年来的专制体制使皇权高度集中，有为之君往往言出法随，一言兴邦。生活在这种体制下的康有为产生了依靠君权实行改革，致中国于富强的思想是很自然的。

康青年时代即“以为中国‘君权独尊’，‘挟独尊之权’，‘知阖闭之术’，则‘人才之乏不足患，风俗之失不足患，兵力之弱不足患。一二人谋之，天下率从之，以为中国治理强盛，犹如反掌啊[14]。’”正是他这种只要抓住了皇帝，便可以“挟天子以令诸侯”的思想，使维新派在改革的方针、策略、进度和难度等诸多方面的判断上频频出错，导致了变法的失败。

那么康有为和维新派寄予很大期望的光绪皇帝能否担起改革大任？他又是怎样一个人呢？

光绪(1871—1908)，姓爱新觉罗，名载湉，年号光绪(庙号德宗，谥号景皇帝)，醇亲王奕譞之子，慈禧太后之侄。1875年，同治皇帝病死，无嗣。载湉由慈禧定议入承大统，时年仅四岁，由太后训政。光绪十三年，皇帝十七岁，开始形式上的亲政，但诸亲贵以皇帝太年轻为由，请太后继续训政数年。直至二年后光绪“大婚”成亲，慈禧始“归政”，但一切用人行政，仍由慈禧主持。亲政之初，国内外无事，光绪奉命惟谨，帝后之间还维持着母慈子孝的祥和关系，直至甲午战争爆发，年轻的皇帝才面临真正的执政考验。皇帝此时二十四岁，正是血气方刚的年纪，朝廷和舆论也多认为，日本蕞尔小国，因此坚决主战。起初，光绪尚隐忍太后支持的李鸿章的议和活动，等到列强的调停失败，战争爆发，李鸿章主持的军事节节败退时，光绪征得慈禧的同意，谕令成立督办军务处，开始亲自过问、行使军政权力。督办军务处的成立，标志着皇帝的“亲政”由名义向实际的过渡，而对于权欲极强的慈禧来说，彼长意味着此消，在用人行政上意见一致时还好说，一旦出现分歧，双方之矛盾即不可避免，最终两人在如何扭转国家积弱之势，变法图强的问题上出现难以调和的矛盾，不同政见之分歧演化为维新与守旧、帝党与后党在用人行政上的权力斗争。

督办军务处设立于1894年11月2日(旧历十月五日)。设立的原因是中日开战后，陆海军节节失利，朝廷调来的各省“练军”，云集京畿一带，需要统一的节制、调遣，但在实际上起着皇帝的指挥和参谋总部作用。皇帝通过这个机构，可以直接过问、指挥军事，从而削弱了李鸿章的军事指挥权，而李鸿章的后台，就是慈禧太后。督办军务处的人员构成是：恭亲王任督办，庆亲王任帮办，翁同龢、李鸿藻、荣禄、长麟任会办。次日，光绪又谕令翁同龢、李鸿藻、刚毅进入军机处，提高了翁、李二人在督办军务处的地位。督办军务处的设立标志着光绪皇帝直接行使军政大权的开始，为什么这样说呢？因为此机构在军事上已经取代了军机处的作用，而且虽有慈禧在幕后的制约，但督办军务处除恭亲王外，其他成员都是主战的，主战派占优势的军务处实际上更多地体现着光绪皇帝的意志。从督办军务处人员的构成上，也可以透视出帝、后之间微妙的权力平衡关系。

恭亲王奕䜣(1832—1898)，是道光皇帝第六个儿子，咸丰皇帝之弟，同治、光绪皇帝之叔。同治初年，曾任议政王，柄持国政多年，是所谓“天潢贵胄，亲藩重臣”。恭亲王在晚清政治中，也是个三起三落的人物。早年他恪守祖制，对慈禧揽权干政的举动多有抵制，但屡经挫辱之后，锋芒销蚀。在政见上，他与李鸿章一致，是个改良主义者，支持洋务运动，近代史专家蒋廷黻先生曾称其为中国早期近代化运动的五大领袖之一。这次被任用为督办军务处、总理各国事务衙门和海军事务的领班大臣，是第三次被启用了。他年事已高，已无心有所建树，但柄政多年，位高势尊，其意见仍足以影响决策。对慈禧，他内心绝无好感，曾有“我大清宗社乃亡于方家园[15]”之叹，只不过在外表上不表露出来而已。对于皇帝变法图强的主张，他内心应该是同情的，但不赞成急进。对帝、后之间的矛盾，他则是调和折中，暗中回护光绪的。

图33　晚年时的恭亲王奕䜣，其死影响戊戌朝局甚大。

庆亲王奕劻 (1858—1917)，是乾隆皇帝第十七子永璘之后，十一岁时过继给庆亲王绵悌为嗣，1894 年袭爵为亲王。其人才能短缺，贪财好货，仅因顺从听话而得到慈禧的信任，属于后党。慈禧把他摆在督办军务处，一方面是加强自己在军务处的力量，另一方面也有让他充当耳目，历练办事能力的意图。但庆亲王属于远支亲贵，而且初入政坛中枢，一切都要从头学起，此时并起不了什么作用。他的地位，要到庚子事变后才变得重要起来，此是后话，不赘。

图34　庆亲王奕劻。

翁同龢 (1830—1904) 字声甫，号叔平，江苏常熟人。咸丰六年

(1856) 的状元，光绪初年起，就受命在毓庆宫行走，担任皇帝的老师。历任都察院左都御史，刑、工、户等部的尚书，太子少保、协办大学士。他曾两入军机，并被派为督办军务处和总理各国事务衙门大臣，最为光绪所宠信，“每事必问同龢，眷倚尤重[16]”。翁是坚定的帝党成员，在政见上则是守旧派，后迫于外侮和皇帝的意旨，勉力从事维新，汲引康有为入朝，促成了戊戌变法运动。在甲午战争时，是清流主战派的领袖人物之一，与恭亲王、李鸿章等主和派势同水火，嫌怨颇深。

图35　光绪的师傅，帝党重臣翁同龢。

李鸿藻 (1820—1897) 字兰荪，直隶高阳人。咸丰二年 (1852) 进士。咸丰十年，受命在弘德殿行走，成为同治皇帝的师傅。此后历任户、吏、礼、兵等部的尚书，协办大学士、军机大臣等职；甲午战争爆发，与翁同龢一同被任命为军机大臣、督办军务处和总理各国事务衙门大臣。与翁一样，李鸿藻也是清流主战派的领袖人物，政见守旧，对日主战。但与恭亲王一样，李既非帝党，也非后党，但因是三朝老臣，清流领袖，对舆论有着相当的影响。

荣禄 (1834—1903) 字仲华，姓瓜尔佳氏，满洲正白旗人。早年因在辛酉政变 (即诛除肃顺等顾命大臣，东西两太后垂帘听政) 中，为慈禧往来奔走于热河与京都之间，串联沟通，助成政变，受到慈禧的赏识，曾任内务府大臣、工部尚书等职，后因事被贬为西安将军。荣禄出身将门，号称“知兵”，甲午年慈禧六十大寿，荣“入都祝寿，正逢与日本开战，即留京授为步军统领。”后又被任命为督办军务处大臣和总理各国事务衙门大臣。荣禄为后党重要成员，政见守旧，反对变法，但主战。与翁同龢嫌隙很深，但与李鸿藻关系甚好。

长麟 (1864—？)，满洲镶蓝旗人。光绪六年 (1880)，十六岁时就成为翻译(指满汉文的翻译)进士，被授为翰林院编修，是少有的满族青年才俊，也是恭亲王引荐之人。时任户部侍郎，与翁同龢为同僚(翁为尚书)。甲午开战后授任督办军务处大臣，同情皇帝维新变法的主张，后因劝光绪“乾纲独断”，与总署大臣汪鸣銮同以“信口妄言，迹近离间”的罪名，被革职永不叙用。长麟可以归入帝党。

从督办军务处的组成人员来看，恭亲王、翁同龢、长麟均为立场倾向于光绪之人，庆亲王、荣禄虽为后党，但在中枢属于后进，力量较弱，李鸿藻资望很深，作为清流领袖，也倾向于光绪。但在政见上，除了恭亲王之外，均不通外情，思想守旧，而且都主战。所以光绪的想法和主张较为容易通过军务处贯彻施行。此时尚无帝党与后党之分，只有主战与主和之分。当《马关条约》签订，重心转移到内政上时，政见上的分歧才演化为维新与守旧的派别矛盾，而这种矛盾从用人行政之争，逐渐演化为帝党与后党间的权力斗争，最终酿成了戊戌政变。

下面，对督办军务处从设立到裁撤期间帝、后两党权力消长的脉络略作回顾。帝党、后党的形成及其政见分歧的明朗化始于甲午年的主战与主和之争。当时慈禧在口头上也很强硬，但只是表面姿态，她所关心的是自己六旬寿诞的庆典，曾有“今天让我不高兴的人，我也要让他一辈子高兴不了”之语。军机处的孙毓汶、徐用仪与身任北洋、肩负外交与军事重任的李鸿章均为后党，一力主和。光绪于是授意台谏官员上奏起用恭亲王，由恭亲王主持设立了督办军务处，使光绪有了越过军机处贯彻自己意旨的机构。甲午之战，李氏一手创立的淮军与海军全军崩溃，割地赔款，举国愤恨。李鸿章也因此被削去实权，后调任总理衙门，专任外交。而迫于舆论压力，孙、徐二人，或以病去职，或干脆被罢斥，成为战争失败的替罪羊。说他们是替罪羊，是因为甲午战败的惨痛后果恰恰是盲目主战造成的，正如蒋廷黻先生所说，“近代的战争固然不是儿戏。不战而求和当然要吃亏，这一次要吃的亏是高丽的共管。但战败以后而求和，吃亏之大远过于不战而和。”“瓜分运动就是甲午的败仗引起来的，在近代的世界，败仗是千万不能打的[17]。”但是对于当时的舆论而言，主战就是爱国，主和却是投降和卖国。策略的不同被上升夸大到这样的高度，就难有理智和务实的决策。近、现代以来诸多外交上的失误，全都是由此而造成的，希望国人能够以史为鉴，少唱高调，多务实事，埋头发展自己，因为国际政治最后是要靠实力来说话的。

李、孙、徐三人的罢斥，使后党在中枢的力量大为削弱，慈禧当然不会坐视，她将庆亲王和荣禄放入督办军务处以资监督牵制，又在军机处安插了刚毅，并任命荣禄为兵部尚书，以控制军权，还将宗人府府丞吴廷芬派任总署大臣以作为耳目。

在徐用仪被逐出军机处几个月后，慈禧开始对帝党势力进行打击和裁抑。第一次打击发生在1895年12月3日，慈禧强迫光绪以自己的名义下诏，将长麟、汪鸣銮"革职永不叙用"。长麟的情况前面已有介绍，据《清议报》后来的披露："长麟者，素亢直，恭亲王倚用之人也。及革长麟，奉伪懿旨时，(皇)上述旨，恭邸(即恭亲王)跪哭问何故？上挥手曰：'不必问。'君臣相对哭。"汪鸣銮(1839—1907)，字柳门，浙江钱塘人。同治四年进士，历任翰林院编修，陕甘、江西、山东、广东学政，礼、工、户、吏等部的侍郎，总署大臣等职。史传称光绪亲政后"数(次)召见朝臣，鸣銮奏对尤(其)切直"，"倚畀益隆"。而且汪"与翁同龢友善，想要巩固皇帝的地位，防止后党的掣肘，慈禧忌之[18]"。可见，汪、长二人都是帝党成员，他们被罢免的原因，据诏书说是"信口妄言，迹近离间[19]"；而且警告："此系从轻办理，嗣后内外大小臣工，倘敢有以巧言尝试者，朕必加以重罪。而诸臣当知忠孝一源，端正你们的心地，辅弼以成孝治，朕有厚望焉[20]。"很显然这是慈禧杀鸡给猴看，警告恭亲王、翁同龢等人不要只想着忠于皇帝，也要辅佐皇帝孝顺太后。

第二次打击是在次年二月，慈禧下懿旨裁撤上书房，免去了翁同龢毓庆宫(光绪自小读书之处)行走的差使，再次给了光绪和翁同龢一个下马威。原因是督办军务处设立后，光绪往往于正式叫起(即召见大臣)之前，先在毓庆宫书房就当天要处理的重要政务征询翁同龢的意见，并在过后与其他大臣讨论政务时倾向于翁的主张。这使恭亲王、李鸿藻、荣禄等人对翁侧目而视，十分不满。这件事情传到慈禧那里后，也使慈禧担心翁同龢对光绪的影响过大，据说她经常发泄不满说："咱们的天下自(己)做呢，还是叫姓翁的做[21]？"裁撤上书房，显然是对二者密切关系的一种警告措施。

一个月后，帝党又遭到了第三次打击。以前上疏要求查禁强学会的御史杨崇伊(后党干将、李鸿章的亲家)上疏劾奏文廷式"遇事生风，常于松筠庵广集同类，互相标榜，议论时政，联名执奏，并有与太监文姓结为兄弟情事”，要求立刻罢斥。文廷式(1856—1904)字道希，江西萍乡人。文廷式是光绪十六年(1890)的恩科贡士，殿试考中第二名(榜眼)，任职翰林院侍读学士兼日讲起居注官。文是翁同龢的得意门生、清流派中活跃的骨干人物，也是强学会的发起人之一。甲午时，文与翁氏另一高足张謇，都是主战派幕后执笔操刀的重要人物。文廷式很有鼓动和组织能力，翰林院好几次集体参奏李鸿章、请求起用恭亲王和反对议和、割地的活动都是由他牵头发起的。文廷式任职侍读和起居注官，是皇帝身边的文学侍从官员。他早年曾在广州将军长叙家中的私塾教书，是长叙儿女们的老师，其中就有后来成为光绪妃子的珍妃和瑾妃，有了这一层关系，他更得光绪的信任。杨崇伊的参奏是对他从前攻击李鸿章的报复，而慈禧则是借此打击帝党。这次仍是由慈禧下令，以光绪名义下诏罢斥，罪名竟然是莫须有的:“文廷式与内监往来，虽无实据，事出有因，且该员于每次召见时，语多狂妄，其平日不知谨慎，已可概见。文廷式著即革职永不叙用，并驱逐回籍，不准在京逗留。此系从轻办理，在廷臣工，务(必)当共知儆戒，不要自蹈愆尤(罪过)[22]。”很显然，这又是一次杀鸡给猴看式的警告。

总署(即总理各国事务衙门，也称译署)作为与列强打交道的外事衙门，与洋人来往多，接触西洋事物也多。由于见多识广，所以总署官员的头脑相对开通，也是慈禧最不放心的部门，所以一再将亲信派进去。3月22日，又任命崇礼、许应骙为总署大臣。这样，总署大臣已多达十人:恭亲王(领班)、庆亲王、李鸿章、翁同龢、李鸿藻、张荫桓、荣禄、吴廷芬、崇礼、许应骙。这样，后党在人数上就占有了优势，但恭亲王、李鸿章等是改良派，并不反对变法;不久后李鸿藻去世，翁同龢荐举其在户部的同僚廖寿恒(时任户部侍郎)替补，任总署大臣和军机大臣，增强了帝党的力量。所以后党人数虽多，尚不足以左右总署的取向。

此后胶州湾危机发生，清廷全力应付列强，内争暂时告一段落，直到1898年6月，慈禧对帝党施予第四次打击。15日，罢斥了翁同龢;调王文韶进京接替翁同龢任军机大臣、总署大臣兼户部尚书，而以其心腹荣禄接替王文韶担任直隶总督兼北洋大臣。27日正式裁撤了督办军务处，将袁世凯的新建陆军转归北洋节制，完成了对近畿军队的控制。

光绪作为变法维新运动的政治领袖，其个性、思想、对变法的认识和决心都会对变法的走向和成败产生重要的影响。我们在这里对此略做分析。光绪4岁入宫，从此失去了父母的照拂和关爱，也没有了正常人应有的家庭温暖。他孤处于深宫之中，所能接触到的人，除去身边的太监，就是阴鸷而缺乏慈爱的太后。恽毓鼎曾是光绪身边的起居注官员，他是这样评论光绪的一生的："无母子之亲，无夫妇昆季(兄弟)之爱，无臣下侍从宴游暇豫之乐；平凡世界中平头百姓的福分，都比这个地位最尊贵的人强。毓鼎侍奉皇帝左右既近且久，看到的总是忧戚的面容，好像很不开心的样子，没有一天容颜舒展，心情畅快过的[23]。"在光绪成长的孤寂岁月中，能够给他一些温暖的人，恐怕只有他的老师翁同龢了。恽毓鼎的《崇陵传信录》中对小皇帝与翁师傅的关系也有记载："(皇)上小时候害怕打雷，就是在书房，(打雷时)也一定会投身翁师傅怀中。""皇上幼年读书时，亲近翁师傅，或捋他的胡子，或把手伸到他怀里摸他的乳头；所以常熟(即翁同龢)在上书房二十五年，最为皇上所亲近。(翁)曾经请假回虞山扫墓，皇上很不愿意他离开，不得已才给了一个月假。告辞时，坚持与(翁)约定说：'正月的今天，朕与师傅就在此相见[24]。"翁师傅对于小时候的光绪皇帝，兼有老师、玩伴和父亲的作用。在这样一种生活环境中成长起来的光绪，其内心不免于怯懦而脆弱，但长时期的精神压抑，也会造就出坚韧执着、绵软而刚的个性。

皇帝的教育，是中国历朝历代的大事，能被选拔为老师的，都是当时学问最好的饱学宿儒，打个比方说，个个的学问都相当于现在的博士生导师。光绪的师傅翁同龢，就是状元出身。皇帝读书，自然也是从识字开始，但识了字后，重头的功课却是经史一类的古代典籍，讲的都是治国的方法和经验，因为他日后是要君临天下的，只能走培养政治家的路子。师傅们个个都是宿学大儒，也都以培养出一个好皇帝为己任，所谓"致君尧舜上，再使风俗淳"是也。尧舜是古代传说中的贤明君主，也是衡量历代君主的标准和榜样。那么怎样才能够做一个好皇帝呢？被后世奉为儒家的副教主，称之为"亚圣"的孟子的概括是："尧舜之道，孝悌而已[25]。"中国传统的农业社会是家族本位的，维持家族内部、家族与家族之间关系的基本伦理就是孝道，孝运用于政治之中，叫作"移孝作忠"，所以有"忠臣必出于孝子之门"的说法。官员们被教导要"为民父母"，把老百姓当作"赤子"一样关心和爱护，皇帝则是全天下的父母。所以我们看历朝历代的诏敕之中，常有“圣朝以孝治天下”这样一句套话。当然，这只是儒家的一种政治理想，在现实中只被作为门面和包装使用，但不可否认的是，这种伦理的泛化历经几千年的积淀，已经成为政治好坏、社会良莠的坐标和参照，对现实政治的影响还是很大的。光绪所受到的教育，使他立志做一个有作为而能造福苍生的好皇帝，也使他为“孝道”的纲常伦理所束缚。母可以不慈，但子不可以不孝。在与太后的关系上，生活环境和正统教育把光绪压迫成了一个逆来顺受的角色；但另一方面，作为“君父”“一国之主”，他又有极重的责任，要求他明断国是，督责臣民实现抗御外侮、富国强兵的大业。一个皇帝，双重角色，这是光绪亲政以来行政的特点。

光绪倾向于变法的最初动因是甲午之败。甲午战争时，光绪、翁同龢等主战派大臣、左右朝廷“清议”和舆论的“清流派”，全都是既不知己，又不知彼，惨败后才知道“老大帝国”不过是个空架子。此后又寄希望于与俄国结盟，求得“二十年无事”，可以缓图富强。不料俄国背信弃义，趁火打劫，反而引发了列强争相瓜分势力范围的危机，光绪真正有了危如累卵，时不我待的感觉。从甲午到戊戌，日益严重的外侮，使光绪如同生活在炼狱之中。据翁同龢日记的记载，《马关条约》中日本苛刻的要价，使光绪“徘徊不能决断，天颜憔悴”，“如在沸腾的大锅中”；被迫签约后，又与翁同龢“相顾挥涕”。《马关条约》被光绪视为奇耻大辱，他在亲笔撰写的谕旨中表明自己的心境，希望上下一心，发愤图强，变法之心即萌发于此：“(朕)执政宵衣旰食，犹豫彷徨，临朝痛哭，将一和一战两者害处细细权衡，然后幡然定计……此后我君臣上下，只应当艰苦一心，痛除积弊，对练兵筹饷两件大事尽力研究解决，

图36　总揽晚清海关大权五十年的总税务司赫德。

详细地筹划兴什么革什么，不要松懈志气，不要追求空名，不要忽略长远的计划，不要沿袭固有的习气，务必事事追求实际，以收自强的实效。朕对于中央和地方的臣工们寄予着深厚的期望啊[26]。”之后不久，光绪又下发了举荐人才的诏书，要求中央和地方的大员“对于平日具有真知灼见，才能、见识宏通卓越，用心钻研时务，体用兼备的人，列出事实，专折保奏[27]。”

对光绪影响最大的翁师傅在战败求和、筹措赔款、交涉胶州湾事件等一系列涉外活动中，也备受煎熬，“如在汤火中”。这使不谙外事、守旧思想严重的他经受了极大的刺激和震动，开始体谅到李鸿章办外交的难处，甚至有了共同语言。“时事之艰难，惟有李相洞悉，相对叹息，甚至于痛哭失声[28]。”胶州湾危机期间，翁同龢还专门拜访了总税务司赫德(赫德曾建议清政府尽快改革图强)，征询他对于时局和变法的意见，赫德的回答是：

> 我告诉他们，一切取决于他们将来能实实在在地做些什么。如果他们决心从明天开始就正经地着手改革，今天的损失是无关紧要的；然而若是根本无意于推动改革，今天的损失就毫无意义，只是向狼群投掷的一片片的肉，使它们暂时不追上来，直到把马累死为止。[29]

这样，在上有皇帝求才若渴的迫切要求，内有亟须变法的认识和感受的情况下，翁同龢终于向光绪皇帝举荐了康有为，据说还有“康有为之才胜臣十倍”的话语，并为这两位变法的核心人物牵线搭桥。1898年1月2日，听说康有为要离京返乡，翁同龢一早就赶去挽留。“先是，常熟已(将我)力荐于皇上，至此听说我决定离开，凌晨赶来南海会馆(康有为住处)，我还躺着未起，(翁)已推开汗漫舫的门进来挽留，就这样未能走成[30]。”次日，翁授意高燮曾上书举荐康有为，光绪见折的当日就谕令“总理衙门酌情核实办理”，并打算召见康有为。显然，光绪与翁同龢已经默逆于先，之所以假手他人，是因为翁氏当时已为后党所深忌之，人言籍籍，不出头举荐为的是避嫌。与翁同为帝党的张荫桓曾道出此中内幕：

当时(康)想要上书，央求我介绍，常熟答应接见，等到康有为去了却又推辞不见。我觉得奇怪就去问翁，翁回答说："此人是天下奇才，我安置不了他，所以不敢见。"后来竟又奏荐(即高燮曾折)给朝廷，打算召见。恭亲王说，"召见受保举的主事，不合规矩(四品以下官员按例不能召见，主事为六品，不在召见之列)，是额外之举，不能随便。先传到总理衙门谈一谈，如他所说果然可用，破例也可以，否则作罢。"大家都同意这样。[31]

正月初三(1898年1月24日)，总理衙门召见康有为问话。问话过程据康有为回忆如下：

正月初二日，总理衙门总办来书，告初三日下午三点钟王大臣约见。至时李中堂(鸿章)、翁中堂(同龢)、荣中堂(禄)、刑部尚书廖寿恒、户部左侍郎张荫桓相见于西花厅，待以宾礼，询问变法事宜。荣禄说："祖宗之法不能变。"我回答他说："祖宗之法是用来治理祖宗(留下)的土地的，如今祖宗的土地都守不住了，还谈得上祖宗之法吗？就说此地这个办外交的衙门，也不是祖宗之法中所有的。因时制宜，实在是因为不得已。"廖(寿恒)问应该如何变法，回答说："应以修改法律、官制为先。"李(鸿章)说："那么是把六部全都裁撤，规章制度全都废弃吗？"回答说："今天是列国纷争的时代，不再是大一统的世界，现今的法律、官制全都是大一统的制度，弱亡中国的全都是这些东西，的确都应该去掉。即使一时不能完全废除，也应当斟酌改订，新政才能够推行。"翁问筹款之事，回答是："日本银行的纸币、法国的印花税、印度的土地税，以中国之大，只要变更制度，(收入)可相当于今天的十倍。"于是陈说法律、财政、学校、农商、工矿、铁路、邮政电信、结社、海军、陆军的改革方法，并说日本维新仿效西法，法制甚为完备，(国情)又与我国相近，最容易摹仿，近来编辑了《日本变政考》及《俄国大彼得变政记》，可供采鉴。谈到黄昏才散，荣禄(中途)先退席。当天，恭、庆两位亲王不在。第二天召见大臣时，翁将我所说的上奏，皇上命召见，恭亲王说应令康把他的见解写出来，如若可取，再下令召见。[32]

康有为面对当政的煌煌大僚，毫无惧色，针锋相对，放言高论，反映了他的自信及自负极强的个性特征，但在这些大臣眼中，却未必能够留下一个好印象。翁同龢在当天日记中对此次问话也有记载："传康有为到署，高谈时局，以变法为主。立制度局、新政局，练民兵，开铁路，广借洋债数大端，狂甚[33]。"连举荐他的翁同龢也认为他"狂甚"，其他人的观感可想而知。但光绪更关心的是如何着手变法，急切地想要知道康氏所鼓吹的俄国、日本变法图强的经验和康对变法的具体意见，因此不断派人催促康有为将其变法条陈和译纂的书籍上呈："过了一天，常熟托樵野(即张荫桓，字樵野)来说，皇上急欲变法，恭亲王也有□□，我的《日本变政记》和我的条陈，皇上催促快些呈上[34]。"于是，在总署问话一个半月后(3月11日，旧历二月十九日)，康有为的变法条陈(即《外衅危迫，分割洊至，宜及时发愤，大誓臣工，开制度新政局折》，又称《上清帝第六书》)经总署审阅后，终于上呈光绪。总署对此条陈的评语是："臣等公同阅看呈内所陈，语多切要，理合照录原呈，呈请御览。"

康有为此折实为戊戌变法之纲领，他建议全面仿效日本明治维新的做法，根据是"日本地势近我，政俗同我，成效最速，条理尤详，取而用之，尤易措手。"日本变法的起步靠三条：一、大誓群臣以革旧维新；二、开制度局于宫中，征天下通才于此商定时政；三、设待诏所，许天下人上书言政事。具体到中国的做法，则应"择吉日大誓百司庶僚于太庙，或御乾清门下诏申誓，宣布天下以维新更始"；然后"特置制度局于内廷，妙选天下通才十数人为修撰，派王大臣为总裁，体制平等，俾易商榷；每日值内，同共讨论，皇上亲临，折中一是，将旧制新政斟酌其宜，某政宜改，某事宜增，草定章程，考核至当，然后施行[35]。"

按康有为的设想，这个制度局既是个议政务虚的咨询机构，又兼有推行新法的决策行政功能，因为"关涉新政者，皆发制度局议行"；而"新政推行，内外皆设立专局以任其事"。这些专局计有法律局、税计局、学校局、农商局、工务局、矿政局、铁路局、邮政局、造币局、游历局、社会局、武备局共十二个，涉及法制、工矿交通、教育、农商、邮政、财政和军事等各个方面。“十二局立而新制举，凡制度局所议定之新政，皆交十二局施行。”在地方上，则“每道设一新政局督办……凡学校、农工、商业、山林、渔产、道路、巡捕、卫生、济贫、崇教、政俗之政皆督焉；每县设一民政局，由督办派员会同地方绅士公议新政。”由功能来看，制度局是实际上的内阁，而十二局及地方新政局、民政局则是内阁决策执行的具体机关。康有为的变法首先提出更改官制，目的就是要把改革的决策和行政之权抓在维新派手中。那么原有的各种机构为何不能代行新政呢？康有为的说法是，六部不懂也办不了新政；军机处的体制不适于办理新政；而总署则因外事活动太多，没有时间办理新政[36]。当时翰林院内的一个思想守旧的庶吉士胡思敬，曾这样评价这个官制改革方案：“窥察其背后的图谋，意在夺枢府之权，归制度局；夺六部之权，归十二分局；夺将军督抚之权，归各道民政局。果真如此，则天子孤立于上，内外盘踞着的都是康有为一党的私人了[37]。”

这样一份全面弃旧取新、涉及权力重大转移的变法大纲，总署竟给以“语多切要”的评语，并全文呈递，其倾向性很明显了。反过头来看恭亲王先前的所作所为，就看出问题来了。在高燮曾上折举荐康有为，光绪打算召见，后党顽固派许应骙极力阻挠时[38]，恭亲王建议先由总署问话，问话后又要求康有为写出书面条陈交总署阅看，确有见解方可代为上呈和破例召见的做法，表面看去，似乎是在设置障碍，但细一分析，实为老谋深算的稳健之举。一切按成规和程序办，慈禧和守旧派无话可说，对性急的皇帝则起着暗中回护的作用。在总署，恭亲王、李鸿章、翁同龢不仅位次在前，也是说话最有分量的几位，而他们都是倾向于改良变法的代表人物，没有他们的首肯，此折不可能上呈，更不可能有“语多切要”的评语。

在康有为上书的同时，外交上的危机日益深迫。清廷被迫同意德国租借胶州湾后，俄、英等列强纷至沓来，强租港口，争划势力范围。3月22日，光绪召见全体军机大臣和李鸿章、张荫桓(总署大臣)，商讨如何应付俄国租借旅大的要求，但谁也拿不出解决办法，“诸臣皆挥涕”。事后庆亲王、李鸿章、翁同龢、张荫桓四人商议，认定除了答应俄国要求，别无办法。次日，军机大臣“沥陈现在危迫情形，应力图自立，旅大事无可挽回”，光绪只能同意，并于3月27日由李鸿章、张荫桓与俄国使节签约。孰知对俄交涉刚刚结束三天，英国公使又来到总署，提出租借威海卫的要求。在这种一波强于一波的外力压迫下，光绪变法自强的心情愈来愈急切，意志也愈来愈坚定了。据康有为回忆，自总理衙门问话并代递变法条陈，光绪得知他译纂有俄、日等国变法图强的书籍后，即“频频命枢臣催要(我)所著各国变政书”，“一卷甫成，即进呈皇上；皇上再催，又进呈一卷”。康有为每进一卷，都在前面加有案语和评论，“凡中国变法之曲折条理，无不借此书发(挥)之，兼赅详近，网罗宏大”。光绪则如久旱逢雨，如饥似渴地从中汲取变法所需的经验和理论，俄国、日本两大邻国以改革致富强的成功事迹使光绪大受鼓舞，尤其心仪于日本的明治维新。对康有为在各卷卷首所加的评论，“皇上以为全都是日本施行有效的，阅读后甚为欣喜，自官制、财政、宪法、海陆军、经营新疆、男女教育、改元迁都、农工商矿各类事务，皇上全都深以为是[39]。”不仅如此，光绪还下令将康有为自正月以来所呈递的条陈五件、书四种(即《俄国大彼得变政记》《日本变政考》《泰西新史揽要》《列国变通兴衰记》)誊录多份，分送给慈禧和军机处，希望守旧派能够同意和支持变法。

那么，慈禧对送来的这些条陈和书籍的反应如何呢？应该说一开始还是不错的：“正月康(有为)开始上书，皇上进呈于太后，太后也为之打动，命总署大臣详细询问补救的方法、变法的条理，曾经有过懿旨。”所以变法维新的势头，起初还是不错的。但5月29日恭亲王的去世，却给即将到来的维新运动罩上了沉重的阴影。恭亲王的病逝导致了清廷内部派别势力的失衡，对朝局的变化有潜移默化的转移作用，也是维新运动偏入急进的重要原因。

变法前夕，清廷中存在着三种力量：以太后为中心的守旧势力，以皇帝为中心的维新派，以恭亲王、李鸿章为首的改良派。对于改良派来说，维新变法是他们的一贯主张，所以对于光绪的变法，他们是认同和支持的。与康有为等维新派不同的是，他们为宦多年，是洋务运动的过来人，深知改革之不易，所以对变法多持一种稳健、务实的改良主义态度，办事情走的是力求稳妥的路子。有这一派人的参与，就像有了制动车速的车闸。而且恭、李当政多年，有丰富的政治经验，慈禧也很倚重信任他们，有他们在，可以及时调和折中帝、后两党间的分歧和矛盾。

恭亲王的病逝，以及后来李鸿章的罢黜，使改良派在中枢的力量和影响极度削弱，帝后两党之间也因此失去了调和折中的纽带，所以恭亲王之死实在是变法失败的一大关键。

恭亲王之死对朝局的转移变化作用之一，是翁同龢的出局。据当时的《申报》报道，恭亲王病重时，光绪、慈禧 4 月 28 日曾亲临探视。在光绪询问可堪重任的人选时，恭亲王推荐了四个人：李鸿章、荣禄、张之洞和裕禄[40]。当问及翁同龢时，恭亲王对翁多年来反对、阻挠洋务运动，盲目主战，导致甲午惨败的积怨一下子爆发了出来：

> 皇上问户部尚书翁同龢如何？回答是所谓聚九州之铁，不能够铸成此等过错。甲午之役，当轴者(指孙毓汶、徐用仪等)力主议和，会议提出三种对策：一是收高丽为行省，封韩国国王如(孔府的)衍圣公，从优给以俸禄，世袭罔替；二是选派重兵，代守其国，以防备意外；三是让高丽对各国开放，使它们互相钳制，以免强邻(指俄国、日本)得以插手。当时翁大司农已进入军机处，均阻挠不得施行，只是一味地唱高调，力主开战。以至十数年培育、数千万(花费)之海军，覆灭于旦夕；不得已割地求和，外洋趁此机会，德国占据胶澳，俄国强租旅大，英国索要威海、九龙，法国租赁广州湾，此后相率效尤，不知道什么时候停止，这全是大司农开启的祸端啊。于是向来不满意翁同龢的人，至此全都不甘心让人讥讽为摆设，全都上折劾奏。皇上为保全其晚节，于是下令(翁)解职回乡。[41]

恭亲王推荐的四人中，李鸿章是多年共办洋务的同志，张之洞也是以支持变法出名的洋务派大臣；荣禄虽是后党，但在当朝的满族大臣中是较有头脑和能力的一位，裕禄也是如此。如果按这个名单办，维新与守旧力量仍可大致平衡。但在光绪看来，比起康有为来，这些人在维新变法上的见解都差得太远。但在人事任用上，大权在慈禧手中，他也不得不听从安排。

5 月 29 日，恭亲王病逝，而变法的推进也骤然加快。年轻的光绪鼓足勇气向太后摊了牌：

自甲午、乙未兵败地割，求和偿款，皇上日夜忧愤，愈来愈明白中国致败的原因，若不变法图强，社稷难以保守。每次以维新为宗旨商量询问于当政诸臣，却动辄以祖宗成法不可改，外夷不足以效法的言论反驳他，皇上气愤之极，往往痛哭而罢。惟有大学士翁同龢近年省悟了大局，(知道)非变法难以图存，前不久曾草拟变法诏敕十二条，与恭亲王商议，被恭亲王阻止。有与翁同龢不和者暗中在太后那里中伤他，说翁为了取悦皇上，妄想改变成法，这是引发祸乱的路子，恐怕他蛊惑了皇上，应该及早防范。翁在此前被赶出毓庆宫，就因为此事。

南海张侍郎曾出使外洋，通晓欧美富强的原因，常常为皇上讲述，皇上喜欢听，不时召见他。其为人虽无足可取，然而启发皇上的思想，多有赖他的能力。朝中守旧诸大臣全都忌恨他们，称翁老奸巨猾，说张是汉奸。到了(光绪)二十三年冬天，德国人占据了胶州，皇上更加忧惧。到了今年春天，乃对庆亲王说："太后若仍不给我办事的权力，我愿退让出这个皇位，也不甘心做亡国之君。"庆亲王请求于太后，(太后)刚听到时很生气地说："他不愿意坐这个位子？我还早就不愿意他来坐了呢！"庆亲王竭力劝解，(太后)才答应说："由他去办，等办不出模样再说。"庆亲王于是以太后不禁止皇上办事复命，于是与中枢诸臣商定，下诏定国是。[42]

此事应发生在恭亲王病逝几天之后，因为自6月1日起，康有为即鼓动杨锐、徐致靖等连续上书请求下诏定国是。10日，翁同龢已受命草拟变法诏书，11日，光绪正式颁布国是诏书，拉开了戊戌变法的大幕。据张元济说，这次谕旨明定国是，"乃两宫同见枢臣(军机大臣)，当面指示者[43]。"此诏书是中国近代史上的重要文献，全文照录如下：

数年以来，中外臣工讲求时务，多主张变法自强。近来诏书数下，如开设经济特科、裁减冗兵、改革武科制度、设立大小学堂，皆经再三审定，筹划至成熟，才开始定议施行。只是风气尚未大开，论说莫衷一是，或借口老成忧国，以为旧章必应墨守，新法必当摈除，众口争辩不休，空言于事无补。试问今日时局如此，国势如此，若仍以不练之兵，有限之饷，士无实学，工无良师，强弱相形，贫富悬决，岂真能用木棍对付坚甲利兵吗？朕考虑国是不定则号令不行，最大的流弊，必然导致门户纷争，互相水火，徒然重蹈宋、明时的积习，于时政毫无裨益。即以中国的大经大法而论，五帝三王不相沿袭，譬如冬穿皮毛夏穿棉布，势不能两者并存。因此特予明白宣示，嗣后中央地方大小诸臣，自王公以及士庶，各宜努力向上，发愤为雄，以圣贤义理之学植其根本，又须博采西学之切合于时务者，实实在在下力讲求，以救空疏迂谬之弊。专心致志，精益求精，不要徒袭其皮毛，不要竞相空谈，总期望化无用为有用，以成为既通理论又善应变之才。京师大学堂为各行省之首倡，尤应首先举办，命军机大臣、总理各国事务王大臣会同妥速议奏，所有翰林院编修检讨、各部院司员、大内侍卫、候补候选道府州县以下官员、大员子弟，八旗世职、各省武职后裔，其愿入学堂者，均准其入学肄业，以期人才辈出，共济时艰，不得敷衍因循，徇私援引，致负朝廷谆谆告诫之至意。将此通谕知之。[44]

两天后 (6 月 13 日)，光绪去颐和园请安时，可能就恭亲王去世后的人事安排与太后作了商讨。显著的迹象是，当天就发下了 16 日召见康有为、张元济，黄遵宪、谭嗣同送部引见，梁启超由总理衙门查看具奏的上谕，这些人全都是知名的维新派人士，没有慈禧的同意是不可能的。联系两天后人事和机构的重大变动，光绪很可能同慈禧作了一笔政治交易，即太后同意他放手做事，召见康有为等维新派，着手变法。皇帝则同意罢黜翁师傅，裁撤督办军务处。在慈禧看来，像翁同龢这样位望很高的两朝老臣待在皇帝身边是危险的，不利于自己对皇帝的控制；至于清流的秀才们，说说写写，唱唱高调行，但资历浅、官职低，又没有兵权，成不了什么大气候，闹腾一阵子就会偃旗息鼓了。光绪通过牺牲翁同龢，换来了变法的许可和新旧人物的更替。他终于能够召见已闻名很久的康有为了，变法的政治领袖和思想领袖终于要会面了，他们的联手，使变法维新运动驶上了快车道，然而，失去了改良派和稳健派老臣参与的变法维新，就像卸下了车闸的快车，一路狂奔，直至翻车。

6月15日，光绪下了三道有关人事的谕令，一是罢黜翁同龢，一是王文韶调任北京接任翁同龢遗留下来的军机大臣、总署大臣和户部尚书之缺，一是荣禄接替王文韶任直隶总督兼北洋大臣。另一道谕令是，今后所有新任文武一品暨满汉侍郎(二品)以上的大员，都要前往太后处当面谢恩。6月27日，裁撤督办军务处，袁世凯的新建陆军改由北洋大臣荣禄节制，完成了后党对京畿军权的控制。7月11日，谕令裕禄在军机处行走，最终完成了这次人事调整。这一系列人事、机构调整传递出来的信息是：皇上可以变法维新，但太后有监控之权。

调整后的军机处成员是：礼亲王世铎(领班，但当时大部分时间在家养病)、刚毅、王文韶、钱应溥、裕禄、廖寿恒。在这个班子中，礼亲王、刚毅、裕禄是后党，其余三人中王、廖是改良派，钱则因病修养。看似有某种平衡，但在实际上，由于刚毅的位次靠前，后党已占据了很大的优势。为什么这样说呢？这要由清代军机处的奏事体制说起。叶恭绰《遐庵遗稿》曾论及军机处的奏事体制：

> 入对时，领班军机居前跪，领班距御座丈余，益次益远；如系军机大臣上行走，或学习行走，则必在两丈开外了。年长听力不好者，往往穷年累月，旅进旅退，并不知元首及领班所言者何事。因元首向来只与领班说话，除非指名询问其他军机大臣，其他军机大臣绝无越过次序回话之事，也没办法在那个时候转问同僚，只是在退入军机处后，有机会得知梗概罢了。所以军机处只有领班略有事权，其他都是陪着吃干饭的(其中间或也有特殊情形，如孙毓汶、荣禄、袁世凯、张之洞、瞿鸿禨任军机大臣时，太后常有指名询问之事，所以事权也增重)。领班几乎向来是亲贵，大多不学无术，或有术而无学，在仓促之间，长跪之时，评议军国重事，无辅弼无时间可以顾问商讨，无图书无档案可以查对，不论如何大事，全都以这种方法办理，可谓滑稽已极。这中间还要窥探上边的心思，逢迎将顺，以及排除异己，汲引私人，鬻卖差使、官缺。所以担任军机大臣的人，必须练就一套特殊技巧，否则只有装聋作哑而已。[45]

清代军机处的大臣分为满、汉两班，各有一人担任领班大臣。此前，恭亲王为满领班、翁同龢为汉领班；恭死翁黜后，礼亲王成为满领班、王文韶成为汉领班。但礼亲王庸碌无能，是位好好先生，“待人谦恭，终身没有疾言厉色过[46]。”所以他在军机处只是挂名的首辅，尸位素餐而已。刚毅 (1837—1900)，字子良，满洲镶蓝旗人。文笔小吏出身，早年曾任翻译满汉奏章的笔帖式。以治事勤奋得升迁，历任道员、臬司、藩司；山西、江苏、广东巡抚；甲午年进京祝寿，被授予军机大臣、礼部左侍郎之职，后又升任工部尚书。刚毅为人“昏庸浅薄，刚愎自用，一无所知”，而对新政极为反感，“遇条陈有涉及变法之事者，必竭力阻挠[47]。”不仅如此，他的种族成见也很深，据说，他经常说“开学堂不过增长汉人之知识，以危害我满洲之朝廷”；“变法者，汉人之利而满人之害，我宁可国家输给外国人，也不让奴隶 (指汉人) 分润”这类的话。这样一个人摆放在军机处，慈禧的用意可想而知，加上外放北洋、掌握京畿军权的荣禄，足以制约光绪，不怕他闹翻了天去。

军机处的汉族大臣，王文韶 (1830—1908)，字夔石，浙江仁和人。咸丰二年 (1852) 进士，历任云贵总督、直隶总督兼北洋大臣，曾捐金赞助维新派的强学会。以他的地位、资历可以与刚毅抗衡，但王是出了名的圆滑之人，有“琉璃球”的外号，意思是这个人心里明白，但外面圆滑，遇事不轻于表露态度，因而不是强横霸气的刚毅的对手。廖寿恒 (1839—1903)，字仲山，江苏嘉定人。同治二年 (1863) 进士，历任各部的侍郎、仓场总督等职，1897 年任刑部尚书、总署大臣。次年为翁同龢推荐，谕令在军机大臣上学习行走。所谓“学习行走”者，指初入军机处且资历较浅的人员，所以更不足以与刚毅抗衡。

由此我们便可知道，光绪囿于成见，不肯起用恭亲王所推荐的李鸿章，实在是他在这次人事安排上的一大失误。督办军务处撤销后，军事、内政的事权又集中于军机处；外交靠总署，内政靠军机，军机处已成为光绪变法行政的执行机构。如果他肯起用李鸿章，恭亲王去世、翁同龢罢黜所留下的空缺就不可能由刚毅来填补。李鸿章出于恭亲王的推荐，又是太后倚重的老臣，只要光绪提出，以李出任军机领班，慈禧肯定会同意[48]。即使不担任领班大臣，其经验、资历、声望也足以压制刚毅等守旧派，加上王文韶与廖寿恒，军机处的主导权就仍会掌握在改良派的手中。

更重要的是李鸿章内心是赞成甚至欣赏康有为等人的变法主张的。康有为日后曾致信于李说："从前李公对我恩谊深长，助我改革政治，虎率以听。荣禄攻讦我，则亲自到我住所相告，八月出走后，又派人慰问行程。(我)因而感怀李公与我交往的深厚情谊，更深知李公是维新的同志[49]。"康有为信中提到的事情发生在6月16日光绪召见康有为那天，召见的地点是在颐和园的仁寿殿。当天荣禄是为赴任北洋而前往皇帝和太后处请训、谢恩；李鸿章则是因为前一天被赐予宝星勋章及太后赏赐食物而到御前和太后处谢恩。康在其年谱中记载的情形是：

> 二十八日早入朝房，遇见荣禄谢恩，一起说话，谈及变法之事。荣禄入对，就在皇上面前劾奏我是辩言乱政……当时李鸿章一同谢恩，退下后面色大变，对我叹息着说，荣相国既在皇上面前攻击我，又告诉刚毅，皇上如欲赏(我)官职，不要给，应当给个小差事以压制我。皇上问军机大臣如何安排我时，廖仲山想要说授予五品京卿的职衔，而刚毅班次在前，请求谕令(我)在总理衙门章京上行走，总之是想羞辱压制我。[50]

康有为在朝房说了些什么，使得荣禄如此攻讦？据荣禄方面的说法是："荣相国既被任命为直隶总督，到皇帝这里请训。正逢康有为奉旨召见，因而问(康)打算说些什么，有为回答说：'杀二品以上阻挠变法大臣一二人，则新法就行得通了。'荣相国漫声答应，不置可否。循序参拜时，问皇上看康有为是怎样的人？皇上赞叹说是才能出众的人。随后荣相国赴颐和园拜见皇太后，当时李鸿章放居于贤良祠，谢皇太后赏赐食物，被一同叫进去。荣相国参奏康有为变乱法制，皇上如果过于听信，必然有害于大事，怎么办？又看着李，说鸿章经历的事情多，应该向太后说说。文忠(即李鸿章)只是叩头，称皇太后圣明。太后一再叹息，以为'儿子大了，哪里认得娘？其实我不管倒好，你做总督，但凭知道的做吧。'荣相国即退出。康则告诉人说，荣禄老辣，我不是其对手呀[51]。"

这种说法让人怀疑的是，康有为在随后皇上召见时并没有类似的言论，相反，在论及如何对待守旧老臣的问题时，康有为的建议是："皇上不必罢免大臣而是专用小臣就可以了，不必提拔其官位而是委任以差事，使(他们)得以专折奏事。大臣则养尊处优，无所事事，久而久之新政见效，大臣无办事之劳，无丢位之虑，则怨恨的言论自会平息[52]。”其观点相当平和、妥当，为何在荣禄面前冒出那样一番意气用事的话来呢？苏继祖《清廷戊戌变政记》中的一则记事揭开了事情的原委：

康有为在召见那天，与荣禄相遇于朝房。荣漫不经心地看着他说：“以夫子这样的桀桀大才，也会有补救时局的办法吗？”完全是轻视鄙薄的态度。康答以非变法不可。荣相国说：“早就知道法应当变，但是一二百年的成法，是一早上就能变过来的吗？”康忿然回答说：“杀几个一品大员，法即刻能变。”荣深怒其狂悖，已有必杀之心。[53]

联系到正月总理衙门问话那一次，荣禄的问话也被康有为很不客气地顶了回去，即可判断：康有为此番话，实际上是对荣禄挑衅式问题的针锋相对的还击，并不代表他真想杀人立威。

荣禄对维新变法很仇视，但不善于掩饰，两次谈话都遭到康有为顶撞，都是因为他口气生硬、不友好所致。但他又好耍权术，譬如，他对翁同龢成见很深，对光绪倚重翁同龢更是嫉恨，翁同龢被罢黜的内幕他知道得一清二楚[54]，但却在翁氏离京返乡时馈赠千金，“且执其手呜咽而泣，问其何故开罪于皇上云[55]。”同样，他极为仇视康有为，曾对人说过：“康有为立保国会，现放(着)许多大臣未死，即使亡国，尚不劳他保也。其僭越妄为，非杀不可。你们如有相识入会者，告诉他们小心脑袋就是了[56]。”但六月康有为被派任上海督办官书局时，他竟也派人送钱示好。所以清代掌故大家徐一士对荣禄的评价是，“胸无城府，工策划，富权谋[57]”，所论相当准确。

6月16日光绪对康有为的召见和谈话，可以看作一个分水岭，两大领袖见了面，变法维新也由口头走向实际。变法运动由此可分为两个阶段：召见之前为思想酝酿、发动的阶段，召见之后为变法实施、攻坚的阶段。在前一阶段中，主角是康、梁，变法的思想发动、组织联络靠的是他们内外两支笔。内一支笔指康有为不屈不挠，七次上书，终于使自己的建议上达皇帝；外一支笔指梁启超任《时务报》主笔，接连发表宣传变法的文章，其文风新颖，“笔端常带感情”，“江淮河汉之间，爱其文字奇诡，争传诵之，行销至万七千册[58]。”对于变法维新，起到了广泛的思想传播和发动作用。此外，他们还奔走串联，先后发起、组织了“公车上书”和强学会、保国会等联络维新同志的社团组织，为变法维新作了有力的组织动员工作。在后一阶段中，主角是光绪皇帝和康有为，康有为出谋策划于外，光绪谕令督责于内，言听计从，配合默契。但康有为对朝局力量对比判断错误，一厢情愿地认定只要光绪有决心，变法的阻力再大，皆可“藉皇上一人雷霆震动以转移之[59]”，而且固执己见，不听劝阻。光绪则由于缺乏政治经验和耐心，身边又没有可以亲信顾问之人，对康有为等维新派的改革条陈照单全收而无周密、妥善的筹划，其政令自然难于操作。因而变法初上轨道，就成了一路碰撞、疾驰向前的快车。从下诏明定国是起，到变法失败的百余天中，在前无过渡、筹备时间，后乏落实、善后措施的情况下，光绪颁发的事关新政的诏书就多达百余件。其中影响牵动全局最大的事情有两件：一为改革科举考试内容(即由八股改试策论)，全面兴办学校，这件事可算是基本上通过。一为改革官制、广开言路、进用新人，此事关涉权力的重新分配，因而障碍重重，最终半途而废。

维新变法要靠人去实现，所以成败与否的关键在于有无大批具有维新素质的人才，而这种人才科举制度培养不出来，只能靠新学——具体说就是西式的学校才能培养出来。这在戊戌变法前后，已经是所有认同变法维新的官僚士大夫们的共识，甚至守旧派也承认富国强兵离开西学不行，问题在于如何完成变科举为学校，化旧学为新学的转变。这种转变相当困难，根本的原因是科举、旧学与人们、尤其是士大夫阶层的切身利益紧密相关。科举制度不仅是读书人仕进做官的途径，更是衣食生存的凭借(如考不上举人、进士，做不成官还可以去做幕僚或到私塾教书)，在这个意义上，我们可以说科举制度是一千多年来读书人谋生的保障。因此，废科举，兴学校，就不再是一个单纯的教育制度的改变问题，而是关系到千百万人的前程和生存，需要打破现有的既得利益格局的大问题。此外，兴办学校所需的新学师资、教材、校舍、经费、录取考试标准等等一系列问题都不是短时间内所能解决的，需要很长的过渡期，才能以一种新体系取代旧体系，而这是难度很大的问题。

培养新学人才的具体办法是贵州学政严修最先提出的。他的提议是开设经济特科，培养通西学的实用人才，经保送、考试后，量才授官，这样开设又一条做官的途径后，必会吸引很多人转攻西学，以解决西学人才不足的问题。这是一个改良主义的方案，经总理衙门议定，以特科、岁举两种方式并行。特科十年（或二十年）一试，岁举则是由各书院、学堂学习新学的学生，一体参加乡试，专门出题考试，通过后授予“经济科举人”出身，与科举中试的举人一体参加复试、殿试、朝考。此方案经光绪批准施行，走的是新旧并行的路子，可望实现平稳过渡，但在造就大批新政急需的人才上，缓不济急。

康有为认为这个方案太保守，不足以转移一时风气。在受到皇帝召见的次日，他连写两件请求废除八股的奏折，一件自递，一件以御史宋伯鲁的名义上递，为的是加大力度。在“宋”折中，康认为，“科举不变，则虽设有经济常科，天下士人谁肯舍素习之考卷墨卷，别求所谓经济哉？是欲南辕而北其辙也。”建议光绪“特下明诏，永远停止八股……自乡、会试及童生科岁一切考试均改试策论，除去一切禁忌[60]。”在本折中，康有为则使劲为光绪鼓劲打气：“夫皇上既深知其（指八股）无用矣，何不立行废弃之乎？此在明诏一转移间耳，而举国数百万人士，立可扫云雾而见青天矣[61]。”一周之后（6月23日），经过光绪力争[62]，终于明发上谕，宣布自下科开始，乡、会试和童生岁科考试，一律废除八股，改行策论。

那么，废除八股后的社会反响如何呢？显然，并不如康有为所说是“命下之日，欢声雷动”，而是在士大夫阶层中引起了普遍的恐慌和仇视，其负面的影响远远超出了维新派的预想。先是，梁启超等联合百余名举人连署上书以呼应康有为，“请废八股取士之制。书达于都察院，都察院不代奏；达于总理衙门，总理衙门不代奏。当时会试举人集中于京师者将近万人，皆与八股性命相依，闻启超等此举，嫉之如不共戴天之仇，遍播谣言，几（乎）被殴击[63]。”康有为自然也难免于威胁。当时在李鸿章幕府的于式枚甚至上门劝康雇用保镖，深居简出，以防人行刺[64]。湖南《湘报》刊载北京来信叙述废八股的反响是：“守旧之党一闻废时文之诏，自揣别无所长，无不呆若木鸡，同声痛哭[65]。”甚至翰林院的学士们也大受惊扰，据当时在翰林院就馆的庶吉士胡思敬说，朝廷议行官制改革时，传闻翰林院也要削减编制，“讹言一夕数惊，皆惴惴不自保。”知道不在裁撤之列后，虽然松了一口气，但仍“颇悔过去耗费时日精力于试帖楷书，一旦舍旧图新，前功尽弃[66]。”

康有为并没有生活在真空中，当然知道中国民智未开，变法维新尚不具备足够的思想和社会条件。比如他在给朋友的信中就承认，“当今士大夫能知变法维新以保危局者，百不得一；其稍有所知者，亦皆模棱两端”。但他极为固执地执迷于一个见解，即中国为专制政体，只要说动皇帝变法，以专制权力强力推行，旧势力虽大，新政也可以成功，沙俄、日本就是榜样。“中国惟以君权治天下而已，若雷厉风行，三月而规模成，三年而成效著。泰西三百年而强，日本三十年而强，若皇上翻然而全变，吾中国地大人众，三年可成[67]。”由此出发，维新派对变法的进度、难易、方针、策略等的判断即出现了偏差和错误，使他们在变法的过程中，为追求急变、快变、彻底变的倾向所左右，而废除八股的暂时成功，又鼓励了他们去从事更大的冒险。

前面提到，变法伊始，无过渡阶段，就一下子进入了攻坚阶段，指的就是废八股和改官制这两件事，因为二者都是关涉全局，打破既得利益格局的极为困难的事情。而变更官制更难于废八股，因为此事所涉及的既得利益者，全是手中握有权力的各级官员。古今握有大权的人，没有自愿退出历史舞台的。并非因为爵禄，而在于大权在握时那种一呼百诺，八面威风，决千万人之生死与命运的权力感，心理学上称之为高峰体验。日久，掌握和行使权力成为执政者的生活方式，无权则了无生趣，所谓不甘寂寞，指的就是这个。所以，涉及权力重新分配的政治改革历来是改革中最困难的任务。康有为把落实光绪的君权作为变法的根本，意味着对慈禧权力的挑战。尽管为推行新政，官制的改革不能说不必要，其变通迂回的方式也不能说不巧妙，但由于权力是慈禧的禁脔，光绪和维新派所要求的议政用人之权，无异于与虎谋皮。当光绪自行陟黜之权，并通过任用军机四章京以摆脱、架空守旧派大臣时，就越过了太后所能容忍的底线。

康有为在正月被总理衙门召见问话时，原想翁同龢既已向皇上力荐，自己定能受到重用，所以期望值颇高，以为自己“或加五品卿入军机，或设参议行走也[68]。”但这只是他的一厢情愿。在召见之后，皇帝尽管很欣赏他，碍于成规和守旧大臣的阻挠，也只是授予了他一个秘书类的职务——在总理衙门章京上行走，但给了他专折奏事(即可以直接上书皇帝，而毋庸大臣转递)的权利[69]。

说起来也很奇怪，变法维新的两大领袖总共只见过一面，有过一次长谈。康有为与皇帝联系、沟通的管道有两条，一是通过有奏事权的台谏官员中的维新同志，以他们的名义上奏条陈，这是伪装的管道；一是通过总署或总署大臣张荫桓等亲自上奏条陈，呈递书籍，这是公开的管道。在召见之后，尽管康有为有了专折奏事之权，可以直接上书光绪，但他仍然继续以他人名义上书言事，但呈递图书的人则换成了廖寿恒，直到廖承受不住舆论压力为止[70]。在光绪任用维新派的军机四章京前，康有为并行不悖地使用着这两条管道，此后，则由四章京上传下达。

一个政治领袖，一个思想领袖，近在咫尺，却悬隔九重，只能通过上述方式联络沟通，变法之艰难困顿可见一斑。这也是光绪、康有为为何亟亟于设制度局，开懋勤殿的原因。因为只有如此，才能打破阻隔，二人才可能天天见面，畅所欲言，充分商讨变政大计。维新派人士也才能进入中枢机构，参与议政，协助皇上推行新政。而守旧派和慈禧之所以百般阻挠另设新政机构，也正是为了防止大权旁落，皇帝脱离控制所必需的。所以设不设制度局的问题，是官制改革的焦点。而其背后隐藏着的则是权力之争。

“百日维新”期间，两派围绕新政进行的斗争大致上经历了三个回合。第一次交锋是在废除八股问题上，是由维新派首先发起的攻击。“当时许应骙(礼部尚书)议经济特科及废八股事，多方阻挠”，康有为即草拟奏折，以御史杨深秀、宋伯鲁联名上奏，参劾许“守旧迂谬，阻挠新政”。光绪“恶其阻挠科举(改革)，即(决)定罢斥。刚毅(为许)乞恩，不许；请令总理衙门复查，不许；乃请令其自行回奏，(皇)上不得已答应了。许应骙连夜走访请示于刚毅，刚毅教他牵连攻讦我(即康有为)可以免祸，许从之[71]。”于是许应骙在上疏自我辩白的同时，大肆攻讦康有为，把康的为人说得十分不堪[72]。而刚毅则“代许申诉于太后之前”，结果是不了了之。

不久，守旧派发起反击。7月8日，御史文悌上折揭发康有为冒名参奏，结党营私，杨、宋联名参劾许应骙是康有为幕后指使，以及与康交往中种种情事，以证实许应骙所说的真实性。文悌还攻击康有为“不过一轻浮巧滑之徒”，其学术则春秋战国时苏秦、张仪的纵横之术。“以康有为一人在京城，任意妄为，遍结言官，把持国是，已足骇人听闻，而宋伯鲁、杨深秀身为台谏，公然联名庇党，诬参朝廷大臣……

可否请旨饬下都察院堂官，查核该员等是否堪胜御史之任”。据康有为讲，文悌此折出于许应骙的授意，“劾宋、杨而专意于我，军机得文折喜甚，以为必去我矣。(皇)上阅折大怒，谓文悌受许应骙指使，将革职，刚毅求之，乃令回原衙门行走。”光绪的批示是：“该御史所奏，难保非受人唆使。向来台谏结党攻讦，各立门户，最为恶习，该御史既称为整肃台规起见，何以躬自蹈此？文悌不胜御史之任，著回原衙门行走[73]。”而“凡言官回郎署，例不补缺、不派差，与革职无异也[74]。”至此，第一次交锋以维新派小胜结束。

维新与守旧的第二次交锋是围绕官制改革展开的。6月19日(旧历五月一日)，在皇帝召见三天之后，康有为再上“为推行新政，请御门誓众，开制度局以筹大局，革旧图新，以救时艰”折，“再陈‘大誓群臣，统筹全局，开制度局’三义[75]”。此折提出了一个极为激进的方针，认为变法非从制度上着手，“尽涤旧制，尽除旧俗，不留毫厘，以累新政”，“方今不变固害，小变仍害，非大变、全变、骤变，不能立国也[76]。”

康有为此折标志着他开始与改良派的变法主张全面分道扬镳：“今之言变法者，皆非变法也，变事而已。言兵制，言学校，言铁路矿务，无论如何，大率就一二事上变之，而不就本原之法变之，故枝枝节节，迄无寸效。皇上既统筹全局，臣谓下手之始，宜先变法，将内政、外交一切法度尽行改宜，使本末、精粗、大小、内外，皆令规模毕定，图样写就，然后分别先后缓急之序，次第举行。”康有为的主张颇类似美国立国之初，诸先贤对宪法的论辩、制订方式，但中美国情不同，美国是初次建国，无任何历史包袱，如一张白纸，可任意筹划；中国则历史遗产过多，包袱过重。当然，康有为师法的是日本，但也有一个国情不同的问题，无论美国、日本，均是先用武力推倒一旧制度(美国为殖民制度，日本为幕府制度)，在废墟上重新规划新制度。大清国则是在沿袭了两千多年的专制帝政的大厦之内规划新政，而翻新一座旧楼比重建一座新楼要困难复杂得多。国情不同，改革的方针、策略、方法自然不同，而康有为和维新派当时并无此种认识。

康有为“大变、全变、骤变”的方针的施行，归结到一点上，就是通过官制改革抓权，所以他在折中强调，“皇上不欲变法自强则已，若欲变法而求下手之端，非开制度局不可也[77]。”为此康有为发动维新派同志，集中上折鼓动变革官制：

> (当)时正月所上制度局之折，京师传之。御史杨漪川、宋芝栋、李木斋、王鹏运、学士徐子静，皆以制度局为然，我为之各草一折，于五月时分日而上(奏)，皆制度局之意也。杨漪川、宋芝栋也奏请御乾清门以誓群臣，皆为刚毅所阻。(当)时言新政，全都是小臣，大臣没有讲新政的。于是卓如(即梁启超)为李苾园草折陈(述)四件事：一是御门大誓群臣；二是开懋勤殿；三是改订六部的规则成例；四是派朝廷官员回乡办学。于是下达给庆亲王和孙家鼐计议。枢垣(军机处)最反对御门(誓众)及懋勤殿的事，嘱咐庆亲王和孙家鼐阻挠。[78]

光绪当然知道开制度局的用意，同时他也知道此举关系到极为敏感的权力问题，很难通过慈禧这一关，弄不好还会引起太后的猜忌，因而光绪将此折先交给总署，希望这个比较开明的衙门能够通过，然后以朝议的名义向太后提出，或可过关。维新派与守旧派的第二轮较量也由此开始。

守旧派阻挠的方式首先是拖延。对于康有为的官制改革方案，总署7月2日的回奏是，只有铁路、开矿两件事可派大臣统一管理，其余可行者均可由现有的部院衙门办理，其他均为叠床架屋、事不可行者。对康有为方案的总体评价是："该主事所请别开生面，全紊定章，亦未必有实效，应请毋庸置议。"口气十分不客气，与数月前对同一个方案的"语多切要"的评语大异其趣。显然，康有为激进的变法方针不仅激怒了守旧派，也吓住了改良派，使他们在保住既有权力上结成了联盟，开始以各种方式阻挠、破坏官制改革，并且取得了太后的支持，所以有恃无恐。

正月，康有为上书，力陈变法条理，以除积弊、定官制为要义，请于京中先设制度局，并立十二局，选拔英才充(实)之一折，当时交总署议奏，至四月底尚延宕未复奏。皇上自四月(起)日日催之，继之以愤怒。庆亲王暗中将折内改官、换人诸大端秘密陈奏于太后，太后谕以既不可行之事，只管议论驳回，于是总署陈奏驳回。皇上愤怒，又令枢臣(军机大臣)会同总署切实再议。没多久复奏，仅将折内不关轻重之事议准，其他的仍旧议驳[79]。

康有为开制度局的方案被总署驳回后，光绪要求再议，总署回奏事关重大，“均系变易内政，非仅条陈外交可比”，要求特派(亲)王大臣会议，光绪于是责成军机处、总理衙门“切实筹议具奏，毋得空言搪塞[80]。”

拖不下去，其手法则转变为阳奉阴违，避重就轻，将方案阉割为于己无害的东西。即张元济所说，“或诡称已办，或极称不便，无非欲暗行驳斥。即有一二议准，也还是支吾影射，貌合神离，迥失原奏本意[81]。”

> 总署以事关重大，派军机王大臣会议。既而会议以敷衍游移之词驳之，皇上发还命令再行会议，而且以朱批责成不得以浮词搪塞，倘若仍旧敷衍塞责，必定严办。向来惯例非有重大事情，不用朱批，至此全都害怕担忧了……军机大臣们说：“开制度局，是废弃我们军机处啊，我们宁可忤旨，也必不许可开设。”王文韶说：“皇上意志已定，必按康氏的话办。我们若全部驳回，则皇上可以明发上谕，我等就没办法阻止了。不如用略作敷衍的方式办理。”王大臣都醒悟过来，全依从王(文韶)的话，于是定议。所说誓群臣定国是一条，认为诏书已下达两次，国是已定，此条不用再议；所请求选天下通才二十人置于左右议定制度一条，改为选送詹翰科道(即詹事府、翰林院、都察院的科道人员)十二人，轮天召见，以备顾问，于是制度局一条了事。我所请求士民都可以上书一条，改为职官递本衙门，士民递都察院。我所请求开设的法律局，定为每部派司员改定律例；可是司员无权无才，无从定之，又不是采集于万国宪法，与我的本意大相径庭了。学校局也一样，以大学堂及各省中小学堂，业已奉旨另办了事。农工商局则以屡奉谕旨责成办理了事。所说起民兵以练陆军，购铁(甲)舰以成海军，则以裁军并饷等旨意了事。所请(设立)民政局，则拟旨令督抚责成州县妙选人才了事。惟有开铁路矿务，请立即由总理衙门派人办理。于是对我的奏折所议，似乎没有一句反驳之语，似乎无一条不推行的，皇上也没办法责难。虽奉旨允许施行，但此折又已全成虚文了。[82]

守旧派用以阻挠、破坏变法的第三种手法是制造流言。由于废八股、改官制事关千百万人的既得利益，使得守旧派人士的神经十分紧张，略有风吹草动，都会百口喧腾，谣言四起。比如，甲午战后，清廷为偿还巨额赔款，财政陷入极端困难的境地，而练兵、新政又需要大量的开支，所以早就打算裁减冗官冗员和骈枝机构。这是朝廷的既定方针，但此时却与康有为的官制改革方案(其实，康氏方案并无裁撤旧衙门的意思)搅合到了一起。譬如光绪要总署、各部讨论并衙裁员问题，“礼、兵、刑、工等部皆观望吏、户二部长官(的举动)。管理吏部大臣徐桐、户部尚书敬信全都持反对意见。徐桐说：“先把老夫革职，再议此事不晚。”敬信则说：“我是不能为此得罪人的。”屡下严旨督促，则议裁去司务厅督催一职，作为搪塞……李鸿章等不久根据典要，(拟议)以詹事府并入翰林院，通政司并入内阁，太仆寺并入兵部，大理寺并入刑部，光禄、鸿胪(两寺)并入礼部”，仅此，已“讹言一夕数惊，皆惴惴不自保[83]”了。待康有为开制度局的方案交议后，“朝论哗然，说是此局一开，百官全都要坐废了[84]。”这显然是谣言，但“京中已有裁撤六部九卿，而设立鬼子(指洋人)衙门，用鬼子办事之谣。竟有老迈昏庸之堂官、懵懂无知之司官，焦急欲死者，惟有诅咒诽谤皇上，痛骂康有为而已。”谣言的泛滥，维新派人士言行不谨也是起因之一：“康有为此折，并无裁官之说，仅言于京城设立制度局并十二局之议，而当时之物议沸腾，且因新党中少年高兴，到处议论某官可裁，某人宜去，现已如何奏请皇上饬办，而皇上又发下何旨等。肆意夸张，为守旧派中有心相仇者听去四下传播[85]。”

又如，7月10日，康有为上折奏请将各地书院、乡邑淫祠改为中、小学堂，令小民6岁入学，推广教育，培养人才，当日即得到光绪批准。“此旨一下，全都说皇上又入天主教了。而守旧大臣，有康有为曾进药水，皇上服后性情大变，急躁异常，并有在宫中设立礼拜堂之说。”这个说法源于二十年前流传于民间的谣传，“谓凡入天主教者，皆先服药一丸，回家后即焚毁神像，从此不供佛，不烧香也。”于是京城中的僧尼道士也加入到反对办学校和变法的队伍中来了，这些人与大内的太监来往密切，手眼通天，且在民间信徒中有很大影响。通过造谣，守旧派广泛地动员了愚昧、守旧的社会力量，反对变法的潮流愈加高涨、强大。

守旧派阻挠变法的第四种手法是对新政谕令抵制不办。新政期间，“凡有举行新政发交外省各件，自直隶起，概不奉行，也不议奏。电旨严催，置之不覆，皇上愤怒万分”。于是七月初十日(8月26日)下旨切责两江总督刘坤一、两广总督谭钟麟对新政“意存观望”，对交办之事任意延迟搪塞，“并无一字复奏”；同时褒奖力行新政的湖南巡抚陈宝箴。光绪此举意在敲山震虎，警告荣禄，因为荣是慈禧心腹，投鼠忌器，所以没有直接针对他。

康有为激进的变法方针，使主张变法的阵营急速分化，一些原来支持、附和新政的改良派大臣开始转向反对派的阵营。如王文韶、孙家鼐、廖寿恒等的态度都发生了变化，与守旧派合谋抵制新政。7月26日(旧历六月八日)，大学士孙家鼐借康有为奏请将上海《时务报》改为官报之机，请求派康有为赴上海督办其事，意在调虎离山。鉴于京都攻击康氏的谣言太盛，光绪也想要康有为外出避一避风头，所以批准了孙的提议，但要康有为将所著各书进呈之后再出京赴任。为了留京继续参与新政，康有为以徐致靖名义上折请开编书局，由康主持，光绪交孙家鼐议定，为孙氏否决。

即使康有为的维新同志之中，也有人不赞成他的急进方针。如与他共同发起建立强学会的沈曾植(此时在张之洞幕府)就“深忧变法之机(会)将被康有为卤莽灭裂，中生变阻[86]。”张元济则劝他“出京回籍，韬晦一时，避免触犯众人的忌讳。到广东专办学堂，搜罗才智(之士)，讲求种种学术。等到风气大开，新进人士充满朝廷，人才蔚然而起，再图出山，则变法之事不难迎刃而解[87]。”其弟康广仁、弟子梁启超也认为，“自八股废后，民智大开，中国必不亡。皇上既然无权，必不能举行新政，不如归去，挑选(香)港中西文学者，教以大道，三年当必有成效。然后议变政救中国未晚也[88]。”

在是否开设制度局的交锋中，维新派的惟一收获就是获准开设农工商总局。反对派同意开设此局，意在搪塞皇帝，而且三位督办全是他们举荐的人。如端方由刚毅推荐，徐建寅由裕禄推荐，吴懋鼎则由王文韶推荐。但事物的发展不由人的意志为转移。7月16日，光绪谕令设立农工商总局，各省设立分局，由端、徐、吴三人督办，分别主持农、工、商之事务，有专折奏事之权。“自那以后，廷臣的条陈奏折……皆交端方等议决，因而局所渐渐取代了部门的权力[89]。”由此可以看出军机大臣们为何千方百计阻挠开设制度局和十二分局的原因了：即使旧衙门不裁，权力也必会随着新政的推行转移至新机构手中，所以官制改革的背后隐藏着的是实际上的权力斗争。

其实，维新派在成功废除八股，设立农工商总局之后，大可以放缓变法的节奏，缓和与守旧派之间的紧张关系，慢慢消化新政的阶段性成果，坐观形势的发展变化。但康有为根据他的急进方针，一味追求快变、全变、彻底变，试图毕其功于一役，“三个月而规模定”；因而新政不仅没有放缓，反而如同失控的快车，加速向前了。比如，6 月 23 日正式宣布自下一科废除八股，改试策论，读书人还可望在两年的过渡时间中转攻经史和新学；但是一周之后 (6 月 30 日)，康有为就以宋伯鲁的名义再上一折，认为“新政之行，当如风行草偃，惟速乃成”，请求将经济特科与现行科举正科合二而一，并从本科起立即改行考试策论[90]。性急的皇帝自然批准，牵涉大局的重要改革竟然没有任何过渡时间，以至于赞成废八股的洋人也认为，“这种变革是如此地突然，对于那些在现实情形下准备考试的人们，是不公平的，并且可能发生重大的不满[91]。”又如，在农工商总局设立后，康仍坚持设立制度局，于七月 (旧历) 上旬再上“请速开制度局以议行新政”折，促请光绪“躬秉乾断，立开制度局”。“躬秉乾断”是要光绪躬亲秉政，乾纲独断的意思，语言之中已涉忌讳。同时，康有为又提出了比开设制度局更为急进的主张，以内阁学士阔普通武的名义上折光绪，提议立宪法，开国会。而且更进一步，亲自上折光绪，建议仿效北魏孝文帝的改革，“立裁满汉之名，行同民之实……考定立宪国会之法，三权鼎立之义。凡司法独立、责任政府之例，议院选举之法，各国通例俱存，但命议官遍采而慎择之，在皇上一转移间而已。”甚至建议将国号由“大清”改为“中华[92]”。消除满汉界限并非变法维新的急务，为这种不急之务而触犯极大的忌讳，是完全没有必要的冒险之举，因为康有为提出的变更国体，更改国号，在传统上被视为“改正朔，易服色”的大事，非臣下所得议论，否则就是杀头的大罪。好在光绪早有慈禧的警告在先[93]，没有敢贸然接受。

8 月 30 日，性急的光绪皇帝采纳了时任太仆寺少卿的岑春煊裁撤骈枝官署和冗员的建议，将李鸿章等人所拟的裁并方案付诸实施，下旨裁撤詹事府、通政司、光禄寺、鸿胪寺、太常寺、太仆寺、大理寺并湖北、云南、广东三巡抚、东河总督及各省无差可办的闲衙冗职。此举似乎完全坐实了将裁撤六部九卿的流言，“京师惶恐”。裁减冗员本来不是维新派的目标，而是朝廷的既定政策，但推出的时机不适当，加大了社会和政治的震荡程度。外国人对此的评论是，与“在中国政界起了个革命差不多[94]”。陈夔龙《蕉梦亭杂记》记载了裁员方案颁布后的情景：

> 戊戌变政，首先在裁官上面，京师闲散衙门被裁者不下十余处，连带关系因之失职失业者将近万人，朝野震骇，颇有民不聊生的忧戚。太仆寺一应事件应该归并兵部，其事隶从于车驾司，刚(毅)相国认为承办的司员办不了，特派我专办此事。我力辞不准，又不愿意结怨于同僚，就会同车驾司管印主笔的诸君，公同办理。当时前往该寺查看情形，谁知该寺自接到圣旨后，群起如鸟兽散，空无一人，不光是印信、文件一无所有，就是办公处的门窗也全都拆毁无存，一切都无从着手了。[95]

此时，康有为本有一个与改良派恢复合作关系的机会。他开设制度局的方案原本主张“选通才以任新政，存冗官以容旧人”，改良派大臣们当然知道康的主张，便想利用康氏对皇上的影响暂缓裁撤官员，以平息政局的震荡。廖寿恒托人请康谏阻皇上，而康有为一反从前的主张，“说方今官制当然不可不改，然而一改即应当全改”，建议不裁则已，要裁全裁，起的是火上浇油的作用。廖寿恒责备他，他的解释是，皇上变法的勇气、决心太大了，身边又没有人顾问参议，所以就像顺风船一样停不下来了[96]。这显示了他对军机大臣们阻挠开设制度局的报复心理。这种意气用事的做法当然无助于变法的大局，徒然将改良派更深地推入了反对派阵营。

维新派阵营中当然不乏头脑清醒的人，如王照，就一直主张应主动调和皇帝与太后之间的关系，甚至可以打着太后的旗号变法，以化解、破除守旧派对新政的阻挠。王照(1859—1933)，字小航，号水东，直隶宁河人。光绪甲午年进士，入翰林院为庶吉士，散馆后任礼部主事。王照虽与维新派过从甚密，但从政见上来说，应该归于改良派。他曾建议康有为应积极调和两宫间的关系，以利于变法的顺利进行，但不为康氏采纳[97]。七月，王照起草了一份奏稿，交给所在衙门(礼部)的堂官代为呈递。据王自己讲，他上此折的动机仍在于调和皇上与太后的关系。

自翁同龢罢黜后，大臣抗命者皆背后依仗着太后。然而太后前些年原来是喜欢谈变法的，此时因为不能干政，不痛快而暗中团结诸位顽固的老臣，其实不过出于是把持权力的考虑罢了。我为皇上考虑，还是把变法的名义归于太后，如此皇上的志向可得施展，顽固党则失其凭借了。而张荫桓为皇上的谋划，却与此意相反。南海(康有为)偏袒张荫桓，说是撤帘已久的太后，不容再出掌朝政，而且清朝不许朝臣言及宫闱，犯者死罪，虽调和也不容说出口。我却如骨鲠在喉，非说不可，故假借游历外邦的大题目，出此架空之论。语气所注重的，似乎并不在两宫间的嫌隙争端的事情上，言者无罪，而调和之术行乎其间了。[98]

那么，慈禧是否不反对变法，而是仅关心权力问题呢？从变法初期来看，慈禧确实给了光绪一定的支持和权限，譬如颁布明定国是诏书之事，就是两宫共同召见军机大臣指示决定的；又如，废除八股这样重大的改革措施，也是经她同意的。对于自己不以为然的新政举措，她只是不表态，但不曾阻止或制止光绪去做。但是，她对权力确实把持得很紧。二品以上大员的任用要由她点头，军机处、总署等重要的衙门，她安插了自己的心腹之人；八旗京营和京畿的驻军，更是牢牢地把握在她的亲信手中。这样做的目的，就是要让变法也好，维新也好，不能脱离她所能允许和控制的轨道。费行简所撰《慈禧传信录》中载有下面一则故事，很可以反映慈禧在新政初期的态度。

太后曾告诉德宗(即光绪皇帝，德宗是他的庙号)，变法乃是(她)素来的志愿；同治初年即采纳曾国藩派子弟出洋留学(的建议)，造船、制造机械，全为的是图富强。若是师从日本人的更改衣冠，变换历法，那就是得罪祖宗，断断不可行。当时皇帝颇浏览新书，看过刘瑞芬的《英法政概》、宋育仁的《采风记》中列举的西方制度，而黄遵宪的《日本国志》，记载日本人变革制度尤为详尽。于是向太后解释，徒然练兵造械，不足以图强，治国之道，应该重根本。于是以冯桂芬的《校邠录抗议》进呈给太后阅览，太后也称赞其事理切实，只是告诫皇帝不要操之过急而已。[99]

图37　慈禧太后像。

慈禧有来自实践的丰富执政经验，但头脑中的新学知识并不多，所以对自己习惯的旧事物、旧观念比较容易认同，对新政也有一个容忍的限度。但是平心而论，作为掌握国家实际权力的统治者，她未必不想国家富强，未必不知道只有变法才能实现国家富强的目的。所以笔者以为王照的判断是有道理的，如果戊戌新政的推行能够更讲究策略，能够按照改良主义的缓进步骤进行，团结更多的官员加入和参与，是有可能取得一定程度的成功的。1905年由慈禧主持的新政，其深度和广度比起戊戌变法有过之而无不及，也可以反证改良主义的变法方案是行得通的。

然而，王照所始料不及的是，他这封意在调和帝、后矛盾的奏章，竟然引起了轩然大波，导致了变法以来新旧两派第三次，也是最严重的一次较量。王照此折于6月交本衙门堂官代递，但却被许应骙压了一个多月，王照追问为何迟迟不递，许说折中“请皇上奉皇太后圣驾巡幸中外”，实属荒谬，故不能上呈，两人因此大起口角。王照指责堂官们违抗皇上广开言路的旨意，最后扬言本堂如不代递，他将请都察院代递，堂官们不得已代为呈递，但同时联名附奏，说王“妄请乘舆(指太后、皇上)出游异国，陷之险地，日本素多刺客，过去俄皇太子出游及李鸿章奉命出使(日本)，皆遭毒手。王照既用心不轨，故臣等不敢代递；于是(王)竟敢咆哮公堂[100]”，等等。但他们未曾想到的是，这正好点燃了光绪对守旧派满肚子的积怨。

自变法以来，“诸所改革，皇上想借廷议(名义)塞太后之口，廷臣却不认真对待诏命，议驳者十居七八。皇上积郁不平，于是大开言路，求通下情。诏令詹翰科道每天四人轮流随班入对，司曹有条陈时政、士民到都察院上书者，即时根据情况奏闻，阻碍限制者治罪。”而光绪“屡次下诏求言，两月间未有所闻，颇怀疑诸臣壅塞蒙蔽[101]”，王照上书被阻似乎证实了这种猜疑，于是光绪的愤怒一下子爆发出来。

9月1日(旧历七月十六日)，谕令将礼部堂官交部议处，部议降三级调用，光绪则于4日谕令将满、汉尚书侍郎六人全数革职。称赞王照“不畏强御，勇猛可嘉”，赏给他三品顶戴，以四品京堂候补，以资奖励。7日，又正式任命了新的礼部堂官，其中汉尚书李端棻，汉侍郎王锡蕃、徐致靖，及满侍郎阔普通武均为支持变法的官员。此前(5日)，光绪又召见了杨锐、刘光第、谭嗣同、林旭四名维新派人士，任命他们为军机章京，并全都赏给四品卿衔。尤为重要的是，任命谕旨中有“参与新政”这四个字，有了这几个字，就有了参与大政的职权。为什么呢？原来中国历朝的皇帝，往往会以“同中书门下平章事”“平章军国重事”等名义派人参与大政，而这些人本身的官职并不很高，之所以能得重用，仅在于皇帝信任而已。久而久之，官职本身反而不如差事重要，官职高者不一定就能参与机要，官职低者也不见得参与不了机要，关键看皇帝是不是要你参与。清代的军机大臣、军机章京等都不是官职，而是一种差事，所以称作“在军机大臣上行走”“在军机章京上行走”。这既可以是因实际需要而采用的一种官制变通方式，也可以用作政治操作的一种手段。实际上，在光绪6月16日召见康有为时，康氏即向光绪建议过这种手段：

> 皇上想要变法，唯有提升任用小臣，广为举荐，予以召见问话，察看其是否有才，(由)皇上亲自提拔，不吝惜爵位赏赐，破格升用。当今的军机处、总署都已任用差事；只用京卿、御史两类官员分任内外诸差事，就已经没有办不了的事情了。那些旧人姑且听任其在位，只是他们处处守旧，还须皇上多下诏书，指示意旨所在；凡变法之事皆特别下达诏书，他们就无从驳议了。[102]

在军机处、总署阻挠了开设制度局的方案后，光绪便采用了康有为的建议，用“参与新政”的差遣方式，引入维新派辅助新政。梁启超的解释是，“皇上因西太后及大臣们疑忌，不敢用康而提升这四个人，其用心之苦，有非外人所能知者。自此皇上有所询问于康，则命四卿传旨，康有所陈奏亦由四卿密陈，不再经由总署大臣了[103]。”礼部六堂官的罢黜和军机四章京的任用，确实打破了守旧势力的阻隔，在中枢建立起了可以贯彻皇帝意旨的执行机构，一时间，变法又有了新的动力，出现了新的气象。

> 礼部六堂官既罢黜，言路大开，凡部院所收到的条陈，即原封不动地进呈，不得折看……至是以条陈太多，诏令随到随递。[104]

> 各衙门每日(收到的)奏折数十件，厚度有上寸的。皇上鸡鸣而起，披览奏章，到太阳西斜仍看不完。(奏章)体裁杂沓，皇上并不责问，甚至于有乡野农民、渔夫上书，纸用二尺长条，称及皇上也不抬头(即抬高一行书写)，皇上也一笑置之。又有诋毁皇上“变乱祖法，自称开创，置祖宗于何地”者，军机大臣欲治其罪，皇上也说当广开言路之时，不必有所谴责以塞众口，他的宽大求言(竟然)如此。于是广开荐贤之路，荐牍交于公车，皇上每日轮流召见他们，必问其通时务与否……感到满意的，立行提拔使用，于是御史台、翰林院风气转移，皆争相讲求新学；又因为争上条陈，京师的西学书籍为之一空。外省八股已废，改试时务；学堂、学会遍地并起，争讲万国故事。守旧者知道皇上意旨已定，也不敢再有其他议论，于是维新的风气几乎确立了下来。[105]

任用军机四章京的效果也很显著。

> 自是每日的章奏条陈，皇上择要披阅之外，皆由四臣(即四章京)阅看，(有关)新政的诏谕，皆命(他们)代拟，并代为进呈康有为的条陈奏折，比由总署(转递)快速而方便了。军机大臣除办理例行公事外，不能参与片言只语，全都愤愤不平。见到这四臣，眼睛瞪得像要裂开一样。[106]

在实际上，军机处作为皇帝的办事机构，作用就如同今天的秘书处和办公厅，其权力全在于它对信息和资源配置权利的垄断上。光绪给予维新派专折奏事的权力，就打破了军机处对信息的垄断之权；设立农工商总局和以四章京参与新政，也在很大程度上架空了军机处，夺走了很大一部分资源配置之权，这必然会激起守旧派大臣们的拼死反抗。尤其是罢黜礼部六堂官的事件，已越过了慈禧所能容忍的底线，因为尚书、侍郎都是二品以上大员，他们的任免，按规矩要有她的点头同意，而光绪此次自行陟黜大臣，等于是向她的权威发出了挑战，这是她所绝对不能容忍的。

被罢黜的礼部满尚书怀塔布是慈禧的亲信，也与慈禧身边得宠的太监李莲英交好，当时还兼着内务府和护卫颐和园的差事，所以他的妻女得以出入宫禁，在太后那里很得宠。丈夫被罢官后，她们便入宫哭诉，说“皇上为左右鼓惑，变乱朝政，请老佛爷做主”，与太监们一起，极尽离间之能事。这使得已经对光绪的急进变法感到不满的慈禧，开始认真考虑重新训政的问题。

其实，早在变法之初，守旧派就已要求太后训政。据苏继祖《清廷戊戌变政记》所说，翁同龢罢黜之后，荣禄就提出由太后训政：

> 荣相与皇上久已相处不洽，其无视君主的神情，常常挂在脸上，皇上深恨，但因他是太后喜欢的人，畏惧而不敢说出来。以前中伤的那些事情，皇上也有所闻，继而见到(太后)连日召见密语，益发怀疑。而荣相却早已商请太后垂帘，如今将要离开京城，又再三恳请。太后说：“不是我图安逸，恐怕又招惹人讥讽我揽权。”荣禄说：“揽权，说的是臣下，而不能用来议论太后。明事理的人断断不会说这种话，不明事理者又何足轻重呢。”荣禄曾于皇上决意变法之时，四月初曾遍邀王公大臣，联衔恳请训政；又命贻谷邀请詹事府、翰林院的侍讲侍读等官员，李盛铎、杨崇伊邀请御史，全都联衔呼吁恳求，兼参劾康有为辩言乱政，私立保国会，白日集聚千人，举国骇然。无奈何人各一心，奔走数日没有结果。必须联衔入奏，也是太后示意的。[107]

证之以当时在北京的外国人所听到的消息，训政的阴谋应该确实是存在的[108]。由此可知，四月份的训政企图并非空穴来风，而是因时机不成熟而流产，八月份因变法已触及大多数人的既得利益，招致了多数人的反对，特别是新政已偏离了太后预想的轨道，对她的权力构成了威胁，所以捡起原定的计划就是顺理成章的事情了。以她多年执政的经验，当然不会贸然行事，而是要事先周密布置，并且要做得像是迫不得已的样子。从下面一些事情可以看出这些布置的端倪：首先，怀塔布在被罢官的第二天，忽然与立山等七人前往天津拜访荣禄。怀塔布、立山都是内务府的头头，内务府是管理皇宫内部事务的，平白无故地去北洋干什么，所以此行必出于慈禧的派遣，目的是征询荣禄对于时局和训政的意见，同时命他预先作出军事上的布置。何以见得？因为随后就有调动聂士成所部五千人到天津驻扎，调董福祥所部进驻北京南苑的事出现，没有慈禧的指令，荣禄决没有随意调动驻军的胆量。之后，那位一直与维新派作对的御史杨崇伊，也跑到天津去见荣禄，联系到他四月时的所作所为，可以想见，他此行也与训政有关[109]。上述守旧派活动的种种迹象表明，在戊戌政变中，荣禄尽管不在现场，但显然起着关键的作用。此人前面已经有所介绍，他极端仇视新政与维新派，而又"富权谋"，故被视为后党的中坚。由于与光绪皇帝的关系势同水火，推倒皇帝，拥护太后训政在他已不仅是阻挠新政的需要，而是保持自己地位乃至身家性命的必须。

荣禄与皇帝关系的恶化要怪他自己。同历史上的所有权臣一样，他犯了"恃宠而骄"的毛病。他把光绪看成是个不懂世事的乳臭小子，仗着太后的宠信，并没有把这个傀儡皇帝放在眼里，但他不是把看法压在心里面，而是挂在脸上面，所以徐一士说他"无城府"。有些事可以说明为什么他同皇帝的关系会恶化。

> 荣相春天时曾告诉人说："近日皇上大为任性胡闹，我不能与之共事了，真想离开北京。你们听说前些日子德国藩王(即亨利亲王)来北京的事了吧，已经闹了多日(即光绪打算按照国际惯例而不是传统礼制接待外宾)，而且说：'我向来不拘守细节，你们净知道在无味的虚面子上用心思，到了割地赔款大节事情上，就一筹莫展。你们嫌我讲西法，我还要改变西法，你

们又能把我怎样呢？’这等话还象话吗？何足以统治天下啊，配作皇上吗？！”戊戌六月，诸守旧大臣以皇上变法，焦急忧愁不已，多有问之荣相者，荣相笑着说：“等他闹到剪辫子时，必会有办法，现在着什么急啊？”

荣相五月有一天对人说：“我要不是因为太后的恩德，早不伺候(皇上)了。现在又嘱咐我办重要的事情，有什么办法呢？我想推辞，又怕没有能办此事的人。”[110]

当时荣禄出镇天津，条陈其办事情形，有折上太后而无折上皇上，这是本朝人臣所从未有过的事。荣禄素来结交李莲英以取媚于太后，故意迎合李莲英以轻视皇上，到此时出统三军，阴谋在天津阅兵时而实行废立，所以敢于如此目中无君。皇上怒而传旨申饬。荣禄荐奏三十多人，皇上没有召见、任用过一个。有个要人告诉我说：“我已经三次请求皇上召见荣禄了，皇上一次也不曾召见，对荣禄憎恶得太深了。”那时候荣禄天天攻击新政，而太监和内务府等诽谤攻讦皇上，无所不至。[111]

这就犯了专制时代政治游戏中的大忌。皇帝今天是傀儡不假，但皇帝年轻，有年龄优势，等得起；太后一旦去世或失去权力，等待这些权臣们的命运，就是掉脑袋。中国历史上新皇帝登基，前朝的老臣被杀头的事例多不胜数，根源就在于权臣不善守臣下的本分。其实，阻止新政不一定非得用训政的方式，除去太后本身有掌权之瘾外，主要就是这些跋扈的权臣们害怕皇帝万一掌了权，自己的身家性命难保，所以非得推动训政不可。

荣禄的军事调动完成了，杨崇伊请求训政的奏折写好了，京城内部的武装力量更是全在老佛爷的掌握之中，步军统领崇礼、分领八旗京营的奕劻、怀塔布、刚毅等全是太后的人，万事俱备，只欠东风，现在所缺的只是适当的借口和机会了，而维新派的急进躁动，很快会把东风送上门来的。

9 月 5 日，康有为授意张元济上折，再提设立“议政局”(与康有为所提的制度局、李端棻所提的懋勤殿是一回事)。此折中还提出了满汉通婚、旗人编入民籍归地方官管辖、允许旗民经商自谋生计等取消旗人特权的建议。康有为也上折请求“断发、易服、改元[112]”，当时京城内“遍传皇上将改衣冠，剪辫发”的传言，看来并非空穴来风。取消旗人特权，消弭满汉界限当然是应该的，但非变法的优先事项，提出时机不当，引发了旗人的恐慌，加大了社会的震荡，也为反对派说变法是针对满人的谣言提供了佐证。

9月7日(旧历七月二十二日)，光绪在任命新的礼部堂官的同时，免去了李鸿章、敬信总署大臣的职务。李鸿章是三朝元老、中兴名臣，位高望重，清廷裁撤冗官的方案刚刚由他主持制订和实施，在外交事务上更是总署中的高手，为什么会被突然免职呢？高阳先生曾提出一种见解，说是罢黜李鸿章是清廷外交内政政策大转变的信号。外交大转变指的是政策将由亲俄转为亲日，征象是伊藤博文即将访华；内政大转变则是翁同龢将要复出，形成一个翁、张(荫桓)、荣三人共掌朝政局面[113]。观点很新颖，但主观猜想的成分太大，尤其是后一件，绝对是全无可能之事。其实，前一天(6日)发生的关于海防捐的争论，才是此次人事变动的近因。

> 皇上面谕军机大臣，停止海防捐。枢臣听到谕旨后，即力陈北洋淮军仰给此项(捐款)，若一旦停止，淮饷无款可筹，更兼新政创行，(需要)诸多用费，请稍缓再停。皇上不答应，枢臣再四渎请，皇上愤怒地说：“一面裁官，一面捐官，有这样的政体没有？不要多说了！”枢臣不得已，于是与北洋商量，禀告太后，全都说皇上任性胡闹。[114]

这里的“枢臣”，应该包括李鸿章。李鸿章是内阁大学士，在军机处设立之前，大学士就是宰相，是中枢重臣。事关淮军经费问题，身为淮军创始人的李鸿章和管钱的户部尚书敬信，都有资格参与意见，而且必会力争，“渎请”的意思就是犯颜陈请。因为淮军是李氏起家的命根子，而停掉海防捐，敬信也没有办法解决军饷问题。罢官，应是皇帝对他们的冒犯的一种惩戒。光绪停止海防捐的理由固然正当，但对于变法的大局而言，仍属于不急之务。事关防务，在无善后措施的情况下，停捐之举根本不可行，而且必会触怒慈禧，这是光绪的不智和失误。

光绪罢黜李鸿章的远因，则是甲午战争的失败和中俄密约的无效。皇帝缺乏反省精神，甲午战争，最后拍板要打的是谁？光绪嘛。中俄密约，最后决策立约的又是谁？还是光绪嘛。把一切归罪于李鸿章，有失公道。胶州湾危机期间，光绪对李的不满情绪最为明显：

> 当俄国索取旅大时，皇上大怒，当面责备恭亲王和李鸿章说："你等说俄国可以倚仗，与之订立条约给以很大权益。如今条约期限没有过半，不但阻止不了他人来瓜分，自己竟也背弃盟约索要地盘，密约还有何用？"原来李鸿章与俄国联盟，保五年(实际期限是二十五年)太平。恭、李皆免冠叩首说："若以旅大给它，密约仍旧作数。"皇上怒目相向，西太后变了脸色说："这是什么时候？你难道还想打仗吗？"皇上默然离开，于是(与俄)签订租约。[115]

罢黜李鸿章、敬信是重大的失误，慈禧会把这看成是罢黜礼部六堂官之后对自己权威的进一步挑战，而不顾实际强行停止海防捐，则加重了皇上"任性胡闹"说法的分量，提供了训政所需的借口。如果说9月4日罢黜礼部六堂官事件，标志着新旧两派的斗争进入了性质不同的新阶段，此前是政见分歧和公开的权力争夺，此后则是诡谋策划，杀机四伏。那么，7日李鸿章等的罢黜使新旧两派失去了转圜的余地，政变也由此进入倒计时的阶段。

9月11日，新提升的礼部右侍郎徐致靖上折举荐袁世凯，请求破格提拔，予以召见；"使增新练之兵，或用为封疆大臣，或授以六部堂官职衔，使之独当一面，永镇畿疆[116]。"至此，本书的主角，才第一次走入了百日维新的前台。如前所述，袁世凯于变法前夕 (3月17日) 曾拜访当时还在位的翁同龢，"慷慨自誓，意欲辞三千添募之兵，而以筹大局为亟"，颇有进京做一番大事业的想头。但是翁同龢的心思全在康有为的身上，并未给以积极的回应，袁世凯只得回小站继续练他的兵。回过头来看，袁氏的碰壁未必不是一种运气，使他置身于变法的漩涡之外，成为新旧两派都要极力争取的人物。

维新派之所以敢于冒险插手军队，起于一种政治谣言，说是慈禧太后与荣禄密谋，在9月份天津阅兵时，行废立的大事。谣言越来越盛，以至于光绪都感到了紧张，表示自己“誓死不去天津”，为了防止这种子虚乌有的政变企图，维新派开始尝试插手军队以自卫，这充分反映了他们政治上的不成熟。如果太后想废掉光绪，全北京的武装，包括宫中的侍卫、太监，全在她的掌控之下，用得着到天津去吗？只要头脑冷静下来分析分析，就会发现这种说法的荒谬不通。笔者很怀疑这是反对派有意散播出来的一个谣言，意在威吓维新派，而作为社会上众多反对新政者所期望发生的事，百口喧腾，言之凿凿，竟成了意在必有的事情了。戊戌变法失败后，康有为在海外组织保皇党，与主张革命的同盟会因政见不同而互相攻讦。同盟会一方的胡汉民对所谓阅兵政变的看法是：

> 太后如果真个要害皇帝，一服砒霜也就够了。再不然弄个太监叫他把皇帝害了，然后再把这个太监杀掉，归罪于他，依司马昭、成济的故事，也得干净。她为什么要到阅操的时候带他到天津去方下手……皇太后要照康、梁的话，当着六飞出狩的时节，千兵万马的场所，拿光绪皇帝杀了，这叫做什么玩意？况且皇太后不是等闲的人，她曾见过世面的。她也曾杀过人。她杀肃顺、端华的时候，年纪不过三十岁左右，她却不动声色，及至两人死了，宣布他们的罪名，外间的人，才可以晓得，这就是她年轻时候杀人的手段。要杀光绪皇帝，更要比杀肃顺、端华的事体大几百倍。皇太后年轻的时候，倒晓得秘密；活到六十多岁偏不老成，谁个肯信这话？我们只把天津阅操皇太后要杀皇帝这话一想，便觉康有为扯谎，露出老大的破绽。[117]

胡汉民的驳斥相当有杀伤力，但把康有为当作造谣者则未免出于党派之见。康梁为什么要造这个谣？难道是疑心生暗鬼，自己吓唬自己不成？所以，谣言的源头，还是应该在反对派那里。

拉拢军队的活动，早在6月间即展开，当时康有为曾派徐致靖的侄子徐仁禄前往小站，试探袁的态度，得到了袁的积极回应，而维新派也大受鼓舞[118]。在拉谁入伙的问题上，他们曾有着不同意见。康有为属意的有两个人，一为新建陆军督办、直隶按察使袁世凯，名列强学会和保国会，康梁均以他为维新同志，认为“将帅之中，袁世凯夙驻高丽，知外国事，讲变法，过去同办过强学会，知道他与董(福祥)、聂(士成)一类的赳赳武夫迥异。拥有兵权可以救皇上的，只此一人[119]。”梁启超、徐致靖、谭嗣同均赞同；一为直隶提督聂士成，率武毅军驻扎在芦台，康梁等办强学会时，聂曾捐助千金，还有他是维新派成员王照的把兄弟，因为有这层关系，康有为曾寄托了很大希望，但却为王照坚决拒绝了，因为他一心所想的是调和皇上和太后间的关系。王照的看法是：

> 戊戌之变，外人或误会为慈禧反对变法，其实慈禧但知权力，绝无政见，纯为家务之争。所以以我个人的看法，若奉之以主张变法之名，使(太后)得以公开出头，则皇上的志向可以由屈得伸，久而久之，顽固派大臣就都没有办法了。(英国维多利亚女王即贪财，英国人容忍退让，以全大局。慈禧降黜(珍、瑾)二妃，也因为争买卖(官缺)的缘故。此等内容，凡久居京城者全都知道。光绪皇帝哪能制得住慈禧呀。此策略我曾于第一份奏折中明白揭示，也屡次劝南海(即康有为)用此方针。而南海为张荫桓所蒙蔽，坚持扶此抑彼的策略，以为那拉氏是万万不可造就之物。在袁世凯奉诏来京前十天，南海托徐子静及谭复生、徐莹甫(子静名致靖。莹甫，子静次子仁镜也)分两次劝我到聂功亭(即聂士成)那里，先征得他的同意，然后召其入觐。而且应许聂以直隶总督的位置。我始终坚决推辞，曾有“王小航(即王照自己)不作范睢[120]”的话。等到召(见)袁的诏书下达，霹雳一声，明摆着是掩耳盗铃，败局就已经定了。世人或议论世凯负心，殊不知招聂、招董，也全会失败。倘若我到聂那里去，则泄露得更快。我深知于此，所以决不参与。[121]
>
> 那天徐子静以老年伯的意态训斥我说：“你如此怕事，就是只为自己身家考虑。受皇上的大恩，不趁此图报，还为身家性命考虑，于心能安吗？”我说：“我以为拉皇上去冒险，心会更不安，人的见解不能强求一致吧。”[122]

林旭则认为袁不可靠，主张拉董福祥。但康的意见占了上风，于是就有了那封康有为起草，以徐致靖名义上奏的荐章。康有为凭着与袁交往的印象，在奏章中对他备极推许：

臣私下的见解是，督办新建陆军、直隶按察使袁世凯，将门世家，深娴军旅，于西方各国军制及我国现在应行内治外交诸政策，无不深察有得，动中机宜……袁世凯年力正强，智勇兼备，血性过人，其器识、学问久在圣明(指光绪)的洞察鉴别之中，现在正是为国家出力的时候。只可惜所练之兵仅只七千，为数太少，力量也太单薄，虽曾奉旨添练数营，徒然以粮饷无所筹措，不敢冒昧招募，所以迁延至今。该臬司曾说："假使西方兵力是我的一倍，与之作战，可以获胜；是我的两倍，也可获胜；若使数十倍于我，惟有捐躯效命而已。"说话时慷慨泪下……

今天最担心的就是没有将帅之才，侥幸而得其人，必应当升其职位，重其事权，好像不应该加以约束，置于别人之下……袁世凯过去出使高丽，近来又统率兵旅，谋勇智略，久已著名于现时。然而官位仅只是个臬司，还要受命于总督府。位置低则权力轻，呼应不灵，兵力不增，全都是为了这个缘故。臣以为皇上有一将才如袁世凯，而不能重其权任以成为重镇，臣实在惋惜。跪请皇上深入观察外患，俯察危局，特别予以召对，并且给以破格提拔。使之能够增练新兵，或给予封疆大臣的位置，或改授六部堂官之职，使之独当一面，永远镇守京畿疆域。[123]

光绪当然早就知道袁世凯，印象也一直不错，对这封他极为倚信的精神导师的荐章，当然言听计从，即于当日发出谕旨，诏袁来京陛见。此举诚如王照所说，是"霹雳一声"，在后党那里，无异是皇帝要抓军权的明显信号，也是光绪的又一次不明智的举动。王照看出此举的失误，亟图挽回，但为康有为等开懋勤殿的事务所延搁，而其时政变已是蓄势待发，万难回头的了。

所谓开懋勤殿，实际上是制度局方案的延续，目的还是要让大批维新派的人进入中枢权力机构，不过换了个说法而已。康氏《自编年谱》的说法是："四卿(即杨、刘、谭、林四章京)亟亟想要举办新政，我以为制度局不开设，只抓细枝末节，终没有什么用，所以请开懋勤殿以议论制度改革，草拟了奏折叫宋芝栋上呈，举荐了黄公度、(梁)卓如二人。王小航又上一折，举荐幼博及孺博、二徐和宋芝栋。徐学士(即徐致靖)也请旨开懋勤殿，竟又荐举我。""当时复生(谭嗣同)极力想举荐我入军机处，我自我回避。徐学士(徐致靖)极力想要举荐我进懋勤殿，我因为行新法为的不是图富贵，又因为触犯西太后的忌讳，极力推辞，而两君犹强拉不放[124]。"康有为的语气好像他操心的只是变法大局的需要，并无心去做大官，表现了传统士大夫文人惯有的一种言不由衷的矫情。内心想的是玉堂金马，布衣卿相，外表上却作出一副淡泊名利，满不在乎的样子，其实有大权方能做大事，为做大事而追求权位无可厚非，大可不必遮遮掩掩，欲说还羞。康有为正月被总署召见问话后，就一直期待着被大用；四月被皇帝召见后，更是"自以为际遇难得，功名旦夕可成，谕旨下来后，仅得到章京的差事，意颇怏怏[125]。"而王照所记，则揭示了懋勤殿方案也完全是康有为一手策划而成，目的还是想要进入权力中枢，辅佐皇上成就改革大业。

> 七月二十八日忽闻徐致靖请召袁世凯入都，(王)照大惊，往问徐(致靖)，回答说："我请召袁入京为的是抵御外侮。"(王)照说："虽然如此，太后岂能不惊疑？"于是照急忙草拟奏折，请皇上命袁世凯驻扎河南归德府以镇压土匪，意在掩饰召袁入京的真正意图，以免太后惊疑。二十八日午后，照正与徐致靖参酌奏稿时，康有为面带喜色而来，告诉徐与照说："谭复生(即谭嗣同)请皇上开懋勤殿，用顾问官十人，业已商定，须由外廷推荐，请你二人分荐此十人。"照说："我今天想要上个折子，没有时间。"康说："皇上业已说定，想今夜就看到这份荐折，此折最关紧要，你的折子暂时搁置一日，明天再上有什么关系。"照不得已，乃与徐分头缮写荐折。[126]

在这两份荐折中，康等互相援引，所列全是维新派的核心人物。这

图38　在颐和园“颐养天年”的慈禧。从左至右为：瑾妃、德龄、太后、容龄、德龄容龄之母与隆裕皇后。

两份荐折9月14日递上，17日下发到军机处，此时开设懋勤殿之事已无可能，但军机处仍把这作为维新派企图全面夺取中枢大权的证据，“恭呈慈览”，告到了太后那里。

9月14日(旧历七月二十九日)，是光绪例行去颐和园向太后请安的日子。光绪下了最大的决心，鼓足了最大的勇气，要请慈禧批准开懋勤殿，引进中外时务通才议政的方案。为此，光绪还特于头一天要谭嗣同草拟圣旨，并找出康熙、乾隆、咸丰三朝开懋勤殿议事的谕旨作为论据。光绪直挨到玉澜堂的酒宴上，才鼓起勇气提出这个方案，本以为乘太后兴致好的时候提出，容易通过，不料反而触发了太后对前些天他擅自罢黜老臣积下的底火。“太后不答，神色异常”，随后多日来的积怒一下子爆发了出来。

太后责备皇上说：“九卿重臣，非有重大缘故不可废弃；今天(你)以疏远的替代亲近的，以新人替代旧人，顺着一个人而乱坏家法，祖宗会怎么说我？”，皇上流着泪劝谏说：“祖宗到了今天，其法度必不会是原样；儿宁忍坏祖宗之法，不忍弃祖宗之民，失祖宗之地，为天下后世之人嘲笑的。”在玉澜堂摆的酒宴，不欢而散。[127]

开懋勤殿议论国家大政，是先朝的故事，比起制度局来更具中国色彩，但实际上换汤不换药，为的还是把赞成新政的人引入中枢，参与大政。而背后隐藏着的，则是康有为鲁莽灭裂、铤而走险的激进政治主张。看过这个主张，我们就会明白，新政之所以失败，是因为主持新政的领袖们不顾中国的实际，完全照搬日本明治维新的模式，走的是一条全盘日本化的变法路子，而且一路疾行，不给自己留些喘息的时间。好在这个方案根本行不通，否则中国必会陷入内战而被列强瓜分。

> 当日拟旨，为军机处泄露出来，京师全知道要开懋勤殿了，这是七月二十八日的事。当时，由于天津阅兵日期迫近，收兵权则担心(后党)警觉，不笼络将帅则怕成不了事，日夜忧虑不安。复生(谭嗣同)这时方知皇上果然没有权，大为恐惧。我于是连日草拟方案，请仿照日本设立参谋本部，选天下虎貔之士、不二心之臣于左右，皇上亲自佩带甲胄而统帅他们。又请求改(年号为)维新元年以新天下耳目，又请变换服装而改易旧党的心志，又请迁都上海，借行幸以定之，只率通才数十人跟从办事，百官留守，就把旧京城弃掉了。力言旧京、旅大、胶州、威海门户尽失，俄国人屯重兵于旅顺，(就像)扼住我们的喉咙，没有办法再守了。又说北京连年水灾，城垣屡次崩塌，尘土漫天，水质败坏，王气已绝。又说周围全是旗人，旧党充塞，下则有市侩胥吏，中则是繁琐的惯例礼法，种种全是亡国的东西，不易扫除，非迁都回避没办法改换新城，就不能维新了。借口巡游行幸来办，则可以定天下于不知不觉之中；精选参谋部之兵，才武之将，以军队、铁甲舰为营垒和护卫，居于上海(这个)四通八达的地方，以控驭天下，最便于推行新政。皇上全都赞成。[128]

即使那个开懋勤殿议政的方案，也骗不过从政经验丰富的老太后，明摆着是要架空、夺权嘛。尤其让慈禧感到不快和恐惧的是，此方案中还有聘任东西洋资深政治家充任“客卿”，参与议政的内容。太后不怕皇帝折腾出自己的手掌心，因为他手里没有兵，只有几个秀才；但太后怕洋人，知道洋人如果与皇帝结为一党，支持他变法，她能否继续控制朝政就会成为大问题了。况且，那个曾任日本首相的元老政治家伊藤博文，已经到了天津。

图39　维新派欲引入懋勤殿参与新政的外国“客卿”之一——身着中式服装的英国传教士李提摩太与夫人像。

据英国传教士李提摩太回忆，聘请伊藤博文作为中国政府顾问的建议，还是他向康有为提出的，“在夏天的时候，康有为和我商量过变法的计划，我曾建议既然伊藤博文那样成功地改变日本，成了一个强国，那么最好的办法，是由中国政府请他作一个外国顾问[129]。”看来康有为等确有聘请伊藤、李提摩太等东西方人士入懋勤殿参与新政的计划[130]。所以，当时京城的各种传言不是空穴来风，而在擅自罢免大臣、引维新派进入中枢参政、插手军队和聘用外国人参与新政这导致政变的四大触媒中，后者无疑是最主要、最直接的导火索。因为从插手到把握一支军队，短时间难以为功。同情维新派的苏继祖在《戊戌朝变记》中曾明确指出过这一点：

> 八月之变，幽禁皇上，株连新党，翻改新政，蓄此心当然不止一天，而借口发难，实在是由于伊藤的到来啊。自御史李岳端、洪汝冲等上书请用客卿，朝臣斥为汉奸，将援引外国人从中取事(捞取富贵)。及至伊藤到达天津，全都说是康有为勾引而来，将任军机大臣。王公卿相士大夫全都言之凿凿，竟然有(进京)陛见的督抚大员，曾对军机章京们说：“诸公好好侍奉新堂官吧。”伊藤在津时，又有皇上电报问询能否在天津多留数日，伊藤答以两礼拜，守旧者皆惶悚不安。荣相接待(伊藤)，宴请于北洋医院，神色惨沮不欢，没有等到散席，借口有事告辞(退席)，大概将借此事发难，以惑乱太后的视听吧。[131]

据报道，伊藤于9月11日下午到达天津，次日上午9时拜会荣禄，晚6时荣禄在北洋医院公宴伊藤一行，以尽地主之谊。日方十人，中方作陪人员二十三人，其中就有挂名直隶按察史的袁世凯[132]。此时，荣禄一手策划的训政阴谋正在紧锣密鼓地进行，京城风声正紧。从荣禄处得知召见的上谕，袁世凯肯定觉得突然，必会对荣禄有所请示。而在这个关节上，伊藤来访，袁世凯召见这两件事凑到了一起，荣禄也难免担心。但袁与维新派有渊源，又非自己的心腹，荣不会向他交底，估计会告诫他谨言慎行，快去快回。

三天之后，心怀忐忑的袁世凯进京觐见，召见的当晚，光绪谕令袁世凯开去原缺(直隶按察使)，以侍郎候补。开去原缺，意味着荣禄不再是袁的顶头上司；以侍郎候补，意味着袁得到了越级提升，因为按察使为正三品，侍郎为正二品，越过了从二品这一级，更何况是以“京卿”候补呢。于是，就有了本章开头那篇谢恩奏折。这样，袁世凯成了新旧两派权力斗争的受益者，他的提升也是光绪在新政时期的最后一项人事任命。如果说戊戌政变之后，“百日维新”期间的用人行政有什么孑遗下来的话，那么一个是京师大学堂，一个就是这项任命了。

注 释

1. 《袁世凯奏议》(上)，天津古籍版，第3页。
2. 鹈濡，典出《诗经·候人》，后来多用作做官而不称职的比喻；全句意为：荣膺头衔而深怕不能称职。
3. 豹略，即豹韬，意为用兵之韬略。
4. 六卿，即六部；袁世凯以候补侍郎任用，位列六部长官之列；忝，有愧于；全句意为自己无功受禄，于心不安。
5. 驽钝，低能，愚钝；全句意为自己虽然愚钝，也要勉力以供驱策。
6. 《康南海自编年谱》，中华书局版，第4页。
7. 同上，第8页。
8. 同上，第9页。
9. 梁启超：《清代学术概论》，见《梁启超论清学史二种》，复旦大学出版社，第64页。
10. 同上，第65页，66—67页。
11. 同上，第64页。
12. 徐勤：《南海先生四上书杂记》，转引自《戊戌变法人物传稿》(上)，第10页。
13. 胡思敬：《戊戌履霜录》，《戊戌变法》(一)，第374页。
14. 汤志钧：《戊戌变法人物传稿》(上)，第3页。
15. 方家园，北京朝阳门内胡同之名，慈禧的娘家居住于此。在此暗指慈禧。王照：《方家园杂咏纪事》，参见《近代稗海》(第一辑)，第1页。

16.《清史稿·翁同龢传》
17. 蒋廷黻：《中国近代史》，第74、78页。
18. 汤志钧：《戊戌变法人物传稿》(上)，第328—329页。
19. 戊戌政变后，香港《中国邮报》曾刊登对康有为的采访，康论及此事时说："大约是在两年以前，有两个官吏，一个名叫长麟，一个名叫汪鸣銮，曾经奏请皇帝把国家的大权收回到自己手中来。因为太后不过是他的伯父咸丰的一个贵妃，按照中国的法律，是不能正式称为母后的。这个奏折的结果，是两位官员的黜革，而且永不叙用。这两个官员都是侍郎，一个是满洲人，另一个是苏州人。皇帝自此认识到太后并不是他真正的母亲。"所谓"迹近离间"，所指即此事。参见《戊戌变法》(三)，第502页。
20. 同注18。
21.《戊戌变法文献资料系日》，第189页。
22. 汤志钧：《戊戌变法人物传稿》(上)，第298—299页。
23. 恽毓鼎：《崇陵传信录》，《近代稗海》(第十三辑)，第485页。
24. 同上，第489、492页。
25.《孟子·告子下》。
26. 转引自孔祥吉：《康有为变法奏议研究》，第98页。
27. 同上。
28.《翁同龢自订年谱》，第46页。
29.《中国海关密档·赫德、金登干函电汇编》第六卷，第770页。
30. 康有为：《怀翁常熟去国》，《戊戌变法》(四)，第342页。
31. 王庆保等：《驿舍探幽录》，《戊戌变法》(一)，第492页。
32.《康南海自订年谱》，第36—37页。
33.《翁同龢日记》(第六册)，第3086页。
34.《康广仁与侄女康同薇书·抄五月京中来函》，转引自孔祥吉《康有为变法奏议研究》，第172页。
35.《戊戌变法文献资料系日》，第555页。
36. 康有为折中原话为："盖六部为行政之官，掌守例而不任出议，然举行新政无例可援；军机出纳喉舌，亦非论道经邦之处，跪对顷刻，岂能讨论？总署困于外交，且多兼差，簿书期会，刻无暇晷。"
37. 胡思敬：《戊戌履霜录》。转引自《戊戌变法》(一)，第363页。
38. 苏继祖：《清廷戊戌朝变记》："当康去冬来京上书时，有守旧之大员(应为许应骙)于元旦密告恭邸曰：'康有为此来，闻是翁(同龢)、张(荫桓)所引，将树朋党以诱皇上变法者，亟宜防备之。'恭邸阻见康有为者，盖有先入之言也。"《戊戌变法》(一)，第332页。
39.《康南海自编年谱》，第47页。
40. "除合肥相国积毁销骨外，京中惟荣协揆禄，京外惟张制军之洞，及裕军帅禄，可任艰危。"《戊戌变法》(三)，第381—382页。
41. 同上，第381—382页。
42. 苏继祖：《清廷戊戌朝变记》，《戊戌变法》(三)，第330—331页。
43.《戊戌变法文献资料系日》，第834页。

44.《戊戌变法文献资料系日》，第681页。

45. 叶恭绰：《遐庵遗稿》，载于《文史资料选辑》第96辑，第128—129页。

46. 费行简：《近代名人小传》。

47. 汤志钧：《戊戌变法人物传稿》(下)，第531页。

48. 当时总税务司赫德认为在是否任用李鸿章的问题上，皇帝与太后处于僵持状态："如果慈禧太后能随她的意旨行事，李氏将东山再起——如果光绪能自行其是，这个不走运的老人的脑袋在日落之前就要从他的肩上掉下来。"《戊戌变法文献资料系日》，第338页。

49. 康有为：《上粤督李鸿章书》，《康有为政论集》(上)，第430页。

50.《康南海自编年谱》，第41、44页。

51.《戊戌变法》(四)，第322页。

52.《戊戌变法文献资料系日》，第698页。

53.《戊戌变法》(一)，第354页。

54. 罢黜翁同龢出于慈禧的意志，主要是担心他对光绪的影响太大，使皇帝脱离自己的控制；而在慈禧那里中伤翁的主要就是刚毅、荣禄等人。苏继祖曾记载此事经过："四月二十日后，太后召见庆邸、荣相、刚相，询及皇上近日任性乱为，要紧处汝等当阻之。(三人)同对曰：'皇上天性，无人敢拦。'刚毅伏地痛哭，言奴才婉谏，屡遭斥责。太后又问：'难道他自己一人筹划，也不商之你等？'荣、刚皆言曰：'一切只有翁同龢能承皇上意旨。'刚又哭求太后劝阻。太后言，'俟到时候，我自有法。'此时军机大臣恭邸薨，礼邸病，刚暂领衔，自此气焰日炽矣。"参见《戊戌变法》(一)，第332页。

至于翁同龢与刚毅交恶的原因，据赵柏岩说，"刚毅粗鄙无学，翁同龢易之(看不起他)，上亦恶刚毅，屡受面呵。恭王卒，大事决于同龢，刚毅腹诽觖望。时京中为之语曰：'自言自语刚枢密，独断独行翁相公。'刚毅、莲英合构(陷)同龢于太后，遂开缺回籍。后毅当权，同龢交地方官严加管束，刚毅陷之也。"慈禧于罢斥翁同龢之前，曾连日召见庆亲王、荣禄、刚毅等人，布置恭亲王死后的人事安排，荣禄岂能不知道翁下野的原因？参见《戊戌变法文献资料系日》，第695页。

55. 梁启超：《戊戌政变记》，第62页。

56. 苏继祖：《清廷戊戌变政记》，《戊戌变法》(一)，第350页。

57. 徐一士：《一士谈荟》，第88页。

58. 胡思敬：《戊戌履霜录》，《戊戌变法》(一)，第373页。

59.《戊戌变法文献资料系日》，第740页。

60. 同上，第701页。

61. 同上，第703页。

62. 据康有为记载，此事的经过是："闻上得芝栋(即宋伯鲁，字芝栋)折，即令降旨，刚毅请下部议，上曰：'若下部议，彼等必驳我矣。'刚又曰：'此事重大，行之数百年，不可遂废，请(皇)上细思。'上厉声曰：'汝欲阻挠我耶？'刚乃不敢言。及将散(朝)，刚毅又曰：'此事重大，愿皇上请懿旨。'上乃不作声，既而曰：'可请知。'故待初二日诣颐和园请太后懿旨，而至初五日乃降旨也。百事皆如此，上扼于西后，下扼于顽臣，变法之难如此。"《康南海自编年谱》，第44—45页。

63. 丁文江等：《梁启超年谱长编》，第114页。

64. “时八股士骤失业，恨我甚，直隶士人至欲行刺。于晦若(即于式枚)至，嘱吾养壮士，住深室，简出游以避之，吾笑而不避也。”《康南海自编年谱》，第44—45页。
65. 《戊戌变法文献资料系日》，第883页。
66. 胡思敬：《戊戌履霜录》，《戊戌变法》(一)，第369页。
67. 《戊戌变法文献资料系日》，第789页。
68. 《康广仁与侄女康同薇书》，转引自孔祥吉《康有为变法奏议研究》第172页。
69. 康氏《自编年谱》记载，他四月廿八日受到召见后，五月初三日由“总理大臣代递谢恩折，上命曰：‘何必代递？后此康有为有折，可令其直(接)递来。’又令枢臣(军机大臣)廖寿恒来，令即将所著《日本变政考》《波兰分灭记》《法国变政考》《德国变政考》《英国变政考》立即抄写进呈。乃片陈谨当昼夜编书，不能赴总署当差，并面告李合肥(鸿章)、廖仲山(寿恒)、张樵野(荫桓)以不能奔走此差辞之。”《康南海自编年谱》，第45页。
70. 康氏《自编年谱》记载此事曰：“时吾递书、递折及有所传旨，皆军机大臣廖仲山为之。京师谣言，皆谓廖为吾笔帖式，甚至有谓为‘康狗’者。廖避之，乃面奏，谓官报事宜，令我商之孙某，并传言，谓此后凡(办)报事皆交孙家鼐递折，先由军机大臣传旨与我，令告之孙家鼐。乃见孙家鼐，为之草奏云：‘某月某日康某转传军机大臣面奉谕旨。’此亦可笑事也。”《康南海自编年谱》，第50页。
71. 《戊戌变法文献资料系日》，第721—722页。
72. 许应骙在回奏中攻讦康有为说：“康有为与臣同乡，稔知其少即无行，迨通籍旋里，屡次构讼，为众论所不容。始行晋京，意图侥幸，终日联络台谏，夤缘要津，托词西学，以耸观听。即臣寓所，已干谒再三，臣鄙其为人，概予谢绝。嗣又在臣省会馆私行立会，聚众至二百余人，臣恐其滋事，复为禁止，此臣修怨于康有为之所由来也……今康有为逞厥横议，广通声气，袭西报之陈说，轻中朝之典章，其建言既不可行，其居心尤不可问。若非罢斥驱逐回籍，将久居总署，必刺探机密，漏言生事；长住京邸，必勾结朋党，快意排挤，谣惑人心，混淆国事，关系非浅。”《戊戌变法文献资料系日》，第726页。
73. 《戊戌变法文献资料系日》，第765页。
74. 同上，第765—766页。
75. 《康南海自编年谱》，第44页。
76. 《戊戌变法文献资料系日》，第720页。
77. 同上，第715—716页。
78. 《康南海自编年谱》，第50页。
79. 苏继祖：《清廷戊戌变政记》，《戊戌变法》(一)，第337页。
80. 同上，第778页。
81. 《戊戌变法文献资料系日》，第930页。
82. 《康南海自编年谱》，第50—51页。
83. 《戊戌变法》(一)，第369页。
84. 同上，第363页。
85. 同上，第337页。
86. 《戊戌变法文献资料系日》，第852页。
87. 同上，第834页。

88.《康南海自编年谱》，第48—49页。
89. 胡思敬：《戊戌履霜录》，《戊戌变法》(一)，第368页。
90.《戊戌变法文献资料系日》，第751页。
91.《英国公使窦纳乐致沙士勃雷的信件》，《戊戌变法文献资料系日》第769页。
92.《戊戌变法文献资料系日》，第895—897页。
93. 苏继祖《清廷戊戌变政记》记载：“皇上自四月以来所有举办新政，莫不先赴太后前禀白，而后宣示。虽(太后)假以事权，并未敢自专也。每有禀白之件，太后不语，未尝假以辞色，若遇事近西法，必曰：‘汝但留祖宗神主(牌位)不烧，发辫不剪，我便不管。’”参见《戊戌变法》(一)，第342页。
94.《英国公使窦纳乐致沙士勃雷的信件》，《戊戌变法文献资料系日》，第918页。
95. 陈夔龙：《蕉梦亭杂记》，第90页。
96.《康南海自编年谱》，第55页。
97. 王照曾在他那封激起政潮的奏折的按语中透露此事：“一日，余谓南海(即康有为)曰：‘太后本是好名之人，若皇上极力遵奉，善则归亲，家庭间虽有小小嫌隙，何至不可感化。’南海不悦曰：‘小航兄，你对于令弟感化之术何如？乃欲责皇上耶？’余不复辩。”《戊戌变法文献资料系日》，第863页。
98.《戊戌变法文献资料系日》，第863页。
99. 费行简：《慈禧传信录》，《戊戌变法》(一)，第464页。
100.《康南海自编年谱》，第54页。
101.《戊戌变法》(一)，第365、366页。
102.《康南海自编年谱》，第42页。
103. 梁启超：《戊戌政变记》，第135页。
104.《戊戌变法》(一)，第370页。
105.《康南海自编年谱》，第53—54页。
106.《戊戌变法》(一)，第341页。
107. 苏继祖：《清廷戊戌变政记》，《戊戌变法》(一)，第332页。
108. 当时在京的英国记者的通信中曾谈到这次训政阴谋：“恭亲王之死，已经使光绪皇帝失去了一位老一辈的庇护者，而慈禧太后又立刻进了一步，胁迫这位可怜的年轻皇帝革去了他的最忠诚的支持者翁同龢的官职。同时，慈禧还强迫光绪下令，受任新职的高级官吏必须到慈禧面前谢恩。这就意味着，她将亲自垂询这些高级官吏对当前事件的见解，并亲自向他们颁发怎样处理这些事件的谕旨。据说，慈禧曾说，恭亲王去世了，光绪皇帝的亲政已使大清国濒于毁灭，再也不能听任光绪去办朝政了，而她必须重新临朝训政。我听说，已经在议论真正的废黜皇帝而不止是实际上的废黜了，但是又惧怕牵涉到外国列强而引起复杂的局面，似乎已放弃了这种设想。”参见《戊戌变法文献资料系日》，第724页。
109.《赵柏岩集》中记载此事过程为：“崇伊亦出天津诣荣禄，告曰：‘上之用慰亭，欲收兵权也。上得权必先图公，公其危哉！且康有为乱法，臣工怨之，事宜早图也。’翰林院编修林开谟，(林)旭同族叔(辈)也，素恶旭所为，而因旭多知内事，亦在荣禄座上，赞(成)崇伊言……荣禄谓崇伊曰：‘尔言官也，可约(御史)台垣(军机处)请太后训政，试归与庆邸谋之。’遂为书与崇伊还京。”“御史杨崇伊、张仲炘背皇上上疏颐和园，请太后训政。崇伊与庆王、端王、徐桐、怀塔布、立山等日夜谋，因约仲炘联名上书太后，请训政以慰天下之望。至颐和园门外，不得达(时皇上在乾清宫，奏事官皆随皇上。太后归政久，颐和园未设奏事官也)，遇端王载漪弟镇国公载澜，告以故，载澜遂持折递太后。”，第29—31页。

110. 苏继祖：《清廷戊戌变政记》，《戊戌变法》(一)，第350页。

111. 《康南海自编年谱》，第50页。

112. 康有为：《为请断发、易服、改元，以与国民更始折》，《戊戌变法文献资料系日》第1004—1005页。

113. 参见《戊戌变法文献资料系日》，第942—943页。

114. 苏继祖：《清廷戊戌朝变记》，《戊戌变法》(一)，第341页。

115. 《戊戌变法文献资料系日》，第576页。

116. 《戊戌变法文献资料系日》，第960页。

117. 转引自黄彰健《戊戌变法史研究》，第138页。

118. 王照《方家园杂咏纪事》："往小站征袁同意者，为子静(即徐致靖)之侄义甫(义甫，名仁禄)，到小站未得见袁之面，仅由其营务处某太史(即徐世昌，徐为翰林，故称太史)传话，所征得者模棱语耳。夫以死生成败关头，而敢应以模棱语，是操纵之术，已蓄于心矣。”第5页。但王照所说不确，徐仁禄见到了袁世凯，而且得到了积极的回应，满意而归。所以康才会对他寄予厚望，并极力举荐。王照与康等政见分歧，不是核心人物，康当然不会告诉他实情。此事参见《康南海自编年谱》，第57—58页。

119. 《康南海自编年谱》，第57页。

120. 范雎，战国时魏国人，纵横家；后到秦国，受到秦昭王的重用，曾说动秦昭王罢黜太后和权臣，独揽大权。王照此话意思是他决不会像范雎那样去离间皇帝与太后的关系。

121. 王照：《方家园杂咏纪事》，《近代稗海》(第一辑)，第5页。

122. 同上，第5页。

123. 国家档案局明清档案馆编：《戊戌变法档案史料》，第164—165页。

124. 《康南海自编年谱》，第56页。

125. 胡思敬：《戊戌履霜录》，《戊戌变法》(一)，第375页。

126. 《戊戌变法文献资料系日》，第993页。

127. 胡思敬：《戊戌履霜录》，《戊戌变法》(一)，第376页。

128. 《康有为自编年谱》，第57页。

129. 《戊戌变法》(三)，第563页。

130. "我(即李提摩太)后来被康有为约请到北京去做皇帝的顾问……孙家鼐前来通知我说，皇帝要我在九月二十三日前往谒见。”同上，第563—564页。

131. 苏继祖：《清廷戊戌朝变记》，《戊戌变法》，第341—342页。

132. 《戊戌变法》(三)，第401页。

第十章

诡谋杀机与告密自保

本想置身事外，
却不由自主地卷入了
政治风暴的中心，
为求自保，
袁世凯告了密，
做出了一个实用主义官僚本能的抉择。

图40　戊戌政变前后的袁世凯。
(河南项城市博物馆提供)

【**导读**】政治这个东西，你不找它，它要找你。袁世凯尽管想要保持中立，置身于新旧、帝后两派政治斗争的漩涡之外，还是被不情愿地卷了进去。戊戌政变发生的原因和过程，存在着若干疑案，譬如康梁是否参与了杀荣禄、包围颐和园的密谋，还是谭嗣同个人的冒险行动；戊戌政变是否因为袁世凯的告密而被引发；光绪皇帝是否了解维新派的密谋等等。通过对史料的认真梳理，我们发现，所谓袁世凯告密引发政变的说法完全是无稽之谈，因为政变在先，告密在后；而且袁实际上并未参加维新派反政变密谋的策划，而是被动卷入的，因此也就谈不上什么"背叛"。袁世凯确实告了密，但袁所采取的立场，是一个头脑现实的改良派官僚在危机临头时，为求自保而必然会做出的本能的选择。本章开头所选的引文不是奏折，而是政变发生不久后，袁世凯为其《戊戌日记》所写的一篇跋文，它比较典型地反映出作为旧官僚的他，在事变中的心态；当然，冠冕堂皇的理由掩盖不了开脱自己的动机，告密终究是不光彩的行为。但是比起守旧派的造谣生事，阴谋训政，维新派诉诸极端的诡谋杀机，袁世凯为求自保的告密行为，似乎就不那么值得苛责了。都说政治没有诚实可言，专制政治必然造就阴谋诡计和各种不正当的行为，古今中外类似的事例难道还少吗？

《戊戌纪略》书后[1]

(1898年10月10日)

皇太后听政三十余年，迭削大难，功在社稷，亦天下之君也。况今上为皇太后命立，亦有君臣之义，且有母子之分，天下岂有无君无母之国哉？我皇上孝治天下二十余年，璇宫侍养，备极崇隆，薄海臣民同深钦仰。为臣子者自当矢志忠贞，随时维持，不敢议及天子，累皇太后以不慈，更何敢议及慈圣，累皇上以不孝？乃谭嗣同等煽惑构乱，离间两宫，竟欲陷君于不义，讵为天理所能容？当其谋乱之时，国之危机有三：倘其凶谋果逞，内忧外患一时并起，中原疆域立见瓜分，其危一；设予稍露圭角，该党必将害我，以其党代之，内有悍徒，外有劲旅，何堪设想？其危二；或者发泄后荣相不即入枢廷，善为调和，保全上位，各国必将藉口交讧，匪党挟以有辞，将至不可收拾，其危三。赖列祖列宗在天之灵，幸得佑免三危，然祸机之来，间不容发，亦云险矣。

予世受国朝重恩，幼受庭训，自通籍十七年来，只知以道事君，不敢稍涉欺罔。无论人之知与不知，而力任劳怨，百折不回，其不忠不孝之言，向不敢出诸口，不料逢此陧杌[2]，几涉奇险。然区区此心，意在诛锄误君误国之徒，该党无礼于君，予为鹰鹯之逐，亦人臣之大义。皎皎此心，可质天日，且亦正所以保全皇上。倘该党等凶谋果逞，必将难保宗社，更何以保全皇上？此亦必然之势也。为臣子者，但求心安理得，此外非所计也。自书记后，并交诸子密藏之以征事实而质诸词。时在八月廿五日，书于小站营次。

9 月 14 日，就在皇帝与太后大起冲突，颐和园玉澜堂酒宴不欢而散的那一天，政变和反政变的活动都进入了最后阶段。在表面的平静下面，新旧两党都躁动不安，活动频繁。从光绪后来焦虑不安的表现中，我们可以想象，在玉澜堂的冲突中，太后可能冲口说出过“我可以立你做皇帝，就可以废了你这个皇帝”之类的话。当日，光绪召见了随驾值班的小军机杨锐，授予了第一道密诏：

近来朕仰观皇太后圣意，不想将旧法尽行改变，并且不愿将这些老耄昏庸的大臣罢黜，而升用英勇通达之人，令其议

> 政，以为恐怕失去人心。虽经朕屡次降旨整饬，并且有随时几谏之事，但圣母意旨坚定，最后恐怕无济于事。就如十九日的朱谕(即罢免礼部六堂官之事)，皇太后已以为(处分)过重，所以不得不慢慢想办法，这就是近来实在为难的情形了。朕岂不知道中国积弱不振以至于危迫，全是被此辈人所误。但必要朕尽早痛切降旨，将旧法尽行改变并尽行罢黜此辈昏庸之人，则朕的权力实有不足。如果真这样做，则朕的皇位且将不保，何况其他？如今朕问你们，可有何良策，使旧法可以全部改变，将老迈荒谬昏庸的大臣尽行罢黜，而登进英勇通达之人令其议政，使中国转危为安，化弱为强，而又不致违背太后的意旨。你与林旭、谭嗣同、刘光第及诸位同志妥速筹商，密缮封奏，由军机大臣代递，候朕熟思审处，再行办理。朕实在不胜紧急翘首盼望之至。特谕。[3]

玉澜堂酒会，光绪顶撞了慈禧，受到“太后大声呵斥”后，非常惊惧，想找人调停却无合适人选，“恭王卒，庆王疏远，端王载漪兄弟及各位大臣全都是怨恨皇上的人。因而想到杨锐通达世故，告诉了他。杨锐说：‘这是陛下的家事，应当与大臣商量，臣人微言轻，徒取罪戾，没有益处。’皇上因此命令四参政与康有为商量，而且颁赐有密诏[4]。”不想这个杨锐不但不能为光绪分忧，还把密诏整整压了三天，使维新派落入了完全没有机会的境地。偏见害了光绪，使他看不到老臣中也有同情新政的人，真不如找李鸿章做调解人，新政还可能有保全的希望。从下达这道密诏开始，守旧派的训政和维新派的反政变斗争进入了倒计时阶段，我们将逐日追溯各派人物的活动，对袁世凯在戊戌政变中的角色，作一番较为客观和可信的分析。

就在密诏发下的当天 (9 月 14 日)，袁世凯、伊藤分头进京，乘的是同一趟火车。与袁世凯同行的有他的幕府密友、翰林院编修徐世昌。到京后，徐先赴颐和园安排报到、请安等召见前的准备事宜，袁则派人前往海淀寻租寓所，因为皇上当时驻跸在颐和园，就近住下，可免于路途奔波和时间上的耽误。下午，袁等入住海淀法华寺中的裕盛轩。伊藤一行到京后则下榻日本公使馆，总署大臣张荫桓随即来访，并与伊藤商定在京期间的日程安排。

同一天的同一趟车中，还有一位神秘的乘客：张翼。“是日早车有荣相(即荣禄)密派候补道张翼进京谒见庆亲王，呈递密信并禀告要事。据见到过此信的人说，有四五十页八行书之多[5]。”从此事可以看出，荣禄对召见袁世凯和伊藤访华这两件事感到了很大的不安，尤其是后者，所以荣禄在宴请伊藤的宴会上才会有“惨沮不欢”，中途退席等不合礼仪的反常表现。从密信的篇幅上可以作出这样的判断，荣禄详尽陈述了自己对局势的看法，并权衡、分析了训政的利弊，由守旧派接到此信后紧锣密鼓的活动可以确知，荣禄的意见是：发动政变，此其时也。

还是同一天的晚间，大概是在光绪召见杨锐，下达密谕的同时，康有为向头天赶到北京的毕永年交了底：

> 夜九时，召我到他的居室，对我说：“(你)知道今日面临的危急吗？太后打算于九月天津大阅兵时杀害皇上，到时候怎么办呢？我想要效法唐朝张柬之废武后之举，然而天子手无寸兵，很难举事。我已奏请皇上召袁世凯入京，想要他起李多祚[6]的作用。”我说：“袁是李鸿章之党，李是太后之党，恐怕不可以用吧。而且袁也不是可以与谋此等事情之人，听说他在高丽时自请撤回，极无胆量。”康说，袁前两天已到京，我已令人去往他那里行反间之计，袁深信不疑，已经深恨太后和荣禄了。而且我已奏知皇上，在召见袁时，隆以礼貌，抚以温言，又当面赏给茶食，这样袁必愈生感激而图报答了。你且等待着，我还有重要事情用你来办。[7]

毕永年(1868—1902)，字松圃，湖南善化人。出身于大户人家，“性豪宕，喜结纳，又耽于声色，毁家资过半[8]。”光绪丁酉年(1897)举拔贡(即不经考试，保送而得的举人资格)，“曾在长沙组设湘学会，日与唐才常、谭嗣同、林圭辈讲论”，是湖南知名的维新志士。他于政变前夕赶到北京后，正赶上康梁等策划引袁世凯发动兵谏，在一定程度上参与了阴谋，事后流亡日本，改名安永松彦。他所撰写的《诡谋直纪》详细记载了事情的经过，为戊戌变法中维新派的反政变活动留下了第一手珍贵资料，也为解开戊戌变法中的若干疑团提供了重要的证据。毕永年后来参与自立军和同盟会的起义，失败后入寺为僧，忧劳成疾，死时才34岁。

9月15日（旧历七月三十日），袁世凯的活动没有记载，他在法华寺的寓所内闭门不出，不知道他在干什么。以袁世凯的赋性，不会安居于寓所之内，但书阙有间，只能存疑。伊藤则于午前拜访了总署的亲王、大臣们，出席者为庆亲王、崇礼、廖寿恒、张荫桓，然后专程登门拜访李鸿章，午后则拜访各国驻华公使。在与总署王大臣座谈时，伊藤强调图强首先要改革兵制，而改革兵制首要的是基层军官（即士官）的培养，"改革兵制的要着，为士官的培养；须精选一二学校培养士官，并置于贵国大皇帝直接管辖之下，此为最先要务，其他再分缓快慢，渐次实行[9]。"伊藤的这个建议很可能使警觉的守旧派将其与光绪召见袁世凯之事联系起来。

本日，王照"往颐和园上请袁（世凯）兵南去之折"，试图亡羊补牢。而那个接受了密诏的杨锐则陷入困境，无所作为，我们可以想象得到他焦虑害怕，绕室彷徨的场面。

9月16日（旧历八月一日），凌晨四鼓袁世凯即赶赴颐和园宫门等候召见，黎明时分，光绪在玉澜堂召见了他，整个过程袁世凯记忆如下：

> 皇上垂询军事上的事情甚为详尽，(我)均据实际奏对。(问话)间歇时，就奏请说："九月有巡幸大典，督臣荣禄命臣督率修理操场，并先期商议演练方阵，亟须回津料理，倘若没有垂询事件，请即训示。"奉到的上谕是，等到四日后请训，可无大耽搁等话。[10]

召见结束后，袁世凯回到居处吃了些早点，躺下补觉。"忽有苏拉来报，（我）已以侍郎候补，并有军机处交来的通知，奉旨令初五日请训[11]。"清代官员的任用方式，一直是"内重外轻"，即同样品级的官员，京官比地方官的身份要来得尊贵，三品的地方官到了中央，往往只能屈居四品五品官员的位置。所以，袁世凯以地方三品的按察使，一下子擢升为中央的二品候补侍郎，真可以说是恩出格外了。但袁世凯的反应却令人意外，通常应该大喜过望的他却"自知非分，汗流浃背，立意上疏辞谢。随即有郭有琴诸友人前来贺喜。都告以无功受重赏，决不是好事，有何可贺？即商量草拟疏稿，将力辞，诸友人全都劝阻，于是托友人代办谢恩折。”以袁世凯这样热衷官场和事功的人，往常进京，公事之外，终日奔走于势要权门，旧雨新知，酬酢往来无虚日。而此次进京，则一反常态，闭门不出，十分低调。他知道自己被越级提拔，不仅不喜，反而惊得“汗流浃背”，甚至立意辞谢。这种种反常行为透露给我们的信息是，袁世凯已经充分意识到局势的严重性，稍有不慎，就会卷入帝、后两党政争的漩涡，而使自己的事业、前程毁于一旦。所以到北京的头一天，他既没有去拜会熟识的中枢大佬，也没有去看望过去的维新同志，寓居郊外，闭门独处。皇帝召见这么难得的机会，他也不知珍惜，竟要求马上请训回津。凡此种种，都表明袁最初的想法是，不惹是非，置身事外。但政治这种东西无处不在，你不找它，它要找你。听到自己被皇帝不次擢升，他立刻就应该意识到这是维新同志们使的劲儿，因为徐仁禄6月在小站许过愿。于是午后他开始出动，遍访各位大佬，为的是了解他们对此事的反映和看法，表白自己的心迹。他先去拜访庆亲王，没有在家。然后拜访了刚毅、裕禄和王文韶三位军机大臣，都见了面，袁备述自己无功受赏，万万担当不起的心情；刚、裕二位什么反映，不得而知，恐怕都是言不由衷的官话，内心里却在暗暗冷笑吧。在与之相熟的王文韶那里，袁世凯又提出上疏辞谢的事情，王文韶告诉他，既然出自特恩，辞谢也没有益处，反而会让人觉得矫情，一再说不能如此。但袁世凯仍旧“此心怦怦，殊不自安”。对于自己的维新派同志们，袁世凯当然也不能不敷衍，但因分不开身，只能以书信暗通款曲。而康梁等得知袁世凯被提升的消息后，认为第一步已经成功，于是开始了更深的策划。

夜八时，忽然传来上谕，袁以侍郎候补。康(有为)与梁(启超)正在晚餐，于是拍案叫绝说：“天子真圣明，比我们所献之计还要隆重，袁必更喜而图报了。”康当即起身命我(即毕永年)随往他的居室，询问我下一步怎么办。我说：“事已至此，没有别的办法，只能按预定计划行事了。然而我始终怀疑袁不是可用之人。”康说：“袁极可以用，我已得到他允诺的凭据了。”于是从茶几间取出袁写给康的书信给我看，信中极力感谢康的引荐提拔，并且说：“赴汤蹈火，亦所不辞。”康对我说：“你看袁说出这样的话，还不可以用吗？”我说：

"袁是可以用了，但先生打算要我做什么呢？"康说："我想派你前往袁的幕府中作名参谋，以监督他，怎么样？"我说："我一个人在袁幕府中有何用？而且袁世凯如有异志，不是我一个人所能制得住的。"康说："或者以百人交给你统率，怎么样？到袁统兵围颐和园时，你则率领百人奉诏命前往捉住西太后废了就可以了。"我说："那么我应当在哪天见袁呢？"康说："等再商量吧。"正在谈话之时，康广仁、梁启超也入座加入。梁说："此事老兄不必怀疑，但当尽力去做就是了。然而老兄敢做此等事情吗？"我说；"有什么不敢的？然而我应当深思熟虑地处理。况且尚未见过袁，我还是不知道他是何等人嘛。"梁说："袁决无问题，老兄但说答不答应此事吧？"我此时在心里谨慎筹划，未敢马上答应，而康广仁就有了愤怒之色。我于是说："此事我终不敢单独承当，为何不急催唐(才常)君来京共同谋划呢？"康、梁均大喜说："好极了！好极了！但我们的意思是，想马上于数日内发动此事，若等候唐君，则又要很多天时间了，怎么办呢？"踌躇片刻，于是同到谭(嗣同)的房间商量此事。谭说："稍缓时日不妨，如果催得唐君来，则更为安妥。"梁也大为赞成道："毕君沉毅，唐君深挚，可以称为两雄了。"我知道这是面子上的恭维话，于是逊谢不敢当。康说："事情已经定计了，你们可以尽快调兵遣将了。"于是共同草拟快电两道，迅速发出，催促唐氏。[12]

"秀才造反，三年不成"。看了毕永年对当年康梁策划政变情况的叙述，我们就会明白为什么会有这样的谚语了。

本日，伊藤一直在公使馆，午前，李鸿章回访；午后，总署王大臣回访。

9月17日(旧历八月二日)，在袁世凯谢恩时，光绪再次召见，袁向光绪陈述自己对无功受禄、破格提拔的惭愧惶悚的心情。光绪却笑着说："人人都说你练的兵，办的学堂非常好，此后可与荣禄各办各的事。"退出后，他又在宫门外等候昨天没有见到的庆亲王，见面后只说了几句话，就下起了大雨，庆亲王入宫，他则直到中午才回到法华寺，疲惫不堪，倒头酣睡至晚，吃过晚饭，接着睡觉。

本日由于杨锐处迟迟没有消息，焦急的光绪皇帝通过入值的小军机林旭带出第二份密诏（即所谓“衣带诏”），同时发布上谕，督促康有为速赴上海督办官报局。这一明一暗两份诏书传递出来的信息是，政变发动在即，光绪已严重感受到了异常的气氛，他希望康有为的离京有助于缓和反对派的情绪，同时也是对康的保护。这份密诏的原文如下：

> 朕今命你督办官报，实有不得已的苦衷，非笔墨所能尽呀。你可迅速出外，不可以延迟。你一片忠爱热肠，朕深有所知。你爱惜身体，善自调摄，将来还可更效驰驱，共建大业，朕有厚望(于你)啊。特谕。[13]

本日据说也是慈禧太后最后决定训政的日子，“杨崇伊于初二日至颐和园呈递请求训政的折子，西太后（训政的）心意确定了下来。”原来庆亲王收到荣禄的长信后，即与杨崇伊等策划实施，“是日庆亲王、端亲王同赴颐和园，哭请太后训政，而且说伊藤已定于初五日觐见，等到事机一泄，中国恐怕不复为太后所有了[14]。”“庆亲王与李莲英皆跪请太后训政，立山等甚至说皇上派太监到各国使馆请求除去太后，太后大怒[15]”。其实慈禧是在做戏，从裁撤冗官衙门时起，十几天来到她跟前跪哭请求训政的老臣就没有断过，她就是不答应，因为她认为火候还不够足。她完全知道这些人是为了激怒她而在编瞎话，但她要的就是这种效果，这样才显得她出山是迫不得已。但伊藤到京觐见皇帝，她不能不重视，担心发生什么自己控制不了的事情。荣禄、杨崇伊等正是抓住慈禧害怕洋人的心理，策动训政的，杨崇伊所上奏折的题目就叫“为大同学会蛊惑士心，紊乱朝局，引用东人，深恐遗祸宗社，呼吁恳求皇太后即日训政，以遏止乱萌”折。所谓“东人”，指的就是伊藤；而“大同学会”是已被革职的文廷式在家乡办的维新派学会，加到折子里，为的是牵连打击，报复文从前纠众弹劾李鸿章的旧根。折中虽也攻击康梁，但重点还是放在了伊藤身上。

> 今春会试，公车骈集，康有为偕其弟康广仁及梁启超来京讲学，将以煽动天下士人之心……不知何种缘故，引入内廷，两个月以来，变更成法，斥逐老成(的大臣)，借口广开言路，

用以安插党羽。风闻东洋前首相伊藤博文即日到京，将要专权执政。臣虽得自传闻，然而近来传闻之言，无不应验。果真用伊藤，那么祖宗所传之天下不啻于拱手让给别人了。臣身受国恩，不忍缄默，再四思维，惟有仰恳皇太后，追溯祖宗缔造之艰难，俯念臣民呼吁之恳切，即日训政。[16]

值得注意的是，杨崇伊的折子中没有提到袁世凯被召见这件事，可见此时守旧派还对维新派的政变计划一无所知，否则不会用伊藤专政这么拙劣借口作为训政的根据。召见袁世凯是皇帝想要插手军队的信号，但对袁世凯本人，守旧派似乎并没有什么不放心。

林旭很可能是受光绪的委托，先找杨锐追问第一份密诏的落实情况，因此17日白天康有为等人仍不知道有密诏这么一回事，当天晚上，维新同志们仍有雅兴聚饮于宋伯鲁家，“李绊园尚书、徐子静侍郎在我左右，唱昆曲极乐，而声带变徵，曲终哀怨动人。谈世事变迁之急，相与忧叹[17]。”但当康有为回到寓所时，看到来访不遇的林旭留下的敦促他出京的诏旨，和要他明日不要外出，有要事相告的字条，康有为才感到，大事真的不妙了。但维新派们并没有放弃，他们还对袁世凯抱有希望，决定第二天面见袁世凯，向他交底。

夜七时，忽奉旨催康有为出京，我(毕永年)说：“如今必败了，未知袁那里消息怎样？”康说：“袁那里有位幕友徐世昌，与我交情极好，我将令谭、梁、徐三个人往袁处明说此事，成败在此一举。”[18]

9月18日(旧历八月三日)，林旭一早携带两份密诏(包括三天前被杨锐压住的那份的抄本)赶到南海会馆，大家“跪诵(密诏)，痛哭激昂。”于是“召集卓如(梁启超)及二徐、幼博来，筹划救皇上之策。袁幕府的徐菊人也来了，我(康有为)乃相与痛哭以感动他，徐菊人也哭了，于是大众痛哭不成声。于是嘱谭复生(即谭嗣同)入袁世凯寓所，游说袁勤王，率敢死之士数百人，扶皇上登午门而杀荣禄，除旧党[19]。”原准备派到袁世凯那里执行特殊任务的毕永年并没有被告之密诏的事，他只看到“康氏兄弟等纷纷奔走，意甚忙迫”。但在午餐时，同住一室的好友钱维骥向他透露了一个惊人的消息，使他原本就不坚定的意志发生了动摇。

> 午餐时，钱君(维骥)告诉我说："康先生要杀太后，怎么办？"我问："兄怎么知道？"钱说："刚才梁君(启超)对我说，'(康)先生的意思是，在奏知皇上的时候，只说是废黜；等到去颐和园时，抓住杀掉就可以了。不知毕君肯不肯办这件事，老兄为何不去探一下他的口气'等话。看来此事是真的了，(你)打算怎么办呢？"我说："我早就料到，他想要我充当成济[20]的角色。老兄且等着看吧。"当晚，康、谭、梁一夜未归，大概是去袁世凯那里商量此事了。[21]

在维新派诸君悲愤痛哭，康、谭等人密谋策划之时，袁世凯也进了城，正在贤良寺拜望他的老上司李鸿章。两人谈了一上午的"兵事"，用过午饭，袁告辞出来，转赴庆亲王府上拜访。庆亲王当时正在颐和园与一帮老臣苦劝太后训政，但留下话叫袁世凯等他，袁在门房里等到天快黑了还不见他回来，却接到了荣禄传来的命令，说是大沽口一带有英国军舰游弋，要他尽快回防。因为已定于初五召见请训，袁世凯便回到寓所，吩咐幕友办折说明需要提前回津的原因，打算明天奏请提前请训，正在灯下拟稿之际，忽听到外屋人声嘈杂，随即寓所差役禀报有位军机处的大人来访，已下车进了客厅，袁世凯拿过名帖一看，原来是谭嗣同来了。

谭嗣同夜访袁世凯，是百日维新史剧中的经典一幕。具体情况如何，其说不一，我们这里只根据当事人的说法进行判断。谭嗣同、袁世凯是确定无疑的当事人，谭嗣同几天后被杀，没有留下有关这次会见的只言片语，只能从梁启超等人的转述中得知夜访的情况。袁世凯则在数日之后写了一篇《戊戌日记》，是意在表明心迹的备忘录。在场的还应该有徐世昌，但他事后绝口不提此事，也没有留下任何文字记录。我们先来看谭嗣同方面的说法。

白天哭过以后，维新派勤王救主的唯一希望就是袁世凯了。晚间，谭嗣同(应该还有徐世昌)一同前往法华寺见袁。稍后，梁启超进内城金顶庙容闳(纯斋)寓处等候消息。康有为则拿出李提摩太交给他的一张列强瓜分中国的示意图，要前来慰问告别的维新同志杨深秀、宋伯鲁、李孟符、王照等人以抗御外侮为名，找更多的人上折，请求调袁世凯所部进京勤王。到了半夜内城城门开启后，康有为也前往金顶庙听候消息。谭嗣同与袁世凯谈过之后按约定来到金顶庙，向康、梁通报了谈话的情况，据梁启超事后的转述，当时的情形是：

初三日晚上，君(谭嗣同)径直造访袁所寄寓的法华寺，直接问袁说："你认为皇上为人如何？"袁说："旷代(才有的)圣主啊。"谭说："天津阅兵的阴谋，你知道了吗？"袁说："当然，早有所闻。"谭于是直接出示密诏说："今日可以救我们圣主的人，全在足下。足下想救就可以救的。"又以手抚摸着自己的脖子说："如果不想救，请到颐和园出首我而杀我，可以得富贵的。"袁正色厉声说："君把我袁某当成什么人了？圣主是我们共同事奉的君主，我与足下同样受到非常的知遇，救护之责，不是足下一人之事。若有所教诲，我当然愿意与闻了。"谭说："荣禄密谋，全在于天津阅兵之举。足下及董(福祥)、聂(士成)三军，全都受荣禄节制，将要挟持这些兵力以行(废立)大事。虽然如此，董、聂不足道，天下强健者惟有足下。若变乱发生，足下以一支军队对抗他们的两支军队，保护圣主，恢复(皇上的)大权，清君侧，整肃宫廷，指挥若定，是不世之业啊。"袁说："若皇上阅兵时疾驰进入我的军营，传号令以诛杀奸贼，那么我必能够跟从诸君子之后，竭尽死力以图补救。"谭说："荣禄素来优待足下，足下又如何待他呢？"袁笑而不答。袁幕府某人(即徐世昌)说："荣贼并非诚心对待慰帅(指袁世凯)的人，以前某公(指翁同龢)想要增加慰帅的兵额，荣说汉人不可以授予大的兵权，所以向来不过是笼络而已……慰帅岂能不知道呢？"谭于是又说："荣禄固然是(曹)操、(王)莽之才，但绝世之雄，对付起来怕没那么容易吧。"袁怒目而视说："如果皇上在我的军营之中，杀荣禄还不就像杀条狗吗！"因而与他深谈救护皇上的条理。袁说："现今营中枪弹火药全在荣禄之手，而且各营哨官也多是守旧的人，事态紧急，既已定策，那么我急需归营，更换选拔将领军官，而设法贮备弹药，就可以了。”于是叮嘱而去。时间已是八月初三夜漏三下了。[22]

袁世凯方面的说法出自袁9月29日(旧历八月十四日)所写的日记，追记了他进京觐见期间及回津后的经历，颇像是为了表明自己心迹的一份备忘录。此时距政变发生已有8天，距六君子就义菜市口只过了一天。袁世凯死后十年，由《申报》分期刊出，据说是得自曾任袁世凯幕僚的张一麐(仲仁)。《戊戌日记》对谭嗣同来访谈话的内容记载较为详尽，可与梁氏的转述相互参校，更能了解事实的真相。

正在内室秉烛草拟疏稿，忽闻外屋有人声，看门人持名帖进来，称军机谭大人有重要公事来见，不等传请，已下车到客厅。急忙索看名帖，原来是谭嗣同。

我知道他是新贵近臣，突然来此夜访，或有应该商量的事情，(于是)停笔出迎。他身着便服(向我)道贺，说是有密语相告，请进内室，屏去仆从家丁。我心里很惊讶，请他进入内室。各道寒暄，申说久仰、相见恨晚等周旋(客套)的话语。谭以相面之术，说我有大将格局。继而忽然说："袁公初五请训吗？"(我)告诉他现在有英国兵船游弋海上，打算备折明天就请训，马上回天津。谭说："外侮不足忧，大可忧虑的是内患啊。"急忙询问其缘故，于是说："公受此破格的特别恩典，必将有所图报。皇上方有大难，除了公没人能救。"我闻言失色说："我世受国恩，本应力图报答，况且自己又身受不次之赏，敢不肝脑涂地，图报天恩，但不知难在何处？"谭说："荣某近日献策，将要废立弑君，公知道吗？"我答以在天津时常与荣相国晤谈，察其话中的意思，颇有忠义，毫无此项意思，一定是谣言，断不足以相信。谭说："公是个光明磊落的人物，不知道此人极其狡诈，外表与公很好，心里甚多猜忌。公辛苦多年，中外钦佩，去年仅升一阶(指袁去年由道员升按察使之事)，实际上是荣某压制的。康先生曾在皇上面前多次力保，均为荣某所阻挠。皇上常说，袁世凯很明白的人，但有人说他不可用。此次越级提升，费了很大的力，公如果真心救皇上，我有一策，与公商量。”于是掏出一份草稿，如名帖的式样，里面开列荣某阴谋废立弑君，大逆不道，若不速除，皇上皇位不能保，就连性命也不能保。袁世凯初五请训，请面付朱谕一道，令其带本部兵赴天津，面见荣某，出示、宣读朱谕后，立即正法。即以袁某代为直隶总督，传谕僚属，张挂告示，布告荣某大逆罪状。随即封禁电报局和铁路，迅速载袁某所部士兵进入北京，派一半围颐和园，一半守卫皇宫，大事可定，如不听臣之策，即死在皇上面前等话语。我听到后，魂飞天外，因而追问：“围颐和园要做什么？”谭说：“不除去这个老朽，国家不能保，这件事有我，公不必问了。”我说：“皇太后听政三十余年，迭平大难，深得人心。我的部下，平常以忠义教训他们，如令他们作乱，必不可行。”谭说：“我雇有好汉数十人，并发电报给湖南召集好将才多人，不日可到北京，除去这个老朽，在我而已，用不着公出面。但要求公的有两件事，诛杀荣某，围颐和园而已。如果不答应我，就死在公面前，公之性命在我之手，我之性命也在公手。今晚必须定议，我即进宫谒见，请旨办理。”我说：“此事关系太重，断不是能够草率决定的。今晚即使杀了我，也决不能定，而且你今夜请旨，皇上也未必允许批准呀。”谭说：“我有挟制之法，必不能不准。初五日定会有朱谕一道面交袁公。”

我见他气焰凶悍，类似疯狂，然而他是天子身边的近臣，又不知道他有何来头，如果公开拒绝而变脸，恐怕激生其他变故，所造成的损害必多，只好借词推脱。因此说：“天津为各国聚处之地，若忽然杀害总督，中外官民，必将大起内讧，国家势将瓜分。而且北洋有宋(庆)、董(福祥)、聂(士成)各军四五万人，淮、练各军又有七十多营，京内旗兵也不下数万。本人军队只有七千人，出兵至多不过六千，如何能办此事？恐怕在外一动兵，而京城之内必会立即设防，皇上已先危险了。”谭说：“公可出以迅雷不及掩耳，在动兵时，就向各军分发朱谕，并照会各国，谁敢乱动？”我又说：“本军粮械子弹，均在天津，营内所存极少，必须先将粮弹领取运输到足够使用，方可用兵。”谭说：“可以请皇上先将朱谕交给你存收，待布置妥当，一面密告我日期，一面动手。”我说：“我万不敢惜死，只恐怕泄露，必将连累皇上，臣子死有余辜。一经纸笔，便不缜密，切不可先交朱谕。你先回去，容我深思熟虑，布置半月二十天后方可再告诉你怎么办。”谭说：“皇上的意思很急，我有朱谕在手，必须即刻定准一个办法，方可复命。”等他出示朱谕，却是墨笔所书，字甚工整，也仿佛是皇上的口气，大概意思是说：“朕锐意变法，诸老臣均不顺手，如操之太急，又恐慈圣(即太后)不悦，令杨锐、刘光第、林旭、谭嗣同另议良法”等语。

大概的语意，就像是这四人请加速变法，皇上以婉言谢绝一样。我于是追问道：“这不是朱谕，而且没有诛杀荣相，围颐和园的说法。”谭说：“朱谕在林旭手中，此为杨锐抄给我看的。确有此朱谕，在三天前交发下来的。林旭等极可恶，不立即交给我，几乎误了大事。谕旨内另议良法，即有这两件事情在内。”我更知他是挟制捏造，不足与辩，因而回答说：“青天在上，袁世凯断不敢辜负天恩，但害怕连累到皇上，必须妥善筹划，详细商量，以期万无一失。我无此胆量，决不敢鲁莽行事，成为天下的罪人。”谭再三催促立即会议，以待入奏，几乎是声色俱厉。腰间的衣服隆起，似乎藏有凶器，我知道他必不肯空手而归，就这样告诉他：“九月即将巡幸天津，到时候军队全都集中在一起，皇上下一寸纸条，谁敢不遵从，又有何事不成？”谭说：“等不到九月，即将废弑，形势非常急迫。”我说：“既然有皇上巡幸的命令，必不至于马上有什么意外，必须等到下个月方可万无一失。”谭说：“如果九月不出巡，又将怎么办呢？”我说，现在已经预备妥当，计已花费了数十万金，我可以请求荣相力求慈圣，必将出巡，可保证不至于中止。这件事情在我，你可以放心。”谭说：“报君恩，救君难，立奇功大业，天下事入于公手，在于公。公如果贪图富贵，告变封侯，害及天子，也在于公。由公自己裁定吧。”我说：“你以为我是什么样的人？我三世受国家恩惠深重，断不至于丧心病狂，贻误大局，只要能有益于君主和国家，必以生死承当。”谭似乎相信了，起身揖拜，称我为奇男子。我又说："我二人素不相识，你夤夜突然来访，我随身带来的员弁必生疑心，假设泄露于外人，将会说我们有密谋。因为你是近臣，我有兵权，最容易招疑。你从现在可以称病多日，不可入直大内，也不要再来。"谭甚以为然。

又以两宫不和究竟由何而起来问他，谭说："因为变法罢去礼部六卿，内务府诸臣围着慈圣哭求，纷纷进谗，危言耸听。怀塔布、立山、杨崇伊等人，曾潜往天津与荣相密谋，所以(两宫)意见更深了。"我说："何不请皇上将必须变法的时势详尽陈述于慈圣之前，并且事事请示；也不妨将六卿开复(恢复职务)，以消除意见。而且变法宜顺应民情，不可操之过急。缓办可以，停办也可以，又何必如此急迫，以至于激起其他变故呢？"谭说："自古非流血不能变法，必须将一群老朽，全都杀掉，始可办事。"我因他志在杀人作乱，没办法再说，而且夜已深，托词赶办奏折，请他回去了。反复筹思，(竟)如痴如病，于是也没能来得及递折请训。细想如任这等人所为，必会酿生大变，危及宗室社稷。惟有在皇上面前稍微透露些口风，希望能有所补救。[23]

9月19日(旧历八月四日)，谭嗣同早饭后回到南海会馆寓所，一夜未眠，气色恹然。毕永年进来打探消息时，他正在梳头，很疲惫地告诉毕，袁世凯既没有答应，也没有断然拒绝，而是想从缓办理。毕问此人究竟可用与否，谭没有正面回答，而是强调康有为坚持用袁。毕又问是否将密谋全都告诉了袁，谭说："康(有为)全都说了。"康当晚并不在法华寺，谭所说或许是口误。毕永年听后，借机退出，说："事情败露了，事情败露了！这是何等事情，而可以说出来又中止吗？如今眼见公等灭族，我不愿同遭此难，现在马上要搬出南海会馆寓居他处，然而君也应该为自己打算，不要与他们同归于尽，没有用的。"午后，毕永年就搬到与南海会馆相隔几家的宁乡会馆，为的是便于打探消息[24]。在金顶庙容闳寓所，谭嗣同走后，容闳提出，他可以找美国公使想想办法，康有为认为无济于事，谢绝了。天快亮时，一夜未眠的康有为睡了一会儿，上午9时去李提摩太处商量办法，但英国公使去北戴河避暑了，也没有办法。午后3时，康有为前往日本公使馆拜访伊藤，向伊藤详细陈述了变法所遇到的诸多困难，希望伊藤能够施以援手，谒见太后时“剀切陈说一切情形，感动太后回心转意”。伊藤表示，按西方礼节，他谒见太后应当没有问题，但中国不同，他未必能够见到太后，如果能见到，他会向太后进以忠告。这是康有为为挽救新政所做的最后努力。当然，伊藤没有机会觐见太后，而政变就已经发生了。傍晚康回到南海会馆，友人黄仲韬为他饯行时，要他化装走山东一线，不要途经天津，以免荣禄谋害。林旭也来了，传言英国与俄国已经开战，并告诉康太后已于傍晚回宫的消息。康有为以为外患严重之际，或许暂时不会出现内争，反而松了一口气。

本日白天宫内如常。维新派的御史杨深秀还根据康氏昨日的安排，上折建议向列强“借才”，并举出了李提摩太和伊藤博文的名字。在奏折的附片(附件)中，他还建议调兵发掘传说的圆明园地底下埋藏的金银，似乎是要给光绪调袁世凯带兵进京提供一个借口。光绪则似乎有了某种不祥的预感，对军机大臣们说：“朕不自惜，死生听天由命，你们如果肯于激发天良，顾全祖宗的基业，保全新政，朕死而无憾[25]。”到了傍晚，不寻常的事情发生了，原定于初六回宫的太后突然于酉刻(下午5—7时)返回了紫禁城，据说所以匆忙回宫，为的是明天监视皇上接见伊藤[26]。据恽毓鼎说，慈禧回宫后，“直抵皇上寝宫，将那里的奏章全数搜走，召来皇上愤怒责问说：“我抚养你二十余年，你却听小人之言来算计我吗？”皇上战栗着不发一言，很久才嗫嚅着说：“我没有这个意思。”太后唾他说：“傻子，今天没有了我，明天还能有你吗？”一切迹象表明，从这时起，政变已经发生，之所以没有立即宣布训政，是因为明天还有一项重要的外事活动——接见伊藤，非光绪出面不行[27]。

本书的主人公——袁世凯，这一天全无消息，他自己的日记在初四是个空白，他的活动也不见于任何公私记载。他去告密了吗？不像，否则太后回城后的第一项举措，就会是去抓还在北京的康、梁、谭等试图谋害她的乱党，而不是检查光绪那里的奏折。合理的解释是，像康有为、谭嗣同一样，疲惫不堪的他首先睡觉，起来后便闭门谢客，与幕友、同样被卷入密谋的徐世昌一起商量对策，探讨明天向皇帝请训时可能碰到的各种情况和应对的办法。

9月20日(旧历八月五日)，天刚亮，毕永年到南海会馆探消息，康有为已离京赴津，谭嗣同也已迁至浏阳会馆，毕随即向梁启超、康广仁告辞，维新派已作鸟兽散，一场轰轰烈烈的变法运动，即将化作一场春梦，了无痕迹了。

本日一早，袁世凯进宫请训，据他的《戊戌日记》所记，面见皇帝时，他说了如下一番话：

> 初五日请训，借陈奏(的机会)说："古今各国的变法都不是轻而易举的事情，不是有内忧，就是有外患。请(皇上)忍耐，等待时机(成熟)，一步一步经营料理，如果操之太急，必会产生流弊。而且变法尤其要得人心，必须有真正明达时务、老成持重如张之洞这样的人赞襄主持方可以上承圣意。至于新进诸臣，固然不是没有明达勇猛的人士，但阅历太浅，办事情也不能缜密，倘若有什么疏忽失误，连累到皇上，关系就太重大了。总求(皇上)十分留意，天下幸甚。臣受恩深重，不敢不冒死直言陈奏。"等语。皇上(似乎)为这番话所打动，没有答话和指示。请安退下，即赴车站，等候达佑文观察同行(回天津)。[28]

光绪此时已在太后的严密监视之中，说话行动都已不再自由，即使真有面授朱谕的打算，也没有机会施行了。何以见得呢？迹象之一是袁世凯请安退下之后，有某侍卫大臣拍着他的后背称赞他"好小子"，据说是"西太后派人监听，而认为(袁)立言得体[29]。"迹象之二是本日上午在西苑(即中南海)勤政殿接见伊藤博文，对这位亲身参与过明治维新的日本元老政治家，十分重视日本变法图强经验的光绪，本应利用这个难得的机会详细请教一番，但却只进行了例行的礼仪上的问候寒暄，接见为时仅 15 分钟。据苏继祖说，"伊藤为日本改革领袖，皇上急于当面询问变法方略，预定于(勤政殿)内间设酒果以便详细询问一切。而那天太后先在屏风后面坐着监督，皇上仅能按外交惯例交谈几句就退朝了[30]。"迹象之三是，慈禧命令自本日(初五)起，四小军机所签署的所有文件全要交到她那里去[31]，显然，慈禧是要对新政期间所有的文件进行全面的大检查。这些迹象从另一方面也确证了袁世凯在京期间不存在告密问题。而初四傍晚慈禧回宫之后，光绪就被控制了起来，政变实际上已经发生，接见伊藤的过场一走完，光绪就完全失去了自由。因而，政变由袁世凯告密而触发的说法不能成立。

初五日这天上午，袁世凯乘坐11时40分的火车返津，下午3时到津，因为受到皇帝的召见而又被越级提升，同城的文武官员全都在车站迎接祝贺，在火车站的茶座应酬了好一阵子，到总督府见荣禄时，太阳已经落山了。

此时的袁世凯，在反复思考权衡以后，已经作出了最后的抉择。其实，从袁世凯被召见期间的活动分析，其倾向性就已十分明显。先是，他闭门不出，新、旧两派的人物他谁也不访不拜，召见后想要立即请训回津，离开是非之地。得知被突然提升，不情愿地卷入到新旧两派政争的漩涡之后，则连日走访京城政要，表白心迹以避嫌疑；对助成这次提升的维新同志，则只去信感谢，派幕僚徐世昌前往联络，孰轻孰重，一目了然。在谭嗣同夜访，洞悉兵谏密谋之后，袁知道自己已没有可能置身事外，何去何从，需要时间来思考决断，故虚与委蛇，借故推托。初三夜向谭嗣同的建议、初五请训时向皇上陈述的一番话，反映的都是他的真实看法，表达了改良派的鲜明立场。作为经验丰富，头脑实际的官僚，他清楚地知道帝后、新旧双方的力量相差悬殊。维新派冒险蛮干，成事的机会几乎是零，所以他决不会将自己好不容易得来的事业前程、甚至身家性命押在这种冒险活动上。但是他知道了维新派的核心机密，已难以置身事外，更不能坐等阴谋败露牵连自己，所以牺牲维新同志，告密自保几乎可以说是他惟一的选择。但是向谁告，怎样告，却大有讲究，袁世凯为何不就近在北京向庆亲王、刚毅或王文韶告密，而是要等到回天津后向荣禄告密，就是很见心思的做法。

前面我们已看到，袁得到小站练兵的差事，离不开荣禄的支持，特别是遭到参奏时，是荣禄保护了他。他曾在给徐世昌的信中说，荣禄对他“相待甚好，可谓有知己之感[32]。”等等。确如维新派所说的，荣禄待他“素来甚厚”，所以徐仁禄6月间到小站刺探他的意向，说荣禄阻挠增添他的兵额时，他一听便知是离间之术，因为恰恰相反，上奏提出增添新建陆军员额的人，正是荣禄。但当时维新派大得皇帝的信任，正是炙手可热之时，袁世凯当然不会当面揭破，而是故作恍然，逢场做起戏来。在做戏上面，康有为等当然不是袁世凯的对手，被袁玩于股掌之上而不自知，还自以为得计。

> 袁(世凯)与荣禄关系密切，我担心他为荣禄所用，不肯相从。先于六月份，令徐仁禄毅甫(毅甫为徐仁禄的字)拜访他的幕府与他接近，以观察他的意向。袁非常倾向我，说我有悲天悯人之心，经天纬地之才。我授意毅甫用话激他，说："我与卓如(梁启超)、芝栋(宋伯鲁)、复生(谭嗣同)屡次向皇上举荐他，皇上说，荣禄说袁世凯跋扈不可大用，不知公因为什么与荣禄不和？"袁恍然大悟说："翁常熟(即翁同龢)想要增加我的兵额，荣禄说汉人不能任其掌握大的兵权。常熟说曾(国藩)、左(宗棠)也是汉人，怎么就不能统率大兵？然而荣禄不肯增呀。"毅甫归来告诉我，知道袁为我说动，决计举荐他。[33]

谈到袁世凯的做戏本事，还要从他小时候说起。袁世凯的嗣父袁保庆根据自己做官的心得，曾撰写了一本《自缲琐言》，闲时常讲给袁世凯听，譬如"做官如演戏"这一条："人言官场如戏场，然而善于做戏者，于忠孝节义之事能做得情景毕现，使闻者动心，睹者流涕，官场如果无此等好角色，无此等好做工，岂不为优人（即戏子）暗自嘲笑吗[34]！"袁世凯自小随长辈生活于官场之中，又先后有袁保庆、袁保恒、袁保龄等的加意培养，左右逢源的本领可以说是不学而通，学而更精。而后宦海浮沉十几年，历练和经验都是一流的。维新派的这一套，在他那里等于是小儿科，维新派既以权诈诱袁上钩，袁报之以权诈反而没有了道义上的顾虑。

但袁终究是个改良派，虽然不赞成急进，在政见上与康梁等没有根本的不同，并不反对变法。甚至荣禄出长直隶和北洋，成了他的顶头上司之后，袁仍与维新派保持着热络的联系。8月中旬，他到天津谒见荣禄，请示有关9月天津阅兵的准备事宜。值得注意的是，这次他在天津一住十天，与荣禄谈了些什么，不得而知。但从后来他的表现来看，荣禄即使没有向他交底，也很可能向他打了招呼[35]。此后袁才与康梁等拉开了距离，在新、旧两派之间保持中立的立场，这样他可进可退，回旋的余地较大。

荣禄既与袁世凯有很深的关系，又是维新派所要铲除的主要对象，所以回天津当面告密，比在北京向别人告密显然更能见好于荣禄，这是袁世凯精明的地方。此外袁世凯并没有讲出维新派的全部阴谋，最明显的，他没有说出要杀害太后这件事，为的是把皇帝摘出来，避免激起守旧派的剧烈反弹，兴起大狱，那样保不住会把曾与康梁走得很近，名列强学会和保国会的自己牵连进去，这又是袁世凯精明的地方。如果他揭露了此事，或者六君子不是匆忙被杀，而是被严刑逼供交代出此事，慈禧完全可以用“大逆不道”的罪名公开废黜光绪，另立新君，后来的历史很可能是另一副面目，这就是历史偶然性的表现吧。

袁世凯见到荣禄后，因不断有幕府人员进进出出，当晚并未能将细情和盘托出，《戊戌日记》的说法如下：

> ……即到府见荣相，略述内情，并说皇上圣孝，实在没有其他意思(似乎是对提升自己的一种解释)；但有一群小人结党煽惑，阴谋危及宗社，罪过实在是下面的人犯下的，必须保全皇上，以安定天下。
>
> 话没说完，叶祖圭进来入座，一会儿，(达)佑文也来了，久等至将近二鼓(晚9—11时)，也没有(单独谈话的)机会，只好先退出吃晚饭，约定明早再来造访详谈。第二天早上，荣相到我住处，才将详细情形完全说出，荣相失色，大呼冤枉说：“荣某若有丝毫犯上之心，天必诛我。近来屡有人来天津通告内情，但不如今天谈的这么详细。”我说：“此事与皇上毫无关系，如果连累皇上的地位，我只有服毒自尽了。”
>
> 筹商好长时间，也没有好的办法，荣相回督署，又约达佑文深入商量。当晚(初六)，荣相来函约我，杨莘伯(即杨崇伊)在座，出示训政的电报，已经自京内先发动了。荣相手托茶杯笑着说：“这不是毒药，你可以喝了它。”[36]

上面提到的叶祖圭、达佑文，都是荣禄北洋总督衙门的幕府人员，由于事关重大，袁只能单独与荣禄谈，故初五晚间没能深谈。荣禄第二天亲自到袁世凯的居处，也是为了避开督署的人员和公事，所以，袁世凯告密的确切时间是在初六的早上。而同一时间的紫禁城内，慈禧也在逼审光绪，并迫使光绪发布训政谕旨。所以袁世凯的告密在后，政变和训政在前，所谓袁世凯告密引发戊戌政变的说法也就成了无稽之谈。

与袁世凯返津同一天，康有为也到了天津，住了一晚，第二天上午

图41　康有为像。

11时乘坐英国太古公司的轮船离京赴上海。直至三天之后，在吴淞口从前来救他的英国官员口中，康有为才知道北京已发生了政变。

9月21日(旧历八月六日)上午，就在袁世凯和盘托出维新派的反政变密谋，康有为登上重庆号客轮之际，北京的紫禁城内，也正在上演“新政大审判”的活剧，根据苏继祖《戊戌朝变记》的记载，审判的经过如下：

那天，太后驾临偏殿(既临时软禁光绪的地方)，召庆亲王、端亲王、军机大臣、御前大臣，跪于御座的右边，皇上则跪于御座的左边，御座前面设有(实行家法用的)竹杖。(太后)疾声厉色，讯问皇上说：“天下者，祖宗的天下呀，你怎么敢任意妄为！诸位大臣，全是我多年来历经挑选，留下来辅佐你的，你怎么敢任意不用！还竟敢听信叛逆蛊惑，变乱成法典制。康有为什么东西，能胜过我选用的人？你怎么这么昏聩，不肖成这个样子！”又看着众臣说：“皇帝无知，你们为什么不尽力谏阻，以为我真的不管，听任他亡国败家吗！我早知道他不足以承当大业，不过时事多艰，不宜轻举妄动，只好留心稽察管束。我人虽在颐和园，而心却时时在朝廷之中呢。我唯恐有奸人蛊惑(他)，所以常常嘱咐你等不可因为他不成器，就不肯尽心于国事。现在我好在还(身体)康健，必不辜负你们的(请求)。今年春天奕劻再四地说，皇上既然肯于励精图治，说我也可以省心了，我想的是外边的臣子不知内情，并有不学无术的人，反而以为我是把持(朝政)，不许他放手办事，今天可算是知道他不行了吧。他是我拥立的，他若亡了国，罪过在我这儿，我能不过问吗？你们不尽力谏诤，就是你们的罪过了。”刚毅先回答说：“(我)屡次的苦谏，每次都被谴责训斥，其余六位大臣，有劝谏过的，也有不说话的。”(太后)又向皇上说：“变乱祖宗法制，臣下若犯了这条，你知道是什么罪吗？试问，你祖宗重要呢？还是康有为重要？背弃祖宗而推行康有为之法，怎么能昏聩到这个样子？”皇上战栗着回答说：“自己固然是糊涂，但洋人逼迫太急，想要保存国脉，通融试用西法，并不敢听信康有为之法。”太后厉声发怒说：“难道祖宗不如西法，鬼子反倒重于祖宗吗？康有为叛逆图谋于我，你不知道吗？还敢回护吗！”皇上本来已经魂飞齿震，竟不知道如何回答，(太后)再次厉声问道：“你是知道呢？还是同谋呢？”皇上战栗着回答说：“知道。”太后说：“既然知道还不正法，反倒要放走？”皇上就回答说：“捉起来杀了。”这就是密拿康有为，查抄南海会馆之旨(的由来)。太后并且对诸位大臣说：“我常教你们小心，怕的就是近些年来这些佞臣贼子的煽惑啊。”于是幽禁皇上，带同太监搜查皇上书房，追究查问御前的太监。这是第一次询问皇上的大略情形，言语极多，传出来的人不胜记忆。[37]

从这次审讯的情形和上下文的语意来看，慈禧和守旧派并不知道维新派的反政变密谋，所谓“叛逆”，指的是违背祖制，“改正朔，易服色”之类的建议，因为通过检查维新派的奏折，慈禧已经知道了这些事情，这在守旧的慈禧看来，当然是叛逆的言行。

本日训政的诏书公布之前，在京的维新派也并不知道政变的发生。御史宋伯鲁还上折建议“皇上速简派通达外务、名震地球的重臣，如大学士李鸿章这样的人，前往会见教士李提摩太及日本(前)首相伊藤博文，与之商量斟酌(救亡)办法，以工部主事康有为为参赞，必能转祸为福”，不想撞到了慈禧的枪口上。当日即以“滥保匪人，平素声名恶劣”的罪名，被革职永不叙用。

廷审结束后，守旧派把持的清廷，根据皇帝那句“捉起来杀了”的话，以光绪的名义下达了第一道谕旨：“工部主事康有为结党营私，莠言乱政，屡经被人参奏，著革职。并其弟康广仁，均着步军统领衙门拿交刑部，按律治罪[38]。”毕永年得知康有为出走后，也于本日早7时离开北京。本日缇骑先围总署大臣张荫桓住所(即在今北京东城八面槽附近的锡拉胡同)，因为传言康氏经常夜宿张家，搜查康有为不得，遂于二日后将张荫桓下狱。上午10时，步军统领崇礼即带兵包围了南海会馆，将留在那里的康广仁和康氏的弟子程式谷、钱维骥及几个仆人抓捕送交刑部监狱。午后，梁启超等先到李提摩太处报告政变发生，朝廷正在四处缉拿康有为的消息，托李氏相救，李氏等发电报给英国驻上海领事，请以政治犯的名义加以保护，经电报请示外交大臣同意后，于吴淞口外截住重庆号，康有为换乘英国轮船直达香港，逃脱了追捕。梁启超当晚则避入日本公使馆。

9月22日(旧历八月七日)，谕令荣禄在天津查捕康有为。刑部则提讯康广仁，让他写信叫康有为回来，否则不会释放他，谭嗣同尚为他料理狱中的饮食铺盖。钱维骥等人则于次日被释放。梁启超得伊藤和日公使林权助之助，藏匿于日本使馆，谭嗣同前去相见，劝梁出走日本。其时，谭已有一死殉国之志，故以所著文稿和书信相托，并与梁诀别说："不有行者，无以图将来；不有死者，无以酬圣主。今日(康)南海生死未卜，程婴、杵臼，月照、西乡[39]，吾与足下分任之。”相互拥抱而别。当晚，梁启超“剪掉辫子，换上西服”，由使馆派人送到天津日本领事馆，三天后由塘沽乘坐兵舰流亡日本。本日抓捕的重点仍然只在康有为师徒身上，四小军机仍是自由之身。所以，在得到荣禄的密报之前，清廷对维新派反政变的密谋仍是一无所知。但随着本日荣禄密报的送达，密谋的帷幕就被揭开。据说，慈禧本日曾“单独讯问皇上一次”，想必与密诏有关，而新一轮的查抄随即开始。这些，才是袁世凯告密的直接后果。

9月23日(旧历八月八日)，在得知荣禄通报的维新派密谋后，慈禧于本日采取了两项行动，一是凌晨(五更)下密旨抓捕四小军机，一是会同诸大臣再审光绪，据说这次审讯，“好像原被告一样”，显然所为都是密诏事件。这次审讯的过程如下：

皇上率百官恭贺训政。皇太后有旨，命皇上拜于阶下。典礼完成后，再次在偏殿召集群臣质讯皇上，将所抄皇上书房中及康有为寓所中的奏章、说帖等文件，逐条审讯，以众大臣对证。内有杨锐、林旭转述皇上之意催康迅速出京的函件，太后大怒，问皇上，皇上不敢承认，推说是杨锐之意。此时太后已知道北洋袁世凯出首告密之事，追问皇上是什么意思，皇上只得推给康、谭，否则立刻就会受到廷杖。当即下令步军统领捕拿张荫桓、徐致靖及新进诸人(四小军机等)，禁闭皇上于瀛台，将皇帝身边的各太监看押，另派太监二十名随侍皇上，实际上是监禁起来了，二十名太监全都是太后的心腹啊。[40]

本日，御史杨深秀不顾京城恐怖紧张的气氛，竟然上折给太后，追问皇上被废的理由，“请太后迅速撤帘归政，援引史事，言辞甚为激烈。”甚至还想亲自去南苑游说董福祥部进京救护皇帝，还未出门，即遭逮捕[41]。杨深秀并未参与密谋，最多不过是像宋伯鲁一样被革职永不叙用，但他太书生气了，或者说见义勇为的憨劲儿把他送上了死路。谭、杨、林、康等维新志士的行事方式或许不足取，但他们的确是铮铮男儿，为事业献身的精神足以彪炳千秋，激励后人。本日王照、谭嗣同也分别谋划营救被幽禁了的皇上，王照找的是日本人，谭嗣同找的是大刀王五，但只能是自我安慰的愿望而已。王经日本人帮助，东走日本；谭嗣同则于次日被捕。

本日晚间，李鸿章宴请伊藤博文，此时政变消息已遍传中外，所以也成为席间议论的主题，从中可看出李鸿章对此事的态度。伊藤的随员大冈育造坐在李鸿章旁边，问李康有为所犯何罪，李回答说，“无非煽惑人心，以至于动了众怒。”大冈说：“据我的愚见，与其将康有为搜拿惩办，不如加以培植以为振兴中国留些余地。近日中国创行的新法，大都出自贵爵相之手，却历久未见成效，为什么？在于左右没有协助料理的人罢了。”李表示同意。大冈又说：“近日康有为所行之事，无非是扩充贵爵相未竟的功业，所以我想不如令其完成他的事业为好啊。”李回答说：“你说的全对，康有为日后可以大有所为，只是从眼下的情况看，是没有任何办法的[42]。”

9月24日(旧历八月九日)，清廷发布上谕，将张荫桓、徐致靖、杨深秀、杨锐、林旭、谭嗣同、刘光第革职，交刑部治罪。杨锐被捕于家中，林旭在进宫当值时被捕。次日，刘光第、徐致靖闻讯自投监狱，谭嗣同被逮。张荫桓已先一日被逮，张其实是改良派大臣，并未参与维新派的密谋，但作为光绪倚重的大臣，一直受到慈禧的厌恶，这次借机一并除去。

9月25日(旧历八月十日)，诏命荣禄即刻来京，后党废黜光绪的阴谋开始启动。另一方面，袁世凯告密的正效应也开始显现。首先，荣禄进京，诏命袁护理直隶总督和北洋大臣的事务，相当于临时总督，而这没有荣禄的首肯是不可能的，表明荣禄已非常信任他了。其次，荣禄进京的第二天，就奏请奖叙协助袁世凯创设同文、炮兵、步兵、骑兵四座武备学堂的监督段祺瑞，其真实意图是为袁做铺垫。再次，担任军机大臣的当天，“一再有人问荣相说：‘袁世凯曾奉有密诏吗？’回答说：‘有。’‘诏中可曾有杀公的话吗？’回答说：‘有的。’(于是)说：‘那么袁世凯先前是个同谋者了，既同谋又检举，首鼠两端，此人也无足可取嘛。’荣相说：‘袁乃我的人，无所谓首鼠两端[43]。’”“我的人”，是官场上至今沿用不衰的典型用语，荣禄对袁下这种评语，说明他已将袁划入了自己的政治圈子。作为促成训政的核心人物，荣禄备受太后倚重，进京大用，政治上正在走红。与荣禄结成的这种更为紧密的关系，将成为今后袁世凯仕途上的有力保障。

9月26日(旧历八月十一日)，清廷下达政令，把新政的各项举措一风吹掉，全面复旧。戊戌新政缺乏思想和社会基础，加之推行速度过快，不仅收效甚微，而且怨声载道。慈禧看到了这一点并加以利用，在抓捕维新派要员的同时，慈禧也在对新政进行清算。作为经验丰富的执政者，她很重视并善于利用“合法性”“民心”这类东西。本日，她连颁几道诏令，封闭言路、停止将庙宇改设学堂、恢复被裁撤的衙门，等等，从而大得“人心”，既得利益者们欢欣鼓舞，奔走相告说：“数月来寝不安，食不饱，今日始有命了，非我皇太后(做主)如何得了啊[44]。”同时，为了稳定京城和全国的人心，除继续缉拿在逃的康、梁、文(廷式)、王(照)外，清廷宣布除在押和通缉的人犯外，对于其他维新派人士，“概不深究株连”。皇帝已被控制起来，康梁等已逃亡海外，维新骨干基本上被一网打尽，足以起到杀一儆百的作用，对于其他新政活跃分子，以行政手段撤换就可以了。本日上述稳定局势的举措一反几天来紧张、恐怖的气氛，是荣禄进京后才有的新气象，反映出朝政开始趋向理性与务实。自本日起，军机处、刑部和都察院连续三天对在押的维新派进行了三堂会审，都审出了什么，不得而知。但从9月28日被处死的“六君子”来看，杨锐、刘光第实际上是改良派，并非康梁急进派的成员，也未参与反政变密谋，其被杀只因名列密诏。康广仁、谭嗣同、林旭是密谋的参与者，谭、林也名列密诏，康广仁则是首犯康有为的弟弟。杨深秀也未参与过密谋，他的被杀是因为在太岁头上动土，上折责问皇帝被黜的缘由，并要求太后退位，在顽固派看来简直是胆大包天，怙恶不悛。所以整个审判的中心应该是密诏及由之而来的杀荣

血洒菜市口的“戊戌六君子”

图42　谭嗣同

图43　杨锐

图44　林旭

图45　刘光第

图46　康广仁

图47　杨深秀

禄、围颐和园的密谋，从参与密谋的毕永年和钱维骥等人事后并未遭到追捕来看，密谋中杀慈禧这个内容并未泄露。但仅上述事实在专制时代就已经构成谋逆大罪，“六君子”遂于9月28日(旧历八月十三日)被以“大逆不道”的罪名在菜市口处斩，“观者人山人海”，戊戌变法运动最终在血腥中落下了帷幕。

关于袁世凯告密一事，还有另一种说法，出自张国淦。张国淦(1876—1959)，字乾若，湖北蒲圻人。晚清时历任内阁中书、宪政编查馆馆员等职。辛亥革命时曾作为北方代表唐绍仪的随员参加南北和议；民国时历任国务院秘书长、总统府秘书长、教育总长、农商总长、司法总长等要职，新中国成立后出任历届全国政协委员。他熟悉民国掌故，著有多种晚清、民国时期的回忆录。他认为，袁世凯告密“地点在北京而不在天津，日期是八月五日。”他的这个结论据说是得自袁世凯写给其兄长袁世勋的家书：

弟屡遭慈亲(指母亲)的亡故，以至于销假到京，困难丛集于一身。全是因为皇上急于变法图强，擢用康有为、梁启超等一班维新之士佐治改革；康、梁于是设立保皇党以资号召，知道我统率编练新军，诱引入党，密奏皇上将我破格超升授职为候补侍郎。我想保皇本是臣下的天职，慨然允诺入党。其党纲以革除腐败老臣，施行维新政策为宗旨。不料太后在颐和园得此消息，立召荣相并满汉大臣商议，想要废皇上为庶人，另立端王之子溥儁以承大统。事机不密，为康、梁所探知，急奏皇上，降下密旨命我提兵围困颐和园，将太后软禁，荣禄等一班奸党一律逮捕监禁。弟接旨后颇觉进退两难，不奉诏是欺君逆旨；若提兵软禁太后，是助君为不孝；逮捕荣相，是以怨报德。自问天良，弟无荣相特保，怎能有今日的权势地位？若派他人杀之囚之，弟可以不问；由我率兵捕捉，天理人情全都不合。此中的委曲，后世的明眼人自能谅解。弟彷徨终夜，这种重大机密又不能与幕友磋商，直到天明，决意提兵入京，见机而行。及到达京师，屯兵城外，只身入宫，面见皇上，授我密诏，捕拿太后党羽，荣相列第一名。我只得唯唯而退。快到宫门时，正遇到荣相入宫，拦路问我为什么带兵来此，弟被逼的没话说，只得以实情详告。荣相立刻带弟入颐和园面奏太后。此非兄弟卖君求荣，实在是因为荣相是我的恩师，遂使忠君之心被天良所战胜，断送维新六君子之生命，弟之过错啊。皇上于是遭到幽禁，荣相入京掌理朝政，保弟护理直隶总督兼北洋大臣。但弟资格太浅，断无真除之理。如此反复图功，必受后世的唾骂。然而若是拘囚太后，后世又将责备兄弟助君为不孝之事了。[45]

从信中所述分析，此信当写于9月25日至28日之间，荣禄25日奉召进京，28日裕禄被任命为直隶总督，在他接任前，袁世凯虽然护理直隶总督和北洋大臣十几天，但只有在总督人选未定之时，他才有可能说自己资历浅、决无可能真被任命为直隶总督这样的话来。短短三天时间，我们必须设想，袁世勋在北京得知袁世凯护理直隶总督的消息后，立刻发信，此信到达天津，最快也得一天时间，而袁世凯在接到信后，必须马上回信，这已让人觉得勉强。这封信中的口气，也不大像袁世凯。特别是信中所提到的事情，时间、地点颠倒错乱得厉害。因为初三夜间袁才从谭嗣同处得知密谋，如果像他信中所说，天明方下决心回小站提兵，他无论如何也不可能在第二天清晨赶回北京请训。况且，太后已于初四傍晚回到大内，荣禄又怎么可能初五带他到颐和园去告密呢？所以，此信如果不是出于伪造，就是有意撒谎，就事实而言，不值一笑。

至于十多年后袁世凯回答张国淦的问题，为自己告密辩解的那番话，虽然事过境迁，反而更为符合实际，且与当事人当年的说法较为一致：

关于此次政变，我曾当面问过袁世凯，袁说：“当时宫廷和天津督署，天天有私人往还，所有秘密，他们知道的比我多，比我快，何待我来告密？御史杨崇伊常常来津，在督署一住多日；礼部尚书怀塔布等革职后，他们到天津与荣督密谈，所谈何事，外人当然不知道，听说与太后训政有关。七月二十九日，我奉旨到京。初一日召见，特赏侍郎候补。初三夜，谭嗣同来，声言荣某近日献策，将废立(皇上)，要求我诛杀荣某，围颐和园，并说已有朱谕在手。出示朱谕，却是黑笔所书，并无诛荣禄围颐和园的话。谭说，他能挟制皇上，在我请训时，交给我诛荣禄围颐和园的朱谕。我听到“挟制”二字，不寒而栗，告诉他天津尚有聂、董两军，及淮、练各军七十多营、北京神机各旗营，事前不能接洽妥当，单靠我的七千人，如何能办这样的大事？谭争辩不休，我只好说，九月皇上阅兵时，皇上疾驰到我的营垒，我定能保护皇上。因为他是天子近臣，多方应付，才把他支走。这是何等机密的事情，这些人在别处也公开谈论不知隐讳，次日，京中已有交头接耳谈及此事的了。我又问初五请训皇上交给怎样的朱谕，(袁说皇上)只说了“你练兵甚好，以后可与荣禄各办各事”，似乎是我的军队以后可以与荣禄对立，不必受他的节制的意思，但也没有明说。袁又说，我见到荣督，荣问：“请训时奉何密谕？”我说：“请训时并未奉有密谕，只叫我好好练兵。”荣说：“何必欺瞒？”我觉得北京举动，他已经听说，因此说：“皇上对于太后并无他意，只是新进诸臣兴风作浪。”随即将初三夜间谭嗣同谈话详要说明，并且说：“这是他们的策划，与皇上丝毫无干。母慈子孝，他们的胡作非为，万不可牵累皇上。我们应当调和两宫，保全皇上。”荣笑着说：“你倒是皇上的忠臣。”我说：“外有各国使臣，内有各省督抚，如果有非常之举，难保不有异议，以至于产生其他变故。”荣频频点头说：“你还是好好练兵吧！”我又问袁：“那时都说荣禄初五夜乘专车秘密到京才决定大计，实情如何？”袁说：“太后训政，酝酿已久，今日杀荣围园，风声传播。后党方面又夸大其词，所以提前发动。我在此时也是他们怀疑防闲的一个人，荣禄如果然秘密到京，自然不会让我知道。我此时忧谗畏讥，也不敢多议论此事。”等等。(他)所说的就是这样，录之以备参证。[46]

袁世凯的此番谈话，据张国淦讲是在民国二年 (1912)，此时袁世凯已是大总统，康、梁、孙文等老政治犯的密谋、造反都已成为功在国家的光荣经历和政治资本，所以袁也不再像从前那样以纲常伦理、国家大局等冠冕堂皇的理由为自己辩解，而是较为实际地把告密的理由归结为三点：一、力量对比太悬殊（七千人对聂、董二军，淮、练各军七十多营，八旗京营），成事的可能太小；二、朱谕不切实，令人怀疑（杨锐交给林旭带给康、谭等人的是墨笔书写的抄本，而非光绪朱笔亲书的原本，原本直到宣统年间，才由杨的后人交付国史馆，所以，维新派就算有胜机的话，也会败在杨锐手里），特别是没有杀荣禄和围颐和园的内容，而且请训时也没有出现谭嗣同所说的皇上面交朱谕的事；三、事机不密，风声传出，不马上告密势必牵连自己。笔者以为，这三点应该是袁告密的真实原因。

由此，我们来反观对照本章开头所选的那篇跋文，就可以看出袁世凯当时言不由衷，意在卸责的用心来了。跋文大讲伦理纲常，君臣大义，说维新派“煽惑构乱，离间两宫，竟欲陷君于不义”，所以告密是“人臣之大义”，这是理由之一。跋文中又以国家大局为题，为自己找辙，袁在这上面的理由是：一、密谋搞成了，“内忧外患一时并起，中原疆域立见瓜分”；二、如果自己不能沉着应付，“该党必将害我，以他们一党取代我”，手握劲旅，里应外合，局面不堪设想；三、事变泄露后，荣禄不被马上调入军机，调和帝、后，保全皇位，“各国必将藉口交讧，匪党挟以有辞”，大局将不可收拾。所以他的所作所为，“但求心安理得，此外非所计也”。其实，纲常伦理也好，国家大局也好，都不过是掩人耳目的包装。从前在朝鲜，袁世凯纵横捭阖，离间朝鲜君臣父子关系时，又何曾顾忌过纲常伦理呢？

从袁世凯事变关头的所作所为，我们可以看到官场官僚通常的行为模式，即把赌注押在最有把握获胜的一方。认识了这一点，你也就明白了政治上为何会有那么多的告密、叛卖和阴谋。至于袁世凯对自己不光彩行为的辩解和洗刷，除去自我保护的动机之外，也不排除有消解内心压力的用意。毕竟，背弃刚刚提拔了自己的皇帝，出卖有共同理念的同志，会造成他良心上的重负。就如康德所说，圣徒的内心也会有阴暗的角落，恶棍的心中也会有光明的瞬间，人人都逃不脱心灵中道德律的审判。

注　释

1. 《戊戌变法》(一)，第555页。
2. 隍杌，(局势、局面、心情等的)不安。
3. 《戊戌变法文献资料系日》，第1018页。

4. 同上。
5. 苏继祖：《戊戌朝变记》，《戊戌变法》(一)，第343页。
6. 李多祚，唐高宗、武后时任羽林右翼大将军，“前后掌禁兵、北门宿卫二十余年”；武则天晚年时的宰相张柬之，趁武后有病，与李多祚等合谋发动政变，诛杀武氏的男宠张易之兄弟，归政于中宗。李多祚由于掌握着禁军的指挥权，因此在政变中起着关键的作用。其事迹参见两唐书李多祚本传。
7. 毕永年：《诡谋直纪》，《近代史资料》(总63号)，第1—2页。
8. 林绍光：《自立会人物考·毕永年》，《樊锥集》，第85页。
9. 《戊戌变法文献资料》，第998—999页。
10. 袁世凯《戊戌日记》，《戊戌变法》(一)，第594页。
11. 同上。
12. 毕永年：《诡谋直纪》，《近代史资料》(总63号)，第2—3页。
13. 《戊戌变法文献资料系日》，第1021页。
14. 苏继祖：《戊戌朝变记》，《戊戌变法》(一)，第344页。
15. 《康南海自编年谱》，第59页。
16. 《戊戌变法档案史料》，第461页。
17. 《康南海自编年谱》，第59页。
18. 毕永年：《诡谋直纪》，《近代史资料》(总63号)，第3页。
19. 《康南海自编年谱》，第59页。赵柏岩对此事的说法是，康有为见到杨锐携出的密诏后，认为“太后训政时间太久，阅历丰富，怎么能以口舌说动她呢？”众人相视而泣。“谭嗣同说：‘那也不能无所作为，(我)当为君筹划。’带有为入密室，以笔代口，商议令袁世凯回津，提兵杀荣禄，进而围颐和园，劫持太后，尽诛李莲英一党及阻挠变法的大小臣工，之后改变服制，告庙更新。有为愕然说：‘这是兵谏啊。事成之后自投监狱(请罪)，古人倒是有这么干的。’因而定议。林旭听到后，以诗代信谏阻，引用汉代何进的故事，嗣同不接受。”《戊戌变法文献资料系日》，第1029—1030页。
20. 成济，三国时魏人，任太子舍人。魏国皇帝曹髦(即高贵乡公)不满于大将军司马昭的专权跋扈，亲率侍卫出宫讨伐，与司马昭的军队战于宫门。曹髦亲自持剑作战，因为是皇帝，没有人敢于靠前攻击。成济问率队阻击皇帝的中护军贾充怎么办，贾充说：“平时畜养你们，为的就是今天，今天这等事还有什么好问的。”成济于是上前刺帝，矛头洞穿胸背。事后成济被作为弑君的替罪羊，夷灭三族。历史上以后就将利用部下杀害君主，事后杀人灭口的事情称作“行成济故事”。成济之事可参看《三国志·魏志·三少帝纪》。
21. 毕永年：《诡谋直纪》，《近代史资料》(总63号)，第3页。
22. 丁文江等：《梁启超年谱长编》，第141—142页。
23. 袁世凯：《戊戌日记》，《戊戌变法》(一)，第549页。
24. 毕永年：《诡谋直纪》，《近代史资料》(总63号)。
25. 《戊戌变法》(一)，第345页。
26. 同上。
27. 恽毓鼎：《崇陵传信录》，《近代稗海》(第十三辑)，第491页。
28. 袁世凯：《戊戌日记》，《戊戌变法》(一)，第552页。

29. 张一鲒：《心太平室集》，《戊戌变法文献资料系日》，第1045页。
30. 苏继祖：《戊戌朝变记》，《戊戌变法》(一)，第346页。
31. 《郑孝胥日记》："(初五)返馆，幼陵(即严复)、暾谷(即林旭)皆来。暾谷言，(皇)上势甚危，太后命新章京所签诸件，自今日悉呈太后览之。又言，杨崇伊纠合数人请太后再亲政，且以'清君侧'(游)说合肥(即李鸿章)，又以说荣禄。"《戊戌变法文献资料系日》，第1045—1046页。
32. 李宗一：《袁世凯传》，第70页。
33. 《康南海自编年谱》，第57—58页。
34. 李宗一：《袁世凯传》，第8—9页。
35. 《戊戌变法文献资料系日》，第875—876页。
36. 袁世凯：《戊戌日记》，《戊戌变法》(一)。
37. 苏继祖：《戊戌朝变记》，《戊戌变法》(一)，第346—347页。
38. 《戊戌变法文献资料系日》，第1046页。
39. 此为谭嗣同以历史故事勉励梁氏之语。程婴、公孙杵臼的故事见于《史记·赵世家》，春秋时，晋国大夫屠岸贾杀了赵朔，并族灭赵氏；赵朔的妻子是晋成公的姐姐，逃到宫中躲藏，后生下了一个遗腹子。屠岸贾听说后，四处搜索，想要斩草除根。赵朔的友人程婴和门客公孙杵臼为了救下赵氏的遗孤，定计一人死难以使屠岸贾误认婴儿已死，一人苟活以抚养遗孤长大成人，为父报仇。公孙杵臼与假孤儿死难，程婴历尽艰辛抚养赵武成人，终报大仇，程婴则自杀以报故友之约。月照是日本京都请水寺的僧人，西乡即明治维新时期推倒幕府的元勋西乡隆盛，二人是好友，也是勤王派的同志；在遭到幕府势力的残酷镇压时，西乡一度想要为藩主自杀殉死，被月照劝阻，后二人对幕府改革运动逆转，勤王事业陷入低潮极度失望，相抱投海自尽，被人救上船时，月照已死，西乡得救。西乡为实现亡友的志愿，重新振作，终于完成了倒幕的大业，成为维新大业的元勋。谭嗣同自任公孙杵臼和月照，勉励梁启超做程婴和西乡，忍辱负重，完成自己未竟的事业。
40. 苏继祖：《戊戌朝变记》，《戊戌变法》(一)，第347—348页。
41. 参见汤志钧：《戊戌变法人物传稿》(上)，第118页。
42. 《戊戌变法文献资料系日》，第1064页。
43. 苏继祖：《戊戌朝变记》，《戊戌变法》(一)，第351页。
44. 同上，第351页。
45. 张国淦：《北洋述闻》，第15—16页。
46. 同上，第13—14页。

第十一章

庚子事变中的袁世凯

庚子事变将中国拖入灾难，
袁世凯左右逢源，
将接手的烂摊子转变成为
自己发迹的大机会。

图48　出任山东巡抚时的袁世凯。

【导读】历史因果的链条环环相扣，甲午战争的失败促成了戊戌变法，戊戌变法的失败又导致了守旧势力的反扑，整个社会趋向于反动和保守，慈禧为了达到自己的政治目的而利用民间酝酿已久的仇外情绪，一时间沉渣泛起，把中国卷入了灾难的深渊。最后，在改良派官僚的努力下，中国在付出沉重的代价后，幸存下来。庚子事变中，改良主义的官僚集团代表着中国理性的、有责任感的一面，袁世凯就是其中的一员。通观袁世凯在庚子事变中的所作所为，正体现了改良派官僚的基本特征：反对无序的混乱，追求有序的社会稳定和进步。袁世凯以其精明的头脑和杰出的行政才能，左右逢源，将接手的烂摊子转变成自己发迹的大机会。本章开头所选引文就是他向清廷汇报自己平息山东民教冲突的方针和做法的奏折，其中阐述了自己对义和团的看法，认为他们不仅不足为恃，而且会将国家拖入灾难，事态的发展也证实了他的预见。就国内政治思潮而言，义和团的失败标志着保守主义的失败和改良主义的重新抬头，而社会也即将迈出新一轮前进的步伐。庚子事变再一次说明了落后必定挨打的道理，尤其突出地说明了，基于落后的思想观念和社会心理之上的狭隘、偏激的所谓“爱国主义”和“民族主义”，不但不能救国图强，反而足以把整个民族拖入灾难的深渊。庚子事变也提醒我们应反省历史，反省自己，消解民族心理中的“义和团情结”，以理性、开放的心态从事民族复兴的建设，使中华民族真正摆脱历史的阴影，走向光明的未来。

复陈办理东省民教情形折[1]

(1900年1月13日)

奏：为复陈近日办理东省民教情形，恭折仰祈圣鉴事。

窃臣先后承准军机大臣字寄，光绪二十五年十一月二十四日奉上谕：有人奏，山东民教不和亟应持平办理一折，所奏语多中肯。著袁世凯严饬各属，遇有民教之案，持平办理，不可徒恃兵力，转使民心惶惑。原折著抄给阅看，将此谕令知之。等因，钦此。又，光绪二十五年十二月初三日奉上谕：兹复有人奏，东省民心未定，宜徐筹开解镇抚之方，并虑及该署抚一意主剿，致滋事端。等语。山东民教不和，总以弹压解散为第一要义，谅该署抚必能体察情形，分别办理，断不至一味操切，以致激成巨祸，有负委任。此奏著抄给阅看。将此谕令知之。等因，钦此。遵旨寄信前来。仰见圣朝子惠元元，有加无已之至意。跪诵之下，钦服莫名。

伏查东省民教积不相能，推究本原，实由地方州县各官，平时为传教洋人挟制，不能按照约章持平办案。遇有交涉之案，但凭教民一诉，或教士一言，即签票传人，纵役勒索。到案后，复又不分曲直，往往抑制良民，希图易结。而教民转得借官吏之势力，肆其欺凌，良民上诉亦难伸理，积怨成仇，有由然也。地方官非不习知其弊，而苟且偷安，终不能设法以平之。良民郁极思逞，乃起而与教士教民为难，官正苦于无如教何也，亦思借民力以报复。有仇教者，不但不肯查禁，或对众煽讽，不啻潜导而阴驱之。迨教案既成，强邻执约以相诘责，则又张皇失措，听其所为。多一教案，即增一漏卮，无益于民，徒病于国。

东省自德人因教案构衅，租割胶澳，输偿巨资，贻累公家，已非浅显。而本年春间，沂属教案，偿款十余万金；夏间，曹、济各属教案，德教士安志泰拟索偿六七万金，迄今尚未议结。秋冬以来，济东各属，焚劫大小教堂十处，抢掠教民三百二十八家，掳害教民二十三名，蔓延十数州县。较之沂、曹两案，滋扰弥甚。将来索偿，更不知几何。以公家有限之财力，一年内再三输偿，其何以供？是则官吏不能持平办案，致使良民激于一逞，而重则割地，轻亦输金。犹之父兄平时不能约束子弟，纵令在外为非，而父兄卒受科罚之累。权衡得失，似非公忠谋国之计，而犹津津曰民教积怨，公愤难平。试问积怨从何而生？公愤因何而起？孰酿成之？使至于此？诸官吏当不能辞其责也。适有不逞之徒，乘间滋事，结伙聚徒，习知良民之为教民欺凌也，辄诳诱乡愚，勾引报复，焚毁教堂，劫掠教民。继因各处著名教堂，如禹城之韩庄、恩县之庞庄、平阴之白云峪，皆设备固守，屡攻弗克，转遭杀伤。益复四出抢掳，波及良善。综计扰害平民之案，据报者已有十九起，共二十八家，民人之被掳架伤毙者七名。该匪等虽托名仇教，而观其举动，实只在于纠众劫财。得财稍多，则蓄马购械；分赃不均，或互斗交殴。乃犹立帜大书，侈口于洋人可灭，借以行其耸动号召之私，而不知其伎俩毫无。曾以四五百人攻一教堂，尚不能克。前经正任抚臣毓贤迭派副将马金叙等，在平原、茌平、高唐等处，连次击败，擒获匪首朱红灯、于清水、僧人心诚、董元梆等，分别惩办。是该匪等一经勇队抵御，即不能支，况能举强盛之洋人而灭之乎？就使其能纠合百十万人，鞭挞五洲，而该匪等势成燎原，不可向迩，国家又将何以制其后？且胶澳、威海，逼处强邻，倘骚扰过久，洋人借口助剿，派兵深入，则山东全省，必将震动。远之如胶澳一案，近之如曹、沂两案，犹前鉴之较显者也。

臣受命东来，忝权疆寄，不敢不通筹全局，妥慎办理。谨于抵任后，分别治本、治标为两层办法，敬为我皇太后、皇上陈之：

所谓治本者何？在于调和民教而已。而调和民教，又在于颁示约章，整顿吏治。臣已出示，剀切晓谕。申明传习西教，本为国家条约所允许，教民虽习西国之教，犹是中国之民。教不得倚势凌民，凌民者许民指控；民不得借端闹教，闹教者按律究治。又通饬各属，遇案不分民教，但论曲直；毋许教士干预词讼，严禁胥役藉案需索。并选择简明条约，刊刻颁发，令地方各官讲习遵守，知所依据。复面告各国洋教士等，知会各堂谨守教规，断不准违背约章，横生枝节。臣入境之初，即接收蒙阴县民董文明呈控教士，教民诈财毙命一案，立即遴派妥员前往查办。俟详复到日，当即彻究公断，务使良民晓然于教民凌人，有官长以为之伸理；教民晓然于恃教之不足凌人，虽教士亦莫能袒护。庶几教知守法，民无蓄怨，而积久当渐可相安矣。

所谓治标者何？在于绥靖地方而已。而绥靖地方，又在于清除匪类，化导愚氓。臣已委派济东泰武临道吉灿生，驰赴匪徒滋扰之区，督同各营及各守令等，分别良莠，谆切劝谕，设法解散。并选派公正绅士，分头开导。一面悬赏购线，缉拿案犯首要。盖附从既解，则匪势自孤；而首要不缉，则盗源难弭。现已迭据总兵任永清、副将吴长纯先后禀称，在禹城、临沂、平阴一带，劝散多股，拿获匪徒王凤春、侯立志二名。副将马金叙禀称，复在茌平拿获匪徒于福堂一名。均经饬交吉灿生讯办。又据夏津县知县屠乃勋禀称，县境贺屯，平民被匪抢掠，庄众集团协捕，拿获匪徒郑天佑、张海二名。当将该犯饬县审办，并重赏庄民，冀各处良民，皆协力捕拿，则所获要犯，尤为确凿。庶几奸民闻而知惧，良民不复从恶，而境内当渐可敉平矣。

自出示晓谕以来，又仰荷皇太后、皇上如天之福，东境连霈大雪，有业之民多以解归。济泰一带，渐就安谧。仅余枭悍游匪，到处勾结，此拿彼窜，散漫而无定踪，绑票勒赎，抢劫以为生计。幸党类尚不甚多，已分饬各守令营讯，仍分别解散胁从，密购首要。近数日未接各邑告警禀报，当可渐次就绪。惟该匪等聚扰已逾半载，骤难克期廓清。且直隶景州、吴桥等处，匪势滋炽，该处与东省接壤，渐已窜扰东境。昨准直隶督臣裕禄电商，请派员会同防范。当已派委督粮道尚其亨，酌带营勇，驰往会商办理。仍当悉心设法，相机审处，不操切以激变，亦不养痈以遗患。臣受恩深重，未报涓埃，蒿目时艰，夙心忧叹；天良具在，深惧材轻任巨，致涉陨越，仰负生成。断不敢参用私心，贻误公事；复不敢畏避嫌怨，扶徇欺蒙。唯有懔遵谕旨，慎重筹办，以期勉尽一分心力，或可稍得一分补救。区区愚忱，谅邀圣慈垂鉴。是否有当，不胜悚惶待命之至。

除将晓谕民教示稿、通饬札稿各一件，及各属禀报匪徒扰害教民、平民摘由案据，一并咨呈总理各国事务衙门查照外，所有微臣近日办理东省民教情形，谨恭折据实缕析密陈，伏乞皇太后、皇上圣鉴，训示。谨奏。

戊戌政变后，清廷在政治上开始全面趋向于保守、反动，不仅维新派人物被处斩、追捕、充军、圈禁和罢官，就是改良派的官僚们也受到排斥，张荫桓被抄家充军新疆，李鸿章被派出考察治理黄河，钱应溥、廖寿恒也先后退出了军机处。新进入军机处的四人，端郡王载漪是极为保守的满族亲贵、训政的积极策动者，荣禄不用说是训政阴谋的幕后核心，启秀是太后的亲信，赵舒翘虽是汉人，但却是由刚毅推荐，才得以进入军机处的，所以一切唯刚毅马首是瞻。而总理衙门，自李鸿章、张荫桓被罢免，已没有外交折冲的好手，新进入总署行走的大臣中，除许景澄、联元、裕庚三人曾任驻外使节，袁昶略知交涉外，其他如桂春、瑞洵、吴廷芬、赵舒翘等全是既无交涉经验，思想又顽固保守的门外汉。

从两件事情上可以看出新当政者在外交上的颟顸和守旧。第一件事是，朝廷任命各省的督抚将军全都兼任总理各国事务衙门大臣。总理衙门是咸丰年间专为办理对外交涉而成立的部门，类似于今天的外交部，但职权又比单纯的外交大得多，凡是涉及与洋人打交道的一切方面都归它管，恭亲王死后一直由庆亲王领班，通常有不超过十位大臣（各有自己的本职，总署大臣是兼差）常在此衙门“行走”（即办事）。这项任命使总署大臣的总数一下子增加到三四十人，而且遍及全国二十几个省市，这个“公”怎么办，意见如何协调、统一，不知当政者是出于何种考虑。

第二件事是总署颁布的地方官员与在华传教士往来事宜的规定中，竟然以中国的官本位模式套用于洋教士，给洋教士定了品级：主教的品级相当于总督、巡抚，牧师的品级相当于司、道，而普通神父、教士则与府县的长官平级。由于有了这个官方的规定，外国的传教士有屁大的事情，地方上的官员都得随时会见办理，助长了畏惧洋人的心理，给中国的交涉造成很大的被动和隐患，极大地损害了政府的权威和形象。真不知道总署的大臣们怎么会昏聩到如此地步，不过想想也就释然了，官本位的痼习不是直到今天还活泼泼地存在于中国社会之中吗？别的不说，看看今天我们的局级和尚、处级道士，你就知道官本位的生命力有多么顽强了。

再有一件是曾任驻日公使的裕庚因会见洋人时，脱帽答礼，竟然受到朝廷的申斥，并且命令此后总署官员与洋人会晤时，不得行用西式礼仪(实际上是国际通行的外交礼仪)。

袁世凯尽管告了密，在弥漫全国的反动气氛中本来是难于幸免的，但他通过告密与荣禄结下的更深的关系保护了他。荣禄在成功策动训政后极得太后的信任，除回京出任军机大臣外，还被委以节制近畿驻军的全权。1898年12月，慈禧又听从了荣禄的建议，将近畿各军统一编为“武卫军”：聂士成的武毅军称武卫前军，董福祥的甘军称武卫后军，宋庆的毅军称武卫左军，袁世凯的新建陆军称武卫右军，而荣禄自己则另募一万人成立武卫中军。这五支军队都由他节制，这时的荣禄炙手可热，处于其政治生涯的巅峰期。此时的袁世凯则龟缩于荣禄的庇荫之下，尽可能保持低调，恨不得人们忘记他，并在西法练兵上面加倍努力。这种低调策略使他成功地逃过了守旧派清算的目光，用练兵业绩巩固了自己的地位。

> 袁公以练兵已届三年，请荣相奏派大员校阅。(光绪二十四年)十二月，荣相到小站验收视察，各种操典战法全都极为精纯，(荣)叹服不置。二十五年二月，荣相奏：新建陆军训练三年，卓有成效，请将出力官员保奖。[2]

袁世凯因练兵出色交部从优议叙，于1899年6月被真除为工部侍郎。人之祸福有时真像是有冥冥中的命运在暗中主宰，如果袁世凯此后一直在小站练兵，那么庚子事变时，他的武卫右军(即新建陆军)肯定会成为阻止八国联军进京的主力部队，他也很可能像聂士成一样兵败身死。

或者，朝廷在派他出任山东巡抚时，不允许带新建陆军一同前往，夺了他的兵权，那么后来很可能就形不成以他为核心的北洋集团，历史肯定会是另一副模样。

在介绍袁世凯巡抚山东，施展其行政长才之前，我们先要捋清戊戌政变后中国政局和社会变化的线索，方能了解收拾山东这个民教冲突的乱摊子，为何反而成了袁世凯的大机会，使他置身于比戊戌变法更为危险的漩涡之外，并且因祸得福，成为晚清政坛上的中心人物。

事变的线索有两条，一条出自宫廷内部，一条出自民间社会。先看宫廷这一条，戊戌政变后，太后对新政进行全面的清算。太后恨不恨康有为？当然恨，但康有为她连见都没有见过一面，这种缺乏认知对象的恨很抽象，也很无力。但对光绪的恨就不同了，一手拉扯起来的年轻皇帝翅膀硬了，不听话了，想要夺权，架空自己，已经是忤逆不孝，不能容忍。在得知密诏和杀荣禄、兵围颐和园的密谋后，太后眼里的光绪就更是胆大包天的危险分子，必欲除之而后快了。传说中慈禧是起了杀心的，光绪被幽禁后，社会上马上就传开皇上病重不治的消息，原因据说是康有为向皇上进了红丸所致。“红丸”是什么？晚明光宗时宫廷发生过三大案，其中一案就叫作“红丸案”，说是太监李可灼向明光宗进了红丸(即春药)，服用后很快就“疾大渐”(病重)，随即驾崩了。所谓康有为进红丸，明摆着是谣言，但在当时的中国社会中偏偏最有市场，一时间遍传朝野，甚至很多外交官都信以为真。当时如果捉住康有为，这个谣言很可能被

图49　慈禧准备用以替代光绪的大阿哥溥儁。

实施，先害死光绪，而后以弑君罪嫁祸于康，明正典刑。

太后的另一打算是废掉光绪，另立新君。这是太后的拿手好戏，她这一辈子摆弄过的儿皇帝就有同治、光绪、宣统（就位时分别为六岁、四岁、三岁），如果算上中途流产的大阿哥溥儁，一共是四个。但这次事情相当棘手，缺乏足够的根据和理由。由此我们就可以看出袁世凯和被捕的维新党人没有说出谋弑太后这件事的意义了，太后如果知道了这件事，完全可以诏告中外，以大逆不道的罪名废黜光绪；但就因为皇帝为了富国强兵而搞了变法就废黜了他，即使变法不很成功，造成了社会动荡，恐怕也难以平复人心。特别是皇帝已经是成人，亲政已经七年，仅“光绪”的年号就用了二十多年，没有正当的理由而行废立的大事，在内政外交上都可能引起严重后果。太后的对策是制造皇帝生病并在逐渐加重的舆论，训政三个月后，“皇帝”忽然发下了诏旨，以身体有病的理由取消了年内和明年正月间应该举行的一切筵宴。十几天后，皇帝“因病”派庆亲王代为祭享太庙。到了 1899 年 1 月 28 日，太后连续几天召见了宗室近支中“溥”字辈的幼童，明摆着是在挑选皇位继承人。2 月 17 日起，竟开始每五天一次向各省督抚通报光绪的的病情，好像皇帝已进入了病危的阶段。但即将实现的阴谋却因为追求完美而弄巧成拙，不得不戛然而止。原来，为了把“皇帝病重”这台戏作得更为逼真，朝廷还煞有介事地向社会上公开征求名医和药方，不想驻京外国使团竟然真的举荐了几位洋医师。由于是公开征求，没办法拒绝，洋大夫进宫为光绪检查了身体，结论是皇帝身体虽不强健，但没有任何可以影响他执政的疾病症状。此外各方面传过来的信息，对阴谋的实施也十分不利。

> 八月以后，内外(人言)籍籍，说是将要有桐宫之举[3]，每天都(伪)造脉案药方，传示给各衙门，搞得人心惶惶，担惊受怕。于是候选知府经元善，在上海联合海外侨民，公开通电西太后，请求保护圣躬。虽然(朝廷)严旨点名抓捕经元善，而(废黜皇上的)非常之阴谋竟停息了。[4]

废黜光绪，社会舆论的反映是负面的；而从地方重臣和外交使团反馈回来的信息就更令太后忧心了。这两方面的消息都是由荣禄出面打探的。

己亥(1899年)，说(皇上)有病退位的消息日盛一日……当时合肥李文忠(即李鸿章)以大学士的身份在内阁办事，说是内阁办事，其实无事可办。闲居在贤良寺，门可罗雀。一天门外骑从煊赫，有宾客来访，是荣文忠。深谈直至晚餐时，屏退左右，(荣)很从容地说太后将要办一件大事，天子之位应当改易，只是流亡者(指康梁、经元善等)肆意鼓吹，担心友邦为其所惑，早知道公熟悉外情，烦请探听一下(洋人对此事的)态度。李回答说："我办外交几十年，全都是人家来拜见我，而且这是内政，先向洋人求教有失国体。如果非得问不可，应当授予我两广总督的职位，我先在《泰晤士报》上透露些口风，届时外宾必定前来向我致贺，问到我国事时，我可就便探问其态度。"荣禄很高兴，报告给太后，于是任命(李鸿章)总督两广。外宾果然前来祝贺，并且询问报上消息是否属实，李文忠转而询问他们的看法，外宾说按理无权干涉，只是国书是递交给光绪皇帝的，今天改换皇帝，是否继续承认，还须请示本国政府云云。当时(清)政府多是守旧之人，不懂外交，李文忠或许是用此话保护皇上的帝位，所以只立了大阿哥，退位的议论暂时停息，而端(郡王)、庄(亲王)、刚毅之辈仇视洋人的言论由此而起了，于是就有了庚子之变。[5]

据胡思敬说，李鸿章询问的是英国驻华公使。

及己亥谋废立，英国公使私下向李鸿章探听事情(是否属实)，李鸿章力辨其诬，并留他饮酒，慢慢试探他说："刚才(你)所说的，我实在是毫无所闻，假设不幸中国真发生了这种事，也是内政啊，岂有友好邻邦而来干涉他人内政的吗？"英国公使说："邻国固然没有干预之权，然而遇有交涉事宜，我英国认定光绪二字，其他事情非我所知。"李鸿章把这些告诉了荣禄，太后知道后，对洋人更加恨之入骨。这就是庚子拳匪之祸产生的原因啊。[6]

荣禄询问的另一个重要人物就是时任两江总督的刘坤一。

戊戌训政之后，孝钦(即慈禧太后)坚持要行废立。贻榖(即崇绮)闻其谋，邀合两三个满族大老联名上疏请速行大事。荣禄劝谏不听，而担心同负恶名于天下，因而(向太后)献策说："朝廷不是单独就能立得住的，要靠众多力量来维持。(地方)封疆大臣服从，则天下没有敢于再加议论的了。臣请以个人的意见先探察一下各方面的动静，然后行事也不晚。"孝钦准许了。于是以密电分头询问各省督臣，说是太后将要拜谒太庙，为穆宗选立后裔[7]。两江总督刘坤一收到电报后，约张之洞合力谏诤。之洞开始答应而又后悔，奏折已发出，中途追回来，削去了自己的名字不再参与。坤一说："香涛(即张之洞，香涛是其字)见小事勇敢，见大事怯懦，姑且留着他以后再说吧。我已老朽，还怕的什么？"于是一个人挺身独任，电复荣禄说："君臣之义至重，中外之口难防。坤一所以报国者在于此，所以报公者也在于此。"是道员陶甲森的手笔。荣禄以坤一的复电入奏，孝钦惧怕而停止了行动。过了年又建储东宫(即立大阿哥)。后来听说两广总督陶模也有电报谏阻，其言词则不知道了。[8]

图50　阻止了废立阴谋和促成"东南互保"的两江总督刘坤一。

胡思敬的说法得自传闻，现在我们所见到的刘坤一答复总理衙门的电文是这样的：

谨密陈者，国家不幸，遭此大变，经权之说须慎，中外之口宜防。现在谣言纷腾，人情危惧，强邻环视，难免借口挑起兵端。伏愿我皇太后、皇上慈孝相孚，尊亲共戴，护持宗社，维系民心；并请查照八月十一日、十四日两次谕旨，委曲赦免康有为等余党不再追究，以昭大信，使忧心的人安定下来，就是时局的幸运了。坤一受恩深重，图报没有机会，值此事机危迫之际，不敢顾虑忌讳而甘心缄默，谨披肝沥胆，开诚具奏，伏乞圣明俯赐采纳。[9]

废立的大计虽然受阻，但守旧派集团仍不死心，一心一意要推倒光绪。哪来得这么深的仇恨呢？这就不能不说到专制政体的毛病上了。专制政体实行的是高度的中央集权制度，集中体现在君主拥有至高无上的权威上，生杀予夺，言出法随，得罪了皇帝就别想活命。所以太后换皇帝的动机是权力欲在作怪，换个小皇帝好摆弄，但光绪如果完全服服帖帖，她倒也不一定非要废了他不可。但对参与了训政阴谋的这些老臣们来说，光绪的在位，就是对自己身家性命的真实威胁，因为光绪年龄还不到三十岁，老太后是绝对熬不过皇上的。所以，在民主政体下可以靠谈判、妥协和投票解决的问题，在专制政体下的解决往往充满了阴谋、暴力和血腥。在守旧派集团那里，扳倒光绪，简直就是性命攸关的根本性问题。此外，我们以前曾讲到过，专制政体下“先意承旨”的现象很普遍，揣摩到太后的心思，主动提出太后想干而又说不出口的事情，是邀功升官的好机会。于是，新一轮的阴谋策划又拉开了帷幕。

次年己亥，皇上春秋二十九岁了。当时承恩公崇绮久已闲置在私宅，大学士徐桐觊觎中枢权位的心情甚为迫切，尚书启秀与徐桐的关系尤其好，全都想定策邀功。而大学士荣禄位居次辅，虽在亲王之下，却最为孝钦所亲信，言无不从，大权实际上归于他。三公(即崇绮、徐桐、启秀)日夕密谋，相约造访荣禄的宅第，说以伊霍之事[10]。崇、徐秘密起草了疏稿，要荣禄署名，共同上奏永宁宫(慈禧住处)。十一月二十八日，启秀退朝后，先一步拜访荣禄，传达了二公(指崇、徐)的意思。荣大惊，假作不大同意他的话，让他赶快离开，然后告诫看门人不要接待客人。二公来到，被看门人支走。次日退朝时，荣相请求单独奏对，问太后说："传闻将有废立的事情，是真的吗？"太后说："不是。事情果真行得通吗？"荣说："太后这么做了，谁敢说这事不行？顾虑的是皇上的罪名不明确，外国公使将起而干涉，这样就不能不慎重了。"太后说："事情就要泄露了，怎么办？"荣禄说："没关系，皇上春秋已盛，还没有皇子，不如选择宗室近支的子弟，建储为大阿哥，作为皇上的嗣子，兼祧穆宗(兼作穆宗的嗣子)，养育于宫中，慢慢地改变皇统，这样做就合乎义理了。"太后沉吟了很久，说："你说的对。"于是在二十四日召集近支王公贝勒、御前大臣、内务府大臣、南上两书房、翰林部院尚书于仪鸾殿；上上下下都惊传将行废立，内廷苏拉且公开扬言说："今天换皇上了！"等到诏书下达，原来是立溥儁为大阿哥了。[11]

皇帝(光绪是慈禧的侄子，她亲妹妹的儿子)的接班人，太后还是要在自己娘家的圈子里挑选，圈外人她是信不过的，何况这符合中国儒家的老理儿，孔夫子也主张爱有差等，讲究"亲亲"呢。这回她挑的是自己的内侄孙子，也就是弟弟桂祥的外孙——溥儁。端王载漪就是她侄女(桂祥女儿)女婿，溥儁的亲爹，要不在废立的事情上他那么起劲儿，那么仇视洋人呢？荣禄等人摸透了太后的心思，但荣禄比起那些蛮干的满族亲贵来，头脑更为理智，办事更讲究策略。你看，他略施手段，就易"废立"为"建储"，攘他人之功为己有。

由于"洋人"救助并收留了康梁这类大逆不道的维新派人士，阻遏了朝廷的废立大计，原本就敌视"洋人"的守旧派统治集团，对一切与"洋务""维新"相关的事物就更为仇视了。而政治上的全面反动和保守趋向又直接影响到社会上存在已久的保守、仇外情绪，这是需要捋清的另一条线索。

中国的老百姓在大一统的帝国体制下已经生活了两千多年，同一种模式的生活造成了因循守旧、求稳怕变的社会心态。当时的中国又是一个文盲的国家，一端是统治国家的少数的精英(通过读书、科举的道路，任何人均可以加入这一阶层)，另一端则是庞大的民众，其中绝大多数人不识字，如同上古传说中的葛天氏与无怀氏之民，浑浑噩噩地过生活。但别看咱们的老百姓不识字，故步自封的心态一点也不比精英阶层差，对“洋人”和新事物是一百个看不上眼，对“吃教”的“二毛子”(即信奉西洋宗教的中国人)更是嫉恨如仇，因为这等于是背叛了祖宗，自绝于父母之邦的罪过。这就是当时民众爱国主义的社会心理基础呢。咱们中国的老百姓虽不识字，但也从乡间戏文和说书的那里知道和接受了不少纲常伦理和“历史知识”(当然这些知识和今天“戏说××”类的电视剧所传播的“历史”相类似)，对“怪力乱神”一类的事物尤其有着实用主义的热诚。了解了这些，戊戌之后为何会出现庚子，或者说政治上的保守和反动，为何会导致极端民族主义和排外情绪的产生，就不足为怪了。

义和团初起于山东，原因是山东的教案多。山东教案多的原因，则是随着德国强租胶澳、英国强租威海之后，西方在山东的传教活动不断深入，为吸引民众入教，传教士往往利用其母国的强势地位干预地方行政，袒护教民；而中国地方官则往往姑息迁就，息事宁人。由于官府不能主持公道，百姓失望之余，开始组成或托庇于民间帮会的保护。这样，很多原本普通的民间纠纷转变成为不同宗教与文化背景下的民教冲突，中国本土的“怪力乱神”遂趁虚而入，成为对抗洋教的组织手段了。从1897年末的曹州教案起，到1899年末袁世凯出任山东巡抚，三年之内，因为民教冲突愈演愈烈，山东先后换了四任巡抚，作为地方最高军政长官，我们先看看他们对民教冲突的看法：

> 民教之所以积不相能者，则以平日教民欺压平民，教士袒护教民，积怨太深，遂至于一发不可遏止，其酿乱的原由有不可不亟图挽救的。自西方宗教传入中国，传习其教者大多是无业不良之民，借洋教为护符，包揽词讼，凌轹乡里，又或者犯案畏罪，以之为逃亡躲藏的窝点；而教士则以他们作为心腹和爪牙。凡遇到民教控案到官，教士必为(教民)关说，甚至多方恫吓；地方官害怕引起争端而获罪，每每多迁就了事，是非曲直未能予以公平(处理)，平民饮恨吞声，教民愈加志得意满。时间一长，民气被遏抑得太甚，积不能忍，认为官府不足以依靠，惟有私斗还可以泄愤。于是有聚众闹事，焚拆教堂的事情(发生)，虽然身陷法网，罪应杀头，也顾不上考虑了。所以愚民敢于为乱，不啻由教民的逼迫而造成的……

拟请旨饬下总理衙门与各国公使酌议，嗣后遇有民教案件，由地方官秉公询问断案，教士不许干预。如果有人斗殴滋事，查明没有焚毁洋房，只照应得罪名断案，不得再要求赔偿。总期望彼此无所偏袒，久之猜嫌渐消，民教或许可以相安。[12](李秉衡)

臣查直隶、山东及江苏、河南各邻近州县，凡有教堂之处，与民人多有积怨。开始还怵于法令，仅以威吓之言发泄他们个人的愤激，时间一长猜嫌越重，恐怕会因为细小的缘故而酿成纷争的大祸……总以惩治奸莠，保全良善，使民教互相辑睦，为第一位要达到的目标。此次查办义民会，即义和团，名目不同，而情事则一样。臣现在正在行文各个属下，办理保甲团防，郑重督饬地方官吏剀切劝谕，严密查禁，将拳民列入乡团之内，听其自卫身家，守望相助，不准怀挟私愤滋生事端，以杜绝流弊而消除乱萌。[13](张汝梅)

(山)东省民教不和，由来已久。缘于入教的多不是安分的良民。在二十年前，平民看不起教民，往往是有的，(但)并未虐待教民。到后来，彼强我弱，教民欺压平民的，在所多有。近来，教会日见嚣张，一经投教，就倚为护符，横行乡里，鱼肉良民，甚至挟制官长，动辄欺负人，官民全都无可奈何，断然没有虐待教民之事。每次都是因为教民肆虐太甚，乡民积怨不平，因而酿成巨案。该国主教只听教民一面之词，并不问争端的起因，小则勒索赔偿，大则多端要挟，必使我委曲迁就才算完。近年情形如此，委实没有虐待教民的事情。[14](毓贤)

(山)东省民教积不相能，推其原故，固然有教民强横(的因素)，也多由于地方官未能持平办理。近来听说东省的官吏，不是视夷如仇，就是畏夷如虎，仇视者固然足以倡导百姓生事，而畏夷者更会积怨激发民变。查良民、教民本来属于一体，既然是长官，就有约束惩治之权；判案但依律例，原不必分别良教的不同。倘有教士洋人干预词讼，自可据理驳斥，其

> 中特别不安分的教士，也可以查照条约，列出实际证据，请上司详细照会该管片领事官员，查明驱逐；如果该领事查办不够公平，也可以转请(大吏)高级官员咨请总理衙门办理，果真属于理直情实，该国使馆官员又怎能任意偏袒，纵使最后难以妥善结案，而教士不断被查讯，拖累得很苦恼，也必然会各自知道收敛。就是畏事的官员，顾惜自己的禄位，又耐不得烦琐，遇有教案，只想责罚良民，敷衍了事，期望能偷得目前之安，而教民的气焰愈张狂，良民的激怒愈厉害，一旦发作，势同决堤的河水。民间多一次教案，公家就多一份亏损，该夷又会得寸进尺；所以良民想要报复教民的，反而足以贻累于公家，(等于是)向强敌挑衅。星星之火终至燎原，未始不是由于办理不善而酿成的。[15](袁世凯)

上述四任巡抚，李、毓二人对教民明显抱有偏见，张汝梅想通过民团官练，将义和团置于官府的控制之下，反而使拳会在合法的外衣下迅速蔓延，铸成了大错。袁世凯富有交涉经验(在朝鲜与五大列强的外交官斗智斗勇十余年)，在如何处理教案上明显高于其他三位。他的对策是：一、慎重选择地方官员，但这条不易实现，因为地方官懂得时务、外交者，在当时真是凤毛麟角。二、要求地方官员讲求约章，即学习掌握条约、公法，遇事方能有所依据，与洋人据理力争。三、在山东各地驻军巡逻，对洋人主动保护，杜绝洋人深入内地和武装干涉的借口。四、调选谙练洋务的高级官员常驻胶澳(即德国租界)，专办华夷交涉事件，并与租界德国官员订立章程，办理租界洋人前往山东各地的护照，遇事就近会商，以尽量减少可能的冲突因素。袁世凯的建议抓住了民教冲突激化、蔓延的主要症结：地方官因不懂洋务、不明公法而畏惧洋人，姑息教民，不能秉公执法，致使民众失望，转而寻求帮会的保护。其中的道理非常简单，政府办事公道，百姓自然不会愿意投靠黑社会，黑社会没有了社会基础，也就成不了气候，古今中外，都是如此。袁世凯提出这个建议的时候，还不是山东巡抚，而是率军在德州一带驻防，防备胶澳租界的德国驻军借教案问题，威胁京畿。在山东的驻防和他的建议，对清政府派他接手山东的乱局，应该具有相当的作用。事后来看，这次出任封疆，尽管接了个烂摊子，却是袁政治生涯中的大机会。一方面，他有了施展其行政长才的舞台；另一方面，使他及时避开了北京的政治漩涡，保存并扩大了自己的军事实力。

为了说明教案究竟是怎么回事，我们举两个具体的事例。先来看两个当时官方的文件，一件是山东巡抚李秉衡向总署汇报当地几个县的民教冲突原委的咨文附件，另一件是两江总督刘坤一致总署的咨文附件对山东大刀会情况的调查。我们先看山东这一件教案的起因。

> (光绪二十一年)十二月二十一日，有在单县等县交界处太平集开设药铺的山西人郝和升，向德国教民吕登士索讨赊欠药钱不还，郝和升指斥吕登士恃教抗债不还。当时吕登士族人吕菜在旁听到，代为抱打不平，声言郝和升是白莲教的妖人，郝和升回称吕菜是洋羔子教庇护的匪人，相互口角，经劝说后各自散去。吕菜当即告知洋学堂教师张连珠，纠集教民多人，赴单县李海集向郝和升、曹德礼寻衅，经王念宗等阻拦劝说散去。张连珠等的气犹未平息，郝和升告知刘士瑞等，赴曹县境内破角楼讲理未遇。因为听说均在成武县境内的天宫庙洋学堂，遂由彼处前往寻找，行至中途，经卑职(即单县、曹县、成武三县的知县)等先后访闻，会同巡防营，带领差役，分路查禁弹压……开导解散。二十四日，经人调处，在曹县境内的单店村互相见面，服礼无事。[16]

上文中挑起事端的吕菜，是个有劣迹（当过土匪）的地痞，就因为入了洋教，不仅欠债不还，还出口伤人，事后又挑衅寻仇。而曹德礼是当地帮会头目，郝和升向其求助，结果双方都纠集起一伙人，幸而此事被官方发觉，及时劝阻说和，没有酿成聚众斗殴的事件。山东自古民风强悍，是个出“响马”的地方，一般百姓对“吃教”者本来就没有好感，如果这些人中的害群之马（如上面提到的吕菜、张连珠之类）再依仗教会的势力横行乡里，那么民教之间的冲突不但不可避免，而且会愈演愈烈，最后失控以至于不可收拾。

平息民教冲突的关键在于官府能否公正地履行其责任，及时处理民教之间的纠纷。其实，这些纠纷大都是些小事，上面这宗教案就是个典型，如果及时排解，公平处理，本不难解决。问题在于教士依仗列强的背景，诛求无餍，清政府昏懦无能，一味让步。如曹州教案发生时，山东巡抚李秉衡已经调为四川总督，只是还没有赴任而已；本已抓获人犯，答应赔偿，但清廷仍屈从德国压力，将李革职。这种恶例一开，地方官自然消极，甚至暗中同情、纵容百姓结成帮会与洋教对抗。这样，就形成了官怕洋人，洋人怕百姓，百姓怕官这样一种恶性循环的局面。

个人面对有组织的人群，永远处于弱势的地位。在百姓与教民的冲突中，教民背后有教会和洋人撑腰，百姓却难以指望官府的公断，为了摆脱劣势，对抗洋教，百姓们开始自己组织起来，其组织方式有两种：一种是由地方上的绅士、地主出头组织民团保甲；另一种则是地方上好勇斗狠的地痞无赖挑头，以“神道设教”的方式组成邪教帮会。前一种组织是自卫性的，不失为民间的稳定因素；后一种则是非理性的、情绪化的和狂热的邪教组织，其破坏性远大于建设性，是社会动乱的根源。对于少数野心家(这是政府方面的说法，中性的说法应称为有大志向的人)而言，“神道设教”是在文盲社会中组织动员群众的最好手段，所以从陈胜、吴广的篝火狐鸣、鱼肚藏书起，黄巾的太平道，张鲁的五斗米教，葛洪、孙恩的天师道，唐代以后的弥勒教，方腊的吃菜事魔(明教)，元明清三代不绝的白莲教，洪秀全的拜上帝教，直至清末的义和团以及大大小小、名目不一的邪教，在我们国家的历史上就没有断过。所以自古以来，这类非政府组织就是历朝当政者重点防治、镇压的对象。唯独这一次，太后和守旧派发现自己在仇恨洋人、反对新事物方面与义和团有共同点，打算将其作为“义民”加以利用，纳入政府的控制，对抗洋人，不想玩火自焚，导致了局面失控，外敌入侵，王纲解纽。这些都是后话了，我们先来看看刘坤一报告中，关于山东民教冲突中，“民”这一方面的组织形式。

> 查大刀会即铁布衫法，嘉庆时称金钟罩，被视为邪教，严行禁绝。现又起于光绪之二十年，最初不过十余人，来自河南归德府，到山东曹州所属地区传教。时值新授山东臬司毓贤驻守曹州，严于捕盗，盗贼反而愈来愈多，几乎难于措手。恰好刀会拿获匪徒送到府台衙门，(毓)称赞他们勇于捕盗，重赏予以鼓励。会中人全都感动，乐于助官捕盗。
>
> 他们学习法术时，贫者不收贽礼，有能力者以京钱六千

为贽。半夜时半跪着受业，燃灯焚香，取新打的井水上供，用白布画符，其符字鄙俚不经，有周公祖、桃花仙、金钟罩铁甲护金身等字样。传艺者都不能写字，或不识字，多派人代为书写。另外授以咒语，诵咒焚符后，冲入水中令其(指信徒)跪饮，随即从灯上吸气吹遍其身体，上覆砖石，以排棍击打他。诵咒三夜即能抵御刀砍，说是诵咒时间长了，就连火器也不能伤害了。大致略似运气的方法，气之所至，以刀猛击可以砍不进去，而稍一松懈，则照样挨刀。愚民无知，惊为神术。

当时曹州方为盗贼所苦，官方民间交相倚重(刀会)，一旦学习了其法术，盗贼就不敢欺侮。遇有抢劫的案子，会中人聚集抄贼巢穴，必得抓获盗贼才算完。起初尚送官府惩治，嗣后因送官府必须照案律办理，不能全杀，众心不快，以后抓获盗贼就杀掉，不再送官。而(刀会中的人)豪侠尚气，除剿贼外并不滋生事端，杀贼也没有冤枉的，专心仗义，以盗为仇；盗贼也慑服，稍有犯偷窃者为其所知，则会众争相捕捉，也不接受谢礼，只是不能空着肚子办事，为他们供饭而已。窃贼请求宽免，则必须大张宴席请(刀会的)客，写立字据，永不再犯，才可以免死。近年来菏泽、成武、单县、定陶、曹县等处，简直没有一个盗贼，全是靠大刀会的力量。因而一倡百和，潜滋暗长，党徒同类日渐繁多。但在本处，绝不奸淫掳掠，人们皆推许其侠义，争相归附。乡村大户，多有雇佣他们保护家园的。甚至于巡防营、县署的局卡，也有招募(担任)防卫的。因此蔓延传习，愈结愈盛。山东省最多，河南省次之，安徽省又次之，徐州与山东省接壤，近来也有人加入其会的，共计约有两三万人之多。他们的首领是刘士端、尤金生、彭桂林及姓曹的，全是会中杰出之人。(他们)各分门户，号召党徒；其弟子每当为其师傅做寿，则数百里内(的党徒)都前来演剧作会，绅士也与其往来。[17]

这类邪教组织，起初都是做些于社会有益无害的事情以资号召，官方往往也因此放松了警惕和管理(譬如上面的文件中就颇多正面的评价)，一旦势力足够强大，往往成为无视律法和政府的国中之国，时机成熟，则会揭竿而起，谋求政治上的地位，演化为社会动乱的根源，动摇王朝统治的基础，成为改朝换代的先声。而这类邪教之所以能够大行其道，形成气候，也多半是由于国家政治腐败，内乱外患频仍，游民流离失所，官方控制能力减弱所致。义和团首先在山东兴起的根源即在于此。

义和团最先兴起于山东平原县一带，最出名的首领是朱红灯，其实况如何，对邪教危害有敏锐认识，因镇压朱红灯而被革职罢官的平原知县蒋楷有如下记录：

> 其神以杨戬(即《封神演义》中的二郎神)为主，称之为“太老师”；其次则孙膑、马武、张飞、孙悟空等。神之所附(之人)，称之为“马子”，“马子”的年龄，大致在二十岁上下。其(法)术，有符有咒，符或加于头顶，或佩带于身上，于是若疯若癫，力量比平常大了几倍。其(学)说，则称明年为劫年，玉皇大帝将命诸神下凡。其党徒互相以“师兄”称呼，称呼其魁首为“大师兄”。魁首姓名是朱红灯，有人说是茌平人，有人说是长清李家庄人，其绰号叫作“天龙”。……
>
> 朱红灯戴大红风帽，穿着红裤。头目(每人)各执两面红旗；枪刀一类的东西，以红布作装饰。大概其崇尚红色，托为南方火色，以区别于其他卦派。其初次出动，向东南方向磕头；其命令，以击鼓为号；其党徒，有和尚，有道士；其队伍，以四人组成一圈，轮流起伏进退。其人员，全是外来的，其中多游勇，所以熟悉战事。[18]

朱红灯出身游民，本名叫李文成，不过是乘乱世而起的草莽英雄，所以冒姓于朱，与历代起义造反者冒姓皇室以求得合法性的伎俩完全一样，为的是愚弄老百姓跟着他走。蒋楷是个很有头脑的地方官，在得知朱红灯的情况后，马上呈文上司要求查禁:“朱红灯既然冒充明皇室后裔，和尚(朱红灯部重要首领)又号称‘本明’，大概是袭用王郎、韩林儿的故智……自巨野一案(即曹州教案)，德意志借以为口实，强租胶澳，尽攘山东铁路矿山的利权，各国虎视眈眈，唯恐中国无事。义和拳的符咒、治病与汉代的张角相同，其与教民为难，是蛊惑人心的计谋啊。齐鲁之间多邪教，‘白莲’‘闻香’，屡扑屡起，自古没有邪教能成其事业的，也没有邪教不滋事的。应请一体宣告查禁，以杜他族(即洋人)之口，而安定本地的民心[19]。”蒋楷等请了兵，击溃了平原拳匪，抓捕了朱红灯、本明等头目，不但未能立功受奖，反而被革职罢官。原来，此时朝廷的风向已发生了变化。

就在蒋楷等被罢官的次日(1899年11月21日)，军机处向各省督抚发布了措辞强硬的上谕：

现在时势日益艰难，各国虎视眈眈，争先进入我国腹地。以中国目下财力兵力而言，断然没有由我方挑起争端的道理。只是事变以来，实在被逼无奈，万一强敌仗势欺凌，以万不能允许之事要挟于我，也只有理直气壮，敌忾同仇，胜败情形，非所能够计较了。近来各省督抚，每遇到中外交涉重大事件，往往预先存一个“和”字在心中，以至于临时毫无准备。此等长期养成的习惯，实在是最辜负国恩的了。这里特别严行申谕：嗣后倘若遇到万不得已之事，非经战争不能了结者，如一经宣战，万无即行议和之理。各省督抚必须同心协力，不分畛域，督饬将士杀敌致果。“和”这个字不但不可出于口，并且不能存于心。以中国地大物博，幅员数万里，人丁数万万，只要能够各自发扬忠君爱国的诚心，又有什么强敌可以畏惧，(国家)正不用化干戈为玉帛，专靠外交折冲了。[20]

发生了什么事，使一向畏洋人如虎的朝廷鼓起了如此大的勇气？何为“万不能允之事”，以至于向来沉稳的太后也不惜决裂，孤注一掷？原来，太后废立的大计进行得很不顺利，导致这种不顺利的原因如上所述，列强的反对是个主要因素。在慈禧立了大阿哥后，上海电报局总办经元善竟然领衔联络一千二百多人联名致电总理衙门：

昨日卑局奉到二十四日电旨，沪上人心沸腾，探闻各国有调兵干预之说。务求王爷中堂大人公忠体国，奏请皇上力疾临御，勿存退位之思，上以慰太后之忧勤，下以弭中外之反侧。宗社幸甚，天下幸甚。[21]

小小一个电报局总办（即局长），竟敢打电报给朝廷，干预皇帝的去留，经元善此举需要极大的勇气，在专制时代，这是掉脑袋的大罪，所以经元善事后很快就弃职出逃到澳门去了。没能抓到要犯，太后已经很气恼，尤其令太后心惊的就是“探闻各国有调兵干预之说”这句话，在太后看来，皇权的行使和继承，是自己的家事和内政，不要说外国人，就是朝廷大臣也不容置喙，近来一直有外国人希望太后还政于皇帝的传言，这是最让太后忧心的，所谓“万不能允许之事”指的就是这件事。其实，洋人何尝有迫使太后归政的想法，这些流言不过是保皇党人制造出来吓阻守旧派的，但是太后和守旧派大臣们不明国际公法有保护和不引渡政治犯的条例，把列强帮助康梁、经元善、孙文等逃亡，收留他们，容许他们在海外从事反对朝廷的活动，看作是故意与自己作对，所以对“外夷”企图干预内政的流言也往往信以为真。

太后是个手段老辣的政治家，也是个睚眦必报的小心眼女人，所以就有了庚子年办理教案时首鼠两端的政策：一方面，政府惹不起洋人，洋人上告的教案，政府一律责成查办；另一方面，则暗中纵容与洋人为难的拳会，作为对洋人的一种压力和报复。你洋人既然能保护“乱党”，让我不舒服，我政府自然要庇护“义民”，叫你也过不了安生日子。如果没有洋人干政，威胁到自己的权力的成见在脑子里，老太后对义和团这类的帮会邪教，是决不可能容忍和手软的。从朝廷当时对各地官员的指示中也可以看出，听从官府招抚、安排的是为“义民”，纵容之；不听从官府甚至与官府作对的则为“匪”，剿灭之。慈禧的如意算盘是，军事牌我打不过你，但我可以打“民意”牌，老百姓的仇洋心理我可以利用并且操纵自如，用得着就“抚”，用不着就“剿”，实际上推行的是一条危险的边缘政策。借助于非理性的民族情绪实现自己的政治目的，是巨奸大憝的惯用手法，历史上不乏其例，但玩火者几乎没有不失控的，其结果就是国家、民族的深重灾难。

其实，列强对慈禧训政，还是光绪亲政，本来没有成见，谁能更好地保护其在华利益，它们就会倾向于谁。无奈戊戌以后，慈禧开始重用自己小圈子中的亲信，比如端郡王载漪、庄亲王载勋等一大批“载”字辈的满族亲贵，所以中枢机构中昏聩无知、顽固守旧的亲贵大臣占据了主导地位，从前的右派荣禄、庆亲王等与他们一比，竟也成了头脑相对开明的人物。太后既然有心推行边缘政策，需要的是敢于玩火的载漪、载勋、刚毅这班人去执行，所以不主张对洋人开衅的荣、庆等就失了势，在与刚毅的权力斗争中败下阵来。其实太后并非对他们失去了信任，而是刚毅等人在打“民意”牌上更坚决，更得力而已。荣禄一气，就势请假回家养病，一待就是几个月。而没有荣禄在朝中的呼应，袁世凯在山东平息教案的压力就更大了。

袁世凯前任的巡抚毓贤，本为山东出了名的酷吏，专行以重典治乱世的方针，在任曹州知府和山东按察使时，以嗜杀闻名天下。上文所提到的大刀会及其会首刘士端、曹德礼等就是经他一手剿灭的。据说他在曹州办案，一任就杀了五千人[22]。但他的前任张汝梅的以抚代剿的政策，已使山东处处拳会，剿不胜剿了。此时对于拳会，不剿则民教冲突日甚一日，有招致列强军事干预的危险；剿，则拳会已渐成燎原之势，弄不好会激起民变。所以毓贤上任伊始，山东的局势已经吃紧，他根据清廷“既不得事事忍让(对外)，也不得稍涉孟浪(对内)”的边缘方针，对洋人敷衍推脱，暗中纵容义和团的活动，听任局势日渐恶化下去而无所作为。

由于山东民教冲突加剧，地方官无所作为，德国开始直接出动租界驻军，介入沂州、兰山、日照等地的教案，局势严重恶化。11月28日，迫于列强的压力，清廷就山东局势发出密谕，责备毓贤偏袒拳会，要求毓贤严行查禁会匪，毓贤遂以处决朱红灯等案犯塞责。12月，列强驻华公使共同照会总署，要求清政府“对义和拳和大刀会进行全面镇压和取缔”；美国公使则照会总署，直接提出了撤换毓贤的要求。正是在这一背景下，1899年12月6日，毓贤被召入北京陛见，正在德州一带驻防的袁世凯(及其武卫右军)被派赴接任。

袁世凯此时被派赴山东，从此后事态的发展来看，真是袁世凯的运气，而且来的十分及时。说运气，如果不是山东局势恶化，他不可能到德州驻防，从而不可能出任封疆，就是出任封疆也不可能带兵赴任[23]。说及时，如果任命再晚半年，京津吃紧时，袁所部必会参与京津保卫战，下场很可能会与聂士成一样。袁世凯驻防德州时，只带去了三千五百人，只是在上任五个月后，经荣禄的同意，武卫右军(即原新建陆军)才全部调赴山东，此时，这支军队连同四个随军武备学堂，已有一万二千人之多。这支军队调入山东，使袁世凯既有了以武力镇压、驱逐义和团的实力，又使他一手训练出来的这支武装，避过了不久后的京津保卫战，完整地保留了下来。

袁世凯对邪教造成的社会动乱并不陌生，六年前朝鲜闹东学党的时候，他就是镇压起义的幕后总指挥。所以尽管毓贤留下来的是个遍地狼烟的烂摊子，他对局势早已成竹在胸，决心按几个月前向朝廷提出的那“四条”解决民教冲突，手段仍旧是宽猛相济，恩威并施。1899 年 12 月，袁世凯“入觐召对，切陈时弊”；22 日“驰抵德州，即致电直隶总督裕禄，请(共同)剿办拳匪。裕禄忌惮亲贵当权用事，不敢发表自己的见解[24]。”25 日，到济南接任后，袁立即颁布《禁止义和拳匪告示》和《严禁拳匪暂行章程》，密令各州县“悬赏购线，分头踩拿”，“务将各州县附近散厂(即拳会)一律查封标禁”，“如敢拒捕，格杀勿论”。

袁世凯这种大刀阔斧查办义和团的做法，显然很不合清廷的政策。所以上任之初，京城的翰林、御史等众多台谏官员就纷纷上折，表示对他的怀疑，说他“长于治军，而性情太刚，杀戮过重，似于办理教案，不甚相宜”；甚至提议“先令袁世凯北归”，“袁世凯早离一日山东，即山东平民之疑可早释一日，山东匪众之势也可以早解一日[25]。”军机处则以圣旨的名义不断把参奏他的折子批给他看，作为对他的警告。于是就有了我们本章前面所见到的这篇奏折。

在这篇奏折中，袁世凯对朝议对他的批评、不满作出了反驳，并申明了自己解决山东教案问题的方针和办法。他认为民教冲突不在于民，也不在于教，而是在于地方官员“不能持平办案”。“试问积怨从何而生？公愤因何而起？孰酿成之？使至于此？诸官吏当不能辞其责也。”对所谓“义民”，他的态度也十分鲜明，“该匪等虽托名仇教，而观其举动，实在只在于纠众劫财”。至于以之抵御洋人，“该匪一经勇队(即地方巡防营)抵御，即不能支持，何况去消灭更为强盛的洋人呢？即使他们能够纠合百十万人，鞭挞五洲，而该匪之势力成为燎原烈火，不可向迩，国家又怎么能控制他们？而且胶澳、威海，又有强邻(指胶澳和威海的德、英租界)逼处，倘若骚扰时间过久，洋人借口协助剿办，派兵深入，则山东全省，必将震动。”

袁的办法是标本兼治。所谓治本，“在于调和民教而已。而调和民教，又在于颁示条约章程，整顿吏治。”也就是说，他“遇案不分民教，但论曲直”，官府、教会，平民、教民，有理没理，一律按条约规章办理。“务必使良民明白教民欺凌人，有官长可以为他秉公执法；教民明白依仗教会也欺凌不了人，虽然是教士也袒护不了(他)。这样教育他们知法守法，百姓没有了积怨，时间长了应当可以渐渐相安无事吧。”所谓治标，“在于绥靖地方而已。而绥靖地方，又在于清除匪类，化导愚氓。”由于有朝廷上接连不断的紧箍咒的约束和牵制，袁世凯起初并未大开杀戒，基本上还是按照朝廷的方针，听劝的，抚；不听劝的，剿；首恶拿办，胁从不问。但与直隶、山西等地不同的是，袁世凯并不暗地纵容，而是实实在在地予以解散，否则就按不听劝办理，视之为匪，格杀勿论。袁的陈述看来很合太后当时的胃口，所以还称赞他“所奏颇中肯綮[26]”。

从袁世凯任山东巡抚两年的治绩来看，他确实有治理乱局的行政才能。他上任时山东是全国最乱的省份，除去遍地的拳会和愈演愈烈的民教冲突外，还有涉及德国修铁路、开矿(胶澳条约出让了修建胶济铁路和沿线三十里内采矿的权益)而与沿线百姓的冲突；整个局面如一团乱麻。先绥靖地方，消除乱源，这是袁世凯平息骚乱的基本方针。对于教案和修路开矿，则一切按约章办事，没有约章的则马上谈判、签订约章，此后则官方、教会、百姓、教民，一切按约章办理，洋人难以诛求，官员有据可依，不过数月工夫，全省竟渐渐地平静下来了。由于“山东省境内肃然，由直隶避难来山东的人，就像到了乐土。联军攻破京城后，派兵四面出击，保定、深州、冀州、河间、沧州各处教民报复，遍地烽烟，唯到德州地界，则收兵不再前进。于是德州附近的老百姓家，都以白石灰书写‘山东地界’等大字于墙壁之上；联军佩服(袁)公的威望谋略，也相互告诫毋犯边界。所以李相(即李鸿章)致公的函电中有‘幽蓟云扰，而齐鲁风澄’的赞语[27]”。至于山东各州县的地方官为何能够听从这个新来的巡抚指挥，如臂使指般地贯彻、执行他的意旨，大致有三条原因。

一是他作为一省之长，敢于负责并为下属承担责任。晚清曾在山东多处任知县的曹倜在其所著《古春草堂笔记》中曾记载了他亲眼目睹的事情，颇可作为佐证。

> 正说话间，有炮队管带刘朝燕前来参见。(袁)公说：“拳匪猖獗，已发给了子弹，派队分路兜捕围剿。你在齐东，情况如何？”刘回答说：“齐东有一座大村庄，居民七百余户，拳匪盘踞已久。土寨坚固，而且有快枪，军队到时，匿居于民

房；军队离开，则四出骚扰，怎么办呢？”公说：“办大事，不可以有顾忌心理。假设再姑息容忍下去，哪还能有肃清的那一天呢。你马上带队前往，如果再抗拒，立即开炮轰击血洗，造孽归我一人承担。”不久就听说全省拳匪的平定，得力于齐东一役。公之运筹决胜，于此可见一斑。[28]

图51　受到山东地方政府保护的西方传教士。

据《庚子诗鉴》记载，“自四五月以来，山东袁中丞（即袁世凯）所杀团匪不下四千人，从未有宣布赦免的。属下各官捕获到团匪，禀告询问是否须押解到济南候审，中丞则一律命令就地正法，毋庸送来。其部将奉令前往剿匪者，中丞全叮嘱说：‘凡是团匪，尽数杀掉[29]。’”在朝廷当时明剿暗抚的方针下，山东却阳奉阴违，行的是明抚暗剿，没有巡抚扛着，下属们是没有胆子如此大开杀戒的。

二是他善于循名责实，整顿吏治，奖优罚劣，使下级切实负起责任来。就目前所能见到的山东各地当时汇报到省里的文书档案来看，几乎篇篇有袁的批示，或褒奖，或督责，或指示机宜，显示出新巡抚是个勤于政事之人。袁世凯首次出长方面，按常规光熟悉情况就需要相当长一段时间，更何况官场中还有错综复杂的人际关系。但他有一套行之有效的“兼听”办法。这个办法甚至到今天在观民意、查案子上仍有借鉴作用。

他为了了解山东全省各府、州县官民的情况，时常派员出去分头密查。他在派员密查什么事情的时候，总是先派一个人去，接着再派另一个人还是到同一个地点查同一件事情。这两个人都对他直接负责，彼此之间谁也不知道还有另一个人在做着同一件工作。如果这两个人所查的结果，互不相同，他就还照以前的办法另外再派两个人分头去查，然后再把这次所查的结果和上次的互相对照。对查报实在的给以奖励，对那谎报不实的给以处罚。以后他在直隶总督任上，也还是经常使用这种方法。他后来常对我们说："做一个长官，最要紧的是洞悉下情，只有这样，才能够举措适当。如果受着下边的蒙蔽，那就成了一个瞎子，哪有不做错事的？"他每次说这种话的时候，一定要举出上面的那个办法为例。看起来，他对于那样的做法，是感到得意的。[30]

他上任不过半年，即能根据下属的治绩和办理教案、绥靖地方的好坏，上奏保荐州县官员四名，劾罢贪懦无能的知府、知县十名，使山东官场的风气为之一变，就是得力于这个方法。

三是他带去了自己一手训练的军队，这使他在处理拳会骚乱时有了很强的机动能力。袁的做法是，先明令各州县官员晓谕解散本地的拳会，这样一般较小的拳会不用出兵，只用当地的防营即可以解决了。大股拳会，或不服从而当地又没有力量武力解决的，则由他派出装备精良、训练有素的新建陆军出击、弹压，并在重点地区屯驻、巡查。

(袁)公来山东省，携带所练军队同行。当时东昌、济南、泰安、曹州各府所属拳会猖獗，公选派道府(官员)督同州县官员、绅耆，分头解散，转令村庄团练严密查拿，复派营队屯扎巡逻；对其中著名凶悍，屡滋事端的，悬赏缉拿惩办，同时以剀切的话语告示严禁。拳匪见到公所措施的，一反毓贤之所为，谣言四起。又见公(所带的)队伍精锐齐整，知道反抗也是白费，于是党魁全都奔赴天津、保定。乾字拳则蔓延于深州，

> 由涞水、定兴进入北京；坎字拳蔓延于沧州、静海，党魁张德成、曹福田皆为裕禄所崇奉。当时亲贵已经迷信妖妄，公知力争无益，于是我行我法，表面上说是劝诫，暗中则命令部下官员严厉抓捕，所以山东秩序安宁，得以成为东南之保障。[31]

他还极善于利用清廷政策上的漏洞实现自己的目的。由于山东查禁较严，大股义和团纷纷转移奔赴查禁不力的直隶、京津一带，到八国联军进犯时，溃散的义和团又纷纷流窜回乡。为防堵这些拳民重返山东，袁以朝廷号召全民抵抗为借口，以“义民”应响应朝廷号召，赴前线抵抗为名，半送半轰，公开驱逐义和团出境。

现在我们回过头来补叙一下京城的情况。袁世凯大刀阔斧地查禁义和团的直接后果，就是山东的拳民大批流入直隶，在直隶蔓延开来。5月，义和团进扰保定，京城内外也开始大量出现义和团的揭帖，人心惶惶不安。太后开始觉得“民意”牌玩得有点过了，谕令直隶总督裕禄“一体严禁”，但此时的义和团已如燎原的烈火，收不住了。5月21日，直隶的副将杨福同在涞水镇压义和团，但官军被打败，杨福同也被杀了。27日，琉璃河、长辛店、丰台等京郊一带的铁路、电线，全被义和团扒掉毁坏。29日，列强的外交官们沉不住气了，各国公使会议决定，召津沽泊驻的海军士兵进京保卫使馆。朝廷则于6月5、6两日分别派军机大臣赵舒翘、刚毅前往良乡、涿州、保定宣抚(实际上是考察)义和团，“宣抚”的经过如下：

> 拳匪进入京师，实际上是刚毅引导而来的。刚毅识字不多，以清正自诩，由部曹外任巡抚，内召为尚书，入枢府。太后宠眷甚隆，奉命赴江南查案，随后到广东查敛税款，搜刮四百万；从东南诸省搜刮上千万，解送京师。将所得梁启超所主笔的《清议报》进呈于太后，太后(看过后)大怒，愤恨外国对康、梁的庇护，必欲报复这个仇恨。(太后)也愈恨德宗(光绪)，想废掉他，立端郡王之子溥儁为大阿哥，原想于庚子年正月实行废立，刚毅是实际上的主谋者，极力援引载漪居要职，宠眷在其他王爷之上。太后命荣禄告诉李鸿章，私下以废立之意探询各国公使，全都不赞成，太后的愤怒更大。刚毅天

天讲仇洋，见到谈洋务的(人)一概斥之为汉奸……董福祥以杀洋人自任，刚毅极力称誉于太后之前，恩宠也日加厚重。到了拳匪进据涿州，朝廷对是剿是抚委决不下，于是命令兼管顺天府事的尚书赵舒翘携顺天府尹何乃莹前往解散，刚毅担心舒翘违背自己的意愿，自请随后前往(宣谕)。舒翘到(涿州)后，召见匪首传谕朝廷旨意，令其解散。匪首坚持请求撤聂士成的职，舒翘为难；刚毅到后，答应先撤退聂士成的部队。到回来复命时，力言团民忠勇且有神术，若用来消灭洋人，洋人必无能幸免。舒翘本由刚毅(提拔)之力得以显贵，所以也附和拳匪的说法。于是太后命刚毅引拳匪进京，一旬之内就达到数万人，坛场遍及城内外，王公贵人争相崇奉；渐渐地出入宫禁，也没有人敢于查问。[32]

太后允许义和团进京也是她的边缘政策的题中应有之义，是对洋人施加压力和威慑的一项措施。但义和团既然口含天宪进了城，在无人敢管的状况之下，自然失去了约束，我行我素起来。事态的发展并不如太后所想象的那样，在她的操纵控驭之下中规中矩，发收自如，而是如野

图52　进城途中的义和团民。

火一般很快失控。我们来看目击者对第一天进京的义和团所作所为的记叙，就会明白太后试图驾驭非理性、情绪化的民众运动是多么不切实际和可笑了。

> 今日义和团纷纷进城，我亲眼见到的已有十数起，别处更不知道有多少了。团民烧杀南城西门内姚家井奉教的吕姓全家。凡事焚烧作法，众团民面向东南躬身，口诵咒语四句，立刻能够请神附身，被称为“上法”；登时形容改变，拧眉瞪眼，力携千斤，喘着粗气，好像愤怒的样子。于是手执宝剑或掐剑念口诀，先向前后左右没有奉教之家四面指指划划，火就不会燃及四邻，然后各举点燃的高香一束，在想要烧的房屋前跪齐，就是旁边看热闹的人也得按照命令下跪，不遵从的就是奉教的人，所以没人敢于违抗。众团民手举香火，叩头碰地，口中似乎在念咒语，将手中之香火向房内抛掷，立时起火，并且不许人扑救，直到烧尽自然熄灭。如果有救火的人，即指认为奉教人的同党，立刻擒捉处死，凡是奉教之人，团民呼之为“二毛子”。哄传在教之人，头顶皮内暗藏有十字，团民一看就能知道，视之如杀父深仇，众团民枪刀并下，即时杀死毙命，尸骸扔在道旁，没有人敢代为掩埋，竟然为猪狗所食，惨不可言。[33]

第一天进城的先遣队多是十几岁的孩子，此后每天都有成千上万的拳民蜂拥而入，随处设立拳场、神坛。开始时是一街一坛，或二三街一坛，后来则发展为一街三四坛，甚至五六坛。起先只有拳民供拜神坛，其后，有钱人和平民也纷纷加入，“上自王公卿相，下至倡优隶卒，几乎无人不团，无地不团了[34]。”那么这么些神坛上面，都供着哪路的神明呢？

> 义和拳称神拳，以降神招揽拳众，(所发)号令全是神语。传习时，命令伏地焚符诵咒，紧紧合住上下牙齿，从鼻部呼吸；俄而口吐白沫，呼喊着说神降了，于是一跃而起，操刀起舞，(直到)精疲力竭而止。他们崇拜的神灵则有唐僧、悟空、

八戒、沙僧、黄飞虎、黄三太，庚子年四五月间，天津百姓传习殆遍。有关帝降坛文、观音托梦词、济癫(济公)醉后示，全都说是要灭洋人。忽然传闻玉皇大帝下了圣旨，命令关帝为先锋，灌口二郎神为断后，财神督运粮草，赵子龙、马孟起(马超)、黄汉升(黄忠)、尉迟敬德、秦叔宝、杨继业、李存孝、常遇春、胡大海全来会师。他们所依据的，则《西游记》《封神传》《三国演义》《绿牡丹》《七侠五义》等小说，北方城乡中常演的戏剧而已。洋人、教士、教民，分为大毛子、二毛子、三毛子，遇见了杀无赦。礼拜神灵以头顶着地，叩头三十六个。练习法术有浑功、清功之分；浑功百日，清功四百日；浑功避枪炮，清功能飞升。然而练习者贪图速成，多练浑功。临阵时佩带黄纸小画像，有首无足，手指尖锐，头四周有光，耳边腰间画成狗牙一般弯曲的形状，不知道叫什么神。心以下部位写字一行，文字是："云凉佛前心，玄火神后心。"背诵的咒语是："左青龙，右白虎，云凉佛前心，玄火神后心，先请天王降，后请黑煞神。"背诵此咒据说能枪炮不燃，但(往往)诵咒声未绝，就中弹而死。他们烧教堂时，大师兄率众握刀而来，转向东南方跪伏，突然跃起喊杀，其声音震动天空。大师兄焚香投掷于教堂之中，一会儿火焰就燃起了……

……京师师从他们传授法术的，教师附着他们的耳朵传诵咒语，咒词是："请请志心归命礼，奉请龙王三太子、马朝师、马继朝师、天光老师、地光老师、日光老师、长棍老师、短棍老师。"要请神仙某，随意呼一古人，则孙悟空、猪八戒、杨戬、武松、黄天霸等是也。又有一种咒语是："快马一鞭，西山老君，一指天门动，一指地门开，要学武艺，请仙师来。"还有一种咒语是："天灵灵，地灵灵，奉请祖师来显灵，一请唐僧猪八戒，二请沙僧孙悟空，三请二郎来显圣，四请马超黄汉升，五请济癫我佛祖，六请江湖柳树精，七请飞标黄三太，八请前朝冷如冰，九请华佗来治病，十请托塔天王、金吒、木吒、哪吒三太子，率领天上十万神兵。"诸坛所供之神不一，如姜太公、诸葛武侯、赵子龙、梨山老母、西楚霸王、梅山七兄弟、九天玄女。又有供纪小唐的，则小说中之年羹尧也。最神奇的是山西祁相国，则祁文端公[35]也。大约供祀神灵没有规定，脑子中所想到的就可以供奉……供奉者于是杂取《封神传》《西游记》诸小说点缀神拳，以求好看而免灾祸吧，逐渐在百年当中形成民俗。无知民众受戏剧的教育，直到庚子年，于是酿成如此巨变，岂能说没有人为的因素啊！[36]

义和团进京后，并没有马上攻击洋人，而是先从中国人杀起，所有信奉西方宗教的教民、所有与“洋”字沾边的店铺、设施、与义和团不是一式的其他帮会（如所谓“白莲教”“圣贤道”等），统统都在铲除之列。所以一时间，京城处处火起，人人自危，秩序大乱。而由于京畿一带的铁轨、电线杆均为义和团扒断、推倒，京城与外界的交通、通讯中断，成了一座孤城，此时朝廷同各地的联系，又退回到从前“八百里加急”“六百里加急”的驿马时代了。

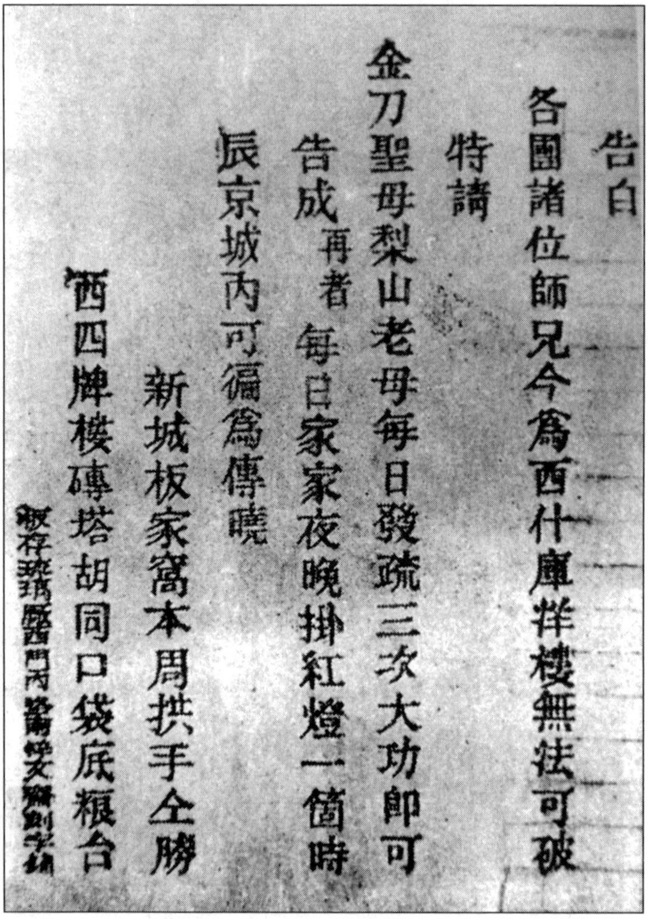

告白

各國諸位師兄今爲西什庫洋樓無法可破

特請

金刀聖母梨山老母每日發疏三次大功即可

告成 再者 每日家家夜晚掛紅燈一箇時

辰京城內可徧爲傳曉

新城板家窩本周拱手全勝

西四牌樓磚塔胡同口袋底穪合

板存琉璃廠西門內[illegible]文齋刻字鋪

图53 义和团要求市民配合攻打西什库教堂的告示。

6月10日，因自己的儿子（即大阿哥溥儁）登位受阻而对洋人极为仇恨的端郡王载漪，被任命为总理衙门的总管大臣，标志着外交沟通的途径已落入极端保守派的掌握。6月18日，谕令徐桐、崇绮与奕劻、载漪并军机大臣会商一切事宜。6月21日，鉴于崇礼等负责京城治安的官员办事不力，太后将他们免职交部议处，庄亲王载勋被任命为步军统领，由于端郡王载漪之弟载澜掌管着虎神营，禁军和四城卫戍部队均为极端守旧派所掌握，外交、军事之权落入二王手中。荣禄、庆亲王等尚有理智和头脑的后党大臣只能靠边站了。载勋除负责京城治安外，还被赋予了办理"团务"的职责，这是太后想把义和团纳入正轨的另一举措。而载勋的方针是"因民之所欲，寓以兵法部勒之而已[37]"，并在王府中设立"总坛"，一时间，"近畿四乡人民皆练义和团，天天有到王府报到挂号的，络绎不绝[38]"。至此，局势已完全失控。荣禄当时发给李鸿章、刘坤一等督抚的电报中报告京城的情形是，"两宫(指太后和皇帝)、诸邸(众亲王)左右，半是拳会中的人，满汉各营的士卒也大半都是，都城内数万人，来去就像蝗虫一样，万难收拾。虽然两宫圣明在上，也难以扭转众人之心。老天爷造孽，还能怎么说呢[39]！"这时的北京城是个什么样子呢？罗惇曧的《庚子国变记》中有如下记载：

> 义和拳说铁路、电线全是洋人用来祸害中国的，于是焚铁路，毁电线。凡家里藏有洋书洋图的全称为二毛子，抓到了必杀。城中到处是坛场，大的寺庙道观全设立大坛场，(供奉的)神道说是洪钧老祖、梨山圣母。说是神全是晚上来，每当薄暮，十百成群，呼啸四方街巷，令居民全都烧香，没有敢于违抗的；香烟遮蔽了城市，结成黑雾，入夜以后全城阴惨惨有鬼气。降神时，就像巫婆神汉似地跳跃，自称能祝祷枪炮不燃，又能入空中指画，则火焰刀剑都不能伤害。出来则命令市民向东南(方向)叩拜，都中人崇拜极为虔诚。有怀疑嘲笑的，会遭杀戮和辱骂。仆从下人，全加入了义和团，主人不敢怠慢，有的人更是靠他们保护。稍有见识的人，都闭口自保，没有敢指摘其荒谬的人了。义和团既然遍布了京师，朝廷贵族宗室十有七八都信奉它，大学士徐桐、尚书崇绮等，信仰尤为专一。
>
> 义和团既借仇教为名，指光绪皇帝为教主，大概是指戊戌变法，效法外洋，为皇帝的大罪也。太后与端王载漪挟以为

重，想实行废立，拳匪会党天天往来宫中，扬言要得到一龙二虎的头颅：一龙指皇帝，二虎指庆亲王奕劻和李鸿章。奕劻当时任总理衙门大臣，鸿章则当时舆论所称通洋人卖国之人。当时各国公使也全都人人自危……

义和拳既然已纵横于首都，因而派载勋、刚毅为(义和团)总统帅，待遇比照于官军。然而拳匪专横杀戮自如，载勋、刚毅不敢过问。都统庆恒一家十三口全(被义和团)杀死，载漪素来亲近庆恒，却保护不了他们。尚书立山不附和载漪、侍郎胡燏棻、学士黄思永、通永道沈能虎，皆以谈洋务著称，拳匪全想杀害他们，燏棻逃跑，沈能虎用钱免祸，立山、思永一起下狱，指为通夷，编修杜本崇、检讨洪汝源、主事杨芾，全被指认为教民，被打伤几乎致死。[40]

义和团在清廷正式宣战之前，在杀手无寸铁的二毛子、白莲教，烧教堂、洋货店铺上面，战绩卓著。而直接针对洋人的作战行动是攻打西什库教堂，其作战能力如何，我们来看亲眼目睹者的叙述。

我当时在京城为官，身处枪林弹雨中一个多月，居住的寓所又挨近西什库法国教堂，义和拳及虎神营士兵日日围攻，我亲眼看到。听说教堂内教士、教民约三四百名，兵械只有数十杆枪支。义和拳携带煤油、柴草，从外面诵咒语以焚烧其房屋，但一直不能燃烧。于是散播出谣言，说："教士用女人经血涂在房顶的瓦上，并用经血装入缸中，埋入地下作镇物，所以咒语不灵了。"启秀献策于端王、庄王说："此等义和团道术还浅，五台山有老和尚，其道行最深，应该飞檄请他来。"于是派专骑驰请，十天后到来。启秀在军机处恭贺说："明天就太平了。"人们问他为什么，回答说："五台山大和尚到了，教堂一毁，则天下大定。"听到此话的人都暗中偷笑。和尚住在庄王的府邸，先在拳匪中选出数百精壮之人，又选了红灯照的女子数十人，协同拣选的人是大学士刚毅。花样年华的女子，手携红巾，足裹小红鞋，腰系红带，下垂到脚面，额上还扎着红抹头，粉黛掩映，口诵神仙咒语，蹀躞于府厅地毯之上，连乐部的歌妓，唱荡韵(京师有此调颇雅)，舞长袖，都比不上(她们)。挑选完毕后，庄王问：“大和尚，何日攻打教堂？”和尚以手指作卜说：“今天三点钟最为吉利。”又问：“骑马呢？还是步行呢？”和尚闭目而言：“骑载勋之马，准备一把大刀。”于是(和尚)跨马挟刀，率拳匪直入西安门，红灯照尾随其后；刚毅也以红布缠腰、缠头，随之步行。

西安门内有当铺两座，早被拳匪抢掠一空，和尚暂坐其中，以待吉时。座前酒一壶，菜一盘，自斟自饮，刚毅和诸匪侍立于庭院之中。将要三点钟时，我在寓所登上墙壁观看，家人劝阻我说：“枪弹飞过来怎么办？”我说：“今天拼了命也要看这一出戏。”随即看见和尚率领拳匪直扑教堂，指令纵火。教堂内突然发出数枪，正中和尚要害，坠于马下，在前面的拳匪大师兄也中弹倒下，后面的队伍溃散，几个人拖一个尸体(往回)奔跑，红灯照幼女有被践踏而死的，揉花碎玉真是可惜啊。败北者一拥而出西安门，刚毅站立不稳，足不能动，用力抱着门柱而站立。一个老看门人不知道他是宰相，说：“你老先生这把年纪，也学此道，是何苦呢？”拳匪拖着尸体直奔庄王府，中途对路人说：“和尚与大师兄暂时睡过去了，我们要用咒语唤醒他们。”路人私下说：“恐怕是长眠不起了。”端王以教堂攻不下来，愤怒非常；于是命令工匠以木杆架起四座

图54　庚子事变时的红灯照。

炮台，把名为“大将军”的巨炮，装上斗大的铅弹攻击教堂，炮弹打到屋瓦上不能穿透。再命令挖地道，点燃装满火药的棺材，教堂被炸毁一间房屋，炸死教民数十人，仍旧攻不下来。命令掏空(教堂)四周地面以使它塌陷，我的寓所势将被掘，于是携带家属迁居到北城。[41]

义和团攻打西什库教堂的失败引起了民众对其“神术”的怀疑，有人提出质疑，团民则编出更为荒诞无稽的说法为自己辩解。

义和团每日换班攻打西什库，仅将四周群房烧拆数十间，大楼毫无伤损，附近的铺户居民，则焚抢无遗了。有人问团民，从前刚起事那会儿，焚烧各教堂，擒杀各教民，无往不胜，确实可以使人听信。西什库教堂虽大，现有团民数十万之众，为何一个多月还未攻破呢？团民说：“此处与别处教堂不同，教堂内的墙壁上全是用人皮粘贴、人血涂抹的；又有无数妇人赤身露体，手执秽物站于墙头，又以孕妇剖腹钉于楼上。所以团民请神上体，行至楼前，被邪秽所冲，神即下法，不能前进，因此难以焚烧。又加上教堂有老鬼子在里面，专用邪术伤人，所以难以取胜，反而多有受伤。”有人问黑团与红灯照全都不畏惧脏秽之物，为何也不能制胜呢？团民说：“黑团虽然不畏惧秽物，无奈时日未到，难以成功。等到了日子，老团一到，自然扫荡无遗了。”[42]

本来，太后是有能力操控局势的，平衡术对她这样一个摆弄了几十年政治的人，是最精通不过的了。太后把义和团放进北京，杀杀二毛子，烧烧教堂，为的是让洋人看看中国的“民意”不可侮。同时她可是一再要求臣子们分别良莠，晓谕拳民，镇压不听劝谕的“匪徒”，保护驻京各国使馆的。无奈义和团已成燎原之势，而掌握朝政的全是极端守旧派，有一句“名言”叫作“无知者无畏”，正好可以用于守旧派此时的心理。他们正想利用义和团这张牌实现自己攫夺权力、驱逐洋人的宿愿，唯恐火烧得不旺，哪里肯认真落实太后的方针呢？载漪、刚毅等守旧派的所谓“民心可恃”，实际上就是建立于无知和愚昧基础上的狭隘、极端的民族主义和排外主义。

譬如，当时极为流行的所谓教堂利用拐子拐骗小孩，剜去内脏作药的虚幻谣言，竟成了民众畏惧和仇恨洋人的心理基础，“一些被认为是拐子的人，也许真的是拐子，被暴民抓住了。他们遭到毒打后招认，他们是替外国人办事的，还信口开河地说拐骗的儿童已经送到这个或那个公使馆去了[43]。”维新派的重要成员王照在政见上是个改良派，逃亡日本后，因为与康、梁等人不和，又化装为台湾僧人亡命山东一带，沿途所闻“街谈巷议，大抵不外是‘天灭洋人’，‘李鸿章卖江山’，‘光绪爷奉教’，‘袁世凯造反’，‘康有为封六国圣人’之类。和尚(王照自称)尝听到大人先生们说‘民心可恃’，即指的就是这些了。更有说‘康有为带六国兵来了’，现在和尚装束，住在烟台的店里。”至于路矿纠纷，“当时德国人正要修筑铁路，(沿线)插旗买地；本地人风传，凡铁路所经过的若干里之内，庄稼全会枯死，将为此(建立)联庄会，一齐向洋人拼命云云。然而路矿大利、交通大权被德国人夺去，本地人却丝毫不能理解。他日见到庄稼不死，即是对洋人心悦诚服之时了。大人先生们所养之‘民心’，大概如此而已吧[44]！”王照的看法，颇能代表当时的改良派人士(包括李鸿章、袁世凯等改良派官僚)对“民心”的一般看法。

6月16日，泊驻天津的列强海军首脑为控制天津港口，为各国直接派兵干预做准备，向天津总兵罗荣光提出最后通牒，要求罗于次日下午两点之前交出大沽炮台，增援使馆的洋兵也已经到了廊坊。局势一触即发，太后也坐不住了，于是自16日起，连开了四天的“御前会议”(即“叫大起”)，召见王公贝勒、军机内阁大臣、六部九卿及台谏官员七十多人，决定和战大计。会议在西苑(今中南海)仪鸾殿东暖阁举行。据参加了这几次“大起”的陈夔龙说，御前会议的格局是：“两宫背窗北面而坐，座前设御案一座，与门相距咫尺，臣工揭帘而入，由御案前经过，均往后跪；案前数尺地，由近支亲王军机重臣环跪，便于参赞密勿；其他大臣不敢越过。谁知当日早晨那‘起’，许景澄进门稍迟，见阁内人群拥挤，无从退后，于是跪于御座旁边[45]。”头一天的会议情况，陈夔龙回忆如下：

军机大臣王文韶最先发言说，对外战端万万不可开启，使馆尤其应该加以保护。端王当面呵斥，文勤(即王文韶，文勤是其谥号)汗流浃背，低头不敢再说话。皇上紧握文肃(即许景澄，文肃是其谥号)之手说："你出使外洋多年，现在又在总署当差，必有处置的好办法。"文肃的回答与文勤一样。近支王公争相责备(文肃)，人多语杂，不得要领而退朝。

等到午后第二次叫起，各大臣全都在仪鸾门外的朝房伺候，袁昶忽然对濂公(即端王之兄载濂)说："围攻使馆，这是野蛮人的做法，德国公使已被杀害，倘若各国公使再受到伤害，各国岂肯干休。弥天大祸，就在目前，请向端邸切实陈说，不可以孟浪从事。"说话时声泪俱下，顿失常度。濂公不高兴地说："此事我不敢进言，你可以直接向端王去说。"不久，两宫叫起，各大臣慑于天威，(近在)咫尺而不敢进言，只是静候上头处分而已。连叫三日大起，仍不得要领而散。从此端王切齿痛恨许、袁二公，杀机即伏于此。[46]

另一位当事人恽毓鼎的记载则详细得多，二者可以互为补充。但陈、恽二人当时官位均较低，召见时跪在后排，御前的辩论未必全能听到。另有李希圣所撰《庚子国变记》对辩论记载甚详，但李非参加会议者，其说只能作为二手资料，附于本章之后以供参考。

皇上首先责备诸臣，不能弹压乱民，面色甚为严厉，翰林院侍读学士刘永亨跪在后面，与毓鼎挨着，小声对毓鼎说："刚才我在提督董福祥那里，董自任可以将拳匪驱逐出城外。"毓鼎催促他告诉上边。永亨膝行到前面，奏称："臣刚才见到董福祥，想请皇上旨意令他驱逐乱民。"话还没说到一半，端王载漪就伸出大拇指厉声说："好啊，这就是失人心的第一个法子。"永亨害怕，没能说完要说的话，太后沉默无言。太常(寺卿)袁昶在门外，高呼："臣袁昶有话上奏！"皇上谕令他进来，于是详细说明拳民实为乱民，万万不可倚仗，就算是有邪术，自古到今，断没有仗此成事的。太后打断他说："法术不足恃，岂能人心也不足为恃了吗？今天中国积弱已到极点，所能倚仗的只有人心了，若连人心也失去了，何以立国？”太后接着又说：“今日京城扰乱，洋人有调兵的说法，将怎么应对？你们有什么看法？各抒己见，从速奏上来。”群臣纷纷奏对，或者说应该剿，或者说应该抚，或者说应该尽快阻止洋人派兵，或者说应该调兵保护(京城)。随即(决定)一面派侍郎那桐、许景澄出京劝阻洋兵，一面安抚乱民，设法解散，遂挥手让群臣出殿。毓鼎与光禄卿曾广汉、大理寺少卿张亨嘉、侍读学士朱祖谋，见太后意思仍偏向拳匪，今日之议没有得到要领，祸乱还是不能结束。于是留在后面，重新跪下说：“臣等还有话说。”亨嘉力言拳匪应当剿灭，只要诛杀数人，大事就安定了。张是福建人，语音多带方言，又着急，不能全听明白。祖谋则说，皇太后相信乱民可以抵敌西洋，不知想倚仗何人办这件大事？太后说：“我靠董福祥。”祖谋率然奏对说：“董福祥是第一不可倚靠的。”太后大怒，变了脸色厉声说：“你叫什么名字？”回答说：“臣为翰林院侍读学士朱祖谋。”太后怒气冲冲地说：“你说董福祥不足恃，你保举个人来！”祖谋猝然回答不出来，毓鼎应声回答说：“山东巡抚袁世凯，忠勇有胆识，可以调入北京镇压乱民。”曾广汉说：“两江总督刘坤一也可以。”军机大臣荣禄在旁接应说：“刘坤一太远，袁世凯已前往调用了。”毓鼎又说：“风闻銮舆有西幸之说，(京师)根本重地，一走，天下就动摇了。”太后力辩并没有此说法，群臣于是起立(退下)，太后在祖谋走出去的时候，仍怒目相送。[47]

其实太后本日表面上镇定，心里已经着开了急，所以恽毓鼎等人提议之后，当天就发出了上谕，命令荣禄速派得力队伍，即日开赴东交民巷“实力保卫”使馆区。至于调兵进京镇压义和团，头一天早已谕令李鸿章、袁世凯带兵进京，目的一望而知，调李鸿章来京为的是同洋人谈判，调袁世凯进京为的是镇压义和团。太后之所以作出偏袒义和团的样子，是因为载漪、载勋手中的八旗京营半数以上都加入了义和团，靠不住了，在勤王部队进京之前，必须稳住义和团，以免变生肘腋罢了。就在中南海召开御前会议的时候，外城的义和团已经在正阳门外的大栅栏放起了大火。

二十日(阳历6月20日)，义和团焚烧前门外大栅栏老德记大药房，不料团民法术不灵，火势猛烈，四面飞腾，蔓延焚烧得很凶，计由大栅栏庆和园戏楼蔓延到齐家胡同、观音寺、杨梅竹斜街、煤市街、煤市桥、纸巷子、廊坊头条、廊坊二条、廊坊三条、门框胡同、镐家胡同、三府菜园、排子胡同、珠宝市、粮市店、西河沿、前门大街、前门桥头、前门正门箭楼、东荷包巷、西荷包巷、西月墙、西城根。火由城墙飞入城内，延烧东交民巷西口牌楼，并附近铺户数家。自清晨起火，直至次日天晓才停止，延烧了一日一夜……按地面官立的保甲门牌，大约烧毁铺户一千八百多家，大小房屋七千余间。幸而火起在白昼，仅伤了二三人。各行市的货物全成了灰烬，真是从来没有过的奇灾啊。先是，义和团在老德记大药房将火点燃，令四邻焚香磕头，不可惊乱。等到蔓延到他处，团民不许扑救，仍令各家焚香，(说是)可保无事，切勿自生慌乱惊扰。等到火势大发不可挽救之时，放火的团民已趁乱逃遁了。因此各铺户搬移(货物)不及，束手待焚，仅将账目抢出而已。当时若不听团民愚弄，先将货物抢挪出来，虽说劫数难逃，总能保留万分之一吧。总计所烧之地，凡天下各国、中华各省的金银珠宝、古玩玉器、绸缎服装、钟表玩物、饭庄饭馆、烟馆戏园全都集中在那里。京师之精华尽在于此，热闹繁华，也莫过于此。今日遭此奇灾，一旦而尽。[48]

但是只过了一夜，太后又翻然变计，强硬主战了。以太后这样有三十年执政经验的人，似乎不该这样没有定见，这中间一定发生了什么事情，使得太后不再玩边缘游戏，而是要走极端，破罐子破摔了。

二十一日未刻(下午1—3时)，再次急诏传大臣进见，申刻(下午3—5时)召对仪鸾殿。皇上先诘问总理各国事务衙门大臣徐用仪，用仪奏辩声音细小，听不清说什么。只听见皇上拍案厉声说："你这么搪塞，便可了事了吗？"太后随即宣谕说："刚得到洋人的照会四条：一、指明一地，令中国皇帝居住；二、代收各省钱粮；三、代掌天下兵权。今天争端是由他们挑起来的，国亡就在目前，若是拱手相让，我死也没脸面见列圣(祖宗)！怎么也是亡国，一战而亡，不是更强点儿吗？”群臣全都叩头说：“臣等愿效死力。”有哭出声来的。只是既然说照会有四条，而所宣读的只有三条，退班后询问荣相(荣禄)，(才知道)其中一条是勒令皇太后归政，太后讳言其事。当时载漪及侍郎溥良全力主战，语调特别激昂。太后再次高声宣谕说：“今日之事，众位大臣都听到了，我为江山社稷，不得已而宣战。后事固然未可预知，如果开战之后，江山社稷仍不能保全，诸公今天全在这里，应当知道我的苦心，不要归咎给我一个人，说皇太后断送了祖宗三百年的天下。”群臣再次叩头说：“臣等同心报国。”玉音(即慈禧的话语)一开始称“诸大臣”，继之又称“诸公”，群臣都感到震动。于是命令徐用仪、立山、联元前往使馆，谕以(说明)利害关系；若一定要挑起战端的(国家)，可以下旗归国。立山以不是总理衙门的人推辞。皇上说：“去年各国使臣瞻仰颐和园，不是你出面接待吗？今天事情急迫，就畏难了吗？”太后生气地说：“你敢去，固然得去，不敢去，也得去。”三位大臣先退了出去，随即命令荣禄以武卫军准备作战和防守，再次谕令说：“徐用仪等身入险地，可以派兵在远处护着他们。”群臣退下来后，集中在瀛秀门外，以各国照会之事问总署诸位大臣，皆面面相觑不知从哪里来的；有人怀疑是北洋总督裕禄那里传过来的，也不是。嗣后才知道二十日(阳历6月16日)夜间三鼓(17日凌晨一点)江苏粮道罗某(即罗嘉杰)派遣其子叩荣相之门，说有机密事情相告。既接见，以四条进呈。荣相绕室彷徨了一个晚上，黎明时分急忙进宫禀报。太后既悲痛又愤怒，遂开启战端。其实某官员轻信了不知什么人的话，各国并没有这种说法的。所以二十五日的宣战诏书，没有提及此事。[49]

“诸大臣”是一般称呼，“诸公”是尊称，两千年来的专制帝政时代，还没有哪一位统治者这样客气地称呼过下属，可见形势比人强，骄横跋扈如慈禧者，也会乱了方寸，低首下心起来。之所以乱了方寸，是因为她最为担心的“万不可允之事”终于找上门来了，要太后归政，不如要了她的命，权力就是太后的生活方式，须臾不可以离身者也。而那些靠太后谋生活的亲贵大臣们，更是恐惶万分，据说太后宣布“四条”时，“全场惊愕，不知所措。端王以下最激烈的亲贵二十余人，竟相拥哭成一片[50]。”之所以低首下心，是因为危机关头要大家与之共命运，不得不客气也。但从派徐用仪等人去使馆疏通关系(但因各使馆外都被大批义和团包围，双方形成武装对峙，此项使命未能完成)，仍可以看出太后还抱着一丝挽回的希望。

其实，所谓的四条照会，根本就是莫须有的传言，如果外交渠道保持畅通，本来不难澄清。但是一周之前，载漪被任命为总署(起外交部作用的衙门)的总管大臣，而后团民进城，充塞了大街小巷，想出来探听消息的日本公使馆书记员杉山彬被董福祥部军人杀死，还被挖去内脏，填充马粪，掷尸街头。公使和洋人们因为害怕，全都龟缩在使馆中不敢出来。加上铁路、电报因被毁而全部中断，所以也没有办法查清核实这四条照会是否属实，和战大计的决策竟然建立在一个谎信之上，在古今中外的历史上都是件绝无仅有的事情。其实，派庆亲王或许景澄这样懂洋务或担任过驻外使节的大臣去使馆查询一下，即可真相大白，可惜外交权此时已被端王等极端守旧、仇外的人所把持，他们既不想，也不会，更不愿意同洋人打交道，也不许别人打交道(数天之后，总署的警卫就全换成了义和团民)，外交沟通渠道就此封闭。本来没有打的实力，决策又建立在错误的信息之上，其后果也就可想而知了。本日大沽炮台被联军攻占，而天津驻军和义和团开始围攻天津租界(紫竹林)。

那么太后和义和团的对头——“八国联军”的实力如何呢？据专家统计，当时在北京的各个国家的官兵共计四百五十一人，其中四十三人分派到西什库保护“北堂”(利马窦所建的天主教堂)，剩下的四百零八人，分派保护各个使馆。在军备上，他们只有四挺机枪，其余全是步枪。当然，在“北堂”和使馆区避难的教士、教民及家属也有数千人，其中相当一部分是妇女儿童，为了保命求生，自然也加入了战斗。

在各国的大部队到来之前，在天津的各国军队曾组成了一支二千人的援军，由英国海军上将西摩尔率领，于6月10日乘火车开赴北京，但开到杨村就因铁路被义和团拆毁而停了下来。援军只能边修路边进军，速度十分缓慢，两天后才抵达廊坊。在这里遇到了义和团的阻击，打了一天一夜，没能前进半步。西摩尔于是下令撤军。但来得不易，回去更难，原因是第二天 (6 月 17 日) 清廷已经决定开战，中国的正规军加入了进来。西摩尔且战且退，从廊坊回到天津租界，整整走了十天，还是租界派兵接应，西摩尔的部队才能回到租界的。这一次救援行动以死六十二人，伤二百三十八人的结局而告终。

由于援军撤退，裕禄虚报大捷，从涿州考察义和团回来的刚毅、赵舒翘等对义和团的士气和法术的充分肯定，以及无法核对洋人四条照会真伪等等因素，太后觉得与洋人不妨一搏，杀杀洋人的威风，以争取将来更好的和谈地位，于是在后两天的“大起”中，拍板定计，与洋人“开衅”了。

> 二十二日申刻再传召(群臣)入见，筹议和战，少顷即退。二十三日未刻再召见(群臣)于仪鸾殿，太后决定宣战，命许景澄等前往告之各国使臣，限二十四小时内离开北京，派兵送行。皇上非常不愿意轻启战端，抓住景澄的手说：“再好好商量。”太后呵斥说：“皇帝放手，不要误事。”侍郎联元劝谏说：“法兰西是传教的国家，争端也是由法国开启，要打，只能与法国为仇，断没有与十一国都成冤家的道理，如果真是这样，国家就危险了。”边说边哭，额头汗水如珠。听起来有人与他辩论，随即派载润等加意护卫宫墙，以防不测，赏给内膳房的饭食，不必下班。诸臣全都退下，随后传谕二十四日辰刻(上午7—9时)再入见，次日早晨全都汇集在瀛秀门外。(外国)使臣送来照会，要求庆、端二王前往议事。召二王及枢臣(军机大臣)先进见，刚毅刚好还朝，也召了进去。二王随即出来，命译署答复使臣：“有话，可以写信来，二王不能前往。”须臾，枢臣退下来，传旨撤销全起，大概议定开战，无事咨商参谋了。以上即庚子年御前会议的情况。[51]

19 日下午，在接到总署限令各国公使在 20 日下午 4 时离京的通知后，各国公使也召开了会议讨论对策，他们翌日派去的信使就是要求允许他们与庆、端二王会面的。由于没有接到回音，德国公使克林德前往总署等候回复，在崇文门大街被“虎神营”(虎吃羊，“洋”的谐音；神克鬼，“鬼”寓意“洋鬼子”) 的军士海恩枪击致死。当天下午 4

点半，官军和义和团开始进攻使馆区，此后的一切要由战场上的胜负来决定了。

6月21日(旧历五月二十五日)，清廷正式对外宣战，但宣战诏书并没有提到洋人的四条照会，有人因此认为慈禧并非因此，而是由于洋人强占大沽炮台的最后通牒才改变初衷的[52]。不错，上谕是举了杜士兰(即代表列强提出通牒的法国驻天津领事)照会为例，但把这作为太后翻然变计的原因，未免把她的政治智慧看得幼稚了。清廷之所以不能以“四条”作为宣战的公开理由，是因为“四条”在当时只是难以证实的传言，未经正式的外交途径，且无照会的文本，但是由于它触痛了太后的命根子——权力，是所谓“万不能允之事”，所以慈禧才不惜以国脉民命作赌注，破罐子破摔。恽毓鼎作为现场目击者，对当时宣战的原因和场景已做了明确的陈述，事隔百年之后的学者大可不必强作解人了。

我们再回过头来看袁世凯，作为守土有责的封疆大吏，处在一个纷繁复杂的环境中，他心目中的首要任务就是保境安民。所谓“保境”，就是防止洋人以教案为借口，越出租界直接出兵，从而攫夺更多的权益。为此，他的对策是，自己带头并严厉督促地方各级官员对教案作出政策上的转变，即由原来的消极敷衍转变为积极解决。对于义和团，则利用朝廷剿抚不定的矛盾心理和政策漏洞，实行明抚暗剿，服从抚、对抗剿的方针，很快稳定住了局势，杜绝了洋人干预的借口。所谓“安民”，即针对民教冲突源于官府断案不公的事实，提出不分民教，但论曲直的办案方针，同时奏免了一批庸懦无能、敷衍塞责的官员，褒奖勇于任事的官员，转变了官场的风气。对于华洋之间的民事、经济纠纷，中国既无实力与洋人抗衡，则主动与洋人订立“约章”以约束之，同时调派懂外交洋务的得力官员，常与洋人办交涉，及时联络沟通，建立良好合作关系。袁世凯的这一系列行政举措，在外交、内政上很快收效，不到半年，山东危险混乱的局面居然平复，而在表面上又没有违背极右派朝廷的方针，由此言之，袁世凯确实是善于驾驭乱局的行政长才。

袁世凯在处理山东乱局的同时，还以平息内乱、防备外敌作为掩护，巧妙地保存并扩大了自己的军事实力。首先，他借口平乱兵力不敷分配，说动荣禄和清廷允许他自筹军饷，将省内原来的三十四营杂牌部队裁减淘汰，重新编练新军二十营，作为武卫右军先锋队。其次，又运动荣禄，说服朝廷批准将留驻小站的武卫右军主力及随军学堂全数调入山东，及时避开了与联军作战的危险。庚子事变中，荣禄麾下的数万武卫军，前、后、中、左各军，死伤溃散后剩下来的只有几千人，只有袁世凯的右军，不仅完整无缺地保存了下来，还发展扩充到了一万九千人，成为袁世凯的最大政治军事资本和清廷日后重整陆军的基础。

6月21日(旧历五月二十五日)，清廷对外宣战，上谕中称："近畿及山东等省义兵，同日不期而集者不下数十万人，下至五尺童子，亦能执干戈以卫社稷[53]"，同日寄发各省督抚的上谕则要求将拳民组织起来，同洋人打一场"人民战争"："现在中外已开战端。直隶天津地方义和团会同官军助剿获胜，业已降旨嘉奖。此等义民，所在都有，各省督抚如能招集成团，借御外侮，必能得力。如何办法，迅速复奏[54]。"我们可以想象得出，袁世凯几天后看到这些上谕时心里是如何窃喜了，他实施保境安民方针的最大障碍，就是那些不安分的拳民，他正愁没办法公开阻止义和团回山东来呢，谁想朝廷竟然送来了冠冕堂皇的理由。几天后(6月30日，旧历六月四日)，他下令给全省的司道府县和驻军，全面封堵、驱逐义和团：

> 本部院风闻直隶保定、河间一带，有义和团聚会，多各自称能避枪炮，可御强敌。现在天津、津沽等处洋兵麇集，侵扰甚急。该拳民等应立即克日前往，奋勇助战，以实践前言，决不致窜回山东省。倘若有畏葸不前，托词观望，分散流窜山东沿边一带，必是土匪冒充义和拳会的名义，希图结党滋事，乘机抢掠；是为乱民，并非义民，应即刻查拿首领，严加惩办，以靖地方而安良民……须知拳民、土匪本有区别。迅往天津前敌助战者，即是拳民。回窜内地滋扰者，即是土匪。盖当此时局艰危之际，果然是义民，必有赴汤蹈火而惟恐落后者，怎肯扰害地方。其到处扰害地方，必是土匪无疑。万不能因其冒充拳民，遂从宽典。[55]

由于从荣禄等人的密电中，各地督抚大都知道了京城中的乱况，所以接到宣战的上谕，均致电李鸿章询问对策，唯其马首是瞻。李的答复是"乱命"不可遵从，于是由盛宣怀牵线，以李鸿章、刘坤一、张之洞等资深大臣领衔，与列强达成协议，实行“东南互保”，实质上是更大范围的“保境安民”。此时袁世凯的巡抚衙门，已成为各地与京城联络的信息枢纽，“此数月之中，东南各省的电奏、电商的文件、电报每天数万字，奏章每天数十件，全都由山东省转递[56]”。原因是京城四周的铁路、电线都被义和团破坏，而天津又处于战争状态，朝廷下达各地的指令和各地上呈朝廷的公文，其电报均要经由离京最近的济南转发接收，然后以“六百里”或“八百里”加急的方式驿马递送，所以内外信息，极为灵通。这时候的袁世凯，“汇奏战报方略，回应四方电报，阅读批发，以至饮食睡觉都顾不上了[57]”。

但值得注意的是，袁世凯虽然在内心和行动上与李鸿章等完全一致，但却并没有在宣布“中外互保”的声明上列名，而是单独致电上海英国代理总领事华伦，表示“愿与李鸿章、刘坤一、张之洞采取一致坚定的立场，维持和平”。同时，仿照“东南互保”的办法，与列强驻烟台的领事达成协议，将“内地各国洋人均派兵妥为护送到烟台暂避”，派兵保护教堂，“倘有猝不及防，照数认赔”。三天之内，就将山东内地各州县洋人都护送到了各通商口岸，“教士等之归自中国者，莫不颂述其恩[58]”。总之，对太后，袁世凯采用的是不忤旨，但阳奉阴违，“我行我法”的方针。譬如，太后谕令各省督抚勒令教民退教，袁一面报告“习教之民，均令反教”，一面指示各州县官员，“教民悔教与否，亟应听其自便，毋庸令他们全都具结反教，以杜绝(洋人)口实，而符合条约章程[59]”。由此可以看到袁工于心计的一面。

太后宣战的诏书本是全民总动员的号令，期待着各地官民“同仇敌忾，陷阵冲锋”，不想多一半的督抚不仅不积极响应，反而不顾“苟其自外生成，临阵退缩，甘心从逆，竟作汉奸者，朕即刻严诛，决无宽贷[60]”的严命，与洋人私下订约，搞起什么“东南互保”来了。可以想象得到，太后看到她多年来一手提拔重用、倚为干城的大臣们竟敢不与自己保持一致，在危难时刻背弃自己时那种震惊、悲凉、愤恨而又无奈的心情。当看到袁世凯不在其中，并且奏报正在组织山东团民源源北上勤王时，你想，太后会不会心生安慰、感激之情呢？但当朝廷真要动用袁自己的本钱时，他可就要大打折扣了。

在清廷头一次调袁世凯带兵进京时(6月15日，目的是镇压义和团)，袁借口山东脱离不开，只派总兵孙金彪率领新近编练的武卫右军先锋营的三千人北上。由于慈禧忽然变计，这次调动随即取消，但也可以看出袁不愿身蹈险地，消极应付的心理。大沽炮台陷落后，清廷再命袁世凯将上次所派部队增援天津，袁则借口孙金彪部往来奔波，“疲惫不支”，自己兵少，守土有责。“如贪图赴援他省之名，而忘本境设防之实，臣实有所不敢”。他以“防务日紧，兵力难分”等理由拒绝出兵，结果遭到驳回，要他“毋再藉端延诿”，立即派兵北上。袁于是改派登州镇总兵夏辛酉率所部六营赴援，这是 7 月 5 日的事。但过了 11 天，天津方面还是不见这支援军的影子，朝廷再次下旨严催，这支部队 7 月 18 日才出省到了直隶沧州，而天津已于四天前失守。听到此消息，夏部又停了下来，朝命继续开赴天津与马玉昆部会合与联军作战，袁则以不知马玉昆现在何处搪塞。直至联军逼近北京，夏部才向荣禄报到，在河西务与联军略作接触后，即随荣禄退往保定休整，所以保存下来“七八成”，损失不到一千人。山东与津、京相隔不过半个河北，夏部“兼程行军”，却足足走了近一个月，可称是“蜗牛速度”。可以看出他是为了保存实力而有意拖延，军情紧急之际，没有袁世凯的授意默许，夏辛酉胆子再大，也是不敢如此贻误军机的。

现在再看津、京的战况。6 月 21 日宣战以后，第二天董福祥的甘军和荣禄直辖的武卫中军就开始加入了京城的抢劫活动，专抢官员和富户之家(因为二毛子、教堂和洋货店已被义和团抢烧一空了)，北京已渐渐沦入无政府状态，真正成了兵荒马乱的鬼蜮世界。天津租界的洋兵原有四千多人，起初采取守势，但大沽炮台失守后，各国援军相继登陆，实力增加到一万二千人，开始反守为攻，与聂士成的武卫前军展开了天津争夺战。7 月 9 日，聂士成战死于天津南门外的八里台，宋庆、马玉昆率部继续进攻紫竹林租界。联军增兵后，于 14 日攻占天津城，宋、马及总督裕禄退到城郊的北仓，联军则在天津奸淫掳掠，大肆报复。同日，俄军进犯瑷珲，侵入东北。

8 月 3 日，联军后续部队登陆已达两万多人，加上天津原有的联军总数在三万四千人左右。次日，联军分兵一万八千人，由天津向北京进发。5 日攻占北仓，6 日攻占杨村，直隶总督兼北洋大臣裕禄自杀身死。9 日，攻占河西务，帮办直隶军务的钦差大臣李秉衡退守通州。

12 日，联军占领通州，北京门户洞开，李秉衡自杀。13 日晚，联军开始进攻北京。次日，日军用地雷炸开朝阳门和东直门，占领了内城的北半部。15日，联军攻入皇城，英军最先到达东交民巷，解了使馆区之围。北京根本没有进行过像样的保卫战，此时的官军也好，义和团也好，除去趁火打劫外，就是闻风溃散，落荒而逃，只留下赤手空拳的老百姓任洋人宰割了。

荣禄统率下的中国军队的精华——武卫军（袁世凯的右军除外），以及八旗京营、载漪的神机营、载澜的虎神营和直隶练军加起来超过十万人，而京津的“义民”也不下二三十万，几十万人居然挡不住区区两万不到的八国联军的进攻，我们真禁不住要为中国人汗颜和悲哀。毛泽东说过，落后就要挨打，落后就要被开除“球籍”，说得很对。但落后不单是军事装备的问题，也不单是经济技术的问题，更是一个民族的思想观念和社会心理的问题。义和团这种基于神道设教的邪教组织，他们那种非理性和极端情绪化的所谓“爱国主义”，就是我们民族的思想观念和社会心理落后于时代的鲜明标志。义和团运动根本称不上什么“伟大”，它充其量不过是统治者为实现自己目的而导演、操纵的一场闹剧而已。它固然反对洋人对中国人的压迫凌辱，但从史实来看，它是杀戮平民百姓的“英雄好汉”，在强敌面前则是不堪一击的乌合之众。从造成的后果而言，它所带给中国的灾祸远远大于其“贡献”。中华民族需要重新反省这段历史，反省自己，消解心中的“义和团情结”，摈弃狭隘的、情绪化的“爱国主义”和民族主义，以开放、理性的态度从事民族复兴的建设。否则，就真得借用杜牧的话语方式了：义和团不暇自哀，而后人哀之；后人哀之而不鉴之，亦使后人而复哀后人也。莫谓言之不预，即使到了科学昌明的21世纪，你不是还可以看到成千上万崇奉邪教的信徒吗？

其实，宣战后不过五天，太后就后悔了，面对东南方各省督抚声称二十五日（即宣战日）之后所有谕旨均为“乱命”，拒绝服从并联手与洋人订约“东南互保”的可怕局面，太后要军机处致电督抚诉说朝廷的苦衷：

> 你们各位督抚度势量力，不想轻易开启对外战端，当然是老成谋国之道。无奈此次义和团民的兴起，数月之间，已蔓延遍布京城，其人众不下十几万，自兵、民以至于王公府第，处处皆是，都说要与洋教为仇，势不两立。镇压，则即刻祸起肘

> 腋，生灵涂炭。只可以顺而用之，徐图挽救。(你们)奏称(朝廷)信其邪术以保国，也是不体谅朝廷万不得已的苦衷啊。[61]

太后的话里有真实的成分，此时的义和团和极端主义的仇外情绪已不是任何人可以硬压得住的；但她更是把自己玩火失控的责任推卸到了义和团的身上，这里又表现出了她狡猾的政治家的头脑。太后从愤恨和狂怒中冷静下来后，恢复了政治家的本色，从极端主义的破罐子破摔回到了自己擅长的平衡术上面来了。她并不下令停战，担心激起叛乱，又心存侥幸，期望军事上的胜利或相持能为未来的和谈争取到一些讨价还价的筹码。同时她指令军机处不断敦请大清国的和谈能手李鸿章北上主持和局，敦请的电报多达十几封，但在局势明朗以前，老李也不愿身蹈险地，所以滞留在沪上观望形势，别忘了他可是义和团要杀的“二虎”之一呢。太后还接受了荣禄的建议[62]，与困守在使馆区里面的洋人暗通款曲，馈送瓜果蔬菜和粮食，但这种小恩小惠此时已起不了多大作用。随着联军的逼近，在逃离北京之前，太后批准了载漪等顽固派诛杀“通洋”大臣的请求，以泄御前会议上不与她保持一致之愤。7月29日，杀许景澄、袁昶，8月11日，杀徐用仪、立山、联元，据说黑名单上还有王文韶、廖寿恒等多人，因联军兵临城下而没有来得及实行。

8月15日，联军攻入北京的次日，太后带着光绪、大阿哥和部分亲贵重臣，出宫经西直门前往昌平贯市，开始漫漫西行的逃亡旅程。头一天尤其狼狈，张廷骧的《不远复斋见闻杂志》对此有较详细的记载。

> 京西有名为“贯市”的大镇子，是由北京前往古北口的孔道。皇太后、皇上仓促出京，首站就驻在该处。有曾在贯市避难者说，两宫到达该镇时，即以回教礼拜寺为行宫。两宫在礼拜寺前下车，步行至正殿，皇上看见当头悬挂着康熙朝的圣旨，两宫随即下拜，诸王贝勒又向万岁牌行礼。过了一会儿，太监传谕，令上岁数明白事体的三四个人上来回话。于是该寺的阿訇某甲及李某等数人全受到召对。(他们)见到两宫时只跪不拜，太监催他们叩头，太后说：“回回教规我是知道的，除叩拜主宰之外，其他的都不磕头，你不必强迫他们。”当时，寺内正忙于准备茶饭，两宫的御膳乃是水熬小米粥，油炒腌白

> 菜。用完膳，又传见李某等问话说："东光裕、西光裕这两家字号还有吗？"李回奏说："有。"太后点头说："我十三岁随先父往口北赴任，路经此处，就是坐的光裕的轿子。"上灯时，寺内烧水的火伕在院内大喊说："娘娘们要是喝水呀，锅子里有开水，千万别喝凉水呀！"李某等赶出去喝阻，太后劝止说："他本是个粗人，怎能像作官的那样的排场，这倒是百姓的本来面目，不必怪他。"那时候，传召昌平州官已经三次了，始终没有来；大概州官听到京城失守，携带家眷潜逃了。太后大怒，叹息说："食俸禄的官员反不如老百姓有良心。"太后命李某等人于明日预备大车数十辆，驮轿数乘。又说："我们出宫时分文没带。今天中途已派我们(载)澜公爷前往京西取盘缠了，但是不知取不取得来？你们要是有银子可借用几百两。"李等全都答应下来。次日，两宫启驾，当地共凑了白银九百余两，大车二十余辆、骡马三四十匹。太后又要熟鸡蛋一百枚，以备路上食用。临行时哭着对众人说："甲午中日之战，只有左宝贵效死疆场，今年王廷相又死于王事。想不到你们回教中人倒出了这两个好的。"过了会儿，命太监取笔来，将接驾人的姓名开写了百余名。写完后向众人说："我们若是到了西安，就不论旨意不旨意，但非写个信来叫你们，你们可千万去呀！"众人谢恩。太后同皇上缓步走到大殿阶下，四顾点着头对众人说："以后但有大清的天下，必发内帑给你们重建此寺。"说完就洒泪上轿了。[63]

患难之际，太后还真像是个慈祥的、通情达理的老太太，但用不了多久，太后在逃亡到山西后，于9月7日(旧历八月十五日)发布上谕，称："此案初起，义和团实为肇祸之由，今欲拔本塞源，非痛加铲除不可。"义和团此时不仅无用，反而成了她急于甩掉的包袱，太后自然要大开杀戒，划清界限，向洋人示好了。太后逃亡的路上，也没有什么军国大政可办，闲着的时候，喜欢同奉命办理前路粮台，在身边跑前跑后的吴永等人聊天，透露了不少心曲，当然卸责的意图大，但也不乏真实的成分。

太后一日为我讲述了(这次)出宫的前因后果。说当时乱起来的时候，人人都说拳匪是义民，怎样的忠勇，怎样的有纪律，有法术，描形画态，千真万确，教人不能不信。后来又说京外人心，怎样的一伙儿向着他们；又说满汉各军，都已与他们打通一气了，因此更不敢轻易说剿办。后来接着攻打使馆，攻打教堂，甚至烧了正阳门，杀的、抢的。我瞧着不像个事，心下早明白，他们是不中用、靠不住的。但那时他们势头也大了，人数也多了，宫内宫外，纷纷扰扰，满眼看去，都是一起儿头上包着红布，进的进，出的出，也认不定谁是匪，谁不是匪，一些儿也没有考究。这时太监们连着护卫的兵士，却真正同他们混在一起了。就是载澜等一般人，也都学了他们的装束，短衣窄袖，腰里束上红布，气势汹汹，呼呼跳跳，好像狂醉一般，全改了平日间的样子。载滢有一次居然同我抬杠，险些儿把御案都掀翻过来。这时我一个人，已作不得十分主意，所以闹到如此田地。我若不是多方委曲，一面稍稍的迁就他们，稳住了众心，一方又大段的制住他们，使着他们对我还有几分瞻顾；那时纸老虎穿破了，更不知道闹出什么大乱子，连皇帝都担着很大的危险。他们一会子甚至说宫里也有二毛子，须要查验。我问怎样查验，他们说，如系二毛子，只须额上拍了一下，便有十字纹发现。这些宫监、妇女们，了不得的惶恐，哭哭啼啼，求我做主。我也犯不着向拳匪去讲人情。我想阻止他们又(觉)不对，万一阻止不了，那更不得下台。我叫他尽管出去，果然拍出十字来，也是命数，这何须怕得；如若胡乱枉屈人，那神佛也有公道，难道就听凭教下徒弟们冤杀无辜不成？后来出去查验，也是模糊了事，并没有查出什么人。他们心中明白，得了面子，也就算大家对付过去，还了我的面子。你想，这样胡闹，还讲什么上下规矩么？

又说：洋兵已进了城，宫里完全没有知道，只听着枪弹飞过，这声音全像猫儿叫(说着就模仿猫叫声“眇”)。我正疑心哪里有(这)许多的猫，那时正在梳妆，又听着“眇”一声，一个枪弹从窗格子飞进来。那子弹落地跳滚，仔细认着明白，方才骇异。才要向外边查问，一眼瞧见载澜跪在帘子外，颤着声气奏道："洋兵已经进了城，老佛爷还不快走！"我才慌忙起身，急问皇帝何在？说在某殿上行礼，我叫赶速通报。原来这一天刚刚碰着祭祀，皇帝正在那里拈香，听着叫唤，急忙前来，头上还戴着红缨帽子，身上穿的是补服。我说道："洋兵已到，咱们只得立刻走避，再作计较。"皇帝更着了慌，仓促就要跟着我跑。我道：你瞧这样的服色，哪里能够走得出去？(这)才千手百脚地把朝珠、缨帽一起儿胡乱抛弃，一面扯卸了外面的褂子，换了长袍，我也改换了下人的装束。咱娘儿两个，就此一同出走，那时一切衣服物事，都已顾不得携带，单单走了一个光身。一路踉跄步行，一直到了后门外(即神武门)，才瞧着一乘骡车，问了骡夫，知道是载澜的车子。我就带着皇帝急急上车，赶叫向前快走。他们(指其他亲贵大臣)都是沿途找雇(车脚)。到了德胜门外，大伙儿才到，稍稍聚集，又怕洋兵追赶，不便屯留，便一气直前上道，昼夜趱行。头一夜在贯市停顿住宿，多方设法，好容易才觅到几乘驮轿。由贯市赶到岔道，都宿在破店中，要求一碗粗米饭，一杯绿豆汤，总不得找处。比较逃荒的老百姓，更为苦恼。一直到了怀来(县)，亏你有个预备，才算脱了苦境。难得你如此忠心，而且急忙之中，还亏你赶办得出来，我是十分心受的。所以我要你随扈在一起，这会子也总算是患难相与的了。[64]

太后逃出去了，那么北京陷落之后的景况如何呢？据当时的记载，联军破城之后，会同原来被困在使馆和教堂的洋人，在全城借搜捕义和团和枪械的名义大肆杀掠和报复，第二天才下令停止。然后将市区划分为各国占领区，公推瓦德西为联军统帅。任职于工部的陈恒庆当时已移住北城，他所见到的景象是：

我在北城见到各户皆插白旗，上写"顺民"二字，差不多是仿照(当年)闯贼(李自成)进入北京城时的故事。嗣后北城成为日本分管区，传谕各户撤去"顺民"二字，涂一红日于旗子的中央。搜查拳匪，数日才结束，此后居民(与占领军)颇为相安无事。设立审判处于顺天府衙，找来瑞澂判案，瑞澂的超升实由于此事。

当时大道左右，陈列着的衣服、骨董、家具无数，由于破城之日，当铺、大商店、富室都被土匪抢劫，都城中的精华消耗殆尽了。上等皮衣，古旧瓷器、名画多被外国人以贱价买走，中国商人所得到的都是中下等的货色。留在都城的京官儿们，没钱购买，徒然眼热而已。京官中也有大员没有逃走的，如崇中堂、左小侯、怀尚书、世侍郎，还有十余人，或走或留，茫茫然不知道怎么办。洋人的统帅意在议和，而不见中华大员来议事，无从着手。海关总办赫德，是(联军)顾问官员，于是出面找见总理衙门掌印司员舒龄，示以议和之意。舒公于是邀请大员七、八人到寓所，商量谒见洋人使节。大员家中被劫，大多没有长衫，舒公于是开箱拿出长衫数件，各自穿上后，步行前往。洋人使节欢迎，且说："请你们的庆王、李中堂来京可以议和。"说完后又指着天花板说："你看有多少枪弹孔，我们没死算是幸运的啦。"数位大员仍回到舒宅，商议着写奏折，派司员朴寿带呈行在。得到旨意命庆王回京议和。[65]

10月12日(旧历八月十八日)，北京陷落近两个月后，李鸿章才以直隶总督兼北洋大臣、全权和议大臣的身份到达北京，会同早已回到北京的另一全权大臣庆亲王，开始收拾庚子事变的残局，与列强展开了为期一年的艰难谈判，最后老太后为保住自己的权力，牺牲了最忠实于她的马前卒们。庚子事变的善后以流放处死"肇事祸首"端、庄二亲王、毓贤、赵舒翘、启秀、徐承煜等亲贵大臣(刚毅、徐桐、崇绮、李秉衡等已死者，则撤去恤典)，中国赔款四亿五千万两白银等十二款的《辛丑和约》而告结束。

局势明朗后，袁世凯开始对义和团痛下杀手，颁布《严拿拳匪暂行章程》，声明："无论军民人等，凡有练拳或赞成拳党者，杀无赦"；"父兄纵听子弟学习邪拳，除将子弟正法外，该父兄拿获监禁三年"；"窝留者与匪犯同罪[66]"。并派出嫡系部队，分别前往各州县"兜剿"，博得了联军统帅瓦德西的好评，说他"系属于明达督抚一流"，答应"德兵断不入济[67]"。

袁世凯从陕西巡抚端方的电报中得知太后一行逃到山西太原之后，

立刻想到这是一个博取太后好感的难得机会。“念山西素来号称穷省，扈从万众，需用浩繁。于是与司道等筹商，迅速筹集了十万银两，又附加安徽京饷银十余万，江苏京饷银五万，派员押解，奔赴行在。”又考虑“两宫之西行，车驾仓促，天气渐渐寒冷，以至无法更换冬装。(袁)公进贡方物，并且采买进贡绸缎，两宫感动。于是东南各封疆大臣，全都络绎进献[68]。”上面提到过的曹倜就是首批奉派押解供物前往山西的官员，他回忆他所押解的这批银钱物资计有白银三十万两、绸缎二百匹、水果四十桶，从济南到太原，前后走了十四天。事后，随扈的军机大臣王文韶对他说：“各省的饷银都没有到，山东首先送过来，可称得上是救了急，所带来的物品尤其得用，两宫大为嘉许[69]。”这一番雪中送炭的举动，使患难中的太后大为感动，所谓“板荡识忠臣”，太后日后毫不犹豫地提升袁世凯接替李鸿章担任直隶总督兼北洋大臣，没有参加东南互保和主动送钱肯定是重要的因素。

袁世凯在山东期间还有值得一提的另外两件事情。一是他用人不念旧恶。袁世凯被任命为山东巡抚后，当年小站练兵时弹劾过他，使他遭受查办的御史胡景桂正巧在山东担任按察使。得罪过的人成了自己的顶头上司，胡难免惴惴不安，袁则一见面“即与(胡)笑谈前事，并开诚结纳，悉泯前嫌[70]”。此后胡成为袁的得力助手，多次被派任重要公务，外调他省，袁也不放他走。以后袁到直隶，也将胡调到直隶，直至病逝，胡一直追随于袁世凯左右，由此可见其用人胸怀之一斑。袁世凯所办的另一件事，是办了地方的第一座大学——山东大学堂。袁世凯爱惜人才，故特别注重办学，可以说是走到哪里，就把学校办到哪里。在小站军中，办了四座随营学堂；到山东后，又倡办“课吏、校士两馆，一以造就吏才，一以研究学术。课程奖章，皆(袁)公所亲定”；“又在省城改设大学堂，为西北各省之倡[71]”。

中国近代历史因果的链条真是环环相扣，甲午战争的失败促成了戊戌变法，戊戌变法的失败又导致了庚子事变。庚子事变中光怪陆离的社会景象又反证了导致中国不断挨打的是落后，尤其是思想观念和社会心理的落后，更是束缚中国前进的桎梏。诚如黎东方先生所指出的：“慈禧的国际知识，赶不上今天小学五六年级的学生。载漪、刚毅等人的常识，赶不上今天幼儿园的儿童。中外古今，不曾有过任何一个别的君主，对全世界一切国家宣战；也不曾有过任何一个别的政府，相信杀了外国的代表和传教士，便足以慑服外国国内的全体君臣人民[72]。”至于拳民们的愚昧迷信，就更是等而下之，可笑可悲了。退一万步说，太后和义和团即使杀灭洋人成功，中国只会走向黑暗和倒退。反倒是实行“东南互保”的李鸿章、刘坤一、张之洞等督抚和袁世凯在当时代表着中国理性的一面，防止了国家更深地坠入灾难的深渊。曾有一种很流行的观点，说是义和团的反抗声势震慑了列强，阻止了帝国主义进一步瓜分中国，但只要看一看事变的过程和敌我双方实力的对比，你很难相信这几十万乌合之众的表现能震慑住什么人。列强之所以没能在当时瓜分中国，是因为它们之间的利益不一，矛盾重重，互相牵制所致。蒋廷黻先生的《中国近代史》、唐德刚先生的《晚清七十年》中，对此都有透彻的论述，这里就不再赘述了。

附：李希圣《庚子国变记》所记“御前会议”辩论情形：

是日，召大学士、六部、九卿入议。太后哭着出示罗嘉杰的书信，群臣面面相觑，逡巡没人敢于先发言。吏部侍郎许景澄说：“中国与外洋建交数十年了，民教相仇的事情，每年都有，只不过赔偿而已。只是攻杀使臣，中外还没有现成的案例，今天(东交)民巷的使馆，拳匪天天在窥伺着，几乎是朝不保夕；倘使出现不测，不知把宗社和生灵置于何地？”太常寺卿袁昶说：“战端不可开，纵容乱民，祸乱会不可收拾。他日内讧外患，相随而来，国家怎么受得了？”慷慨唏嘘，声震屋瓦。太后的目光就像要吃了他一样。太常寺少卿张亨嘉说：“拳民不可恃。”仓场侍郎长萃在亨嘉后面大声说：“这些都是义民啊！臣自通州过来，通州要是没有义民就保不住了！”载漪、载濂及户部侍郎溥兴应和着说：“人心不可失。”皇上说：“人心怎么足以倚靠？只能添乱罢了！今天的人喜欢谈兵事，然而自朝鲜战争起，创巨痛深，效果也算看得见了。何况诸国之强大，十倍于日本，合起来算计我们，拿什么抵御它们？”载漪说：“董福祥剿灭叛乱的回部有功，用以御夷，当可无敌。”皇上说：“福祥骄狂，难以为用，敌人器利兵精，不是回部所能相比的。”侍讲学士朱祖谋也说董福祥是无赖，载漪言语不逊，皇上默然。群臣都退出后，载漪、刚毅于是合奏上疏说："义民可恃，其术甚为神奇，可以报仇雪耻。"载濂也上疏说："时不可失，敢于阻挠者请斩杀。"听到的人没有不痛心疾首的，骂他们是妖孽，知道他们必会完蛋，然而畏惧太后，没人敢于说出来。

当天派许景澄前往杨村，劝说夷兵不要来北京。道遇拳匪劫持而归，景澄差一点死了。后来，夷兵援护使馆的军队，也因人少未能到达，至落垡而回。

二十一日，又召见大学士六部九卿。太后说："皇帝意在和谈，不想用兵。我的心里也乱了，今天廷论，可对皇上尽其所言。"兵部尚书徐用仪说："用兵对中国不利，而且战端不可先由我方挑起。"皇上说："不是不可以言战，(我)顾虑的是中国积弱，兵力又不足以倚靠，用乱民以求一逞，难道靠侥幸(取胜)吗？"侍读学士刘永亨说："乱民应当尽早铲除，不然，祸不可测。"载漪说："义民起于田间，出于万死不顾一生地来赴国家之难，今天却想把他们当作乱民杀掉，人心一瓦解，国家靠谁来图存？"皇上说："乱民全是乌合之众，能以血肉相搏吗？而且人心只是句空话而已，怎么能以老百姓的生命当儿戏呢？"太后估计载漪词穷，而户部尚书立山，以用心侍奉而得太后欢心，太后于是问立山(的态度)。立山说："拳民别的虽没有什么，但他们的法术多没有效验。"载漪变了脸色说："用的是民心，谁说靠法术？立山敢于廷争，说不定与洋人有联系，请派立山退夷兵，夷兵必会听从。"立山说："最先言战的是载漪，载漪应当去；臣不熟悉夷情，况且不是我职责范围内的事情。"太后说："德国亲王亨利过去来访问时，你曾负责接待供给，亨利很感谢你，你应该前去。"立山没有回答，载漪立刻骂立山是汉奸，立山抗辩，太后为两人调解。退朝后，派遣徐用仪、立山及内阁学士联元到使馆宣谕说："不要召兵来，召兵来北京则会破坏友好关系。"

二十二日，又召见大学士六部九卿。载漪请求进攻使馆，太后允许了他。联元急忙叩头说："不可以。倘若使臣保不住，洋兵将来入城，鸡犬都不能留了。"载澜说："联元偏向洋人，杀了联元，洋兵自会退走。”太后大怒，招呼左右立刻斩杀(联元)，庄亲王载勋劝解而止；联元，是载勋家的包衣(奴才)出身。协办大学士王文韶说：“中国自甲午以后，财力短绌，兵力单薄。众寡强弱之势既然已经对抗不了，一旦开启战端，如何善后？望太后三思。”太后大怒而站起身来，用手拍着御案骂他说：“你说的这些，我听的太多了，还用得着你来说吗？你能去命令洋兵不进城吗，不能就斩了你！”文韶不敢辩解。皇上握着许景澄的手哭着说：“朕一个人死不足惜，天下的生灵又怎么办？”太后表面上安慰劝解，不高兴地罢了朝，从此怀恨上了景澄。

太后的意向既已决定，载漪、载勋、载濂、载澜、徐桐、崇绮、启秀、赵舒翘、徐承煜又极力赞成，于是下诏褒奖拳匪为义民，给予内帑白银十万两。载漪就在(自己)寓所设坛，早晚必拜；太后也在大内设坛奉祀。于是河北山东一带的匪盗，没有不响应而大谈消灭洋人的了。[73]

注 释

1.《袁世凯奏议》(上)，第41—45页。

2.《容庵弟子记》卷二。

3. 桐宫，古时候殷商开国君主汤的墓地享殿，据《尚书·太甲上》说，商汤的丞相伊尹因国君太甲昏庸逆乱，将其罢黜，放逐到桐宫居住反省。以后就以“桐宫之事”譬喻废黜君主的事情。

4. 恽毓鼎：《崇陵传信录》，《近代稗海》(第13辑)，第493页。

5.《戊戌变法》(四)，第321—322页。

6. 胡思敬：《国闻备乘》，第297页。

7. 穆宗，同治皇帝的庙号。同治死时没有子嗣，光绪是慈禧为实行垂帘听政而选立的嗣皇帝。现在又提出所谓“立后”，即以新人取代光绪作为同治的继承人，意思就是要实行废立皇帝的大事。

8. 胡思敬：《国闻备乘》，第270—271页。

9.《戊戌变法》(二)，第631页。

10. 伊，伊尹，商汤的宰相；商汤薨逝后，其子外丙、仲壬在位时间很短，汤的孙子太甲继位，行政昏乱，宰相伊尹于是放逐太甲于桐宫，直至反省改过后方才复位。霍，霍光，汉武帝死前被任为顾命大臣，受任大司马、大将军，辅佐昭帝。昭帝早逝无子嗣，霍光主持立武帝之孙刘贺为帝；不想刘贺是个只知道玩乐的纨绔，淫乱失德，霍光于是定计，请示太后废黜了刘贺，另立武帝曾孙刘病已为帝，是为汉宣帝。以后历史上就把废昏立明之类的事情称为“行伊霍故事”。

11. 恽毓鼎：《崇陵传信录》，《近代稗海》(第13辑)，第493页。

12.《义和团档案史料》(上)，第6页。
13. 同上，第15—16页。
14. 同上，第24页。
15. 同上，第28页。
16.《义和团档案史料续编》(上)，第5—6页。
17. 同上，第10—11页。
18. 蒋楷：《平原拳匪纪事》，《义和团》(一)，第354页。
19. 同上，第354页。
20.《义和团档案史料》(上)，第37—38页。
21. 参见黎东方：《细说清朝》，上海人民出版社，第604—605页。
22. 许指严《十叶野闻》：“曹(州)多盗，毓(贤)至曰：‘是易治也。’命木工制大木笼四，高及肩，囊其身于笼，而以木环围锁其颈，植木其中，足下初置砖，渐抽去。弱者半日，强者一日夜死矣……毓(贤)以能尽法惩治，蒙太后特达之知，不三岁，荐升巡抚。山东故多盗，熟知毓之好杀无餍，不敢复撄其锋。忽一变面目，而以神术习拳，且移其劫掠之能力，以仇洋教。毓私喜盗众之畏己也，而又利其仇洋教之可张己声威也。乃亦大变其面目，举前之斥为化外者，不惜一转移而奖之为义民。”同书，第190页。
23. 袁世凯驻防德州时，只带去三千五百人；半年之后(1900年5月)，经荣禄力请，清廷才同意小站全军(包括四所武备学堂，此时已有一万二千人)移驻山东布防，此后不久清廷就向列强宣战；如果小站新军没有及时移驻山东，参战是必然的，袁四年的心血和成果也肯定会毁于一旦。
24.《容庵弟子记》卷二。
25.《义和团档案史料》(上)，第51、56页。
26.《袁世凯奏议》(上)，第45页。
27.《容庵弟子记》卷二。
28. 曹倜：《古春草堂笔记》，《义和团史料》(上)，第273页。
29. 龙顾山人：《庚子诗鉴》，《义和团史料》(上)，第180页。
30. 袁静雪：《我的父亲袁世凯》，《文史资料选辑》(第74辑)，第129—130页。
31.《容庵弟子记》卷二。
32. 罗惇曧：《拳变余闻》，《清季野史》，第54—55页。
33.《庚子记事》，中华书局版，第12页。
34. 黎东方：《细说清朝》，第610页。
35. 即祁隽藻(1793—1866)，文端是其谥号。山西寿阳人，是嘉庆、道光、咸丰、同治四朝元老，曾任军机大臣、大学士等要职。
36. 罗惇曧:《拳变余闻》，第44—46页。
37.《义和团档案资料》(上)，第707页。
38.《庚子记事》，第86页。
39.《荣禄存札》，齐鲁书社版，第404页。
40. 胡寄尘编：《清季野史》，岳麓书社版，第29—30、34页。
41. 陈恒庆：《清季野闻》，《义和团史料》(下)，第637—638页。陈恒庆，山东潍县人，光绪十二年进士，当时在京城任御史。

42.《庚子记事》中华书局版，第28页。

43. 莫里循：《清末民初政情内幕》(上)，第62页。

44. 王照：《行脚山东记》，《义和团》(一)，第409—410页。

45. 陈夔龙：《梦蕉亭杂记》，第34页。陈当时任顺天府尹。

46. 同上，第34页。

47. 恽毓鼎：《崇陵传信录》，《近代稗海》(第13辑)，第495—496页。

48.《庚子记事》，第14页。

49. 恽毓鼎：《崇陵传信录》，《近代稗海》(第13辑)，第497页。

50. 唐德刚：《晚清七十年》，岳麓书社版，第410页。

51. 恽毓鼎：《崇陵传信录》，《近代稗海》(第13辑)，第497页。

52. 参见孔祥吉《义和团运动若干重要史实辨析》，《晚清史探微》，巴蜀书社版，第232—246页。

53.《义和团档案史料》(上)，第163页。

54. 同上，第163页。

55.《筹笔偶存—义和团史料》，中国社会科学出版社版，第278页。

56.《容庵弟子记》卷二。

57. 同上。

58. 李宗一：《袁世凯传》，第86页。

59.《山东义和团案卷·长山县禀批示》(上册)，齐鲁书社版，第182页。

60.《宣战诏书》中之语，见《义和团档案史料》(上)，第163页。

61.《义和团档案史料》(上)，第187页。

62. 此事荣禄嗣子良揆撰有纪事一则云："武卫军偶获间谍名金四喜者，已问斩矣。临刑时其(头)发中落下字纸一片，审之知为驻京英、俄、德、法、美五国使臣联名与外界通消息者。监刑人当(即)令停缓，并将其事禀报董福祥，董福祥上报于文忠公(即荣禄，文忠为其谥号)。公立命将其人提至案前亲讯之，得其实情，贷以不死，而善遣之，并密令此人向各使臣通讯。声明我政府极愿保护各国使馆及侨民之安全，惟各国军队如果到京时，首(先)对两宫安全必须尊重，次则满城人民生命亦须保护为交换条件。其人去后复来，陈述各使臣情愿照办此意。公于次早力疾入朝，不计自身利害，恳切面奏，感动天听，故有慰问各国使臣、保护侨民之上谕。嗣(后)并由此人输送接济各使馆粮米、瓜果等食品，中外感情略见和善。"见《荣禄存扎》第422—423页。

63. 张廷骧：《不远复斋见闻杂志》，《义和团史料》(下)，第647—648页。

64. 吴永：《庚子西狩丛谈》，第87—88页。

65. 陈恒庆：《清季野闻》，《义和团史料》(下)，第639页。

66. 李宗一：《袁世凯传》，第89页。

67. 同上，第90页。

68.《容庵弟子记》卷二。

69. 曹倜：《古春草堂笔记》，《义和团史料》(上)，第273页。

70.《容庵弟子记》卷二。

71. 同上。
72. 黎东方：《细说清朝》，第619页。
73. 转引自庄练：《中国近代史上的关键人物》(下)，第44—46页。

第十二章

新政先锋

李鸿章之死将袁世凯
推到了政治舞台的中央，
在重新启动的变法中，
袁世凯实至名归地成为
晚清改良主义运动的新领袖。

图55　袁世凯（时任直隶总督）视察京师大学堂时与有关官员暨部分教职员的合影。前排正中坐者为袁世凯。

【导读】庚子事变后，为了挽救颓败的国势，慈禧太后不得不重新启动变法，而守旧派阵营的瓦解，使改良派成为新一轮变法运动的主导力量。本章开头所选奏折就是时任山东巡抚的袁世凯，就变法问题向朝廷提出的十条建议。李鸿章之死将袁世凯推到了政治舞台的中央，在接任直隶总督兼北洋大臣之后，袁世凯依照他上陈朝廷的“十条”变法方针，广泛招揽人才，在教育、实业、军制、吏治等诸多方面开展了全面、扎实的变法维新活动，在不到六年的时间内，从战后的废墟上把直隶建设成为“如旭日之升，为全国所具瞻”的模范省份，充分表现出袁世凯非同寻常的行政才能，展示了他“治世之能臣”的一面。“得人才者兴”是句老掉牙的古训，但真正能做到的人并不多。袁世凯的北洋新政之所以能够获得成功，正在于他重视人才并能知人善任，因材施用，在推行新政的过程中，袁世凯罗致了大批人才，形成了更高层次的北洋班底，从而为其事业的发展奠立了坚实的基础。出长北洋的六年，是袁世凯一生中最有建树的六年，北洋新政为中国近代的洋务运动添写了光彩的篇章和圆满的结尾。从这个意义上说，袁世凯作为李鸿章之后的新一代改良主义领袖是实至名归的。

遵旨敬抒管见上备甄择折[1]

（1901 年 4 月 25 日）

奏：为遵旨敬抒管见，上备甄择，恭折缕晰驰陈，仰祈圣鉴事。

窃臣恭奉光绪二十六年十二月初十日上谕：着军机大臣、

大学士、六部九卿、出使各国大臣、各省督抚，各就现在情形，参酌中西政要，各抒所见。通限两个月，详悉条议以闻，等因。钦此。伏读之下，钦悚难名。仰见皇太后、皇上宵旰焦劳，惩前毖后，咨儆百尔，一意振兴，诏求嘉谟，训词深痛，薄海臣庶，感动奋发，靡不涕零。环球列邦，共睹共闻，当亦同深钦服。臣忝膺疆寄，渥受国恩，值此时艰，莫能补救，夙夜愧愤，无地自容，敢不勉效一得之愚，仰恭圣明采纳。

臣维全局至重，庶政弥繁。当积重难返之秋，为改弦更张之计，因革损益，各有所宜。现或苦于人材之不敷，或绌于财力之不足，而又有浮议挠之，痼习蔽之，虽有良法美意，未易一概施行。臣权衡轻重缓急，通盘筹划，其骤难兴举者，贵乎循序渐进，不可操切以图；其亟须变更者，又贵乎明断力行，不为庞言所动。核其要在于熟审治法，能慎始乃能图终。探其本在于广植众材，能得人乃能行政。其余理财讲武，以次第施，因时制宜，兴利剔弊，而成效乃可得而言也。臣愚虑所及，不敢为繁重阔远之论，谨就言之易行，行之易效者胪列十条，敬为我皇太后、皇上陈之。

一、慎号令。号令者，国之大权，臣民之所钦仰也。必精审详度，计天下实可遵行者，而后毅然出之，决无反汗，期在必为，始可风动四方，日臻上理。倘不慎之于始，或发一号而室碍多端，势将半途中辍。或施一令而流弊丛出，又将易辙而行。甚或破除积习，不便贪庸，群起撼摇，多方阻格。持之不坚，终将废置。迨号令频更，众情疑惑，遇有善政，亦且相率观望，视若具文，不肯力行，安能收效？现值国家变通政治之初，号令所颁，中外竦企。窃以为事欲经久，先在于法可通行。在朝廷博采旁咨，群策辐辏，凡遇臣工条陈事件，自必详加讨论，择善而从。然言之匪艰，行之惟难。设其中尚有应待推究之端，似宜饬将该条陈发还上言者明白详复，或发交资深望重诸疆臣妥议具奏，内外合谋，不厌精详。迨至禀承庙谟择定施行，便成万钧不移之势，无论如何为难，亦必坚持定见，始终不渝。臣下知其无可迁延，无可规避，自然奉行惟谨，奋力图功。于是明定赏罚，以示鼓励；限定岁月，以立程期；严申考成，以核功过。勤者有不次之近在眼前之擢，惰者无或贷之刑，庶人知劝惩，而百废不难俱举矣。

二、教官吏。人才登进，向重正途，究之释褐[2]之初，用非所学，类多娴于文艺，拙于政事。又自咸同军兴而后，保举捐纳，阶进日多，流品益杂。京员半受成于胥吏，外官恒借重于幕友。不但通达时务、干济世之变者百无一二，即求其能称职守，了然于分内应为之事，亦甚难其人。似亟须有以教之。拟请在京师设立课官院，简派明达王大臣督其事，由六部九卿翰詹科道各衙门，精选品学敦实、才识明通者入其中，分延教习，课以本国史学、掌故、政治、律例以及各国约章公法。一切西政、西史，各就性之所近，学之所习，分门别类，各专其业，严定课程，考其殿最。其优异者，即按其所执之业，而试以所宜之事。其志趣远大者，或派令出洋游历，以验其造诣而求其精实，回华之后，优予奖擢。并请饬下各行省，分设课吏馆，专就吏治、时务、交涉等项，择要辑书，发令候补人员学习。按月扃考，择其连取优等者，酌予委用。不过一二年间，京外官吏，皆知讲求实在经济，临事因应，自易措手。方今时艰日亟，需才孔殷。若待学校大兴、人才辈出之后，方使之莅官任事，势必有所不及。但就现有之官吏，设法造就，俾皆成为有用之材，彼既无废弃之忧，则鼓舞兴奋，收效必速。济急之方，莫先于此。

三、崇实学。百年之计，莫如树人。古今立国，得人则昌。作养人才，实为图治根本。查五洲各国，其富强最著者，学校必广，人才必多。中国情见事绌，亟思变计，兴学储才，洵刻不容缓矣。拟请饬将京师本有之大学堂认真整顿，竭力扩充。并饬下各行省厚筹经费，多设学堂，或仿照各国学校章程，区分等次，依次推广。务使僻壤穷乡，皆有庠序。择中外有裨实用之各项书籍及各国著有成效之各种学术，延师讲授，分门肄习。但目前师资无多，惟有译书之一法，最为便捷。似宜专派大员，考核各国书史，其已经译出者多刊广布，其未经译出者，精选译员译成汉文。一面分咨出使各国大臣，随地购书，选择咨送。近年来日本译书甚多，而洋人之久在中华者亦多有译本，均可搜罗印证，汇集成编，发交京外各学堂循序讲贯，以期学术一律而免分歧。并可酌聘洋员，为之教习。迨所学渐有门径，再分别资遣出洋，以资历练。将见风行海内，而才彦不难蔚兴矣。

四、增实科。夫当世无深明大事之人，故人才今不如古；当世无博达时务之人，故人才又中不如外。然近日取士，如必广求兼通古今中外之人，非但无此本末兼赅之士子，恐亦无此体用兼备之考官。虽立法极其精详，势必有所不行，即勉强行之，亦终于有名而无实。旧学似暂宜量为变通，旧科仍按期举行，不必一旦全废，但将各省岁科乡会各试取中定额，先行核减二成，另增实学一科，即将旧科所减之额，作为实科取中之数。拟请先饬沿海各省如南北洋、两广、闽浙各督臣会同妥议条规，按中西各学分门别类，募考实学。各省风气不一，暂不必拘定籍贯，亦不必分省限额。荟萃聚考，先仿佛童试规模，由该督臣等精选试员，认真校试，择优异者作为附生，再定期复试，取中者作为举人，再咨送礼部。由礼部会同总理衙门遴调试员，并奏请简派考官订期会试，中试者为进士。但各试虽皆以经济时务为重，亦必须能明四子书大义及有宋诸大儒理蕴，方准取中，以免趋末忘本之弊。成进士后，一体殿试，试以时务策论，不拘格式，不避忌讳，恭呈睿定，赐以出身。内用者各就所学专门，分法六部观政。其精通各国语言文字及熟谙各国政要者，发交总理衙门、出使大臣差遣；外用者发交各省督抚分别委用，并由各堂官、使臣、督抚等认真察看，一年期满，出具切实考语甄别，不准视为具文。倘有品行不端、心地难信者，随时参革。其旧科中额，每次递减二成，实科递增二成，以六成为度；使士子知所趋向，争自濯磨，皆渐勉为有用之材，以求奋于功名之路。迨三科之后，学堂中多成材之士，考官中亦多实学之人，即将旧科所留四成帖括中额概行废止，一并按照实科章程办理。而实科亦不必另行一途，仍旧各省一律举行。如此逐渐转移，而士风不难丕变矣。

五、开民智。中国腹省风气未开，士民囿于一隅，每至寡闻鲜见，一遇洋人，非存畏避之心，即起仇视之意。畏则甘受欺侮，仇则激生衅端。且于敌情国势，物产民风，窥察无从，隔膜必甚。亟须启其智慧，广其见闻，始可期彼此相安，兼可益民商生计。而开民智之法，各国重在报馆。惟中国各报馆，大半有文无行之士，作奸犯科之徒，依托洋商，影射煽惑，迹其诗张为幻，几使官家无之如何。似宜通饬各省，一律开设官报局。报端恭录谕旨，中间记载京外各省政要，后附各国新政近事以及农工商矿各种学术。遴派公正明通委员董司其事，由省局分发外邑村镇，俾各处士民均得购览。并申明报律，将一切雌黄不经之说，暨干犯忌讳之词，概行禁除，专以启发民智为主，庶几风气日辟，耳目日新，既可利益民生，并可消弭教案。迨官报盛行，购阅者众，且可抵制各处托名牟利之洋报。纵各洋报馆未能一概禁闭，而销售渐滞，主笔者自有戒心，亦不敢再逞无稽之谈，以惑民听而乱人意矣。

六、重游历。春秋战国之世，晋文在外，晋悼游周；赵武灵入关而瞰秦王；滕文公过宋而见孟子，皆不惮远涉，视为故常。至于会盟之役，国君亲行；聘问之使，亲贵并遣，征诸往策，不可胜数。固以敦交邻之谊，亦以察与国之情。近今泰西各邦，储君亲王，遨游列国，尤为习见，揆其用意，实于古合。拟请简派王公，分赴外洋各国，慎选留心时务之京朝官随从游历，考究各国政治、学术、风土、人情，既资以广见闻，亦借以觇敌势，濡染既久，智慧日生。外洋情形，均得要领，回国任事，自善措施；遇有交涉，更无难于因应。各国见我风气日开，必渐见引重亲近。且彼之底蕴，已为我所洞悉，亦可稍戢横暴，不致任意欺凌。至京师各衙门人员，如有情愿出洋者，准其报由总理衙门详加考察，实系志趣正大，才堪造就者，亦可在出使经费项下，酌予川资，遣诣外洋游学。回华后切实考询，视其所得之浅深，以判优劣，而定黜陟。倘若亲贵中有以海外风涛为虑者，不妨先赴日本或中国通商各埠，就近游览，亦足以通知时局，稍识洋情，未始非成材捷速之一途。

七、定使例。各国凌我贫弱，遇事要挟，惟在办理交涉人员善为因应，以免失机偾事。是出使人员，关系绝重。查各国使例，英为最善。公使一途，重谙交涉；领事一途，重习商务。虽统名为使员，而其中实隐有区别。凡膺出使之任者，必为其政府所素信，及洞悉各国情事，始可充选。抵任后考究该国风土、政治，一切利弊与其意向动静，随时刺探，据实报明本国。职掌既重，任用尤专。其阶资迁擢，率不外乎本途，类由书记、翻译、参赞以次考功递升。常有数十年不离一国，亦有终其身专膺使命者。按其年限给假休息，差俸仍旧。有时外（交）部缺员，亦由使员内选调任用。故内外情通，洋务娴熟，交际之间，应付咸宜，而本国利益，在在均占先着。中国遣使，向无专途，随带人员，尤多冗杂。而任满受代，永难熟悉，似宜精选使才，先令在总理衙门当差，稍加历练，再因缺派往各国。其随带各项要差人员，均由总署在于实科登进之各司员内考取派充，概不准随意携带，亦不许无故调换。自使臣以下，均以久任为主。有时使臣易人，而所属各员，仍可照旧供差。仿照英例，立限给假休息。总署需员，亦分别堂司在使员中调用，庶总署使员，联为一气，呼吸相通。任久职专，情形透彻。遇有各国事案，自可算无遗策。且使员得人，敌情了然，既有诡谋，亦得以预为防范。使该员并可藉其土著，嗾嘱煽动，使他国与我为敌者，互相疑忌，藉以缓我祸机；又可相机联络，以分敌国之势。其中无形之作用，裨益良多。

八、辨名实。京外各官，禄入素薄，每不足以资赡养，而经理财赋厘税各差缺，率视为肥美之区，委之者名为调剂，任之者善于中饱。积习成风，牢不可破。而名实之混淆甚矣。夫薪俸之获，自公家者有限，而赢余之入私橐者无穷。推究其故，皆由无以养人之廉，遂亦无以禁人之贪耳。然此风不除，终难核实。虽欲振兴百度，力图富强，恐一法行而人皆缘法为奸，利尚未兴，弊已先伏，欲治之成，其道无由。似宜将京外各官廉俸，从优厘定，计足以资事畜养。又量差缺之优绌繁简，酌定经费以资办公。其散职冗员，无所事事者，分别裁并，节其薪俸以供挹注。而经手理财人员，不妨格外从优以杜侵蚀。此外凡财赋厘税所入，涓滴之微，锱铢之细，亦必列为公帑，不准稍有损耗。盖明予之千金有所不吝，而暗取之丝毫在所必严，有坐赃者尽法痛惩不贷。果能事事核实，不但赋税可期倍增，即将来仿行各国兴利致富诸法，亦可期有成效。综核名实之道，必当以此为先务。而理财得失，关键亦即系于此。昔原宪辞禄，孔子止之；圣人之用心，其必不肯导人以贪也明矣，盖虑远思深而维持者大矣。

九、裕度支。各国财政，途径纷繁，大要在采矿产、造铁路、兴商务、通货币及一切生财之道。凡利国利民者，靡不竭力经营，官吏提倡之，保护之，而又昭示大信，历久不渝。故上下交孚而利源日辟。其税则綦重，名目亦多，如人口、间架以逮印花之类，莫不有税。然其教民、卫民并为民代谋生计，实属无微不至。又事事核实，推诚布公，故重取于民而民不怨，多为之名而民不扰。近年来路矿邮政诸务，中国皆已举行，而收效尚需时日，非目前所能取济。似宜亟兴商务，以保利权而厚民生。现各省亦多有设立商务局者，不过具文，无裨实济。盖由官尊商卑，上下隔阂；官视商为鱼肉，商畏官如虎狼，局所虽多，徒滋纷扰。如欲切实整顿，必须办理商务者扫除在官习气，是官商一体，情意相通，并在各商萃聚之处，设立商会，分举董事，经纪其间；遇事联络声势，通力合作，以与洋商相角逐。有害则官为除之，有利则官为倡之，其有抑制凌铄者官为保护之，其有财力不逮者官为助成之。办理商务人员，又须常历各口（岸），随时接见诸商，讨论中外商务情形，访询利病，相机兴革。又须与出洋人员，互通声息，协筹合谋，始可日有起色。至洋人以银元畅行内地，而中国以宝银反复熔铸；人（家）享大利，我受耗损，所亏甚巨，流弊实深。似宜亟照迭次议定成法，通饬各省购机设局，赶造银元。每元通按库平（银）一两制造，小者递减。务使天下一律，不得有参差搀杂之弊，并可造纸币以辅行之，设官商合办银行以流通之。其解部放饷各款，均依次改用银币。但能办理得法，士民见信，则铸钱之提减成色，银行之出入子母，纸币之现存腾挪，自可周转不穷，坐获厚利。至各国税重且繁，欲仿行之，先宜慎择。拟请饬下出使大臣，访查各国税章，择其裕国而不病民，可以推行中国者，汇录奏闻。再发交各疆臣，各就地方情形会议增减，以期行之无弊。迨利源日拓，库帑日充，然后因富求强，势自顺而事自易矣。

十、修武备。各国士农工商兵，均有专学，而兵学尤重。盖诸强国犬牙交错，势均力敌，各怀吞并，亟图自保，不得不竞修武备。往往穷通国之全力，殚数十年之经营，竭千万人之智巧，以切究而精求之。又互相师法，兼长弃短，日新月异，几无止境。故能出奇制胜，美备聿臻。考其兵事之根原，大都植基于学校，凡军中应用之物、应有之义、应知之理，无不逐一讲求。将皆知学，士皆素练，兹其所以强也。中国兵事，本无专学，应试士子，向取弓、矢、刀、石；用之今日，既非所宜，而营兵之执持枪炮者，又多不知运用理法。将弁半起家于卒伍，但凭血气，绝少谋略，斯其所以弱也。似宜通饬各省，多设武备学堂，广储将才。凡中外兵法、战法、天算、舆地、测绘、器械以及技艺、工程各学，均须切实讲习。其南北洋各省学堂原有之生徒，业经学有规模者，即仿照文场实科取士办法，酌减各省武试定额二成，移作武备生徒中额。每次按成递互增减，俾天下挽强引重之士，皆变为技精略裕之材。而武试旧科，亦将不废而自废。至各省军政，必须划一。拟请简派知兵大员，详订营制操法及选将募兵各条规，请旨颁发各省遵照办理。随时特派大员分往查阅，严定赏罚，不稍假借。又宜分调各省军营弁目，按省份之大小，定人数之多寡，以二百人至五百人为率，萃集一处，遴派大员，督率训练。择武备切用学问，分别教授二三年后，稍有成规即遣回原省转相授受。再另调新班，更番轮练。各省操法，自易一律，遇有调发，亦易收指臂相使之效。至器械为士卒之卫，固贵精利，尤忌参差。现新约将订，增购军火自属为难，然既不能取资于人，即当反求诸己，断不可因噎废食。似宜饬下向有制造各省，重资募匠，先讲求锻炼钢铁各料之法，再仿造机器，逐渐推广，以制军火器械。考定一式，俾免歧异。各省需用，备价购取。如有粗窳等弊，准由购取省份指实严参，追回原价。但能实力兴办，多方奖掖。华人技巧，不让西人，且华工之糊口外洋者甚多，亦可设法招徕优豢器使。国家悬的以求，士民望风奔赴，将见良工巧匠，辐辏并进。行之渐久，考之愈精，必不乏精械利器以供捍卫之用。惟司其事者，必须慎选精通制造理法，而又性情坚定、不惮烦难者为之，方可提纲挈领，始终经理，以底于成。自强之要，不外是矣。

以上十条，虽皆卑无高论，务期切而易施，敢竭愚忱，恭应明诏。抑臣更有进者，中国自甲午以来，积弱甚矣。复当大衅，创巨痛深，财绌力殚，益贫益弱。忧时之士，咸虑不支，臣独以为未也。在昔越王勾践，困辱备尝，生聚十年，卒雪大耻。近世普法之战，法几不国，经营未久，复抗群雄。日本一岛国耳，幅员不及我之三省，明治维新遂成望国。况我中国土地之广，人民之众，物产之饶为万国所不逮，果能切实整顿，力求富强，取人之长，补我所短，行见事半于人，功效倍之。伏愿我皇太后、皇上兢业一心，恢张百度，行之以渐，不责近功，持之以恒，不摇定见。斯治安之理已得，即强盛之效可期。臣至愚极庸，愧不能上分主忧，下裨时局。然而天良具在，忠愤难忘，惟有勉殚血诚，力图振作。尤当凛遵公而忘私、实事求是之圣训，以时时儆于厥心，冀可稍答高厚生成于万一。

所有遵旨敬抒管见，上备甄择缘由，是否有当，谨恭折由驿缕晰驰陈。伏乞皇太后、皇上圣鉴，训示。谨奏。

1901年9月7日（旧历七月二十五日），庆亲王、李鸿章代表清廷与德、奥、比、西、美、法、英、意、日、荷、俄等十一国代表签订了《辛丑和约》十二款，签字当天，七十九岁高龄的李鸿章已经是“力疾”扶病出席了。9月17日，联军完全撤出北京；但事情并不算完，天津还处于联军都统衙门的管理之下，这是要在赔款付清之后才能交还的。更大的问题还在东北，东三省在俄国人手里，要想收回来不那么容易。俄国人的要价很高，正在等着谈判，不用说这又非李鸿章不可了。不满足俄国的要求，东三省收不回来，那可是大清的发祥地和祖坟所在；答应俄国的要求，闹不好列强会再次群起效尤，中国很可能就此被瓜分。列强的逼迫威胁，内部的分歧掣肘，太后的遥控牵制，终于把为大清这辆破车驾了一辈子辕的老马给累倒了，10月30日，李鸿章肝病发作“呕血”，11月7日，撒手人寰。

裴景福曾在鸿章手下做官，老李离粤北上之前，曾向他透露过自己的心曲。“庚子六月，文忠（即鸿章）奉命入都议和。是月21日，自广州登舟，裴前往送行。其他官员全都不见，独以乡里后进召裴入见。当时十分炎热，文忠穿着细葛蓝布短衫，足着山东式样的鞋子，靠着一架小藤躺椅。”在谈了一阵地方上的政务之后——

> 裴（景福）说：“公已调补北洋了，诸位领事们（指各国驻广州领事）今晨已得知电报，全都额手相庆呐。”文忠忽然捋着胡须自言自语说：“当今之世，舍我其谁？”过了一会儿又说：“百足之虫，死而不僵，京师遭难，根本虽已动摇，然而慰亭（即袁世凯）支撑着山东，香涛（即张之洞）、岘庄（即刘坤一）全都有确定的见识，必会联络保全，不至于一蹶不振。以各国兵力论之，京师危急，当在八九月之交。但聂功亭（即聂士成）已阵亡，马（玉昆）宋（庆）军已经零落，牵制（联军）必不得力。日本调兵速度最快，英国人再帮助它，恐怕七八月（京城）已不保了。”说到这里，潸然泪下，说：“内乱怎样能止得住呢？”久久没有其他的话。裴将要告辞而出时，文忠止住他说：“潮水还没有来，先不用着忙。”于是自己喝牛奶，而命以荷兰汽水待客。裴又开口问道：“万一都城守不住，公进京打算怎么办？”（李）回答说：“必会有三大问题：剿拳匪以示威，惩罪魁以泄愤，先以此二者要挟我，而后注重兵费赔偿，这是势所必至的。（至于）兵费赔款数目的多少，此时尚不能预料，唯有极力研磨（拖延商讨），展缓年份，还不知做得到做不到？我已垂垂老矣，还能活几年？总之，当一天和尚撞一天钟。钟不响了，和尚也就死了。”说话间涕下如雨。裴亦怆然，于是告辞。文忠命取相片来相赠，送到舱口，仍拉着手再三叮嘱说：“地方要紧。”裴答应着登岸，而安平船遂起锚而去。[3]

老成谋国，不计毁誉，心态苍凉，闻之令人鼻酸。而老李之死的主因，除了为太后和义和团闹出来的庚子事变善后，累得心力交瘁以外，就是俄国人的要挟逼迫了。东三省的交涉与李鸿章之死，与中国近代史上诸多重大事件的发展有重要关联，所以我们先要简单述叙一下庚子事变中俄国的表现。

庚子事变期间，联军在京津正面战场上的部队总数不过六万六千五百人左右（包括瓦德西所率领的、没能赶上战斗的二万二千五百人的德军，他们是在北京陷落一周后，才在大沽登陆的），这其中的俄军只有四千八百人。但在不那么引人注意的东北方面，入侵的俄军竟达十五万人之多，很显然，俄国是醉翁之意不在酒，它所刻意经营的，是其处心积虑已久的中国东北。

在这之前，俄国虽已骗走了大半个东北（这里是在蒋廷黻先生所说的“大东北”内涵上使用“东北”一词），但在黑龙江右岸还有若干属于中国的飞地，有土生土长的少数民族和生意人在那里居住。东三省（当时东北尚未建省，统称满洲，由于是所谓“龙兴之地”，对外不开放，由几个满族将军带兵驻守）的将军们都是满族人，对太后编练义和团打洋人的上谕奉命唯谨，盛京（即今沈阳）、吉林也小规模地闹起了义和团，这就给了沙俄极好的借口，实施其攫夺更多权益的计划。

7月中旬，俄军从海兰泡（位于黑河对岸，原名孟家屯，今俄国布拉戈维申斯克）越界渡江；次日起，在海兰泡居住的六千多（大多是做生意的）中国人，被分批押解到黑龙江边，强行驱赶入水。掉队或拒绝泅水者，被俄军用斧子、刺刀砍杀。游过江的中国人仅八十余人，大部分人被杀或在江中淹死。

同时，俄军将中国人集中居住的“江东六十四屯”（在瑷珲对面，黑龙江以北）焚掠一空，居民或被砍杀或被驱赶进江中溺死，惨死七千多人。8月14日，俄国阿穆尔省总督宣布黑龙江右岸土地全部并归俄国所有。希望国人不要忘记黑龙江畔这些同胞的冤魂。

俄军过江后即分三路向东北纵深挺进。8月28日，黑龙江城（即齐齐哈尔）失守，黑龙江将军寿山自杀。另两路俄军分别由松花江与黑龙江交汇处的依兰哈喇（又称三姓，今黑龙江依兰）和中朝边境的珲春入侵吉林，吉林将军长顺奉清廷之命“停战讲和”，9月21日俄军进入吉林，收缴全省所有枪支和官府的现银。俄军的南路，由屯驻旅顺的俄军北进，8月1日攻陷盖平和熊岳，之后相继攻陷海城、牛庄、辽阳、铁岭等地，10月2日占领盛京（沈阳），偏师直下山海关，与关内的俄军会合。至此，东北全境基本上落入俄国的掌握之中。

11 月 9 日，逃到义州的盛京将军增祺派部下周冕与俄国总督阿莱谢耶夫（Alexieff）的代表在旅顺订立了《奉天交地暂且章程》（简称《增阿暂章》），主要条款有：允许俄国建立哈尔滨至旅顺的铁路；中国交出军火炮台，解散军队；营口暂由俄国人管理；俄国派官员驻盛京参与“紧要大事”；俄派兵协助地方上的治安巡捕，等等[4]。16 日增祺与阿莱谢耶夫批准了《增阿暂章》。但是由于当时交通通讯不通（太后一行正在“西狩”途中），增祺此举未能事先请示朝廷，因此当太后知道他竟敢与洋人私订约章，大为恼怒，次年（1901 年）1 月 18 日，命驻俄公使杨儒向俄国外务部声明不予承认，并将增祺交部严加议处。

其实，《增阿暂章》不仅慈禧不满意，俄国那一头也不满意。清廷既然不予承认，俄国乐得同意废除《增阿暂章》，并由外（务）部尚书拉姆斯独夫向杨儒提出了一份更为苛刻的“东三省交地事约稿”，主要内容是：一、俄允将满洲全行交还中国，吏治一切照旧；二、留兵一部保护铁路，至地方平靖及中国将本约末四款办到之日止；三、如遇变急，留驻之兵，全力助中国弹压；四、中国允于路工未竣及开行以前，不设兵队，他日设兵须与俄国商定数目，军火禁入满洲；五、凡将军大员办事不合邦交，经俄声诉，即予革职，满洲内地可设马步巡捕，与俄商定数目；六、中国北境水陆师不用他国人训练；七、划金州于旅大租借地内；八、满蒙新疆等处路矿及他项利益，非俄允许，不得让与他国，或中国自行筑路，除牛庄外不得将地租与他国人；九、此次俄兵费、各国赔款，均应清还，俄人赔款数目期限抵押，与各国会同办理；十、被毁铁路，及公司工（程）师被劫产业，及迟设路工赔费，均由中国与公司商赔；十一、上项赔款可与公司商定，将全数或分出若干，以他项利益作抵，该利益可酌改旧合同，或另让利益；十二、照中国前允成议，自干路或支路向北京另造一路，直达长城，照现行路章办理。[5]

由于俄国所提条件大有独吞满蒙权益之意，引起了视东北为其“国防外线”的日本的极度恐慌和不满。于是日本拉俄国的老对头英国和德国共同向中国施压，劝中国勿与“别国”（即俄国）另定割让土地及独享利益的条约，一切条约应与各国共同商办。清廷的态度是以夷制夷，利用英美德日劝阻俄国，中国则尽可能地两边都不得罪，总的原则是“因应机宜，善为操纵”。俄国公使格尔思则威胁李鸿章说，中国如果听信各国谗言，不愿立约，则满洲必永为俄国占领，此事与各国无关，应置之不理。3月18日，俄国发出签约的最后通牒，限令中国26日之前签字。李鸿章的对策是拖，后来又利用列强间的矛盾，提议先定公约，后议专约，将此事暂时搁置了起来。

图56　庚子善后时的李鸿章。

由于想在“公约”之外谋求更大的特殊利益，俄国向清廷秘密提出的条件，都是一些上不得台面的东西。清廷于是通过刘坤一、张之洞等向英、日等国透露俄国的要求，激起了这些国家的强烈反弹。迫于压力，4月12日，俄外务部向英美德三国公使否认俄曾向中国提出过特殊要求。之前（4月8日），俄驻日公使也通知日本外相加藤，中俄立约作罢，东三省仍照以前办理，加藤当即转告清廷驻日公使李盛铎，并叮嘱俄若再有诱逼情事可随时与英、日密商。诚如张之洞所说，中国此时的生机全赖“各国牵制”四个字了[6]。

但是，俄国是不会无代价地将东三省璧还的，其他列强当然也不甘心俄国独吞东北的权益，尤其是日本，在它看来，俄独吞东北，对日本简直就是生死攸关的事情。列强在中国问题上，本来就是矛盾重重，根本就不可能形成一致的对华政策，是太后闹义和团把它们闹到了一张床上。即便如此，列强仍然是同床异梦的，其中俄国尤其狡诈。庚子年的闰八月初四日，在马上就要拿下盛京，实现自己的战略目的时，俄国忽然向其他列强递交了一份照会，宣称解救各国使馆的任务已经完成，俄军及其公使馆人员将一并撤退到天津，等候清廷派出的谈判代表。这对原想团结一致压迫清廷做出最大让步和赔偿的其他列强，分明是拆台；

对清廷而言，则是示好。他们为什么要撤到天津？因为负责谈判的全权大臣李鸿章要从那里上岸，而李鸿章被俄国视为“亲俄派”，奇货可居，所以一下船就被俄国派兵严密保护了起来。相对于李鸿章，另一位全权大臣庆亲王则被认为是亲英日的，但在外交折冲方面，他还是个小儿科，老李根本不把他放在眼里。据荣禄在京的眼线张翼向他密报说，在与列强的谈判中，老李主持一切，“大权独揽，左右无人也”，“甚至电奏照会竟有先发行而后知会者，一切独断独行，决无与庆邸（即庆亲王）就商之时[7]。”尽管与朝廷往来的电文公函，庆亲王由于地位尊贵，名衔始终都列在老李前面，但老李功在国家，有本钱倚老卖老。太后简直把大清的江山和自己的命运全押在了老李一个人身上：“该大学士此行，不特安危系之，抑且存亡系之，旋转乾坤，匪异人任，勉为其难，所厚望焉[8]。”

俄国人原以为老李收过他们的钱，这次也会像强租旅大那次一样合作，不想老李亲俄不假，但在关系国家重大权益的问题上，还是顶住了压力。1901 年 10 月 10 日，俄国公使向李提出以俄华道胜银行名义办约，以避列强耳目，他拒绝了。此后俄使又不断威逼利诱，直到老李去世前一个小时，俄国公使还在病榻前逼他签字。所以老李之死，一是让太后搅得一团糟的国事给累的，二是让列强尤其是俄国人给逼的。平心而论，明知道必会丧权辱国，背上历史千载骂名（像“汉奸”“卖国贼”这类骂名老李至今已经背了一百多年）的这类谈判，别人避之唯恐不及，老李虽不情愿，但为挽救神州于陆沉，“虽千万人，吾往矣”，这种忍辱负重的勇气和老成谋国的责任感，令人佩服。要知道，那些一向骂老李“汉奸”“卖国”的翰林和御史们此时都如“大旱之望云霓”，盼着他来收拾好残局呢。“于时列国军队尚纷屯京、津间，两宫西狩未还，生民喘息甫苏，中外喁喁仰望李相若长城。顿闻噩耗，举国惶骇，朝廷亦怵然[9]。”得知李鸿章的死讯时，太后一行正在回銮的路上，消息传来时，当时随从扈驾的吴永描述了行在的场面和感想：

随即得到京师来电：合肥相国，已于今日午刻逝世。得此噩耗，猛的如片石压入心坎之中，觉得眼前的百花，立时都颜色惨淡。听说两宫震惊痛悼得失去了常态，随驾人员，乃至于太监、卫士，无不相顾错愕，如同大梁和柱子倒塌下来，骤然间失去了倚恃一样。到了这样的关键时刻，才开始知道元老大臣对于国家安危的分量。想来此时中外朝野，必会抱有同样的感想；即使平时极力诋毁之人，至此也不能不为之扼腕叹息。公道所在，决不是人力所造成的！公之隆勋伟绩，自然昭昭在人耳目。晚年因中日那场战争，虽不免于成为舆论的众矢之的。然而自从此番再起，全国人士，都知道扶危定倾，拯救此次大难，毕竟非公莫属。渐渐觉得称誉多而毁谤少，黄花晚节，重见芬芳，这也是公（之事业）的回光返照吧。[10]

对于袁世凯来说，李鸿章之死则把他推到了政治舞台的中央，使他在即将开始的新一轮变法活动中脱颖而出，成为北洋新一代的领袖人物，所以老李的去世也就成为关乎袁世凯一生机运的关键事件了。

李鸿章的病危不仅在国内引起了不安，也使洋人感到担心，因为直隶总督例兼北洋大臣，负有对外交涉的重任，因而列强均希望能有一位既懂得外交，又对洋人友好的人出任此职，他们的目光不约而同地都转向了袁世凯。11月6日，德国公使在武昌会见张之洞时，表达了列强希望袁世凯接替李鸿章出任直隶总督的意愿；次日，张据此电告军机处“年来各国提督领事皆盼以袁世凯为北洋大臣”。当天，李鸿章去世，遗折附片中也力荐袁世凯，说袁“足智多谋，规模宏远”，甚至有“环顾宇内人才，无出袁世凯右者”的评语，褒奖可谓不遗余力，据说是出自当时在李鸿章幕府的于晦若之手笔[11]。袁世凯前一阵子嘘寒问暖，雪中送炭的效应极佳，太后对袁印象深刻，好感倍增，此时又收到这一内一外两封电报，当即电谕晋封李鸿章一等侯爵，谥文忠，追赠太傅，入祀贤良祠；由袁世凯署理直隶总督兼北洋大臣，以张人骏为山东巡抚，另派王文韶接替李鸿章为全权大臣。按通常做法，总督或巡抚出缺，例应由所在省份的布政使（藩司）暂时署理，等候朝廷选派的新官就任，直接调用外省巡抚署理总督越出了常规，表明朝廷人选已定。不久后，朝廷封赏有功大员，袁世凯因与李鸿章、刘坤一、张之洞“共保东南疆土，尽心筹划，均属卓著勋劳，自应同膺懋赏”，而被赏加太子少保头衔。据袁的女儿回忆，袁世凯特别喜欢这个头衔，“他最喜欢人们称呼他为‘袁宫保’。所以我们家的佣人们，在他没有做总统以前，是一直称呼他‘宫保’的[12]。”袁世凯此时的风头无人能比，太后对他的期望正殷，倒是他的那位老上司开始对他不放心了。

11 月 16 日，得知清廷新的人事任命后，德国公使对张人骏出任山东巡抚表示疑虑，并授意张之洞电请以山东归并直隶，由袁世凯兼管，改称直东总督，但为荣禄所阻。

> 一日在军机堂，文忠（即荣禄）掉过头对先公（即郭曾炘，当时兼任军机章京）说："慰庭（即袁世凯，字慰庭）想要以直隶总督兼领山东，你的意思如何？在过去有先例吗？"先公悚然说："过去鄂文端、年羹尧等虽有先例，然而全是因为用兵而暂时节制，不是今天所宜援引的事例。"文忠赞成他的话，既而叹息说："这个人有大志向，我在，尚可以驾驭得住，然而将来终当出人头地。"[13]

庚子事变后，在惩办"闹教"的元凶祸首的交涉中，迫于列强的压力，载漪、载澜被充军，载勋、赵舒翘被赐自尽，载濂、载滢、溥静则被削爵，交宗人府圈禁，刚毅病故，裕禄、徐桐、崇绮自杀，启秀、英年、徐承煜被处斩。这样，太后训政后组成的那个老班底和守旧派圈子可以说是凋零殆尽，全面瓦解了。两宫驻跸西安时的军机处只有荣禄、王文韶、鹿传霖和瞿鸿禨四人，鹿、瞿二人为新进，"学习行走"；国家大政乃至朝廷的安危都握于李鸿章、刘坤一、张之洞和袁世凯这些改良派大臣的手中。太后痛定思痛，也感到照老法子是没办法应付危局，治理国家了，于是"西宫锐意变法，急于求治"，亲自挂帅，当起改革变法的带头人来了。而作为军机领班大臣的荣禄，"为保全名声计，亦颇怂恿[14]"。1901 年 1 月 10 日、10 月 2 日、1902 年 1 月 1 日，太后连颁三道懿旨，宣示自己变法图强的决心："尔中外臣工，须知国势至此，断非苟且补苴所能挽回厄运。惟有变法自强，为国家安危之命脉，亦即中国民生之转机。予与皇帝为宗庙计，为臣民计，舍此更无他策。尔诸臣受恩深重，务当将应行变通兴革诸事，力任其难，破除积习，以期补救时艰。"[15] 为了显示变法的诚意，1901 年 4 月 21 日，朝廷宣布设立督办政务处，其组成人员为：庆亲王奕劻、大学士李鸿章、荣禄、昆冈、王文韶、户部尚书鹿传霖，刘坤一、张之洞也"遥为参与"（稍后，袁世凯也被任命为督办政务大臣）。督办政务处的职能则是"体察时势，抉择精当，分别可行不可行，并考察其行之力不力”，“各该王大臣等，于一切因革事宜，务当和衷商榷，悉心评议，次第奏闻……俟回銮后切实颁行，示天下以必信必果、无党无偏之意。”[16]看到这里，细心的读者应该能够记起来，戊戌年光绪和康有为一直想开设的制度局和懋勤殿，不就是这么一个务虚和参谋决策的机构吗？历史仿佛转了一圈，又回到变法维新的轨道上来了，让人不能不感叹形势比人强，即使强横如太后者，也不能不顺应潮流。在督办政务处中，很显然改良派占据了上风，庆亲王只是个空头的领衔，大主意实际上全由李、刘、张三个人拿。在两宫回銮之前，清廷陆续出台的改革措施有：

图57　庚子事变后，慈禧定期接见外国公使夫人，以展示自己的开放维新形象。

5 月 26 日，整顿各部部务，裁汰书吏；

6 月 3 日，重开经济特科，命内外大臣保荐人才；

6 月 5 日，整顿翰林院，编检以上和新科翰林均须入京师大学堂学习政治学；

7 月 5 日，命出使各国大臣访察留学生，咨送回国，听候考试录用；

7月24日，改总理各国事务衙门为外务部，班列六部之前，庆亲王为总理大臣，王文韶、瞿鸿禨为会办大臣，瞿鸿禨兼外务部尚书；

8月29日，诏自明年开始，乡、会试废八股，试策论；

9月11日，命令停止捐纳实缺；

9月14日，命将各省所有书院于省城改设大学堂，各府厅及直隶州均设中学堂，各州县均设小学堂，并多设蒙养学堂；

9月16日，命令各省选派学生出洋游学；

10月2日，太后再颁懿旨，责成中外臣工，将应行变通兴革诸事，力任其难，破除积习，以期补救时艰，并将刘坤一、张之洞会奏整顿中法以行西法各条，随时择要办理。

这样，戊戌之后反动、保守的严冬已经过去，变法维新的春天再度来临。袁世凯在这种大气候中就任直隶总督兼北洋大臣，实在是难得的际遇，因为他不仅拥有了必要的权位，而且有了适宜的政治环境，使他可以把自己一贯的主张和想法付诸实践，在自己的职权范围内，开启了一个改良主义的新时代——“北洋新政”的时代。我们在本章开头看到的奏章，就是袁世凯响应太后1月10日的懿旨，陈述自己对“应兴应革”诸事的意见，此时他还在山东巡抚任上，但“十条”已经是他自己未来从事新政的纲领性文件。

袁的“十条”，不为“繁重阔远之论”，而注重于“言之易行，行之易效者”；看似“卑无高论”，但却“切而易行”。综核其十条建议，可以看出袁世凯变法的总方针是“其骤难兴举者，贵乎循序渐进，不可操切以图；其亟须变更者，又贵乎明断力行，不为庞言所动。”其要点在于“熟审治法，慎始图终”，即“（朝廷）内外合谋，不厌精详。迨至……择定施行，便成万钧不移之势，无论如何为难，亦必坚持定见，始终不移。”其根本则在于“广植众材，能得人乃能行政”。办事首要在得人，得人还在知人善任，用人不疑，让人才放手做事，则“其余理财讲武，以次递进，因时制宜。”（上所引均见于奏折）袁世凯不仅是这么想的，这么说的，从其北洋新政的实践来看，他也是这么做的。

袁世凯一生事业的成功，在决定的因素上是他重视并善于笼络和使用人才，北洋新政就是十分明显的例证。从他所上奏的“十条”看，除第一条提纲挈领地陈述自己对变法方针的看法以外，后面六条都是从不同的方面讲人才的作育培养，后三条则分别论列吏治、理财和武备，重点显然是放在了“广植众材，能得人乃能行政”上面。联系到直隶北洋新政的实际，我们可以看到，袁世凯是把“十条”中的想法完全贯彻于变法的实践之中了。北洋新政，其侔侔大者，在大办学堂，在振兴实业，在扩练新军。在这三大方面，都可以看到袁世凯知人善任和作育人才的杰出表现。

什么叫知人善任？把最合适的人选放在他们才能最得施展的位置上就是知人善任。下面我们来看看袁世凯的做法。

北洋新政最为人所称道的就是大办学堂，作育人才。袁世凯上任伊始，即把普及教育，作为“经国要图”，在布政、按察二司之外，设立学校司，作为全省兴办教育的最高管理机关。截至1906年6月，直隶所办大学计有北洋大学堂、高等学堂、北洋医学堂、高等工业学堂、高等农业学堂五所，初等农工业学堂暨工艺局附设艺徒学堂（相当于现代的专科学校）二十一所，优级师范学堂一所，初级师范学堂及传习所八十九所，中学堂二十七所，高等小学堂一百八十二所，初等小学堂四千一百六十二所，女师范学堂一所，女学堂四十所，胥吏学堂十八所，此外尚有客籍学堂、图算学堂、电报学堂各一所。“凡已见册报者，入学人数共八万六千六百五十二人，而半日、半夜学堂不计焉。合诸武备、巡警等学堂以及册报未齐者，总数不下十万人。”仅就直隶总督任内，袁世凯所办的重要学堂就有：

北洋医学堂（1902年）；

北洋武备学堂、北洋巡警学堂、北洋工艺学堂、北洋大学堂（1903年）；

北洋军医学堂、马医学堂、军械学堂、经理（军需）学堂、图算学堂（1904年）；

天津高等女学堂、天津初级师范学堂、宪兵学堂（1905年）；

北洋师范学堂、北洋女子师范学堂、保定军官学堂、测绘学堂（1906年）；

北洋法政学堂（1907年）。[18]

而且如此众多的学堂，绝大部分不是靠公费，而是通过民间募集资金建立起来的：“官绅协力，风气潜移。故以凋敝之余，而捐资设学者不绝，公立、私立，月有所闻”。办学成绩，蔚为可观。而这个成绩的取得，与袁世凯慧眼识人，放手任用严修等人是分不开的。

严修（1860—1929），字范孙，直隶天津人。光绪癸未年（1883）进士，

图58　北洋新政时期，对直隶和全国推广新学做出重大贡献的严修。

散馆后授翰林院编修，后出任贵州学政。严修年轻时师事陈奉周，“奉周博文，通西学，深受讲贯之益。”此后严一直钻研西学，自修过数学、几何、音律、天文、格致、医学、化学和外语等多门新学，在贵州学政任上，创建了贵州第一座经世学堂，并把算学作为考试科目之一。学生入学后，须学习格致、算学等新学科目，在缺乏新学师资的情况下，他自己先行学习，然后为学生答疑解惑。[19]戊戌变法时严修因奏设经济特科而出名，梁启超曾评论此事说：“当时八股未废，得此亦稍足新耳目，盖实新政最初之起点也。[20]”严修与徐世昌为翰林院的同僚，戊戌年四月，严因倡议经济特科开罪于守旧派官僚[21]，愤而辞官，返津后曾到小站拜访徐，得遇袁世凯，畅谈变法[22]，严“深佩其才及其强兵御侮之志。同时，袁氏亦主倡新学，于是引为知己[23]。”严辞官归里后，一心办学，认为教育是强国的基础，曾自费赴日本考察教育，后来天津著名的南开大学就是严修创办的。袁世凯设立学校司之初，委派布政使胡景桂为督办，但胡是旧学出身，对现代教育所知不多，因而袁力聘严修出长学校司。严就任学校司督办之后，于1904年再次东渡日本考察教育，实地参观各级各类学校，亲自到日本文部省听讲达十次之多。直隶学界在有了这么一位热爱并懂得现代教育的长官之后，面貌大为改观。袁世凯还聘请了美国驻天津副领事丁家立为西学总教习，聘请了东京音乐学校校长渡边龙圣为教育顾问。袁世凯自己也带头捐银两万两赞助办学，清廷颁发给他“嘉惠儒林”和“兴贤育材”两块匾额以资褒奖。袁对严修十分尊重，放手使用，他曾对人说：“我治理直隶的政策是，练兵的事情我自任之，办学的事情则听任严先生所为，我供其指挥而已。”[24]1905年，清廷中央机构改革，设立学部，袁世凯即保举严修出任学部侍郎。当时学部尚书由袁在山东时的另一熟人、军机大臣荣庆[25]兼任，荣、严二人都与袁有很深的渊源（袁任山东巡抚时，荣为山东学政），而严修在学校教育上尤有心得造诣，故荣庆也乐于与之配合，二人和衷共济，相得益彰。此期间学部的措置兴革，都明显带有直隶的色彩。

北洋新政的另一突出成就在于兴办实业。袁世凯大力振兴工商的一个重要动机是为其推行新政和扩充军力筹措款项。中国自古以农立国，历来实行重农抑商的政策，但农业的收入微薄，是所谓“丰年仅止于温饱，荒年不免于沟壑”的产业，政府不可能通过大幅度提高税赋增加财政收入。中国甲午以来内乱外患不断，政府财政一直处于严重匮乏状态，甲午和庚子的战败又背负了高额的战争赔款，因而财力支绌到了极点。庚子之后，清朝的国防主力军——武卫军除袁世凯的右军之外，基本上已被打散击垮，京畿防务空虚，亟须重新组建新军，这个任务不用说又落到了袁世凯的头上。但编练新军离不开金钱，可以说袁世凯自小站练兵以来，就一直为筹饷的问题所苦恼。现在他出任封疆，上马治军，下马治民，拥有了地方行政大权，又赶上了改革的好年头，因而上任之初，就把自已在山东打算干而没有来得及干的事情，作为在直隶大展拳脚的重头戏来办。大办实业，广开富源，可以说是北洋新政的另一块基石。

庚子以前，天津由民族资本创办的企业不过四五家，资本额约为一百一十一万元；但自新政开始后至辛亥革命前夕，近代工业企业已经发展到一百三十五家，资本总额达到二千九百二十万元。1910 年农历五月，南京举办了全国第一次劝业会（相当于现代的博览会），直隶提供的展品达一万二千一百一十件，获得特别优秀奖六个，超等奖八个，优秀奖十八个，金牌奖五十八个，银牌奖一百四十二个；会后得奖展品还送到国外参展[26]。当时以办实业知名，素来看不起袁世凯的张謇参观了直隶馆，也不得不承认袁办实业的成就，“颇觉得袁作为直隶总督之能任事，毕竟与人不同。(直隶展品)工艺真有独特高明之处，江苏不如也。”[27]

京津直隶在庚子变乱之后，百业凋敝，袁世凯为收拾这个局面，重用了老世交的子弟周学熙，这又反映出袁世凯在识拔人才方面过人的眼光和魄力。周学熙（1866—1947），字缉之，号定吾，又号止庵，安徽建德人。光绪癸巳年（1893）顺天乡试举人，此后屡次会试不第，遂弃举业转攻制艺。1898 年 6 月，周受当时北洋大臣裕禄委派，会办开平矿务局，10 月升为总办。八国联军进攻津、京时，开平矿务局督办张翼，擅自将开平矿股权转让于英国墨林公司，周愤而辞职，转赴山东投奔袁世凯。周所以投袁，在于袁世凯与他的父亲周馥是世交，袁的堂叔袁保龄与周馥同在李鸿章幕府多年，交情很深，袁初入仕途时，周曾多方照拂。而周学熙在山东主要是帮袁开办铜元局，不仅成效显著，而且表现出了杰出的理财能力，正是袁世凯作为行政长官所亟缺的人才。尤其难能可贵的是，周虽生长于官宦人家，但绝无纨绔恶习，生活朴素，操守颇严。民国初年任财政总长时，仍穿着家乡的土布袜子，一向黎明即起，午前8时准时到部视事，“居官刚介，为杜绝干谒之渐，遂严禁子弟入公门。有过门人者，严厉呵斥不贷，使财政部风气为之一变”。他“于往哲中，慕范文正（即范仲淹，文正为其谥号）之为人，尝以裨益民生为己任。”[29]而且“平日不作高论，惟脚踏实地，逐步施行，赴之以敏，守之以勤，持之以恒。”[30]由于周所具有的这些能力和品质，使他成为袁世凯在财政上最为信任和倚重之人。袁主政北洋时，很自然地将兴办实业和理财的重任交付于他，而周也确实不辜负袁的期望，为推动北洋实业的发展作出了重大贡献。

周在北洋的第一个主要贡献是稳定金融。天津陷落时，联军放手抢掠三天，将各衙门的藏银一掠而空，据说仅从长芦盐运使署就掠走了二百余万两白银。所以战后银根极紧，每千两现银贴水高达三百三十两，物价上涨两倍以上。袁世凯接收天津后，确定“首先维持市面为要务”，于1902年8月设立天津商务局，委托吴懋鼎、王宗堂等人为局董。1903年5月，批准设立天津商务公所，以天津知府凌福彭为督办，绅商宁世福、幺联元等为董事，采取缓偿新旧欠债、畅行钱票、设立银行、厘卡恢复旧章等四项措施，“一时全津欢声雷动”。[31]随后袁又设立银元局，委托周学熙为总办，赶铸铜元以取代原来的制钱，解决钱荒问题。铸造铜元是老李带的头。1900年7月，当时还在两广总督任上的李鸿章决定仿照香港的铜仙（即铜币），自行开铸铜元，进入市场后，“行销无碍，军民称便”，随后各省相继跟从。铜元发行之初，比价高于白银，一块银元只能换八十余枚铜元。袁、周看到铜元因量少而比价提高，有利可图时，立即扩充设备，加量铸造，当十、当二十的铜元一天的铸造量高达三十万枚；使铜、银差价这一项的余利，每年有七八十万元，不仅平抑了市面和物价，也为北洋新政提供了财源。

周学熙对新政的最大贡献，还是在发展实业上面。其侔侔大者，首在创办直隶工艺总局。1903年春，袁世凯派周学熙赴日考察工商币制三个月，周回国后即建议创办直隶工艺总局，作为全省兴办实业的总机关，该局“以提倡维持全省之工艺为宗旨”，“以诱掖奖劝全省绅民勃兴工业思想为应尽义务”，“以全省工业普兴，人人有自立之技能为目的。”8月，袁任命他为总办，周就任总办后，亲手制定局规，整饬员司“尚勤、尚实、尚公、尚廉”，表示要把“凡旧日官场痼习、繁文缛节、欺饰敷衍，一律严革尽净。”[32]袁之所以将兴办实业的全部大权交于其手的另一重要原因，在于周与他兴办实业的思想一致。袁世凯操持新政的方针是：“凡创办一切新政，不过由官为之模范，任其提倡鼓舞之责，要（点）在民间风气渐开，始可普兴大利。”[33]也就是说，官方在办实业上不能越俎代庖，只能起带头示范作用，提倡宣传，转移风气。周学熙所见略同，并将此方针贯彻于实业开发当中，多采用官督商办，或民办官助的方式进行；而且把开通观念，作育人才贯穿于兴办实业的全过程中。如办厂的同时兴学，如实习工厂、劝业铁厂、高等工业学堂，等等。又如组织游学，袁、周认为振兴实业应先从开通民智入手，而民智不开实因官智不开，所以周呈请袁世凯批准，组织未赴任的实缺州县官员，上任前先公费赴日考察游历三个月，以开阔眼界（回来均须上交心得日记）。再如为实行劝业兴商，周开办工商研究所、工商演说会、天津劝工展览馆并组织工艺师下乡劝导地方发展实业。最后为推广、开拓产品销路，周还创设了天津工业售品所、天津劝工展览会等设施。新政期间，周学熙自己带头集资募股创办的大型企业就有启新洋灰公司、滦州矿务公司两家，以后民国时期又创办了华新纺织公司、中国实业银行、耀华机器制造公司、玻璃公司，等等，成为中国北方最大的官僚资本集团。

中国自古以农立国，工商业均不发达，因而民间极端缺乏兴办实业的资本。李鸿章搞洋务，一开始只能走官督商办的路子，就是这个原因；袁世凯、周学熙自然不能例外。为了筹集办实业的资金，周学熙首先采用了盘活官库资金，将天津官银号银行化的方法。天津官银号设于1902年8月，是将各种征收上来的税金拨用前暂时收存的官库，周学熙为官银号督办。周学熙认为，“金融机关之与实业发展，实大有密切之关系，盖必先有健全之金融，而后能有奋兴之实业。此全在主持运营者，善于利用及维护之而已。开发生计，以致富强，固非甚难之事也。”[34]他的做法是首先将库款转为存款，月息五厘，半年以上，格外增息六毫；如此，官银可以以钱生钱，办实业则获得了难得的起步资金，一举两得。此外，他运用自己掌管银元局和长芦盐运使司的职权，每年把银元局七八十万的余利中的四十万、盐运使司盐斤加价收入中的八十万挹注于官银号作为资本金。有了这笔本钱，从1904年春起，官银号开始印发纸钞，在社会上流通，继之又发行银两、银元、铜元三种纸票在市面上流通，纸币银票取代硬通货，表明了银行信用的建立，不仅稳定了金融，而且可以吸引存款用于实业所需的投资。在取得社会信用之后，官银号自1905年起开始招揽吸收社会存款，办理多种储蓄存款业务。由此，官银号财力日丰，截至1910年9月，官银号改组为直隶银行时，除拥有一百零二万元的资本金外，还有一百八十二万余元的存款，三百一十二万余元的贷款，二十三万元的现金，八万多元的其他资产，七十多万元的有价证券。由于资本雄厚，又有官方信用，天津重要的钱庄票号无不受其控制。

有了金融资本的支持，周学熙等开始北洋实业的投资活动，并以官银号作为债权债务的中介信用机构。如1906年从英国人手中收回唐山细绵土厂后，周看到国内正值铁路、港湾和公私民用建筑所需水泥剧增时期，是投资的大好机会，遂于自己主管的官银号和淮军银钱所中各拨五十万元，作为固定和流动资本投资注入启新洋灰公司，年息五厘，十年本息还清；结果获利巨大，只用了七个月就归还了官银号的贷款。为了及时把握住投资机会，对好的投资项目，周学熙均采用官银号先行低息垫付投资，而后一两年内，由民间募齐股金后还贷的方式运作资金，及时将金融资本转化为工商业资本，形成了一种“官商联资体制”，对北洋实业的兴办发展起了很大的推动作用。

由于周学熙的努力，“直隶工艺总局自成立后，到1907年袁世凯离任时止，计创办者有：高等工业学堂（初名工业学堂），教育品制造所，劝工陈列所（原名考工厂），实习工厂，劝业铁工厂，种植园，造纸厂，劝业会场，北京第一、第二小学堂，工厂附设夜课所，仪器讲演会，工商研究所，工商讲演会，工业售品总分所及销售处，津益拍卖处；助办者有：初等工业学堂、织染缝纫公司、造胰（即肥皂）公司、牙粉公司、玻璃厂；提倡者有：艺德学堂两处、织布工厂八处、木工工厂两处、造胰工厂一处。又本省府厅州县工艺各局开设六十五处，须由总局传习指导，深入民间[35]。”

在大力发展工商业的同时，袁世凯也十分注重农业的开发。在天津收回之前，袁于1902年在保定设立农务局，总司全省农业，袁还要农务局派员赴日本考察农业和蚕业，并在农务局下面附设了农事试验场，购买农业机械，聘请日本农学专家为指导；农务局还附设有农业大学堂和农业传习所，“专课蚕桑、森林，并讲授农政、农学要旨，以为兴办农会之预备。”1907年，农务局联合官绅成立了直隶农务总会，“志在联络官绅，讲求农务，使农产日形发达，以收裕国富民之效[36]。”截至1908年，该会编印发行《栽桑捷法》四千册、《养蚕捷法》三千册，翻译国外农学教科书十三种，所编《农话报》月销量达二千二百份。[37]

北洋大办实业如此成功，既要归功于周学熙等人的努力，也离不开袁世凯对他们的信任和放手使用。所以领导人光知道人才重要不行，光爱惜人才也不行，更重要的在于知道如何放手使用，使人才得以施展其所长。袁世凯在这方面无疑是高手，他之任用严修、周学熙就是明证。

北洋新政的第三个突出方面在于军制的改革上面。即改传统的募兵制为现代的征兵制，并将军制统一，把直隶杂乱的兵制统一为北洋常备军。在袁世凯的改革之前，清廷一直实行募兵制，在这种军制下，当兵并非社会义务，而是为了“吃粮”，成为社会无业人员和无法依靠土地谋生的农民的一种谋生手段，其军事素质和战斗能力可想而知。北洋新政期间担任袁世凯军事顾问的日本军官坂西利八郎曾在中国待了二十五年，讲一口流利的中文，是个中国通，他对晚清民初的中国士兵是这样评述的：

> 中国普通士兵的军饷是一个月六元钱，其中扣除伙食后也就仅能拿到一元或不到一元钱。有时还到不了这个数。作战时说是给增加军饷，但不仅增加不了，甚至连原来的饷也发不了。这样，当兵的慢慢也就学乖了。中国当兵的把军饷叫作“卖命钱”，士兵们经常是互相谈论着，“喂！你今天领到多少卖命钱？”“我们只拿到两毛钱！”到了战场上乒乓地放上两枪，“够上两毛钱啦！”大家就开始往回跑。这种情况到处都有……战争对士兵来说一无所得，为这个战死太不值得，要是能得到五毛钱或一块钱才好。但轻易捞不到一块钱，也就是三五毛钱，那就只好给多少钱打多少钱的仗。[38]

坂西的话固然带有帝国主义分子的偏见，但在某种程度上反映了中国旧式军队的弊端：素质差、军饷低、战斗力低下。晚清军队在洋务运动过程中逐渐配备了洋枪洋炮，装备上并不差，但从甲午和庚子对列强的作战中，数量几倍于敌的中国军队往往一触即溃，再明显不过地说明了这一点。

庚子事变后，京畿成型的军队只剩下袁世凯的武卫右军一支，防务空虚，亟须重整军备，对此袁世凯责无旁贷，而清廷也对他寄予厚望。朝廷整军的最初目的是统一军制，“俾各省均归一律”，但袁世凯提出了更为重要的变革军制的建议，即学习列强，将募兵制改为征兵制，现役军队统一为常备军，并建立预备役制度（即续备军制和后备军制）。即“不由招募，计丁抽练，入伍当差，是为常备兵；在营三年，遣回作为续备兵，又四年作为后备兵，又五年出伍为平民，不予征调。”为此，他奏请在直隶设立军政司，以统筹军制改革事宜。军政司督办袁氏自兼，下设三处：兵备处（掌管后勤军备）、参谋处、教练处（负责编练新军），分别由其小站班底中的刘永庆（后为王士珍）、段祺瑞、冯国璋任总办。为解决练兵扩军当中军官不足的问题，袁世凯还奏请设立了北洋行营将弁学堂，以雷震春为总办。1902年正月，袁世凯分派王英楷、王士珍等前往直隶各州县，会同地方官精选壮丁六千人“分领训练，兵必合格，人必土著，按名注册，由地方官备案，以便稽考”，称之为“新练军”。此后，袁所部改称“北洋常备军”，编制为军、镇（师）、协（旅）、标（团）、营、队（连）、排、棚（班），基本上与国际上通行的军事编制相一致。常备兵服役三年后，转入预备役，成为续备兵，再三年，退为后备兵，续备兵和后备兵均为预备役人员，“平时各就其业，冬季调集操练一个月”，操练期间支付全额军饷。“续备、后备（之兵）无常饷，调操、出征给予薪粮、军械、子弹、衣履、战具，每兵必预先储备一份……一有征发，立时齐集。平时抽练，可省饷2/3；战时征调，可骤增两倍之力。”“六七年后，续备、后备均已有人，则以五千人之饷，可养两万候调之兵。永无仓促招募、乌合成军之弊，于军政良有裨益[39]。”

常备军每军二镇，每镇二协，每协二标，每标三营，每营四队，另加辅助部队骑兵二标，炮兵二标，工程兵、辎重兵各二标，总兵力达到一万九千余人。袁世凯并上奏朝廷，“俟饷项稍为宽裕，再添练两镇四协”；

到了1904年时，北洋常备军的兵力增加到了二万五千人。

袁世凯扩练新军采用的是双管齐下的方针，即在扩军的同时，大办各类军校，以培养、储备将才，为更大规模的扩军作准备。1902年6月，首先在保定（天津没有收回时，直隶总督衙门设在保定）开办“行营将弁学堂”，抽调直隶淮练各军营哨级官弁为学员，同时也代为培训山东、山西、河南等省选送来的学员；每期八个月，总共办了三期，毕业学员五百四十五人。此外还办有短训班性质的北洋师范武备学堂、参谋学堂、测绘学堂，1903年秋全部并入北洋速成武备学堂。这是袁世凯制订的系统培养军事人才计划的产物（即建立由武备小学堂、中学堂、大学堂总计十二年的连续教育体制，系统培养将才），在条件尚不具备时，先“兴办小学，以为造端之基，并拟别设速成学堂一座，以为救时之用[40]。”学堂督办先为冯国璋，后为段祺瑞，截至1909年并入保定军官学堂时，速成学堂已培养出了二千多名军官，大都在北洋各镇担任军职，其中很多人后来成为北洋集团的高级将领，如王承斌、杨文恺、齐燮元、刘汝贤、孙岳、王为蔚、张砚田、李景林、张国威、张钫、李如璋、陈嘉谟、齐振林、陈光逵、李济臣、马湘、郑俊彦、张国溶、阎治堂、唐之道、魏益三等；蒋介石和张群也是由这里的留学生预备班选送到日本士官学校的。1903年11月，又开办了两所陆军小学堂，学制三年，每期招生一百名。1904年2月，又设立军医、马医、军械、经理等四所专门学堂，学制3—5年不等。1905年2月，又从北洋速成学堂中考取一百名学员，加习师范课程，毕业后派往华北、东北和西北各省陆军小学堂，充当师资。同年9月，又开办宪兵学堂，学制一年，次年毕业的学员，组编成为中国最早的宪兵队。

对于在职军官，袁世凯在天津设立了北洋讲武堂，所有带兵军官均须到此学习进修，三个月一期，每期学员一百八十名，共培训了七百四十名在职军官。1906年6月，袁又奏办了保定军官学堂（即预计开办的武备大学堂），分为速成、深造两科，速成科一年半毕业，深造科三年毕业，学员由各镇军官或武备学堂学生中考选，督办为段祺瑞。这些学堂大部分集中在保定，当时的保定成为全国最大的陆军训练中心。1903年4月，慈禧太后曾亲自到保定视察，袁世凯率领各校全体学生一千多人于道旁跪拜迎接。平时，袁世凯则派冯国璋、段祺瑞常年驻在保定，“督理北洋武备各学堂事宜”。

如果说袁世凯有拥兵坐大，成为势倾朝野的权臣的野心的话，那也是在北洋时期萌芽的。他在北洋有了相当的权势和财力，得以广泛网罗各方面的人才加入其新政事业。除去原有的小站班底外，他还聘用了日本顾问，并将李鸿章原来的幕府人员全部接收为己所用。这时候有个叫杨士骧的人对他产生了重要影响。杨士骧（1860—1909），字莲府，安徽泗县人，进士出身。是李鸿章晚年的亲信幕僚。庚子和议期间随同李氏办事，颇为得力，由李保荐为直隶通永道，次年擢升为直隶按察使。杨士骧为人“敏活机警，善揣摩人意。”[41] 袁世凯接替李鸿章出长直隶后，杨向袁献策说：

> 曾文正（即曾国藩，文正是其谥号）首创湘军，其后能发扬光大者有两人，一为左湘阴（即左宗棠，湘阴为其籍贯，为尊称），一为李合肥（即李鸿章，合肥为其籍贯，为尊称）。湘阴好说大话而不务实，所以新疆回部平定后，迁徙调革，就不再能掌握兵权，致使纵横十八省的湘军，几乎成为祭祀上的摆设（告朔饩羊），仅仅剩下了一个名词了。合肥较能掌握淮军，连年频发事故，于是尚能维持因应于一时。如今公继之而起，如果能够竭尽全力，扩练新军，以掌握新军到底，则朝局的重心，隐隐（望北洋）如泰山北斗（“望岱”）了。他时（业绩）应与曾、李争一日之短长，南皮（即张之洞，南皮为其籍贯，是尊称）算得了什么呢！[42]

袁世凯自小就立有当大官，做大事的大志，杨士骧这番话正好搔到了他的痒处，于是视杨为知己，对杨“深依赖之”。他常对人说：“天下多不通之翰林，翰林真能通者，我眼中只有三个半人，张幼樵（即张佩纶，幼樵为其字）、徐菊人（即徐世昌，菊人为其字）、杨莲府算三个全人，张季直（即张謇，季直为其字）只能算是半个而已[43]。”此后，袁对杨器重之外，还极力保荐，在袁的提携下，杨短短几年之中，升迁迅速，由按察使而布政使而山东巡抚，直到1907年继袁世凯为直隶总督。从袁杨关系上，我们可以看出袁世凯用人的另一过人之处，即他并不在乎他人与自己关系的深浅远近，只要有能力，有真才实学，与之声气相通，则奖掖提携不遗余力，把官职权位看得如同金钱一样无足轻重，不过是用以笼络人才的工具而已。这是真正做大事业人所应具备的素质，看一个上司是否有为，值不值得部下跟从，只要观察他是否吝钱吝官，任人唯亲就可以了。凡吝惜名器金钱，好搞小圈子的领导者，绝无把事业做大的可能，原因即在于其本身器局窄小，心地偏狭，用人自然就难以唯能是举了。

袁世凯深解杨士骧话中的三味，决心借练兵扩军这个大题目保住并扩充军权，确立自己的实力地位。但练兵扩军离不开钱，除去清廷下拨的专用经费外，袁还多方罗掘。通过大办实业，增加税赋，发行公债以充实地方财政外，据说袁世凯还得到了两笔意外之财。一笔出自李鸿章。1903 年，梁士诒应袁世凯之邀，出任北洋编书局总办，据他回忆：

> 我来到天津，住在总督衙门，有时也住在海关道衙门。在总督衙门与于晦若同居一室，甚相得。每月北洋编书局总办的车马费，全都由淮军银钱所送来。后来一想淮军裁撤已久，怎么还有银钱所的名目？当时只将车马费照收，不便详问。后来于徐颂阁师的宴席上见到王文韶，谈起李文忠（即李鸿章，文忠是其谥号）公忠体国，廉介可风，举出事例说："当甲午之后，李文忠赴日议约，离北洋大臣任，由我接替。（李）列册交代，有'淮军钱银所'存银八百余万两。此系文忠带兵数十年，由'截旷''扣建'而积存者。如果是我王某人带兵，此款是否应当交出，尚且要费一番斟酌，然而文忠漠然置之。到后来既列作公款，我离任后，由荣仲华（即荣禄，仲华是其字）而至袁慰亭（即袁世凯，慰亭是其字），中经庚子之乱，此款独能保存。今慰亭移作小站练兵之需，气象雄阔，是受李文忠之荫也。"我于是恍然大悟淮军银钱所送车马费的缘故，愈加佩服李文忠的廉洁，（身）当甲午（兵败）乙未（马关签约）的诽谤，而文忠不发一言（辩解），其度量也非同寻常啊。[44]

所谓"截旷""扣建"均为清代军队中的专门术语，军队发生缺额，需要募兵替补，称为"顶名吃粮"，但顶补的日期不相衔接，差额日期的军饷须逐日扣除，这部分扣下来的军饷就被称为"截旷"；清代通行阴历，士兵月饷以三十天计算，遇到小月（只有二十九天）须扣减一天，小月又称“小建”，故因小月扣减下来的军饷就称为“扣建”。李鸿章任职北洋多年，积少成多，遂有了淮军银钱所这八百多万两的积累盈余。李氏本可以按当时官场对待陋规的惯常作法，把这笔灰色收入装入自家的腰包，但他把它作为公款列支，并将其全数移交给后任，难怪王文韶自叹不如，要称赞老李“公忠体国，廉介可风”了。北洋淮军银钱所这笔钱作为固定存款，利息应相当可观，以五厘的低息计算，每年也有四十万两的收入；我们上面提到的周学熙对唐山细绵土厂的投资就动用了银钱所的收入。另一笔意外之财，则是接收列强占领天津期间所经手的海关及杂税银两，数目也很可观。

> 九月，李文忠病故，调袁世凯署理北洋大臣直隶总督，而以王文勤继李文忠办理和约善后事宜。十月袁到北京，由庆亲王致电行在（并与）王文勤会奏，派袁会同新升任山东巡抚的周馥，接收天津联军所组织的都统衙门。唐绍仪以天津海关道资格充当提调。地面接收之后，获得都统衙门所积存的关税及杂税银五百余万两，因此袁得以大肆挥霍。那一年，京师及行在各位官员，均得到袁、唐所赠送的大宗炭敬，因此颂扬之声载道。十二月，袁于正定府办理沿途行宫，供张侈丽，直到北京。[45]

所谓“炭敬”，即今天机关单位逢年过节所发的红包一类的东西，在前清时，则是外官（地方官）或下属，送给要好或用得着的京官和上司，借以送人情、拉关系的手段。时逢庚子乱后，京官大都宦囊羞涩，拮据不堪，袁世凯的这笔炭敬也起着雪中送炭的作用，最能见情。联系到他在山东时带头捐资数千，为奉召前往行在（即皇帝和太后驻跸之处——西安）的京官们提供川资的事情，充分表现出袁世凯圆滑的手段和练达的人情。反正是公家的钱，花在公家的人身上，争取在京城有一个好口碑和好的人际关系环境，以减少、化解来自京城的阻力，对于他在直隶放手推行新政无疑是有利的。对于太后及庆亲王这类好货的亲贵，投其所好就可以了。袁世凯的女儿曾讲述了一则袁世凯如何敛钱供奉太后的故事。

当西太后和光绪帝“回銮”以后，由于宫内被外国军队住过一个时期，遭到很大的破坏，特别是宫殿里的陈设，绝大部分都被抢走或毁坏了，因此西太后在我父亲陛见的时候，要他赶紧筹集款项来置办这些物品。当时直隶省内的很多地方还没有恢复正常秩序，就是向人民摊派，也是缓不济急。他为了迎合慈禧，除了已经设法筹措了一些款子外，还邀集了藩（即布政使，又称藩台）、臬（即按察使，又称臬台）、司、道等官前来商议。他说他要暂时借用他们的私人款项来垫办，以后再陆续归还。可是这些人不但不肯解囊，反而向他诉起穷来。我父亲一见如此，只得暂时作罢。接着，他便不动声色地派一个人和天津的几个大票号如蔚长厚钱庄等接洽，说是要把一些公款存在他们的票号里，问他们利钱能给多少？他们回答最高只能到八厘。这个人一面假称听说别的票号里的利钱比这个数字要多一些，一面仍同票号里的人继续磋磨。票号里的人为了取信于他，就先后把账簿拿了出来，并将某官署或是某官个人的存款数字以及利息多少，一一指给他看。这个人就把各个有关的个人的存款数字，一共约有一百余万两，一一记清，回复了我父亲。过了一两天，我父亲又把上面这些人请来，和他们说了大致经过，然后说：“这些票号的掌柜实在太可恶，他们竟敢冒用诸公的名义来招摇撞骗。为了惩戒他们，我已经把这些冒名顶替的存款暂时借用了。”[46]

上面这则故事中的做法不像是袁世凯的风格（袁在其同僚下属中人缘极好，似不会做如此绝情的事情），但此说出自袁三小姐，她又是得自乃兄袁克定，只好姑妄听之了。但慈禧的第一辆私人轿车来自袁世凯的贡献却是真的，轿车是德国的名牌奔驰，但老太后心高气傲，觉得司机竟然坐在她前面，不成体统，于是名车也就成了宫里头的摆设[47]。袁世凯尽心侍奉太后和京城的亲贵大老是出了名的，所以能够放手做事，宠眷不衰。

袁世凯的新政中还有许多值得一提的善政，很多都是中国的“第一”。譬如，天津的电灯、电车就是他批准交由比利时的公司投资开办起来的。天津城的城墙毁于庚子事变之中，交还中国时列强的一个条件是不许再设城墙，于是旧城墙的墙基被重新规划成通行电车的道路。1906 年 2 月 16 日，天津电车轨道建成通车，当天“搭客甚多，道旁观者如堵”；“电车开驶而后，旅行既便，票价尤廉，境内欢迎……座间客满，肩为之摩，甚至有无甚要事，故意借口以为游览者。其为人所信任可知，而前途之发达更可知[48]。”天津的电车是中国第一条公共交通意义上的城市电车[49]，比上海开办电车运营早一年。电车是个新事物，也给天津人的生活观念带来不小的变化，人们开始有了公共秩序、卫生和交通规则的初步观念，也使天津初步具有了近代化城市的面貌。

又如 1905 年动工，1909 年全线通车的京张（北京一张家口）铁路，是我国第一条自筹资金、自行设计并独立施工修筑的铁路，而它就是由袁世凯提议并监修的，詹天佑也是由袁一手择定并保荐成为会办兼总工程师的。

再如咱们北京老百姓最早喝上的自来水，也是袁宫保提议并派周学熙筹办的呢。周学熙《自叙年谱》中记载了这件事情：

> 筹办京师自来水公司。先是，北京井水苦涩，而且火灾迭见，慈禧太后问袁公（即袁世凯）防火有什么好办法，袁公回答说是自来水，并且保举我（即周学熙）来主办，因此奉调来京筹备一切。查看水源后，勘定在东直门外建厂，引京东北孙河的水入城。（于是）订购机器，建筑房屋，招集商股。当时的人全都知道京城的井水水质差，认为自来水一设，必会获利无疑，所以招股时极为踊跃，三日之间，三百万股金全额收足，亟意进行（建设），过了年即大功告成了。[50]

还有今天城镇中无所不在的警察，在中国也是袁世凯最先提倡搞起来的呢。列强交还天津的另一条件就是，城内和周边二十里内中国不准驻军。但城市治安不能不维持，袁世凯于是奏请朝廷，将武卫右军三千人改编成巡警，分驻天津城郊，由于巡警不属于军队编制，列强也无可奈何。

由警政我们要说到袁世凯行政的另一方面，也可以说是其行政乃至变法的前提，就是“安定地面”，用今天的话来说就是稳定压倒一切。老百姓（或者说社会，因为社会也是由以老百姓为主体的人组成的）最怕的就是战乱，中国古时候有句民间谚语叫作“宁做太平犬，不做乱世人”，讲的就是这种社会心理。大乱之后，人心思治，老百姓先要安居，而后才能乐业，在这个基础上才谈得上兴办教育，开发实业，推行新政。袁世凯当然明白这个道理，从一接手直隶，他就沿袭山东时的政策，以强力的铁血手段贯彻自己的意志。

当时的直隶，兵燹之后，民生凋敝，盗匪如毛。在南直隶广宗县一带，有武举人景廷宾挑头的武装抗捐（即各省分摊的庚子赔款和地方上摊派的教案赔款）活动，蔓延数县，震动京畿；北边有口外的马贼不断入境骚扰；全省各地因闹义和团和联军占领期间的无政府状态，使溃散下来的义和团、败兵和地方上的地痞流氓结成众多团伙，横行乡里，为害一方；天津则是五方交汇、华洋杂处的杂八地，混混儿（地痞恶棍）是出名的多。面对直隶战后的乱摊子，袁世凯采用不同的对策予以治理。对因抗捐而起的民变，实行剿抚兼施的政策，一方面宣布将广宗等县“所摊捐款全行豁免”，瓦解景廷宾的群众基础，一面派出得力将领段祺瑞、倪嗣冲、马龙标等率领精兵分别由保定、德州合围广宗，并亲自到前线督战，于5月8日攻破暴动者的大本营，两个月后抓获并处决了景廷宾；此后，又逐一平息了直隶各地的土匪变兵。对于都市里的土棍、混混儿，袁世凯则以义和团余孽的名义痛下杀手，其实联军占领天津一年多期间，大肆搜杀义和团，拳民早已销声匿迹，袁将城镇里的土棍、流氓指为义和团，是因为朝廷已明令“痛加铲除”，杀起来更为名正言顺而已。

> 自庚子乱后，拳匪余孽伏处天津，只要有人举发，全都交付营务处审决，大都处死。幕府娄椒生先生对项城（即袁世凯，项城为其籍贯，用作尊称）说，按法律应该从宽处理。项城回答他说：“这种人就像臭虫，孳生不绝，只能芟刈净尽，以遏乱萌。”大概是取《周礼》“刑乱用重”之义，所谓水懦火猛吧。不到二年，天津城市治安为各省之冠，有六个月不发生一起盗窃案的记录，西洋人也为之叹服。[51]

袁世凯治理民乱的严酷做法在朝内引起了非议，说他“纵兵扰民”，还被人起了“屠民”的外号；朝廷也将参奏的折子抄寄给他阅看，有遥示警告之意。7月，袁上《复陈剿办广宗等县匪徒情形折》，针锋相对地阐明自己的观点："欲安民则扰民者在所必去，欲利民者则害民者在所必除"。他举出庚子事变以为教训，说自己是"不得已而以杀止杀"，并以曾国藩"欲纯用重典以锄强暴，但愿良民有安生之日，即身得残忍严酷之名亦不敢辞"的话自我辩解，表示"远之有粤、捻诸匪，近之有庚子拳匪，岂非皆由乱民起事而成的吗？臣虽至愚，也知道煦仁小惠，足以见好于流俗。只是利害关乎大局，则毁誉不应当只考虑个人。区区之心，只知道利国，不知道其他。"对查办"肆意滥杀"的北洋将领的要求，袁则一口拒绝，表示"参办将弁，恐士卒寒心，日后遇有调遣，将退缩观望，赔误事机，殊足以损碍军政。"[52]结果，段祺瑞、倪嗣冲等人不仅未受查处，反而由他奏保，加官晋爵，赏戴花翎了呢。

说到袁世凯以杀止乱的政策，我们要介绍另一个此时加入袁世凯班底的重要人物，他就是赵秉钧（1859—1914）。赵是河南汝州人，字智庵，文化水平不高，只是个童生。早年投军，后在山东任巡抚衙门巡捕，追随袁世凯到直隶，从低级官员一直做到直隶保甲局的总办。袁世凯创办警政，首先起用的就是与他的治乱思想一致的赵秉钧。费行简《现代名人小传》说赵"素谙津俗，莅事以猛为治。捕获会匪棍徒，以红封达知总督后立即处决，日杀数十人。凡拳匪、溃兵余孽，诛戮略尽，民赖以为安。当光绪癸卯、甲辰年间（1903—1904），析津繁盛，几乎道不拾遗；没有秉钧的着力整顿是做不到的[53]。"赵在袁世凯的班底中是个酷吏式的人物，但袁世凯在地方行政上面，主张"治乱世，用重典"，而赵秉钧的作风正对他的胃口。袁世凯对他的评语是，"才长心细，为守兼优"，"智略兼优，长于缉捕"，保定、天津的巡警都是他协助袁世凯一手操办而成，故袁加以重用，并不断加以保举提携。在清廷推广北洋经验，在中央设立巡警部时，赵被委任为侍郎（相当于副部长）。赵秉钧一生追随袁世凯，说得上是忠心耿耿，袁对赵也提携有加，民国初年，赵继唐绍仪、陆征祥之后出任第三届内阁总理，

图59　袁世凯创办警政时的得力助手赵秉钧。

后来由于牵涉暗杀宋教仁案而引咎去职。

袁世凯在山东、直隶以严酷手段镇压义和团，当时、后世都为人所诟病，论者或责其滥杀，或站在“阶级斗争”立场上，称其为“屠杀人民的刽子手”。那么论者想过没有，如果当时你处在袁的位置上，能拿出什么灵丹妙药来吗？像毓贤、裕禄那样放纵义和团，使国家付出更多的赔偿，损失更多的权益，难道就好了吗？袁世凯能够顶住朝野舆论的压力，按他认为正确的方式行事，而没有乡愿式地迎合大众的好恶，正表现了政治家所应必备的素质。

> 鲁人（即山东人）恨教民的欺凌，多同情于拳众的排外思想，见袁氏竭力压迫他们，全都大愤，而以“汉奸”“二毛子”话骂袁氏；街巷间也时有大书咒骂袁的文句的，就像今天的贴标语呼口号一样。等到津京的祸变酿成之后，大众才一下子改变了论调，而歌颂袁抚台不停口了。京津官绅避难者，麇集济南，全都有到了乐土的感觉。济南城的市面，繁荣气象，倍于平日。说到袁抚台，没有不说他是山东的福星，中国的伟人的。[54]

“治世以大德，不以小惠”，一国之君或地区的行政长官，其首要的责任是给天下百姓一个能够安居乐业的社会环境，这才是治国为政的“大德”，而好行小惠，姑息养奸则足以偾事，诸葛亮的名言讲的就是这个道理呢。

袁世凯在直隶所推行的另一项行政措施是，刷新吏治，改革陋规。所谓陋规者，即在合法与非法之间的灰色收入，这是有清一代的一大稗政。清代官员的正式官俸十分低微，不足以维持与官员身份地位相符的体面生活，只够勉强养家糊口而已。而为官行政所必需的办公费和聘用幕僚的费用，公家是不管的，只能自己想办法筹措，怎么筹措？自然离不开手中的权力，“于是禄入既甚微薄，而办公用度又甚浩繁，乃不得不取给于属吏。于是订为规礼，到任有费，节寿有费，查灾、查保甲有费，甚或车马薪水，莫不有费。此等风气，大抵各省皆然”，久而久之，见怪不怪，“明目张胆，昌言不讳，送者俨然以为是成例，受者取之而不觉其非”，就是所谓“陋规”了。陋规的存在，给贪污受贿蒙上了合法外衣，是导致吏治腐败的重要原因。袁世凯初到直隶，想乘大乱之后人心思治的契机，“将从前积习痛与刷除，务期兴利除弊，以维大局[55]。”袁整顿吏治的办法是厚俸养廉，“当此修明内政之时，必以整饬官方为当务之急。然而平情而论，又必须先有以养人之廉，而后可以止人之贪。”具体的做法是，不用公款额外支出，而是将现有的陋规化暗为明，化私为公，将各类陋规收入折合成一定的数额，作为各级官员现有正俸和养廉银外的合法收入，按月取领。此后上下级之间严禁“私相授受之事”，再有这种事，即作为贪赃论处。“如此一转移间，化暧昧为光明，廉吏既不病难为，墨吏更无所借口，长官不必有额外之需索，自可洁己以正人，下僚不敢作非分之钻营，相与奉公而勤职，庶几大法小廉，而吏治可期蒸蒸日上[56]。”袁的这一做法，很得朝廷的赏识，并将这个做法推广到全国，9月14日颁布谕旨，“著各督抚仿照直隶奏定章程，将各项陋规一律裁革，仍酌定公费以资办公，务期弊绝风清，认真考察属员，俾吏治蒸蒸日上，用副朝廷实事求是之至意。钦此[57]。”

袁世凯在刷新吏治时也不忘人才的作育，他喜新而不厌旧，新老人物一概收而用之，对现任及候补的职官，则以考课、培训外加游历（即去外国考察观光开脑筋）来改造提高官吏素质。譬如在总督衙门下面先后设立了考验处、课吏馆、幕僚学堂、吏胥学堂，以考课并培训在职与候补的官、幕、佐贰乃至杂佐人员，以求“扩其故步，瀹以新知”。此外，为开通风气，使地方官绅拥护新政，他分批派遣官绅赴日本考察学习，并以天津为实行地方自治的试点，创办自治局、议事会，设立宪政研究会、自治研究所，吸收地方士绅入会听讲，为将来的宪政做准备。联想到他十年后一心想做皇帝的那股子执迷劲儿，一般人还真想不到世凯也曾是政体改革的先锋呢！

由以上对于北洋新政的简略介绍中可以看到，本章所选奏折的十条建议中所涉及的教育人才、理财兴业、振兴武备和整饬吏治等四个方面，袁世凯是一一落实在北洋新政的实践中了，证明北洋时代的他是一个不折不扣的实干家。袁氏变法“十条”中首条所论，即详谋于前，力行于后，一旦“择定施行，便成万钧不移之势，无论如何为难，亦必坚持定见，始终不渝。”他是这么说的，也是这么做的。他在北洋推行新政，并非没有阻力，时人称他“作事谋始，奋然兴举，大僚之牵掣，群吏之非笑，一概无所顾虑，而一意独行其所是。等到行之有效，（反对者）

始服帖不再反对，而四方来参观新政者，冠盖云集于天津，也都啧啧称叹于其初行时的不容易[58]。”此时的世凯，尚未被官场的“大酱缸”（借用柏杨先生的术语）腌透，事业上朝气、锐气十足，是个说到做到的“干家子”呢。

当然，袁世凯北洋新政的成功也在于他善于延揽、任用人才，北洋的局面远非当年的小站可比，因此“小站班底”已不敷足用。为此，袁世凯广泛延揽中外人才，开始在更大范围内组建“北洋班底”。前面我们提到过的严修、周学熙、杨士骧、赵秉钧等人都是北洋班底中的佼佼者。徐世昌曾评论说：“就幕僚方面，项城在北洋，有于式枚、傅增湘、杨士琦等。于等只办公事，杨士琦则能办其私事，庆军机（奕劻）诸权贵皆由杨沟通。杨虽未任职务，固坚决主张君主（制）者，项城令其居住中南海万字廊，始终运筹帝制帷幄之一人也。其次为张一麐、沈兆祉、闵尔昌等[59]。”现在简略介绍这个班底中的其他重要成员。

杨士琦（1862—1918），字杏城，安徽泗县人，杨士骧之弟。光绪壬午年（1882）举人，后以道员身份在直隶试用，1901年随李鸿章入京和谈，担任李鸿章与另一“全权大臣”庆亲王之间的联络员。尽管二位“全权”之间心存芥蒂，由于他富于机变，巧于周旋，故李、庆双方都很赏识他，这在官场中是需要高难技巧的。李鸿章去世后，杏城向新总督进献“运动亲贵，掌握政权”的方略，成为袁的公共关系特使，专司官场幕后交际，尤其是在结交庆亲王等满族亲贵重臣、李莲英等宫廷内侍上起着不可替代的作用。袁世凯以他为督署洋务总文案，倚畀极重，“事无巨细，尽以咨商[60]”，有“智囊”之称。后来的南北议和、洪宪帝制等重大事件，他都是重要的策划和参与者，是袁世凯主要的谋臣策士之一。

袁世凯对杨的评语是：“志虑沉毅，操守谨严”，[61]“心精力果，体用兼赅”。[62]所以袁常把一些难办的事情交给他办理，如从俄国人手中接收关外铁路，接收盛宣怀的轮船招商局和电报事业，南北和议，筹办帝制，等等，他也随袁一路高升，由候补道员而关内外铁路总办、轮船招商局总办、京张铁路帮办、商部右参议、右丞（副部长）兼会办电政大臣、官制编制馆提调等要职。民国以后，杨很长一段时间留在江南为袁从事幕后活动，后来回京担任政事堂左丞（相当于副国务卿），是洪宪帝制的主要策划者。

这样一个专干幕后勾当的人，一般人会以为其为人十分不堪，孰知他却是一个满腹诗书，才华卓越的才子呢。陈浣一《睇向斋密录》说他“居恒言笑不苟，竟日端坐阅书，无惰客。不事交游，朋辈同僚酒食游戏相征逐，不与也。”“工诗古文辞……于史喜《通鉴》，于诗喜工部（杜甫）、玉谿（李商隐）、临川（王安石）、遗山（元好问），于小说家言喜《世说新语》。”公务之余，最喜欢的就是读书自娱，而不事交游与酒食征逐[63]。古人讲，“腹有诗书气自华”，杨杏城手不释卷，自然满腹经纶，气象高雅，民国初年的名记者黄远庸就称其为“有哲学思想的官僚”；很俗的事情经他的手办理，品位也高了，而且游刃有余。这是一个其行为与个性存在很大反差的人物，是我们在读历史时所要特别注意的。

梁士诒（1869—1933），字翼夫，号燕孙，广东三水人。梁士诒与梁启超同学于佛山书院，光绪己丑年（1889）恩科，二梁同榜中举。次年会试，梁士诒落榜，回乡途中，广购西书，从此开始研究财政、河渠、农业等实用知识。甲午年（1894）再试，中进士，散馆后授翰林院编修，1897年后入国史馆供职。1903年，清廷首开经济特科，梁氏应考，成绩突出，被拟为一等第一名，然而复试时竟遭人中伤，说他是梁启超之弟，连名字都起成“梁头康尾”（康有为名祖诒），其人品可知，因而大为慈禧所不悦，遂落第。梁氏经此蹉跌，心灰意冷，殊不知峰回路转，另有遇合。

图60　北洋“财神”，老交通系领袖梁士诒。

袁世凯为在直隶推行新政，正急于延揽人才，经时任天津海关道的同乡唐绍仪推荐，袁遂聘梁为北洋编书局总办，主持北洋兵书的译纂。梁氏由此结识袁世凯，并与“北洋群帅，类有相知之雅。”但梁在袁世凯幕府为时仅一年，次年唐绍仪被清廷委派为议藏约全权大臣，唐奏调梁为参赞，12月随同出国办理交涉，历时将近一年，回国后被任命为铁路总文案，参与中日东三省（日俄战争）善后交涉。1906年春，因办理外交得力，梁氏奉旨以五品京堂候补，在外务部参丞上行走。唐绍仪接替盛宣怀督办铁路总公司，梁协助唐裁撤公司，归并商部。同年10月，清廷改革官制，设立邮传部，统管铁路、轮船、电报、邮政，梁氏负责接收铁路事宜，后成为五路（铁路）提调。陈璧任邮传部尚书期间，梁建议设交通银行，官商合办，以总理轮路邮电四政，收回利权，经奏准施行，在此基础上逐步形成了北洋另一大财政金融集团——交通系，梁士诒则为此集团的领袖人物。梁士诒在北洋的时间虽短，但却是在唐绍仪、陈璧[64]等北洋集团重要成员的卵翼下成长发迹的，为北洋与南洋（即盛宣怀集团）争夺实业和财政金融大权的斗争，立下了汗马功劳，从而受到袁的赏识和倚重，并在政权更迭之际和民国之初成为袁世凯集团的重要成员和“财神”[65]。

张一麐（1867—1943），字仲仁，江苏苏州人，晚年号“古红梅阁主”。张早年倾向维新，光绪辛巳年（1881），年方十四就于乡试中名录副榜，次年8月考中举人，与李鸿章养子李经方为同年，此后以坐馆课徒为生。癸卯年（1903）在首期经济特科考试中名列第二，主考官为张之洞，对其以亚当·斯密《原富》所言“引证周详”，极为欣赏，录取后即拟分发湖北，而“袁世凯当时方开府北洋，欲收罗人才，因……与文襄（即张之洞，文襄是其谥号，为尊称）力争，遂分直隶，为仲仁与袁遇合之始。到省仅数日，即委任仲仁为督署文案，与阮忠枢、于式枚、傅增湘、金邦平诸公，同见信任[66]。”所以，张是袁从张之洞手中夺来的人才，故爱惜非常，没有按惯例分发到地方作知县，而是一开始就放在自己身边观察任用。张一麐干得也很勤奋，“从早到晚，整理分内的公牍，时刻不停。其书写文案，既工整又敏捷，往往他人数百言表达不完的事情，他仅用几十言即可了结。偶尔晚间，袁（世凯）找不到想找的幕友，看到仲仁仍在自己的房间中办公，于是召他来谈话，命他起草文稿，于是对坐疾书，十余稿立就。人们夸赞他是枚皋[67]，自那时起常参与机密，并兼任河防同知。”袁就任军机大臣后，“更倚重仲仁，批答草拟（文稿）多出于其手[68]。”袁世凯罢官下野之后，张回南方，辗转于浙江、江苏巡抚幕府中做总文案。袁世凯复出后召张回到身边，任机要秘书，“时政事堂秘书长为梁士诒，仲仁为秘书，位居梁下，而机要事全交予仲仁办理，设机要局，遂简任为局长[69]。”

张一麐为人正直，虽为袁世凯所信任，参与机要，但并不攀附求荣，他不赞成搞帝制，被从机要局调任教育总长，看似高升，实际上受到袁的疏远，但在袁世凯失败后，并不标榜自己，而是多作恕词为袁辩解，可谓是袁世凯的“诚臣”。

于式枚（1859—1915），字晦若，广西贺县人。光绪庚辰年（1880）进士，入翰林院为庶吉士，散馆后任兵部主事；后入李鸿章幕府，任总文案多年，老李遗折及保举袁世凯的附片即出自他的手笔。李鸿章去世后，他继续留在北洋幕府做文案。后来由袁世凯保举，历任督办政务处帮办提调、京师大学堂总办、译学馆监督、鸿胪寺少卿、广东学政、广西提学使等职。1907年出任邮传部侍郎（副部长），后出使德国，任考察宪政大臣，归国后历任礼部、学部侍郎、修订法律大臣、国史馆副总裁诸职；民国后退居青岛，以遗老自居，后被袁任为参政院参政，（未到任），旋因病去世。

傅增湘（1872—1950），字沅叔，晚年号藏园居士，四川江安人。光绪戊戌年（1898）进士，入选庶吉士，散馆后任翰林院编修；后出任贵州学政，又返直隶任道员，为袁世凯罗致入幕任文案，后派赴日本考察学务，回国后成为袁世凯办学方面的助手。学部成立后，严修调任侍郎，傅接任直隶提学使（相当于原来的学政），“治事详慎，颇调停新旧学”。其为人“恂恂儒雅，不隶党派”。曾随唐绍仪参与南北和议，民国以后历任约法会议议员、肃政厅肃政使、教育次长、总长等职。徐世昌任大总统时，出任总统府顾问，后任国立故宫博物院管理委员会委员兼图书馆馆长。此后，傅增湘即长期从事版本目录学之研究，是近代著名的藏书家和版本学家。

在实业金融方面，除去周学熙、梁士诒外，孙氏兄弟也是袁世凯的重要助手。孙多鑫（1865—1906），字荔轩，安徽寿州人，光绪年举人。孙氏门庭显赫，其父是当朝大学士孙家鼐，其母为两广总督李瀚章（李鸿章之兄）之女，李鸿章是其外叔祖。寿州孙家是有名的富商，孙家兄弟也都富于商业头脑。孙多鑫年轻时即在江苏、上海一带经商，曾赴美国考察面粉工业，并购置机器，回国后在上海创办了中国第一家面粉厂，不久就以质优价廉夺占了江浙一带的面粉市场。袁世凯为推动直隶实业发展，要周学熙注意物色实业人才，经周推荐，孙于1904年北上投入袁世凯幕府。“袁与孙见面交谈后，备极赏识，立即委任为奏折秘书，凡袁世凯所上清廷重要奏折，大部出自孙手。自此袁与孙见面无虚日，言听计从，不久更委为直隶官银号总办，天津造币厂督办，显赫一时。”孙多鑫为人低调，善于在幕后出谋划策，沉默寡言，不喜欢出头露面。

而北洋的大型实业，孙多鑫都有所参与策划，“北洋早期出现的大规模实业，是以袁世凯为后台，在孙多鑫的策划之下，由周学熙出面，三人进行合作的结果。今人只知周而不知孙，主要是孙在幕后的缘故[71]。”

孙多森（1867—1919），字荫庭，为孙多鑫的二弟。1906年孙多鑫病故后，他奉袁世凯之召北上，成为北洋实业中另一重要人物，被任为启新洋灰公司和滦州矿务局协理、北京自来水公司协理（总理均为周学熙），周学熙调京后，他继任直隶工艺局总办。1909年袁罢官归里，不久后周学熙也因丁忧暂离北洋，“所以在辛亥革命以前二年，孙多森实为代替袁、周掌握当时北洋各个官督商办企业的主要人物[72]。”袁世凯就任民国大总统后，起用孙多森为财政部国家银行事务所会办、中国银行筹备主任、总裁等职。1913年6月，被袁任命为安徽都督兼民政长（相当于省长），旋遇二次革命，被软禁，后逃回北京。袁又任命他为参政院参政，后因梁士诒出任财政总长，粤系得势，孙失势辞职。直到1915年周学熙第二次出任财政总长时，孙也出任官商合股的通惠实业公司总裁，此后历任中孚银行、中国银行总裁。徐世昌曾对北洋实业和理财人物做过如下评论：

> 就财政方面言，项城在北洋以周学熙、孙多森为主干。周学熙系建德周馥之子，孙多森系寿州孙家鼐本家，皆有深厚渊源，其在北洋办理启新洋灰、开滦煤矿公司，成效卓著，根据实业而言财政，自然较为踏实，故项城信任之。以其为皖人，故曰皖系（当时并无派系，因后来有粤系，乃有此称）。梁士诒也是项城属意之人，清末在邮传部即崭露头角，后又掌握交通银行，于交通具有历史（渊源）。辛亥议和，项城利用其与唐绍仪、伍廷芳联系，梁则依靠交通银行，为项城公私两方面筹挪款项，项城也驱使他，然而个中秘密，不是他所能知道的。他以（总统）府秘书长地位而扩张其财政势力，于是有“梁财神”之称，其部下叶恭绰、赵庆华等也都是一时的人才，于是形成了交通系，因为他们是广东人，所以称为粤系。其实项城所亲信者，仍然是周学熙一派。[73]

袁世凯接手北洋之后，处处以李鸿章的衣钵传人自居，行政上也效法老李大办洋务新政。“（袁）公一意整饬内政外交，抚辑创残，重谋建设，气象焕然一新。市容规划，街衢整治，全以文明各国都市规模为法，开全国进化之先基。论维新者，莫不奉天津为圭臬了[74]。”国外史学界对北洋新政有很高的评价，而以往国内研究近代史者，往往略过不提，颇失史家之风范。其实中国近代改良主义运动，其声势固然不如激进的变法和轰轰烈烈的革命，但却在实际上悄然而稳步地推动着中国社会的进步，其于中国贡献孰多孰少，后人自会有公允的评价。现在袁世凯已死去了近百年，应该是放弃仇恨偏颇的心态，心平气和并力求客观地回顾历史、评价人物的时候了。

得人才者兴，失人才者亡，这是老掉牙的历史箴言，但是口头上承认容易，实践中做到很难。原因多种多样，与人的胸怀、见识、抱负、个性、好恶等全都有关系。能得人才者必在上述诸方面素质良好，天生是做大事的“卡里斯玛式”的人物，袁世凯无疑是这类人物中的佼佼者。直隶在战后，百废待兴，在废墟上建设新政，最缺的就是人才，袁世凯为此还同资望高于他的改良派的老辈人物张之洞，展开过人才竞争呢。

> 光绪宣统之交，中国政治形质，正在起重大变化，所谓“新政”，所谓“宪政”，已非纯八股出身之官僚所能应付，故重用留学生，渐渐成为风气。开其先者，北洋大臣直隶总督袁世凯，第一批留学生考试及第之翰林金邦平，即为袁的幕宾。张南皮（即张之洞）于袁虽有微词，但罗致幕府人才，亦不甘居袁之后……只是南皮虽喜欢接纳士流，而为儒家“不党”之说所蔽，保荐人才，极取严格主义，故怀有政治抱负者，多舍张而就袁。[75]

张之洞是同治二年（1863）的老进士，自命为李鸿藻、翁同龢之后的清流领袖，多年出任封疆大吏，在李鸿章死后，资望无人能望其项背，所以自视甚高，架子极大。胡思敬曾论及张何以难在人才上与袁世凯竞争的原因。

> 之洞自任京官起，直到入参军机大政，举荐提拔人才不过

道府丞参的位置而已。因此热中功名又有才能的人不太依附于他。再有性骄好谀，士人登门求见者，有去七八次不得接见一次的；或引到花厅等候，一等数小时见不着面；或虽见面，略为询问数语就打哈欠呼人端茶送客。幕僚侍立禀白公事，小有失误，呵责之声已达于户外。因此君子也都望风远避，平时赏识提拔的仅是一二个浮华浅露的人士而已。[76]

而在袁世凯那里则大不相同，“出其门者，用不了二三年就能出掌方面。”胡思敬称之为“北洋捷径”，并举例说明：

光绪末年，热中功名者用以猎取富贵的捷径有二个：一个是商部，载振为主；一个是北洋，袁世凯为主。全都是内靠奕劻而借二杨（二杨，即杨士骧、杨士琦兄弟）为交通的枢纽。袁世凯初莅北洋时，梁敦彦才任天津海关道，凌福彭任天津知府，朱家宝任天津知县，杨士骧、赵秉钧均以道员在直隶候补。不过二三年，敦彦官至尚书，家宝、士骧均位列节镇，福彭升藩司，秉钧内召为警部侍郎。其非北洋官吏攀附而起者，严修以编修在籍办天津学堂，遂擢升为学部侍郎；冯汝骙与世凯联姻，遂擢升为江西巡抚；吴重熹为世凯府试受知老师，遂擢升为河南巡抚。唐绍仪以前随从世凯驻朝鲜，甲午之变，出死力保护袁归国，所以对他更好。既夺取盛宣怀的路政交他主持，邮传部设立，又用他为侍郎，一手把持部务，案卷合同全由他收藏，尚书张百熙虽与世凯是亲家，也不能与之抗衡呢。绍仪既得志，又引用其同乡梁如浩、梁士诒、陈昭常等，全都位列显要。士骧又援引其弟士琦入商部……世凯不由科目出身，遇到投帖子称门生者，大为高兴，必着力提拔。定成晚入其门，也出掌了大理院。在他势力兴盛时，端方、陈夔龙、陈璧、袁树勋等没有不依附于他的。[77]

胡思敬是旧派文人，对张、袁二位新派官僚存有成见，所以说的难免过分。其实直隶总督常驻天津，北京朝廷里用什么人，他可以运动，可以举荐，但决定权在太后那里，胡所列举的那些人都是因能力出众，治绩非凡而快速升迁的。但胡的话也明白道出了张、袁二人在用人上的不同风格。张重资格出身（也就是今天的学历），对人求全责备；袁则不拘出身、不论资格，不分地域，不限流品，上至翰林进士，下至贩夫走卒，三教九流，五湖四海，唯才能是举，恨不得全天下的人才都为我所用。其办法说穿了也非常简单，就是不吝惜金钱权位，推举拔擢下属不遗余力。在历史上，这是雄才大略的君主如汉高祖、汉武帝、曹操等的一贯做法，放在他们身上，被当作用人不拘一格的美谈；而在袁世凯这里，则被称为"滥交污取"，其实袁世凯用的也都是一时的人杰，区别在于曹操把皇帝留给儿子做而且做成了，袁世凯则是自己做结果失败了。成则英雄败则寇，一样的作为，就有了如此不同的评价。袁世凯的做法在领导学上应该是一种启示：做领导的人不光要会用人，还要及时给下属以机会，别人跟你干才会觉得有奔头。仕途上的人都是"政治人"，本能地追求升迁，跟着袁世凯干有奔头、升官快，北洋对人才的巨大吸引力就是这样来的。

说到袁世凯的用人，北洋时期又有新的特点，一是大量使用留学生，一是大量聘用外国顾问。袁世凯做过驻外使臣，深知懂外语、通外情的人才的重要，所以一直非常注重罗致留学生。在他的北洋新班底当中，留过学的人员不在少数，这里择其较重要者略作介绍。

唐绍仪（1860—1938），字少川，广东香山人。唐绍仪是曾国藩、李鸿章发起的、同治年间由容闳带去美国留学的那几批官费幼童留学生中的一个，是留学生的老前辈了。少川出国那年（1871）才十三岁，先入康涅狄格州立中学，后入哥伦比亚大学和纽约大学攻读文科。光绪七年（1881），朝廷担心孩子们从小到大地在美国生活、学习，最终会被"洋化"，于是提前召回，中断学业也在所不惜。少川回国后读了一段时间的书，次年就作为北洋选派朝鲜的海关会办、德国人穆麟德的秘书前往朝鲜，这时他还

图61　北洋时期的唐绍仪

是一个二十出头的青年。

1884年，朝鲜爆发了日本人和开化党策动的“甲申政变”，王室的亲信大臣闵泳翊在宴会中被砍伤，混乱中被救到穆麟德的寓所。袁世凯闻变后立刻带兵前往问询，“及门有一人持枪当门，不听入，意气凛然。（袁）公勒兵稍退，询其名，乃局员唐绍仪也，时由北洋帮办税务。公告以故，乃让公入见[78]。”在这样一种戏剧性的场面中相识，想必给袁留下了深刻的印象。次年，袁出任清廷驻朝鲜总理交涉通商事宜的大臣后，即调用唐绍仪为自己的秘书兼西文翻译，成为追随世凯最早的幕府人员。少川熟谙洋务，办交涉老成练达，世凯倚之如左右手，回国述职奔丧期间，均委唐代摄其职。甲午中日开战前夕，唐持枪只身送袁世凯脱险，并在公署坚持到最后才避入英国公使馆，乘英船回国，可以说是有勇有谋、忠于职守的干才，也与袁世凯结成了患难生死之交。

战后，经李鸿章推荐，唐再赴朝鲜任总领事，继袁之后办理交涉。后因丁忧回国守制，服满后投奔时任山东巡抚的袁世凯，以道员资格任山东交涉局总办，协助袁世凯处理山东各地教案的对外赔偿问题，在交涉中“再四驳斥”外方的非分要求，将洋人百余万索偿金额压减到十七万九千两，并顺利了结全案，被袁世凯称赞为“才识卓越，血气忠诚，谙练外交，能持大体，确实是洋务中的杰出之员，环顾时流，实在是罕有其匹[79]。”袁继任直隶总督后，唐随之出任天津海关道的优缺，并通过与联军的谈判顺利收回了天津。

1904年，英人荣赫鹏入侵西藏，强迫噶厦签订不平等条约，试图分割西藏，清廷鉴于事态严重，特派唐绍仪为全权大臣前往印度加尔各答与英国人办理交涉，但因英人的蛮横无理而中断。次年回国后，唐出任外务部右侍郎（副部长），与英国公使萨道义在京重开谈判，最终迫使英国与中国签订条约，确认了中国对西藏的主权。袁世凯的举荐和出色的外交才能使少川宦途顺利，此后历任京汉铁路会办大臣、会办东三省事宜大臣、督办沪宁铁路大臣、会办税务处大臣并兼邮传部左侍郎，集外交、铁路、邮政、海关诸权于一身，仅次于北洋的袁世凯（袁世凯当时身兼九职），新政时期，二人因能力出众而成为朝廷不断加码和鞭打的一对儿“快牛”。

1907年，东北建省改制，唐外放为奉天巡抚，实行袁世凯联英、美以制日、俄的方针，拟向英美大举借债，开办银行、改革币制、修筑铁路，但因日本的武力威胁而中辍。次年4月，美国国会议决退回部分庚子赔款，唐奉派以专使赴美致谢并交涉退款程序，并讨论从美国大规模贷款的计划。袁遭罢官回里，唐回国后也被免去奉天巡抚职务，蛰居天津。武昌起义后，袁复出为内阁总理大臣，随即召派唐绍仪以全权代表身份与南方代表伍廷芳展开和议谈判，为袁世凯出任临时大总统扫清了道路，唐也成为中华民国首届内阁总理，二人之事业如日中天。然而巅峰后面必定是下坡路，少川早年所受的美式教育此时发生了作用，他醉心于按西方的模式实行“责任内阁制”，同时为了协调南北关系，拉拢国民党人积极参与共和建设，他还加入了同盟会。这就使醉心于集权的袁世凯不满和疑心了，搞政治少川哪里有世凯老道？唐被迫辞职，跑到上海搞保险业去了。后来因反对洪宪帝制，少川加入了反对派，又参与了孙中山的护法军政府，以后就和国民党走到一起去了。但在与老领导分道扬镳之前，唐绍仪是北洋集团的重要成员之一。

梁如浩（1863—1941），字孟亭，广东香山人，少川的老乡，也是与唐同批出洋的幼童留学生，撤回国后也留在北洋，1883年也作为穆麟德的随员，到朝鲜筹设海关。1885年起成为袁世凯的幕僚，甲午战争时撤回国内，此后供职于铁路，曾任北宁铁路总办。1902年袁世凯接掌直隶后，梁奉命接收关外铁路，据说每月能给袁提供八十万两白银，袁世凯在财政上深得其力[80]。此后中国进入铁路大开发建设时期，梁也任职于各线铁路和各地海关道，后来先后担任外务部参、丞、邮传部侍郎等职。民国以后出任唐绍仪内阁的外交总长，因不愿签订丧权辱国的外蒙条约而辞职。

唐梁二人之外，袁世凯夹袋中老辈的“幼童留学生”还有詹天佑、吴仰曾、屈永秋等人。通过他们，不少广东籍的官僚和新留学生加入了世凯的北洋班底。如上文提到过的梁士诒。再如梁敦彦（1857—1924），字崧生，广东顺德人。留美一期幼童生，后入耶鲁大学，撤回后分发福州船政学堂，在北洋任职于天津电报学堂；此后一度任两广、湖广督署文案，1904年任汉阳海关道，旋继唐绍仪接任天津海关道。1907年后历任外务部侍郎、外务部会办大臣兼尚书、会办税务大臣等要职。袁世凯复出后，任内阁外务部大臣，民国后历任政治会议议员、交通总长等要职。又如凌福彭，广东番禺人，历任天津知府、天津工艺局及习艺所督办、天津道、长芦盐运使、直隶布政使。陈昭常，广东新会人，光绪甲午年进士，后由翰林院编修外放广西，因与岑春煊不和，改官直隶，由唐绍仪援引加入北洋班底。后历任吉林知府、关内外铁路督办、邮传部左丞，后官至吉林巡抚、都督兼民政长（即省长）等职。

当时学成归国的留学生并不多，其中多数都投奔了北洋，如上文中提到的金邦平（1881—？），就是留日学习法学的学生。当时的留学生，学历回国后不被承认，仍须经过考试方能给予“出身”，金邦平即考试优等被授予翰林院检讨者。金字伯平，安徽黟县人，“人颇雅饬，没有留学生的习气。”袁世凯亲自上奏朝廷，将他要到北洋，专办对外法律交涉事务，“受知袁氏，内参密勿”[81]。他在北洋历任督署文案、督练处参议、直隶自治局督理、资政院秘书长；民国后历任中国银行筹办处总办、政事堂参议、农商部次长、总长等职。又如黎渊（1880—？），字伯颜，贵州遵义人，以举人被保送日本中央大学法学系。毕业后受任于北洋，任督署文案，是袁世凯在办学和推行宪政方面的得力助手。在教育方面，曾任北洋大学堂、北洋法政学堂监督；在宪政方面，黎是袁氏起草各项宪政文件的执笔者之一，历任直隶自治筹备局、宪政筹备厅、修订法律馆参事、咨议等职，民国后历任大总统府秘书、宪政研究会委员、政治会议和约法会议议员、参政院参政诸职，是袁世凯在法律和国会问题方面的参谋。此外如施肇祥、章宗元、富士英、曹汝霖、陆宗舆、李士伟等留美、留日大学生均被罗致于北洋，受到重用。

当时的留学生在国内可不像今天这么吃香，甭管你是美国的耶鲁、康奈尔，还是日本的早稻田、东京帝大的名牌大学毕业生，按规定在国内也得等个八九十来年才能获得咱们中国的“举人”“进士”和“翰林”的出身呢。没有这个出身，你在官场上会遭人歧视，不好混呢。一般的官僚心里头先就存了“二毛子”之类的成见，对留学生爱搭不理的。袁世凯则不然，可能是没有所谓“出身”的负担吧，他不仅延揽重用留学生，积极为他们奏请“出身”，而且礼敬有加。有一则故事说的是袁世凯当了军机大臣后，与庆王等另外几位军机一同接见前来参拜的留学生，别人都傲然不以为礼，唯独袁“必鞠躬伸双手，表示接头还礼[82]。”当时太后为着变法图强，不得不同意起用新学人才，开办经济特科，可在心里头拿它当作是没有办法的办法，对新学人才有着很大的疑虑。

1903 年 7 月首届经济特科的初试，梁士诒为一等第一名，杨度为一等第二名；在复试前，守旧派官僚樊增祥在太后召见时进谗言，说此次参加考试的多为新党（即康梁一党），不可取用。太后当即更换阅卷大臣，将原定的录取名额削减了3/4以上。看准了太后厌恶新党的心理，守旧派的吴逢甲、魏光焘又参奏梁士诒、杨度等十八人是革命党，其实全是莫须有的谎言。但梁就此落第，杨东逃日本，所以，那时候袁世凯任用留学生，还真要有些魄力，担着点儿惹太后生气的风险呢。

回过头来再说用外国人，袁世凯在这上面与他的恩公李鸿章亦步亦趋，而且青出于蓝，有过之而无不及。李鸿章主持北洋时，幕府中有一批洋人幕僚，著名的有德璀琳、汉纳根、丁家立等，在当时清廷重臣中是独一无二的。李鸿章是开风气者，袁世凯则干得更猛，不同的是，李鸿章用的都是西洋人，袁世凯用的则大多是东洋人。据日本学者统计，当时全中国聘用的日本人中，直隶一省就占了1/3左右。[83]袁世凯为何要聘这么多日本人？原因有两个。一是俄国自强租旅大以来，已充分暴露了假友善、真侵略的面目，庚子事变时占据的东北三省，一直拖着不肯交还，清廷此时对老毛子是又怕又寒心，自己没有力量，于是打算利用列强间的矛盾，抵制俄国的侵略。二是日本人眼见着俄国人轻易地霸占了全东北，又急又恨，于是转过头来对中国“亲善”，明里暗里地拉拢中国，说黄种人都是一拨儿，同文同种，应该联合到一起对抗俄国的侵略。中国原来在军事上是学德国的，但胶澳事件使两国关系冷却了下来，而且多数大臣都觉得日本国情与中国相近，也是由落后中变法图强，所以应该近学日本，风气一下子就转了过来，从“西化”转成了“东洋化”。

北洋聘用的日本人主要在军事和教育两方面。军事方面，袁世凯就任不久，就在1902年1月，聘任日本在天津驻屯军的参谋立花小一郎少佐（此人后来晋升为陆军大将）为练兵顾问，9月，又聘任金竹、嘉瑞和中川分别担任军政司参谋处、教练处和兵备处的顾问，参与北洋的军制改革。1904年9月，立花等因合同到期返回日本，袁又聘请在北京担任使馆助理武官的炮兵大尉坂西利八郎接任立花的职务，当时中俄密约规定中国军队只准聘用俄国教官，所以这些顾问全以“兵书翻译官”的名义出现。这个坂西在中国待了二十五年之久，留蓄发辫，取了中国名字，讲得一口流利的中国话，是个中国通。他做袁世凯的军事顾问，前后达十年之久，与袁世凯有很深的关系，因此这里对他略加介绍。

坂西利八郎（1870—1950），日本纪州人，出身于诸侯家臣世家，后举家迁往东京。坂西1900年毕业于陆军大学，两年后作为参谋本部的特派人员前往中国，此后直至1908年，他明里是助理武官和北洋军事顾问，实际上还肩负着日本参谋本部的特殊使命：拉拢中国，为日本在满蒙地区同俄国的角逐刺探情报。袁世凯对日本的战略意图很清楚，而清廷的方针就是利用日、英与俄国的矛盾来收复东三省，所以袁世凯在对付俄国人方面与日本很合拍，也因此与坂西建立起了良好的关系，通过坂西、青木（日本驻华武官），他对日本军事上的动向也很了解。十年前的死敌，如今成了共同对敌的合作伙伴，然而十年之后，当袁世凯在“二十一条”问题上不那么合作了的时候，青木、坂西又翻脸成为凶恶的帝国主义分子，积极策划支持宗社党打内战，颠覆袁世凯政权。历史就是这么变幻无常，证实了“外交上没有永久的敌人或朋友”这句名言的真实和残酷。

坂西在袁死后曾回顾他们之间的交往和印象，认为袁“毕竟是个非凡的英才……具有天然的威严风采。与中国的其他达官贵僚不同，他不吸鸦片，也不喝酒，日常生活有着严格的规律，是与当时所谓的‘大官派头’完全不同的人物。”坂西还回忆了袁世凯给他取名的经过：

> 到中国后过了两年（1904），日俄战争爆发。在即将开战前，有一天袁世凯特意把我叫去说：“交战国的军官在中立国的军队任职不妥，所以在战争结束以前你是否可以改用中国名字？我来给你起个名字怎么样？”他想了不少名字，最后给我取名“班志超”，字“康侯”。他解释说，班志超是引用汉光武帝时出使西域的班超的名字，因为你所做的工作类似班超，而坂西的“坂”，在汉语中发音和“班”字相同，在班超的中间加了个“志”字，所以你就叫“班志超”吧。从这件事可以看出，他考虑事情异常细致，并且是个爱诙谐的人。[84]

袁世凯聘用的日本军官和士官有二百人之多，大都分派到各个军事学堂做教习。在教育方面，袁聘用了渡边龙圣做顾问，在医疗行政方面，则有古城梅溪、西村丰太郎，法政方面有冈田朝太郎法学博士，财政金融方面有佃一弥，农业方面有楠原正三，工业方面有藤井恒太、盐田真，印刷技术方面有下村孝光，等等[85]。

袁世凯1901年11月7日署理直隶总督兼北洋大臣，次年6月8日实授，1907年9月4日调离，实际主持北洋的时间不足6年，却能将一个战乱之后残破不堪的直隶，建设成为一个“如旭日之升，为全国所瞻具”[86]的新政模范，使人看到他确实有着非同寻常的行政能力，也不得不承认他善于罗致和使用人才，展示了自己“治世之能臣”的一面。而北洋之六年，也是袁世凯一生中最有建树的六年，为中国近代的洋务运动，添写下了光彩的篇章和圆满的结尾。

注　释

1.《袁世凯奏议》（上），天津古籍出版社1987年版，第268—277页。

2.释褐，脱去布衣，换着官服；意思是做官。褐，粗麻或粗毛的短衣，指穷人所穿的服装。

3.李岳瑞：《悔逸斋笔乘》，山西古籍版，第153—154页。

4.郭廷以：《中国近代史事日志》（下），第1110页。

5.同上，第1122—1123页。

6.同上，第1130页。

7.杜春和：《荣禄存札·张翼扎》，第48页。

8.黎东方：《细说清朝》，第624页。

9.《容庵弟子记》卷三。

10.吴永：《庚子西狩丛谈》，第106页。

11.吴虬：《北洋派之起源及其崩溃》，《北洋军阀》（一），第965页。

12.袁静雪：《我的父亲袁世凯》，《文史资料选辑》（第74辑），第130页。

13.郭则沄《南屋述闻》，《近代稗海》（第十一辑），第186页。

14.《汪康年师友书札》（三），第3111页。

15.《义和团档案史料》（下），第1328页。

16.《义和团档案史料续编》（下），第1019页。

17.《袁世凯奏议》（下），第1338页。

18.齐植璐：《北洋法政学堂及其沿革》，《天津文史资料选辑》（第44辑），第28—29页。

19.严仁赓：《祖父严修旧事数则》，《天津文史资料选辑》（第61辑），第145—146页。

20.梁启超：《饮冰室合集·专集》一册，第32页。

21.王芸生《严修与学制改革》一文中曾谈及此事：“严修的座师徐桐，反对维新，痛恶严修奏请设经济特科，知严修到京，预先在门房揭帖：‘严修非吾门生，嗣后来见，不得入报，严往请谒，吃了闭门羹。严在翰林院的职务俱被免去，只剩一个编修，遂于9月间携眷回津。”《文史资料选辑》（第87辑）第102页。

22.严修：《严修年谱》，齐鲁书社1990年版，第122页。

23.严仁赓：《祖父严修旧事数则》，《天津文史资料选辑》（第61辑）第149页。

24.《严修年谱》，第116—117页。

25.荣庆（1858—1916），字华卿，一字耐园，蒙古正黄旗人。光绪丙戌年（1886）进士，散馆后历任翰林院编修、内阁侍读学士、鸿胪寺卿、通政司副使、山东学政、大理寺卿、仓场侍郎、刑部尚书等职，新政时期曾任学部、礼部、户部尚书，军机大臣、协办大学士、弼德院院长诸职，后因中风卸职，民国初年病逝于天津。

26.徐元基：《周学熙资本集团研究的几个问题》，《近代中国》（第3辑），第245页。

27.《张謇日记·宣统二年五月二十七日》。

28.周叔贞：《周止庵先生别传》，《周学熙集》，华中师范大学出版社2011年版，第201页。

29.《周止庵先生自撰墓志铭》，《周学熙集》。

30.周叔贞：《周止庵先生别传》，第181页。

31.《天津商会档案汇编》（上），第345页。

32.《北洋公牍类纂·工艺一》卷十六。

33.《袁世凯奏议》（中），第853页。

34.周学熙：《周止庵先生自叙年谱》。

35.同上。

36.《北洋公牍类纂》卷二十四。

37.同上。

38.《青木宣纯与坂西利八郎》，《天津文史资料选辑》（第30辑），天津人民出版社1985年版，第183—184页。

39.《袁世凯奏议》（中），第510页。

40.同上，第750页。

41.费行简：《近代名人小传·官僚》，第28页。

42.李宗一：《袁世凯传》，第95页。

43.萧一山：《清代通史》（四），第2462页。

44.《三水梁燕孙先生年谱》（上），文星书店1962年版，第44页。

45.丁士源：《梅楞章京笔记》，《近代稗海》（第1辑），第435页。

46.袁静雪：《我的父亲袁世凯》，《文史资料选辑》（第74辑），第130—131页。

47.周岩：《袁世凯家族》，第36页。

48.《大公报》1906年2月17日，3月10日。

49.北京有电车早于天津（1899年建成营运），但只用于接送往返于永定门到马家堡火车站的列车旅客，而非市内公共交通工具。所以天津的电车，仍可以称为中国最早的城市交通电车。

50.《周止庵先生自叙年谱》，《周学熙集》，华中师范大学出版社2011年版，第695页。

51.张一麐：《古红梅阁笔记》

52.《袁世凯奏议》（中），第559、561—562页。

53.费行简：《现代名人小传》（上），第23—24页。

54.徐凌霄、徐一士：《凌霄一士随笔》（一），山西古籍出版社1997年版，第24—25页。

55.《容庵弟子记》卷三。

56.《袁世凯奏议》（中），第631—633页。
57.同上，第633页。
58.《北洋公牍类纂续编·序》。
59.张国淦：《北洋述闻》，第78页。
60.李宗一：《袁世凯传》，第96页。
61.《袁世凯奏议》（中），第818页。
62.同上，第1374页。
63.陈浣一：《睇向斋密录》，《近代稗海》（第13辑），第562页。
64.陈璧，字玉苍，福建闽县人。光绪元年（1875）举人，三年（1878）进士，任内阁中书，以后历任各省考官、顺天府丞兼河南道监察御史、顺天府尹、商部侍郎、户部侍郎、邮传部尚书。袁被罢黜后不久亦被劾去职。民国后曾任参政院参政。后中风，病逝于北京。
65.李吉奎：《梁士诒生平》，《梁士诒史料集》，中国文史出版社1991年版，第1—2页。
66.张一澧：《张一麐生平》，《近代史资料》（总第60号），第102页。
67.枚皋，字少孺，西汉时人，著名文学家枚乘之子。武帝时上书自陈，拜为郎。性好诙谐，善辞赋，才思敏捷，时人将其比之于东方朔。
68.张一澧：《张一麐生平》，《近代史资料》（总第60号），第102—103页。
69.同上，第105页。
70.费行简：《现代名人小传》（上），第56页。
71.包培之：《寿州孙家与中孚银行》，《天津文史资料选辑》（第35辑），天津人民出版社1986年版，第141页。
72.同上，第142页。
73.张国淦：《北洋述闻》，第76—77页。
74.《容庵弟子记》卷三。
75.吴虬：《北洋派之起源及其崩溃》，《北洋军阀》（一），第1012页。
76.胡思敬：《国闻备乘》，《近代稗海》（第1辑），第289页。
77.同上，第269页。
78.《容庵弟子记》卷一。
79.《袁世凯奏议》（上），第361页。
80.马昌华主编：《淮系人物列传·文职、北洋海军、洋员》，第224页。
81.费行简：《现代名人小传》（上），中国书店1988年版，第96页。
82.陶树德：《我眼中的几任直隶总督》，《文史资料选辑》（第25辑），第119页。
83.山根幸夫：《袁世凯与日本人》，《天津文史资料选辑》（第37辑），第79页。
84.《土肥原秘录》，《天津文史资料选辑》（第30辑），第174—175页。
85.山根幸夫：《袁世凯与日本人》，《天津文史资料选辑》（第37辑），第82页。
86.颜惠庆：《周止庵先生事略》。

第十三章

日俄之战与北洋扩军

多年来在人才与军事教育上的储备，
使袁世凯得以在危机到来时把握住机会。
北洋扩军的成功使阽危的国势得以缓解，
也造就出中国第一支近代化的陆军。

图62　身着戎装的北洋统帅袁世凯。
（河南项城市博物馆提供）

【导读】1904年末，日、俄为争夺东北而剑拔弩张，严重的局势迫使亟须休养生息的清廷重整军备。直隶紧邻东北战场，作为总督的袁世凯，守土有责但兵力单薄。本章开头所选引文是袁世凯向朝廷汇报布防情况、分析形势并要求筹饷扩军的奏折。袁根据俄、日备战的规模，提出至少要有六万军队方能勉强满足直隶一线和京畿布防的需要。而扩军，先要筹饷，否则，巧妇亦难为无米之炊。危机往往同时又是机会，北洋的大规模扩军，正是借着危机才得以名正言顺地进行。此前，为了解决国防空虚的危机，国势阽危的清廷接受了袁世凯的建议，设立督办练兵处，统一管理全国军制改革与扩练新军事宜。袁世凯多年来通过军事教育积蓄的人才资源使得他能够承此重任，并利用练兵处的名义动用全国的财力扩充北洋的军事实力，北洋六镇很快编练成军。同时袁世凯还成功进行了以常备军制替代传统的募兵制的改革，并全面引进了日式的军事教育。日俄战争期间，清廷及袁世凯表面上奉行“局外中立”政策，暗中支持日本，并进行了情报上的合作，而日俄战争的后果还将在很长的时期内影响到中国的历史走向。袁世凯之所以能够如其所愿地实现北洋的扩军，日俄战争所造成的形势固然是重要的因素，他一贯的雄心和对军事人才持续的培养和储备则是更为重要的原因，使他在机会来临时，有足够的资源可供使用，从而把握住了机会。北洋扩军的成功和全国编练新军热潮的兴起，使阽危的国势得以缓和，也使中国真正有了一支近代化的陆军，由此而言，袁世凯的扩军可以说是功在国家、民族。袁之新政、扩军，都应放到具体的历史年代和环境中去观察和评判，见解、看法尽可以不同，但中肯客观、真实可信才是史学的基石。

密陈遵照传谕统筹布置防守情形折[1]

（1904年1月19日）

奏：为钦遵传谕，统筹布置，谨将时势情形，恭折密陈，仰祈圣鉴事。

窃臣于光绪二十九年十一月二十八日，承准军机处王大臣电寄各省督抚内开：俄日相持益急，如竟决裂，中国势处两难，自当妥筹办法，除奉直边要各地方，应由北洋统筹布置，派兵严防外，所有沿海、沿江、沿边各口，务须加意扼防，慎固封守。各省匪党游勇，伏莽孔多，诚恐妄造谣言，乘机作乱，致别国借口，复生他变，尤宜预为防范，并饬属认真保护洋人财产、教堂，倘有奸徒煽惑，即行严拿惩办，勿稍疏虞。报纸消息，往往误传，人心易滋惶惑，仍希示以镇静，不动声色，妥密筹备为要。奉谕密布，希即遵照。等因。承准此。臣忝膺疆寄，自应钦遵，严密筹防，惟现在时势情形，有不得不披沥上陈者。

查日本以协约龃龉，早修战备，俄人初意不愿用武。近因相持日急，乃在东三省日夜运兵，探闻已增至八万，合旧驻兵数，共计十八万七千余人，其已备待发者尚有七万余人。俄之宗旨已变，自不肯轻易撤退。而日本举国鼎沸，又不能听俄所为，两不相下，战端难免。就我现在情势而论，不得不仅守局外，然公法局外之例，以遣兵防边，不许客兵借境为要义。防之不力，守局立隳，不但人之溃卒，我之土匪，必须认真防堵；而两大（国）构兵，逼处堂奥，变幻叵测，亦不得不预筹地步。畿辅为根本重地，防范尤须稳固。直境北连蒙古，俄与蒙疆接壤，处处空虚，由张家口达恰克图仅两千数百里，为俄人往来孔道；直之热河，东毗奉境，俄方占据奉省，将来资为战场。计东北边防及海疆各口，不下三千数百里，如欲慎固封守计，非十数万人不克周密，盖人皆以数十万众角逐辽海，我之防兵非万人不足支一隅，又须声势联络，互相策应，方免疏虞。惟我方饷绌械乏，断难集此重兵。然详查形势，扼要设防，至少亦须有六万人，以万人拱卫京师，以五万人分布边要，庶可资以屏蔽。

现查直境兵力，淮练各营，迭经裁汰，仅可巡缉地面；京旗三千人甫经成军，只可调防京师；自强军两千余人，现亦分布巡防；臣所部大支战兵，只武卫右军七千人，常备军九千余人。此外有提督马玉昆所部武卫左军一万人，姜桂题所部毅军五千人，遇有征调，除去看守营房，护运粮械外，应战之兵，不过三万，仍须分兵留驻京城，巡防近畿，计不过两万余人可以出防。且自公约禁运军火，各军子弹大半缺少，军械又多参差。臣前曾与庆亲王奕劻密商，拟增兵三万并筹备军火以资分布。嗣因饷项难筹，先增募一万，酌购军械，备助防守，计一万人正饷通年约需百万两，而购备枪炮及子弹并各项战具、杂支，约需一百数十万两，可指之项，只有练兵处奏请由直隶挪借一百万两，其所请部拨之二百万两，尚未准部文知照。如拟增足三万人，势难筹办，然非此又不足以布置。

臣九月间奉召入对，曾以预筹饷项为请，当蒙面谕，由部筹拨，迄今已逾两月，尚无的款在计。臣筹措为难，自系实情。然及今募兵购械，已觉为时甚迫，如再延宕时日，待至俄、日兵连祸结，虽有巨款，而乌合之众不足防御，远购之械难应急需，势将束手坐困，即使臣粉身碎骨，亦不足塞责于万一。臣一身不足惜，但事关大局安危，不敢不悉心筹划，力求周备，倘实在无饷接济，或拨饷不能应时，臣何能无米为炊，惟有尽现有之饷以备兵，亦惟有尽现有之兵以布防。设或防范不周，贻误大局，臣固不能稍辞其责，而力止于此，应在圣明洞鉴之中。甲午之役，集天下之兵力、财力，已故大学士臣李鸿章、故督刘坤一之久历戎行，老谋深算，而关内外各军不下二十万，仍每以兵单为忧。况现在俄、日交哄，人之兵力倍蓰畴昔，而驽下如臣，处此财才极窘之秋，提此两万余众之卒布置防守，实有不能不为鳃鳃过虑者也。臣通盘筹划，夙夜焦思，非兵无以布置，非饷无以增兵，惟有仰乞皇太后、皇上饬下户部迅筹切实的饷，以应急需而扶危局，天下幸甚。臣不胜战栗恐惧，迫切待命之至。所有遵谕统筹布置情形，理合恭折披沥密陈。伏乞皇太后、皇上圣鉴、训示，谨奏。

庚子事变后，中国背负了极大的赔偿债务，国力和国际地位进一步下降，而京畿直隶，民变兵燹过后，城镇残破，百业凋敝，正是亟须整顿善后、休养生息的时候。清廷为了挽回颓败的国势，重提变法，袁世凯也正在一马当先地在直隶推行新政，经费本已不足，为何又要朝廷挤出大量经费来整军经武呢？原来中国此时已落入半殖民地的境地，国土大部分被划为各列强的势力范围，因而列强间的矛盾和利益争夺，一举一动无不牵动国内的政策走向，改变着行政的轻重缓急次序，想关起门来搞发展根本是不可能的了。此时，中国的东北上空战云密布，日、俄之战看来已势不可免，所以扩练新军，这个在乱后恢复时期原可缓一步进行的事情，现在又成为头等急务了。日俄为什么，凭什么要在中国的领土上开战？这就要我们回过头来，从因老李病逝而中断了的中俄关于收回东北的交涉谈起了。

因为头绪纷繁，本章拟从三个方面叙述、捋清国际政治对中国内政的影响，而它又是如何在危机中给袁世凯提供了扩充北洋实力的机会。从列强争夺的大背景下，我们才可能较为客观地看待北洋扩军的原因。其中有袁世凯的主观意愿，但更多是出于国防的需要，形势的逼迫，而练兵的资源掌握在袁世凯这里，所以因逢时会，成就了他的事业。不是有句话说"机遇偏爱有准备的头脑"吗？袁世凯当年小站练兵，建立随营学堂，持续不断地培训、吸纳人才，反映了他的远见，也积累下了北洋雄厚的军事资源，当机会到来的时候，练兵扩军自然非他莫属，岂是"野心"二字所能概括的？

先从中、俄收回东北的交涉说起。李鸿章去世后，双方交涉一度中止。1902 年 2 月 10 日，中俄重开满洲问题的谈判，中方为另一全权大臣庆亲王，俄方为驻华公使。庆亲王比起老李，在外交经验、能力上，相差不可以道里计。袁世凯此时已同庆亲王搭上关系，以自己对列强的观察和判断向他提供建议："各国均无困辱我国的词气，而且互有意见，不可能协同一致算计我们。俄国条约利在拖延，断没有因此发生战事的可能[2]。"庆亲王心里有了底，拒绝了华俄道胜银行合同（俄国打着道胜银行名义，为的是把它伪装成民间经济往来活动，避开其他列强的干涉），并故意将俄国独占满洲权益的意图透露出去，引起了其他列强的关注，开始对俄国施加压力。如日本公使曾就中俄交涉质询奕劻，而美国国务卿海约翰则分别向中俄抗议由俄国独占满洲权益。日美等国的质询和抗议，其实正中清廷的下怀，使之可以以此为由，抵制俄国的要求。2月3日，美国再次照会中俄及各列强，提请注意东北门户开放与机会均等的原则。2月9日，俄国在答复美国的抗议时，否认损害了满洲的门户开放；由此，奕劻才敢于在11日正式拒绝俄国要求，中止了谈判。

由于其他列强的压力和怀疑越来越大，俄国负责此事的微德伯爵（即维特，时任财政大臣）指示加速撤军条件的谈判。这样，在4月8日（旧历三月一日），清廷全权大臣奕劻、王文韶与俄国公使签订了《交收东三省条约》。条约计四条：（1）东北归还中国，“一如俄军未经占据以前，仍归中国版图及中国官员治理”；（2）清廷“实力遵守”1896年与道胜银行订立的各项合同条款，保护铁路及在铁路任职人员，保护“在东三省所有俄国所属各人及该人各事业”；（3）俄军分三期于十八个月内撤出东北全境；（4）俄军撤退前，东北中国驻军人数、驻地必须与俄军“会同商定”。俄军撤完后，中国东北驻军的增减，必须“随时通知照会俄国”，等等。显然，俄国远没有捞到预想的大便宜，实现独霸东北权益的目标。俄国签订此约和如约进行首期撤军都不过是缓兵之计，以争取时间做好自己的战略安排。

在与德国结成战略同盟，在欧洲方面免除了后顾之忧后（德国许诺保护俄国的后方），沙皇尼古拉二世的远东政策再次趋于强硬，表现为强硬派的伯仔布拉塞夫（Bezobrazoff）的影响增大，而主张缓进的微德开始失势。伯氏主张修改“4·8”协议，否则不能撤军，因而在1903年2月7日召开的俄国外交、财政、陆军、海军四部大臣与驻中、日、韩三国使节的会议上，决定暂不履行第二期撤兵，对中国提出保障俄国权益的新条件；在朝鲜问题上，则可与日本妥协。这样，俄军在4月8日第二期撤军期限到期后，不但不按期撤出沈阳、牛庄、营口、辽阳和吉林等地，反而于4月18日由署理公使普拉松向清廷提出所谓保障俄国权益的新“七条”，其主要内容是：（1）东北官制不得更改；（2）营口以外不许开作市场；（3）俄清两国之外，无开掘东北矿山权；（4）俄国得以其国之兵，保护东清铁路；（5）东北置于俄国监管之下，不许他国干预；（6）设商务衙门于奉天，派俄国军队保护；（7）东北练军由俄国军官训练。这些独占东北的交涉活动都是以秘密外交的方式进行的，清廷既无力对抗俄国，也就故伎重施，于次日将消息透露于日本驻华公使内田康哉。内田连夜拜访奕劻，劝阻不要接受俄方要求，随即将此消息转告了美国驻华公使。美国于数天之后即向俄抗议其违背门户开放的约定；日本外相也面告中国驻日公使蔡钧，“俄要求的七款，万勿允许，日本已约英、美一起力阻。”[3]

俄国表面上虚与委蛇，否认有独占东北之意和新“七条”，背后则决定进一步夺占哈尔滨、齐齐哈尔、富拉尔基、宁古塔、海拉尔、珲春、松花江河道、齐齐哈尔至海兰江大道等城市和战略要地。5月，尼古拉二世任命主战派的伯仔布拉塞夫为枢密参赞，并指示俄远东总督阿莱克息夫加紧备战，“以保持在满洲独占势力之决心”，并照会中国外务部，要求满洲开设商埠或他国领事馆，必须事先商得俄国同意，并继续施压，要清廷接受其“七条”。8月12日，俄在旅顺成立远东总督府，任命阿克莱息夫为总督，统一掌握远东地区军政大权，完成了战争指挥体制。

清廷的应对办法就是开放东北。8月13日，奕劻答应与美国签订商务续约，开放沈阳、大东沟为商埠，并中止了中俄间关于“七条”的谈判。俄国则决定不理会中国而专注于同日本的交涉，认为只要俄日间达成了交易，中国只能屈服。

现在我们回过头来看日俄间的交涉。李鸿章死后，英、日通过张之洞、刘坤一等向清廷传递消息（当时太后一行还在回京的路上），要中国万不可迫于俄国压力而轻易定约。日本原本想与俄国做一番交易，从满洲分一杯羹。日本元老伊藤博文借访俄之机，曾向俄外交大臣拉姆斯多夫提出，如果俄国承认日本在朝鲜的地位，日本可允许俄国在满洲的自由行动权，只希望东清铁路给日本以运费上的优惠[4]。但当时的俄国根本没有看得起日本这个小伙计，伊藤的试探不得要领，无功而返。1902年1月30日，英日同盟成立，在为期五年的盟约中规定，在中朝两国遭到其他国家的侵略和发生“骚乱”时，双方有权采取保护本国利益的行动；因此当任何一方与第三国作战时，另一方要保持中立，但在又一国家介入时，就要援助盟国而参战；英国也承认日本在朝鲜“政治上、商务上以及工业上之特殊利益”[5]。日本有了英国做后盾，态度转为强硬，不但极力阻止清廷与俄国签约，而且极力挑动美国出头对俄施压，于是就有了2月1日美国务卿海约翰抗议俄国试图独占满洲权益，要求东北之开发应履行门户开放、机会均等的原则。日本此时还存有与沙俄搞交易的心思，所以其活动还隐藏在幕后。

俄国见英日结盟对付自己，先是拉法国于1902年3月16日发表共同宣言，宣布将俄法同盟的适用范围扩大到远东，但在美英日的压力下，表面上否认有独占东北的意图，并在4月8日与清廷签订撤军条约并进行了第一期撤军。但这只是掩人耳目，争取时间的缓兵之计，花了那么大气力，绞了那么多脑汁才抓到手里的东西，俄国是绝不打算放弃的。它所顾忌的是英国在欧洲方面的威胁，为此，8月6日，沙皇尼古拉二世与德皇威廉这个“黄祸论”的首倡者进行了会晤，商讨远东“黄祸”及共同对付英日同盟的问题，不过此时所谓的“黄祸”，所指既非匈奴、蒙古，也非睡狮中国，而是新近崛起的日本。由于俄国不愿废除与德国之宿敌法国的同盟，两国便不能结成新的同盟，但威廉二世答应为俄国防守后方。有了威廉这个承诺，尼古拉即决心在远东用强了，这就是新“七条”出笼的背景。

日本在得知俄国反悔加码的消息后，一面通知美国，一面研究对策。同俄国一样，在满洲问题上，日本也有两派。一派以现任首相桂太郎为首，是主战派；一派以元老伊藤为首，主张谈判解决。在6月举行的御前会议上，两派争执不下，桂太郎内阁遂于7月1日辞职；但明治天皇采纳了桂太郎的主张，并由他于7月15日再次组阁，宣告了主战派的胜利。由于担心中国难以顶住俄国的压力，日本终于在10月赤膊而出，从幕后跳到了台前，开始亲自与俄国交涉满洲问题。但在可能的条件下，日本还是想在谈判桌上参与满洲权益的瓜分，但提出的要价已较之前有所提高，日本开出的条件是：朝鲜归日本，满洲铁路归俄国；或者，双方互相承认对方在朝鲜和满洲拥有对等的“优越势力”。

孰知俄国根本不理日本这一套，而是提出了自己的方案并以此作为谈判的基础，谈判也由莫斯科转到了东京。俄国方案的要点是，“互相尊重朝鲜独立及领土，不提中国，日本承认满洲在其利益范围之外”，潜台词是：朝鲜这盘小菜谁也别动，满洲这道大餐日本无由享用。这样当然谈不出什么结果来。10月8日是俄国撤军的最后期限，但俄军非但不撤，反而不顾中国抗议，将已撤之军开回，相继侵占盛京官署，拘禁盛京将军增祺，进占海城，并明确通知日本，俄只同意与日谈判朝鲜问题，满洲是中俄两国之事，他人不得干预，交还满洲，中国必须给俄国以利益上的保障。日本至此绝望，于是在1904年1月12日召开第二次御前会议，决定向俄国发出“觉书”（即警告备忘录），开出的条件是：保全满洲领土（即只承认俄国的铁路权益），承认朝鲜在俄国利益范围之外。俄国外交大臣拉姆斯多夫置之不理，2月4日，日本再开御前会议，决定开战。

日、俄为何在满洲和朝鲜问题上较这么大的劲儿，甚至不惜兵戎相见呢？这就不能不由当时国际政治中流行的地缘政治说起。沙俄将领土扩张到远东之后，为了巩固对西伯利亚的控制，开始进行连接海参崴和俄国欧洲部分的西伯利亚铁路的修筑，同时还要寻觅一个太平洋沿岸的不冻港，俄国看好的就是中国东北的旅顺港。这条铁路要横穿黑龙江地区，不仅可以缩短里程，节省大量施工费用，而且方便将来控制中国东北，所以俄国要假仗义一番，在甲午战争后的“三国干涉还辽”中出头，博取中国的好感；此后则诱使清廷与之结盟，借口方便战时向中国快速运兵，“保卫”东北不受日本侵略的需要，骗取了中东铁路的修筑权。所谓“中东铁路”，即从满洲里经齐齐哈尔、哈尔滨、牡丹江直至绥芬河，将西伯利亚与海参崴连接起来，横跨黑龙江的铁路。

第一步目的达到之后，俄国借胶州湾危机，中国迫切需要俄国履行中俄密约“保护中国”的条款之机，以屯驻军舰，向德示威的名义，强租旅大，攫取了这个不冻港不说，还以驻军后勤需要为借口，压迫清廷同意其修筑了北起哈尔滨，经长春、盛京（沈阳）直达旅大的铁路，称为南满铁路。这样中东铁路和南满铁路，形成了一条纵横贯穿整个东北的“丁”字形大干道，1903年全线通车后，俄国即完全控制了东北的交通命脉。

1900年庚子事变的爆发给了俄国人新的借口和机会，即借义和团排外破坏铁路、电杆之事，以保护中东、南满铁路为名，全面武力接管东北，或实行殖民统治，或直接纳入俄国版图；由于东北居民均为黄种人，故此吞并中国东北的计划又被称作“黄俄罗斯计划”。起初，俄国还想故技重施，所以攻占北京后，另搞一套，拆列强一致对华的台，主动撤兵至天津和东北，向清廷示好，试图骗取东北更多更大的权益。但几年中清廷已充分领略了与俄国“友好”的代价，所以在归还东北的交涉中，本着“敌人的敌人就是朋友”的想法，与老对头日本走到了一起，甲午之战后降到冰点的中日关系迅速升温，这也是日俄战争中中国暗中站在日本一边的原因。

日本则自明治维新后，作为一个后起的小帝国主义，也亟思加入19世纪的殖民主义行列，故木户孝允、西乡隆盛等维新元老提出了“征韩论”“征台论”等扩张主义理论，在此基础上，形成了所谓“大陆政策”。这个政策的具体内容，1890年日本首相山县有朋在国会上发表的《外交策略论》中说的最为明白：“国家独立自卫之道，一是捍卫主权线，二是防护利益线。何谓主权线？国家之疆域是也。何谓利益线？即同我主权线的安全紧密相关的区域是也。”而处于列强纷争的时代，“仅守主权线已不足以维护国家的独立，必须进而保卫利益线。”[6]这个所谓的利益线就是朝鲜和满洲，从朝鲜壬午兵变、甲申政变直至中日甲午战争、日俄战争乃至后来的“二十一条”“九·一八事变”“七·七事变”、中日战争，等等，背后起主导作用的都是这个“大陆政策”。日本此时口头上对中国大讲“亲善”“东方黄种人应团结起来对抗西方白种人的侵略”等等动听的话语，与俄国人原来那套狡诈的欺骗没有两样。只不过俄国决心独占东北的权益，不仅不分给它一杯羹，反而连朝鲜也不让日本独得，日本才不得不跟俄国人拼老命。如果俄国人让步，日本是很愿意同俄国携起手来，共同瓜分中国的呢。

朝鲜又是怎么回事呢？原来，甲午战败后，随着清廷势力的全面退出，日本满想着独吞朝鲜，不曾想李氏王朝的“太后”式人物——闵妃搞起了亲俄，她运用起“以夷制夷”的老法子来，不在擅长此计的李鸿章和袁世凯之下。到了手的果实不能享用，日本人真是恶向胆边生，一不做，二不休，于1895年10月，日本以闵妃的老对头——大院君的名义，发动政变，杀死了闵妃，组成了亲日派政府，史称“乙未事变”。俄国自然不肯坐视不理，1896年2月，袁世凯原来的老对手、俄国公使韦贝与亲俄派大臣李范晋、李完用等将高宗李熙诱入俄国使馆，置于俄国保护之下。国王在手里，俄遂得以“挟天子以令诸侯”，重新组成了亲俄政府，并通过一系列与日本的双边谈判和协议，实际上将朝鲜置于俄日共管之下，两国享有对等的权益。而在暗中，俄国还同朝鲜政府签订了秘密协定（1896年6月于莫斯科），保证保护朝鲜国王，向朝提供军事、财政援助，并许诺在朝鲜发生重大事变时予以军事援助。俄国还取得了训练朝鲜新军、管理朝鲜财政和海关税务的大权。

日本人以战争流血换来的成果，就这样让俄国人不费一兵一弹地轻易搜刮了去，心里面那种刻骨的怨毒和仇恨是不难想象的。为此，日本人又像当年针对大清国那样，开始了为时十年厉兵秣马、卧薪尝胆的备战活动，日、俄之间的这场对决是避免不了的，原因就在于“大陆政策”

与“黄色俄罗斯计划”在满洲和朝鲜的大撞车必不可免。从地缘政治的角度看问题，邻近国家的强大本身就构成对自己国家的威胁，这一点我们的祖先早已看到，所以才会有“远交近攻”的古训，这是不以人的意志为转移的残酷事实。什么叫“人为刀俎，我为鱼肉”？看看当时的清廷和朝鲜就知道了。(所以读者千万不要天真到相信国际关系中有什么“友好”“信义”可言，）国际政治背后起作用的就是国家利益，支撑着外交谈判的是经济和军事实力，妥协不了就要在战场上见高下，战败者只能任人欺侮和宰割。晚清带给中国人的最大教训就是《尚书》中的那句古老箴言：“兼弱攻昧，取乱侮亡”。落后、愚昧、衰弱和内乱，必会招致外敌的觊觎和攻击。庚子事变后的中国和东北就是活生生的一例。

12 月 22 日，袁世凯已经摸清日本为了东北不惜一战的底牌，故致电外务部，提出日俄如果决裂，中国应采取局外中立的方针。12 月 25 日，日本外相小村密告中国驻日公使杨枢，日本已经备战；日本外务省同时通知驻华公使和驻沪领事，要他们将此事通告主管外务部的庆亲王和两江总督魏光焘。在证实了战争必不可免后，袁世凯 27 日再次致电外务部，要求战争期间，中国应采取局外中立的方针。袁世凯的建议，显然是当时条件下清廷所能作出的唯一选择，孱弱不堪的大清国此时谁也开罪不起，只能眼睁睁地看着两个强盗，因分赃不均而在自己的家里大打出手。12 月 30 日，清廷电谕各省，日俄开战，严守局外中立。此前，为了防止这场在自己领土上的战争发生，清廷曾做过最后的努力，派人秘密前往大连会见阿克莱息夫，希望俄国能够履约以避免战争，自然议无所成，弱国无外交，这也可以算作一个事例吧。

1904 年 1 月 17 日，清廷也召开了御前会议，商讨应付的对策。会议的结果是命令袁世凯整军节饷，以备防守。18 日，又由军机处致电各省督抚，因日俄相持益急，除奉直边要各地由北洋统筹布置派兵严防外，命沿海、沿江、沿边各口加意扼防，并认真保护洋人财产与教堂。本章开头的奏折，就是袁世凯对这封电谕的回复。

中俄、日俄的交涉情况如上，清廷自己为了应急，先是批准袁世凯在直隶招募六千人组成“新练军”，为此 1902 年 6 月，袁世凯奏准成立北洋军政司，进行了初步的军制改革。1903 年春天，太后、皇帝谒扫西陵，作为地方最高行政长官的袁世凯一路陪同，在谒陵的途中，太后曾垂询练兵和铁路事宜，袁的答复使太后甚为满意。袁趁热打铁，上奏《陆军训练简易章程》，并建议设立练兵处，作为陆军参谋本部，统一事权，负责督练考察全国的新军。但当时的军机领班荣禄重病在身，已无力顾及于此了。4月荣禄死后，奕劻进入军机处担任领班大臣，袁立即派杨士琦进京重贿结交奕劻，与之建立了良好的个人关系，为北洋未来的扩军打下了基础。

当年秋天，日俄在东北问题上的对峙日益严重，11月间，朝廷两次召袁世凯进京磋商对策，袁遂再次提出设立练兵处的建议，以统一军政事权于中央、便于整军经武的理由说动了太后和庆亲王，责成他进行筹划。袁回到天津之后，在督署"三日未见属员"，亲手拟定"所有一切章可程"[7]。12月4日，练兵处成立于北京（在今东城锡拉胡同），庆亲王奕劻为总理练兵大臣，袁世凯为会办大臣，铁良为襄办大臣。练兵处设提调一人，由袁之密友徐世昌担任，下设军政、军令、军学三司，由刘永庆（副使袁嘉谷）、段祺瑞（副使冯国璋）、王士珍（副使陆建章）担任各司正使。铁良基本上是个摆设，只是为了免除太后的猜疑，不得不放上的一个旗人罢了。上有奕劻、袁世凯，下有各司正副使（全部是袁的人），铁良夹在中间，只能应声附和。[8]

从练兵处的这个班底来看，不啻是直隶军政司的翻版，其基本成员全都是袁世凯小站班底的骨干成员。袁世凯多年来坚持不懈地抓军事人才的培养，在此时显出了效果，练兵的人才资源在他的手里，练兵的大任自然也就非他莫属了。奕劻不知兵，而且袁此时已同其结为一党，因而对袁也十分信任倚重，不久，奕劻即以自己"衰迈多病"为由，奏"请太后责成袁、铁悉心经营，而自己但总其成"[9]，因而练兵处的实权操于袁世凯的手中。由此，清廷这次全国性的整军经武，也自然要以北洋为蓝本，其营制饷章、军校训练规章制度的制定，则是依样画葫芦，全都出自北洋新军的那套制度，袁世凯也最终实现了按自己愿望重振陆军的目的。

但光有了练兵的大权远远不够，练兵最缺、最紧要的是饷。按照袁世凯为练兵处制订的庞大练兵计划，全国要分省限期编练新军三十六镇（师）。他在给徐世昌的信中说过，"所谓自强者，不是凑百十万饷银，招募几千士兵所能办成的。必须放手经营，筹饷数千万，练兵数十万，然后才可以说得上自保"[10]。袁世凯掌控练兵处所得到的最大收益，就是他可以以练兵处的名义，征调全国的财力来扩充北洋的实力，像他所仰慕的曾国藩、李鸿章那样，成为大清国的军政领袖、中兴名臣。

但各地督抚对于自己掏钱、北洋练兵的做法并不买账，朝廷向各省摊派的一千万两饷银，迟迟不能到位。袁世凯为饷源不继头痛不已之际，日俄相争，东北上空战云密布，朝廷惶急不安，十分紧张，一度甚至有再走西安的传言。直隶邻接东北，世凯守土有责，在接到朝廷要他严防“直奉边要各地”的电报后，遂借机诉苦，再次提出军饷不足问题，要朝廷加大催饷的力度。我们在本章开头见到的这篇奏折的背景即在于此。

袁世凯此折的要点在于“非兵无以布置，非饷无以增兵”这句话上，潜台词是：布防得要有兵，增兵得要有钱。局势尽管已很紧迫，但巧妇难为无米之炊。“倘实在无饷接济，或拨饷不能应时，臣何能为无米之炊？唯有尽现有之兵以布防。设或防范不周，贻误大局，臣固不能稍辞其责，而力止于此，应在圣明洞鉴之中。”颇有“尽人事，听天命”的意思。次日（1 月 20 日），再就筹防问题上折，就前此与庆亲王、铁良商定的添兵三万，筹饷六百万的计划做了大幅度调整，“以目下计之，必先集三百万方可举办，应先切商户部，无论何项必须先提二百万，再由北洋挪借一百万，共凑足三百万解交练兵处，名为开办练兵处费用，实则用以筹防”[11]。太后此时正倚袁世凯为长城，哪能让军饷坏了大局，立即同意由户部先拨三百万两用以筹防。翌年 7 月 11 日，太后为加大筹饷力度，亲自下达懿旨，要求各省督抚“务审大局之安危，知事机之紧迫，不分畛域，共济艰难。”此后各省才认真认缴摊派费用，截至 1905 年末，总计认缴了七百七十九万七千两[12]。袁世凯在直隶也尽量罗掘，除李鸿章留下的淮军银钱所的利息和长芦盐斤加价的收入外，直隶还在 1905 年初发行了四百八十万公债用于支付北洋军饷，开了地方发行公债的先河。

清廷“征天下之饷，练兵一省”，使北洋新军迅速扩张，据统计，北洋军费的 78.3% 来自外省，仅 1905 年各地解京的九百多万两练兵饷银中，就有六百多万两用于北洋。在北洋之外，截至武昌起义前夕，清廷除禁卫军外，共编练成十四镇二十协新军，初步建成了一支近代化的陆军，而其中最为精锐的，就是袁世凯一手编练出来的北洋六镇。其扩展过程简要介绍于下：

一、1902 年 1 月，派王英楷、王士珍等赴正定、大名、冀州各属县，会同地方官，选募壮丁六千，在保定编练为十营，称为“新练军”，饷源为顺天（即北京）直隶善后赈捐款项下的一百万两银子。

图63 袁世凯北洋扩军时的军队操练阵容。

二、1902年6月，在“新练军”基础上增募两营，续添马、炮、辎重兵种，编成北洋左镇。同时奏准改革军制，从募兵制改为常备军制；设立直隶军政司，袁自任督办，刘永庆、段祺瑞、冯国璋分任兵备、参谋、教练三处总办。

三、1903年底，以北洋练军马队及分驻马厂的北洋亲军裁改成为步队一协（旅）、马队一标（团）；又赴河南、山东、安徽等省招募新兵一协、炮队一标，于1904年3月组建成北洋右镇，分驻小站和马厂。当月又奏准将左右镇改称为第一、第二镇。

四、1904年3月，袁以直隶巡警营（1902年8月，由武卫右军抽调三千人组成，派驻天津和津榆铁路沿线）“北段”[13]的一千五百人为骨干，添募新兵，编为第三镇，调往保定进行训练。

五、1905年2月，将驻扎南苑、海淀的姜桂题所部武卫右军的一部分，与1901年由江苏调来由袁教练统率的“自强军”二千人合编为第四镇，仍驻留原地。

六、1905年5月，将留在山东的“武卫右军先锋队”（袁世凯在山东时，由原山东巡防营裁编而成）十二营，加添步队一协，编为第五镇，驻留济南一带。

七、由清廷交办，在保定编练的京旗常备军（全部由旗人组成），在1905年统一全军番号时（各种杂牌番号一律取消，通称陆军）被定名为陆军第一镇。原北洋第一镇被改为陆军第二镇，北洋第二镇改为陆军第四镇，第三、五镇番号不变，第四镇改为陆军第六镇，这就是袁世凯一手编练，赫赫有名的“北洋六镇”，总兵力约六万八千人，加上北洋各军事学堂人员，总数约七万人。在整个新军（总数约十七万人）中占约2/5。

此外，在正规军之外，袁还将驻扎直隶的原淮军各营整顿改编为三十九营，即“北洋巡防营”，分为前、后、中、左、右五路，分别由夏辛酉、张勋、李天保、徐邦杰、邱开浩统带，驻扎于直隶各州县，专用于“弹压地方，缉捕盗贼，巡查铁路电线”。此外，原宋庆统率的武卫左军（即毅军）二十余营约万余人，在宋庆死后由马玉昆统领，1908年马去世后，由姜桂题（小站旧人）接管，由此纳入了袁世凯的北洋系统。袁世凯此时所掌控的军队超过十万人，而北方各省新军也由北洋教练，因而间接受到北洋的影响。

北洋六镇中，除第一镇由旗人组成，袁不能完全控制外，其余五镇全部是袁的嫡系。六镇的军事首长也是由袁一手选定的，几乎无一例外都是小站出身。如第一镇统制（师长）先后为凤山、何宗莲；第二镇统制先后为王英楷、张怀芝；第三镇统制先后为段祺瑞、曹锟；第四镇统制为吴凤岭；第五镇统制为吴长纯；第六镇统制先后为王士珍、赵国贤。在协（旅）、标（团）这两级担任协统（旅长）、标统（团长）的高级军官也都是当年小站的营连级的骨干。袁世凯小站练兵十年之后，至此大获丰收。在此基础上也形成了清末民初中国最大的军事政治集团——北洋集团。庚子事变之后，清军的主力——荣禄治下的武卫军，除远在山东的武卫右军外，基本上瓦解，京畿一带的防卫十分薄弱。此时大清国的军事力量，基本上还是以旧军为主，主要由满族八旗和绿营组成。八旗分驻各大城市和边防要地，由满族将军统领，号称二十五万，实则不足十九万，除京营八旗装备有新式枪炮外，大都仍用刀矛弓箭，而且旗营官兵多为世袭，此时已腐败不堪，谈不上什么战斗力了。绿营主要由老绿营、防军和练军（主要由原湘、淮勇营编练而成）构成，1906年后统一改编成为巡防营，是各省总督、巡抚统帅下的地方部队，1905年时尚有四十四万余人。但“此种兵丁散驻各州县，半数左右都是当地土著，平时绝不操练，枪械服装旗帜几乎全都霉敝不堪……且不论能否作战，就是捕缉盗贼也难得力，甚至有全营空额，并无此兵者。”[14]新军除去袁世凯的武卫右军外，还有张之洞在湖北编练的少数新军，总共加起来，不过三万人左右。以大清国上千万平方公里（当时外蒙古还在大清的版图之内）的广袤国土，仅靠着这七十几万素质窳劣的军队防守，国势不能不说是岌岌可危。所以整军经武确实是国家当时应放在第一位的大政，但战乱之后，恢复为先，再加财力支绌，不能不暂缓实行。而日俄战争则迫使清廷不得不军备优先，袁世凯乘时而起，承担起扩练新军的大任，实现了从募兵制向常备军制的改革，初步建立起了一支近代化的陆军，增强了国家的防卫力量，可以说是功在国家。不错，北洋是占用了练兵经费中的大头，但问题是它应不应该占用？北洋练兵资源雄厚，又须拱卫京畿重地，且又紧邻东北战场，防卫需要迫切，诸多因素造成的形势，使袁世凯得以利用天下的资源扩练北洋新军。袁世凯的成功，时也，势也。后世的一些批评家不看当时阽危的国势，一味指责其出于野心发展个人势力，这不仅有昧于史实，也有失客观公正。

在太后为东北的局势焦虑，袁世凯以其有限的兵力在关内外布防之际，俄、日两国也都基本上完成了作战的部署。在俄国方面，被任命为远东总督的阿克莱息夫的部署是：

一、以两个陆军师固守旅顺要塞。

二、以七千陆军防守海参崴。

三、以两个陆军师（约三万人）防守鸭绿江一线，阻击日军。

四、将远东陆军主力编为两个军团，一个布防于海城、辽阳、沈阳一带，阻滞日军，等待援军；第二军团屯驻于哈尔滨一带作为战略后备队。

五、海军则避免决战，保存实力，等待波罗的海舰队来远东汇合，形成绝对优势后，再与日本海军决战。

俄国当时的军事实力远超过日本，陆军至少拥有七十个师，约二百零七万人，驻扎在远东的陆军为四个师约十二万人；海军则拥有太平洋舰队、波罗的海舰队和黑海舰队，各类舰艇二百五十艘，总吨位八十余万吨。俄国的国力、资源利于打持久战，故俄方总的战略是，以逸待劳，消耗日本的有生力量；战略目的是，以海军阻止日本舰队深入黄海和陆军登陆作战，坚守海参崴和旅顺口；以一部分陆军阻击、迟滞朝鲜方向的日军，待增援部队到来和海军获得制海权后，大举反攻，在日本本土登陆作战。

日本则卧薪尝胆，经过十年的精心准备，此时陆军已拥有十三个现役师计二十余万人；海军则拥有六艘铁甲舰、六艘重巡洋舰（即所谓“六六舰队”）和其他一百五十二艘舰艇。日本军力、资源均远较俄国薄弱，故利于速战。日本参谋本部制订的作战计划为：

一、陆上先以三个师在朝鲜登陆，占领朝鲜；然后推进至鸭绿江。海上则以突袭方式歼灭俄太平洋舰队，夺取制海权。

二、陆上以陆军之一部渡过鸭绿江，出击、牵制俄军，主力则以三个师加两个旅的兵力，从辽东大孤山登陆，攻占旅顺口，然后与朝鲜过来的三个师汇合，北上与俄军主力决战。

三、在哈尔滨的俄军第二军团增援反击时，以决战歼灭之。

日军的战略目的是，攻占中国东北、俄国滨海地区和库页岛。1904年2月，日本已经获悉，俄军准备在波罗的海舰队到达远东，西伯利亚第三军团组成和旅大船坞竣工后对日开战；日本陆军参谋长大山岩向天皇建议先发制人，突袭俄军。2月4日，日本召开了第三次御前会议，决定对俄开战。2月8日，日军突袭仁川，泊于仁川港内的两艘俄舰被击沉，登陆部队随即开进并占领了汉城。9日凌晨，东乡平八郎率领的日本联合舰队突袭了泊于旅顺口外的俄太平洋第一分舰队，包括一艘铁甲舰在内的四艘俄舰遭受重创，被迫退入港内，日军随即三次将商船凿沉于海口，将俄国舰队封锁于港内，取得了海上优势。同日，俄国对日宣战，日本则于次日才对俄宣战。看来，日本人是惯于打这种突然袭击、不宣而战的战争的，往前说有甲午战争，往后看有九·一八事件和珍珠港事变。

在陆战方面，日本第一军（约四万五千人）在仁川登陆，控制了朝鲜之后，于5月初越过鸭绿江，击败了俄军东满支队（一万九千人），攻占了九连城、凤凰城，前哨直出太子河，威胁到辽阳俄军的侧后方。

5月5日，日本第二军（三万五千人）在辽东半岛的貔子窝登陆，于26日攻占金州南山，切断了旅顺守军与辽阳、奉天方向俄军主力的联系。

5月19日，日军第十师团在辽东大孤山登陆，6月8日攻占岫岩，12日占领怀仁。

5月29日，日军第三军（六万人）在大连附近的张家屯登陆，30

日攻占大连及青泥洼，进逼旅顺口。7月5日攻占旅顺城儿山，28日攻占剑山，30日攻占狼山。8月7日占领大小孤山，炮击旅顺港内的俄国军舰。

在第三军接手围攻旅顺后，第二军则北上，一路攻克熊岳、盖平、大石桥、营口、缸瓦寨、海城，与辽阳方向的第一军会合。

7月，新组建的日第四军（两万六千人）也到达汤山城一线，这样日本第一、二、四军形成了对辽阳俄军的合围态势。8月24日－9月3日，双方在辽阳展开会战，日方参战兵力为三个军十三万人，由大山岩元帅指挥；俄军参战兵力为两个军团十五万二千人，由远东俄军总司令库罗巴特金上将指挥。日军攻势起初多被击退，但库罗巴特金因担心被日军合围，主动撤至沙河一线。此役日军伤亡两万四千人，俄军伤亡一万六千人。

9月末，俄军在增援的第一军团和西伯利亚军团开到后，增至二十一万人，日军此时只有十七万人，俄军因而从10月5日从沙河转入进攻，日军则针锋相对地进行反击；激战至17日，双方均因伤亡惨重而转入防御。此役日军伤亡两万人，俄军伤亡四万人，这是主力战场的状况。

在旅顺口方向，日第三军于8月9日发起总攻，伤亡两万人仍进展不大，攻势放缓，而后日军变强攻为围困，并以坑道爆破的方式实施突击。8月和10月又先后两次发动强攻，均未得手。之后，日本再开御前会议，决定不惜一切，从速攻占旅顺。11月26日，日军发起第四次总攻，在付出了一万七千人伤亡的沉重代价后，于12月5日攻克老虎沟（即203高地），然后居高临下，以炮兵轰击被困在港内的俄国舰队，俄兵舰毁损严重，军心瓦解。12月底，日军又相继攻占二龙山、松树山，至此，旅顺周边的制高点均被日军占领，俄国守军已成瓮中之鳖。1905年1月2日，旅顺要塞司令斯图塞尔将军（Stossel）率守军投降。旅顺争夺战中，日军伤亡近六万人，俄军被俘三万两千人。

旅顺口陷落后，日本终于腾出了手，并扩编了第五军，与第三军一起北上参加奉天战役。1905年2月，日军在沙河一线共集结了五个军二十七万兵力，俄军则集结了三个军团二十九万三千兵力；2月18日，决战开始，日军以第三、第五两军分别向俄军两翼迂回，第一、二、四军从正面发起进攻；由于俄军统帅库罗巴特金对日军主攻方向判断错误，对预备队使用不当，造成俄军节节败退，并于3月9日全线北撤。10日，日军占领奉天，此后又相继攻占铁岭、开原、昌图，俄军则退守四平一线。此役日军伤亡七万一千人，俄军伤亡、被俘八万九千人。

在海上，当太平洋舰队被封锁于旅顺港内时，俄国抽调了波罗的海舰队的主力编成太平洋第二、第三两支分舰队，分别由好望角和苏伊士运河驶往远东增援。1905年5月5日，两支分舰队在越南海面会合；27日，当两支分舰队的三十八艘军舰通过对马海峡时，遭到占据数量优势的日本舰队（九十九艘）的截击。经过一昼夜的激战之后，俄军惨败，日军大胜；俄舰被击沉十九艘，被俘五艘，其余或触礁，或逃逸到中立国港口，只有三艘突围抵达海参崴，俄军伤亡五千余人，被俘六千余人，而日本只损失了三艘鱼雷舰，伤亡七百多人。

对马海战后，日本取得了制海权，6月下旬，日军于元山登陆，北上攻占了会宁；7月，日军第十三师在库页岛登陆，8月1日，俄守军投降。至此，日俄军事行动结束。俄国在远东丧失制海权后，已无直接打击日本本土的能力，尽管其陆上作战能力尚有很大余地，但因国内爆发“二月革命”，也难以继续对日作战。日本虽取得了重大军事胜利，但后备资源和财政也已陷入困境。因而在美国调停下，日、俄在美国的朴次茅斯坐下来谈判议和，并于9月5日签订了《朴次茅斯和约》。清廷在俄日和谈期间，于7月6日由外务部照会美、日、俄三国驻华使节，声明日俄和议条款内倘有牵涉中国事件，未经与中国商定者，一概不予承认。这一着在外交上很重要，承认了就永远失去了，不承认固然暂时收不回来，但将来国力恢复或强盛时还可以收回。大清国糊里糊涂地丢失了大片国土之后，总算吸取了教训。而后来丢失的大片国土，就是后来的糊涂者的责任了。

和约实际上是两个强盗之间的私相授受，背着主权国家对东北权益进行的再分配。和约有正约十五条，附约两条，主要内容是：

（1）俄国承认日本在朝鲜的政治、军事、经济方面均享有特殊的利益。日本在朝鲜的活动，俄国不得阻挠与干涉。

（2）双方约定，除辽东半岛租借地外，现被两国军队占领及管理的东北全部交还中国，由中国接收施行政务；俄国在东北的权益，凡违背机会均等主义者，一律取消。

（3）俄国将旅顺口、大连湾及其附近领土、领水之租界权，以及界内的一切设施财产，转让给日本。

（4）俄国将宽城子（即长春）以南至旅顺口的铁路及一切支线，连同附属财产、煤矿，无偿转让给日本。

（5）俄国将库页岛自北纬50度以南及附近一切岛屿永久让与日本。

（6）俄国准许日本在日本海、鄂霍次克海、白令海的俄属沿岸一带经营渔业。

（7）两国在中国东北之军队，除远东租借地外，限于十八个月内一律撤退；撤兵以后，两国皆可置守备兵保护在东北的铁路，守备兵数，每公里不得超过十五人。

权益瓜分完毕后，日本回过头来与清廷签订了《中日会议东三省事宜善后条约》（1905年12月22日），在这个条约中，在获得清廷对日本在《朴次茅斯和约》中从俄国手中接收的全部权益的“概行允诺”外，清廷还允诺在奉天省之凤凰城、辽阳、新民屯、铁岭、通江子、法库门；吉林省之宽城子（长春）、吉林省城（即吉林市）、哈尔滨、宁古塔、珲春、三姓；黑龙江省之齐齐哈尔、海拉尔、瑷珲、满洲里等十六个城镇自行“开埠通商”。此外清廷还“允许由安东县至奉天省城所筑造之行军铁路，仍由日本政府继续经营，改为转运各国工商货物”，并与朝鲜的京义（汉城至新义州）铁路相连。[15]

清廷此时正处于与日本关系最为热络的时期。能够借助日本的力量收回东北全境，付出的代价不过是原来出让给俄国的权益，在清廷看来，应该是相当合算的。至于开放通商，本来就是清廷防止瓜分独占的基本策略，自然没有什么可反对的。笔者最初读近代史的时候，总纳闷清廷和李鸿章、袁世凯怎么那么窝囊，国家为何那样屈辱，后来才渐渐明白，这就是弱国尤其是战败国的命运，屈辱吧？没错，但无可奈何，（今日的伊拉克不也还是如此吗？）在国际政治中，败仗是千万不能打的。

奇怪的反倒是，日本付出了几十万将士伤亡的代价，却为何没有乘着胜势捞取更多的权益？或者干脆和俄国做一番交易，瓜分已处于两国占领下的东北？它们要是这样做了，中国当时是既没有能力，也没有办法与之对抗的。大清国这就不得不感谢山姆大叔的“门户开放，机会均等”政策了。原来，日俄战争爆发后，美国国务卿海约翰即训令美驻中、日、俄公使，请日俄尊重中国的中立与行政完整，限制作战区域。2月20日，海约翰国务卿再次向各国发出通牒，要求尊重中国的中立与行政完整。美国总统罗斯福1905年4月出面调解时，劝告日俄直接谈判，并要求日本维持满洲门户开放，并交还给中国。日本表示接受并于5月25日对美正式声明，开放满洲，交还中国。[16]日本为了拉美国站在自己一边，除以门户开放的许诺讨好美国外，在美国铁路大王哈里曼来东京为其环球铁路计划游说时，日本首相桂太郎对他的计划（其中一段要在东北修筑）也是满口应承，并与哈里曼签署了造路的备忘录。1905年7月，桂太郎与美国陆军部长塔夫脱达成一项谅解（会谈觉书），主要内容为美国不反对日本合并朝鲜，而日本则对菲律宾不图侵占，美日共同维持远东和平。这样，在罗斯福总统任内，美国实际上是英日同盟中的秘密成员，因而美国在战争中与英国一样，表面中立，实际上偏向日本。譬如，它要求俄、日限制作战区域，但仅限于东北，而故意漏掉了朝鲜，明显有利于日本；又如，战争期间，美国曾与英国在各自国内允许日本发行、募集公债，为日本提供急需的战争财源。

日本既是以反对俄国独吞东北，维护“门户开放”原则的名义打的这场战争，自己又已打的筋疲力尽，没有余力与山姆再搞对抗，所以就行韬晦之计，暂时掩藏起自己的野心，休养生息，以待来日。但日本政府很快就暴露出独霸南满的意图，在东北建铁路的备忘录被宣布无效，哈里曼的计划也就此泡汤，日美之间由此生出了嫌隙，而这也就成为美国日后干涉“二十一条”，美日交恶，乃至在第二次世界大战中与中国结盟打击日本的远因。

1907年7月，日本又与俄国签订了《日俄协定》，其中的秘密条款就是日俄瓜分东北权益的规定，在这个交易中，日本在承认俄国在北满的一切特权外，并承认俄国在外蒙古的特殊利益；而沙俄则在对应承认日本在南满的一切特权外，也承认了日本与朝鲜间依现行条约为基础的共同政治关系，即在实际上承认了朝鲜为日本的保护国。[17]通过这个协定，日本初步实现了其大陆政策的核心计划，即控制朝鲜、中国东北等对其至关重要的所谓“利益线”，当然北满还在俄国人手里，但日本人有这个耐心，东北早晚要全部拿过来，这就是日后“二十一条”“九•一八事变”的起因。

但在日俄战争前后，中日关系却处在“蜜月时期”，用日本人的话来说，是“日中亲善达到了最顶点”[18]。日本为了与俄国对抗，在庚子事变和日俄战争期间开始极力拉拢中国。日本摆出一副“亲善”的面孔，见了中国人就大谈东方民族要携起手来，对抗西方的侵略；日本还积极参与中国的变法改革运动，处处表现出很热心，很想帮助中国富强起来的样子，一时还真是迷惑了不少中国人。当时日本参谋本部先后派出许多高级将领，到中国游说，劝诱中国大量聘用日本顾问和教习，派遣武备学生赴日本军校留学深造，为此，还专门开设了“振武学校”“成城学校”，作为中国学生进入日本士官学校的预科。当袁世凯推行北洋新政时，日本更是全面配合。1902年日本参谋本部次长田村专程到保定造访袁世凯，接洽“中日军事合作”问题。同年10月，日军参谋总长大山岩对应聘前往中国的军官发布了特别的训示，要他们“努力工作”，在中国上层“以实力培植亲日势力”，强调这是日本“对华政策的百年大计”[19]。很显然，日本这一系列做法本身有着很深的用意，目的是在中国统治阶层内部培植起一个“亲日派”，作为日本将来侵略中国的工具。

日本这一套可能使缺乏国际政治、外交斗争经验的人上当，但肯定糊弄不住袁世凯，在朝鲜时，文的武的，他与日本人打了十多年交道，对鬼子的居心摸得透呢。那么怎样解释北洋反而是当时聘用日本人最多，向日本派出的武备学生最多，与日本人搞军事合作最紧密，与日本军事顾问交往最深的地方呢？

首先，联络、依靠日本，实在是没有办法的办法。中国只能以更为先进的列强为师，不管人家是否打过自己，也只能向比自己更强的国家学习，才有可能摆脱积弱积贫，受人欺侮的现状。

其次，中国需要其他列强出头抵制俄国的侵略，这种侵略已经严重威胁到了国家领土的完整和生存。中国既没有力量抵御，只能采用“以夷制夷”的老法子。尽管日本的意图也是侵略，但它的实际威胁在将来，而俄国的威胁近在目前。

再次，日本确实有的可学。甲午之前，日本在中国人心目中还不过是个化外蛮夷的蕞尔小国；但甲午之战居然打的大清国丢盔卸甲，溃不成军。更让国人吃惊和佩服的是，它居然打败了拥有世界上最庞大陆海军的北方巨人一沙俄。日本通过明治维新，短短几十年时间，就从一个比大清更弱、命运也相同的小国崛起为东亚强国，与西方列强平起平坐，确实给了中国人启示与希望。更何况，这个日本在大清国患难之际频频招手微笑，主动出头摆平俄国，不顾《辛丑条约》禁运军火的条款，大批出售武器弹药给中国。而且袁世凯和当时朝廷的大员都认识到，日本经验更切合中国的实际，所以庚子年后“近学日本”成为一时的风气。况且，聘日本人，到日本留学要便宜很多，在当时那种财政拮据的情况下，这也是必须要考虑的因素。据统计，1904年初，中国留日学生总数不过一千三百余人，其中武科学生二百余人；而到了1907年初，留日学生人数激增至一万七千八百六十余人，三年之中，增加了十几倍[20]；东洋之风，可谓劲矣。

袁世凯对日本存有根深蒂固的不信任，但却不肯不利用日本的这笔教育资源。他历来重视军事人才的培养，当然不会放弃机会。1902年3月，袁从武卫右军的随营学堂中选派了五十五名学生赴日留学，1907年又陆续派出了近百名武备留学生，以培养“高级将才”。这些人学成回国后，大都受到重用，担任了高级军职。较著名的有：孙传芳、卢香亭、杨文楷、周荫人、吴光新、卢金山、潘矩楹、张树元、刘询、贾德耀、周文炳、李成霖、孙国英、王金钰、徐树铮、唐之道、姜登选、陈文运、曲同丰、傅良佐、毛继成、廖宇春等。袁还在保定武备学堂附设了留学预备班，蒋介石、张群等就是经由这个预备班进入日本士官学校的。袁世凯在编练、扩建北洋新军时大量聘用日本军官，全盘引入日本军事教学与训练方法的原因，还在于他认为日本陆军师从德国，而北洋新军从小站起就是由德国教官（庚子年才因到期解聘）训练的，因而改行日法，在实际上仍与原来的训练一脉相承，不至于扞格抵牾。

最后，袁世凯乃至清廷在新政和日俄战争期间的所谓“亲日”倾向，实际上是“两害相权取其轻”式的策略性选择，同时也不乏相互利用的成分。譬如，中国在日俄战争中采取的是一种带有倾向性的“局外中立”政策，不仅暗中替日本收集东北俄占区的军事情报，而且默许甚至授意东北的胡匪和马贼与日本人合作，破坏俄军补给，扰乱俄军后方，袭击俄军守备部队，等等。后来的“东北王”张作霖张大帅，就是由此崛起的。在某些重要战役中，马贼甚至起到了关键作用。

甲辰日俄战争中，日军在辽阳南首山一役遭俄军抗击，屡攻不下，伤亡惨重，结果利用冯麟阁、金万福所部骑匪数千人组成了所谓“忠义军”（当时人称为“花膀子队”），从辽河以西挺进，抄袭首山的右侧背。俄军出于不意，放弃首山，向北败退。日军乘胜长驱北上，俄军一败涂地，不可收拾，日俄战争胜负之局，由此也就决定了。冯、金两匪部，帮助日本袭击俄军，使首山战役转败为胜，因而决定了整个战局，对日本来说这是很大的一功。日本军事当局奏明天皇奖赏他们两人宝星勋章，并电请清政府将这两个匪首收编重用。不久，金、冯两人就被清政府擢用为奉天省巡防营统领和帮统。[21]

说到清廷这一时期与日本人的合作，我们可以通过袁同两名日本顾问的关系略作透视。这两名顾问，一是日本驻华武官青木宣纯，一是上一章已经提到过的坂西利八郎。

青木宣纯（1859—1923），日本宫崎县人，出身于武士家庭。据说青木自幼爱读《三国志》，后来对中国产生兴趣也是受到此书的影响。青木毕业于陆军士官学校，后来进入参谋本部，热心钻研中国问题，不久后被派往广州刺探中国内地的情报。青木以极大的毅力学习中国语言，据说能说一口流利的北京官话和广东话，是日本军部中第一个“中国通”。他先后在广州、北京居住了七年，搜集了大量情报，随后被派往比利时留学军事。甲午战争前被调回参谋本部，专门研究对中国的作战，并以第一军参谋身份随军出征中国。战后，青木从1897年起长期任职于日本驻北京公使馆，袁世凯在山东编练新军时，青木曾受聘担任顾问，由此与袁搭上了关系，青木工作努力、认真，深受袁世凯的信任。

1903年10月，青木“在极其秘密的情况下到达天津，会见了当时的直隶总督袁世凯，说明日本开战意图及刺探俄国战备的谍报任务，与扰乱其后方的重要性，请求中国合作。”[22]青木的这一要求出自日本军部对俄作战的计划：

当时参谋本部大山岩任总长，儿玉源太郎任次长，福岛安正任作战部长。儿玉参谋次长鉴于时局紧迫，欲求增进日、清之间的亲密关系，并在日、俄开战之时实现下列重大任务：

一、日、清协作组织刺探敌情的谍报机关；

二、不断破坏敌军背后之交通线；

三、利用马贼集团威胁敌军之侧翼。[23]

庚子事变后，袁世凯曾再次邀请青木出任北洋的军事顾问，青木推荐立花小一郎代替自己，而于1902年返国。为了找一个袁世凯信任和熟悉的人，游说中国合作对付俄国，儿玉参谋次长亲自登门拜访，动员青木前往天津从事这项秘密使命。

> 青木抵天津后会见袁世凯，共同就谍报协作问题及动用马贼等问题进行协商，袁慷慨应允。对有关谍报协作问题，袁表示已向旅顺、满洲一带派出谍报侦察人员数十名，今后每次情报均会及时提供给日方。对动用马贼集团问题，袁表示只要在直隶省界以外便予同意，并可秘密给予援助。此后，凡各地谍报人员每日传递总督府的情报，袁立即出示给顾问坂西少佐，坂西译成日文后，送交当时天津驻屯军司令官仙波少将，用电报发往日本大本营。[24]

当时日本在中国派驻了许多特务机关（对外称作“军事使节团”），专门从事谍报破坏活动，“青木机关”“坂西机关”是其中最为著名的。

从《土肥原密录》中的材料看，袁世凯早在战争爆发前一年就知道了日本不惜一战的决心，并且暗中与日本军方进行了密切的合作。“袁世凯为了协助青木的工作，把自己的部下段芝贵、吴佩孚派到了青木身边。众所周知，吴佩孚以后的发迹，是由于先与青木，继与坂西及土肥原等日本方面的代表人物长久保持着密切关系有关[25]。”日俄战争爆发后，青木在袁世凯的支持和配合下，出色地完成了敌后作战任务，并于1904年被晋升为少将。此后青木长期担任驻华武官，1913年晋升为中将。民国时期，因为袁世凯“亲英美，疏日本”的政策及在“二十一条”问题上不与日本合作，青木曾一度被军部派往上海，与积极联络日本倒袁的孙文，研究如何推翻袁世凯的活动，后因袁世凯死去而中辍。[26]

我们在北洋建军的档案文献中，常可见到一个名字：“班志超”，这个班志超就是坂西，“班志超”是袁世凯亲自为他取的中国名字。坂西利八郎（1870—1950），日本纪州人，出身于武士家庭。1891年毕业于陆军士官学校，1900年以优异成绩毕业于陆军大学，于毕业典礼上获得天皇颁赐军刀。1902年被参谋本部派往中国任助理武官，后接替立花小一郎担任袁世凯的军事顾问。坂西在华活动达二十五年之久，他努力学习中国语言，说一口流利的中国话，蓄中国式的发辫，

图64　被派到日俄战争前线收集情报的段芝贵。

穿中国服装，取中国姓名，是继青木之后首屈一指的“中国通”。

日俄战争中，青木直接深入敌后，坂西则留在袁世凯身边，协调前后方的情报联络工作。坂西曾谈到中国在日俄战争中的作用：

1904年日俄开战，这时日中亲善关系达到了最顶点，中国人决心和日本并肩作战[27]。但当时中国军队还没有训练好，准备也不充足，如果作战失败反而使日本为难，因此，中国宣布局外中立，不偏袒任何一方，并划定辽河以西为中立地带，日军就是在东岸作战的。中国的中立是表面的，实际是帮助日军，只不过不直接向俄军开炮而已。中国采取的这个亲日中立，对我军作战给予很大帮助。如果辽河以西的中国军队不是亲日而是怀有敌意的话，将使日军发生严重的困难。[28]

坂西努力学习中文，为的是能够直接与中国军方高层进行沟通，据说他到天津出任北洋军事顾问的第二天，就闯入袁的房间，鲁莽地要求以后取消翻译，直接与袁对话。此后他与袁的接触都用中文交谈，由于其工作“殚精竭虑，忠于所事，中国陆军之创始及军事教材之输入，用力独多[29]”而深得袁的好感和信任，成为袁世凯当时的心腹之一。[30]袁世凯失势后，坂西也受命返国，而后赴欧美游历考察军事；袁世凯复出后，坂西奉派出任驻华武官，并被袁聘为大总统府顾问。袁世凯死后继续担任黎元洪的顾问，1921年晋升为陆军中将，1927年归国退役后，长期担任日本议会贵族院议员，被奉为中国问题的权威。日本后起的“中国通”，如土肥原贤二、多田骏、板垣征四郎，等等，均出于坂西门下。所以，坂西被称为青木之后的“第二巨星”。

青木和坂西与袁世凯的关系再好，私交再深，也不能改变他们是日本军部派驻中国，为日本谋取甚至攫夺在华利益的特务这个事实，因而当袁世凯成为日本阴谋的障碍时，他们都转而反对，甚至策划推翻袁。同样，袁作为清廷的重臣和民国的元首，也必然以国家利益为依归，当日本继俄国之后独霸东北满蒙的野心逐渐暴露后，袁即转而拉英美以抵制日本。所以，日俄战争过后不久，“日本热”即成明日黄花了。

袁世凯像所有改良派大臣一样，是主张“中体西用”的，也就是张之洞所说的“中学为体，西学为用”。因而，在北洋的军事培训与教学上，他也贯彻这一方针。我们且看他为陆军小学堂订立的课程设置。陆军小学堂说是“小学堂”，实际上招收的都是十七至二十岁的知识青年，相当于初级步兵学校，袁世凯对它极为重视，说它是“陆军将校初基，凡军队之强弱，国势之盛衰，皆系乎此”。陆小学制四年，每一学年，在专业课程之外都设有“经义”“史鉴”“文法”“地理”四科，四科的设置，体现了“中学为体”和“经世致用”的思想。

第一年

经义　选授经传大义。

史鉴　中国历代系统及治乱大略，国朝掌故要略。

文法　学作浅近论说并习字。

地理　地形说略，亚东考略，中国地名详考，中国山川、土产、户口、财赋、军备及农工商业各要略。

第二年

经义　选授经传大义、古文策论。

史鉴　列国及三国史鉴并名将事迹。

文法　学作论说并习字。

地理　日本地志、三韩地志、俄国地志、俄国东方地志详考（把日、俄、俄远东等列入，有深意存焉）。

第三年

经义　选授古文策论。

史鉴　晋至明史鉴并名将事迹。日、韩史略并名将事迹。

文法　策论并习常用书信。

地理　欧非美三洲地志考略、岛国地志考略。

第四年

经义　选授武经精义并诸子要旨。

史鉴　欧美非澳各洲史略并名将事迹、万国史事总略。

文法　策论并习常用书信。

地理　英属及法德日韩各国地志详考、俄华交界详考。[31]

"经义""文法"两科，实即为贯彻中国寓修身于读书识字之中的教育传统而设。在《陆军小学堂教授规则》中特别强调了修身的重要：

> 修身学为尽人立身之桢干，亦为全国立国之精神。教授宗旨，必使之有国乃能有家，有家乃能有身，必能修身乃能卫国，而卫国即以卫家。知是，则忠孝之心油然而生，而军纪、军秩及军人之职分、志趣，皆得其本原，而言之易入矣。修身非可空言，自以经义为主，四书皆圣贤微言大义，尤为伦理之宗，故陆军小学堂修身一科，从讲解四书始。[32]

"历史""地理"两科，也暗寓了爱国主义教育于其中：

> 历史、地理两科，讲授得宜，最动幼年生之情感。讲授历史时，指授本国古今圣贤、豪杰、志士、仁人开物成务之功，乃有今日，则该生必生爱同国种类之思。讲授地理时，指示本国幅员之广大，山河之雄伟，出产之丰腴，人民之栖托，当日开辟之艰难，今日保存之不易，则该生必生爱本国土地之思。此全赖教员于授课时淋漓痛切，慷慨发明，非笔墨所能罄，是谓精神教育之第一义。次将四千年来历朝统绪分出段落，使知时代递嬗及治乱兴衰之大概，务期简括明了。本国地理则以山岭支干、江河流域为经，城邑、方向、户口、物产、关津、扼塞、省界、府界为纬；间说沿革，以资读史。旁及轮船、铁

道、商埠、侵地（被侵占的领地），以明时局。其外国历史、各国舆地（即地理）亦准许这样指授。[33]

后世之批评袁世凯的人，都说他练兵目的在于培植私人势力，所以北洋诸军是一支没有“主义”，只知道个人私恩的军队[34]。但从上面办学设教的章程宗旨来看，对这种说法要打一个问号了。当然袁世凯的教育宗旨在帝政的年代，脱不出忠君爱国的老套，与南宋时岳飞“精忠报国”的思想没有什么不同，旧是旧了点，但不同的时代有不同的练兵宗旨和主义，无可厚非。

北洋六镇成军之后，1905年10月末，北洋在直隶河间府举行秋操。这是中国历史上首次近代化的大型正规野战演习。袁世凯从北洋六镇中抽调出三万三千多人，分成南、北两军，由王英楷、段祺瑞分别担任总统官（总指挥），袁世凯和兵部尚书铁良任阅兵大臣，各国驻华武官、记者三十三人，各省代表二百多人均应邀观看了这次大演习。演习在纵深三百余里的范围内展开，战线拉长到二十余里；王英楷率南军由山东北上进攻，段祺瑞则率北军南下防御，最后在河间会操，并举行了盛大的阅兵典礼。河间秋操举办得相当成功，给观操的中外人士留下了深刻的印象，“器械精利，士马赳雄”，“中外观者俱甚称赞”。阅兵大典

图65 视察彰德秋操时的阅兵大臣袁世凯（坐于树下者，其左面为铁良）。

结束后，袁世凯大宴宾朋，“到者计千余人，举杯相赠，永志不忘，济济跄跄，宾僚欢洽。”[35]

翌年10月，北洋第五镇连同第一混成协（旅）与张之洞编练的湖北新军第八镇及河南第二十九混成协，又进行了更大规模的彰德秋操。南军由张之洞的爱将、第八镇统制张彪指挥，北军由段祺瑞指挥，双方共投入兵力三万三千余人。袁世凯、铁良仍任阅操大臣，10月20日，袁、铁一行抵达彰德，次日接见中外观操者四百八十七人；22—24日观看作战演习，25日举办阅兵式，之后举行盛大宴会，招待两军将佐与中外宾客。通过这些大型实战演习，袁世凯展示了几年来扩练新军的成果，受到了中外人士的普遍赞誉，北洋新政也已大见成效，袁世凯此时中外瞩目，名望蒸蒸日上，已无可置疑地成为李鸿章之后改良派的新领袖了。

注 释

1.《袁世凯奏议》（中），第875—877页。

2.郭廷以：《中国近代史事日志》（下），第1153页。

3.郭廷以：《中国近代史事日志》（下），第1178页。

4.郭廷以：《中国近代史事日志》（下），第1152页。

5.中朝关系通史编写组：《中朝关系通史》，第719页。

6.中朝关系通史编写组：《中朝关系通史》，第615—616页。

7.李宗一：《袁世凯传》，国际文化出版公司2006年版，第101页。

8.袁世凯失势后，陆军部尚书荫昌上折曾揭发袁世凯跋扈，说：“铁良甚畏袁世凯，不敢发一言。”见《北洋军阀》（一），第668页。

9.《北洋军阀》（一），第102页。

10.李宗一：《袁世凯传》，第101页。

11.《袁世凯奏议》（中），第881页。

12.周育民：《晚清财政与社会变迁》，第393页。

13.庚子事变后，袁世凯在天津设立的巡警营，分南北两段，南段为警察，北段为军队，合称巡警营。

14.李宗一：《袁世凯传》，第117页。

15.中朝关系通史编写组：《中朝关系通史》，第727—728页。

16.郭廷以：《中国近代史事日志》（下），第1228页。

17.中朝关系通史编写组：《中朝关系通史》，第729页。

18.《青木宣纯与坂西利八郎》，节译自《土肥原秘录》，《天津文史资料选辑》（第30辑），第178页。

19.李宗一：《袁世凯传》，第113页。

20.郭廷以：《中国近代史事日志》（下），第1269页。

21.宁武：《清末东三省绿林各帮之产生、分化及其结局》，《文史资料选辑》（第6辑），第140页。

22.《青木宣纯与坂西利八郎》，节译自《土肥原秘录》，《天津文史资料选辑》（第30辑），第166页。
23.同上，第162页。
24.同上，第163页。
25.同上，第167页。
26.同上，第169页。
27.此说不确。中国当时防卫力量尚且不足，哪里还谈得上参战。日俄战争爆发后，两广总督岑春煊曾致电外务部，提出过这类冒险主义的建议，即助日抗俄，乘机收回东三省。显然，由于这个计划风险巨大，不被朝廷采纳。袁世凯所建议的“局外中立”，但可以暗中支援日本的处理方式，显然是当时风险最小、最可行的选择，而且同样取得了收回东北的效果。
28.同上，第178页。
29.翟沂：《靳云鹏诗赠坂西利八郎》，《天津文史资料选辑》（第30辑），第226页。
30.山根幸夫：《袁世凯与日本人》，《天津文史资料选辑》（第37辑），第84页。
31.《袁世凯奏议》（中），第759—761页。
32.《北洋军阀》（一），第497页。
33.同上，第499页。
34.吴虬所著《北洋派之起源及其崩溃》即持此种观点。参见《北洋军阀》（一），第966页。
35.《北洋军阀》（一），第568页。

第十四章

维新跨进一大步

晚清新政中，
袁世凯开风气之先，
带头推行了一系列
重大变法举措，
站在了历史进步的潮头。

图66　袁世凯视察京师大学堂时的留影，左为朱启钤，右为管学大臣张百熙。

【导读】清末的新政，缓慢而持续地进行了十年，其广度、深度都超过了戊戌变法。尤其是废科举，兴学校，实行预备立宪，更是在维新方面跨进了一大步。本章开头所选的引文为袁世凯领衔、五名督抚联署的奏折，内容是请求立刻停止科举以推广学堂教育的建议，并针对废除科举后可能出现的问题，提出了善后对策，以消除朝廷的顾虑。学堂教育的普及和预备立宪的推行，使中等社会在新政运动中受到了普遍的思想启蒙，分化、成长为具有政治自觉的阶层，从而使衰朽的帝国产生了内在的深刻蜕变，中国一点点挣脱出古老的躯壳，开始了向近代社会的转化。尽管转型会伴有不可避免的阵痛，会持续很长的时期，但国家终究在走向进步。在新政运动中，袁世凯开风气之先，起着推动者和带头人的作用。做为改良派和新政运动的领袖，此时的他，无疑是站在历史进步的潮头，是有功于国家和民族的。

《请立停科举推广学校并妥筹办法折》[1]

（1905年8月30日）

奏：为时局日迫，亟图补救，拟请立停科举推广学校，并妥筹办法以期有利无弊，恭折会陈，仰祈圣鉴事。

窃维科举之弊，古今人言之綦详，而科举之阻碍学堂，妨误人才，臣世凯、臣之洞等亦迭经奏陈，久在圣明昭鉴之中，无须屡述，以渎宸听。是以前奉谕旨递减科举中额，期以三科减尽，十年之后，取士概归学堂，固已明示天下以作新之基，而徐俟夫时机之至。所以为兴学培才计者，用意至为深远。臣等默观大局，熟察时趋，觉现在危迫情形，更甚曩日，竭力振作，实同一刻千金，而科举一日不停，士人皆有侥幸得第之心，以分其砥砺实修之志。民间更相率观望，私立学堂者极少，又断非公家财力所能普及，学堂决无大兴之望。就目前而论，纵使科举立停，学堂遍设，亦必须十数年后，人才始盛。如再迟至十年甫停科举，学堂有迁延之势，人才非急切可成，又必须二十余年后，始得多士之用。强邻环伺，讵能我待？近数年来，各国盼我维新，劝我变法。每疑我拘牵旧习，讥我首鼠两端，群怀不信之心，未改轻侮之意。转瞬日俄和议一定，中国大局益危。斯时必有殊常之举动，方足化群疑而消积侮。科举夙为外人诟病，学堂最为新政大端，一旦毅然决然，舍其旧而新是谋，则风声所树，观听一倾，群且刮目相看，推诚相与。而中国士子留学外洋者，亦知进身之路归重学堂一途，益将励志潜修，不为邪说浮言所惑，显收有用之才俊，隐戢不虞之诡谋。所关甚宏，收效甚巨。且设立学堂者，并非专为储才，乃以开通民智为主，使人人获有普及之教育，具有普通之智能，上知效忠于国，下知自谋其生也。其才高者固足以佐治理，次者亦不失为合格之国民，兵农工商，各完其义务而分任其事业，妇人孺子，亦不使佚处而兴教于家庭。无地无学，无人不学，以此致富奚不富？以此图强奚不强？故不独普之胜法，日之胜俄，识者皆归其功于小学校教师，即其他文明之邦，强盛之源，亦孰不基于学校。而我国独相形见绌者，则以科举不停，学校不广，士心既莫能坚定，民智复无由大开，求其进化日新也难矣。故欲补救时艰，必自推广学校始，而欲推广学校，必自先停科举始。拟请宸衷独断，雷厉风行，立沛纶音，停罢科举，庶几广学育才，化民成俗。内定国是，外服强邻，转危为安，胥基于此。虽然科举停矣，尚有切要之办法数端，而学堂乃可相维于不敝。

一、在于尊经学也。或虑科举一停，将至荒经。不知习举业者，未必皆湛深经术，但因科场题目所在，不得不记诵经文，又因词章敷佐之需，不得不掇拾经学，故自四书五经而外，他经多束置不观，即五经亦不皆全读，读者亦不尽能解，是何与于传经。今学堂奏定章程，首以经学根柢为重。小学、中学均限定读经、讲经、温经，晷刻不准减少。计中学毕业，共需读过十经，并通大义。而大学通儒院，更设有经学专科，余如史学、文学、理学诸门，凡旧学所有者皆包括无遗，且较为详备。盖于保存国粹，尤为兢兢。所虑办学之人，喜心厌故，不知尊经，则虽诸生备谙各种科学，亦仅造成一泛滥无本之人才，何济于用。应请饬下各省督抚、学政责成办理学务人员，注意经学及国文、国史，则旧学非但不虞荒废，抑且日见昌明。

二、在于崇品行也。查科场试士，但凭文字之短长，不问人品之贤否。是以暗中摸索，最足为世诟讥。今学堂定章，于各科学外，另立品行一门，亦用积分法与各门科学一体考核，同记分数，共分语言、容止、行礼、作事、交际、出游六项，随处稽察，定其等差。至考试时亦以该生平日品行分数，并计合算。亟应申明定章，请饬各省认真遵办，则人人可期达才成德。自不至于越矩偭规。

三、师范宜速造就也。各省学堂之不多，患不在于无款无地，而在无师。应请旨切饬各省，多派中学已通之士出洋就学，分习速成师范及完全师范两种，尤以多派举贡生员为善。并于各省会多设师范传习所。师资既富，学自易兴，此为办学入手第一要义，不可稍涉迟缓。

四、未毕业之学生暂勿率取也。各省设立学堂，迟早不一，程度不齐，或卒业有期，或毕课尚早。若不待毕业，骤加考试，则苟且速化，弊将日滋，若必待全行毕业，则各省之办学较迟者，必至缺其选举，士林又将失望。今筹一通融办法，既不同科举之敷衍故事，亦不向学堂之迁就滥登，要使取士仍归学堂之中，学堂不蹈科举之弊。拟请此数年内，除学堂实系毕业者，届期奏请考试外，其余则专取已经毕业之简易科师范生，予以举人、进士出身，既可以劝教育之员，扩兴学之基，并隐以励绩学而杜幸进。外国无速成小、中、高等各学，而有速成师范学，具有深意。至五年以后，完全师范生毕业者已多，更足以应选举而有余。此等师范生，类皆国文已优，学术纯谨，断无流弊。且多系举贡生员为之，本可以得科第之人，亦非侥幸。迨十年以后，各省学堂，逐渐毕业，人才济济，更可不穷于用。

五、旧学应举之寒儒，宜筹出路也。文生失职，生计顿蹙。除年壮才敏者，入师范学堂外，其不能为师范生者，贤而安分则困穷可悯，不肖而无赖或至为非生事，亦甚可忧。拟请十年三科之内，各省优贡照旧举行；己酉科拔贡，亦照旧办理，皆仍于旧学生员中考取；其已入学堂者，照章不准应考。惟优贡之额过少，拟请按省份之大小，酌量增加，分别录取。朝考后，用为京官、知县等项。三科后即行请旨停止，其已中举人五贡者，此三科内，拟令各省督抚学政，每三年一次保送举贡若干名，略照会试中额加两三倍送京考试。凡算学、地理、财政、兵事、交涉、铁路、矿务、警察、外国政法等事，但有一长皆可保送。俟考试时分别去取，试以经义、史论一场，专门学一场，共两场。其取定者酌量用为主事、中书、学正、知县等官。如此则乡试虽停，而生员可以得优拔贡。会试虽停，而举贡可以考职官。正科举之名，专归于急需之学堂；广登进之途，藉恤夫旧学之寒士。庶乎平允易行，各得其所，少长同臻于有用，新旧递嬗于无形矣。

以上五条，皆停科举后最为切要之端，而行之可期无弊，应请一并饬下各省督抚学政切实遵办。至各省学堂未办者宜从速提倡，已办者宜极力扩充，以及各堂学生之良莠，与夫办理学务人员之功过，均应随时认真考察，分别劝惩，亦皆各省督抚学政所不得稍辞其责者也。其一切学堂毕业考试暨简放考官等事，自应悉遵奏定章程办理。

臣等为补救时艰，妥筹办法起见，往复商榷，意见相同，是否有当，谨合词恭折具陈。伏乞皇太后、皇上圣鉴、训示。谨奏。

直隶总督 臣袁世凯
盛京将军 臣赵尔巽
湖广总督 臣张之洞

署两广总督　臣岑春煊
署两广总督　臣周　馥
湖南巡抚　　臣端　方

袁世凯在直隶整军经武，推行新政，朝廷这边也没有闲着，陆陆续续出台了不少维新变法的举措，较为重要的政令有：

1901年9月14日，谕令各省将所有书院改为学堂；省城书院改为大学堂，各府及直隶州改设中学堂，并多设蒙养学堂（此项也是恢复被取消了的戊戌政令）。

9月16日，谕命各省选派学生出洋留学。

12月5日，定《学堂选举鼓励章程》，规定：凡由学堂毕业考取（国学）合格者，给予贡生、举人、进士出身（此为鼓励士人进学堂，学新学的重要措施，比之戊戌的学制改革，又前进了一步）。

1902年1月1日，下诏联固邦交，修明内政，兴利革弊，君臣上下，同心协力，切实讲求。同日命外务部择期觐见各国公使及公使夫人。5月8日，批准外务部的方案，定于每年的三四月及八九月宴请各国公使及夫人、随员等（庚子以前，外国公使难得见到太后或皇帝，那是老大的荣幸和面子）。

1月10日，派张百熙为京师大学堂管学大臣，切实整顿，预期造就明达体用的通才；命翰林院切实讲求古今政治、中西艺学，务令体用兼赅。12月17日，京师大学堂开学，先开三科：速成科、分仕学馆及师范馆（比戊戌变法时略有进步）。

2月1日，谕令准许满汉通婚，并劝汉人妇女除缠足积习；宫女仍由八旗中挑选；命各旗选送子弟出洋游学（戊戌新政时想要做而未做成，在当时是一项较大的变革措施）。

2月24日，命各省兴办农工诸务；裁撤河东、河道总督缺，改归河南巡抚兼办（这两项戊戌新政时已施行，政变后取消，此时恢复）。

3月6日，命将詹事府归并翰林院，并裁撤通政司（戊戌新政时施行，政变后取消，此时又恢复）。

3月11日，诏命各出使大臣（即驻外使节）查取各国通行律例，责成袁世凯、刘坤一、张之洞慎选熟习中西律例者，保送来京，听候简派，开办编纂馆（袁等保举伍廷芳、沈家本；作为律法改革的准备，为戊戌新政时所无）。5 月 13 日，派沈家本、伍廷芳将一切现行律例，按照交涉情形，参酌各国法律，悉心考订，妥为拟议，务期中外通行，有裨治理。俟修订呈览，候旨颁行。

9 月 12 日，从袁世凯奏，整顿吏治，将各种陋规，一律酌改公费，命各省徇照办理。

10 月 17 日，命各省督抚仿照袁世凯所定警务章程，办理巡警。

12 月 1 日，诏命自明年会试开始，凡授职修撰、编修及改庶吉士与部属中书使用者，全都要进京师大学堂分门学习，要到获取文凭后，才允许散馆任职；准备分发各省任知县的进士也先要进入课吏馆学习（比戊戌新政时前进了一步）。

1903 年 2 月 11 日，派载振、那桐等为观会大臣，赴日本大阪博览会参观并考察商政。4 月 22 日派载振、袁世凯、伍廷芳先订商律，俟商律编成，即行特简大员，开办商部。9 月 1 日，正式设立商部，以载振为尚书，伍廷芳、陈璧为左右侍郎。9 月 26 日，裁撤路矿总局，所有路矿事务归并商部通艺司（比戊戌新政时的农工商总局前进一步）。

3 月 13 日，袁世凯、张之洞奏请递减科举名额，以兴学校。次年 1 月 13 日，颁布了张之洞及管学大臣张百熙所订《学堂章程》，规定自丙午科（1906 年）起，将乡会试中举额及各省学额逐科递减，俟各省学堂办齐，再将科举额停止，以后均归学堂考取（戊戌新政只废了八股考试，此则逐步废除科举，比戊戌前进了很多）。

7 月 9 日，经济特科开考，14 日，初试录取梁士诒、杨度、张一麐等一百二十七名；因守旧派上奏太后说参试者多是维新党人，21 日复试，录取额卡掉 4/5 以上，只录取了袁嘉谷、张一麐等二十七名。

11 月 19 日，诏命各省对于振兴农务，清理地亩，兴修水利，广开畜牧，设立农务学堂，兴办实验农场诸事，极力讲求，切实兴办。

12 月 4 日，采纳袁世凯的建议，设立练兵处，命奕劻总理，袁世凯会办，铁良襄办（统一军制，改募兵制为常备军制的改革，是陆军近代化的重要举措）。

1904 年 6 月 21 日，为庆祝太后七旬万寿，下诏大赦。除康有为、梁启超、孙文三犯外，其余戊戌案内各员"均著免其既往，予以自新；曾经革职者俱开复原衔，其通饬缉拿并现在监禁及交地方官管束者，一体开释；事犯在此次恩旨以前者，概行免究。"[2]（此次大赦后，只有三

图67　中国传统的私塾

名政治犯，不知是否是中国近代史上政治犯最少的时候）。

同日诏命今后宫中用款工程，由内务府量入为出，不准再拨户部款项（公私分开，也算是一个进步）。

12月12日，裁撤湖北、云南巡抚两缺；广东巡抚于次年7月裁撤（戊戌新政时发布了裁撤谕旨，但未及施行；政变后被撤销，此时恢复）。

1905年7月2日，袁世凯、张之洞、周馥联衔奏请于十二年后实行立宪政体（这是空前的壮举，大大超越了戊戌新政）。

9月2日，袁世凯领衔，一批督抚联衔奏请立刻停止科举，以便推广学堂。诏准自丙午（1906年）开始，所有乡会试一律停止，各省岁科考试也都停止，中国历史上延续一千多年的科举制度就此寿终正寝。

本章之所以名为“维新跨进一大步”，就在于这后两项改革举措。一项针对的是自秦汉以降实行了两千多年的专制制度，要变专制为立宪；一项则是针对自隋唐以来实行了一千多年的科举制度，要变科举为学校。这两项举措，抓住了变法维新的核心和本质，搞成了，中国自会从“中古”进入“现代”社会，搞砸了，中国的所谓自新图强就仍会是无用的空话，与列强的距离愈拉愈远，陷于万劫不复的境地。而这两者又有极为密切的联系。后者是前者必不可少的基础。学校普及文化知识，开启民智，提高国民素质，并逐步造就合格的公民。有知识文化，有国家意识，肯负责任的公民是民主宪政最基本的条件，而公民之教育和训练只能以学校教育的形式来完成。所以要想明了废科举在当时的重大意义，我们先要知道科举是怎么回事。

其实，中国古代自春秋以来就有官学和私学两个系统，官学主要是为贵族官僚子弟开办的，私学则是一些学者以私人讲学的方式形成的，如先秦的孔子、墨子、孟子等，都是著名的私学教授。这种格局一直延续到晚清。科举制度则是统治阶层选拔人才的一种机制，在起初，科举是充满生气的制度，体现了机会均等的原则，无论是平民还是贵胄子弟，都可以通过平等竞争进入仕途。但自明清以来，科举成为烦琐严密的考试制度，考试的内容也被局限于四书五经的狭窄范围之内。但科举又是进入仕途的最重要的门径，官私两学的目的即在于让学生们应试科举，士子们为此不得不把大量的时间精力耗费在应付考试上，而真正有益于国计民生的知识并没有学到多少。大量新学知识，则根本不在学习和考试的内容之中。打个比方说，科举制有点类似于今天的应试教育，学习的目的变得本末倒置，似乎成功与否，全在于能否考上重点大学、研究生乃至留学生，背后的动因自然也是未来利益和前程的驱动，造就出来的有不少都是“高分低能”的人，唯一不同的是，科举所注重的学习和考试内容更陈旧，更狭窄。所以，科举培养出来的人才进入官场后，除去文章作得好，小楷写得漂亮之外，往往缺乏处理实际政务的知识，事事得依靠幕僚和属下的胥吏，遇到洋务、交涉这类需要大量新学知识的事务，就难免一头雾水，惶恐无计了。

清代的官学由遍布省、府、州、县的书院构成，凡书院皆有号舍，可以住宿读书。但官学名额有限，所以大部分士子还是出自民间私学。有钱人家自己聘老师，设私塾（又称家塾）；一般人家的孩子可以读村塾（又称义塾），“所教为《千字文》及四言杂字之类，父兄所求者，不过能识日用字，写柴米油盐账而已，所谓‘天地玄黄叫一年’也。”[3]这种教育又称“蒙学”，顾名思义，就是读书识字的开蒙之学，大略相当于今天的初级小学。

如果想要进一步学习举业，即通过科举考试进入仕途，开蒙以后非得进行专门的学习不成。

> 儿童有志应考，长大一些要读习举业，教师多延请秀才担任，而蒙馆教师大多为屡屡考不中秀才的人。其教法分男女，女孩则教《女儿经》，读幼学，讲故事；男孩则读《论语》《孟子》《大学》《中庸》。读完后，更读《诗经》《书经》《礼记》《春秋左传》；诗则授《唐诗三百首》，字则习楷帖，古文则习《古文观止》，旁及《纲鉴易知录》。八股举业，先习破题两句，次作承题、起讲，次加作领下两股，也称两比，加习四股，再加作两股，合为六股。于是合破、承、起讲六比文，是为举业完篇。时文原用八股，后多减用六股，皆合考场程式。诗习作试帖，先习一韵，加至六韵，即为合格。因童生及秀才科考、岁考，皆用六韵，科场则用八韵了。学生完篇，其父母要设宴款待先生，赠送礼敬，叫作“完篇酒”，意思是从此我家子弟可以出考了。[4]

凡参加科举考试的人，均被称为“童生”，有考了几十年没能考中的人，一把年纪，胡须斑白，被称为“老童生”。考上了就成为“秀才”，但要考上秀才，决不容易，要过县考、府考和院考三关，经历十几场考试。院考由各省的学政主持，学政一任三年，考秀才两次，第一次称“岁试”，第二次称“科试”，通过这一级考试的童生被称为“附学生员”，即通常所说的“秀才”。考上秀才者，就可以进入学宫（即各地大大小小的书院）读书了，所以又被称为“进学”，学宫前有泮池，所以又名“入泮”。学宫的师资，出身很高，府学教授多为进士，县学教谕多为举人。进学后，秀才们不仅能进一步深造举业，而且享受国家配给的禄米，所以又称“廪生”。秀才见官，不用跪拜；秀才犯法，州县捕获也不能用刑，必须通过学官，革去顶戴，方能法办；拥有相当的社会地位。但考上秀才并不能一劳永逸，还须不断参加三年两次的岁、科考试，成绩不佳，轻则申诫，重则斥革，而且只有成绩名列第一、二等者，可进一步参加乡试。

秀才应乡试被录取，称为中举，成为举人者可进一步参加会试，被取中即为“进士”。举人、进士都被视为“正途”，仕宦前景看好，最不济者也可以担任府学、县学的教授和教谕。此外，没有考中举人者，也可以通过“贡士”获得正途出身。所谓“贡士”，即在历次岁、科考试中名列前茅者（有如今天的保送生），有恩贡、拔贡、副贡、岁贡、优贡五种名目，于此不再赘述。

进士和贡士还要分别参加殿试和朝考，进士殿试录取分一、二、三甲，一甲只取三名，即人所熟知的状元、榜眼、探花，赐进士及第；二甲若干人，赐进士出身；三甲若干人，赐同进士出身。一甲状元，授职翰林院修撰；榜眼、探花授职翰林院编修；二、三甲或入翰林院为庶吉士，或授职京官（主事、中书）和地方的知县、教授；庶吉士在翰林院修学三年期满，授职编修者称“留馆”，授职主事、中书或知县等职者称“散馆”。贡士朝考者，一等的用为知县，二等的用作教官。[5]

当然，科举制下面也并非全无人才。中国古代教育中有“家学渊源”一说，即所谓“书香世家”的较为全面的教育方式。“世家所教，儿童入学，识字由《说文》[6]入手，长大一些后读书为文，不拘泥于八股试帖，所习者多经史百家之学。童而习之，长而博通，所谓不在高头讲章中求生活……春秋所以重世家，六朝所以重门第，唐宋以来重家学、家训，不仅教其读书为文，实教其为人。这就是洒扫应对进退之外，而教以六艺之遗意了。”[7]但世家子弟虽博览经史百家，所学到的也只是中国旧学的知识，在鸦片战争后“世变日亟”的形势下，仍远不足以应付外来的挑战。最早认识到这一点的是当时主持洋务运动的李鸿章。

李鸿章其实是科举制下的幸运儿和受益者，对科举并没有屡考不中的老童生们的那种牢骚怨恨，他之反对科举，纯粹是从经世致用的角度出发的。李氏世代耕读为生，到了鸿章父亲这一辈儿才撞上了文曲星下凡的大运，不仅其父考中进士，而且瀚章、鸿章哥俩也都考中了进士，李氏一族“始从科甲奋起，遂为庐郡望族。”[8]

图68　最早提议改革科举制的李鸿章，其愿望四十年之后方得翰林院编修以实现。

李鸿章年方二十即以优贡于顺天乡试中中举，四年后又以一甲考中进士，分发到翰林院就馆读书，散馆后授职翰林院编修。太平天国战争中，李鸿章奉命回乡办理团练，后入曾国藩幕府，以军功起家。在战争中，他看到了洋人枪炮器械的厉害，为抗御外侮，与曾国藩等发起推动洋务运动，成为晚清洋务运动的主持人和主要领袖。在办理洋务的过程中，李鸿章痛感能够学以致用的人才奇缺，而科举旧学已远不适应国家自立图强的需要，亟须改革。

李鸿章于同治三年（1864）即首倡在八股之外另设一科取士。他在写给总署的信中说，“鸿章私下以为，天下事穷则变，变则通。中国士大夫常沉浸于章句小楷之积习，武夫悍卒又多粗蠢而不加细心，以至所用非所学，所学非所用。无事时则斥外国之利器为奇技淫巧，以为不必学；有事时则惊叹外国之利器为变怪神奇，以为不能学……鸿章以为，中国想要自强，则莫如学习外国利器，想要学习外国利器，则莫如找寻制造利器的机器，师从其方法而不必尽用其人。想要找寻制器之器与制器之人，则或许专设一科取士，士子以之作为终身富贵功名的鹄的（目的），则学业可以成就，技艺可以精通，而人才也可以汇集了。”[9]然而当时的中国人还很自负，很傲慢，所以朝廷也好，士林也好，虽然承认西方之技术器物优越于我，但仍将其视作“奇技淫巧”，不配进入国家教育的高尚殿堂，故只批准他开办江南制造局，对于在国家的“抡才大典”中另设一科的建议，不予置理。

同治十三年（1874），在清廷就“海防”与“塞防”孰重孰轻展开辩论之际，李鸿章再次提出变通科举的问题。他在《筹议海防折》中强调，“当此数千年未有之变局”和“数千年未有之强敌”，“想要整顿海防，舍变法与用人别无下手的方法”，而“用人最是急务，储才尤为远图”，但“文武两途，仍是离开章句、弓马没有办法进身；而以章句弓马施行于洋务，隔膜太甚”。他再次提出，“科目即使不可以马上改变，时文即使不能够立刻废除，而小楷、试帖又太过于虚饰无用，绝非培养人才之道，似应于考试功令稍加变通，另开洋务进取一格，以资造就（人才）”，建议对于新学学有成就者，“分别文武，照军务保举章程，奏奖升阶，授以滨海沿江实缺，与正途出身无异”[10]。

李鸿章的建议，招来了一片指责嘘骂之声，说他想要“用夷变夏”，即用洋人的法子来改造中国；而中国自来是“天朝上国”，历来是“用夏变夷”的，即以中华文明与伦理来改造野蛮不开化的“蛮夷”的。“夏”即华夏，“夷”则泛指所有不同文化的外族。中国当时已经吃过几次败仗，知道了西洋人的厉害，固有的虚荣虽已有所动摇，但远未消失，朝廷和士大夫在心理上仍把他们视为“蛮夷”呢。所以，李鸿章尽管不愧为先知先觉，朝廷还是以“洋学、特科，尚不是仓促所能举行的”为由，将此事推到不知是什么时候的“将来”去了。

但李鸿章并不死心，“光绪乙亥（1875），合肥李公有请废制艺之疏”[11]。戊戌新政时，他对康梁说动皇帝下诏废除八股制艺，十分佩服，“合肥（即李鸿章）在京都逢人就说：‘康有为我不如他呀，废立（八股）制艺这件事，我想要做而数十年没能做成，他竟然做到了，我真是深感惭愧呀[12]。”其实李鸿章大可不必惭愧，戊戌废除八股的政令还没有实行就被太后取消了。又过了十年之久，才通过他的传人袁世凯，最终停办了科举。从李鸿章最初提出到袁世凯最后完成，用了整整四十年时间，以学校代科举才成为上上下下的共识，可见一种制度的转型与改革是多么艰难。

以学堂代替科举，培养造就新学人才的措施，在庚子之后就逐步推出了。1901 年秋季，朝廷下诏取消了武科（即刀剑弓马的比试，此后的军事人才全部出自武备学堂了），并宣布自明年开始，废除八股，乡、会试全都试以策论。还下令将各省所有的书院改为学堂，完全采用了戊戌新政时的做法。袁世凯在贯彻推行学校教育上最为用力，而且更进一步，当年 12 月他还在直隶推出了《学堂选举鼓励章程》，规定，凡由学堂毕业考取合格者，给予贡生、举人和进士的名义。可别小看这种名义，它不仅表明着一种学历资格和身份，也预示着将来各种仕途上的机会，有它没它大不一样。直隶由于有了这个规定，学校教育取得了突飞猛进的发展，各类学堂如雨后春笋般建立了起来。

1903 年 4 月，袁世凯又拉着张之洞一起，向朝廷上了一份《请递减科举中额专注学校折》，原因是科举照开，士子仍汲汲于科考，使学堂的兴办因缺乏动力而受阻。人的行为是受利益驱动的，教育也不会例外。科举被视为进入仕途的“正途”，考上了，可以做官发财，荣膺乡里；考不上，也可以开馆授徒，以维持生计，因为大量准备应试的人群的存在，为科举教育提供了广阔的市场。而入学堂学习新学的人们，却没有这样一条现成的仕进道路，中国古代读书人讲究的是“学成文武艺，货与帝王家”，如果学堂教育不能使人致身通显，还是要经过科考才能取得出身（资格），那是很难吸引人才入学的。

在奏折中，袁世凯大声疾呼：“中国今日贫弱极矣。大难不断，外侮日逼，振兴奋发，正在此时。然而诸务未遑，求才为亟。无人才则救贫救弱徒属空谈，有人才则图富图强易如反掌”。他指出，国家储备人才，只能依靠学校，并举列强为例，“今东、西洋各国，其文明愈显著者，其学校必愈多，自通邑大都以至于穷乡僻壤，几于无处无学。国民自七八岁直到十二三岁，谓之学龄，有不学者罚其父母，几乎没有人不进校学习的……因此贤智辈出，而国家日进于富强。由这一点看来，致治必得依赖人才，人才必出于学校，古今中外全都如此”。他指出学校与科举不能并存的原因是，“因为学校是培养人才的，科举是选拔人才的。使科举与学校贯穿一致，则学校将不劝自兴；使学校与科举分途而立，则学校终会有名无实。”为什么呢？因为科举意味着功名利禄，所以比学校具有更强的吸引力。“群情注重科举，父兄以是勉励子弟，乡党以是期望侪偶，但使荣途不失，何暇远虑深谋。所以不但不肯倡建学堂，而且向来用于科举的费用也不能移作学堂之用。它对于学堂的阻碍，又如何说得完。因此科举一日不废，则学校一日不能大兴，学校不能大兴，则士子永远没有实在的学问，国家永远没有救时的人才，中国永远不能进于富强，也就永远不能争衡于各国，臣等对此真是暗中痛心。”解决的办法，只能是“使天下学子，除学堂这一条道路之外，没有别的进身阶梯，则学堂在指顾之间就可以普及兴办起来，人才也会接踵而至多到用不过来。”袁、张最后提出，按年递减科举录取名额，各省学政岁、科录取名额分两科减尽，乡、会试名额分三科减尽，同时相应递增学堂考试录取名额，使学堂最终成为唯一的入仕途径[13]。袁、张的提议得到了朝廷的采纳，次年1月颁布的《学堂章程》规定，自丙午（1906）科起将乡会试中举额及各省学额逐科递减，俟各省学堂办齐后，再将科举额停止，以后全由学堂考取录用。

按袁、张和清廷既定的过渡时间。科举应在八九年后方能废止，“十年之后取士概归学堂”，然而很快就发现，这个方案对于学校教育不仅难于推动，而且有很大的迟滞作用。原因还是科举给人的是眼前的、看得着的利益，而学校教育许诺的是人们从未经验过的、未来的利益。所以“科举一日不停，士人皆有侥幸得第之心，以分其砥砺实修之志；民间更率相观望，私立学堂者绝少，又断非公家财力所能普及，学堂绝无大兴之望。”为此，袁世凯联络了一批封疆大吏，于一年多后再上奏折，提出立即停办科举的建议，这就是本章篇首的引文《会奏请立停科举推

图69　晚清新学学堂授课场景。

广学校并妥筹办法折》。

任何为改革举措设置过渡期的做法，目的只有两个：一是试探新体制在实践中能否行得通，为下一步的推广做准备；一是消化旧体制的遗产，以便顺利实现新旧转型。袁世凯等要求立刻停止科举，使原定的过渡期一下子缩短了 4/5 显然如此短暂的时间，远不足以解决以科举制为生的上百万读书人的出路问题，所以这篇奏折的着重点也在这里。

清代改良主义运动奉行的是“中学为体，西学为用”的方针，清廷最担心的也是，随着科举的废止，西学将会对中国固有文化造成冲击，再有就是奉行举业的师生的出路问题。奏折对此提出了五条对策。

一是学堂教育一样可以以经学为尊，“今学堂奏定章程，首以经学根柢为重。小学、中学均限定读经、讲经、温经，一时一刻不准减少。”从小学至大学，学习科目中“凡旧学所有者皆包括无遗，且较为详备。盖于保存国粹，尤为兢兢。”

二是学堂教育设置修身课程，足以保持发扬中华伦理。“于各学科外，另立品行一科，亦用积分法与各门科学一体考核，同计分数，共分言语、容止、行礼、做事、交际、出游六项，随处稽查，判别高下。”

三是加速推行师范教育，解决师资不足问题。由于过渡期短，如果全面普及学堂，新学师资不足是个大问题。袁等提出的解决办法是，加速由各省派中学文化程度以上的学子出洋就读师范，并在国内大力兴办师范教育，“师资富裕了，学堂自然容易兴办，此为办学入手第一要义，不可稍涉迟缓。”

四是防止草率从事，致使新学教育素质良莠不齐。袁等提议，必须完成学业的学堂毕业生方能参加获取出身的考试，同时为了补救师资不足之急，可以专门对已经毕业的师范生“予以举人、进士出身”，以此鼓励人们攻读师范，尽快解决师资不足问题。

五是解决“旧学应举之寒儒”的出路的具体办法。“年壮才敏者”可进入师范学堂学习；年龄较大，不适宜再入学堂者可继续其举业。办法是，在原定的“十年三科”的过渡期内，选拔贡生的院考和贡举照旧进行，且可按省份之大小，酌量增加优贡的名额，已入学堂的“旧学生员”则不准参加。获得优贡的士子“朝考后，用为京官、知县”，三科以后即行停止。“如此则乡试虽停，而生员可以得优拔贡；会试虽停，而举贡可以考官职。”这样便可以作到“少长同臻于有用，新旧嬗递于无形”了。

袁世凯等的提议，由于妥为安排了善后的对策，化解了太后对学堂教育的疑虑，得以顺利通过。二天后，上谕批准停止科举，“着即自丙午科（1906）为始，所有乡会试一律停止，各省岁科考试，亦即停止。其以前之举贡生员，分别量予出路，及其余各条，均著照所请办理。”

这样一个延续了上千年、牵涉到千百万读书人既得利益的古老制度，就此划上了句号。没有冲突、对抗和流血，就轻易地、顺利地在几年内实现了从科举到学校的转型，可以说是改良派们的得意之作。相对于戊戌新政时的康梁，以袁世凯为代表的改良派显然是更为成熟能干的政治家。康梁等激进派急于求成，不计后果，故仅只废除八股考试即遭到守旧势力的顽强抗拒和猛烈抨击。袁世凯等改良派则留出充分的过渡时间，妥为处理善后问题，故在废止科举制度这个更为根本性的变革中也做到了波澜不惊，“新旧嬗递于无形”。由此而言，激进派急于求成，反而欲速不达，导致国家和社会的动乱、革命或反动；改良派则善于因时制宜，顾及全面，从而能顺利完成新旧体制的平稳过渡。从废八股失败的教训到废科举成功的经验之中，改良优于急进的结论可以说是不言自明的。当然，这里面还有时势的因素，但也更说明改良派策略的正确。老李也好，世凯也好，早就对科举有看法（尤其是世凯，对科举之压抑、埋没人才更是感同身受），但时机不成熟，决不硬搞，而一旦朝廷、社会形成了共识，则力行不苟，自然会收到摧枯拉朽的效果。

科举制的成功废止，还在于袁世凯等善于操纵“利益驱动”的杠杆。说起来也很简单，就是把学校作为学子猎取“富贵功名之鹄的”的途径，从而吸引、造就人才，与他的恩师李鸿章是一脉相承的。比如他在直隶推行的，给学堂毕业生以举人、进士名义的做法，他重用留学生，积极为他们申请考取出身的机会，等等。教育背后的利益驱动机制，古今中外同样存在。譬如今日的“文凭热”“考研热”“留洋热”“MBA 热”，背后同样存在着这样一种驱动机制，学子们拼命应试的动机无非还是未来的工作保障、收入水平和社会地位等非常实际的考虑（不排除其中有少数追求的理想主义者，但人数太少，不具有普遍意义，可以忽略不计）。所以国家提倡什么，大可不必事事依靠行政命令，善于利用“利益驱动”的杠杆，重大的变革同样可以顺利施行于无形，痛苦的经历也可以成为人们自觉自愿的行动。这恐怕是所有从事改革的政治家们所必须要了解遵从的道理呢。

现在我们再来看另一项重大的维新举措一预备立宪。1905 年 7 月 2 日，袁世凯、张之洞、周馥（时任两广总督）联衔奏请于十二年后实行立宪政体。[14] 半个月后，清廷采纳了他们的建议，并谕令镇国公载泽、户部侍郎戴鸿慈、兵部侍郎徐世昌、湖南巡抚端方（后又加派商部右丞绍英）“分赴东西洋各国考求一切政治，以期择善而从”[15]。派出这些出洋考察各国政治大臣的目的，就是为立宪做准备的。实行立宪，这是戊戌时维新派们敢想而不敢提的，康有为虽有开议院、开懋勤殿的请求，但那只是一种咨询议政机构的设想。袁世凯们为何敢于在此时提出实行立宪的请求，而朝廷为何又能够接受他们的提议，这后面的背景是什么，使一贯紧攥大权不放的太后能够容忍旨在分权制衡的立宪政治，实在是值得我们认真分析一下的。

总的说来，还是时势使然，尽管头绪纷繁，还是可以大致归结为四方面的因素，促成了宪政的提出。

第一，甲午、戊戌之后播下的维新变法的种子，在庚子以后的新政时期已破土而出，茁壮成长起来了。大批留学生及其背后的那个“中等社会”——即拥有文化和知识的绅士阶层，期望师法东洋，革新政治，以实现富国强兵的愿望。当时在日本的中国留学生，已达两万人之多，在国内学堂就学的学生就更多得多，新学使学生们耳目一新，思想空前活跃。绝大多数留学生和学堂学生均出自绅士阶层，得风气之先的学生们的思想愿望，必会影响到他们的家人、朋友，从而使整个绅士阶层获得思想启蒙，并进一步影响到整个社会。尤其是在日本的留学生，数量最多（留学欧美的学生人数不及留日学生的百分之一），成分亦杂，据当时身为留学生的胡汉民回忆：

> 其时学生全体内容至为复杂：有纯为利禄而来者，有怀抱非常之志愿者，有勤勉于学校功课而不愿一问外事者（此类以学自然科学者为多），有好为交游议论而不喜欢学习者（此类以学社会科学者为多）；有迷信日本（的）一切以为中国未来之正鹄者，有不满意日本而更言欧美之政治文化者。其原来之资格年龄，亦甚参差。有年已四五十以上者，有才六七岁者；有为贵族富豪之子弟者，有出身贫寒来自田间者；有为秘密会党之领袖以亡命来者，有已备官绅之资格来此为仕进之捷径者（法政学校更有为新进士所设之特班，殆如散馆之入翰林院，功令使然）。杂糅以上种种分子，而其政治思想则可大别为“革命”与“保皇立宪”两派，而其时犹以倾向“保皇立宪”者为多（立宪、保皇相表里，其名不同，其实一也）。也有初至日本倡言革命，迨将毕业则亟言保皇或立宪者。所以日本留学界虽大有生气，然而这两万多人，乃是复杂混乱，无所不有。[16]

日本蕞尔小国，能在几十年内奋然崛起，先打败大清，后战败强俄，在中国的学子们眼中，最有力不过地说明了立宪政治的优越性。所以海内外的学子们全都寄希望于朝廷师法日本，通过政体改革实现自强，改变中国任列强宰割欺侮的命运。这些人可都是大清国未来振兴所需的精英和希望呢，在文盲的、沉默的中国，他们的声音就代表着“舆情”和“民意”呢。如果拒绝实行宪政，学生们失望之余，就有可能倒向革命党一边，这对太后和大清国可是实实在在的噩梦呢。

第二，革命党已经转变了策略，其策动的重点已经由原来的会党转向了留学生和新军。戊戌之前，革命党在知识阶层中没有市场，戊戌政

图70　孙文1905年访欧时与比利时中国留学生的合影，孙文由此转变了革命策略，以留学生和新军为革命主导力量。

变之后，康梁逃亡海外，组织“保皇党”，在海外华侨社团和留学生中，“保皇党”的影响、势力和筹款能力，远远大于孙文的兴中会。但庚子事变给中国造成的深重灾难，使得相当一部分留学生对清廷绝望，转而倾向革命，但他们不赞成依靠会党，如在日本留学生中大有名气的陈天华，为抗议日本《留学生取缔规则》，蹈海自杀，所留遗书中，即认为靠会党不足以言革命，“会党可以偶用，而不可恃为本营；日、俄不能用马贼交战，光武不能用铜马、赤眉平定天下[17]，何况想要用今日之会党以成大事乎？”“今日唯有使中等社会皆知革命主义，渐渐普及到下等社会，那时候，一夫发难，万众响应，事情还有什么难办的吗？”[18]陈天华主张做“中等社会”的工作，是抓住了革命启动的关键，因为“中等社会”（即绅士阶层）实在是帝国赖以统治的支柱。太平天国也鼓吹种族革命，但并不成功，其失败的根本原因就在于它没能赢得知识阶层的支持。这一点，孙文是在1904年去欧洲游说革命时才领悟到的，当时，他与留学生们就“排满革命”以何为基本依靠力量的问题展开了论辩。

据朱中和后来的记述，当时，孙中山认为，秘密会党是推翻清朝的唯一可靠力量。朱中和把他所了解的湖南和湖北革命运动的情况告诉了孙中山，并指出，在两湖，学生和军队起着骨干作用。朱论证了取得这两股力量支持的重要性，并且指出，可能怀有个人私欲的秘密会党会员，在起义胜利之后，难免要篡夺或攫取地方权力。经过三天三晚的反复争论，孙中山最后被说服了。他承认，在他的同志中知识分子太少，他也同意，新的知识界将在革命运动中起领导作用。[19]

孙文在策略上的转变，使得革命党的主张更容易得到留学生和知识阶层的认同，在对“中等社会”的争取上，革命党也开始获得很大的进展，这也使得清廷不得不考虑“民意”，以防革命党人的影响进一步扩大。

第三，“排满革命”已开始成为具有很大号召力的旗帜。孙文早在兴中会成立之初，就已提出“驱逐鞑虏，恢复中华”的口号，但庚子以前，响应者寥寥，因为当时大家还对清廷抱有期望。而太后和满族亲贵鼓捣出来的庚子事变几乎使中国亡国，使朝廷大失人心，满清皇室开始被视为国家自强的绊脚石，民族主义遂渐渐被唤醒，有了市场。就在袁世凯等奏请立宪后不久（1905年8月），孙文与以黄兴为代表的留学生联手，在东京成立了中国同盟会，其誓言中仍把“驱除鞑虏，恢复中华”作为首要目的，但此时已获得相当多的留学生的认同。8月13日，在东京召开的欢迎会上，参加的留学生达一千三百多人，孙文在演说中也感叹了其民族主义主张今昔遭遇的不同。

> 鄙人往年提倡民族主义，应而和之者只有会党，至于中流社会以上之人，实为寥寥。乃曾几何时，思想进步，民族主义大有一日千里之势，充布于各种社会之中，殆无不认为革命为必要者。虽以鄙人之愚，以其曾从事民族主义为诸君所欢迎，此诚足为我国庆贺呀。[20]

“排满革命”究竟是怎么回事？同盟会编定的《军政府宣言》中，对“驱除鞑虏，恢复中华”作了具体解释：

> （一）驱除鞑虏今之满洲，本塞外东胡。昔在明朝，屡为边患，后来中国多事，长驱入关，灭我中国，迫我汉人为其奴隶；有不从者，杀戮亿万，我汉人为亡国之民者，二百六十年于斯。满洲政府，穷凶极恶，今已（恶）贯（满）盈，义师所指，覆彼政府，还我主权。其满洲、汉军人等，如悔悟来降者，免其罪；敢有抵抗者，杀无赦。汉人有为满洲做汉奸者，亦如之。
>
> （二）恢复中华中国者，中国人之中国；中国之政治，中国人任之。驱除鞑虏之后，光复我民族的国家，敢有石敬塘、

吴三桂之所为者，天下共击之。[21]

简单的口号由于明了、易记，往往在动员、组织民众时，能够产生意想不到的效力。“驱除鞑虏，恢复中华”口号的成功，就在于它触及、唤醒了潜在的民族情感，当国家在满族人的主持下江河日下，人们对这个政权失去信心时，这个既满足了中国人找寻替罪羊的心理，又给以人们以一种朦朦胧胧之希望的口号遂得以大行其道。就当时的中等社会而言，最希望看到的自然是清廷主动变法图强，反之，他们也不反对推倒已成障碍的满族皇室。如果说，民众是国家的基础，那么“中等社会”就是支撑国家政权的支柱，支柱不稳，大厦就会倾塌。面对这样一种局面，太后能够不怕？

外有列强环伺，虎视眈眈，内有频繁的民变、暴动和革命思潮的蔓延，外患内忧终于使太后感到，不能再照老样子统治下去了。外因是变化的条件，内因是变化的根据，作为国家中既得利益最大的官僚集团中的改良派，从公的方面说，肩负有治国安邦的责任，从私的方面说，也想要保住自己的既得利益。而要革命不蔓延，国家不出事，则必须顺应“舆情”“民意”。这就是立宪提出的第四个，也是最重要的因素。

预备立宪的进程起初势头不慢。五大臣陛辞请训后，原定于9月24日出京，但遭到了革命党人吴樾的炸弹攻击，未能走成。为加强京城治安，太后接受了袁世凯的建议，设立了巡警部，并任命徐世昌为尚书，改派山东布政使尚其亨、顺天府丞李盛铎代替徐世昌和受伤的绍英，12月，五大臣相继起程出洋考察，所带随员大都是留日学生，不仅充当翻译，而且承担为大臣们分头调查和编译宪政资料的工作。[22]

11月25日，谕令设立考察政治馆，“延揽通才，择各国政治与中国体制相宜者，斟酌损益，纂订成书，随时进呈，请旨裁定。”馆员大多是日本留学生，如金邦平、汪荣宝、曹汝霖、章宗祥等，其中不少都是世凯幕府中的人物。

翌年7月，五大臣历时8个月，行程几万里，先后访问考察了日本、美国、德国、法国、英国、奥地利、俄国、意大利、挪威、瑞典、丹麦、比利时、荷兰等十数国，回国后陆续奏上了十份条陈，基本上都是肯定立宪政体的。袁世凯8月12日也奏陈预备立宪，宜使中央五品以上官吏参与政务，作为上议院的基础；各州县则以具有名望的绅商参与地方政务，作为地方自治的基础。

载泽（1868—1928），是嘉庆一系的皇族子弟，从小就在宫内的上书房读书，是很得太后之宠的青年亲贵。其人“幼而通敏，强于记忆，读一书接一人终身不忘”，被太后视为亲贵子弟中可造就的好苗子。长大后载泽娶了桂祥的女儿，成了太后娘家圈儿里的人（桂祥为慈禧之弟，故载泽因这桩婚事成为太后的侄女婿和光绪的连襟），因而更为得宠。太后叫他出洋考察，就含有让他见见世面，历练一番，准备大用的意思。

载泽青年心性，易于接受新思想、新事物；环游十几国后，眼界大开，留学生随员们又时时在他耳边鼓吹立宪，耳濡目染，竟成为满族亲贵中主张实行立宪最卖力的一个。在《请以五年为期改行立宪政体折》中，载泽等强调国家已“岌岌然不可终日”，在内忧外患的形势下，“保邦致治，非此（指立宪）莫由”。提出“有万不可缓宜先举行者三事”，即：（1）宣示立宪宗旨，明定国是；（2）实行地方自治，基层官员“由郡邑会议公举”；（3）订立集会、言论、出版之法，保障民间自由。

图71　促成“预备立宪”的载泽，为出洋考察各国的五大臣之一。

奏折最后“不避斧诛，合词呼吁恳求，伏愿我皇太后、皇上宸衷独断，特降纶音，期以五年改行立宪政体。一面……开馆编辑大清帝国宪法，颁行天下。一面将臣等所陈三端，预为施行，以树立基础。”[23]据说，载泽在说动太后同意立宪上，起了相当重要的作用。

> 立宪之说，自五大臣将次回国之时，外间宣传，已知一准大有举动。（载）泽、尚（其亨）回京后，尚则不用说了，（载）泽于召见时破釜沉舟，剀切陈奏，两宫大为之动容。[24]

8月25日，在由载泽领衔的考察宪政大臣们正式奏请五年立宪两天后，清廷谕令醇亲王载沣、军机大臣、政务处大臣、大学士及北洋大臣袁世凯集体会议考察政治大臣所上条陈。袁26日到京，此番进京，袁世凯对于推动立宪下了很大的决心，两天之中，他被太后连续召见四次，力陈“若不及早图维，国事不堪设想”，据说还有“官可不做，宪法不能不立”，对于立宪之事“当以死争之”的豪言[25]。大臣们连续两天开会讨论立宪问题，袁世凯实为会议之主导者。会后诸王大臣会奏立宪的折子用的就是袁世凯预先准备好了的稿子。北洋幕府文案张一麐曾回忆过准备的情况：

> 考察政治大臣回国时，一时舆论没有不希望立宪的……（项城）嘱咐将预备立宪各个条款写成说帖进呈……（我）退而纠合金邦平、黎渊、李士伟诸君分条讨论，缮写成说帖。后来见到北洋与考察（政治）诸大臣会衔奏请预备立宪的稿子，即余等所拟，未改一字。[26]

张一麐、金邦平、黎渊、李士伟[27]均为袁世凯幕府中的新派人物，是袁在宪政方面的顾问和智囊。由此可见，这次预备立宪活动的主要推动者，表面上是五大臣，幕后实际上是袁世凯。

立宪已成定局，问题是怎样立，何时立，这只能由太后圣裁。但29日袁世凯回到北洋后，还是率先设立了自治局，直隶成为地方自治的试点。

9月1日（旧历七月十三日），太后发布懿旨，宣示预备立宪。这是中国专制帝政两千多年来，第一次打算更改政体的重要文献，这道懿旨，据说也是由袁世凯草拟，瞿鸿禨修改而成的[28]。其主要内容如下：

> 现在各国交通，政治法度皆有彼此相因之势，而我国政令积久相仍，日处阽危，忧患迫切，非广求智识，更订法制，上无以承祖宗缔造之心，下无以慰臣庶治平之望，是以前派大臣分赴各国考察政治。现载泽等回国陈奏，皆以国势不振，实由于上下相睽，内外隔阂，官不知所以保民，民不知所以卫国。而各国之所以富强者，实由于实行宪法，取决公论，君民一体，呼吸相通，博采众长，明定权限，以及筹备财用，经划政务，无不公之于黎庶。又兼各国互相师法，变通尽利，政通民和有由来矣。
>
> 时处今日，唯有及时详细甄核，仿行宪政，大权统于朝廷，庶政公诸舆论，以立国家万年有道之基。但目前规制未备，民智未开，若操切从事，涂饰空文，何以对国民而昭大信。故廓清积弊，明定责成，必从官制入手，亟应先将官制分别议定，次第更张，并将各项法律详慎厘定，而又广兴教育，清理财政，整饬武备，普设巡警，使绅民明悉国政，以为预备立宪基础。着内外臣工，切实振兴，力求成效，俟数年后规模粗具，查看情形，参用各国成法，妥议立宪实行期限，再行宣布天下，视进步之迟速，定期限之远近。着各省将军、督抚晓谕士庶人等发奋为学，各明忠君爱国之义，合群进化之理。勿以私见害公益，勿以小忿败大谋，尊崇秩序，保守平和，以预储立宪国民之资格，有厚望焉。将此通谕知之。钦此。[29]

晚清的预备立宪活动大致涉及四个方面：官制改革、宪法制订和举行国会、地方自治、法制更新。前两个方面要么新旧折中，要么徒具形式；后两个方面则取得了一定的成功。

最先进行的是官制改革。太后颁布预备立宪懿旨的次日，朝廷就谕令厘定官制，委派载泽、世续、那桐、荣庆、载振、奎俊、铁良、张百熙、戴鸿慈、葛宝华、徐世昌、陆润庠、寿耆、袁世凯共同编纂，外地督抚端方（两江）、张之洞（湖广）、升允（陕甘）、锡良（四川）、周馥（浙闽）、岑春煊（两广）派员来京随同参议，由奕劻、孙家鼐、瞿鸿禨总司核定。9月4日，官制编纂大臣首次开会，议定成立官制编制馆，作为官制改革的办事机构。官制编制馆设提调两人，由孙宝琦、杨士琦担任，金邦平、张一麐、汪荣宝、曹汝霖为起草委员。编制馆设在海淀朗润园，办事各员“多东西洋毕业生”，除金邦平外，以汪荣宝[30]、陆宗舆[31]（早稻田大学毕业生）、曹汝霖[32]（东京法政大学毕业生）、章宗祥[32]（东京帝国大学毕业生）四人最为活跃，“每逢新政，无役不从，议论最多”，时人称之为“四金刚”[34]。从这个工作班子来看，除孙宝琦、汪荣宝二人外，全部是袁世凯幕府中的人物，而孙宝琦[35]同袁也有很深的渊源。这样，比起满洲亲贵来，袁世凯一派在官制编纂大臣中虽是少数，但却在实际上控制了局面。由此也可见袁平时广泛延揽储备人才的高明之处，其夹袋中各类人才无所不有，缓急可恃，所以身在北洋，却能予朝局以很大的影响。

在官制改革方案的制订中，新旧两派发生了激烈的冲突，新派是头脑开通的亲贵和大臣，如出洋考察回来的载泽、端方、戴鸿慈，以及徐世昌等，袁世凯自然是这一派的领军人物；旧派则是久已对袁世凯推行新政不满的满洲亲贵、守旧大臣和台谏官员。起初，袁世凯亲驻海淀，总揽大局；金邦平[36]、汪荣宝、曹汝霖、章宗祥、陆宗舆等留学生当时对朝廷“期望很深，以为有行宪希望”，也全都宿于朗润园中，“抱定孟德斯鸠三权分立宗旨”，每日各拟说帖，附以条例，由提调汇呈袁世凯阅定。[37]

新派的官制改革设想是废除军机处，建立责任内阁制，旧派则认为官制无须大改，责任内阁有违君权。如御史张瑞荫上折反对设立责任内阁，说“军机虽为政府，其权属于君，若内阁则权属于臣”；御史石长信则认为“内阁官制设总理大臣一人，迹近专擅”，“军机处允宜仍旧”；御史赵炳麟则指斥以内阁代替君主负责是“狂悖”，新官制名为共同纂订，实际上“承受一二当道意旨，为推广其权力起见”，“主其事者不过一二人，而主笔起草也只凭新进日本留学生十数人”，这些留学生不过是学无根底的“乳臭小儿”，矛头直指奕劻、袁世凯诸人。[38]在讨论方案时，袁世凯还与反对官制改革的铁良发生了直接冲突。

袁世凯是治世的能臣，这样的人，太后既用又防。权力是太后的命根子，责任内阁制意在分割君权，袁世凯挑头搞这个，太后当然不会喜欢，于是就要敲打敲打他，让他知道警惕。

> 辛丑回銮之后，表面厉行新政，袁世凯乘时崛起，尊宠已极。然而太后心实忌之，常疑其拥兵自卫，有不臣之心。一次袁以北洋大臣奉召至京，会议改新官制，太后实际上不愿意有何改革。袁方以功名自见，且为收取人望，颇采纳新进（人士）的建议，其他大臣窥伺到太后的心理，屡屡中伤他。一日召见袁世凯，询问新官制为何久而未定，袁历述各方面阻力甚大。太后说："这怕什么，你有的是兵，你不会杀他们吗？"袁听到后汗流浃背，逡巡而退。退下来后马上具奏：修改新官制事须慎重从事，不能草率；臣因公务积压，即日回津（当时北洋大臣驻天津）清理。得旨报可，其事遂归于停顿。[39]

守旧派的猛烈抨击和太后不好看的脸色，使袁世凯不能不忧谗畏讥了，他借口出席彰德秋操出京避风，而后又告病休假。然而，起草新官制方案的是袁世凯的人，一群后生小子仍不计利害，坚持三权分立；而把关定案的又是袁世凯在朝中的盟友庆亲王，所以上呈给太后的方案依然是袁世凯一派原来的意见。11月2日，庆亲王呈递了最终方案请太后、光绪裁定。在这个方案中，基本上还是坚持了立宪派的意见，总的框架仍是三权分立、责任内阁、各部分职专任及厘定各部名称等。方案认为旧官制有三大弊病，即权限不分，职任不明，名实不副。解决的办法是"首分权以定限。立法、行政、司法三者，除立法当属议院，今日尚难实行，拟暂设资政院以为预备外，行政之事，则专属之内阁各部大臣，内阁有总理大臣，各部尚书亦为内阁政务大臣，故分之为各部，合之皆为政府。而情无隔阂，入则同参阁议，出则各治部务，而事可贯通。如是则中央集权之势成，政策统一之效著。司法之权，则专属之法部，以大理院任审判，而法部监督之，均与行政权相对峙，而不为所节制。此三权分立之梗概也。此外有资政院以持公论，有都察院以任纠弹，有审计院以查滥费，也都独立不为内阁所节制，而且转而足以监督阁臣，此分权定限之大要也。"[40]

所谓专任分职，一是一部一首长两次长，不分满汉；一是凡为部首长者专职专任，不能再兼任其他与部务无关的差事。"要使责有专归，官无滥设[41]。"厘定各部名称，则是各部门的裁撤、归并、新设和更名："巡警为民政之一端，拟正名为民政部；户部综理天下财赋，拟正名为度支部，以财政处、税务处并入；兵部徒拥虚名，拟正名为陆军部，以练兵处、太仆寺（管理马政的衙门）并入，而海军部暂时隶属于此；既设陆军部，则练兵处之军令司拟正名为军咨府（相当于参谋本部），以掌握全国军政之要枢；刑部为司法、行政衙门，徒名曰'刑'，义有未尽，拟正名为法部；商部本兼掌农工，拟正名为农工商部；理藩院拟正名为理藩部；太常、光禄、鸿胪三寺，同为执礼之官，拟并入礼部。工部所掌半已分隶他部，而以轮（船）、（铁）路、邮电并入，拟改为邮传部。"[42]厘定归并后的内阁计有外务部、吏部、民政部、度支部、礼部、学部、陆军部、法部、农工商部、邮传部、理藩部等十一个部，各部尚书侍郎以下各设左右丞二人、左右参议二人。而传统的军机处、内阁均在取消之列。

这个方案最大的特点还不在于其中似是而非的所谓"三权分立"，而是把行政之权由君主转移到了内阁。传统的内阁在清代不过是个摆设，大学士地位虽然崇高，但如果不在皇帝的秘书班子（即军机处）中兼职，只是个聊备顾问的角色。而军机处看上去权力不小，却并无决策权。叶恭绰曾论及军机处的作用：

> 清制，元首每天早晨先于早膳时阅看各奏折后，分为留中及该部议奏、该部知道、依议、知道了各种，发交军机处（也有留中之件即存大内，连军机大臣也见不到者）。军机大臣赶紧快速阅看原件，一面默拟办法，一面将例行之件由军机章京发交各部听事人员领回。元首即于其时召见内外臣工（凡预备召见之人，皆先递绿头签，上书职官姓名，于御膳时呈入，故又称膳牌，凡不见者，先将膳牌发下，其人即可散朝，留者乃依次召见），见毕，最后才开始召见军机大臣。大约军机大臣阅览各奏章，至多一刻钟罢了。[43]

由于"规定封奏皆由奏事处立达御前，军机大臣不得事先寓目，于是军机处也成为一个撰拟文字的机关。加以每日视朝，万机决于俄顷，虽军国政事，也绝无从容讨论之余暇"[44]，所以军机处充其量不过是皇帝个人的顾问秘书班子。奏章先由皇帝过目，大主意要由皇帝拿，拿不准的才征询听取军机大臣们的意见，军机处的主要责任是交办皇帝的旨意和监督执行的情况。所以清代的军机大臣名位虽尊，在事功上反而不如有实权的地方督抚能够有所建树。当初设立军机处的目的之一就是架空内阁，将大权集中于皇帝一人之手。而袁世凯等立宪派的方案，则又将权力下移到内阁，奏章由各部、各省汇集到内阁，内阁会议议决后，方呈递给皇帝（太后）批准，确实是对君权的很大制衡和限制，自然也不可能得到太后的支持和批准。

11 月 6 日，裁定的结果是，原方案中最重要的责任内阁制被一笔勾销，后两项（即分职专任和厘定各部名称）则被采纳，而“军机处为行政总汇……相承至今，尚无流弊，自毋庸复改。内阁军机处一切规制，着照旧行。其各部尚书均著充参与政务大臣，轮班值日，听候召对。”[45] 立宪政体的最重要的功用就是以分权制衡的方式防止绝对权力的形成和这种权力的滥用。而这与两千年以来专制帝政的精神是背道而驰的。专制并非不讲制衡，但讲的是臣下的互相牵制，如行政、监察和军权的分立等，目的是保障君主一人的大权独揽；而立宪讲的是对最高权力的制衡，其最根本的差别即在于是主权在民，还是主权在君。所以说真假立宪政体的判别标准就是，制衡机制的作用是限制最高权力，还是保护最高权力，限制者是立宪体制，反之，则是独裁体制或假立宪、真独裁的体制。太后裁定的最后方案，自然是后一种。所以我们说这次为预备立宪而进行的官制改革，基本上是失败的。

不仅如此，太后和守旧派还借官制改革之机，不露痕迹地削减了改良派，尤其是袁世凯的权力，太后的政治平衡术又一次得到了出色的发挥。裁定官制后的各部首长如下：

外务部总理大臣	奕劻	**陆军部尚书**	铁良
吏部尚书	鹿传霖	**法部尚书**	戴鸿慈
民政部尚书	徐世昌	**农工商部尚书**	载振
度支部尚书	溥颋	**邮传部尚书**	张百熙
礼部尚书	溥良	**理藩部尚书**	寿耆
学部尚书	荣庆	**大理院正卿**	沈家本

在这个名单中，满汉大臣各占一半。由于方案有“分职专任”之说，除外务部特殊外，担任各部尚书的四名军机大臣鹿、徐、铁、荣退出军机处，而以世续、林绍年进入了军机处。世续曾任内务府的总管大臣，

是太后信得过的人，林绍年则为庆、袁的政治对手瞿鸿禨介绍援引之人。由于徐世昌、荣庆二人的退出，袁世凯在军机处可依靠的盟友只剩下庆亲王一人了。

袁世凯由于北洋新政办得风风火火，独占鳌头。他又广为延揽举荐人才，出自北洋的高官遍及朝廷内外，自然会招来各方面的嫉视，已不断有御史奏劾他专权跋扈，广布私人。再加上与守旧派在宪政问题上发生冲突，在太后那里给他打小报告的人也多了起来。仗着他在宫中建立起来的保护伞（如李莲英和庆亲王等）的回护，以及太后实在需要他这样能干的大臣维持局面，他才免于身蹈险境。但是，在太后不满于他在官制改革中想要分权的表现后，袁世凯就免不了要忧谗畏讥了。

袁世凯借口新官制有分职专任之议，于11月中旬连续上折奏请“开去各项兼差，以专责成而符合新（官）制”；并主动提出将北洋六镇中的四镇交由陆军部直接统辖。这一方面是袁世凯的深自韬晦之计，另一方面也是为了试探一下太后的宠信是否真的衰减了。袁世凯此次辞去的兼差计有：会办练兵处大臣、办理京旗练兵大臣、督办电政大臣、督办山海关内外铁路大臣、督办津镇（天津—镇江）铁路大臣、督办京汉铁路大臣、会议商约大臣共计八项，由此可见以前清廷对他倚重的程度，也不难会意他为何会招致专擅揽权的名声。袁世凯的奏折明里说是“差务太繁，实非才力所能逮，事权过重，复非臣下所敢安”，实际上却是担心“若重寄常加于臣身，则疑谤将腾于众口，使臣因此获贪权之名”[46]。袁世凯既是主动请求，朝廷自然照准，在达到了削减其权力的目的后，为使他安心，在奏折的朱批中对袁世凯温慰一番：“该督实心任事，办理均尚妥协现在改定官制，各专责成，著照所请，开去各项兼差。钦此。”[47]但袁世凯心里则未必好受，要知道，他以前多次请辞兼差，那时候朝廷可是死活都不答应呢。

1907年是多事的一年，自年初起就乱象频仍。先是，江浙皖三省因荒年歉收，粮商囤积居奇，自春至夏，数十城县贫民抢米事件接连不断；5月，新疆又发生了大地震；而革命党人在两广举事，年内接连在惠州、钦州和镇南关发动了三次不成功的起义；年初张之洞在湖北破获了革命团体“日知会”，7月，光复会成员徐锡麟、秋瑾分头在安徽、浙江举事，虽然失败，但安徽巡抚恩铭被徐锡麟枪击毙命，给清廷以不小的震动。在这种危机四伏的形势下，清廷不得不再次启动立宪的势头，以期收揽民心，遏止乱萌。7月8日，清廷下诏放开言路，凡有实际知道预备立宪之方法，施行之程序者，准许条奏上闻。7月28日，袁世凯再次带头上奏，提出了加紧预备立宪的十条建议，据《德宗实录》记载，这十条的内容是：

直隶总督袁世凯奏请赶紧实行预备立宪，谨陈管见十事：一、昭大信，请亲诣太庙，昭告立宪。二、举人材，请饬京外保荐，不拘官阶，破格录用。三、振国势，请重交涉，修武备，任胡惟德、陆征祥等，而勿用凤山48。四、融满汉，（满汉）臣工有意见较深者，请酌量予以裁抑。五、行赏罚，新政迄无进步，其久无成绩及徒托空言者，请分别惩处。六、明党派，党有公党，如曾国藩之用同乡同里是也；有私党，如瞿鸿禨没引私人是也；请勿概加疑忌，使人心瓦解。七、建政府，立宪国制，皆使国务大臣代任君主之责，请采用内阁合议制度，或并军机政务处为一，以固基础。八、设资政院，比年争路争矿，上书抗辩，时有所闻，请因势利导，设州县议事会、省咨议局，递升于资政院，以借群力。九、办地方自治，自治不侵官权，且选举（获）多数者，必非乡里见摈之辈，请认真举办，行之十年，必有奇效。十、行普及教育，预备立宪之期，全国臣民，当以振兴学务为第一事，公私财产，当以筹助学费为第一宗，请详查学龄儿童与人民财产之数，通盘合计，强迫立学。[49]

与此同时，他还奏请简派大臣分别赴日本、德国，会同驻在使节，考察宪法。袁世凯在备受猜忌之时，能够不计个人利害，带头提出这些建议以推动立宪，可见他此时还是大清的忠臣。

8月，张之洞也连续电奏，请求朝廷整理内政为抵制外患之实际，革命党各处横行，人心惶扰，请特颁谕旨，化除满汉畛域，以靖人心而伐逆谋。

危机的形势和两位手握重兵的封疆大臣的建议构成了不容忽视的压力，太后乃不情愿地重新启动停滞了一段时间的立宪步伐。

8月10日，诏命化除满汉畛域，命内外各衙门妥议切实办法。

8月13日，改考察政治馆为宪政编查馆，作为预备立宪的研究、咨询和秘书机构。这个机构是主张立宪之新派的大本营，其职员中有留学生四十七人；其核心机构——编制局共有职员二十一人，留学生就占了十七人。提调杨度、咨议袁嘉谷、范源濂、金邦平、编制局副局长章宗祥、统计局副局长钱承结等重要干部和骨干职员都是著名的留日学生。[50]

9月9日，派外务部侍郎汪大燮、邮传部侍郎于式枚，学部侍郎达寿为考察宪政大臣，分赴英国、德国和日本考察。

10月19日，命各省督抚均在省会速设咨议局，选公正明达官绅创办其事，即由各属合格绅民公举贤能，作为该局议员，并且预先筹备各府州县议事会。

10月22日，命各省设立调查局，各部院设立统计处。

与此同时，太后于8月先后召张之洞、袁世凯进京陛见，9月，任命张袁二人为军机大臣，张之洞兼管学部大臣，袁世凯兼任外务部尚书和会办大臣（总理大臣为庆亲王）。而以赵尔巽和杨士骧分别接任湖广和直隶总督之任。这次重大的人事调动，表面上看是丁未政潮后，中枢需要有威望和能干的大臣主持的缘故，但联系到预备立宪前后的形势，太后此举还有更深的用心。

> 光绪末年，张之洞、袁世凯同入军机，天下喁喁望治，不知其时太后因二人在外权大，且握有重兵，心里相当猜忌他们，所以一道诏书而使二人徒手入京，使之朝夕相见，名为优礼，实为监视，同时即夺去了他们的兵权。此二人入此非驴非马之政府，且时相冲突，于是全都一无建树，名实俱损，而西太后则私下庆幸其计谋得逞。[51]

在把权臣削去兵权，放在自己眼皮子底下之后，太后的政策又开始趋于保守了。12月朝廷连下三道谕旨，一道是严禁各省绅商士庶干预政事，命宪政编查馆会同民政部拟订关于政事结社条规；一道是诏令整顿士风，命学部严申学堂禁令定章，不准学生干预国家政治，及联络纠众立会、演说、发电（报）妄言，否则教员、管理员、督抚、提学使等一并惩处（此后学堂及毕业生文凭均分别悬挂、刊印此旨）；一道是诏令禁止京师开演说会等事。总之，是想要全面控制舆论导向，按照太后自己的意愿办理预备立宪的事情。然而，中国的先贤早就有过“防民之口，胜于防川”的古训，此时的“中等社会”已经民智大开，不再是科举时代顽固守旧的那个中等社会了，学堂学生和绅商们已经过了新学的启蒙，有了初步的国民和权利意识。废止科举的重大意义至此已经显露出来了，它从根本上扭转了由社会中这部分有知识文化的人所左右的社会思潮的趋向。

具体的表现是，次年（1908年）6月，去德国的考察宪政大臣于式枚回国后，上奏说，宪法自在中国，不须求之外洋，定于一（即专制政体）则无非分之想，散于众（即立宪政体）则有竞进之心。大有否定、停止预备立宪的意思。由此，激起了立宪派人士的群起抗议。当时，国内外已成立有一些民间的立宪研究机构和社团，海外最有名的是梁启超等在日本组织成立的政闻社和以杨度为首，从政闻社分离出来的宪政公会（又称宪政讲习会）；国内则有江南一些著名士绅在上海组织成立的预备立宪公会。

6月30日和7月11日，预备立宪公会的郑孝胥、张謇、汤寿潜等两次电请速开国会，以二年为限。

7月3日，政闻社致电宪政编查馆，请于三年内召集国会。

7月10日，开始有在职官员加入请愿，巡警厅丞王善荃奏请于三年之内召开国会。

7月12日，河南代表胡汝霖、杨懋源进京呈递国会请愿书。

7月21日，江苏代表雷奋、孟昭常，安徽代表许承尧、方皋等到达北京，29日呈递国会请愿书，领衔者为知名人士缪荃荪、蒯光典等。

7月25日，政闻社社员、法部主事陈景仁奏请三年内召开国会，并将侍郎于式枚革职以谢天下。太后动怒，诏命将陈革职看管。但这并不足以吓阻立宪派，8月7日，另一考察宪政大臣达寿奏请改行立宪政体，钦定宪法，国会年限也不妨预定。宪政预备，不可过迟，并请先立内阁，统一中央行政机关。

8月11日，各省预备立宪公会代表联名上书宪政编查馆，请开国会。次日，山西国会请愿代表松寿等到京，并于18日呈递请愿书，签名者达两万余人。

8月13日，朝廷下诏查禁“政闻社”，15日汉口《江汉日报》因刊登华侨国会请愿书，内有归政迁都之说，查封报社。但仍难以遏阻民间请愿的势头。8月20日，又有浙江代表叶景葵等呈递国会请愿书的事情。

在民间这种持续不断请愿的压力下，清廷不得不加快预备立宪的步伐。8月27日，宪政编查馆大臣庆亲王奕劻和资政院大臣溥伦等进呈了宪法和议院选举的纲要，及议院未开以前逐年应行筹备的事宜清单。诏命刊刻分发在京各衙门，在外各督抚府尹司道，悬挂堂上，责成限期举办。每六个月，将筹办成绩，胪列奏闻。自本年起，务在第九年内将各项筹备事宜一律办齐。届时即行颁布宪法，召集议会。[52]

平心而论，要改延续了两千多年的专制政体为近代的君主立宪政体，决不是一件容易的事情，不可能一蹴而就。九年的预备立宪期限也并不算长，甚至可以说不够。问题是，清廷已经延误了太多的时间，形势的发展已不允许它从容行事了。这件事情要放在戊戌年来办，此时宪政恐怕已经成功了。问题的症结还是在于专制君主共同的绝症——权力综合症，他们是决不甘心也决不会自行退出权力舞台的中心位置的，古今中外的独裁者几乎无一不是如此，太后自然也不能够例外的。

我们来看一下清廷编纂的宪法纲要的条文，就可以明了这与官制的改革一样；同样是换汤不换药的一个方子。宪法大纲开宗明义，首先宣称“君主立宪政体，君上有统治国家之大权，凡立法、行政、司法，皆归总揽。”而具体条文中，君主的权利多达十四项：

君上大权

——大清皇帝统治大清帝国，万世一系，永永尊戴。

——君上神圣尊严，不可侵犯。

——钦定颁行法律及交发议案之权。解散之时，即令国民重行选举新议员，其被解散之旧议员，即与齐民（普通国民）无异，倘（若）有抗违，量其情节以相当法律处置。

——设官制禄及黜陟百司之权。用人之权，操之君上，而大臣辅弼之，议院不得干预。

——统率陆海军及编定军制之权。君上调遣全国军队，制定常备兵额，得以全权执行。凡一切军事，皆非议院所得干预。

——宣战、讲和、订立条约及派遣使臣与认受使臣之权。国交之事，由君上亲裁，不付议院议决。

——宣告戒严之权。当紧急时，得以诏令限制臣民之自由。

——爵赏及恩赦之权。恩出自君上，非臣下所得擅专。

——总揽司法权。委任审判衙门，遵钦定法律行之，不以诏令随时更改。司法之权，操诸君上，审判官本由君上委任，代行司法；不以诏令随时更改者，案件关系至重，故必以已经钦定为准，免涉分歧。

——发命令及使发命令之权。惟已定之法律，非交议院协赞奏经钦定时，不以命令更改废止。法律为君上实行司法权之用，命令为君上实行行政权之用，两权分立，故不以命令改废法律。

——在议院闭会时，遇有紧急之事，得发代法律之诏令，并得以诏令筹必需之财用。惟至次年会期，须交议院协议。

——皇室经费，应由君上制定常额，自国库提支，议院不得置议。

——皇室大典，应由君上督率皇族及特派大臣议定，议院不得干预。

看到“君上”所享有的这些权利，你就会明白，为什么那么多人都想要当皇帝了。皇权在这个纲要中没有受到丝毫的制衡，并被当作了国家所有权力的源头，民权、法权、议会之权全是由皇权派生而出，真应了马克思的名言：专制制度的本质就是任性。全凭君上一己的好恶，而没有任何限制，不就是可以任性而为了吗？所以，这个纲要不仅没有吸取其他先进国家立宪制度的优点，甚至落后于咱们中国自己的传统。中国在（周代）封建制度解体之后，其基本的政治理念就是，“天下者，乃天下人之天下，惟有德者可得而居之”；“民为贵，社稷次之，君为轻”等等。传统上皇权受之于天命，而天命系之于民意，民意一变，则天命转移，或革命，或禅让，一个皇朝的命运也就终结了。所以老话才有“得人心者得天下，失人心者失天下”的说法。这个纲要取消了所有前提，而要求国人承认满清“万世一系，永永尊戴”，只能是一种幼稚的一厢情愿罢了。

相对于“君上”无所不有的权力，议院的权力在此宪法纲要中竟是以否定的方式加以界定的。我们且挑出几条看看，即可见一斑了。

——议院只有建议之权，并无行政之责，所有议决事件，应俟恭候钦定后，政府方得奉行……

——君上大权所定，及法律上必需之一切岁出，非与政府协议，议院不得废除删削……

——行政大臣，如有违法情事，议院只可指实弹劾。其用舍之权，仍操之君上。不得干预朝廷黜陟之权……

——议员言论，不得对朝廷有不敬之语，及污蔑毁辱他人情事，违者分别惩罚。[53]

由于强调主权在君，“臣民”及作为其代表的议会的权利义务均是作为君权的附加内容列入宪法的，而“君上”则只有权利，没有义务。特别得指出的是，老百姓的宪法地位并非“国民”，而被定义为“臣民”。这样一部名实不符的宪法使立宪派大失所望，是可以料定的。

《九年预备立宪清单》则详细列举了预备立宪期间逐年所应办理的事项，主要由举办地方自治，逐级建立地方议会和自治机构；国情省情的人口、财务等的普查，各项法律的制订与修订，地方审判机构、地方警政的建立；普及教育的渐次推行，简易识字课本、国民必读课本等宪政知识读物的编辑等。在地方各级自治完成，法律修订完毕，地方审判制度和财政制度建立，教育普及到一定程度（全国的识字人口达到总人口的1/20）后的第九年，颁布宪法、议院法、选举法，实行新官制，举行国家议院的选举（即今日所称的“大选”），全面施行立宪政治。[54]

说过宪法纲要和预备立宪清单，就不能不说到其作者，[55]也是袁世凯此时罗致到自己门下的一个重要策士，他在晚清的立宪运动和民初的洪宪帝政中，都是个极为活跃和重要的人物。杨度（1875—1931），字皙子，号虎公，湖南湘潭人。光绪二十年（1894）顺天乡试举人，此后屡次参加会试不第，从侍于湖南大儒王闿运。1902年负笈日本，入弘文学院学习；次年被保荐入京参加特科考试，初试获一等第二名，因守旧派诬告他通革命党而辍考，逃亡日本。此后杨与主张革命的留学生如黄兴、冯自由、刘成禺、马君武等均有交往，但不赞成革命，而独与主张立宪保皇的梁启超志同道合，“二人相与，天下之至好也。”1904年入东京法政大学速成班，与汪精卫同班。1905年7月，在东京寓所与孙文数次辩论中国革命问题，杨主张立宪救国，不愿参与革命，但将华兴会领袖黄兴介绍给孙文，促成了孙、黄合作。9月，杨当选为中国留日学生总会干事长。

1906年1月，杨度崭露头角，其同乡熊希龄作为随员，陪同出洋考察各国宪政的大臣来到日本，特约请杨度撰文详述东西洋宪政情况，以作为将来向朝廷交差的考察报告的蓝本，杨即拉梁启超协助，为五大臣代撰了《中国宪政大纲应吸收东西各国之所长》和《实施宪政程序》两文（梁也撰写了《世界各国宪政之比较》一文），由此，杨开始被视为立宪政治方面的专家。1907年，他发起成立“政俗调查会”（后改名“宪政讲习会”，再改名为“宪政公会”），其“宗旨在于预备宪政进行之方法，以期宪政之实行”，以“设立民选议院”为立宪运动的中心目标，杨度为该会常务委员长。当年10月，杨因伯父去世回国奔丧，在湖南联络士绅成立“湖南宪政公会”，发起设立国会的人都请愿活动。

图72　被袁世凯誉为“旷代逸才”的杨度。

1908年4月，袁世凯、张之洞联名保荐杨度“精通宪法，才堪大用”，清廷拟举办宪政，正需要这方面的人才，于是在当日便谕令“杨度著以四品京堂候补，在宪政编查馆行走”，杨由此成为宪政文件的重要起草人之一。6月8日，袁世凯在颐和园外务部公所召集会议，讨论开设国会的利弊问题。杨度代表宪政编查馆回答政府高官的质询数十条，演说达四五个小时之久，并且声明，“政府如不允开设民选议院，则（我）不能为利禄所羁縻，仍当出京运动各省人民，专办要求开设民选议院之事，生死祸福皆所不计，即以此拿交法部，仍当主张到底。”[56]

清廷颁布的宪法大纲，师法君权至高的日本帝国宪法，但由于遵循亲贵大臣们定下的“巩固君权”的编纂原则，其所规定的皇权，竟比日本天皇的权力还要大。所以一出炉就受到舆论界的猛烈讥评，认为朝廷无立宪诚意，有意拖延。杨度等留学生作为起草人也受到强烈指责。

该馆（即宪政编查馆）人才，号称济济，凡东西洋留学生，平日热心宪政，而又廷试及第者，莫不投身其内……然而多数人中又大多是法政（专业）出身人员，秀杰之士当然也不乏其选，何况宪政一科又为彼辈夙日留心之事，为何此宪法的编纂，竟然荒谬到这样的程度！平日见人就说的立宪的口头禅，又到哪里去了呢？而且立宪政治，本来就是以打破专制为要素和目的，彼辈全都是政治中人，难道不知道吗？为什么拥护专制之毒，如此竭忱而不遗余力呢？[57]

为此杨度专门致文宪政公会，认为国民程度不够，宜以君权维护国家统一，此时国势危急，只能强调中央集权。“故以中国情形与各立宪国相比，各国仅以宪法为民权之保障者，中国则兼以宪法为君权之保障，而除钦定宪法以外，别无可以保障君主大权之物。此亦我国势之独奇，谋国者不能不于此三致其意者也。吾党当知君权不能统一，则全国必致瓜分，蒙、藏朝叛，则满、汉夕离，为机之危，不可不察。”“但使宪政能早成，君权能统一，即为国之大幸。至于君民权限偏轻偏重，非此时国事之所急，人民不宜于此过争也。”[58]杨度自来就是一个君主立宪主义者，其后搞筹安会，鼓吹帝制，也是出于其一贯的理念和立场，并非政治投机，无可厚非。其所说也并非全无道理，起码外蒙古就是借辛亥革命所造成的国内动乱的机会，在俄国的策动之下分离出去的。杨度晚清、民初两度在袁世凯之下从事君主立宪活动，他的以中央集权防止国家分裂的主张很合袁世凯的胃口，故对杨度有“旷代逸才”之誉，所以从杨度的主张中也可以透视出袁世凯的治国思想。此外，这个宪法纲要在某种程度上也是个策略性手段，如果不强调主权在君，是绝对过不了太后这一关的。

晚清预备立宪中，办得比较成功的一项，当属地方自治。在这方面，袁世凯治下的直隶也充当了领头羊。先是，袁世凯为推行新政，上任伊始就议定“官绅游历之法”，规定“实缺州县人员，除到任已久，未便令离职守外，其余新选新补各员，未到任以前，酌给津贴，先赴日本游历三（个）月，参观行政、司法各署及学校实业大概情形，期满回国，然后饬赴新任，并责令呈验日记以征心得”。官员之外，还“通饬各属公举品端学粹之绅（士），咨送日本游历四（个）月……每州县至少须送一人，选派护送员、译员随同东渡”。袁世凯如此不惜工本地派官绅出洋游历考察，是因为他认为，“欲求民智之开，非由官绅入手不可”，“此项官绅游历为目前行政改良之渐，即将来地方自治之基。”[60]而“多派绅士游学游历，于地方政学尤有裨益……应再由各地方筹备公款，官绅协商推广，以化解内地固陋之风气。”[61]

据统计，1905—1907年，以知县名义赴日考察的直隶官员，在日本外务省的记录中，有名可查的就有四十多人。1907年，为了试办地方自治的需要，又先后选派三批绅士赴日考察，公派之外，还有不少“自备资斧”前往者。考察决非观光游览，而是有着严格的规定和要求。如1905年在选派绅士时即规定，白天参观、考察各种学校组织编制，对小学尤其要加以注意；晚间则须聘任日本教师讲授教育学、管理法、学校制度等；暑假期间则白天、晚上都要听讲。[62]1907—1908年派出考察地方自治的士绅，行前虽已在天津接受了四个月的法律知识培训，提学司仍要求他们抵日后，半日实地考察，半日听课学习。

袁世凯的远见，使他拥有了合用的人才储备，试行地方自治自然得心应手，走在了全国的前面。直隶的地方自治开始于1906年6月，当时袁世凯在奏请预备立宪的折子中，提出应让地方州县有名望的绅士参与地方政务，以此作为地方自治的基础。同月有御史顾瑗奏请设置乡官，在直隶、奉天两省先行试办，得到了朝廷的批准。袁世凯即借此在直隶办开了地方自治，其具体过程是：

（1）在天津设立自治局，委任天津知府凌福彭，翰林院检讨金邦平（留学生）会同筹办，召集法政官员及明达官绅拟议乡官章程。

（2）选派学习过法政，又熟悉乡土民风的绅士为宣讲员，“周历城乡，宣讲自治利益”。

（3）编印“法政官话报”，分发天津所属各州县，“并将自治利益，编成白话，张贴广告，以期家喻户晓”。

（4）设立自治研究所，命天津府所属七县选送士绅“阅历较多，素孚乡望者”入所研习四个月，同时招收旁听生；毕业后各回原籍，筹设自治学社，宣传研究心得。经过研习，“该绅等于自治理法，约略能详，俱有期望实行之心[63]。”

（5）在此期间，由天津自治局、自治学会、商会各自公举共四十二人组成全会，官方也委派有经验的官员四人为咨议，对自治局所拟订的自治章程反复推敲、讨论，经多数赞成后，议成自治章程一百一十一条。

（6）章程通过并经批准后，在自治局下面设立名为“总课”和“分课”的调查机关，调查核实选民及被选举人资格，据报合资格的被选举人有二千五百七十二人之多。

（7）资格审查完毕后，即照章选举。首先将天津划分为八个选区，进行初选；其后，由得票最多的一百三十五人参加复选，选出的三十人即为天津议事会议员。

（8）1907年8月18日（旧历七月十日），天津县议事会历经一年的筹备正式选出成立（也是中国有史以来第一个选举出来的地方议会）。议员们选出了议长、副议长（议长为在籍度支部郎中李士铭，副议长为分省补用知县王劭廉）和董事会。

此次试办地方自治的成功，是袁世凯多年准备和精密筹划的结果，正如他在上奏朝廷的奏折中所说，“盖事关兴革，发端务极周详，理可贯通，循序自能普遍。既有天津为之模范，其余推行各属，当有事半功倍之望。”[64]袁的打算是，在三年内实现直隶全省的地方自治。可惜的是，他随即被太后调进北京作了军机大臣兼外务部长，无暇也无权再推进他在直隶一手开创的新政事业了。

清末的地方自治主要集中在绅士这个阶层，这个阶层对立宪和地方自治活动最有热心，也最为积极，这不是偶然的。所有实行立宪民主的国家，起先其选民都有出身、教育、财产和性别上的限制，其后才逐步地扩大到全体人民。为什么？因为宪政体制下要求国民具备一些基本的素质，如责任感和履行公民权利的能力，等等，均与财产地位与教育程度有关。咱们国家的先哲孟子和荀子都有名言，叫作“有恒产者有恒心，无恒产者无恒心”，“无恒产而有恒心者，惟士惟能；若民，则无恒产，因无恒心。”[65]翻译成白话就是：有财产的人才有责任心，无财产的人则没有责任心。没有财产而又有责任心者，恐怕只有士了。“士”，在春秋战国时代，属于贫穷没落的小贵族阶层，但还有文化，有理念，从而有坚定持久的意志品质。像孔老夫子就是出身于“士”这个阶层。

晚清的所谓“民权”，基本上指的是绅权，维新派也好，改良派也好，其主张没有什么不同。如梁启超就认为，“欲兴民权，宜先兴绅权”；

1898年2月，维新派的谭嗣同、唐才常、熊希龄等人在长沙成立的南学会，即是由湖南巡抚选派本地绅士十名，再由此十人各举其所知，吸引会友而组成，成员基本上都是绅士阶层的人。该会“专以提倡实学，兴起士论，完成地方自治政体为主义”，[67] 是一个以讲学为名，行绅士议政之实的团体，[68] 其最盛时，会员据说超过了一千二百人。[69]

立宪派还从国外的议会政治中为绅权寻找根据。如驻英公使张德彝在其《使英杂记》中就把英国的宪政体制概括为，“凡事绅主之（指下院成员均为绅士阶层人士），官成之（指政府），国君统之而已。”[70] 所以，太后在1908年11月颁布懿旨，诏令各省速设咨议局时，就以绅士作为地方自治的代表阶层：“著各省督抚均在省会速设咨议局，慎选公正明达官绅创办其事，即由各属合格绅民公举贤能作为该局议员[71]”。这里所强调的“合格绅民”的条件是什么呢？据清代文献记载的资格如下：

> 凡属本省籍贯男子，年满二十五岁以上，具下列资格之一者有选举咨议局议员之权：一、曾在本省办理学务及其公益事业满三年以上著有成绩者；二、曾在本国或外国中学及与中学同等或中学以上之学堂毕业得有文凭者；三、有举贡生员之出身者；四、曾任实缺职官文七品武五品以上未被参革者；五、在本省地方有五千元以上之营业资本或不动产者。[72]

上述教育和财产等资格限制表明，地方自治实际上只能在绅士阶层中推行，并且只能由这个阶层来完成（致仕或不在职的官员实际上也是这个阶层的成员）。事实上也是如此，1909年各省举行的咨议局选举结果是，“很多当选者年纪在四十至四十五之间，而绅士占大多数。”[73]“各省绅士在咨议局中所占席位，以最保守的估计，也达到90%以上。”[74] 在各省咨议局议长、副议长六十三人中，有生员以上功名者占了88.9%；1910年，作为国会前身的资政院正式组成，除去皇帝钦命的议员之外，各省民选议员中，绅士还是占了大多数，在六十一人中，其中二十人是留学生或新式学堂毕业生，不属于绅士阶层的只有六人。[75]

晚清地方的宪政改革，倒是按照西方三权分立的模式进行的，即：传统的地方官制系统，由督抚—道—州—县构成垂直的行政系统。在立法上，则由省级的咨议局—各州的董事会、议事会—各县的董事会、议事会—各乡的董事会、议事会这样一个垂直系统构成。在司法上，则由省一级的高等审判厅—州一级的地方审判厅—县一级的初级审判厅—乡镇一级的乡谳局这样一个垂直的系统构成。在这种三权分立的体制中，咨议局实处于关键的位置，“咨议局之设，为地方自治与中央集权之枢纽，必使下足以裒集一省之舆论，而上无妨国家统一之大权。”[76]在晚清政治格局中，绅权实际上已成为地方分权主义的基础和后盾，使得清廷外重内轻的局面更趋严重。武昌起义后，湖北振臂一呼，各省纷纷响应，宣布光复独立的局面如何造成？对清廷失望的改良派在当中起了极其重要的作用，少数新军和革命党绝无此种能量和社会基础。

地方自治的成功，唤醒了中等社会（或称绅士阶层）的政治意识，这个植根于乡土，汇集于各省，上达于中央的阶层终于成为社会中一股自觉的力量。譬如，为了推行地方自治，各省普遍设立了自治研究所，绅士们在这里受到近代知识的启蒙。我们来看看吉林、浙江两省自治研究所为绅士们开设的课程，即可明了这种启蒙的力度。

吉林的课程是：法学通论、经济通论、国际公法、国际私法、自治制度、城镇乡村自治章程、行政学、财政学、户籍学、算术、政治学；浙江的课程是：法学通论、经济学大意、宪法纲要、选举章程、地方自治、政治学大意、行政学、财政要论、现行法制、国家原理、户口章程、咨议局章程。所有这些都是在他们所熟悉的旧学中闻所未闻的，绅士们受到这些新学的熏陶和启蒙，思想自然会变化开通不少。由此这一阶层开始分化，相当一部分接触到新学的绅士从原来专制体制的社会基础转化为改良主义甚至激进主义的同情者和支持者，而“下等社会之视听，全恃上中社会为之提倡”。相对于中等社会而言，没有文化的下等社会尽管占了大多数，也只能在社会的阴影中沉默，是政治上的一股被动力量。可以说，在传统社会中，谁获得了绅士阶层的支持，方能坐稳天下。太平天国之所以失败，就在于遭到了汉族士大夫阶级的仇恨和抵制，所以就是打起种族主义的大旗也号召不灵。而义和团的兴起，也和当时一脑子旧学的绅士阶层对洋教的仇视和反感有重要关系。“此次凡与洋人为难者，非进士即举人，非举人即秀才。从未闻无功名之士，能煽动愚民为其效力者。”“盖向来中国仇视洋人之事，由士林中人主谋者，十居八九。”[77]

清末的新政，大办学堂，大派留学生，新学新知开始成为获取社会身份地位的重要凭借，因而数年之内，就造成了风气的转移，“比年以来，士厌故习，心醉欧风[78]”。守旧的绅士阶层是保守的、阻碍社会前进的力量，如戊戌年和庚子年的他们；但具有新思想、新知识的绅士阶层也会成为推动社会进步的力量，如预备立宪和辛亥时的他们。社会如果没有被不久后的革命打乱、中断了改良主义的进程，相信这一阶层最终会成为主导中国社会的“第三等级”和议会政治的中坚力量的。

晚清预备立宪中另一项较有成绩的改革是在司法方面。1904 年 5 月，清廷设立了修订法律馆，负责者为修订法律大臣沈家本。初期主要是翻译东西洋各国法律，从 1907 年起，开始以编纂新律法为主。该馆下设两科，一科主修民律、商律；二科主修民事、刑事诉讼法。沈家本为袁世凯所举荐，据说是“清季达官中最为爱士之人”，故“当时东西洋学生之政治法律稍有声誉者，几乎没有不入其彀中的。”[79]1907 年，经沈奏请调入该馆的就有十九名留学生，知名的有章宗祥、曹汝霖、范熙壬（东京帝大毕业）、许同莘、熊垓（法政大学毕业）、江庸、张孝移（早稻田大学毕业）等，均在该馆中起着重要作用。

1905 年 4 月 24 日，司法改革取得重要进展，朝廷批准伍廷芳、沈家本的奏请，将律例内重刑凌迟、枭首、戮尸三项，永远删除，凡死刑至斩决为止。次日，又批准禁止刑讯拖累，变通笞杖办法。1911 年 1 月，清廷颁布了新刑律及暂行章程，2 月，宣布停止刑讯，永远革除非刑、私刑。修订法律馆还陆续制订和颁行了一些其他律法，如破产律、刑事诉讼律、民事诉讼律（1906 年 4 月）、矿律（1908 年 3 月）、报律（1911 年 1 月）等。关于新刑律，还有一件趣事。新刑律中有一条文“无夫奸不为罪”，用白话说就是，“没有丈夫的妇女有性行为不算犯罪”，在资政院辩论时引起了轩然大波，上演了一出全武行。

> 清末筹备立宪，以资政院作为国会的雏形。宣统二年九月开幕后，政府提出新刑律草案，这是清末修订法律惟一的成绩了。杨度为政府委员，出席说明，站立讲演台历时三小时之久。穷原竟委，澄清辩论之言辞滔滔，议场及旁听席多为之鼓掌动色……此案交议后，议员分新旧两派，各张一帜。汪荣宝、易宗夔、雷奋、范源濂、籍忠寅等为新派翘楚，而旧派中则以劳乃宣、许鼎霖、喻长霖、闵荷生等为中坚。原案有“无

夫奸不为罪”一条，旧派见而大哗，以为中国数千年纲常礼教之防为之溃决，不惜出全力以相争。而新派则以为法律应随时代而进化，此项草案乃参酌世界新法律之成规所编制，以求适合时代潮流而进中国于法治之域，为废除领事裁判权之张本，不能轻为篡改变易，以至损害本法一贯之精神。故助杨张目，亦以全力拥护原案。两派于议场中各逞词锋，舌战炽然。开始时还互相辩论，随即就互相骂詈，足为民国国会中叫嚣哄争之先声。其时旧派以圣贤经传为武器，新派以法律学说为武器。新派多青年，擅辩才。旧派虽气盛，而议论之头头是道不如新派，故词锋每为新派所绌，愤懑之极，于是有喻长霖所演之一幕喜剧。喻与劳乃宣走到新派某议员跟前，长揖为礼，状态甚是恭敬，某议员也急忙答礼。喻氏突然伸臂紧握其衣领，厉声说："老兄，兄弟要请教请教，老兄本是宪政编查馆干员，愿有以教我。"某议员以事出不意，愕然引避，衣领也被扯破。喻氏继续说："请教老兄，老兄是赞成'无夫奸不为罪'的，假如老兄有一令妹或令爱尚未出阁，而有人竟至尊寓与令妹或令爱如此如此，照老兄主张'不为罪'之说，大概对此人听其自然，不加干涉。兄弟不知尊意究竟若何，请明白指教。"当时气急败坏，且喘且言，长揖不止，坚持请求答复。劳氏附和他，也说"必须请教"。某议员以其有意恶作剧，急切间难以口舌与之相争，于是大为这两位通儒所窘（喻、劳均以硕学通儒资格而钦选议员的）。

院内之争既然相持不下，社会上也多注意这个问题。于是有人发起新刑律草案维持会，开大会于湖广会馆，为新派议员作院外之声援。主其事者多新闻界中人。没过多久，院内以蓝白票表决，最后照原案通过（当时溥伦以总裁为议长，秘书长则金邦平，均同情于新派者）。[80]

1906年11月，中央官制改革告成后，在司法方面，原刑部改为法部，专任司法；大理寺改为大理院，专掌审判。12月12日，大理院（正卿为沈家本）关于司法审判权限划分的方案也得到了清廷的批准。方案中将地方审判体制分为三级：即省一级的高等审判厅、州县一级的地方审判厅和乡镇一级的乡谳局，以与地方行政平行一致（后又将州县分开，在县一级另设初级审判厅）。

翌年2月，袁世凯率先在直隶天津府及所属天津县试办地方审判。在天津府设立高等审判分厅，在天津县则设立地方审判厅，此外还在天津城乡各处分设了四个乡谳局。这些审判机构的组成人员，是从“平日研究谳法及由日本法政学校毕业回国之成绩最优者，并原有府县发布（办案）各员，先令学习研究，试验及格，按照分数高下，分别派充。”[81]其审判程序，是先经过预审，然后移送公判。“厅局雇佣之人，皆由招考而得，写状供录，整理公牍，则有书记生；收受民事诉状，递送文书传票，则有承发吏：搜查、逮捕、执行、处刑，则有司法巡警[82]。”诉讼收费，统一制订标准，“较从前文书差役等费用，百姓负担已减轻了几倍”，“是以行之数月，民间翕然从风”，“经办数月，积压的案子全都办完，民间都称方便。”[83]由于办案颇具近代法制的雏形，甚至一些涉外案件，洋人也不再通过领事馆而直接向审判厅呈控。世凯在奏报中特别提到这一点，认为按公法建立司法审判制度，“实为将来撤回领事裁判权的嚆矢（开端）”[84]；毕竟，列强要求领事裁判权的借口，就是中国传统的律法不合国际公法，所以自己的国民要按其本国的法律裁判才能被认可。虽是强盗逻辑，但事出有因，可中国律法与国际接轨之后，坚持领事裁判权的理由也就不能成立了。

清末的新政，持续而缓慢地进行了十年，其深度、广度都超过了戊戌变法，尤其是废科举，兴学校，预备立宪和地方自治，更是使衰朽的帝国从根本上发生着变化，中国的中等社会受到了普遍性的思想启蒙，开始有了政治上的自觉。国家出现了内在的、潜移默化的蜕变，一点点挣脱出古老的躯壳，开始了向近代社会的转化。在这一过程中，袁世凯开风气之先，起着推动者和带头人的作用，作为改良派和新政运动的领袖，此时的他，无疑是站在历史进步的方面，有功于国家和民族。

注　释

1.《袁世凯奏议》（下），第1186页。

2.郭廷以：《中国近代史事日志》（下），第1205页。

3.刘成禺：《世载堂杂忆》，第2页。

4.同上，第2页。

5.同上，参见第9—12页。

6.东汉学者许慎所著的《说文解字》，是中国最早、最系统的一部字典。
7.刘成禺：《世载堂杂忆》，第3页。
8.马昌华主编：《淮系人物列传·李鸿章家族成员》，第3页。
9.《同治朝筹办夷务始末》卷25。
10.《李鸿章全集·奏稿》卷24。
11.清华大学历史系编：《戊戌变法文献资料系日》，第1280页。
12.汤志钧：《戊戌变法人物传稿》（下），第548页注十。
13.以上引文均出于此折，参见《袁世凯奏议》（中），第735—738页。
14.郭廷以：《中国近代史事日志》（下），第1231页。
15.故宫博物院明清档案部编：《清末筹备立宪档案史料》（上册），第1页。
16.薛君度：《黄兴与中国革命》，湖南人民出版社1980年版，第45页。
17.光武，东汉开国皇帝光武帝刘秀；铜马、赤眉，为新莽末年农民起义军的称号，后均为刘秀扫灭。
18.王德昭：《从改革到革命》，第212页。
19.薛君度：《黄兴与中国革命》，第43页。
20.邹鲁：《中国国民党史稿》（第一册），第44－45页。
21.邹鲁：《中国国民党史稿》（第一册），第53－54页。
22.随员中有姓名可查的留日学生，就有陆宗舆、唐宝锷、周宏业、杨守仁（以上均为早稻田大学毕业生）、钱承鋕（东京帝国大学毕业生）、关赓霖（弘文学院毕业）、田吴诏（成城学校毕业）、舒清阿（陆军士官学校毕业）、曹复赓（神户关西学院毕业）、戢翼挥（日本专门学校毕业）等十人。仅以载泽名义编辑的宪政考察资料就达30部之多，大多出于这些留学生之手。参见王晓秋等编《戊戌维新与清末新政》，第145页。
23.故宫博物院明清档安部编：《清末筹备立宪档案史料》（上册），第111—112页。
24.《辛亥革命前后——盛宣怀档案资料选辑之一》，第26页。
25.同上，第26、29页。
26.张一麐:《心太平室集》卷八。
27.李士伟（1883—1927），字伯芝，河北永年县人。1901年赴日本早稻田大学经济科留学，1906年学成归国，任袁世凯的秘书；此后历任北洋师范学校监督、直隶学务会办、直隶自治总局督理、咨议局筹办处会办；此后转入实业界，历任北洋井陉矿务总局督办，合兴矿业公司总办，启新水泥公司、北京自来水公司、华新纺织公司等企业董事，中国工业银行总裁，财政部顾问，中国银行总裁；1914年被袁任命为参政院参政，后曾任财政总长。
28.《辛亥革命前后——盛宣怀档案资料选辑之一》，第29页。
29.故宫博物院明清档案部编：《清末预备立宪档案史料》（上册），第43—44页。
30.汪荣宝（1873—1933），字衮甫，江苏吴县人。留日学生出身，晚清历任兵部郎中，译学馆教习，巡替部主事，民政部参事、参议，官制编制馆、宪政编查馆参议，资政院议员；民国时历任中国驻比利时、瑞士、日本等国公使诸职。
31.陆宗舆（1876—1941），字润生，浙江海宁人。留日学生出身，回国后参加殿试，获进士及第出身，是中国第一批“洋翰林”之一。后为袁世凯所罗致，历任官制编制馆、宪政编查馆参议，东三省盐运使；民国后历任交通银行副总裁、财政部次长、驻日公使、中华汇业银行总办等职，是北洋交通系的重要成员。
32.曹汝霖（1877—1966），字润田，上海人。早年留学日本，归国后为袁世凯所罗致，在留学生考试中成绩优异，与陆宗舆、金邦平等同科及第，是中国第一批“洋翰林”之一，入外务部任主事，后为袁氏调入官制编制馆和宪政编查馆任参议，是袁致力于预备立宪时的得力助手；袁下野后，曹任外务部参议、右丞、侍郎等职；民国初，曹在上海做律师，1913年被袁世凯起用，历任外交次长、总长，交通总长、交通银行总经理等职，曾参与“二十一条”的谈判，是北洋“新交通系”的领袖人物，袁世凯死后依附段祺瑞，也是“安福系”的头脑人物。

33.章宗祥（1879—1962），字仲和，浙江吴兴人。留日学生出身，回国后任职商部，后为袁世凯调入官制编制馆和宪政编查馆任参议；民国后曾任司法总长、驻日公使、中华汇业银行总经理、北京通商银行总长等职，是北洋交通系的重要成员。

34.曹汝霖：《曹汝霖一生之回忆》，传记文学出版社版，第45页。

35.孙宝琦（1867—1931），字慕韩，浙江杭州人。进士出身，曾任直隶候补道、道员，当时曾与袁世凯结拜为兄弟；后历任官制编制馆提调、中国驻法公使、顺天府尹、驻德国公使、津浦铁路会办、山东巡抚；民国后历任外交总长、税务处督办、审计院院长、财政总长、盐务署督办、国务总理等职。孙与袁世凯后来结为儿女亲家。

36.金邦平，字伯平，安徽黟县人。早年留学日本，归国后殿试进士及第，为中国第一批“洋翰林”之一，为袁世凯罗致入幕，任洋务总文案，后由袁调任于官制编制馆和宪政编查馆任参议、起草委员，是袁从事预备立宪的重要助手。民国后历任政治会议议员、参政院参政、政事堂参议、农林部次长、总长等职。

37.同注34。

38.故宫博物院明清档案部编：《清末筹备立宪档案史料》（上册），第430、431、438—444页。

39.故宫博物院明清档案部编：叶恭绰：《遐庵遗稿》，《文史资料选辑》（第96辑），第128—129页。

40.故宫博物院明清档案部编：《清末筹备立宪档案史料》（上册），第464页。

41.同上，第464页。

42.同上，第465页。

43.叶恭绰：《遐庵遗稿·说清代军机处》，《文史资料选辑》（第96辑）第128页。

44.同上，第128页。

45.故宫博物院明清档案部编：《清末筹备立宪档案史料》（上册），第471页。

46.《袁世凯奏议》（下），第1418页。

47.同上，第1419页。

48.胡惟德，字馨吾，举人出身，后入同文馆，历任驻英、法、俄、日使臣，外务部侍郎等职，民国后一度出任外交总长。陆征祥，字子兴，早年留学俄国，通多国语言，后出任驻俄国使臣，民国后曾任外交总长、国务总理诸职。以上二人均为中国早期的职业外交官，为袁所看中。凤山，旗人，原为陆军第一镇（由旗人编练而成）统制；陆军部接手四镇之后，铁良设立近畿四镇督练公所，荐凤山为督练，直属于陆军部。“铁良、凤山均为满人中深于种族之见者，而于东西洋留学生尤为歧视，惧怕他们可能有排满革命之志耳。”且凤山资历、能力均低，故北洋各镇均不满于铁、凤的管辖。

49.《德宗实录》卷五七五，《北洋军阀》（一），第385—386页。

50.王晓秋等主编：《戊戌维新与清末新政》，第148页。

51.叶恭绰：《遐庵遗稿·说清代军机处》，《文史资料选辑》（第96辑）第129页。

52.以上各项国会请愿事项，均参见郭廷以《中国近代史事日志》（下），中华书局1987年版。

53.《宪法大纲》的条文均见于《清末筹备立宪档案史料》（上册），第57—60页。
54.《九年预备立宪清单》参见同上，第61—67页。或《杨度集》，湖南人民出版社2008年版，第504—510页。
55.胡思敬《国闻备乘》中披露，宪法大纲，以“汪荣宝、杨度所拟居多”，见《近代稗海》（第一辑）四川人民出版社1988年版，第268页。
56.《杨度生平年表》，《杨度集》，湖南人民出版社2008年版，第811页。
57.张枬、王忍之：《辛亥革命前十年间时论选集》（三），生活·读书·新知三联书店1960年版，第690—691页。
58.《杨度集》，湖南人民出版社2008年版，第512页。
59.《袁世凯奏议》（下），第1162页。
60.同上，第1161、1162页。
61.甘厚慈《北洋公牍类纂》卷十一，学务。
62.同上。
63.《袁世凯奏议》（下）第1520页。
64.同上，第1522页。
65.《孟子·梁惠王上》
66.易鑫鼎：《梁启超选集·论湖南应办之事》第75页。
67.梁启超：《戊戌政变记·湖南广东情形》。
68.南学会会员皮锡瑞曾道出该会的真实作用：“予以为诸公意，盖不在讲学，实是议院，而不便明言，故以讲堂为名。”《皮鹿门日记·戊戌正月二十五日》
69.[美]费正清：《剑桥晚清中国史》（下），第349页。
70.《小方壶斋舆地丛钞·使英杂记》卷十一，上海看易堂，第297页。
71.故宫博物院明清档案部编：《清末筹备立宪档案史料》（下），第667页。
72.《清朝续文献通考·宪政二》考11436。
73.[美]费正清：《剑桥晚清中国史》（下），第448页。
74.王先明：《近代绅士——一个封建阶层的历史命运》，第299页。
75.同上，第300、302页。
76.故宫博物院明清档案部编：《清末筹备立宪档案史料》（下），第669页。
77.李希圣：《庚子国变记》，第296—297页。
78.《宣统政纪》卷三，第16页。
79.王伯恭：江庸：《趋庭随笔》，第30页。
80.徐凌霄、徐一士：《凌霄一士随笔》（二），第599—601页。
81.《袁世凯奏议》（下），第1493页。
82.同上，第1493页。
83.同上，第1492页。
84.《袁世凯奏议》（下），第1494页。

第十五章

官场政潮

作为头脑精明、
手段圆滑的官僚，
袁世凯在官场斗争中
游刃有余。
可一旦失去了最高层的保护伞，
也不免于败下阵来。

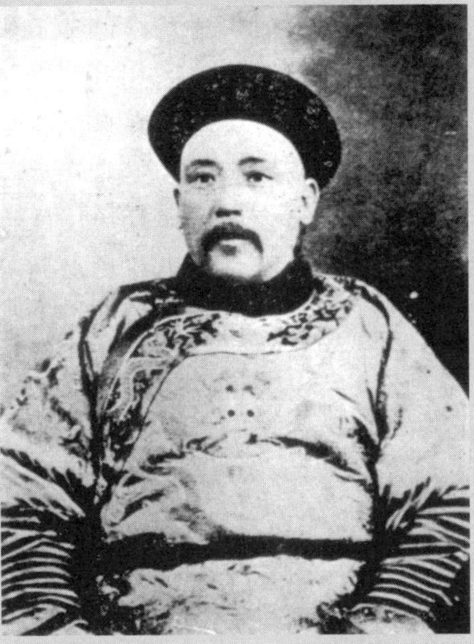

图73　出任军机大臣兼外务部尚书时的袁世凯。

【导读】本章所述是袁世凯的另一面，即官场斗争中的袁世凯。中国自古以来就是官本位的社会，而官场作为一个特殊的社会群体，自有其特殊的运作方式和游戏规则。身为官场之人，如果不能适应，要么抽身退出（比如陶渊明、袁子才者），要么仕途蹭蹬，沉沦下僚；要么浸淫于其中，适应并逐渐成为自觉的官僚。袁世凯在做官上，头脑精明，手腕圆滑，但不同于平庸官僚的是，他还有事业上的雄心和一颗相对开通的头脑，因此更易为人嫉视，成为守旧派抨击的目标。对于袁世凯这样手握重兵的封疆大吏，慈禧怀有本能的猜忌，但又不能不依靠他们办事，于是便将袁、张（之洞）调任军机大臣，把他们放在自己的眼皮子底下，以利于控制。本章开头所选引文就是袁世凯在辞谢不成之后，表示接受任命的谢恩折，通篇都是官场套话，但其背后隐藏着的，则是袁世凯在晚清官场中的斗争故事。人言商场如战场，殊不知官场更是战场，其阴谋倾轧，纵横捭阖之复杂激烈程度比商场更胜一筹。人在官场，也是身不由己，袁世凯在做官上是一把好手，官场上那些做得说不得的勾当，他也是样样精通。三十年的仕途有惊无险，算得上是顺利。但商场制胜取决于客观上的市场，而官场上的胜负则往往取决于人主的好恶。当这个人主是有自信和摆弄政治平衡的高手—太后时，袁虽受猜防，但仍能获得重用；而当不那么老道和自信的摄政王载沣当政时，个人的好恶便取代了务实的政治选择，袁世凯这个官场上的高手也就败下阵来，灰溜溜地回老家“养疴”去了。

谢补授外务部尚书军机大臣天恩折[1]

奏：为叩谢天恩，恭折仰祈圣鉴事。

窃臣蒙恩补授外务部尚书，并补授军机大臣，当以重任难胜，具折沥诚，吁恳俯准收回成命。钦奉本月二十八日上谕：现在时势多艰，该尚书向来办事认真，不辞劳怨，自应勉为其难。所请收回成命，著毋庸议，勿再固辞。等因。钦此。跪聆之下，感激悚惶。臣猥以驽庸，近岁以来，疾病屡作，精神智虑，顿不如前，虽尚承乏畿辅，自揣已虞不逮，渥荷圣恩，优容格外，汲深绠短，夙夜竞惭，乃蒙隆天重地之洪施，复畀内政外交之巨任。丝纶出纳，上何以翼赞万机；尊俎折冲，外何以羽仪四国。时艰责重，迥异寻常，恐非孱体所能支，亦岂铨材所克荷。是以闻命祗具，愧弗敢承，绕室彷徨，终宵惕息。复奉明诏，勿再固辞，并蒙温谕优加，殷勤奖勉。臣何人斯，邀兹眷注，叨宠荣于非分，讵梦寐所敢期。第念国家多事之秋，仰体宵旰优勤之意。凡属臣下，均宜努力趋公，受恩如臣，尤应尽瘁事国，若复再三渎陈下悃，将贻畏难偷安之诮，并济矫情干誉之讥。辗转思维，惟有仰秉宸谟，勉资历练。倘将来臣之精力，实难支柱，艰巨莫胜，仍求逾格矜全，减轻责任，俾免赔误，而资藏拙，感戴生成，永永无极。

所有微臣感激下忱，理合恭折具陈叩谢天恩。伏乞皇太后、皇上圣鉴。谨奏。

1907 年 9 月 25 日，清廷出现了重大的人事变动，两位名高望重、手握重兵的总督被调入北京担任军机大臣，这两名总督一是直隶总督兼北洋大臣的袁世凯，一是外任封疆几十年，时任湖广总督的张之洞。袁世凯还被任命为外务部尚书（部长）、会办大臣（总理外务大臣为庆亲王奕劻）。上面的奏折即袁辞谢不成，最后接受此职的谢恩折。就奏折本身看，通篇都是官话套话，没有什么实质性的内容，然而在这次人事任命背后却政潮起伏，隐藏着晚清官场政治斗争中的一段故事。要捋清这场政潮的来龙去脉，还是要由袁世凯迅速在晚清政坛上崛起，成为权重望崇的重臣说起。

袁世凯被放到直隶总督兼北洋大臣的位置上，实非偶然。看上去是李鸿章的保荐和外国公使的意愿在起作用，但在更深层次上起作用的，却是袁的军事（有小站练兵的实绩为佐证）、行政（有在山东、直隶成功治理乱局，办理新政为佐证）、外交（有在朝鲜及山东与列强周旋应付的经验为佐证）才能，在当时清廷的大臣们当中确是首屈一指，即如李鸿章所说，“环顾宇内人才，无出袁世凯右者”[2]。平心而论，慈禧太后在用人上是很有一套办法的，她以一个女流，居处深宫，能在男人堆里站住脚，实际掌握政权四十多年，就绝不是一般人所能办到的。她所重用的像恭亲王、文祥、曾国藩、左宗棠、李鸿章、阎敬铭、袁世凯、岑春煊等一大批满汉官员都是大清国当时一流的人才。这些人能够服服帖帖地为她所用，固然有皇权的威势作用，但她善于驾驭臣下，能够容人之短，用人之长，也是不容否认的事实。当然世凯为官谨慎（如在庚子事变中没有公开参加“东南互保”），善于讨太后的喜欢（如在太后逃亡的路上雪中送炭）和前面提到过的军事行政外交才能，使太后觉得把他放在直隶拱卫京师，自己放心。但世凯真正成为朝廷事事依靠的重臣，地位、作用直追原来的李鸿章，还是在日俄战争开始以后。

当时，朝廷对这场在自己领土上大打出手的战争忧惶无计，是袁世凯提出的“局外中立”，但暗中与日本合作的建议为太后所采纳，成为朝廷的方针。事后也实现了原来的预想，利用日本战败俄国之机，较为顺利地收回了原为俄国霸着不还的东北大部分权益。

在军事上，由袁世凯快速编练出来的六镇新军，改善了庚子之后畿辅防卫空虚的状况，同时实现了军制的改革，在全国推开了编练新军，重整武备的热潮。

在行政上，袁世凯在直隶挑头并创造性地贯彻太后革新政治的方针，北洋新政有声有色，成绩斐然，为全国的新政运动树立了样板。

此时的袁世凯，政绩无人可比，朝廷言听计从，声望如日中天。

日俄战争后，大清国内忧外患不断。所谓内忧，是革命风潮不断，排满思想流行；所谓外患，是日本俄国相互勾结，阴谋瓜分满蒙权益。清廷的对策是，通过新政（如废科举、实行预备立宪，废除满汉界限等）重振国力，缓和民族矛盾，给人民以希望；通过开放东北，以夷制夷，联美、德以制日、俄。内政、外交两大方面，袁世凯仍然是主角。

我们先看外交方面。日俄战争甫告结束，战争期间中日因互相利用而暂时形成的“蜜月”即随之而去了。1905年8月，在美国调停下，日俄在朴次茅斯举行和议，清廷担心日俄必会就东北权益进行交易，心里没底，故于当月相继派那桐、铁良、端方、张百熙等大臣赴天津与袁世凯会商外交问题，研究对策。[3]由于美国总统罗斯福在调停日俄停战时（4月21日），曾要求日本维持满洲的门户开放并交还中国，而日本被迫接受并于5月25日正式对美声明开放满洲，交还中国。袁等遂决定联美防日。此前由于美国大肆排斥华工，国内不少城市为抗议而开展了抵制美货的运动。[4]为缓和中美关系，袁世凯早于6月即奏请朝廷下令各省禁止抵制美货的活动。从下一步接收东北权益的大局而言，这种做法无可厚非。当时，中国本身并无力量与武装到牙齿的日、俄抗争，只能利用列强间的矛盾尽可能挽回自己的权益，而与美国保持良好的关系，是实行这一方针的必然。

日俄和议告成后，由于清廷早在7月已照会美日俄三国公使，声明该和约倘有涉及中国事件，未经与中国商定者，一概不予承认。[5]日本遂于10月派小村寿太郎为全权代表来华交涉，清廷也于11月7日，派奕劻、瞿鸿禨、袁世凯为全权大臣，与日、俄交涉东北一切事宜。日本提出大纲十一条，中国予以驳回；日方将要求减为七项，双方反复辩难，会谈达二十一次之多。日本特使小村首次会议上即强调日俄战争中日方“牺牲陆海军二十一万人，靡费兵饷二十万万元”，大有要中国作相应补偿之意。此次交涉名义上由庆亲王主持，实际上还是袁世凯在起主导作用，与日方进行具体交涉的唐绍仪、邹嘉来、杨士琦、金邦平、曹汝霖等多是世凯夹袋中的人物。袁“详瞻外势，审察内情，缜密从容，临机立断”。“有争论极激烈者数条，终能极力斡旋，和平解决。论者数次说，‘没有（袁）公识力之高卓，言谈之敏妙，威望之服人，不能收此效果’。”[6]12月22日，中日东三省事宜善后条约才在北京签字。中国对俄国将其在南满的原有权益让与日本予以承认；同意开放东三省十六处地方为商埠；安奉（安东—奉天）铁路仍由日本管理，以十五年为限；允许日本在鸭绿江右岸采伐森林。这样，除去以前出让给俄国的权益被转让于日本之外，在没有屈从日本做出更多的让步的情况下，换回了日俄撤军，收回东北领土行政权力的结果，应该说是不容易的，袁世凯说这是对外交涉的胜利，没有什么不对的。外交是要靠实力说话的，中国当时没有实力与列强平等对话，能够成功地利用美国的门户开放政策，阻遏了日本的野心，当然是胜利。至于开放十六处商埠，本来就是为了防止日俄瓜分而全面开放东北方针的题中应有之义，不能算作丧权辱国。局外人数落别人当然痛快，如果自己是当事人，还不知道会给国家招来什么祸患呢。

日本在战争中付出了几十万人的伤亡，当然不会满足于只是接收俄国在南满的权益，但当时其资源和国力耗费殆尽，急需与俄国达成和议，更离不开美国的支持与调停，不得不暂时掩盖起自己的野心，先消化已得到的果实。1906 年夏，日本在东北建立南满铁路株式会社，并先后任命原参谋本部次长儿玉源太郎大将和原陆军大臣寺内正毅为会社总裁，暴露出其侵略扩张的真实意图。日本经营东北，首先从铁路建设权下手，获取路权，意味着控制东北经济发展的命脉，进而可攫取铁路周边的矿产、土地，以护路为名在铁路沿线派驻军队，把侵略的触角深入到东北腹地。战后日本向中国提出交涉的所谓未决问题有，法库门铁路、大石桥铁路支线、京奉铁路展造至奉天城根、抚顺及烟台煤矿、安奉铁路沿线矿务、间岛问题，即所谓东三省六案，其中一半以上都与铁路权益有关。

俄国战败之后，国内危机四伏，短时间内已无力再从事其“黄俄罗斯”计划，遂决定在东北与日本合作维持既有的权益，将经营的重点转向外蒙和西北。这样，两个前不久还是仇敌的国家，居然重新携手了，“国际政治中没有永久的敌人，也不会有永久的朋友”，在战后的日俄关系上得到了鲜明的体现。1907 年 7 月，日俄就远东问题达成了第一次协定，双方在密约中约定“互相尊重彼此在中国之权利，划分南北满界限。俄承认日在朝鲜之地位，日承认俄在外蒙之利益。”[7]

对于日俄瓜分东北权益的阴谋，清廷的对策除了全面开放东北之外，另一重大举措就是东三省建省，并开放边禁，移民实边。原来，东北被称为“满洲”，即缘于清廷长期以来在此实行的封禁政策。后金（满族入关前的国名）打败明军，占领东北全境后，即在辽东明代边墙的基础上加筑了一条边墙，也就是后来的所谓“柳条边”。在此墙之北的地区，被称为“边内”，严禁外族人入内。满族八旗入关后，“边内”大部分女真部落也随之入关，“边内”逐渐成为人烟稀疏，空旷荒凉之地。康熙十六年（1677），鉴于长白山是满族人传说中的发源地，而建州女真又是由此发祥崛起，征服满蒙，进而统一中国的，因此皇室将白山黑水间的广阔地域视作其“龙兴之地”，重申封禁之令，不许本族以外的人民进入垦荒、挖参、捕猎、采珠、伐木。此后，除少数满人在此生活外，满洲成为流放犯人、贡献特产的蛮荒之地，由清廷派出的几个将军分别治理。

清廷这个封禁的政策，在生态上是件好事，二百年的荒无人烟，使大地得到了休养生息，满山遍野长起了繁茂的原始森林，野兽出没，物产丰盛。但在国防上，封禁却是灾难，这片广袤富庶的土地近似于真空，必然会引起四邻的觊觎。先是糊里糊涂地被强邻俄罗斯攫走一百五十多万平方公里的土地；其后，弱小的朝鲜也开始频繁地越界移民，伐木垦荒了。所谓的“间岛问题”就是由此而来的。

东北北部乃至整个东西伯利亚，自古以来就生活着通古斯族系的众多部落，中国古代的肃慎、挹娄、勿吉、靺鞨、女真等均指此族系。古代东北还生活着鲜卑、契丹、夫余和高句丽等民族，也先后兴起过一些边疆王朝，大都臣服于中央王朝，作为藩封而成为封贡体制中的一员。有一些边疆王朝崛起壮大，入主中原，如北魏、辽、金、清等，有些则为中原王朝扫灭，如朝鲜、高句丽、百济、渤海等，成为大一统帝国的郡县行省。在元代之后，除辽南辽东等素为汉族人居住的地区外，整个“大东北”，均由女真各部落所占据。朝鲜族此时偏处半岛中南部，北部鸭绿江中上游及图们江、乌苏里江、黑龙江两岸及外兴安岭广大地区的居民均为女真族人。明朝取代元朝后，在东北地区遍设卫所，对于居住于当地的女真各部落予以接收安抚。当时铁岭（非今天辽宁之铁岭，而是今朝鲜咸镜南道与江原道分界的山岭名称）以北，世代居住着女真族，岭南所居则为朝鲜族。

中国古代的中央王朝，故步自封，信奉五服之说[8]，对于主体文化圈外的各民族采用一种“羁縻”政策，对边疆事务不甚关注，甚至不清楚，也不在意自己国家疆土到底有多大，因而往往糊里糊涂地让人蒙骗去不少领土而不自知。明朝的皇帝也继承了中央王朝统治者一贯的自大与颟顸，东北领土最初就是由他们手里丢失的。明初，朝鲜进入李朝时代，趁着元明易代，新朝廷不清楚东北边疆实际之际，李朝明里请求，暗里蚕食，而明成祖朱棣刚愎昏聩，在不了解实情，不征询当地女真族意愿的情况下，大笔一挥，将图们江以南女真人十处地面交由朝鲜管辖。

三百年间，通过软硬兼施的手法，朝鲜最终将江东女真部落全部吞并同化，从此，中朝才开始以鸭绿、图们两江为界河。[9]

甲午之后，清廷威信大损，国力衰弱，李朝这个处于日俄争夺之中，时刻有亡国灭种危险的小朝廷居然也自我膨胀起来，借着偷入吉林延边地区垦荒的朝鲜人增多的现状，再次重施故技，提出所谓“间岛”问题，欺负起大清国来了。朝鲜的意图是借口图们江北岸有大量朝鲜垦荒流民[10]否认图们江为中朝界河，将图们江以北的延边地区划归朝鲜版图。但此时的大清在多次吃亏之后，已开始重视边界领土问题，打定主意不放弃领土，除增设边兵外，对已在东北地区的朝鲜垦民实行剃发易服入籍政策。1900年5月，八国联军攻占北京，俄国于10月占领东北全境，朝鲜认为中国再也没有力量收复东北，于是与沙俄订立秘密协议，两国共同管理延边地区，[11]并在俄军占领东北期间，在鸭绿江、图们江北岸自行任命官吏，征租收税，招募壮丁，组织军队，对当地中国居民和朝鲜垦民肆意烧杀掳掠，袭击中国地方部队。[12]朝鲜甚至无耻地提出，反正俄国也不会从东北撤军了，中国与其将延边送给俄国，不如让给曾是藩属的朝鲜。[13]1904年4月初，朝鲜方面五六千人越江侵入中国，中国守军与地方团练经数天激战，将朝鲜军队驱逐出边境。朝鲜自知无法以武力实现目的，遂与中国地方当局进行了善后谈判，提出图们江中之“间岛”（即中国之假江滩地）属于朝鲜，中国当然不予承认，但提出双方可以会勘边界。此后随着俄军在日俄战争中惨败，朝鲜依靠俄国夺占延边的梦想也就此破灭了，朝鲜自己也沦为日本的保护国。但日本全面接收俄国在朝鲜的权益后，借口边界尚未勘定，再次制造所谓“间岛问题”，试图将延边纳入其控制下的朝鲜版图。

所谓“间岛问题”到底是怎么回事呢？原来，在图们江北岸中国一侧光霁峪前有一河滩地，中国称之为“假江”，长约十里，宽约一里，总面积约二千余亩，原来与光霁峪陆地相连，属于中国领土。1881年越界垦荒的朝鲜人将陆地连接处私自挖沟引水，使“假江”四面环水，成为图们江中岛屿。清廷废除封禁，实行招垦后，对岸朝民首先租种，每年向清越垦局缴纳租银八百余两。日本的胃口要比朝鲜大得多，在朝鲜沦为日本保护国后，日本即以边界尚未勘定和保护朝鲜垦民利益为由，在间岛问题上大做文章。日本先后派出多人前往延边调查勘测，绘制地图，并大造舆论，把“间岛”的范围扩大为海兰江以南，图们江以北的区域之内，面积达数万平方公里，并声称吉林夹皮沟一带为“清国化外区域”[14]。日本政府议定的方针是，对清廷采取表面温和之策略，以不激起中国之反对与其他列强之注意为前提，在交涉上放弃中朝边界争议的借口，而以“保护韩民”作掩护，故暂不建立间岛督务厅和宪兵队，而设立日本驻朝鲜统监府的派出机构——间岛派出所。

中国方面则于建省之后，对内开放边禁，移民实边，同时积极与美英等国谈判借款修筑铁路等事项，试图以此抵制日俄两国的独占企图。在间岛问题上，1907年6月，东三省总督徐世昌派东北新军督练处监督吴禄贞前往延边密查。吴率测绘、书记人员，一行经敦化、延吉、珲春，沿图们江上溯长白山后，折回至夹皮沟，行程两千六百余里，“穷旬月之力，上考史乘，中稽界碑，下采舆论，由日诳造间岛之言不攻自破”。经过详细调查勘测，吴等以五十万分之一的比例绘制出《延吉边务专图》，呈送徐世昌和外务部，成为清廷与日本谈判中的得力根据之一。[15]1907年9月，清廷批准徐世昌建立吉林边务公署的奏请，任命陈昭常为吉林边务督办，吴禄贞为帮办，并给予军事指挥权，负责边境防务和地方对日交涉。中日关于所谓“间岛”问题的交涉历时三年，由于中方准备充分，据理力争，提出了无可辩驳的事实根据，使得日本吞并延边地区的阴谋未能得逞。当然，由于中国没有与日本抗衡的实力，虽然有理，也不敢与日决裂，在交涉上自然处于下风，为保住领土不失，不得不在一系列权益上作出让步。1909年9月，中日双方签订《东三省交涉五案条款》和《图们江中韩界务条款》；通过所谓“东北六案”的谈判，日本充分暴露出其对东北的野心，而清廷则更坚定了联美以制日、俄的决心。联美以制日俄，是日俄战争之后，袁世凯力主的外交方针，也是中国在当时情况下牵制日俄、保全东北唯一可行的办法。

再来看内政方面。袁世凯坐镇北洋，身兼九职，地方政务和练兵之外，权力更延伸至经济方面。为了为编练新军筹措饷粮，在北洋大力兴办实业之外，他的眼光更盯住了当时最来钱的产业——铁路和为盛宣怀所掌握的招商局和电报局。

盛宣怀（1844—1916），字杏荪，江苏武进（今常州市）人，出身于官僚世家。1870年，乡试不第的盛宣怀以故交子弟的身份进入李鸿章（时任湖广总督）幕府，任机要文案，终日随李办事，颇受李之信任与器重。轮船招商局、电报局等的开办均有其参与协助，成为李鸿章办理洋务的

图74 官商盛宣怀。

重要助手。盛氏是个钱要赚，官也要做的人，是中国早期官僚资本的代表人物，也确实因协助李鸿章办理洋务而出了大名，发了大财。有了钱后，上至宫廷及满汉权贵，下到各地封疆大吏，盛无不以厚利结纳。因而早在甲午之前，盛氏即已蜚声朝野，“中外共仰，遐迩咸钦”，出道要比袁世凯早得多。袁世凯不得志时，曾多次托盛向李鸿章关说求情呢。

1896年，盛宣怀由张之洞委派督办汉阳铁厂，并经张之洞与王文韶联名举荐而出任铁路总公司督办、太常寺少卿并有专折奏事之权。年底，铁路总公司在上海成立，他坐镇上海，遥控汉阳铁厂、大冶铁矿、萍乡煤矿（此三处后于1908年合并成为汉冶萍公司），近领轮船、电报、纺织三局和新建的通商银行，“一只手捞十六颗夜明珠”，中国利薮，半在其手，成为财势两全的官僚资本家。

庚子事变期间，盛宣怀在列强与各地督抚间穿针引线，在促成“东南互保”上起了重要作用，事后也被清廷授予“太子少保”头衔。1902年，盛氏被朝廷任命为工部侍郎，但仍留在上海办事。9月，其父病逝，盛宣怀理应开缺守制，袁世凯的机会来了。

轮船、电报二局，是当时官督商办实业中最为赚钱的行业，清廷由于财政困难，早就有意将其收归中央。盛宣怀在丁忧后的第二天，即致电袁世凯，称“生平知己，文忠而后莫如我公”，大拉关系，目的无非是希望在他守制期间，袁利用其影响，使朝廷对其所掌握的事业，做出有利于他的安排。清廷拟派原开平煤矿督办张翼接任轮、电二局督办，以便“归入户部筹饷”。盛氏当然不愿，故在10月朝廷批准他开缺后，致电当时回乡葬母的袁世凯，希望由袁接手轮、电二局，“愿勿令其再蹈开平覆辙，伏乞主持公论。”并请袁赴上海面商对策。[16]11月，袁经上海返京时与盛面谈轮电二局归属问题，二人在反对张翼接手轮电，将二局归入户部上完全一致；但在北洋是虚管还是实管的问题上态度则大相径庭。盛的想法是，在他守制期间，“仍如从前北洋不过会委总办，毫不掣肘”；袁则不然，他认为二局是北洋老辈李鸿章创下的基业，理应归属北洋，况且直隶兵燹之后，亟须整理，最缺的就是钱，因此势在必争。他接盛氏“某本不愿利权久操，为世指目”的话头，力劝盛“解去利柄”，“化商为官，公免受累受谤”[17]。12月，袁世凯上《轮船招商总局要务由北洋经理片》，提出按李鸿章原订的规矩，“一切要事，全都要禀承北洋大臣主持。历年议定，按商股赢利提出二成归公，作为报效之款，分解北洋以充饷项及学堂各经费”[18]。

盛氏见袁立意要控制轮电二局，于是表面敷衍，背地抵制。一是致信荣禄，建议电报商办，轮船官办且宜归入商部，与他与袁面谈时“船宜商办，电宜官办”的主张完全相反，显然是情急拆台的举动。二是要求电报如改为官办，北洋应以股票现在市价加利息付给股东，现款赎回，给财力支绌的袁世凯设置障碍。袁盛两人的嫌隙从此而生，最后发展成为政敌。但袁宫保此时圣眷正隆，朝廷仰仗正多，而盛宫保独操利权多年，所得甚多，早已朝野侧目，在家守制还攥着金盆不想放手，自然得不到朝廷的同情。1803年1月，袁被朝廷任命为电政大臣，他的老友、时任直隶布政使的吴重熹[19]则为派驻上海的会办大臣。袁还加派足智多谋的杨士琦前往上海佐理轮、电二局，牢牢控制了二局的整顿经营事宜。

至于铁路一项，庚子事变和日俄战争之后，涉及的关内外铁路接收，有大量繁难的问题均需与列强交涉办理，而经办的人员，又大多是世凯夹袋中的人物，如唐绍仪、梁如浩、杨士琦、梁士诒等，所以路政大权也自然落入了袁的手中。1902年，清廷任命袁为关内外督办铁路大臣，以后又陆续加派他为津镇（天津—镇江，即今津浦路）、京汉（北京—汉口）、京张（北京—张家口）等新建铁路的督办大臣。1905年12月，袁又举荐唐绍仪兼任督办京汉、沪宁铁路大臣，架空了以盛宣怀为督办的铁路总公司。官制改革后，陈璧[20]、杨士琦等北洋系人物先后出任邮传部的尚书、侍郎，而邮传部管辖着轮路邮电四大产业，其中铁路的利润最为丰厚，占了邮传部总收入的95%。当时度支部（即财政部）每年的收入，只有邮传部的1/5，而且还要支付国家的行政、军事、教育开支，故邮传部是清廷最富的衙门，也是北洋的利薮。陈璧并委派梁士诒出任京汉、沪宁、正太、汴洛、道清五路提调、铁路总局局长之职，负责铁路借款事宜，通过大量举借外债，购买铁路建设材料，梁等收取了大量回扣、佣金，积累下了巨额资金。1907年，梁又在此基础上创办交通银行，代行国库职能，牢牢控制住了路权，由此发展成为北洋集团内部的“交通系”[21]。铁路借款有大笔的回扣，物资采购有佣金，运营后的收入也十分可观，因而成为北洋集团的重要经济来源。如关内外铁路运营的赢利，按规定应存入英国汇丰银行，作为借款担保，经袁与汇丰商定，每年可从中提出二成拨给北洋，作为办理铁路巡警的费用，其余存款，经汇丰同意，也可以“任便挪用”。1904年赢利一百八十万两，其中一百三十万两即为袁挪用为练兵经费，“以济燃眉之急”[22]。袁世凯手握重兵，坐镇北洋，又能遥控京师，对清廷的内政、外交方针施加重大影响，除去他本身的才干和知人善任外，还在于他深谙“朝里有人好做官”的道理，早早地在朝廷内建立起了牢固的保护伞和关系网，所以即使在老太后这样权欲强、疑心重的人面前，他也能够左右逢源，圣眷不衰。

袁世凯的保护伞，在他初入官场时，是李鸿章；小站练兵至庚子事变前后，是荣禄；荣禄死后，是庆亲王奕劻。

> 在光绪二十九年癸卯（1903）以前，袁世凯所最注意的，仅仅是一个荣禄。其时庆王为外务部领袖，亦居于重要地位，而世凯之馈赠，并不能满足庆王之欲。庆王曾对人发牢骚说：“袁慰亭只认得荣仲华，瞧不起咱们的。”但荣禄自辛丑回銮之后，体弱多病，时常请假，照病势推测，恐怕不能久于人世。于是庆王有入军机的消息，为袁世凯所闻，即派杨士琦携带十万两银子送给庆王。庆王见了十万两银子一张的银号票子，起初还怀疑是眼花，仔细一看，可不是十万两吗！就对杨士琦说：“慰廷太费事了，我怎能收他的？”杨士琦回答得很妙，他说：“袁宫保知道王爷不久必入军机，在军机处办事的人，每天都得进宫伺候老佛爷，而老佛爷左右的许多太监们，一定向王爷道喜讨赏，这一笔费用也就可观。这些微数目，不过作为王爷到任时的零用而已，以后还得特别报效。”庆王听

了，不再客气。不多几时，荣禄死了，庆王继任。入军机之后，杨士琦说的话并不含糊，月有月规，节有节规，年有年规。遇有庆王及福晋的生日，唱戏请客及一切费用，甚至庆王的儿子成婚，格格出嫁，庆王的孙子满月周岁，所需开支，都由世凯预先布置，不费王府一文钱。那就完全仿照外省的首府、首县伺候督抚的办法，而又过之。

……后来，庆王遇有重要事件，及简放外省督抚藩臬，[23] 必先就商于世凯。表面上说请他保举人材，实际上就是银子在那里说话而已。[24]

袁世凯这三个保护人，各有不同，李鸿章是放手使用，但爱护管教兼而有之；荣禄是既用又防[25]；而到了奕劻，则主次颠倒，他唯袁世凯之意为是从，反而成了袁世凯之工具了。奕劻（1838—1917），是出自乾隆一系的皇室宗亲，但咸丰、同治、光绪这三朝皇帝均出自道光一系，被称为“近支”宗亲；而乾隆这一系已属于“远支”，奕劻虽贵为亲王，其地位、权势已远逊于“近支”的亲贵了。光绪十年（1884），他被派任为总理衙门大臣，还曾担任过会办海军大臣、会办军务大臣，但都没有实权，是个“伴食”（用现代白话说，就是“陪着吃饭”的意思）的角色，起主导作用的是醇王、恭王等近支亲王和李鸿章、荣禄等人。但此后由于与桂祥（太后的亲弟弟）成了儿女亲家，他也成为太后娘家圈儿内的人，渐受重用。直到六十五岁，他才进入权力中枢——军机处，但多年“伴食”，尸位素餐的生活，使奕劻志气消磨，一旦大用，把心思全

图75　袁世凯在清廷中枢的盟友，军机领班大臣庆亲王奕劻。

用到了巩固禄位，聚敛财富上面。据说，奕劻作了军机领班，在朝廷的人事上有了发言权后，很快就成了卖官鬻爵的好手。

（奕）劻初入枢府（即军机处），取缙绅录，以朱笔在上面标识各个官缺的优劣。遇到外省前来拜访他的人，必详细询问咨察，所以他的考证相当精确。曾经乘着酒兴对鹿传霖（另一军机大臣，曾任陕西巡抚）议论陕西当地的州县官缺的肥瘠，指证区别得非常确当。传霖曾经两次出任陕西巡抚达十几年，都自愧不如了。再有，他接见客人时必会说，“你先等等看，就会得到膏腴地（即肥缺）了”，这其实就是索贿的隐语了。他所用的桌子上面，摆放着一摞摞的小盒子，所装全是银券、钞票、金条之类。每十天则计算某贿由某人进献，某人已放某缺，然后列于簿中，券、钞则移入内库。王府中的月用，则以袁世凯馈赠的三万元充当。[26]

“奕劻贪财，然而其技甚劣，仅受内外官之馈遗（即送礼），少至千两，多至数万两为止。其名义说是“备赏”，往往用红封封一银票（即如今之支票、本票）当面呈交，说：“请王爷备赏”，王爷接阅，则说：“你还要费心”，塞到坐垫下面，送走客人后取出汇送存储。其售差卖缺，则另有人经手，议妥后先行交款，价格也不算高，往往数千两而已。盖当时官吏，不能十分纵恣，所费不易取偿，故所花本钱也不能太大。至于凭借政权，垄断民间一切利益，或勾串外力，盗卖国家权利，彼等当时固未发明，而且也无此能力也（因外交失败致丧失权利乃是另外一回事）。其次者帮助亲朋，刺探消息，营谋差缺；京官清苦，借此稍资润泽，所以犹为人所欣羡。至小军机等而下之，也照例作此类生活，然而范围更狭小，或者为外官办例行谢恩奏折，及指示公文格式及引见召见的仪注，及报告某件事情是批准还是驳回，全都是预先有所联络的。逢年节接受冰炭敬若干（大约不过数十两），这就不能以赃私论列，也说不上召权纳贿了。”叶恭绰是晚清官场中人，所论应该不虚，农业时代的官场腐败不过是送礼送红包，或借捐纳卖官鬻爵而已，相对于后来商业时代之贪官污吏，小巫见大巫也。

一个地位相当于内阁总理的大臣，竟如此贪婪，不免令人发指。然而在晚清，卖官鬻爵在官场却是半合法的行为呢。晚清外患内乱频仍，使朝廷财政支绌不堪，清廷以农业立国，岁入本来就不多，又畏惧激起民变，不敢加大税赋，因而开放了一条捐纳的路子，即凡有能力者都可以花钱捐官，用富人的钱弥补朝廷财用的不足。这种制度必然会为送礼行贿打开方便之门，因而门包、三敬、送礼、回扣等遂成为朝廷认可的陋规，加上清代官俸很低，难以维持官场的体面和花销，所以朝廷对这种灰色收入也就睁只眼闭只眼。对太后这类独裁君主来说，臣下贪贿反而使人放心，有把柄捏在手里，臣下只会更顺从更听话，古人早就说过，“使功不如使过”嘛。官场的贿赂公行，由制度引起，在当时是见怪不怪的事情呢。

再举一个庆亲王受贿的实例。1907年4月，盛宣怀为谋复起，曾派其在京城的坐探陶湘（时任卢汉铁路行车监督），借庆亲王生日的机会，上门送礼行贿（金币两万）。事后，陶湘以隐语秘密报告当时的情况，是难得一见的行贿实录，摘录其经过如下：

（旧历三月）二十八、九接待外客。某（陶湘自称）备薄礼前往，见到的一切情形甚为华丽壮观。传闻城北（暗指徐世昌）两方（即两万，沿用至今的黑道隐语），东鲁（暗指山东巡抚杨士骧）、泗州（杨士骧之弟杨士琦，时任商部右丞）尤其数额巨大。梨园（指王府为祝寿而举办的堂会）要唱到（四月）初六止。崔、刘[27]初四晚上到京。初五、六两日，府中贺客盈门，诸多不便。初七前往投信，（等候）约两刻钟之久，传谕初八一点钟来见。届时前往，至一点半传进，在一小客厅，承泽（此为盛、陶密信中给奕劻起的代号）穿便衣出见。刚刚就座，而城北公至（大概当日刚接到东三省的任命），承泽挥手告诉稍等。先问我现在所当的差，是在北京还是汉口，回答说在北京。（他）随即问：“那么你此次并没有与某公（指盛宣怀）见面喽。”回答说：“虽未见面，书信常通。某公除冬季有旧病之外，平日精神尚健旺。近来为了赈务，不遗余力。”（庆王）当时词色和蔼，俨然春风大雅的样子。一手捋胡须，一手将红寿面（即贿礼）接过去，随即向袖内缩入，站起来说：“如此厚赐，我应当回个信。只是你现在住在何处？是否就是新盖的大红房？”答以：“这是办公之处，寓所在某胡同。”（话说到这里，即招呼请城北公）又说：“不便令他久等。”又问。“某胡同是否即从前某侍郎（即盛宣怀）之宅？”回答说：“是。”又说：“是你一个人居住，还是有他人合住？”回答说：“只有我一个人住。”于是说：“信会送到你寓所。”如是而出。

又叙述王府太监索要门包的事情：

……茶敬开始送了二十四两，分成两封（一内十二，一外十二）。因为我知道他们并没有既定的规章，必须讨要，所以只用二十四两。承泽最亲信的宦者姓马，他初七接信送到里边，初八我再去时，他先说；“昨日的信件是贺寿之物，我们遇见此等公事，还有例行款项，知道吗？”回答他说：“我却从不知道有此等例款，但我既然奉命来见，这件事必当代为函报。”他说：“函报就不必了，此等小事你可以自主办理的。”当时回答他说：“（我）先行垫上，命刘某送过来。”他才欣然而入。[28]

那么，上文说到袁世凯每月馈送奕劻的三万元津贴又是怎么回事呢？这也是一项陋规。据费行简《现代名人小传》中说，北洋每年有“截旷”收入三百万，“开始时并不报告给户部。以3/10进贡给拉后（即慈禧太后），贿赂李莲英、奕劻诸人又用去3/10，以3/10作为军官津贴，其余则纳之于私囊。所谓军官津贴者，标、营、队、排各官，如果违犯了军纪，撤职后可留驻军中听差，每天给予资费若干，有空缺时还可以补还旧职。其优容若此，所以诸将士争颂其贤。”[29]因为庆、袁二人都在练兵处挂职（一督办，一会办），所以能够提用截旷而不被认为是贪污，[30]更何况其中相当一部分孝敬了老佛爷呢。

说起袁世凯与奕劻之间的这种关系，颇类似于当年胡林翼与官文之间的关系。胡林翼，字贶生，湖南益阳人。道光十六年（1836）进士，后做地方官多年，擅长治乱。咸丰五年出任湖北巡抚，殄灭当地太平军，稳定住了湖北的局面，使在长江下游作战的曾国藩等有了稳固的后方，与曾等人同称中兴名将。官文（1798—1871），字秀峰，满洲正白旗人，由大内侍卫外放荆州将军。湖广总督吴文熔战死后，官文接任总督。官文"粗通汉文，性格柔缓，办事全都由他的爱妾和仆从拿主意"，"林翼想要奏劾他。阎敬铭说：'清开国二百年来，行伍间没有过用汉臣独任大将的。弹劾掉一个官文，无补于事，徒以增加朝廷的猜疑。他（指官文）左右之人所贪图的无非是利而已，不会有更多的奢望，不如顺着并利用他，反而可以化解政府中的满汉畛域。'林翼听从这个意见，于是从盐茶局的羡余（即正式赋税之外的杂税）收入中，每月提出三千两馈送给他。胡的母亲而且认了官文的爱妾为干女儿。二人还约定，官文只是坐镇，只要不对诸军掣肘，打了胜仗则推举他来领衔入奏。自此以后，林翼所言，官文无不听从。官文所奏请的事情，朝廷也没有不批准的。"[31] 袁世凯与奕劻的关系也与此类似，奕劻"庸碌而好货，袁世凯倾心结纳，馈遗甚丰，并与其子载振结拜为兄弟。奕劻奉（世凯）为谋主，甘居为傀儡。庆袁之交既固，袁世凯遂遥制朝政，为有清一代权力最大的直隶总督了。"[32]

其实，说起袁世凯在朝廷内部编织起来的这张保护伞，最紧要的人物还应当说是太后。太后过生日，他一次就上贡寿银四十万两。[33] 对于太后身边的亲信太监，他更是不吝结交。据说，天津总督衙门的电话房"可直达京师大内总管太监处，凡宫中一言一动，顷刻传于津沽。朝廷之喜怒威福，悉为所揣测迎合"[34]。所以，袁世凯对于太后之喜怒好恶，朝廷之人事更张，了若指掌，从而能够做到先意承旨，大得太后的欢心，对他言听计从。

> 袁世凯与慈禧的总管太监李莲英，早就结拜为兄弟。庚子后张勋带领宿卫营负责守卫颐和园的时候，和给慈禧太后说书兼办支房（即账房）的宠信太监马宾廷交谊密切，拜为盟兄弟。嗣后经张勋介绍，袁也与马宾廷结拜为兄弟。有一天，袁与张同到颐和园，张在前行，马宾廷迎出来，招手让张进其住房，张说："宫保还在后头啦！"马在院中待袁，袁到，先跪单腿向马请安。照例，大臣没有先给太监请安的，袁为了逢迎得宠太监，就不惜卑躬屈节。因此袁世凯既为慈禧所喜爱，又有李莲英、马宾廷等宫内之援。[35]

但是，世运都有剥复盛衰的变化，官场也是一样，袁世凯官运最盛的时候，也就埋伏下了由盛转衰的变机。首先是，他积极推行新政，引起了守旧派官僚们的不满，但因新政是由太后倡导起来的，他们在表面上不敢公开反对，但暗地里的抵制是免不了的。其次，一批青年满族亲贵开始进入中枢，对身为汉人的袁世凯掌握大权，非常嫉视，也很担心，总想把权力重新攥在自己手里。于是，一场明争暗斗就在所难免了。

袁世凯是在预备立宪和官制改革上面开始走下坡路的。起初，袁世凯并不热衷于立宪。1904 年，他初入仕途时的老师张謇致信鼓动他效法日本，推动君主立宪以“成尊主庇民之大绩”，他则认为时机还不成熟，复信告张“尚须缓以待时”。然而两年之后，他却幡然变计，挑头搞起预备立宪来了。其亲信幕僚张一麐笔下记载了这一幕：

> 南通张季直（即张謇）致书以大久保[36]相期，而自居于小室信夫。一日，我入见（袁），力言各国潮流均趋重宪政，我国若不改革，恐怕无以自列于国际地位。而且满汉之见，深入人心，若实行内阁制度，皇室退处于无权，可以消除隐患，但非有大力主持者，不容易达到目的。项城（即袁）说：中国人民教育未能普及，程度幼稚，若以专制治之，易于就范；立宪之后，权在人民，恐怕画虎不成，发生种种流弊。我力言专制不可久恃，民气之不可遏抑。反复辩论，竟不为所动。而且问我，至此还有什么可说的？我说，公既有成见，还有什么话好说呢。退下来后悒悒不快。哪知过了一宿，又召我入见，嘱咐我将预备立宪各款写成说帖进呈，与昨日所说的判若两人，（我）颇为惊异……退而纠合金邦平、黎渊、李士伟诸君，分条讨论，缮写成说帖。后来见到北洋与考察（宪政）诸大臣会衔奏请预备立宪的稿子，就是我们所拟，没有改易一个字。[37]

袁世凯是个心思缜密的人，决不会贸然行事，之所以从主张专制一下子跳到立宪方面来，一定事出有因。其实，联系到当时的背景，袁的这种转变，并不难理解。1906 年秋，外出考察宪政的五大臣相继回国，在召对汇报时，无不积极主张尽快立宪，太后也让他们说得动了心。

立宪之说，自五大臣将次回国之时，外间宣传，已知一准有大举动。（载）泽、尚（其亨）回京后，尚就不用说了，载泽于召见时破釜沉舟，剀切陈奏，两宫大为之动容。其时甚为秘密，但听说政府颇以立宪尚非其时为虑。及端（方）、戴（鸿逵）回京，又再次申说，端召见三次，为时甚短，他素与青莲（李莲英）契合，后来居然做到可以随时见太后，且可以长谈。[38]

袁世凯原来也主张缓行立宪，所以他在上一年提议预备立宪时，把预备期定为十二年。但得知太后听了五大臣的汇报，心思活动了后，他当然不甘落后，所以才会有从缓进到急进的快速转变。由于庆亲王对于是否立宪“本属无可无不可，一切听命于北洋而已”[39]，袁世凯由此成为预备立宪中执牛耳的人物。这样，亲贵反对北洋揽权的矛盾与预备立宪中维新和守旧之争交织在一起，形成了朝廷中第一次政潮，反对庆、袁的，公开跳出来的是铁良，幕后起作用的则是相对守旧的瞿鸿禨。

铁良（1863—1947），字宝臣，满洲镶白旗人。荣禄任尚书时，他在兵部作司员，为荣禄所赏识，入其幕府。后历任鸿胪寺少卿、内阁学士等职。1903年派赴日本考察武备后，他被派任为兵部侍郎。编练新军，“议发于世凯，满族官员中持此议者，良为最力。第一镇兵士皆旗籍，也是铁良建的策”。所以朝廷也派他担任练兵大臣，与奕劻、袁世凯共司练兵处。起初，他对袁十分恭顺，但其为人虽“深思明辨，而器量狭隘，虽亲密交往之人，一言不合，辄与之绝交”。“北洋诸镇次第成立，兵权尽操袁世凯之手，（铁良）嫉之，乃荐引凤山为军事统率，以分北洋之权。当时，铁良所建议的，太后倾心听取，虽然（铁）不参与机务，而权力实际上与枢臣（军

图76　处心积虑将兵权控制于满人之手的陆军大臣铁良。

机大臣）不相上下。”[40]起初，铁良与袁世凯之间的矛盾由财政而起，铁良1906年兼管户部，像当年翁同龢牵制李鸿章一样，他也“钩稽精核，北洋财政竭蹶，不免牵萝补屋，铁（良）则处处掣肘之，意见由此而起。”[41]但铁良等的真正目的是要将兵权收回到中央和满人之手，太后也正是因此才看中了他。

铁良夙与世凯善，且受其提携。等到朝眷日隆，乃思夺世凯之权，说是海外革命党人排满之说甚炽，以汉人久握军事大权，甚非慎固根本之计也。赶上改定官制，遂裁练兵处，改兵部为陆军部，即以铁良为陆军部尚书。铁良谋划裁抑世凯，集中兵权，特设近畿四镇督练公所，荐凤山为督练，直隶陆军部。袁、铁势成水火，于是腾播一时。铁（良）、凤（山）全是满人中种族之见很深的人，北洋将领不依附于自己的多予以排斥，而于东西洋留学生尤其歧视，惧怕他们可能有排满革命之志耳。世凯虽解除了兵权，而西太后那里的眷遇不衰，北洋诸镇为他手创，其潜势力依然很大，不是铁、凤所能摧陷廓清的。[42]

太后虽然同意预备立宪，但在内心里很不情愿，把它当作是防止革命，不得已而为之的事情，但她政治经验丰富，有什么心思也是藏而不露。世凯本来为的是投其所好才积极参与立宪的，他的想法是，既要立宪，官制改革自然应该实行责任内阁制，而内阁总理一职，就地位、资历和从政经验而言，理所当然应由庆亲王出任，而军机处中可能出任两名协理（即副总理）的人，一为瞿鸿禨，一为徐世昌；责任内阁的权力要比军机处大得多，其首脑中的两位是自己的政治盟友，对于巩固扩大北洋的势力和影响，十分有利。而铁良等人则坚决反对责任内阁，他们想的是，通过官制改革确立专职专责之际，顺理成章地削减北洋的势力，把兵权收归中央。因而在是否设立责任内阁的问题上，庆、袁与铁良等青年亲贵发生了直接冲突。

铁良于北洋心中本来就有芥蒂，近来又与端（方）不合，不免因维新守旧而日形水火。（七月）初七，北洋（即袁世凯）进京，见到铁良开口就说，“老弟大权独揽”。自此以后铁（良）与北洋议论也不合。北洋于召见时，面参铁良说：“若不去铁良，新政必有阻挠”，而且说铁良揽权欺君，慈圣（即太后）未加可否。……北洋退出后，邸堂（即庆亲王）单独进见，也附和北洋，力言铁良之不是，……慈圣说，铁良尚无大过；邸堂则称，铁良为聚敛之臣。据说（原来）已由瞿（鸿禨）拟旨，御前会议时，不准荣（庆）、铁（良）、孙（家鼐）、王（文韶）数人与闻。而此谕计算初九就应该颁发，后因庆、袁相继面参铁良，此旨即留中。就此即可知两宫之意。

……总之，袁非立宪不可，曾说过“官可以不做，宪法不能不立”。铁良、荣庆也不是说不应立宪，以为不宜过急。至于因何屡屡冲突，难以尽知。两公俱掌兵权，外间以此生出的谣言，则不堪入耳了。王（文韶）参加了一次会议，即请假而回。孙（家鼐）固然是守旧者，大约荣、铁、王、孙、鹿（传霖）数人之外，就是那（桐）、徐（世昌）随波逐流。此外均注意立宪。[43]

这也是陶湘写给盛宣怀的密信中透露出来的消息。从这些消息中，可以判断出，荣庆（时任军机大臣、学部尚书）、铁良（军机大臣、户部尚书）、孙家鼐（大学士）、王文韶（大学士、军机大臣）、鹿传霖（军机大臣）等重臣都是不赞成立宪政治的，只因是太后的旨意，不能公开反对，以“缓办”拖延而已。而慈禧本打算不要这些反对派参加御前的讨论，但看到袁、庆对他很欣赏的铁良的攻讦，反而生了疑心，因为，铁良那一套汉人靠不住，应将军权收归中央和满人手中的打算，与太后自己内心的想法是很合拍的呢。所以，原为排除立宪大计障碍的旨意被留了中，太后要好好想想再做抉择。

“留中”是皇帝处理政务的一种常用的方式。通常臣下的奏章和皇帝的批示和旨意，都要及时交军机处下发到各部各省贯彻执行；但有的奏章则既不批示，也不下发交议，而是留在禁中。譬如参劾某位大臣的折子，如果上边对他还很信任倚重，就很可能留中不发，将他保护起来；或者折子涉及到国家重要的方针大计，上边尚无成熟的想法或一时难以决断，也会留中。但留中不等于折子不起作用，如果后来皇帝对被参的大臣有了恶感，留中的折子此时就是罢黜甚至处死大臣的凭据。太后将原定的旨意留中，很显然是觉得应该在维新和守旧派之间维持平衡状态。

太后对任何旨在分割君权的方案是绝不可能接受的，对于袁世凯和官制编制馆的留学生炮制出来的“三权分立”式的责任内阁制，当然十分不满。于是，以前参奏袁世凯跋扈揽权的折子被太后拿了出来，而朝廷内部时刻在窥伺太后意向的风宪官员们马上来了劲儿，一窝蜂地向他猛扑过来。

> 这时候忽然有人严厉劾奏疆臣揽权（指袁），庸臣误国（指庆）。慈圣于枢廷（军机处）召对时将折子发给军机大臣们阅看，（大臣们）随即叩头请交发政务处议罪。慈圣说：“这又何必呢？”即时收回留中。各官听说后，乘机交相劾奏，共达几十次之多。[44]

太后露的这一手，显示了“留中”在驾驭臣子时的妙用。就像车老板在空中鸣起的响鞭，只出示一下就可以收到震慑警告的作用了。果然，袁世凯一下子就泄了气，借口视察彰德秋操，请假离开北京避风头去了。责任内阁派失去了领军人物，没办法再争，官制改革自然按照太后的意愿顺利运行了。

> 丙午（1906年）议改官制，袁（世凯）主张最多，全部方案几乎全由他一手起草。文慎（即瞿鸿禨，文慎是其谥号）参与最后核定，暗操同意或否决之权，袁世凯也知道这一点，曾秘密请（瞿）先拿出意见，文慎表面上推让，袁也没有起疑心。及（方案）奏上，竟用文慎的建议，不用内阁总理制，而令军机大臣不兼部务。于是鹿传霖、荣庆、铁良、徐世昌一天之内一同被罢黜军机，只有文慎与庆王留任。袁惊愕并大失所望，而朝廷大臣们也因此对（瞿）侧目而视，不到一年，他就不再能安于其位了。文慎与袁世凯意见不合，一在北洋创办印花税，一在北洋新军归陆军部直辖，而官制（改革）也是其一，全是意在削袁之权的举措。[45]

瞿鸿禨作为军机处汉大臣的领班，也是身受太后信任的重臣，袁世凯起初也热心结纳，想拜他为老师，他拒绝了；后来请求结拜为兄弟，也不接受。“是时京师权贵家有婚丧，总是由北洋公所（即北洋驻京办事处）委派人员供应差役和饮食的费用，已经成为惯例。乙巳（1905 年）文慎为次子办婚事，（公所）援例请示，后再送贺仪八百金，全都谢绝不受。”[46] 瞿为人城府很深，平时政见深藏不露，袁起初认为他不过是高自标置，并没有太当回事。不料此次遭到了瞿的暗算，他揣摩到太后的心思，但对袁一点暗示也不给，袁世凯这回的跟头栽大了。

图77　袁世凯在中枢的政敌，军机大臣瞿鸿禨。

官制方案是袁世凯等人拟订的，但经瞿鸿禨建议，太后裁定的最后方案中，庆、袁竟是搬起石头砸了自己的脚，想要的权力不仅没能得到，既有的权力却要被迫交出。在官制改定后人事变动中，与袁交好的荣庆、徐世昌退出了军机处，被瞿鸿禨援引的林绍年取而代之；邮传部设立，袁所控制的轮、电、铁路大权不得不交由部管；更有甚者，袁世凯一手编练的六镇新军中的四镇，被交由铁良任尚书的陆军部直辖，余下的两镇也只是“暂归该督训练”。袁世凯兴兴头头地进京参与立宪大政，一场辛苦，只落得铩羽而归。在这一回合的较量中，袁世凯可说是大败亏输，翌年丁未政潮的种子也就此埋下了。

对丁未政潮中的主角瞿鸿禨，应略予介绍。瞿鸿禨（1850—1917），字子玖，号止庵，湖南善化（今长沙）人。少年苦读，十七岁进学，同治九年（1870 年）举人，次年即考中进士，时年二十二岁。此后历任翰林院侍讲学士，河南、浙江、江苏各省学政，礼部侍郎，工部尚书，光绪二十七年（1911）经荣禄推荐，赴西安行在供职，被派任在军机大臣上学习行走，开始入参机务。瞿氏翰林出身，有文才，笔头子硬过其他军机大臣，因此很自然地成了军机处的笔杆子；在处于患难之中的西安小朝廷中，他颇受太后的倚重，也由此官运发达。总署改为外务部后，太后加派他为会办大臣兼外务部尚书（外务部为政府中第一大部），然而“外交非（其）所长，长外务部数年，公事半决于袁世凯”[47]，袁世凯的能干，正衬托了他的无能。像瞿鸿禨这类进士翰林出身的人大多恃才傲物，看不起非科举出身之人，而袁世凯虽无功名，却凭能力、政绩跻身于高位，手握重兵，坐镇北洋，遥领朝政，就难免使这些诗做得好，文章写得漂亮，但在经世济民上束手无策的笔杆子们汗颜了。尤其是袁世凯积极参与废科举、行新政，更是直接威胁到了旧式文人的既得利益，所以他们对袁世凯就不仅仅是嫉恨，而是视为眼中钉、肉中刺，必欲拔除而后快了。

他们知道，在权欲极强的太后那里，动摇她对袁世凯的宠信的最好法子，就是把他描述成为一个怀有野心的权臣。于是关于袁“功高震主”“结党营私”“跋扈揽权”的议论便纷纷出笼了。其中最具代表性的就是湖北按察使梁鼎芬的奏劾了。

> 直隶总督袁世凯，少不读书，专好驰马试剑，雄才大志，瞻瞩不凡。以浙江温处道钻营得骤升侍郎巡抚。抚山东日，能办事，安奠境内，有声于时。我皇太后、皇上回銮，迎驾有功，擢至今职。其人权谋迈众，城府阻深，能谄人，又能用人，最后皆为其所卖。初投拜荣禄门下，荣禄殁后，庆亲王奕劻在政府，三谒不得见，甚为恐慌。得杨士骧引荐，或云，以重金数万，又投拜奕劻门下，不知果有此事否？然自见奕劻后，交情日密，言无不从，袁世凯之权力，遂为我朝二百余年满汉疆臣所未有。奕劻本老实无能之人，当用途浩繁之日，袁世凯遂利用之。老实无能则侮之以智术，日用浩繁则济之以金钱，于是前任山东学政荣庆、北洋练兵大臣徐世昌，袁世凯皆以私交荐为军机大臣矣。枢府要密，出自特简，而袁世凯言之，奕劻行之。贪庸谬劣，衣冠败类之周馥，袁世凯之儿女姻亲也；奢侈无度、声名至劣之唐绍仪，市井小人、胆大无耻之杨士琦，卑下昏聩之吴重熹，亦皆袁世凯之私交也；使之为总督，为巡抚，为侍郎，而袁世凯言之，奕劻行之。尤可骇者，

徐世昌无资望，无功绩，忽为东三省总督，其权大于各省总督数倍；朱家宝一直隶知县耳，不数年，署吉林巡抚；皆袁世凯为之也。袁世凯自握北洋大臣直隶总督重权，又使其党在奉天、吉林皆有兵权财权，皇太后、皇上试思，自直隶而奉天，而吉林，皆袁世凯兵力所可到之地，能不寒心乎？幸段芝贵不到黑龙江耳！袁世凯挥金如土，结交朝官过客与出洋学生，有直隶赈款数百万两，铁路余款数百万两，供其挥霍，故人人称誉他。臣尝读史，见汉晋故事，往往流涕。如汉末曹操，一世之雄，当其为汉臣时，有大功于天下，不知篡汉者，操也。晋末刘裕，才与操埒（相当），当其北伐时，亦有大功于天下，不知篡晋者，裕也。前者微臣来京赐对之时，亲闻皇太后皇上屡称，“《资治通鉴》其书甚好，时时阅看。”今此两朝事，治乱兴亡之故，粲然具陈，开卷可得也。袁世凯之雄，不及操、裕，而就今日疆臣而论，其办事之才，恐无有出其上者。如此之人，乃令狼亢朝列，虎步京师，臣实忧之。且闻其党羽颇众，时有探访，故无有敢声言其罪者。今新内阁将成，时日无多，安危在目，臣不敢自爱其官职，并不自爱其性命，无所畏惧，谨披沥密陈。[48]

梁鼎芬（1859—1919），字星海，号节庵，广东番禺人。光绪六年（1880）进士，散馆后受任翰林院编修，以敢言著称。中法战争时，因弹劾李鸿章，被降五级调用，后被张之洞召入幕府，先在湖北各书院讲学，后在湖北做官，极为张之洞所倚重，“学警诸政，咸以畀之，司道官员的权力反而居于其下。鼎芬不屈于权贵，而独善事之洞。曲意揣摩其意旨。所经营的新政，但求形式，绝无精神。警政尤其窳败。巡警红冠绿裤，其怪诞有过于戏装。见者掩口失笑，而鼎芬还自负其编制之精。”[49]梁氏“好名而不嗜利，且落拓有名士风”，“工于为诗，清词丽句，机杼自秉”[50]。由于数次上疏攻

图78　上折攻击袁世凯结党营私，有篡权野心的梁鼎芬。

讦庆、袁，“光（绪）宣（统）之间，誉满天下”。清亡后，以遗老自居，后来被逊清小朝廷派任为“毓庆宫行走”，成了宣统的老师，张勋复辟失败后，忧病而死。

梁鼎芬的折子，用心深刻，确称得上是一篇漂亮文章。奏折以“雄才大志，瞻瞩不凡”开篇，以“狼亢朝列，虎步京师”收尾，用的就是沈约所撰《宋书·武帝本纪》中的典故。[51]全篇的目的就是把袁定位于曹操、刘裕一流的枭雄人物。而曹操、刘裕都是历史上有名的权臣，最后也都篡夺了皇位，袁世凯既然也是同样的枭雄和权臣，后果如何，不言自明。但大问题是，这么大的罪名，却没有过得硬的证据。而太后此时所担心的已不是袁世凯的权力过大，而是东北的安定。何况袁世凯已乖乖交出了多项大权，唐、徐也都是太后非常欣赏的人物[52]，袁世凯、奕劻虽然推荐了不少人才，但拍板任用的可都是太后自己，把这些人说得那么不堪，不就是指着太后的鼻子说她没有识人之明吗？至于袁世凯孝敬朝廷的银子，太后自己也没少用，没有什么可大惊小怪的。

但梁鼎芬也不是省油的灯，再次上折猛攻庆、袁和徐世昌：“世昌本世凯私人，又夤缘奕劻、载振父子，得此权位。杨士骧、陈夔龙等，以贪邪而任兼圻[53]；梁如浩、蔡绍基、刘燕翼[54]等以行贿而任关道。纲纪荡然，恐自是以后，后人知有奕劻、袁世凯，而不知有我皇太后皇上了……奕劻、袁世凯仍怙恶不悛，臣随时奏劾”，一副不把庆、袁拉下马不罢休的口气。这可就让太后觉着烦了，于是不客气地批复说：“当此时局日棘，乃不察时势之危迫，不谅解任事者之艰苦，总是有意沽名（钓誉），摭拾空言，肆意弹劾，尤属非是，著传旨申饬。”[55]

所以，丁未政潮在文人的笔下，被写成了忠奸之争的老套路戏剧，悖离史实甚远。当然，袁之所为不免掺杂有私心，然而练新军、废科举、发展实业，倡导宪政、与列强周旋以存国脉、重用留学生以推行新政，等等，无一不是着眼于朝廷和国家的根本利益。反之，翰林和御史们，国家危难之际百无一用；别人干事情，他们盯在后面找毛病；或想方设法维护和加强皇权，以讨君主的欢心；这种对君主一家一姓而言的“忠”，对国家来说，却正是衰亡没落的重要原因呢。所以，历史事件和人物的评判，要依其是否促进社会进步而定，不是忠奸二字所能概括得了的。

太后在官制改革上给了袁世凯一个下马威，并不意味着她不再看重他，否则她不会把参奏袁世凯的折子留中；相反她很欣赏袁世凯办事情的能力与魄力，危急存亡之际，朝廷不能没有这样的大臣支撑。因而在袁世凯乖乖交出权力之后，太后再施以平衡之术，使袁安心感戴，继续努力为她效劳。具体的做法是，馈赠礼物以安其心[56]，提拔其子以示恩宠[57]，新军两镇仍由袁世凯节制以示信任，罢黜言官以示爱护[58]，东三省人事安排悉听庆、袁的意见，以示意其仍受重视。当然，太后所为也离不开专制君主的老一套，即寓防于用。

> （太）后对袁几乎每日均有赏赐，或珍玩，或衣着，或食物不等，而且命令不必具折谢恩，以免外廷侧目，情意优渥，等于家人父子。袁亦每两三日进贡物品一次，太后时不时有旨意，印命来往使者传达，满朝大臣中惟袁之差弁得以直接面见太后，特殊的恩典呀。一日，赏袁以咸丰皇帝所服用过的碧霞犀带扣，袁派专差上折谢恩，并有所贡献。太后问他的差弁说："我前几天给袁世凯的带扣他喜欢么？有服用么？"此差弁乃是一个极为机警之人，回答说："袁世凯非常感激老佛爷的恩典，但是因为此带扣系先帝御用品，不敢照服，已钉在帽子上顶戴着。"太后于是说："袁世凯很知礼。"（差弁）归后讲给袁听，袁于是急忙（将带扣）缀之帽上如帽花，但尺寸又大又重，在帽子上不能熨帖。袁戴此帽，宾客僚属全都觉着奇怪，不知道有这样的内幕。大概太后想要试验袁是否敢用皇帝的御用品吧。[59]

1907年4月，东北正式建省，"整顿东三省吏治民生，改盛京将军为东北总督，兼管三省将军事务，随时分驻三省行台；奉天、吉林、黑龙江各设巡抚一缺，以徐世昌为东三省总督，兼管三省将军事务，并授钦差大臣衔；以唐绍仪为奉天巡抚，朱家宝[60]署吉林巡抚，段芝贵署黑龙江巡抚[61]。"东北建省是朝廷以全面开放取代从前的封禁政策的重大举措，目的如前所述，为的是阻遏日俄瓜分东北的阴谋。这一对策由袁世凯提出，自然也应由他主持，本来袁世凯想要自己出长东北大政，但为太后所否决，据说是因为"合肥去而祸作，天津门户要紧，岂可轻易更张"。太后属意的人选，据说最初是庆王之子载振，曾派他与徐世昌

图79 东三省总督徐世昌与同僚合影（中为徐世昌，前左为梁如浩，前右为张锡銮）。徐世昌将北洋的势力扩张到了东北。

一道视察东北，为建省做准备。后来可能是担心他年轻，难以应对复杂局面，遂留在内阁中任农工商部尚书，以资历练。于是后备人选就是徐世昌了。徐世昌早年仕路蹭蹬，后为袁世凯援引，日益发达，历任兵部侍郎兼练兵大臣、巡警部（后改民政部）尚书、军机大臣等要职，地位、资望都够，也颇得太后的赏识，加上庆、袁的大力推荐，遂能出任首任东三省总督。东北日俄夹峙，局面复杂，三省巡抚作为行政长官，自然也非精兵强将不可。唐绍仪是外交干才，奉天是东北中枢，为诸列强所觊覦，交涉事务繁重，唐应算是巡抚的适当人选。朱家宝，字经田，云南宁州人，进士出身，分发直隶平乡任知县，庚子事变时，直隶各地均尊义和团为“义民”，而朱“独拒拳匪，合境晏然。世凯总督直隶，举荐为近畿循吏第一。”[63] 由于袁世凯的赏识，朱家宝一路由知县，而知府，而按察使，官运亨通；其间还被世凯派赴日本考察过政务，开阔了眼界。袁世凯对他的评价是，“器识远大，体用兼赅，听断极其廉明，缉捕尤能勤敏，凡地方应办之事，应行之政，靡不措理裕如，以故所至有声（誉），民情爱戴。”[64]所以，朱家宝也应该是行政方面的干才，对日本也有一定的认识，由此被选任为吉林巡抚。段芝贵，字香岩，安徽合肥人，北洋武备学堂出身。早年曾赴日本游学，归国后由李鸿章推荐给袁世凯，是小站班底的老人。芝贵为人“机警，善伺（察）人之喜怒（心理），世凯信任，视侪辈有加”。[65]段因通日语，日俄战争期间被袁世凯派赴东北前线，是表面中立，暗中助日的秘密任务的总执行人。袁对他的评语是，“奋勇勤能，才堪应变，于中立一役（即日俄战争），担负危险，艰苦卓绝，有非人所及知者。”[66]段懂日语，熟悉对日交涉，办过大事，似乎也不失为干才。当时继赵秉钧之后担任直隶巡警道，职位较低，所以先任命他为布政使，以藩司署理黑龙江巡抚。这样的人事配备，东三省的行政长官都是袁世凯夹袋中的人物，对联美以抗日俄大计的贯彻执行，应能收如臂使指之效。袁世凯坐镇北洋，太后居中操纵，应该是一项较为理想的安排。

然而，谕旨一公布，就激起了轩然大波。在本来就认为袁世凯擅权跋扈的风宪官员们看来，朝廷用人的大政简直是让庆、袁一手把持了。东北四位最高行政长官居然全是袁世凯的人，尤其是朱家宝以直隶按察使署理巡抚，已经是越级提升（巡抚通常由布政使升任，按察使的地位在布政使之下，直接提巡抚可视为越级）；而段芝贵不过是个道员，出任黑龙江巡抚等于是连跳三级，太出格了！是可忍，孰不可忍。于是反对派集结起来，再次开始了对庆、袁的猛攻。上面所录的梁鼎芬的折子，就是其中的一支利箭。在幕后操纵这次政治斗争的仍是瞿鸿禨，他设计的策略是双管齐下，一是授意岑春煊进京面圣，利用太后对他的宠信，加强倒袁派在中枢的力量；一是组织都察院的御史们，搜集庆、袁等人的劣迹，上书弹劾，造成舆论声势。1907年是中国旧历丁未年，这场政争也就被称为“丁未政潮”。

当时的都察院（清代的中央监察机关）中有很出名的三位御史，即江春霖、赵启霖、赵炳麟。这三个人好议论时政，敢于抨击权贵，以激浊扬清为己任。三个人的名讳都犯“霖”音，与洋商“三菱公司”语音相近，因此时人戏称他们为“三霖公司”。[67]无独有偶，庆王由于卖官鬻爵，门庭若市，也被时人戏称作“庆记公司”，于是“三霖公司”率先向“庆记公司”发起了进攻，“丁未政潮”的序幕就此拉开。

丁未政潮的导火索，由载振和段芝贵而起，缘由是段芝贵为谋升官，

图80 庆亲王之子载振，时任农工商部尚书是丁未政潮官场丑闻中的主角。

对据说是未来东三省总督的贝子载振，极尽讨好笼络之能事，由此引发出了晚清官场的一大丑闻。我们先看一下丑闻的主角载振。载振（1876—1947），字育周，是庆亲王奕劻的长子，贵胄子弟，锦衣玉食，自小成就了纨绔的习气。其人“美风仪，有璧人之目，亦倜傥自喜。歌馆娼寮，恒有其踪迹焉。”[68]庚子事变后，老太后注意培养、历练年青一代的亲贵子弟，像载沣、载泽、载振、善耆、载洵、载涛等都是重点培养对象。1902年，英国维多利亚女王去世，新王乔治即位，二十六岁的载振以贝子头衔被派为出席英皇加冕典礼的专使，并访问法、比、美、日四国，行程数万里，为时近半年，是最早出洋游历的皇室宗亲成员之一。载振回国后，太后颇为宠信，历任镶蓝旗汉军都统、御前大臣、管理火器营、正红旗都统等职。1906年。官制改定后出任新组建的农工商部尚书，年仅三十，可谓少年得志。因为父亲的关系，载振与袁的关系也极为密切，“兄事袁世凯，赖其荐举得掌商部，由于是新创建的部，其左右侍郎丞参皆世凯所荐。”[69]然而当了部长的载振旧习不改，公事办完后，“微服，乘小车出游西城，征歌赌酒，往往通宵达旦。”当时北京四城各有巡城御史，有个叫张元奇的御史曾上疏弹劾载振，说他“膺命之日（即任命下来之日），遍召南班妓女谢珊珊等侑酒，故（倡）寮没有不知道振大爷的。”[70]载振虽未因此受到处分，但举朝官员没有不知道这件事的，从这样一个花花公子身上寻找丑闻，真是太容易了。事情的经过如下：

先是，西太后以东三省将行省制，命载振、徐世昌出关视察（所带随员为熙彦、吴笈孙等），大概也是世凯所主张的。而世昌之督东，庆袁已有成议，西后似亦内定矣。（载、徐）

路过天津会晤世凯，小作勾留，世昌居行辕，载振则居督署。段芝贵以父亲段日升与世凯间老熟人的关系，且服事世凯甚为恭谨，世凯很赏识他，屡任要差，被称之为当红的道员。当时充任北段巡警总办（前任为赵秉钧，赵擢升巡警部侍郎后，段继之），以（关系）亲昵可以随时出入督署，为（世凯）办理各类杂务。对于载振的接待伺候，甚为周全。在督署世凯为款待钦差举办的戏剧演出中，载振见到了歌伎杨翠喜，惊为天人，赞叹不绝。芝贵认为是一绝好机会。钦差既行，即代为翠喜赎身以待，有财尤其有势，事情固然容易办到。等到载、徐办完差事回京，再次路过天津小住时，芝贵即以翠喜献上，载振大喜而纳之。而世凯于此次会晤中，则将三省督抚暨其余要职商定，开一名单，交载振转致奕劻，多为世凯夹袋中人物。载振得翠喜，自然深深感激芝贵，只是说芝贵以道员超擢为封疆大臣，全靠着这件事，则尚非事实。大概世凯为芝贵谋取黑龙江巡抚这个职位，是为在东三省扩张北洋势力的大计划中的一着棋，其政治上的意味，实重于区区的载、段私人关系吧。至于相传芝贵以巨金贿赂奕劻，则奕劻本来就受北洋的奉养而供其驱策，事情的有无就不足以深究了。[71]

5月，赵启霖以“新设疆臣夤缘亲贵，物议沸腾”，上折纠参载振、段芝贵。这类丑闻大损皇室亲贵的名誉，“两宫震怒，邸（即庆王）伏地请严查。”于是派大学士孙家鼐和醇亲王载沣这样的重臣亲自查办，并且明发谕旨：“据称段芝贵夤缘迎合，有以歌伎献于载振，”并从天津商会王竹林措十万金，为庆亲王寿礼等语。有无其事，均应彻查。得到朝廷要认真查办的消息，袁世凯不能不认真对待，亲自为之弥缝了。

世凯等亟为釜底抽薪之计，当即秘送翠喜回津，由张镇芳请托王益孙出面领了回去。王益孙名锡瑛，天津盐商纲总。镇芳当时以候补道担任全省财政总汇处总办，兼办永七盐务，二人关系素来密切。及载沣、家鼐派恩志、润昌二员至津访查，而布置已定。锡瑛自己承认（杨）系在参案前购买作使女，翠喜也这么说，并有人证物证。家鼐、载沣不敢深究，虽然又提到北京当面询问，也是官样文章。既据此复奏，遂以污蔑亲贵重臣名节撤启霖职。而西太后实在不能不疑心（实有此事），故于结案之前，即撤销芝贵布政使衔，命毋庸署理黑龙江巡抚（改以程德全署理）。奕劻不能自安，命载振于结案后自请开去农工商部尚书及各项差使，太后许之。[73]

庆、袁一派由此折损两员大将，但事情仍不算完。赵启霖革职后，赵炳麟、给事中陈田及湖北臬司梁鼎芬又相继上折猛攻袁世凯。梁鼎芬的折子前面已引录，赵炳麟的折子也是说袁世凯“权重势高”，并把他与雍正时的权臣年羹尧相比；陈田则强调“尚（书）侍（郎）督抚，均是其（指世凯）私人”[74]。更为严重的是，岑春煊进京后，能够经常面见太后，这个人是个炮筒子脾气，又得太后的宠信，他说的话，可比那帮御史管用多了。

岑春煊（1861—1933），字云阶，广西西林人。举人出身，其父是曾任云贵总督的岑毓英。作为大官僚子弟，春煊“幼时跳宕不学，其举乡试，买人捉刀（代笔），纳赀为郎中。父殁，以恤典予五品京堂，后擢升太仆寺少卿。”[75]庚子事变时，岑任甘肃布政使，响应朝廷的呼吁，带兵二千“勤王”。在怀来会合逃难中的太后，“召对车旁，伏泣，誓死报君国。太后大感动之，令其护卫自己。自是，太后驻宿，春煊带刀宿卫外寝，随至西安。”

图81　“丁未政潮”时反袁派的“炮筒子”岑春煊。

有了这番际遇，春煊成了太后眼中的板荡诚臣，从此扶摇直上，历任陕西、山西巡抚，四川、两广总督。春煊为政，以整肃吏治著称，“每至一省，必大肆纠弹，上下皆股栗失色”，故有“屠官”之称。由于受太后宠信，做事建言不畏权贵，在左右舆论的“清流”心目中，是唯一能与庆、袁抗衡的封疆大吏。据胡思敬《国闻备乘》披露，春煊任职两广时曾与庆亲王结怨。经过是，广州有个叫周荣曜的士绅，由海关官吏起家，积赀数百万。春煊见其有钱，致函责成他报效。不想他不但不答应，还携资进京走奕劻的门路，被特简以三品京卿衔出使比利时。春煊得知大怒，即日参劾他贪污关税，请求削职追查。周荣曜被革职，避居香港。当时，“奕劻熟视，不敢出一辞救也。”[76]但为时不久，岑便尝到了“穿小鞋”的滋味。1906年，中英在云南片马发生边界纠纷，给了奕劻报复的机会。岑春煊曾先后平定过四川、广西的会党和民变，在封疆大吏中算得上是治乱的能手，于是庆王以军机领班的身份，借口边防交涉需要干练知兵的大员坐镇主持，提出调岑出任云贵总督，而以袁世凯的儿女亲家周馥接任两广。在清代的总督中，直隶地位最高，两广最肥，而云贵、陕甘最穷。朝命下达之后，春煊当然不满，于是借口治病，勾留上海，迟迟不赴任达半年之久。因片马事件交涉紧急，朝廷改派四川总督锡良为云贵总督，以便就近赴任，而以岑代锡良为四川总督。此时已是丁未年春天，朝局似乎已对庆、袁不利，岑春煊接到瞿鸿禨的密信，于赴任四川的途中突然北上，成为丁未政潮中的另一主角了。

> 岑春煊既调四川，有诏促令西行。春煊自陈有机宜面奏，拜疏[77]后，即由汉阳乘快车，一日夜抵京。朝士突闻其至，皆怒目相对。或说（他）将入军机，或说将夺袁世凯之位。太后念（其）扈从旧劳，褒宠倍至，接连召见三日。怜悯其宿疾未有痊愈，不欲再以疆寄劳动他，内用为邮传部尚书。春煊刚入见，即面参奕劻父子及杨士骧、陈璧。太后说：“任天下事真是太难了，卿在粤中，誉之者半，毁之者亦半，哪里能尽如人意呢。”春煊说：“臣自知为众论所不容，幸赖圣明保全，然而攻击臣的人也有指责臣黩货行私的吗？”太后默然无语。

岑春煊晚年在其回忆录《乐斋漫笔》中，对其面谏太后的经过所述更详：

> 余居沪上，续假自冬迄春。丁未正月十九日，奉旨调补四川总督，毋庸来京请训，知道仍是出于庆、袁之意。念巴蜀

道远，此后觐见无日，不于此际设法入都，造膝详陈种种危迫情形，机会一失，追悔无穷，当以权宜行之，纵使获罪于朝廷，亦期不负两宫眷依之意。乃于启程赴任，舟次武汉时，电请顺道入觐，不俟谕旨，径直乘京汉车北上。抵京之日，即蒙两宫召见，温谕有加，并且详细询问了年来病况，命在京休息，以备续有召对。此行大概出于彼党意料之外，所以没有办法预先阻格了。自是入对凡四次，太后语及时局日非，不觉泪下。余因而奏言："近年亲贵弄权，贿赂公行，以至中外效尤，纪纲扫地，皆由庆亲王奕劻贪庸误国，引用非人。若不力图刷新政治，重整纪纲，臣恐人心离散之日，强欲勉强维持，也将挽回无术了。"太后初闻此言，颇有怒容，说："何至于人心离散，你有何证据，可详细奏明。"余回答说"天下事人同此心，心同此理。假如这房间里有两台御案，一好一坏，太后要好的，还是要坏的？"太后说："当然要好的。"余对答说："这就是人之心理。臣请问今日中国政治，是好是坏？"太后说："因为不好才改良。"余说："改良是真的还是假的？"太后又现怒容说："改良还有假的！这是怎么说？"余回答说："太后固然真心改良政治，但以臣观察，奉行之人，实有欺蒙朝廷不能认真改良之据。请问太后记得在岔道口行宫时，（我）蒙垂询此仇如何能报。臣当时曾回奏说：'报仇必须人才，培植人才，全在学校。'随后就蒙简授张百熙为管学大臣，足见太后求才之切。只是此刻距回春已将近七载，学校课本尚未审定齐全，其他更不必问。又前奉上谕，命各省均办警察、练新军，诏旨一下，疆臣无不争先举办。但创行新政，先须筹款，今日加税，明日加厘，小民苦于搜刮，怨声载道。倘果真刷新政治，得财用于公家，百姓出钱，尚可原谅一二。现在不惟不能刷新，反较从前更加腐败。从前卖官鬻爵，还是小的官，现在内而侍郎，外而督抚，皆可以用钱买得。丑声四播，政以贿成，这就是臣所以说改良是假的。而且太后也知道出洋学生有多少吗？"太后说："我听说到东洋的学生，已有七八千了，到西洋的还不详悉，想必也有几千。"余对答说："以臣所闻，也是如此。古人以士为四民之首，因为士心所尚，民皆从之也。此去不过数年，这些人全都毕业回国。回国后，眼见政治腐败如此，彼辈必声言改革，一倡百和，处处与政府为难。那就是人心离散的时候。到此地步，臣实在愚昧不敢言说了。”不觉痛哭失声，太后也哭起来，说：“我许久没有听到你的话了，政事竟败坏到这种地步。你问皇上，现在召见臣工，不论大小，就是知县也经常召见，均勉励以激发天良，认真办事，万万料不到全无感动！”我对答说：“大官守法，小官方能廉洁。庆亲王奕劻，贪庸如此，身为元辅，何能更责他人。”太后说：“你说奕劻贪，有何凭证？”余对答说：“纳贿之事，惟恐不密，一予一受，岂肯以凭据示人。但曾记得臣在两广总督兼粤海关任内，查得新简任出使比国大臣周荣曜，系粤海关库书，侵蚀洋药项下公款二百余万两，奏参革职拿办。那时候奕劻方管外务部，周犯系他所保，非得贿而何？”太后说：“奕劻太老实，是上人的当。”余对答说：“当国之人何等重要，岂可以上人之当自解。此人不去，纪纲何由整饬？”太后说：“懿亲之中，多系少不更事，尚有何人能胜此任，你可以保奏。”余回答说：“这都是皇太后皇上特简之员，臣何敢妄保。此次蒙皇太后皇上垂询时政，不敢一毫隐瞒。惟启程之时，因应奏之事极多，而牵涉奕劻关系重大，不得不进京面陈，故特冒昧前来。今在京数日，尚觉所怀未尽，又须远赴川省，臣不胜犬马恋主之情，意欲留在都中为皇太后皇上作一看家恶犬，未知上意如何？”太后当即说：“你言过重了。我母子西巡时，若不得你的照料，恐怕要饿死的，哪能有今天呢。我久已拿你当亲人看待，近年你在外间所办之事，他人办不了，所以未能叫你来京。你应当知道我的意思。”余对答说：“臣岂不知受恩深重，内外本无分别。只是譬如种树，臣在外系修剪枝叶，树之根本，却在政府。偶若根本之土，被人挖松，枝叶纵然修好，大风一起，根本推翻，树倒枝存，有何益处？故臣谓根本重要之地，不可不留意呀。”太后说：“你所言极是。好在外边现已安靖，我也希望你在京办事，明日即可下旨，你先下去。”

次日遂有补授邮传部尚书之命。余既奉旨，尚未谢恩，先请见太后，面劾本部侍郎朱宝奎：“以市井驵侩，工于钻营，得办沪宁铁路，遂勾结外（国）人，吞没巨款，因纳贿枢府，得任今职。若该员在部，臣实羞与为伍。”太后说：“朱某既然不肖，可即予罢斥。但是根据什么罪状以降谕旨？”余对答说：“可以说系臣当面参奏。”太后首肯，始谢恩退下。是日特旨撤宝奎职。都中人士群相惊告，诧为异事。[78]

中国古代战国时的权谋家韩非，在论述臣子劝谏君主的谋略时，有一个非常有名的警告，叫作不要批逆鳞。古代把人君比喻为龙，逆鳞，据说是龙的喉咙下面倒长着的鳞片，“若人有撄之者，则必杀人”；而“人主亦有逆鳞，（游）说者能够不触动人主的逆鳞就可以了。”[79]春煊面圣时的话语可称得上是犯颜直谏，而且对皇室宗亲点名弹劾，真有点批逆鳞的味道了，而太后听后虽然生气，面有怒容，但终究没有发作，留他在北京做官而且给了他政府中最肥的邮传部尚书的职位，可以说是格外优容了。想想庚子年，只因为不同意太后同洋人开战的想法，五六位大臣就血溅菜市口的下场，就可以看出太后确实是对岑宠信有加的了。

朱宝奎并未与岑共过事，不存在嫌隙，春煊何以如此仇视，非把他参下台不可呢？原来，春煊在上海装病时，“忧时硕彦，亦有就（接近）而共谋匡时之画者”。这个所谓“硕彦”，就是盛宣怀，朱宝奎原是盛宣怀的部下，却投靠了袁世凯，为北洋控制轮电铁路出了大力；盛氏恨其入骨，故借春煊这门大炮报当年的一箭之仇。

常州朱宝奎游学西洋归国，夤缘入盛宣怀门下。宣怀以乡谊关系，安排以铁路局的小差事。（朱）人颇机警，渐被亲信任使，不数年，由同知捐升道员，遂充任上海电报局总办，凡各局弊窦，无不知之。见到宣怀有婢女，绝美，求为妾室，宣怀不许，由是离交。私下揭发铁路局积弊并抄录历年洋商交涉案卷，叛归袁世凯。世凯久已垂涎铁路、招商、电报三局之利而不详其底蕴，至是得以借（朱）下手，遂参劾宣怀，尽撤其差。以铁路局交唐绍仪，招商局交杨士琦，电报局交吴重熹，而保举宝奎为邮传部侍郎，后为岑春煊弹劾罢官。[80]

朱宝奎去职，自然是庆袁一派的损失，而且据春煊自己说，段芝贵的罢职，也是他密奏的结果[81]。岑春煊留在京城，庆亲王主持国务，几乎天天要跟这个对头见面，不用说是如芒刺在背，而上有瞿鸿禨在中枢隐为主持，下有御史翰林们鼓噪生事，这个局面，对庆、袁相当险恶，不能不认真对付。于是，二人运用各种关系，一切手段，发起反击了。反击的第一步，先要把岑春煊这个炮筒子，调出京城，让太后不再受他的影响。庆袁均是官场政治斗争经验丰富的官僚，在宫廷、朝野内外建立有广泛的人际关系网络，所以他们首先利用在宫内的关系，在太后身边制造不利于岑的舆论氛围，使太后厌倦他，疏远他。

袁世凯的盟兄李莲英在这上面是最能发挥关键作用的。原来，岑春煊在护送太后西行时，也同太监们建立过很热络的关系，岑一路上都管李莲英叫“老叔”，关系原来是很亲密的。但是岑氏随着官越做越大，渐渐不屑于与宦官们交往了。特别是岑此次进京，以扫除贪官，重振朝纲为己任，满脸正气，不仅无所馈送，而且连招呼也不愿意与太监们打了。这等于是捅了马蜂窝。

李莲英是大内的总管太监，也是太后身边的红人。清廷祖制，内监不许结交外官，不能干预朝政，一直执行的还算严格。所以李莲英平时谨言慎行，所有结交纳贿之事，都在暗中进行。但由于天天跟在太后身边伺候，对太后的心理揣摩得非常透，这就使他具有了一种可怕的能量，能够潜移默化地影响主子喜怒好恶。其实不独李莲英，凡有权者身边大多有这种小人，可能不足以成就什么事，但败事的能量有余，是官场中得罪不起的人物。举个例子，原总署大臣张荫桓，本是外交方面的干才，就是因为得罪了李莲英，被中伤而为太后所深恶痛绝。尽管他并未积极参与维新派的活动，但却在戊戌政变中被罢官充军，并在随后的庚子事变中被处死。

张公（即张荫桓）得罪之由，曾亲为余言之，说是实际受李莲英所中伤。他自驻英国使臣任上回国时，曾选购宝石两枚，预备进奉两宫。一为红披霞，一为祖母绿，足以充当帽坠之用。归国后，乃以红宝石进献给德宗（光绪），祖母绿进献给太后。论其价格，祖母绿固远胜于红宝石也。但通常惯例，京外大员的进奉，必由李（莲英）经手，即使贡呈皇上的物品，亦须先由李呈明太后过目，方始进御，因此大都再备一份礼，作为由李经手进呈的代价，大抵稍逊于贡品，而相去亦不能过填。彼时侍郎（张时派任户部侍郎）眷遇方隆，平日高才傲气，对于李并不很在意，本来已经不免于（李）心中介意，此次又一无馈赠，好像有意要破这个（送礼）的成规似的，故衔怨至深，而侍郎却还不知道。进呈时，太后方拈视玩弄，意颇欢悦，李特意从旁冷语说："难为他如此分别得明白，难道咱们这边就不配用红的么！原来通俗嫡庶衣饰，以红绿为区别，正室可以披红裙，而妾媵只能用绿，太后以出身西宫，视此事以为耿耿。一言刺激，适中所忌，不觉恼羞成怒，遂赫然变色，立命将两份贡物一律发还。[82]

图82　喜扮"观音大士"的慈禧（中），扮龙女的四格格（左，庆王的寡女，太后的亲信侍从女官），扮善财童子的李莲英（右）。

李莲英的可怕处和关键作用大致如此，所以上自亲王贵胄，下到尚侍督抚，凡欲固权保位者，多与之结交，客气、避让三分。但岑此次全不念旧日交情，甚至李莲英为联络旧情而送给他的一桌酒席，也拒绝接受。"李因此大为怨恨，岑不久突然外放，虽是奕劻排挤，李也参与出力了。"[83] 起作用的另一些人物是日常随侍太后的宗室妇女，"慈禧喜养宗室女为己女，以充侍从"。[84] 譬如恭亲王的长女（因被慈禧封为固伦公主，宫中称大长公主或荣寿公主）、庆亲王的寡女（即四格格）等，都很为太后宠信。女儿们向着娘家，岑对皇亲宗室的攻击，自然会令她们衔恨于心。而且重要的是，她们是居处深宫的太后了解舆情的非正式管道，官场民间的大事小情，飞短流长就是通过嚼耳根子的方式为太后所知的，而岑的所为，在她们口中，无非是败坏皇家名声为自己沽名钓誉。所以，岑对庆亲王贪贿的猛烈抨击，在政治上是犯了"疏不间亲"的错误，更何况奕劻所得，太后还有着很大沾润呢。[85] 所以，很快两宫就对岑厌烦了，而且觉得他太不知足，太不安分，留他在朝内是个错误，因而对春煊不再假以颜色了。

> 西林此次入都，上边甚为宠遇，并且说："你身体多病，可以随时进见。"西林以为真是如此。一两次后，皇上忽然厌烦他了，而又不敢说出，西林也不知道。忽然一日，（岑）又请见。皇上说："他不是请病假了吗，怎么还能递牌子？"[86]大概外官不知京官情形，竟未能受到召对。（离京）请训时，三五语后，皇上忽称腹痛不能坐朝。慈圣（即太后）说："你赶快赴任，有什么话上折子。"西林当即说："还有一个折子需要面递。"慈圣说："拿来慢慢再看，你下去吧。"西林回到寓所即起程，神色大为沮丧。[87]

宫廷政治斗争内幕诡秘，外人无从得知到底发生了什么事情，使双方势力之消长突然逆转。但民国时期流散出来的一封密信，揭开了丁未政潮的谜底。此信为袁世凯当年5月30日（旧历四月十九日）写给两江总督端方的，距岑春煊由邮传部尚书外放两广总督不过二日。信中所涉及的人全以代号指称，民国后由端家流出，为章士判得到后发表，主要内容如下：

> ……大谋此来，有某枢（臣）暗许引进，预为布置台谏。大谋发端，群伏响应，大老被困，情形甚险。幸而大老平时厚道，颇得多助，得以脱出此内外夹攻之厄。伯轩、菊人甚为出力，上边的恼怒于是化解，而联合防堵，果泉也出大力了。十六日大老独对，始定议遣出。上边先拟遣出，次日即发表。
>
> ……大谋不肯去，十六日也曾议及，当有对待之术继之。他的眷顾渐轻，声势大衰，不能再作什么了，（还）不如不来为好呢。举荐武进、郑、张，上边均不以为然。人们（反而）得以借口说他推翻大老，排斥北洋，为的是归政的图谋，因而大受中伤。武进供给，也有人言及，恐怕从此黄鹤一去（不返）了。兄（袁自称）久有去志，甚愿大谋或武进来代，但大局攸关，受国厚恩，何敢任其败坏也？育公开始颇受怀疑，此

次开去全部差缺，由于某枢耍弄，现已释然。默揣情形，大老决不能动，同班中或不甚稳呢。人心太险，真可怕啊！大老心地厚道，事理明白，阅历深久，声望远著，如推翻之，何人替代？当今实无第二，两宫圣明，必可鉴及，这帮人怎么这么不自量呢。[88]

信中所说站在奕劻（即信中所说的大老）一边的伯轩、菊人、果泉，分别指军机大臣世续（字伯轩）、新任东三省总督徐世昌（字菊人）、吉林副都统，满人成勋（字果泉）；大谋指岑春煊，某枢指瞿鸿禨，群伏指都察院的御史谏官们；岑所举荐的人，武进，指盛宣怀（武进为其原籍）；郑，指郑孝胥；张，指张謇；这些人当时都在上海，即在沪上与岑谋划匡正时局，推倒庆袁的所谓“忧时硕彦”。从力量对比上看，倒也旗鼓相当；但就袁此信中透露出北洋派使用的谋略而言，瞿、岑则大不如庆、袁恶毒、有效。

瞿、岑的策略是抓住丑闻，大造舆论，先把庆王父子搞臭；然后以岑发起正面猛攻，瞿在内策应，奕劻一倒，北洋即失去朝廷内部的支柱，届时引进盛宣怀等，世凯势单力孤，即使不倒，也难有作为了。但是，他们以反腐败为进攻利器，却忘了“投鼠忌器”“疏不间亲”这些老格言中的道理。历史上凡腐败严重的时期，绝对是中枢出了问题，有道是“豺狼当道，安问狐狸”。奕劻、北洋每年孝敬太后的那么些银子珠宝是哪里来的，太后心里能不明白？所以，太后要反的是小官们的腐败，而不是自己和亲信们的腐败，瞿、岑拿这么一个犯忌讳的话题做文章，不是指着和尚骂秃子吗？骂尚且不愿意听，认真办就更不行了。所以，瞿、岑及谏官们的重拳就像打在了橡皮墙上，不仅没得到预想的效果，反而引起了太后的厌烦，就不奇怪了。

其次，有清一代的台谏官员有一种特权和传统：“清制，言官得风闻言事，只要没有纳贿徇私的事情，虽不采纳，也不算过错。偶尔有获处分者，重者降职革职，轻者回原衙门行走。”[89]也就是说，他们可以听风就是雨，在没有足够证据时，凭传言就可以弹劾大臣，即使错了，也不会受严重的处分。也正是这种特权使他们养成了不重证据，轻易出击的毛病，反而使对手得以从容布置，所以舆论虽大，打击力甚小。比如杨翠花一案，又比如攻击袁世凯援引私人、权力过大，等等，并无足够的证据加以证明，所以或留中，或以“摭拾空言，任意污蔑”被驳回，甚至被处分。

庆、袁这一派对太后的了解就深入多了。太后最恨什么人？康（有为）、梁（启超）是也；太后最怕什么事？归政是也。庚子年正是因为这个，太后才孤注一掷，捅出了天大的娄子。而瞿鸿禨在这方面有辫子可抓，因为在太后西狩期间，瞿曾三次建议，为收拢人心，应对戊戌维新期间的政治犯予以赦免，其中当然也包括康、梁。[90] 而岑春煊与袁世凯一样，戊戌时是维新派的一员，参加过保国会。但袁世凯后来反戈一击，通过告密洗清了自己；而岑春煊早年这段历史，太后未必知道，猛地揭出来，对太后这样疑心重的人，必会产生负面影响。[91] 所以密信中有“人得借口说他们（指瞿、岑）推翻大老，排斥北洋，为归政计，因而大（力）中伤”的话，透露了庆袁一派的策略是，并不就贪贿问题自我辩解，而是把岑抨击庆王的动机往“归政”上拉。此着果然有效，“伊（指岑）眷渐轻，势大衰，无能为矣”，此后4月16日在单独召对时，庆亲王再次借口广东钦州民变不稳，周馥年老不堪坐镇，建议调岑春煊出任两广总督[92]，而太后对岑春煊那套反腐败说教早已厌烦，也图个耳根子清净，所以痛快批准。由此，风光一时，才当了二十来天部长的岑春煊，就又被下放到两广去了。另一项人事变动是，瞿、岑一派的军机大臣林绍年，被派任为度支部侍郎，由于官制改定后规定专职专责，所以意味着林绍年不能够再在军机处任职。

岑春煊一气之下，又闹开了病，借口调理，待在上海不走。庆记公司遂授意自己一派的御史陈庆桂上折弹劾他迟迟不赴任，骄蹇不臣，有“贪、暴、骄、欺四大罪”；在奏折附片中则牵连上了盛宣怀，说他“私卖官地，勒买民田”，还与岑春煊合资经营买卖[93]。责岑意气用事，装病牟利，不以国事为重，进一步败坏他在太后心目中的形象。其实，太后何尝不知道这些都是大臣们的权力之争，作为独裁者，大都乐于看到这种局面，甚至故意制造这种局面，因为这有助于君主大权独揽。所以当瞿鸿禨奏请把自己一派的林绍年留在军机处时，太后马上就同意了，以保持两派势力的平衡。甚至太后鉴于庆亲王名声太坏，为平息舆论，打算让他息肩退休。按说，鸿禨一派还有重振的机会。却不料由于自己的不谨慎，被对手们抓住了把柄，竟就此翻船了。

鸿禨以勤敏见赏于西后，军机大臣中能与奕劻抗衡者，惟鸿禨一人。而尤其与袁世凯不洽，朝士之恶庆、袁者隐隐推戴他为宗主。（赵）启霖湘（湖南）人，为鸿禨同乡，他弹劾（段）芝贵，说者谓实际上欲以此牵动庆、袁。奕劻、世凯以为非去鸿禨不得安枕。加以岑春煊亦为太后所喜，方留京都为邮传部尚书，每每于太后面前痛论奕劻之罪。瞿、岑相合，而庆、袁愈发惧怕，于是借口广东边境不靖，由世凯入对时，说是非得知兵有威望者督粤不能震慑，而挤春煊改派外省（后又指使两江总督端方以蜚语中伤，罢免其粤督），以孤立鸿禨之势，而除去（鸿禨）还是没有好办法。在鸿禨独对时，太后谈及奕劻说："他是我一手提拔起来的。这几年我看他也足了，可以叫他休息休息罢。"大概当时太后实在不满意于奕劻，鸿禨因对答以"太后圣明，如罢其政权，正所以保全其晚节。"太后说："我自有办法，你暂且等等吧。"鸿禨喜甚，退朝后以此告诉了汪康年，奕劻行将罢政了（康年为鸿禨门生，且有姻亲关系，当时办了一份《京报》，为鸿禨的（舆论）机关，与偏袒庆亲王的《北京日报》，各树一帜，旗鼓相当）。康年转告其友伦敦《泰晤士报》记者高某，高急忙发电报告（总部）。驻京美国公使接到伦敦电讯，嘱其妻谒见太后探听虚实（太后自辛丑年回京后，以媚公使夫人为媚外之要诀。公使夫人随时请见，均殷勤款待）。太后愕然说："没有的事。"因而询问此说从何而来，（公使夫人）回答说伦敦《泰晤士报》所载北京之电讯也。太后仍说这是谣言，请不要相信。美公使夫人随即离去。太后思量此话只对鸿禨说过，必是他所泄露。因而怒甚，自语说："瞿鸿禨混账。"奕劻之女随侍宫中，听到此语，密告奕劻。奕劻商之世凯，世凯说，太后正在恼怒鸿禨，机不可失，宜圣图之。于是翰林院侍读学士恽毓鼎纠劾鸿禨之疏上奏了（一说：汪康年之知道太后将罢免奕劻，不是直接听鸿禨所说。原是鸿禨退朝后，告诉了他的妻子，正赶上康年之妻来看望鸿禨之妻，在内室听到，回家后告诉康年的）。

……太后本打算罢免奕劻，乃一变而为驱逐鸿禨，政情奇幻，殊有波诡云谲之致。奕劻虽快意，而以太后心意难测，不无恐惧战栗，随即自请退出军机处，借此试探。太后因曾对美国公使夫人辟过谣，不便马上罢免，故降谕慰留，而命载沣入军机处以分其势。载沣虽有“学习”字样（即“在军机处学习行走”），班次在后。而就亲谊论，则身份为皇弟，非奕劻疏宗可比。只是载沣巽懦，委蛇伴食而已。[94]

瞿鸿禨出局之后，庆、袁遂全力对付滞留在上海的岑春煊，他们不搞效力低的“风闻言事”，而是注意搜集甚至制造证据。而机会偏偏又在此时送上门来了。原来岑春煊在两广总督任上，作风专横霸道，据说在三年任期之内，让他劾罢的大小官员就达一千四百余人，积怨甚多[95]；“又押禁查抄粤中巨绅黎季裴、杨西岩等，粤人大哗。巨室名绅，多迁居香港以避其锋。”才安生了没几天，听说朝廷又派他来当总督，粤港绅商“乃悬赏港币百万，有人能出奇策，赶走岑春煊者，以此为标的。”重赏之下自有勇夫，有个叫陈少白的来接活儿了。

陈少白参与密谋，自负奇计，说：“先交三十万，（用来）布置一切；事成，补交七十万可也。”……

西太后最恨康、梁，保皇会《横滨清议报》登载康有为所撰文章，痛骂西太后为武则天、为杨贵妃，尚可漠视；（太后）最恨的则“那拉氏，先帝之遗妾耳”一语。少白知道后，从此下手。先将岑春煊、梁启超、麦孟华三人的单人照，制成一张共坐的合影，岑居中，梁居左，麦居右，首先在上海出售，次及天津、北京，并贿赂津、京、沪大小各报新闻访员（记者），登载其事。又将康有为在《清议报》上所撰之文，逐句驳斥，颂西太后之功德，呼康有为为叛逆，对于“那拉氏者，先帝之遗妾耳”那一句驳斥得尤为严厉。再由香港分售相片于南洋、美洲。保皇党人见到后，不知底蕴，反称岑（春煊）为保皇党，编造相片的故事，以增声势。少白又将海外各报，转载于津、京、沪报纸上，保皇党亦坠其术中，相片遂遍传海内外了。[96]

在一番铺垫，弄假成真之后，陈少白又通过其广东老乡，当时在袁世凯幕府中的蔡乃煌，将相片报纸资料交给袁世凯“转李莲英，密上西太后。”太后阅之大怒，遂有调岑离粤之命。乃煌得上海道（之缺），少白获巨酬，以（所得之）钱办港省轮船公司，珠江码头划归陈有。从蔡事后获得肥缺来看，蔡的作用绝非引见陈少白，而是从开始即参与了密谋，这后面应该有世凯之授意或默许，否则，陈少白怎能确知身居九重深宫中的太后的好恶呢？

按岑氏自己的说法，他被开缺（免职）就是由袁世凯一手造成。“当时世凯在北洋，见我底缺未开，主上的知遇还很牢固，也怕一旦赴任，据两广财赋之地，终究不利于他，（所以）日谋倾陷我的计策。知道东朝（即太后）平生最恶康、梁师弟，乃暗中使人搞到我的小照，与康、梁的照片，合印为一帧，好像站着相互说话似的。所站立的地点则是《上海时报》报馆前面。既成，密呈于孝钦（即太后），指为暗通党人图谋作乱的证据。深宫不审其诈，既见摄影，俨然信之不疑，惊愕以至于泪下。”[98]其实，太后下令开去岑春煊的官缺，多一半要怪岑春煊自己恃宠在上海逗留不进。“西林（即岑春煊，西林为其籍贯）不赴广东，慈圣也（心里）不快，盖西林为（太后）平日所眷赏，今不遵命，斥之不欲，不斥又不能”；因而庆、袁的中伤方能起到作用。至于照片事件，涉及谋反大逆的严重罪名，绝非因病开缺这样轻微的处分所能了结的。岑春煊的开缺与其说是因为这个可疑的证据，不如说是太后嫌他恃宠而骄，桀骜不驯而给他的警告[99]。岑氏开缺的当日，瞿、岑一派的军机大臣林绍年也被派任为河南巡抚，离开了军机处。至此，丁未政潮以瞿、岑的全面失败，庆、袁的大获全胜而告结束。

然而袁世凯也并未因瞿、岑的去职而得到实惠。太后是摆弄政治平衡的高手，当然不愿看到一派独大的局面出现，所以没有采纳奕劻提出以杨士琦（此人为庆袁派的智囊）替代瞿鸿禨的建议，而是把醇亲王和另一个守旧的老臣鹿传霖安排进了军机处，又开复了因弹劾载振被革了职的赵启霖的御史职务。但是军机处内若全是老迈平庸的人也不成，因而太后再次作出了重大的人事调整。1907年9月，一南一北两位威望最高、权力最重的总督——张之洞和袁世凯，被双双调入北京。张之洞被派任为军机大臣兼管学大臣，袁世凯被派任为军机大臣、外务会办大臣兼外务部尚书（即瞿鸿禨原来所担任的职务）。张袁手中都握有新军，张在湖广经营长达十余年，根深蒂固；袁在北洋虽仅六年，但练新军，办新政，影响、权势有过之而无不及。太后年事已高，为了使她培养的亲贵子弟将来能够顺利接班，学习赵匡胤的法子，也来了一个“升官释兵权”。张之洞、袁世凯尽管不情愿，也还是乖乖地进京履新，由此可以看出太后驾驭大臣的本事，终其一生大权也从未旁落过，手底下也没有出过不听摆弄的权臣，那些御史们的担心，在太后的老谋深算面前，真像是杞人之忧呢。

太后把张、袁放在一起共事，也有利用二人积不相能、互相牵制之意。张之洞进士翰林出身，自诩为“清流领袖”，在当时的封疆大吏中资格最老，其为人又高自标置，满朝的文武，他能看得上眼的没有几位。袁世凯只是个荫生，在学历上是小学生对老教授，所以尽管袁世凯以事功起家，除赋诗作文而外，论能力还要高出张之洞许多，但张之洞仍不改倚老卖老、傲慢无礼的旧习，故意给人难堪。譬如袁世凯刚刚出长北洋的时候，回乡葬母后经江宁（今南京）转道上海北上天津。途经江宁时，身为两江总督兼南洋大臣的张之洞设宴招待，略尽地主之谊，然而由于张之洞的傲慢无礼，闹得不欢而散。

图83　任军机大臣时的张之洞。

袁至南京，与张商议一切，袁行之日，张饯别之。酒刚喝到一半，张突然熟睡不醒，袁等不及而走。张醒后，急命排队迎接请袁回来。袁欲不返，幕僚劝说后才返回。回来后，张重新张宴谢罪，欢饮而别……夫张之待袁，为尊敬呢？还是怠慢呢？以南洋大臣款待北洋大臣这样的重要客人，而居然熟睡，则其怠慢之意可知也。张为何慢待袁？张任两广总督时，袁仅官为同知（比知县略高）；袁以后辈突居上游（直隶总督为督臣领袖），张自负是老辈，或许是想隐然显示自己老资格督抚的派头，随后继之以优礼，其玩弄袁之状，袁能始终忍受吗？

无独有偶，北洋的少壮派，后来在民国时期大出风头的徐树铮也曾目睹张之洞的傲慢无礼。

自从合肥李公（即李鸿章）病逝后，国家倚为柱石的重臣，资望没有能超过公（即张之洞）的，而才干谋略没有超过项城（即袁世凯）的。公于项城，爵齿德俱尊，而辈分排行又在前面。项城功名中人，敬仰张公如神。其时公如果涵养以道气，驾驭以真情，两美契合，共忧国是，项城不忿于亲贵之排挤，尽其才能谋划，勠力中朝，公虽已先逝，而武昌之变至今可以不发生。谁知公与项城相遇，表现非常冷漠；项城执礼愈恭，则愈傲慢自作老辈姿态。壬寅（1902年）之春，公过保定，项城当时署理直隶总督，请（其）阅兵。阅兵后，在总督府设宴，树铮躬侍陪席，亲见项城率上百名将吏，礼仪肃静，神态恭敬，满座屏息，无敢稍懈，而公倚案垂头，好像打瞌睡一样，呼吸的时候，似乎隐隐然听到鼾声呢。公离开后几个月，项城还每每与僚佐忆及此事，仍然耿耿于怀。像脸色鼻息这样的小事，都不能自我控制，以笼络雄奇权重的方面大员，徒然使其心目中，更无可畏可爱可敬之人与之并世而生，渐滋其骄谲之萌，致力于拒纳之术，以遗留给后世的忧患。[101]

用叶恭绰的话来说，太后把张、袁放到一起，为的就是“以袁张本不相能，使之入相，如两鼠斗于穴中，两无能为。同时即分其军权他属，故铁良、寿勋、凤山之属，即联翩而起，其后宣统继位，载勋、载涛分掌海陆军，复练近卫军以相扼制，实际上全是师法太后的遗意了。”[102]

所以，袁世凯当了军机大臣，反而不如在直隶有所作为。在他出任军机大臣的一年多内，其主要作用是在外交方面。“前清外（务）部唯诺成风，外（国）人传为笑柄。自（袁）公抵任后，力矫延宕之习，在军机处下班后，即将外务部积压各案提前赶办。”[103]瞿鸿禨主持外务部时，作风“因循延宕，积久为外国人所厌恶”，而袁则完全相反，“以爽快出之，故使馆人员大为感佩”。[104]

当时的国际情势已经发生了很大变化：中日在日俄战争期间那种“蜜月关系”早已不复存在，日本在所谓东三省“六案”中的贪婪表现，充分暴露了其侵略野心；日、俄这两个当年的对手，此时反而携起手来，密谋瓜分东北满蒙权益；而美、德两国开始接近，并拉拢中国，试图建立同盟，共同阻遏日俄的图谋。1907 年 10 月，美国陆军部长塔夫脱访华，在上海发表的演说中，他表示美国将采取积极的对华政策，以维护美国的商业利益，对于中国的建设改造，美国寄予重大同情。[105] 他还强硬地宣称，美国的对华贸易足以使美国政府采取一切合法手段予以保护，对抗任何竞争者政治干预所造成的削弱和损害。[106] 其矛头直指日本。11 月 8 日，美国总统罗斯福对德皇威廉二世关于中美德三国结盟以抗衡日俄的建议，做出了积极回应，表示对于东亚重大问题愿意携手合作。在这种国际背景下，袁世凯决计实行联美制日的外交方针。徐世昌、唐绍仪在东北则配合推行全面开放的方针，积极进行引进美英资本修建铁路的谈判，但遭到日、俄的多方阻挠和直接干涉，未能取得成果。[107] 在所谓“六案”的交涉中，袁世凯的方针是，尽可能拖延，尽可能据理力争，或将其国际化，实在没有办法时，在领土上寸步不让，在权益上则作适当让步；因为权益的出让有年限，有范围，以后还能收回；而领土一失，就再难以收复。本着这一方针，交涉最终以保住延边，出让铁路矿产权益而告结束，此时袁世凯已经下台，他的继任者在经验、谋略上远不如他，对于在列强的夹缝中生存、国势孱弱不堪的大清国来说，这个结果可以说是差强人意了。

1908 年 7 月，袁世凯经太后同意，派唐绍仪以赴美答谢美国退减庚子赔款专使的名义，前往美国执行促成中美结盟的秘密外交使命。这项使命的具体内容包括三项：具体达成中美结盟的共识和条件；落实开放东北，兴办铁路实业的大借款计划；[108] 将中美关系升格为大使级。唐出身哥伦比亚大学，熟悉美国政情，又具有对外交涉的丰富经验，为太后和世凯所信任，是进行这项重大秘密外交使命的最好人选。日本得悉此次外交活动的意向后，在唐一行途经日本时，想方设法拖延使团前往美国的行程，抢先与美国达成维持太平洋与东亚现状的罗脱——高平换文；但中美结盟的基本条件仍然存在，唐绍仪继续就大借款和互派大使问题与美国磋商，如果不是国内发生的重大政治变故使唐之使命中辍，中美结盟很可能改变东亚政治格局，后来的历史会如何发展殊难逆料。袁世凯虽被罢黜，但其联美制日的方针基本延续了下去，第二次世界大战中中美联盟对日作战，即种因于此。

袁世凯在军机处，谦抑自下，对张之洞这样的老臣，在他当然不乏敷衍的办法。他常对人说，“张中堂是读书有学问的人，仆是为国家办事情的人”，颇存皮里阳秋之意。他“阳以礼貌尊视之洞，推许为老前辈。凡朝廷不甚经意、视为迂阔可缓之事，如崇祀三先生、改行金币等案，悉让之洞主政。而各省封疆大吏、各部重要大臣尽安置私人，内外联为一气。太后年老多病，方以后事为忧，（公务）日渐废弛，外情也不能尽达了。”[109]

袁世凯入值军机处的一年，也是太后生命中的最后一年，风烛残年中的独裁者不能不考虑后事。然而太后以平衡术驾驭大臣虽然堪称高手，但在权力继承问题上所表现出来的，仍然是女人的短视眼光。

> 清亡于宣统，但一切败根皆潜伏于那拉后当国期内，所以那拉实际上是亡清之祸首，此言为治近代史者所公认的一句话。其人阴鸷、偏狭，不学而有术，但不脱普通妇女习性，故对臣下极尽操纵驾驭之能事，而不能克展其所长，满汉畛域之见，尤其牢不可破，以至最后亡国，非偶然也。[110]

叶恭绰给慈禧下的这个评语，基本上贴谱，但比“满汉畛域”更厉害，更狭隘的，是她不仅想要满人永掌大权，她还想要叶赫那拉氏，具体说就是自己娘家圈儿里的人永掌皇权，这就是女人的眼光了。看看同治以后的皇帝和皇室婚姻的安排，光绪乃其亲妹之子，光绪之皇后乃其亲弟之女（按中国老话说，这叫作“姑舅亲，辈辈亲，扯着骨头连着筋”）；一度想废光绪时立的大阿哥溥儁，是其亲弟桂祥的外孙，她的侄孙；而她立的小皇帝溥仪，是其亲妹的孙子，她的亲孙外甥。她选来“监国”的摄政王载沣，是她的侄子（光绪的异母弟，其妻为太后亲选，为荣禄之女，太后之干女儿）；她挑选培养用来接班的青年亲贵，如载涛、载洵（均为其侄，载沣之弟）、载泽（她的侄女婿，桂祥的姑爷），也大都是太后娘家圈儿内或沾亲带故的人。太后那时候还没有优生理论，她的这种近亲婚配安排，闹不好就是光绪、宣统两代皇帝绝嗣的原因呢。而那些从小锦衣玉食的膏粱子弟能否承担得起治国的重任，“多事之秋，国赖长君”的古训，似乎全不在太后的考虑之内，这就是重亲情的太后的“当局者迷”了。

但太后有一点是清楚的，满人的江山要有汉人来保。所以她虽然削去了袁世凯的兵权，但在国家大政方针上还是很重视袁世凯的意见，“（袁）公在枢垣（即军机处），最为孝钦后所倚任，青蒲[111]陈说，情同一家。”[112]为了笼络袁世凯，太后特命在袁世凯五十寿诞时赐予大量礼品，有太后带这个头，当然举朝趋从，成了京师少见的祝寿盛会，也是袁世凯从政以来，最风光，最得意的时候。[113]当时，袁世凯在朝鲜时就结识的老友禧在明（袁世凯在朝鲜任总理通商交涉大臣时，禧在明也在朝鲜任英国驻朝总领事）被清廷聘为政府法律顾问，这天（1908年9月14日）也赶来贺寿，目睹了当时的盛况。他在给友人的信中做了如下具体描述：

我遗憾的是你今天不在此地，未能得见一幕最令人难忘的场面，依我看来，若不是装点袁宫保在北京官场中的门面，定然是炫耀他的权势。我委实从未见过这样的盛会，我相信如果你当时在场，你会觉得很值得把这个场面用特电拍给《泰晤士报》。很难估计到场者的确切人数，但是，你听我说说这番盛况，你就会对身穿朝服的高官显贵到场人数之多，大致有个了解。前院和内院走廊以及宽敞的袁府的各个客厅全都挤满了官员，北京的权贵无一不在。他府上的正厅前搭起席棚，这里除开正在演戏的一座戏台外，来宾们只能勉强有个立足之地。我满有把握地相信，包括随从和小官在内，我在场时估计有一千人，而今明两天都接待来宾，来袁拜寿的官员总数之多不难想见。袁府所在的通往东华门的那条大街上停满了两轮棚车和四轮马车，军队沿街放岗。我走过那里时正巧碰见一长列黄色肩舆抬着太后、皇帝和皇后赏赐的各色礼品来到袁府。袁在正门前跪迎由鼓乐队伴送来的这批御赐礼品，然后就安放在袁府正厅尽头处事先铺好黄绫子的台桌上，袁向这批御赐礼品行三跪九叩首的大礼，行跪拜礼时台桌两旁侍立着长长一列官员。我认为没有任何一个中国官员过五十大寿时曾有过比这更盛大的祝寿场面，依我看来，说袁是目前朝廷宠信的大臣这就是最令人信服的证据。我再说一个细节，袁府上所有的廊院以及许多厅堂内室都挂满了官员们从全国各地送来的寿幛。袁的官星能高照到多久，当然无法预言，但是，目睹今天这个场面的任何人都不能不相信他现在是朝廷宠信的重臣。[114]

图84　醇亲王载沣与儿子溥仪（立者）和溥杰。

但此后不过三个多月，袁世凯的官星就倏然陨落了。先是两个月后，皇帝和太后在一天之内相继去世（光绪死于11月14日午后酉时，享年三十八岁；慈禧死于11月15日午后未时，享年七十三岁）。太后在死前对皇位继承作出了最后的安排，她又一次选择了兰岁的幼童继承皇位，把摆弄小皇帝的游戏玩到了最后。13日，光绪病危，命醇亲王载沣之子溥仪在宫内教养，并在上书房读书；授载沣为摄政王。次日光绪死去后，太后颁布懿旨，命以载沣之子溥仪入承大统，为嗣皇帝；以摄政王载沣为监国。15日，太后病危，死前颁布了最后一道懿旨：嗣后所有军国政事，均由监国摄政王裁定。

两宫龙驭上宾，袁世凯立即便身处危疑之地，为何这么说呢？十年前戊戌政变时袁世凯的告密，使皇上衔恨甚深。光绪发泄对袁的仇恨，吴永在伴驾西行期间曾目睹：

（光绪）有时候或画成一只乌龟，于（龟）背上填写项城（即袁世凯）姓名，粘在墙壁间，以小竹弓向之射击，完后再取下剪碎它，撒得片片如蝴蝶飞舞。概因他蓄恨于项城至深，几乎以此为日常功课。[115]

因此，光绪一死，马上有传言说，光绪有遗命诛杀袁世凯。还有谣传说，光绪死得不明不白，死时面色黯黑消瘦，颇像是中毒而死的样子。烛影斧声[116]，难辨真伪，以至于民间盛传世凯已被处死，这个谣言，直到 11 月 21 日，袁世凯陪同摄政王接见各国公使后才算平息下来。而康梁等海外保皇党更是大造光绪被谋害的舆论，又是发布讨袁檄文，又是运动各种关系，致书摄政王，请诛杀袁世凯以谢天下。那么除去下毒谋害光绪的摇言之外，袁的罪名何在呢？梁启超曾致信肃亲王善耆，建议公布袁之罪状，时在袁世凯罢官之后。信中所举出的“最重者”，有三条：一、“甲午战祸，全由彼所酿成。当时东学党之乱，本由彼煽动，煽动之后即求出兵剿之”；二、“戊戌之事无端造出谋围颐和园一语，以致两宫之间常有介介”；三、“团匪之变时，彼正为山东巡抚，团匪自何起？起于山东也……使彼肯将山东之匪迎头击灭，俾免外逸，又何至于有乘舆播迁，赔款山积之祸耶？”[117] 看了这些列举出来的罪状，就可以明白什么叫做颠倒黑白，用笔杀人的诛心之论了。甲午战祸由谁酿成？日本扩张之野心也！戊戌谋围颐和园者，正康梁也；庚子事变，太后一手操纵导演而成也。所以，以谣言和这样离谱的罪名来治袁世凯的罪，即使不满于他的满族亲贵也不屑一为吧。

然而世上流言，海上之波澜，为平息民间的猜疑，由杨度以宪政公会常务会长的名义在《顺天时报》发表文章，以其所见所闻，详述两宫病重、安排后事和病势的实情，为刚刚罢职回乡的袁世凯辟了谣。

大行皇帝当夏秋之间，即以病势渐深，停止进讲。鄙人每问讲官，时相嗟叹。闻九月中两宫召见军机的时候，大行皇帝自己说：“此身病势已难以支持，恐怕已不能尽孝，皇太后万寿（生日）快到了，势必已不能行礼，何以为人子啊！”说完，母子君臣皆泣。到了十月初十日，大行太皇太后万寿之期，鄙人亲见大行皇帝在仪鸾殿侧被搀扶着登上乘舆，跬步艰难，圣容憔悴，那天竟没能率领群臣行礼。鄙人方与同官伫立宫门，相为悲叹，没想到只隔了一天而有罢朝之事。118考察其缘故，听说是十二日是因为大行太皇太后有病的缘故，十三日是因为大行皇帝有病的缘故。庆亲王本打算于这两天中前往东陵，行前请训，也因此未能成行。此时，京师人心已多有疑惧。然而十四日，两宫又复临朝，庆亲王仍赴东陵，人心稍慰。没想到自十六日以后，又再次罢朝，听说大行太皇太后卧病仪鸾殿，大行皇帝卧病于瀛台，彼此不能相互看望，军机大臣也不能入宫，唯有御医向军机处进言，两宫的病全都到了危急地步，不敢担此责任。又听内务府的人秘密述说，大行皇帝向内务府大臣说："朕已不能尽孝，然而皇太后的疾病劳累不知怎样，真为她担心啊！"又听说军机处因首领（即军机领班庆王）在外，不敢自行做主，已飞骑催促庆王速回了。庆王于二十日午前乘火车到京，是日午后，就听说入内率各位军机大臣请起于仪鸾殿。大行太皇太后宸衷独断，遂有立摄政王及今上皇帝（指宣统）入宫两道谕旨。摄政王叩首固辞，几乎流血，未蒙准许。于是军机述旨于瀛台，大行皇帝慰劳庆王，即命如旨遵行。并听说今皇太后（指隆裕）传谕庆王，说大行皇帝见到所拟谕旨，面有喜色，而且说如此甚佳。听说次日清晨御医出来后，说大行皇帝鼻息尚有而腹部鼓起，症已不治了。至午后酉刻（5—7时）而遗诏拟出，军机大臣于当晚再次请起于仪鸾殿，遂确定君位（指立溥仪为嗣皇帝）。当时，大行太皇太后精神还很健旺，所以懿旨有秉承予之训示之文；乃以衰暮之年悲伤（过度），病势增剧，至次日始以国事全付于摄政王，而降"予病危笃，恐将不起"之旨，午后三时，驾亦崩矣。[119]

图85　御史江春霖。

光绪就其死前面色黝黑瘦弱，肚腹鼓胀的症状来看，应死于肝郁（肝硬化腹水），因多年生活于太后的阴影之下，心志不得伸展，郁郁寡欢所致。太后得的据说是老年人易患的肠道消化方面的疾病——泻泄，所以直到死前不久，还头脑清楚，甚至自觉还可以继续训政。

太后是袁世凯的保护伞，这棵大树一倒，他的处境确实是不妙了，何况还有那批言官盯着他不放呢。就在袁世凯五十寿诞的时候，"三霖公司"的江春霖，这位向来清高，不屑与袁世凯来往的御史忽然跑到袁府上祝寿去了，其目的当然是为了搜罗袁世凯跋扈不臣的证据。他后来参劾袁世凯权势过重时列举出来的证据之一是，庆王送袁的寿联上只题名字，不署亲王的爵衔（向来亲王送联，只署爵衔不署名字）；贝子载振则称袁为四哥，而自称为弟；春霖认为这表现了袁“交通亲贵”，权势“熏灼一时”。另一条是，袁所保荐的官员们全都自称是袁的门生，而“荐贤为国，非以为私，桃李公门，古人弗受”，世凯于此心安理得，所以其用心在于援引私人，扩张权势[120]。把别人同事、部下间的亲密、友情和客气表示作为攻讦的证据，算得上是“欲加之罪，何患无辞”了。监国摄政王和隆裕皇太后，一位是大行皇帝的弟弟，一位是大行皇帝的老婆，在小皇帝亲政之前，就是实际上的皇帝。对袁，他们不可能有什么好感，以前弹劾袁世凯而被老太后留中了的那些折子，现在他们全可以看到了，罪名如果真能够成立，杀掉袁世凯的借口是很容易找到的。但新君即位后的两个月中，袁世凯不仅没被杀头，还同张之洞一起，被加授了太子太保的荣衔呢。可见，言官们的弹劾，多是上述捕风捉影，嫉妒中伤之言。

然而袁世凯仍然逃不脱被罢黜的命运。根本的原因是亲贵们早就憋着想要把大权收拢到自己的手中。次要些的原因是袁世凯因开平煤矿产权的事，与醇王府结过怨。

先说后一件事。读者可能还记得戊戌政变前夕，荣禄将其主张以密信托庆王转达太后，从而促成了政变发动的事情，这个送信的密使就是张翼，当时任开平矿务局督办，隶于北洋大臣管辖之下。开平矿创办于 1875 年，是北洋旗下最赚钱的官办产业之一。张翼，字燕谋，顺天通州人。“父为诸生，贫甚。父殁，母姊藉针黹以度日”；张为人牧马，后成为醇亲王府的马夫，为老醇王所欣赏，拔为近侍。成年后由捐纳为江苏候补道[121]，1892 年开平局原督办唐廷枢去世后，张翼靠关系接任督办。庚子事变时，为防联军占领开平矿，张翼与原李鸿章幕府中的洋幕僚、曾任天津海关税务司的德璀琳共谋招添洋股，德氏代表开平矿，与英商墨林公司代表胡华（即后来成为美国总统的胡佛）订立“卖约”，在这桩交易中，张翼的七千老股被换成七万七千新股，另有酬劳五万股，由张与德璀琳平分。在满足个人私欲后，二人竟将开平矿私卖与墨林公司；而且拖至三个月后，才以“加招洋股，改为中外合办”的名义蒙混上奏。结果朝廷竟不知道有卖矿这回事。袁世凯出长北洋后，才发现开平矿已被盗卖给英国[122]。袁世凯大怒，在查明实情后，于 1903 年 3 月上奏朝廷，严正指出，“臣查矿地乃国家产业，股资乃商人血本，口岸、河道、土地乃圣朝疆域，岂能任凭一二人未经奏准，私相授受！”“应请饬下处务部，迅速照会英使，切实声明，谓开平矿局系经前直督李鸿章筹集官商股本，奏准开办，远近中外，靡不共知，而胡华私约，并未奏明我政府，断不承认，亦断不能作为英国公司。尤不能以我之口岸、河道、土地移交该公司管理。如英人必欲合办，应由外务部查照，奏定矿章，另订中外合办章程，专案奏准，以资遵守”。[123] 此时张翼已官至侍郎，经袁世凯参奏后被解职，作为当事人，被勒令赴英打官司，“涉讼英廷二年，怏怏归，遂一蹶不起。”[124] 据说小醇王曾出面为张翼说情，但为袁世凯严词拒绝。[125] 然而，张翼有太后的娘家亲醇王府的背景，袁世凯虽几经参奏，有老醇王福晋（太后亲妹）护着，却也拿张翼无可奈何，[126] 反而由此与醇王府结下了梁子。小醇王当上了摄政王，虽不便以此报复袁世凯，但心里边那份恶感是少不了的。

既然存有这份恶感，早晚要找机会发泄报复，这样当与美国外交关系升格这件事传到摄政王耳中时，他就得挑眼了。联美制日，是清廷当时的外交方针，由袁世凯提出，太后拍板；但如此重大的外交方针的制订和贯彻却是秘密进行的，主要是顾虑日、俄等列强的干预报复，所以知道此事的大臣极少，载沣不管外交，自然也不清楚此中内情。所以，袁世凯被罢官，人们大都从光绪对袁世凯的旧怨上找原因，“不知（袁）公的失去职位，实由于派大使一案也。先是，公因甲午、庚子之后，政府虽一意讲求外交，而操纵失宜，终究不免为外国人所轻视。中国等级（国际地位），向来居于别人后边，海牙和平会议被置列于三等国家之列，亲贵们出洋，并非不受此刺激，无奈事情过后就忘掉了。公因美国（提出）商派大使，唯独厚待我国，（于是）秘密建议联美之策。先与庆亲王商定，后乘着独对（单独召见）的机会，畅陈中国宣派大使的理由，孝钦后甚为赞同其议。随即遭遇大故（指皇帝太后相继崩逝），军机处的同事，以不获预闻其事为恨。有议公之轻举妄动者，于是横生阻力，事败垂成，其机会至为可惜也。”[127]

袁世凯当年联美制日之建言及相关档案史料尚不可见，无法深入探讨研究。然而此项方针为中国外交唯一正确之选择，可以断定。对于外来之威胁，中国早已有“以夷制夷”“远交近攻”的古训，违背古训，必罹祸患，必损国权。何以见得？外交与国际政治的本质是国家利益，这是办外交者所须臾不可以忘记的。所谓“近”，指周边国家，其中的大国与中国的利益冲突是客观存在的，无论哪一方强盛，必然构成对另一方的潜在威胁，这是不以人的意志为转移的残酷事实；其中的小国，多数也因民族、历史、文化诸多因素而对中国抱有领土要求，国家一旦衰弱，或有其他大国的背后支持，小国也会侵略你呢，如前面提到过的“间岛问题”。所谓“远”，指国界不相邻接的国家，因为地理上的远隔，不存在直接的利益冲突，因而可结交以牵制对自己构成威胁的国家。李鸿章和清廷前一阶段的“结强邻以自保”的外交方针即违背了古训，已被实践证明是完全失败的。袁世凯的外交方针基于上述颠扑不破的道理，实际上使中国外交回归到正确的轨道上来了。中国近代最凶恶、最狡猾的敌人，一个是俄国，一个是日本，1/3 以上领土的丧失，千百万人民的死亡，皆由这两国造成。不能忽视的还有周边一系列的国家，或有直接的领土要求，或希望藉民族分裂以削弱中国。中国强大则已，一旦衰弱，“兼弱攻昧，取乱侮亡”的局面必会出现。所以，在与谁结盟的问题上，实在是肩负着国脉民命的治国者所懵懂马虎不得的呢。

《容庵弟子记》中摘选了袁世凯在接到唐绍仪的报告后，向太后提出中美关系升格的节略，大致可反映他的实际想法。

> （唐绍仪）莅临美国，邦交益形亲密。美总统又招待我专使，告以拟派遣大使驻华，是确认我为完全自主之国，并尊重我有完全自主之权。若各国因美倡议于先，共同遵守此义，实际上给了我国以图强的机会……在我断无拒绝之理。而且美国当庚子之乱，曾宣布各国保全我主权，不得（贪）利我土地。日俄之战，又通告各国，尊重我国主权，限定战争区域。上月，日美互换照会，仍多方援助在美之为我谋者，可谓力顾大局了。现在又拟派遣大使，宣示各国，承认我国为大国，尊我有完全自主之权。我如拒而不受，或受而不答谢，是自居于非大国也，是自认无完全自主之权也。五洲士庶，会说我们什么呢？以现在约略计之，如先派遣驻美大使，每年所增经费不过四五万金。将来英、法、德、日、俄五国陆续升格派遣，约计常年经费须在三十万金上下。现存经费约可够用，建造使馆费用可以另筹。
>
> ……当时专使唐绍仪尚在美国，十一月十七日（阳历12

月10日）电称："刚刚会晤新当选总统塔夫脱，据他说：'此次专使来美致谢，盛情都见到了，而且另有一番美意。我们美国全国，因此更为感动。所可喜悦的是，中美邦交自此益臻亲密。而且现任总统（即罗斯福）对待中国与我同一宗旨，所盼望的是中国极力办事，数十年后，必可成全球极强之国。此后，美国自当尽力协助。设有不利于中国之举动者，亦当设法阻拦，以帮助中国发达。我明年三月接任，政策注重外交，所派驻华使臣，视各国尤为紧要。我的意思是彼此改派大使，不知贵国意见如何'等语。"则当时中美邦交之亲密，外交联合之得宜，概可想见了。[128]

这样一件符合国家根本利益，为积弱积贫的中国争取生存空间的事情，却成为罢黜袁世凯的导火索了。"盖袁氏主张联美制日之策，以中美互派大使为第一步。因此派唐绍仪以致谢减收庚子赔款专使赴美之便，嘱与美国政府密商，当时西太后尚未死也。等到载沣监国，受日本人利用而罢免袁，联美之策遂未成功[129]。"关于袁世凯因此被弹劾的内幕，刘体仁《异辞录》有如下记载：

唐侍郎（不确。其时唐是以奉天巡抚加尚书衔出任专使）出使美国，商议加两国使臣之级别为大使，不得要领而归（唐回国是在袁去职，中美结盟之事流产之后），日本人忌之。有行反间计于摄政王之左右者说："日本到中国，在三日之内；美国援助中国，在二十日以外。不忧心三日之祸而期待二十日之援，与谋的大臣失策，是对国家的不忠。"度支部尚书载泽，以武进盛侍郎（即盛宣怀，曾任工部侍郎）为谋臣，袁、盛之仇固结不解，载泽也不满意项城所为，进谗言说："每年费用增加好多万，仅得到个大使的虚名，能是上策吗？"项城乃被逐于朝外，而远交之策不行。[130]

当时参与此事的丁士源在其回忆中的说法是，"唐绍仪来电，欲与美国定约，升中美两国公使馆为大使馆。袁在京主持颇力，监国摄政王疑之。遂命外务、陆军两部签注（说明）大使与公使之分别。陆军部奉旨后，签注说大使如与所在国的外相不能接洽圆满时，可以要求亲自与驻在国元首谈判。中国尚未实现责任内阁制，此点切须注意。监国摄政王阅此签注后，袁世凯入对时仍极力主张，因之监国摄政王震怒，将御案推翻。袁惊怵无措，遂踧行而退。在座的庆亲王、张文襄，当时极力为袁缓颊（说情）。监国摄政王遂以足疾为由，命袁开缺回籍调理[131]。”满洲亲贵大都有“恐洋症”，摄政王（相当于国家元首）之所以不愿外交升格，怕的是外国大使可以随时要求会见他，直接办交涉；所以在袁世凯坚持互派大使的意见时，他自然会视袁为跋扈，以前的积怨于是一并爆发。

由此就可以看出太后寄予厚望的这批接班人的无知与短视了。据说，载沣等一开始，是想以“揽权跋扈，植党营私”为名，杀掉袁的。载沣拟了一道“严旨”，让当时朝廷内出名的笔杆子杨度“酌改”。

> （杨）度奏称，（新君）初立不宜杀戮。王既已命世凯恭办大行（太后、皇帝）的丧事，已表明袁可以信用；何况世凯之谋逆，未有实迹。王说：“袁世凯接任山东巡抚时，谢恩折上没有先帝的名字，不是谋逆是什么？”杨度奏称此乃书记者漏誊，袁世凯不留心之过。王说：“这样的事不留心，其目无先帝可知。”杨度仍然极力恳求，王斥退杨度。杨度立刻告世凯运动庆王及张之洞、鹿传霖等为之开脱。[132]

张之洞终究是老成谋国，在这样的时刻，没有以个人的好恶落井下石。他代袁世凯求情，摄政王不允；他又奏称袁世凯颇谙外交，请留任外务部的职务以效力赎罪，摄政王又不允。“之洞再三婉转陈述，力为乞求恩典，始得转圜。即由之洞改拟谕旨，藉足疾命开缺回籍。有私下叩见之洞者，说项城英挚之器，朝廷既不能用，杀掉就是了。如今使其怏怏归里，不怕遗患于他日吗？之洞说：‘明代崇祯皇帝（既）勤政爱民，也（称得上）是一代的令辟，徒然以对待臣下操切，轻于杀戮大臣，遂至亡国。如今监国仁慈开明，宜引导他宽大（为怀），培植祥和之气，以增厚国脉。倘若刚刚行政就诛戮先朝最倚重的大臣，我怕的是他手滑（收不住手）而蹈明末的覆辙啊。’”[133]

“三寸纸”的诏命，就痛快地解除了袁世凯的所有职务，所有关于袁世凯是“跋扈不臣”的说法，至此都被证明是不实之词。还有一种说法，说是袁世凯闻知将被罢官，仓皇出逃到天津投奔杨士骧（时为直隶总督兼北洋大臣），也不可信，投杨士骧有什么用，杨并无兵权。其次，袁世凯如为了避祸，尽可以就近逃进外国使馆，用不着舍近求远，跑到天津租界寻求庇护。所以刘体仁的说法较为接近事实。

> 戊申年，项城放归。那天枢廷（军机处）散值，摄政王又召世（续）、张（之洞）二相[134]入内，出示（处分袁的）诏旨，开始（的措辞）更为严厉。世续（应是张之洞）力争，仅得到开缺回籍（的结果）。项城奉诏后面色皆赤，强作狞笑说：“天恩诚厚。”当时孝钦显皇后之丧仍在宫中，先帝则奉移观德殿。项城当时是恭办丧礼大臣之一，轮日值宿，忽然想到此事说道：“我今天当值怎么办？”世续说：“我代替你去。”项城半跪着称谢，于是出宫作回乡的打算。家人听说后，恐怕有后患，力劝他出走国外，项城意不为动。家人长跪许久号泣，随后就用电话叫张镇芳都转（张为袁之表弟，时任长芦盐运使，都转为盐运使的代称）来京商议筹措斧资之事。谈到半夜，翌日与他乘坐京奉列车至天津。都转坐头等车至天津城站下车，项城微服坐三等车至老龙头站下车，寓居利顺德饭店，使都转前往见直隶总督杨士骧，没有别的意思，筹措川资而已。都转还未说明来意，文敬（即杨士骧，文敬为其谥号）听说项城到了大惊，说：“他奉旨回籍，怎么能到这里来？要是来了必得上报。”都转不再说什么而去。文敬以告幕客，有的幕客说：“虽然这样，一定要前往慰问，不要让他记恨我们。”文敬派遣其子前往，而都转的话已先入袁耳了。杨、袁由此不睦。项城随后得到赵智庵（即赵秉钧，智庵为其字）、杨杏城（即杨士琦，杏城为其字）两侍郎电话，促其速返，乃还京就道。[135]

朝廷正式的旨意是1909年1月2日颁布的：“军机大臣、外务部尚书袁世凯夙承先朝屡加擢用，朕御极后，复予懋赏，正以其材可用，俾效驱驰，不意袁世凯现患足疾，步履维艰，难胜职任。袁世凯着即开缺，回籍养疴，以示体恤之至意。”[136] 袁世凯被罢官后，“旧日的相识没有敢与他互通音讯者”，唯有学部侍郎严修“抗疏讼言进退大臣，应请明示功罪，不宜轻于斥弃”，并“专疏密保其仍留任外务部尚书任，疏上，留中。”[137]1月3日，袁世凯晋见摄政王辞行。1月5日，黯然离京，据严修当日日记，前往车站送行者寥寥无几。除严修外，有刘若曾（字仲鲁，时任大理寺少卿）、宝熙（字瑞臣，时任学部侍郎）、孙宝琦（字慕韩，时任宪政编查馆提调）、杨士琦（字杏城，时任农工商部侍郎）、沈云沛（字雨辰，时任邮传部侍郎）、杨度（字皙子，时在宪政编查馆行走）。相对于三个多月前满朝的官员争相祝寿时的盛况，已经有天壤之别。官场之世态炎凉本不足为怪，难得的是，终究还是有人肯冒风险送行，所谓“一贵一贱，交情乃见”，袁世凯心中的凄凉与感激之情不难揣想。如果说此前他一直是大清的忠臣的话，那么这次仕途的蹉跌，必然会在他的忠诚上投下阴影。此后不久，奕劻失势，北洋一系的大臣陈璧（邮传部尚书）、赵秉钧（民政部侍郎）、唐绍仪（奉天巡抚）、严修（学部侍郎）、梁士诒（邮传部铁路总局局长）、王士珍（江北提督）、端方（署理直隶总督）等相继去职，北洋势力进入蛰伏状态。

太后属于历史上那种雄猜之主，但有自信，有现实感，有操纵政治的手腕，所以能够驾驭和信用袁世凯这类能臣。太后选拔的接班人则心胸狭隘，器小易盈，政治经验浅薄，缺乏自信，所以在存亡危急之际才会有排斥有能力的大臣的做法。太后之失，在于私心；载沣之失，在于颟顸。后来的满族亲贵内阁就更是等而下之了。国家在二三流人物的手里，很难不走向衰败，大清国正是亡于自己不肖子孙的呢。

注　释

1.《袁世凯奏议》（下），第1525页。

2.李宗一：《袁世凯传》第93页。

3.郭廷以：《中国近代史事日志》（下），第1235页。

4.19世纪50年代，美国西海岸发现金矿，大批中国人被招到美国参加西部开发，到六七十年代，进入美国的华工达十余万人。1868年美国还与清廷签订了“自由移民”条约，以吸引更多的中国人前往美国。但十年之后美国发生经济危机，大批工人失业。一些政客为转移人民的不满，把华工说成是美国人失业的原因，在美国掀起了驱赶、迫害华工的浪潮。1882年以后，美国国会多次通过排华法案，禁止华工入境；1894年，美又与清政府签订新条约，禁止华工赴美，期限十年。1904年条约期满，在美华侨纷纷要求废约，并反对续订新约。中国公使要求修改条约。取消限制华人权利的条款，遭到拒绝，由此激起了国内的抵制美货运动。清廷为加强中美关系，出面禁止；而美国为了拉拢中国，也修改了排斥华工的法律，并主动退还部分庚子赔款，作为中国留美学生和兴办教育的经费。此后，中美关系得到加强，从阻遏日俄瓜分东北的大局而言，袁世凯联美以制日俄的方针是正确的，对中国近现代史后来的走向有深远的影响。

5.郭廷以：《中国近代史事日志》，第1232页。

6.沈祖宪等：《容庵弟子记》卷四。

7.郭廷以：《中国近代史事日志》（下），第1283页。

8.五服，中国古代的一种地理政治学说，认为大禹开拓九州，划分五服。所谓“五服”指的是王畿之外，每五百里划分成为一个区域，分别称作“侯服、甸服、绥服、要服、荒服；“服”，意谓服侍天子，以服之远近以定亲疏。要服为藩属，定期朝贡；荒服则朝贡无时，属于化外。

9.朝鲜古代为中原王朝之东藩，自商代起先后为箕氏、卫氏所统治。汉武帝灭卫氏朝鲜后，建立乐浪等四郡，此后除在南北朝中原内乱时被高句丽所占据外，朝鲜北部一直是中原王朝的直辖领土。唐高宗时攻灭高句丽，平壤以北再入中国版图，历经辽、金、元数朝，一直到明初基本如此。

10.东北境内原无朝鲜族人，但随朝鲜流民越境偷垦，1894年东北全境朝鲜垦民有六万五千人，至1904年已达七万八千人。1907年，延边地区朝鲜垦民为一万二千四百七十人。参见《中朝关系通史》，第678页、733页。

11.沙俄答应俄朝共管延边，为的是拉拢亲俄的朝鲜王室和政府，进一步排除日本在朝鲜的势力。密约具体内容，参见《中朝关系通史》，第683页。

12.参见《中朝关系通史》，第676—696页。

13.《中朝关系通史》，第699页。

14.如当时日本报纸说：“鸭绿、松花、图们三江发源于其地，为俨然一小独立国，曰间岛。间岛幅员东西七百六十里，南北三百五十里，帽儿山沿辉发河达松花南岸一带地域，悉入间岛范围，其广袤与我日本九州相伯仲。如此广大之版图，属中国乎？属朝鲜乎？尚难断定。”仅1907年1—7月，以各种身份前往延边调查者就不下三百人。参见《中朝关系通史》，第734—735页、737页。

15.《中朝关系通史》，第740页。

16.夏东元：《盛宣怀传》，四川人民版，第368页。

17.第370—371页。

18.天津图书馆、天津社会科学历史的研究所编《袁世凯奏议》（中），第676页。

19.吴重熹（1841—1921），郭廷以：《中国近代史事日志》字仲怡，山东海丰人，举人出身。光绪初年，吴任河南陈州知府，与袁世凯结识，是“诗酒往还”的朋友；袁还得陈之助，以荫生进学读书。然而吴早年仕途蹉跎，在陈州任职十年未得升迁。袁世凯发达后，吴因其提携，迁升甚速，历任直隶布政使、会办电政大臣、江西巡抚、河南巡抚、邮传部侍郎等职。民国后在天津作寓公，袁仍以公府顾问名义，每月致馈八百元。

20.陈璧（1851—1928），字玉苍，福建闽县人。进士出身，历任顺天府尹、邮传部尚书；民国后曾任参政院参政、交通银行董事。

21.贾熟村：《北洋军阀时期的交通系》，河南人民出版社1993年版，第1—2页。

22.李宗一：《袁世凯传》，第144页。

23.藩，即布政使，管理一省民政，俗称藩台；臬，即按察使，管理一省治安，俗称臬台。均为督抚的副手和省级高级官员。

24.刘厚生：《张謇传记》，转引自庄练《中国近代史上的关键人物》（下），第147—148页。

25.如戊戌政变后，荣曾告诉锡良，“袁世凯虽告密，其人雄鸷，未可信也。”（《近代名人小传·荣禄》）又如，袁世凯初任直隶总督之时，荣禄亦曾对人说：“此人有大志，吾在，尚可驾驭之，然异日终当出人头地。”（《南屋述闻》卷二）

26.费行简：《近代名人小传·奕劻》。

27.指盛宣怀派到北京押送贺礼的仆从崔福、刘长庚，此番行贿的数额为二万日本金币。

28.故宫博物馆明清档案部编：《辛亥革命前后——盛宣怀档案资料选辑之一》，上海人民版，第42—43页。

29.费行简：《现代名人小传》（上），第5页。

30.刘体仁所撰《异辞录》亦记载了此事：“按新军扩张至六镇，隶于练兵处，庆邸领之。一切贿赂之妙用悉具于此。六镇每月皆有截旷之饷，不下三四万，项城悉辇以献庆邸，仅以夹单上陈，如各营官之于统将也无文件为据，无案牍可稽，知者绝少。故屡经言官措摘，无从查察。”刘体仁《异辞录》，第196页。

31.费行简：《近代名人小传·官文》。

32.徐凌霄、徐一世：《凌霄一士随笔》（二），第576页。

33.李宗一：《袁世凯传》，第1页。

34.陈夔龙：《梦蕉亭杂记》，第99页。

35.张达骧：《我所知道的徐世昌》，《文史资料选辑》（第48辑），第220—221页。

36.大久保利通（1830—1878），日本明治维新时期的主要维新派政治家，与木户孝允、西乡隆盛并称为“维新三杰”，早年积极参与尊王攘夷、废藩置县的运动，并与木户孝允等共同奠立了日本的君主立宪体制，有“铁血宰相”之称。

37.张一麐：《心太平室集》卷八。

38.《辛亥革命前后——盛宣怀档案资料选辑之一》，第26页。

39.同上，第26页。

40.费行简：《现代名人小传》（下），第130—131页。

41.故宫博物馆明清档案部编：《辛亥革命前后——盛宣怀档案资料选辑之一》，第29页。

42.徐凌霄、徐一世：《凌霄一士随笔》（二），第606—607页。

43.故宫博物馆明清档案部编：《辛亥革命前后——盛宣怀档案资料选辑之一》，第26—27页。

44.同上，第29页。

45.徐凌霄、徐一世：《凌霄一士随笔》（五），第1874页。

46.同上，第1874页。

47.费行简：《近代名人小传·瞿鸿禨》。

48.庄练《中国近代史上的关键人物》（下），第196页。

49.费行简：《现代名人小传》（下），第127页。

50.同上。

51.故宫博物馆明清档案部编：《宋书·武帝本纪》中记载，有人对权臣桓玄说，“刘裕龙行虎步，视瞻不凡，恐不为人下，宜早为其所。”

52.徐世昌亦因袁世凯、张之洞的力荐而为太后所赏识，“回銮，乃召入对。太后见（徐）仪表端凝，奏事明晰，大喜。退（朝后）告诉左右说，像世昌这样的人，足以接替李鸿章了。”参见《现代名人小传·徐世昌》。费行简又论徐世昌说，“曾国藩之荐李鸿章，称以‘才大心细，劲气内敛’。徐非李之伦，而‘劲气内敛’四字，亦良足以当之。机心默运，罕露圭角，居恒不为疾言遽色，有躁释矜平之慨。”参见《凌霄一士随笔》（一），第249页。唐绍仪则因是对外交涉的能手，为太后所赏识，在一次召对时，曾当面称赞他“颇能办事，办事亦好。今畀以东省，当加意振作整顿”。参见《辛亥革命前后——盛宣怀档案资料选辑之一》，第47—48页。

53.兼圻，指出任封疆大吏。杨士骧时任山东巡抚，陈夔龙时任四川总督。

54.梁如浩，美国留学生，袁之幕僚。北洋时期，为袁办理各线铁路事宜，甚为得力，后以袁推荐历任牛庄、天津、上海等地海关道肥缺；蔡绍基，袁之幕僚，袁以其“西学优富”，在对外交涉中“不动声色，颇能从容应付，折冲于尊俎之间，于国体邦交，裨益非浅”保荐他，为军机处记名，遇缺优先补用；刘燕翼，原为翰林院编修，后入世凯幕府，随世凯办理洋务。刘“熟谙条约，间涉公法”“理烦治剧，措置裕如”；袁以其“才堪重任”保举他，亦以海关道记名，遇缺优先补用。参见《袁世凯奏议》（下），第1226页。

55.《德宗实录》卷580，《北洋军阀》（一），第387—388页。

56.据说当时“上之赏赐络绎于途”，显然是安抚袁的举动。参见《辛亥革命前后——盛宣怀档案资料选辑之一》，第38页。

57.袁世凯的长子袁克定原为候补道员，官制改定后被特别授予农工商部右参议的实职。

58.即御史赵启霖纠参段芝贵以重金歌伎贿赂庆王及载振，谋取黑龙江巡抚职位之事，后来以“毫无根据”“任意污蔑”革去了赵的御史职务；而梁鼎芬也为奏劾庆、袁，受到申斥。

59.叶恭绰：《遐庵遗稿·说清末西太后》，《文史资料选辑》（第96辑），第137页。

60.朱家宝（1859—1923），字经田，云南宁州人。光绪己卯（1879）年举人，壬辰（1892）年进士；散馆后授任知县，历任直隶平乡、新城、南和、东明等县知县，滦州、保定知府，为李鸿章、袁世凯所赏识，派赴日本考察政治。此后历任直隶通永道、江苏按察使、署理布政使、吉林巡抚、安徽巡抚；民国后曾任直隶都督兼民政长。朱家宝是当时著名的廉吏，“公起（自）牧令，至封疆，坚忍伉直，一以洁清自厉。罢官，赁屋以居，若寒素然。”《辛亥人物碑传集》，第460页。

61.郭廷以：《中国近代史事日志》（下），第1273页。

62.合肥，指李鸿章；太后此话的意思是，甲午战败后，李鸿章被免去直隶总督兼北洋大臣职务后，没有几年，就发生了庚子事变，原因即在于没有与列强交涉的得力之人。袁世凯此时的作用，在太后看来，就相当于当年的李鸿章。参见《辛亥革命前后——盛宣怀档案资料选辑之一》，第38页。

63.费行简：《现代名人小传》（上），第85页。循吏，有操守的官吏。

64.天津图书馆、天津社会科学院历史研究院编：《袁世凯奏议》（中），第564页。

65.费行简：《现代名人小传》（下），第34页。

66.天津图书馆、天津社会科学院历史研究院编：《袁世凯奏议》（下），第1512页。

67.“湘潭赵启霖、莆田江春霖、全州赵炳麟，同时为谏官，甚相得，号称敢言。京师人争目瞩之，因而借上海洋商标记，共呼三御史为三菱公司。”胡思敬《国闻备乘》，《近代稗海》（第1辑），第310页。

68.费行简：《现代名人小传》（下），第10页。

69.同上。

70.同上，第11页。

71.徐凌霄、徐一世：《凌霄一士随笔》（二），第577—578页。

72.《德宗实录》卷571。参见《北洋军阀》（一），第383页。

73.徐凌霄、徐一世：《凌霄一士随笔》（二），第578—579页。
74.郭廷以《中国近代史事日志》（下），第1280页。
75.费行简：《现代名人小传》（下），第210页。
76.胡思敬：《国闻备乘》，《近代稗海》（第1辑）第220页。又瞿鸿禨之子瞿兑之的说法是，“有周荣曜者，原名周兆熊，于光绪九年承其母舅（周）传广遗缺，充粤（海）关书办，至十九年辞退，而以堂兄周启慈接替，朋充分肥，累资数百万，筑室香港，富莫与埒。且辇巨金贿奕劻，竟得候补三品京堂，简放出使比国大臣。春煊夙闻其富，拟乘其来谒，勉令报效巨款。周亦黠甚，迄不肯离港一步。及奉使诏下，春煊大怒，立具折揭参，而周竟被革职矣。虽未能查抄家产，一时舆论颇为称快也。”瞿兑之《杶庐所闻录》，山西古籍版，第138—139页。
77.地方官上疏，奏折发出前要拜折以示对皇帝的恭敬，称为“拜疏”。
78.岑春煊：《乐斋漫笔》《近代稗海》（第1辑），第100—102页。
79.《韩非子·说难》，原文为，“夫龙之为虫也，柔可狎而骑也，然其喉下有逆鳞径尺，若有人婴之者，则必杀人。人主亦有逆鳞，说者能无婴人主之逆鳞则几矣！”
80.胡思敬：《国闻备乘》，《近代稗海》（第1辑），第271页。
81.“先是，朝廷新设黑龙江巡抚一缺，简任段芝贵署理。芝贵者乃北洋材官，袁世凯所亲信也。为纳赀捐道员，执照未填，即贿嘱庆邸保署此缺，舆论哗然，言官交章弹劾，皆不能动。余以外议密奏，遂奉旨罢去。”参见岑春煊《乐斋漫笔》。
82.吴永：《庚子西狩丛谈》，第22—23页。
83.江庸：《趋庭随笔》，山西古籍版，第205页。
84.许指严：《十叶野闻》，山西古籍版，第165页。
85.岑春煊的心腹幕僚岑炽在他赴京前曾“谆谆以‘疏不间亲，相机而动’警惕之”。转引自庄练《中国近代史上的关键人物》（下），第220页。
86.大臣召见，按例于皇帝早膳时上递名牌，故又称“膳牌”；皇上想要召见者，名牌被留下，反之则退回不予召见。
87.故宫博物馆明清档案部编：《辛亥革命前后——盛宣怀档案资料选辑之一》，第66页。
88.徐凌霄、徐一世：《凌霄一士随笔》（五），第1868—1869页。
89.徐凌霄、徐一世：《凌霄一士随笔》（五），第1667页。
90.康有为曾有题瞿鸿禨遗像诗：“三犯龙鳞敢举仇，爱才爱国有深忧。”并有跋文云：“西狩间，（瞿）公三举鄙人。太后怒公举其仇，几乎罹不测（之罪）。”参见庄练《中国近代史上的关键人物》（下），第242页。
91.胡思敬曾披露袁世凯曾“密奏春煊曾入保国会，为康梁死党，不可信。”参见《国闻备乘》卷一。
92.岑在《乐斋漫笔》中回忆此事的经过是，“会广东急奏请兵，而庆、袁之计行矣。先是，钦州土豪刘思裕，聚众劫掠，本粤中常事。袁世凯闻之，亟电粤督周馥，令张大其词。太后鉴于桂匪前时扰乱，深以南服为忧，谋帅于枢府近臣。遂请以余再督两广，并促迅赴新任。”参见《近代稗海》（第1辑），第103页。
93.《辛亥革命革命前后——盛宣怀档案资料选辑之一》，第56页。
94.徐凌霄、徐一世：《凌霄一士随笔》（二），第579—581页。
95.吴永《庚子西狩丛谈》，第141页。
96.刘成禺；《世载堂杂忆》，山西古籍版，第141—142页。刘成禺与陈少白是朋友，其说得自当事人，较为可信。

97.刘成禺：《洪宪纪事诗本事簿注》（卷二）。

98.岑春煊：《乐斋漫笔》，《近代稗海》（第1辑），第104页。

99.两江总督端方，为庆袁一党。上海为两江辖地，因得以暗中伺察岑氏在上海的活动。而梁启超等确有与岑接触的念头，曾于六七月间由日赴沪，谋对岑进行游说。端即以此在岑赴任之前密奏其在上海并无疾病，赴粤无期，与康梁交接等；太后大恶，遂决定以其“有病”为名开缺。参见郭廷以《中国近代史事日志》（下），第1282页。

100.徐凌霄、徐一世：《凌霄一士随笔》（三），第1447—1448页。

101.同上，第1449页。

102.叶恭绰：《遐庵遗稿》，《文史资料选辑》（第96辑），第137页。

103.《容庵弟子记》卷四。

104.李宗一：《袁世凯传》，第136页。

105.郭廷以：《中国近代史事日志》（下），第1289页。考虑到塔夫脱两年后成为新一任总统，这种政策性声明的重要性不言而喻。

106.张焕宗：《唐绍仪与清末民国政府》，河北人民版，第59页。

107.在中日就所谓“东北六案”的谈判中，“美国始终支持中国对日本采取的态度，老谋深算地要引起人们的强烈关注。从签订北京议定书到筹备修建法库门铁路这一期间，中国对日政策的变化肯定是受到美国驻北京公使馆的影响。正是由于他们的建议，中国提出（国际）仲裁的要求，而在此之前甚至没有正式讨论日本的最新建议，也没有按正常礼节询问日本是否准备接受仲裁。形形色色的美国代理人在满洲公开表示敌视日本……而且自从塔夫脱就职以来这种敌视有增无减。这使日本极为惊讶和失望。美国政府对要求参加在中国修筑铁路的国际康采恩的美国金融家表示积极支持，并任命司戴德先生这位在满洲与反日宣传关系密切的人物为他们的代表”。《清末民初政情内幕》（上），知识出版社1986年版，第597—598页。司戴德，美国外交家，曾在中国海关任职，后历任美国驻汉城副领事、驻奉天总领事、国务院远东司代司长，1909年后返华，负责美国在华商务和金融事宜，是摩根—哈里曼财团的代表。

108.此项大借款计划的具体内容是：利用美国减收的庚子赔款作担保，在美国筹借两千万元资金，建立东三省银行，从事铁路、矿山等实业的建设开发。而美国为了保护自己在东三省的投资利益，必然会对日俄独霸东北的图谋构成强有力的牵制。

109.胡思敬：《国闻备乘》，第286、298页。

110.叶恭绰：《遐庵遗稿》，《文史资料选辑》（第96辑），第135页。

111.青蒲，原为汉代皇宫中铺地的蒲席，后引申为宫闱。这里指皇后寝宫地下铺摆的跪垫，以供大臣召见时跪拜使用；意思是袁经常被太后召对，听取他对于国政的意见。

112.沈祖宪等：《容庵弟子记》卷四。

113.“（世）凯五十寿辰在京开筵席，水陆杂陈，太后赐御物甚多，虽王公无以复加。”据说“拜寿前半个月，制联称贺者纷纷，京津各店金笺购买一空，洛阳纸贵不足比拟……至寿日，太后遣内监颁赐御用珍物数十种，恩遇之隆，前此所未有也。”参见刘成禺《洪宪纪事诗本事簿注》，第251页。

114.[澳]骆惠敏：《清末民初政情内幕》（上），第559—560页。

115.吴永：《庚子西狩丛谈》，第74页。

116.即君主死因不明的比喻，典出宋人笔记，说宋太祖赵匡胤死前晚间召其弟开封王赵光义在寝殿饮酒，宦官宫女全都屏出殿外，只能在远处望见烛光中的人影。喝至半夜（三鼓）时分，曾见太祖以殿堂上陈设的斧子清除殿上的积雪，然后就寝，鼾声如雷。当晚开封王也留宿在宫内。将近五鼓（凌晨3—5时）时，宫内寂静无声，太祖已崩逝，皇位则由赵光义继承。于是有太宗杀兄篡位之说，以后史家往往以“烛影斧声”，比喻君主死因可疑。

117.丁文江等：《梁启超年谱长编》，第478—479页。

118.平心而论，有清一代皇帝的勤政，堪为后世所师法。每日凌晨即起看折，早膳后即接见臣工，处理政务，一般除尚未考虑好而留中的折子外，均是当天的折子当天拿出处理意见，发旨办理，效率颇高。下属很难上下其手，夤缘为奸，所以终清之世，很少出现真正的权臣。由于皇帝天天早朝不辍，所以偶尔有罢朝（不上朝）的事情发生，宫中必是出了大事情。

119.杨度：《杨度集》，第514—515页。

120.参见江庸《趋庭随笔》，山西古籍版，第126—127页。

121.《清稗类钞》（三），中华书局版，第1443页。

122.王冠东：《英帝统治下的开滦煤矿》，《文史资料选辑》（第63辑），第186—190页。开平矿被盗卖，因三件事而暴露。一是英国驻津领事馆勒令开平矿务局降下悬挂的大清国龙旗（原与英国旗同悬）；二是秦皇岛原开平矿泊位不许中国兵船停靠；三是开平矿开凿的胥各庄运河，不允许中国民船行驶。

123.天津图书馆、天津社会科学院历史研究所编：《袁世凯奏议》（中），第742页。

124.胡思敬：《国闻备乘》，《近代稗海》（第1辑），第220页。

125.“袁世凯放归田里，且几不保首领也。传者或谓系隆裕欲报夫仇，殆非是。闻实出载沣之意，而亦未必与兄仇有关。盖同在军机时，袁承西后殊眷，以少不更事轻（视）之，每每不假以辞色。故（载沣）一旦监国，遂修宿怨。而且顾虑其跋扈难制，故欲除之，以张之洞谏而止，仅令开缺回籍（一说袁氏总督直隶时，以开平矿务案严劾载沣私人张翼，载沣为（张）缓颊，（袁）峻拒之，乃二人结怨之始）。参见《凌霄一士随笔》（二），第519页。

126.参见同上，第298页。

127.沈祖宪等：《容庵弟子记》卷四。

128.同上。

129.徐凌霄、徐一世：《凌霄一士随笔》（二），第521页。

130.刘体仁：《异辞录》，第211—212页。

131.丁士源：《梅楞章京笔记》，《近代稗海》（第1辑），第449页。

132.刘成禺：《洪宪纪事诗本事簿注》，第252页。

133.徐凌霄、徐一世：《凌霄一士随笔》（二），第406页。

134.世续、张之洞都是内阁大学士，大学士明清被视为相国，故称“二相”。

135.刘体仁：《异辞录》，第212—213页。

136.《宣统政纪》卷四，《北洋军阀》（一），第389页。

137.严修：《严修年谱》，齐鲁书社1990年版，第223页。

第十六章

鼎革前后

鼎革之际，
袁世凯沉机默运，
因势利导，
以最小的代价实现了由帝政到共和的转变，
展现了出色的政治智慧。
然而他终究是旧时代造就出来的人物，
并无真正的共和理念，
绝难做华盛顿式的事业。

图86　复出后出任内阁总理大臣时的袁世凯。

【导读】武昌起义的枪声，击破了满清亲贵皇权永续的迷梦，也为袁世凯创造了复出的机会。在这场中国历史上前所未有的大变局中，袁世凯出色地运用了他的政治智慧，沉机默运，因势利导，收发自如，故能以“三赢”的方式扭转乾坤，以最小的代价实现了由专制帝政到共和的转变。所谓“三赢”，即大清皇室得以和平退位，享受优待；革命党人达成排满革命、建立民国的目标；袁氏自己则在不蒙受“背主篡权”的骂名、不动用武力的情况下被公推为国家元首。颠覆帝制、缔造共和的功绩至少有一半要记在袁氏的账上。但帝制/共和的转变只是制度转型过程的开始，在中国这个有两千多年专制帝政传统，而全无民主经验和实践的国家中，共和政治如何运作，无论是袁世凯，还是孙文、黄兴，均无实际操作经验，只能是一边走一边摸索，其言论行为也都自觉不自觉地带有旧制度、旧文化的烙印，具有威权主义的特征，这是不可以苛责的。民国成立后，各省均由起义者推举的军政府掌权，在实际上形成了地方割据的局面，为维护国家统一，使政治经济走上轨道，无论何人担任元首，厉行中央集权乃势所必然。袁氏位处元首，本应再次运用其政治智慧，通过议会和法制程序解决这个问题。但袁氏究竟是旧时代造就出来的人物，并无真正的共和理念，故绝难做华盛顿式的事业。在议会政治运作不畅、不合己意时，袁断然重走专制老路。进入民国以后，袁世凯的地位已从前清的“臣”转变为国家元首，因而“奏折”也为宣言、申令所取代，本章开头所选引文即袁氏就任中华民国首任正式大总统时发表的宣言。在镇压了二次革命、荡平国民党势力后，国内已无可以与之抗衡的政治势力，中央的政令已可以通行于全国。袁就任正式大总统后，提出了切实可行的治国方针，中华民国也获得了国际上的承认。此时的袁世凯若能以威权主义带领国家致力于建设开发，中国不难稳步走入现代化的进程，可惜的是，袁氏之私欲蒙蔽了其心智，竟逆历史潮流而动，以中央集权之名行帝制自为之实，错过了历史发展的契机，并把国家导向了分裂和沉沦的深渊。

中华民国首任大总统莅任宣言书[1]

（1912年4月29日）

余不才。忝居政界数十年，向持稳健主义；以为立国大本，在修明法度，整饬纪纲，而后应时事之所宜，合人群而进化。故历办革新诸政，凡足以开风气者，必一一图之。但余取渐进而不取急进，以国家人民之重，未可作孤注之一掷，而四千年先民之教泽，尤不可使斫丧无余也！戊申以后，归田课耕，不复与闻政事，生平救国之志，已如过眼烟云。乃武汉事起，为时势所迫，身当其冲，大惧吾国吾民无以生存，而思减少其痛苦。后清帝逊位，共和告成，以五大族之不弃，推为临时大总统。此种政体，吾国四千年前已有雏形，本无足异，乃事权牵掣，无可进行，夙夜彷徨，难安寝馈。然且忍之又忍，希望和平。乃本年七月间，少数暴民，破坏统一，倾覆国家，此东亚初生之民国，惴惴焉将不保。余为救国救民计，不得已而用兵。幸人心厌乱，将士用命，不及两月，内乱敉平。极思解职归田，长享共和幸福，而国民会议群相推举，各友邦又以余被选之日，为承认之期，何敢高蹈鸣谦，以至摇动国基，负我父老子弟之期望。盖余亦国民一分子，耿耿此心，但知救国救民，成败利钝不敢知，劳逸毁誉不敢计，是以勉就兹职。今将以余极诚恳亲爱之意与我国民一言之。

西儒恒言，立宪国重法律，共和国重道德。顾道德为体，而法律为用。今将使吾民一跃而进为共和国民，不得不借法律以辅道德之用。余历访法、美各国学问家，而得共和定义曰：共和整体者，采大众意思，制定完全法律，而大众严守之。若法律外之自由，则共耻之！此种守法习惯，必积久养成，如起居之有时，饮食之有节，而后为法治国。吾国民性最驯

（良），惟薄于守法之习惯。余望国民共守本国法律，习之既久，则道德日高，而不自知矣！

又共和以人民为主体，人民大多数之公意，在安居乐业，改革以后，人民受种种激刺，言之惨然！余日望人民恢复元气，不敢行一扰民之政，而无术以预防暴民，致良民不免受其荼毒，是余所引以为憾事者也。余愿极力设法使人民真享共和幸福，以达乐利主义之目的。国民生计日蹙，迫于饥寒。露民之尤狡者，利用此等贫民，驱之死地，可悯之至。欲国之长治久安，必使人人皆有生计。而欲达此目的，则必趋重于农工商。余闻文明（国）头等人物，往往愿为实业家。吾国天时地利，不让诸强，徒以垦牧不讲，工艺不良，矿产渔林，弃货于地，无凭贸易，出口日减。譬诸富人藏窖，而日日忧贫。余愿全国人民，注意实业，以期利用厚生，根本自固。

虽然，实业不发达厥有二因：一在教育之幼稚，一在资本之缺少。无论何项实业，皆与科学相关，理化之不知，汽电之不讲，人方以学战、以商战，我则墨守旧法，迷信空谈。余愿国民输入外国文明教育，即政治法律等学，亦皆有实际而无空言。余对教育之观念如是。

事业非资本不办，以吾国地质之膏腴，物力之丰富，岂得谓贫？生人所需，不出衣食住之属，金钱其筹码也。但金钱不足，无以为兑换之资，缺少金钱，犹（如）缺少筹码。故欲备一切实业之开办资本，不得不仰诸富有筹码之乡邻。迨地利既辟，无旷土，无游民，所借资本，子母相生，除偿还本利外，尚有赢余，比藏诸窖而忧贫者何如？故愿吾国输入外国资本，以振兴本国实业。

夫输入外国文明与其资本，是国家主义，而实（是）世界主义。世界文明之极，无非以己之有余，济人之不足，使社会各得其所，几无国界可言。孔子喜言大同，吾国现行共和，则闭关时代之旧思想，必当扫除净绝。

凡我国民，既守本国自定之法律，尤须知万国共同之法律。与各国往来，事事文明对待，万不可有歧视外人之意见，致生障碍，而背公理。迩来各国对我政策，皆主（张）和平中正，遇事诸多赞助，固征世界之文明，尤感友邦之睦谊。凡我国民，务当深明此义，以开诚布公，巩固邦交为重。本大总统声明：所有前清政府及中华民国临时政府，与各外国政府所订条约、协约、公约，必应恪守，及前政府与外国公司人民所订之正当契约，亦当恪守。又各外国人民，在中国按国际契约及国内法律并各项成案成例已享之权利并特权豁免各事，已切实承认，以联交谊而保和平，凡我国民，当知此为国际上当然之理；盖我有真心和好之证据，乃能以礼往来也。

余之所以告国民者，此其大略也。而又重言以申明者，仍不外（乎）道德二字。道德范围广大，圣贤千万语而不能尽其词，余所能领会者，约言之，则忠信笃敬而已。

忠义之本，忠于一国，非忠于一人也；人人以国为本位，勿以一身一家为本位，乃能屈小己以利大群，其要在轻权利重义务，不以一己之权利，妨害国家之大局，而义务心出焉！是谓忠。

孔子云："民无信不立"。文明各国，有以诈欺行为诮人者，其受辱若挞之于市朝。华盛顿幼时，受其父教，即不做诳语。吾国向（来）重信义，近来人心不古，习为诗张，立身且难，何况立国？前清曾国藩云："立身以不妄语为本"，故无论对内对外，必重以信。

何为笃？文明各国，保存国粹，虽一名一物，惟恐或失，不害其进化之速也。吾国向以名教为大防，经四千年之胚胎变化，自有不可磨灭者存。乃或偏于理想，毁弃一切，不做实事，专说大话，未得外国之一长，先抛本国之所有，天性浇薄，传染成风，本之不存，叶将焉附？故救之以笃。

何谓敬？有恒心然后有恒业；人而无恒则有事时犯一乱字，无事时犯一偷字，职业所在，惰气趁之。万事败坏于悠忽之中，而无人负责，徒劳旁观嘲讽之语；而己之分内事，转漠然不察。始知古人敬事二字，有味乎其言之也！故去傲去惰，必以敬。

以上忠信笃敬四字，余矢与国民共勉之！日诵于心，勿去于口，盖是非善恶，为立国之大方针。民之好恶，虽不尽同，而是非善恶，必有标准。大致奉公守法则为是为善，越礼犯义者则为非为恶。余愿国人有辨别心。人亦有言，文明日进，则由俭入奢，是矣。若以贫弱不堪之国，不学他人之文明，而唯学其奢华，是以病夫与壮士斗也！近岁以来，国民生活程度日高，而富力降而愈下。国奢示俭，古人言之。余愿国民于道德中尤注意于俭德。

总而言之，法律与道德同时并进，则共和之国度，乃稳固而不摇。至国防问题，吾国正在休养生息之时，尚非武力竞争之时。惟余所切切于心者，海陆军人以服从命令为义务，以保护人民为天职，各将领谁不知之？而此二者，颇为近日风潮所鼓荡，未能完全收效，是余统率之责，有未尽也。此后当于精神教育十分注意，以对于人民。

余故以最诚挚亲爱之意，申告于国民曰：余一日在职，必一日负责！顾中华民国者，四万万人之中华民国也。兄弟睦，则家之福；全国之人同心同德，则国必兴，余以此祝我中华民国焉。

1913年10月10日，在北京紫禁城太和殿前的广场上，聚拢着上千来宾，场面隆重，气氛肃穆。太和殿历来是明清两代皇帝即位登基之处，今天这里正在举行的是中华民国第一任正式大总统的就职仪式。广场南侧，是民国参众两院议员席，东侧是国务总理为首的各部部长及高级文武官员席，西侧是各国公使、前清皇室、蒙古西藏代表和社会名流绅士席，正对议员席的方向，坐北朝南搭建了一座临时主席台。上午10时刚过，头戴全金线军盔，身着蓝色制服，佩带军刀的卫士三百二十人列队进入广场，在来宾前

图87　袁世凯就任正式大总统后乘坐肩舆到天安门阅兵时的情景。

（河南项城市博物馆提供）

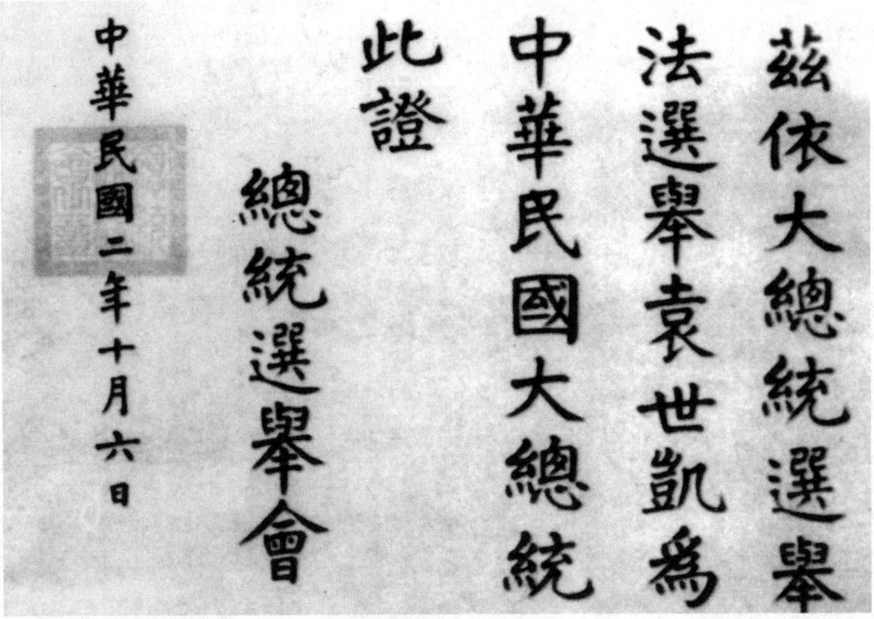
茲依大總統選舉法選舉袁世凱爲中華民國大總統此證
總統選舉會
中華民國二年十月六日

图88　袁世凯当选正式大总统的证书。
（河南项城市博物馆提供）

分东西两侧站成分列队式；随后，四座四人抬送的彩舆进入广场，乘坐人二文二武，是本次大典的仪从者，总统府秘书长梁士诒、总统秘书夏寿田均着燕尾礼服，侍从武官长（前清时的陆军大臣）荫昌、军事处参议唐在礼均着钴蓝色军礼服，头戴叠羽军帽，身披绶带；随后出现的是乘坐八抬彩轿的袁世凯，也身着钴蓝色陆海军大元帅礼服，上面金线装饰甚多。袁下轿后，由梁士诒等四人拥护前行，登上主席台南面入座。少顷，大礼官黄开文主持就职赞礼仪式，袁世凯应声而起，面向南侧的议员席宣读誓词："余誓以至诚，谨守宪法，执行中华民国大总统之职务。"誓毕，袁鞠躬致敬。这时文武百官高呼万岁，袁微笑点头示意；然后黄开文递上长篇宣言书，袁重行起立宣读，宣言书读完，礼毕。一面由梁士诒等随同接见各国使节和观礼代表，一面由接待人员引领出席就职典礼人员到武英殿用茶点。[2]

本章篇首的引文就是袁世凯在当选中华民国首任正式大总统后（此前孙、袁所任，均为临时大总统），在就职仪式上宣读的宣言。此篇宣言，可以看作他的行政方针和治国理念的自白，其中既有真实的想法，也有

图89　就任正式大总统后袁世凯的标准像。

领袖人物通常惯有的虚娇，但是仍可以从总体上反映袁氏治国行政的方针。前清时的袁世凯身份是臣子，所以他的出发点是为朝廷出谋划策，辅助国政，天塌下来有皇帝顶着。到了民国，他的身份是国家元首，成了当家人，天塌下来要由自己顶着。由于这种身份和立场的变化，其行政的理念、方针和决策自然也会发生相应的变化。因此，袁世凯这篇宣言，颇能反映其进入民国后的心路历程，值得略作分析。

宣言起首，袁即申明他的一贯政治立场："向持稳健主义"，"取渐进而不取急进"。这是真话。也是自李鸿章倡导洋务运动以来，中国改良派官僚的基本政治立场。嗣后言，则是领袖人物惯有的虚娇。所谓"戊申以后，归田课耕，不复与闻政事，生平救国之志，已如过眼烟云"云云，全是言不由衷的假话。为什么这么说呢？撇开其亲信故旧奔走往来于其门下不断不谈，仅就一件小事，即可以看出他对于政治时局实在不曾有过一刻的放松。武昌起义爆发后，清廷派陆军大臣荫昌率军南下平乱。荫昌与世凯有旧，故于10月15日路过洹上车站时，顺路访晤袁氏，同行者有参谋长易乃谦、副官长丁士源等。事后他们才知道，袁世凯的私宅中，设有自己的电报房。[3]一个退居乡野之人，家里设电报房干什么？无非是为了及时了解时局信息，与政界人物保持联络而已。袁世凯身在江湖，心存魏阙，这就是明证。

袁世凯本来是热中之人，偏要作出自甘淡泊的样子，让人觉得很假，可能是受其嗣父官场即戏场的思想影响吧，他对其所想要的，总是从相反处做文章。同样是枭雄人物，世凯的格调就不如曹操了。孟德在所作《让县自明本志令》中，说自己最初的志向是，"欲为一郡守，好作政教以建立名誉"，后来出任军职，"意遂更欲为国家讨贼立功，欲望封侯作征西将军，然后题其墓道言：'汉故征西将军曹侯之墓'，此其志也"；以后事业做大了，"身为宰相，人臣之贵已极，意望已过矣"，若想当皇帝，那真是唾手可得，非不能也，是不为矣。人们攻击他把持着国家的大权不放，他则十分坦然："设使国家无有孤，不知当几人称帝，几人称王？"，至于交出兵权，归政就国，则万万不能，"何者？诚恐已离兵为人所祸也。既为子孙计，又已败则国家倾危，是以不得慕虚名而处实祸，此所不得为也。"[4]堂堂正正，道出心曲，正所谓"惟大英雄能本色"。世凯虽有"曹操"的外号，在这上面就逊色多了；曹操是"真小人"而不失英雄的气概，袁世凯则只能是"伪君子"了。

譬如，武昌起义明明是极好的复出机会，但是他偏要说成是“时势所迫”，非要经过各方面再三的敦请，才答应出山。当年载沣是以他“现患足疾，步履维艰，难胜职任”为名将其解职的；此刻他也风趣地答以“臣旧患足疾，迄今尚未大愈……一俟稍可支持，即当力疾就道”，绵里藏针地报复了载沣一把。至于“事权牵掣”“忍而又忍”，则指临时约法和在参议院中占据多数的国民党议员对政府的制衡；所谓“少数暴民，破坏统一，倾覆国家”，自己“为救国救民计，不得已而用兵”，指的是镇压国民党人的“二次革命”。当年，袁世凯在发起预备立宪时，是主张责任内阁、三权分立的；现在轮到了自己，反而觉得制衡是行政的“牵掣”了。其实，这也是政治家们的常情，在野时，他们往往爱好民主，憎恨专制独裁；执政后，其对专制独裁的爱好则往往胜过民主，唯恐自己不能恣意而行，民主虽然口中还喊，但作用只在遮羞了。所谓“暴民”，则指前不久还相与握手言欢的孙文、黄兴等国民党人。总之，当时袁世凯也好，孙文、黄兴也好，在如何以民主方式来运作一个共和国上，均无实际操作经验。在野者动辄通电声讨国家元首，宣称独立自治，不服中央政令；执政者则借此大张挞伐，扫灭异己。其实，政见的分歧原本是可以通过公认的程序和规则，以讨价还价和折中妥协来解决的，这正是议会政治的精髓。如果妥协不成，则可以解散议会，重新大选，将选择权交与人民，再通过新一届议会重开谈判。在中国则不然，非暴力镇压，兵戎相见不可。由二千多年习惯成自然的专制转行从无经验之民主，谈何容易？所以对边走边摸索阶段的政治家们所犯的错误不宜苛责，应该是史家的正确态度。

在又一番“极思解职归田，长享共和幸福”的矫饰之后，袁世凯叙述了自己治国秉政的方针大略，概括说来，可归纳为四点：

一、德治为本，法治为用，逐步造就国民守法的意识与习惯。中国民性驯良，但无守法习惯，所以必“积久”方能养成。这应该说是抓住了宪政的本质，西哲黑格尔说过，民主要求成熟的人民。怎样算是成熟？人人守法，而不求法外之自由，并逐渐养成自觉，而自觉则非道德的自律起作用不可。国民没有这个自觉，则不具备真正公民应有的素质，即使叫作民主共和国，也只能徒具形式。在这条道路上，中国人要走的路还很漫长。

二、为政之要在不扰民。这一条古代又称作“无为而治”，是一种理想的政治状态。西汉时的陆贾写过一本《新语》，其中有一段可作为什么叫“不扰民”的注脚：“君子之为治也，块然若无事，寂然无若声，官府若无吏，亭落若无民，邮无夜行之足，乡无夜召之兵。犬不夜吠，鸡不夜鸣，耆老甘味于堂，丁壮耕耘于野。如是，虽不言而信诚，不怒而威行，岂待坚甲利兵，深刑刻令，朝夕切切而后治哉！”在农业社会，无为而治似乎可行，但在工业或商业社会，不扰民可行吗？答案是，可行。其基本的出发点是，人人都有生存及追求快乐幸福的本能，政府无须事事代庖。事事代庖，反多扰民、害民之政。政府的作用，在于制定规则，主持公道，服务社会。可惜的是，官员们作为政治人，为升迁追求政绩，多以长官意志取代客观规律，即使本意良善，亦多扰民之政。能够不扰民而又使人民安居乐业的领导人，是太难得了。袁世凯这个不扰民的思想对头，但在实践上也未能做到。

三、注重实业，开辟富源，百姓安居乐业，国家长治久安。而“欲国之长治久安，必使人人皆有生计，而欲达此目的，则必趋重于农工商。”中国自古以农立国，把经商看成是末业，多方面加以抑制。近代接触到西方后，才认识到工商业是国家的富源。袁世凯认为，传统的重农主义，就像是“富人藏窖，而日日忧贫”，发展实业，就是将一直闲置的资源开发出来，利用厚生。而实业在中国不发达有两大原因，“一在教育之幼稚”，“一在资本之缺少”。解决的办法是：“输入外国文明之教育”，“输入外国之资本”，也就是在文化和经济上对外开放，以国家未曾开发的大量资源吸引外国投资，“以振兴本国实业”，“迨地利既辟，无旷土，无游民，所借资本，子母相生，除偿还本利外，尚有赢余”时，国家即可以积累的资本投入更多更大的项目了。兴办实业确实是治国行政的根本，实业大兴，方可实现充分就业，老百姓才能谈得上安居乐业。袁世凯的这个方针比李鸿章又跨进了一大步，而引进外资发展实业，实在是落后国家翻身的必由之路。可惜的是，这个方针的见诸实行，是在七十年后。

四、扫除闭关锁国时代的旧思想，了解并尊重国际公法（用今天的话说，叫作与国际惯例接轨）。袁世凯保证恪守一切既有的条约、协议和契约（当然也包括了不平等条约），为的是争取和平和有利于国家休养生息及建设发展的国际环境。

袁世凯属于那种实用主义类型的政治家，其一贯的办事方针是：

“事无取乎繁重难行，言必期于切近易效”，[5]“建设从稳健入手，措置以实事为归”。[6]而他的行政手法也很传统，无非是循名责实，信赏必罚而已。看他所列举的为政方针，可以说是卑之无甚高论，但确是治国经邦的要点，只要他扎扎实实地去落实，中国是可以走上正常轨道，追赶上世界潮流的。可叹的是，前一段摆弄政治的成功，使他进入了当局者迷的状态，以为天下人可任由其玩弄于股掌之中，这种私心和自我膨胀，往往使很多领袖人物失去了现实感，是他们晚节不保的主要原因。袁世凯最后发挥引申的治国理念，已经是欺世之谈。忠信笃敬，以其后来的言行衡量，多不相符合。其中的“笃”字，袁世凯解释为“保存国粹”，但做法上偏重于复古一途，如尊孔读经、法古祭天等，揆诸实际，其真实目的不在保护传统文化，而在为帝制作铺垫。他提出的这四条理念，是对人不对己的，故统治者所谓道德，有双重标准，责人严，待己宽；他们所期待于人民的，是服从听话，如同恭顺良善的一群绵羊，作为牧民者的他们，则是可以超越于法律道德之外的。

就任正式大总统时的袁世凯，可以说是达到了自己功名事业的巅峰。一直与他作对的国民党的武力已被荡平，国家在形式上已达到了统一，得到了世界各国的承认，海内厌乱望治，袁世凯不说是民心所向，至少也是众望所归。袁世凯在宣言中提出了一个很切实的治国方针，如果他能够像当年推行北洋新政那样，致力于国计民生，晚清以来的改良主义无疑将得以延续和发展，中国在稳步追赶西方列强的道路上将会争得至少三十年的宝贵时间。果真如此，中国今天将会是什么样子，殊难想象。但笔者揣度，其富强和成就不会落后于我们的邻国日本。但是历史是不相信“如果”的，那么我们在叹息近代改良主义蹉跌的同时，似应探究一下，精明开通如袁世凯者，何以如骑着瞎马的盲人，一意孤行地奔向自己人生事业的深渊？一个当时国内外公认的一流领袖人物，本可以稳坐共和缔造者和历史上英雄伟人地位的人，如何让私欲蒙蔽了自己的心智，逆历史的潮流而动，最后落得众叛亲离、身死名败的可悲下场，实在是值得后世的政治家们炯戒的呢。

袁既有切实可行的方针，为何不去推行，未能推行？这就要从他复出以来的国内政治去追溯原因了。辛亥革命是新旧交嬗的关键事件，按目前的历史分期，革命以前属于近代史，革命以后则为现代史。对辛亥革命的发生经过，史学界的阐述已十分详尽，笔者所注意的是袁氏在革命中的作用，以及他何以未能把握住送上门来的历史机遇的原因，为读者提供一种不同的视角。为此我们先要大致捋清此前的政治脉络。

大清国败亡的主因是什么？是孙、黄的革命党吗？不是，革命党因黄花岗起义的失败，还元气未复，孙中山当时尚在美国的餐馆中打工谋生。是武汉新军的仓促起义吗？也不是，它只是导火索，而不是火药。大清之亡，亡于民心，而所谓民心，体现在作为帝国统治基础和支柱的士绅阶层上，而数量大得多，但因没有知识文化而浑浑噩噩生活着的民众无与也。有这个“民心”与没有这个“民心”大不一样，同样以种族革命为号召，洪杨之失败与革命党之成功原因何在？就在于这种“民心”的向背不同。庚子事变后，士绅阶层赖以维系旧观念、旧传统的科举制度被废弃，学校教育及相伴而来的新学使“民心”得以启蒙，地方自治和新政又培养孕育出了士绅阶层的权利和参政意识，收回路权、预备立宪和保路运动都是这个阶层觉醒的突出表现。大清的政治体制已不可能按旧轨道运行，当皇室的作为达不到“民心”的期望时，它很自然会成为阻挠社会进步的替罪羊，于是排满的口号深入“民心”，有了这个基础，一夫作难，八方响应，才会出现武昌起义后各省群起独立，天下土崩瓦解的局面。

从皇室这方面说，其政策的失误加速了其亡国的进程。首先，太后选拔来接班的青年亲贵，本身的政治素质、能力、经验均不足以担负治理一个危机中的国家的重任。譬如地位相当于皇帝的摄政王，其政治头脑和行政能力均非上乘，是个少谋寡断、意志薄弱的领导人。

> 监国性（格）极谦让，与四（位）军机同席议事，一切不敢自专。躁进之徒，或诣王府献策，亦欣然受之。内畏隆裕，外畏福晋。福晋与老福晋争权，坐视无可奈何。载涛气愤之极，操刀向福晋寻仇，几乎酿成大变故。载涛从西洋归来，欲借国债，大力扩张海军，并且主张剪辫，廷议大哗。载涛争讲不休，监国避居到三所，兼旬不敢回家，其狼狈如此。[7]

摄政王在家事上窝囊，在国事上却颇为武断，甚至自认为，只要军事大权尽在掌握，这个天下就坐稳了。袁世凯罢官之后，朝廷内的元老重臣只剩了张之洞一人，但他的意见，却也得不到重视。有一次，为了津浦铁路的人事任用，两人发生争论。

载沣说："中堂以乡绅重望，如果认为可以，谁难道能说不可以。"张答："朝廷用人，如果不考虑舆情，恐怕要激起民变。"载沣说："国家养着这些兵，还怕什么民变。"张答："国家养兵，不是为打老百姓的。"对这个建议没有作出决定，就不欢而散了。当时亲贵用事，张私心不怿，随即称病，在家休养，不出席任何会议。他的侄孙李焜瀛听说他有病，前往探视，问张病况如何，张答没有什么，看样子也没有什么大病。这时全国革命空气正浓，张问李："你听见外面有什么消息？"李答："各省排满风气很盛。"张沉吟着说："据我看来，不是汉人排满，那简直是满人在排汉呀！"……这是宣统元年六月间的事，到七月他果真病了，八月病势加重。载沣闻他病重，曾到张处亲自慰问。载沣对张之洞说："中堂有名望，公忠体国，好好为国珍重。"张在枕席上回答："公忠体国不敢当，廉正无私，不敢不勉励。"意欲诛讽载沣要"廉正无私"，不要任用亲贵。[8]

图90　摄政王载沣。

连张之洞这样的老臣都觉得朝廷"排汉"，其他人可想而知。1910年，是立宪运动风起云涌的一年，不仅各省咨议局议员纷纷赴京请愿，要求缩短预备立宪期限，而且地方督抚也加入到这一运动中来了。10月，十五位督抚、将军联名致电清廷，要求立即组织责任内阁，并于明年召开国会。12月，预备立宪的筹备机关——资政院也开始造反，弹劾"军机大臣奉职无状，不负责任，有参预国务之名，无辅弼行政之实，持禄保位，背公营私，蹈常袭故，请迅即组织（责任）内阁"。[9]在上上下下的强大压力下，清廷被迫同意将预备立宪的年限缩短为五年，并于次年5月8日设立“责任内阁”，其成员如下：

内阁总理大臣	奕　劻（皇族）
内阁协理大臣	那　桐（满族）、徐世昌（汉族）
外务大臣	梁敦彦（汉族）
民政大臣	善　耆（皇族）
度支大臣	载　泽（皇族）
学务大臣	唐景崇（汉族）
陆军大臣	荫　昌（满族）
海军大臣	载　洵（皇族）
司法大臣	绍　昌（满族）
农工商大臣	溥　伦（皇族）
邮传大臣	盛宣怀（汉族）
理藩大臣	寿　耆（满族）

这个内阁的十三名成员中，满族占了九人，相当于汉族的两倍；其中皇族成员就占了五名，所以被当时的人讥称为“皇族内阁”。名单公布出来后，在社会上造成了极坏的影响。老太后在世时还注意维持满汉各半的平衡，而这些不知天高地厚的青年亲贵竟昏聩颟顸到如此地步。皇族内阁的出现，使原来还对朝廷抱有一些希望的人彻底失望了，而他们的所作所为，就更令人齿冷了。

孝钦（即西太后）训政时，权力尽萃集于奕劻，凡内外希图恩泽者，非賮缘奕劻之门不得入。奕劻虽贪，一个人的欲壑还容易满足；没有人援引，也不容易牟身而进。到了宣统初年，奕劻的权力有所减少，而时局也有所变化了。当时亲贵全出来专政，收蓄猖狂少年，造谋生事，（宫廷）内外声气大通。于是，洵贝勒总持海军，兼办陵工，与毓朗合为一党。涛贝勒统领军咨府（相当于总参谋部），侵夺陆军部的权力，收用良弼为一党。肃亲王好结纳，勾通报馆，据民政部，领天下警政为一党。溥伦为宣宗（即道光）长曾孙，同治初本来有青宫之望，暗中结交议员为一党。隆裕以母后之尊宠任太监张德为一党。泽公（即载泽）于隆裕为姻亲（隆裕的妹夫），又曾经出洋，握有财政全权，创设监理财政官盐务处为一党。监国的福晋很有才能，颇通贿赂，联络母族为一党。以上七党，全都有予夺之权，茸阘无耻之徒，趋之若鹜，而庆亲王别树一帜，又在七党之外。[10]

至此，满洲皇室被公认为阻挠社会进步的障碍，民心一去，革命排满就是题中应有之义，第一枪的打出只是早晚的事了。

其次，出于对“排满”的恐惧，包括太后在内的统治集团缺乏化除满汉畛域的政治智慧和手腕，反而以削夺兵权、排挤罢黜的方式对待汉族重臣，以建立皇族内阁的方式强化满人专政，使汉族官僚集团离心离德，满清皇室在实际上成了孤家寡人。以控制军队为例，由于北洋陆军由袁世凯多年一手编练而成，尽管在最高一级（如陆军部）由亲贵掌权，但下属镇、协、标、营各级军官全都是袁亲手选拔任用的，所以“其潜势力依然甚巨”。载涛出任军咨大臣（即参谋总长）后，为进一步控制北洋新军，竟下了一着险棋。

（载涛）自领导军咨府，即以造成军界新势力，总持全国军权为职志，淬砺精神，努力从事。虽为时甚短暂，而其事有足纪者。载涛知道世凯虽已放逐，而北洋军界仍隐然奉世凯为宗主，不消灭这种根深蒂固的势力，则军权集中有名无实。其用心与铁良没有什么不同，而手段则大相径庭。（他）以为铁良气度偏狭，不能容纳人才，对于袁系人物排之而无以代之，正足以促进其团结，实为无益有损。故反其道而行之。首先以广为延揽、奖拔为务，所擢用者大抵为东西洋留学生，虽有革命党形迹者，也收诸夹袋之中，不以为嫌。唯一之宗旨，在以己为中心，而造成军界伟大的新势力于全国。这样富于朝气的新势力造成，袁系的旧势力相形见绌，不必有意排除，自可以陵替澌灭以尽。其计划大概如此，当时东西洋军校毕业归国者全得到破格任职，载涛之力也。[11]

图91　宗社党头目良弼。

载涛的智囊是良弼，这个谋略也出自此人。良弼（1877—1912），字赉臣，满族宗室子弟。日本陆军士官学校毕业，与吴禄贞同学。日本留学生界排满革命风气极盛，良弼耳闻目睹，有极为深切的危机感，“知清室危亡将至，当力图振奋”。归国后他游说诸亲贵，与载涛“一见倾心，以为谋主，其志始得行[12]。良弼解消排满革命的策略是以汉制汉，当时——

良弼在禁卫军，终于协统（旅长，袁组阁时解除协统职务，补授军咨使），禁军一切章制计划悉出其手，而全国重要军职之进退，亦多待其一言而决。其政策在利用汉人以防汉人，以为高官厚禄即足以驾驭英才，入彀者多了，即足以制约反侧而延续帝祚。革命党中多知名人士，如果羁縻以好的爵位，联络以感情，也不难潜移默化。吴禄贞与良弼交谊最深，被视为满汉两大人才。良弼对禄贞的革命思想知道的十分清楚，而陕甘总督升允欲杀禄贞，赖良弼营救得以免祸。其为第六镇统制，也是由良弼于载涛面前力保其才……良弼固然是始终忠于清室的人，他吸引党人，实在具有深刻的用心。而革命潮流已如危崖上滚动的山石，不能够中止了，宜其计谋没有效果。而且武昌起义后，各省风从，由于新军将领多（革命）党人或与党人暗通款曲者，所以一呼众应，共和迅速建立，没有良弼之力，不可能如此之容易的。[13]

这样，载涛、良弼的政策，为大批具有排满革命思想的留学生进入新军各级领导层敞开了大门，恰恰使朝廷在实际上失去了对新军的控制，亲贵们成了自己的掘墓人，加速了清廷败亡的脚步。从全国新军在革命中的表现来看，反而是袁世凯带出来的北洋各镇最为稳定。

革命爆发的直接原因，是铁路国有的问题，而铁路国有，原本是为了解决商办铁路的亏空赔累，是一个经济问题，之所以转化为政治革命，在于士绅阶层权利意识的增强和对清廷的普遍不满情绪。新政以来，随着中等阶层权利意识的增强，社会上兴起了“欲争国权，先争路权”的思潮。铁路在当时的中国是一项新兴的实业，撇开战略利益不谈，铁路贷款周期长，利息累计多，而且贷款国在筑路工程、材料采购、路政管理和运营收入上均有厚利可得，所以列强均把获得路权视为利薮，铁路贷款的积极性极高。当时的中国，资金、人才、经验和管理水平均不足，故所谓“官办”只是个名义。国家财政既无力负担这笔支出，通常的做法就是利用外资。而一经贷款，则“路权”势必由外国人占有，国家只有在付清本息后，才能收回路权，自主经营管理。至于“商办”（即民间集资），不仅财力和经验不足，在工程和管理上也漏洞百出，故铁路商办虽不失为爱国的口号，在实践中却鲜有成功的。

譬如沪甬杭铁路，清廷原拟以英资修建，江浙两省绅民竞相反对，于是交由两省自办，两省地方主义浓厚，于是各自成立分公司主持境内铁路的建设。其中浙江铁路公司推举汤寿潜（浙江名绅，后任浙江咨议局议长）主持，在全省各地募集股金。股款之中，“老人移其所蓄之寿衣棺材费者有之，孤儿寡妇挪生活储金者有之”，集资额约一千一百余万元。其后铁路虽成，而亏空严重。

> 汤寿潜左右文人居多，竞相介绍筑路物资，汤未加慎重考虑，致使路成之日，积余物资达七八百万之巨。因之，公司资金周转困难，仅一年一千七百万之利息，已不胜负担。此时适逢汤氏之弟在上海以与汤合股名义所开设的钱庄倒闭，存欠相抵，亏空三十余万元。上海公共租界巡捕房要逮捕汤氏，益使汤难于应付；而汤因系浙路总经理，又势难长期回避不到上海，于是……向北京财政部（实为度支部）疏通，将公司债务改归该部负担，由该部发还公司股款，另奖给汤二十万元，实际上以此便利其偿付钱庄债务。通过股东会议，此案遂定。[14]

商办川汉、粤汉铁路的情形也类似。就如引发革命的川汉铁路来说，由于存放有路款的上海三家钱庄的倒闭，才使问题严重暴露出来：一是此路筹备了八年，所筹集的款项尚不足所需的1/10，开修无日，耗费日多；二是上海存放路款的三家钱庄倒闭，亏累据说达二百万；三是主持其事者，“所有安置经理、司账各职，多系戚友，从无稽查，以致从中舞弊，假公济私，一朝溃决，不可收拾”；四是挪借侵蚀，亏空甚巨。而“全蜀绅民追讨无门，函电呼吁，切于身命。缘路款系由川民按亩加捐，敲筋击髓而来，竭小民之脂膏汗血，倾而付之东流”。于是，拥有股份的在京川籍官绅数十人纷纷上书，要求政府出面干预，收拾残局。沪甬杭路收归国办，是袁世凯经办的；此时的邮传部大臣已经是盛宣怀，与袁世凯一样，是主张借款造路，开发富源的。[15] 于是在他的策划主持下，出台了干路国有，支线民办的“铁路国有”政策。盛之欲图把川、粤汉铁路收归国有，除民办弊病太多外，也是想借此路权向外商贷款，缓解朝廷财力支绌的困境。据他与四国银行团达成的合同，两线名为国有，但银行团实际上享有筑路、投资、原材料采购和经营管辖的实权。

盛宣怀的这个“铁路国有”政策一出台，舆情大哗，尤其是于川汉铁路有实际利害关系的川省士绅，激烈反对，认为这是国家与民争利，而外商独擅其利，更是丧失国权的行为。此时，他们自己有没有能力办好铁路已不重要，本来是如何弥补商办铁路亏空的经济问题被情绪化了，进而演变成具有浓厚政治色彩的中央与地方、中国与列强的权益之争了。起初，清廷呈强硬立场，而此时已非早年的情势，举国的中等阶层已把清廷视作国家沦亡的罪魁，一点风吹草动都可能燃起燎原大火，清廷本已经不起大的风浪，却铤而走险，采取错误的镇压政策，派端方从湖北调兵入川弹压。武汉三镇空虚，仓促上马的起义竟得以一举成功。

辛亥举义时的形势十分错综。本来，如果不是强力推行铁路国有，革命不致很快爆发。当年4月27日，黄兴在广州发动的起义失败，这是晚清最惨烈、影响最大的一次暴动。为了这次起义，同盟会倾注了有史以来迄今最大的人、财、物力，起义中死难的八十余人，大多为留学生，是海外革命党人中的精英。这次起义的失败使海外革命党人元气大伤，短期内难以恢复，清廷以为可以长舒一口气，殊不知仍然坐在随时可能喷发的火山口上。其时，一南一北，酝酿着两股暗流。在南方，起主导作用的是湖北新军；在北方，则是活动于宫廷、军队中的立宪党人。

湖北新军中革命思想蔓延由来已久，在张之洞主政期间，一些宣传革命的组织如“科学补习所”“日知会”等均严遭镇压取缔。但张氏调京后，又改头换面，以“群治学会”“振武学社”“文学社”等名义出现，积极在士兵中发展成员。1911年春，蒋翊武[16]被推选为文学社长。他虽然未能赶上起义，但首先发难的新军四十一标士兵多为文学社社员，故蒋翊武仍是起义的实际组织者和领导者之一。另一组织则为与同盟会关系密切的“共进会”，其会员多为原“群治学会”和同盟会成员，领导成员为留日学生，有刘公[17]、孙武[18]等人。9月14日，文学社与共进会就联合起义达成协议，文学社社长蒋翊武被推为临时总司令，共进会的孙武任参谋长；两天后，派居正赶赴上海，邀请黄兴、宋教仁和谭人凤来武昌主持大计。9月24日，在孙武主持（蒋翊武赴岳州未归）的两个团体的联席会议上，决定起义时间暂定为10月6日，并通知湖南的焦达峰，以便同时举义。由于要等待黄兴等人来鄂，所以并未最后确定具体举事日期。

10月9日，孙武在设在汉口俄国租界的秘密机关试制炸弹，不慎爆炸，

图92　武昌起义组织策划者蒋翊武。

图93　武昌起义组织策划者孙武。

孙受伤入医院治疗，而机关暴露，起义相关文件和物品均被闻讯赶来的俄国巡捕搜去，并立即转交武昌的巡警道，设在武昌的另一机关随即被破获，数十名革命党人被捕，起义领袖（如蒋、孙等）虽决定立刻举事，但均外逃避难。这样，当起义仓促发动时，原定的领导人全都不在一线，发难者为士兵和小头目，其军阶、资历和名望均不足以号召全军。

10月10日清晨，被捕者中有三人被当局处决，一时谣言四起，说是革命党人名册已被查获。顿时，新军中人人自危，为免于束手待毙，势必要与当局作鱼死网破之争，但仓促发难，群龙无首，必得有人挺身而出，而时势也就造就了这样的领军人物。熊秉坤（1885—1969），字戴乾，湖北江夏人，商贩出身，家道中落后投身军旅，后由孙武介绍加入共进会，当时任新军工程营正目（即班长），并担任共进会在该营的营代表。汉口机关暴露后，武昌机关指挥部决定于9日午夜起事，城内以工程营枪声为号，城外以南湖炮声为号，但随即武昌机关也被破获，蒋翊武等外逃。熊秉坤召集同志商议，指出，“党人名册已落清吏手中，势必按名册逮捕。反也死，不反也死，与其坐以待毙，不如死里求生”。又说，“总机关责成工程营首先发动，军械库又为我营防守，我们不先发难，别营必不敢动；只有我们先发难，占有军械库，别营才可能响应。”[19]大家均表赞成，即定于下午3时全营晚操时发动。然而军官们因风声紧急，取消了晚操，原计划落空，熊又分别告诉同志改于7时发动。届时，熊对空鸣放三枪，起义者们处决了一些抗拒的军官，集合了营内七八十名同志奔赴楚望台军械库，与那里起事成功了的士兵会合，熊亦以工程八营革命代表兼大队长身份，指挥全营。然而，“众兵士平时皆依赖官长指挥，此时秩序忽乱，见无官长，惶惶无主，虽有代表，而兵士仍不信仰”。[20]这时，更高一级的指挥官便为时势推上了历史的前台。

吴兆麟（1882—1942），字畏三，湖北武昌人。吴十六岁从军，曾入工程营讲习所和湖北参谋学校学习，成绩优秀，颇受营内官兵尊重。吴曾一度加入过日知会，受到过革命思想的启蒙。工程八营分为前后左右四队（连），吴任左队队官（连长）。起义发动时，他不明就里，暂避于库房。吴在营素有威望，士兵一经发现，即公推其为义军临时总指挥。吴就任后，首诫士兵一不得滥杀无辜，二必须服从命令，在获得一致承诺后，下令兵分三路，进攻督署衙门，为首的仍是熊秉坤。经过激战，总督瑞澂、统制张彪弃署而逃，武昌就此光复。所以，近代史上经天纬地、改朝换代的大事件，竟是由一个班长和一个连长发动、指挥和领导的。其时，驻扎武汉三镇的清军有二十五营，人数在一万五千到一万八千人之间，倾向革命的新军大多随同端方入川弹压保路风潮了，起义时倾向革命的新军只有五营，二千人左右[21]。如无熊秉坤的果断发难和吴兆麟的指挥有方，从而使其他观望犹豫的部队迅速加入，武昌起义是否能够底定于成，还要打个问号。熊、吴是小人物创造历史的典型，因为他们是起义的功臣，所以民国成立后，经大总统袁世凯授衔，熊班长成为陆军少将，吴连长则成为陆军中将，一飞冲天了呢。

吴颇有政治头脑，知道凭一已之军阶、资历难于统一号令三镇军民，于是新的领袖人物再次被推上历史舞台。经吴及起义新军的挟持推举，协统（旅长）黎元洪、咨议局议长汤化龙分掌军政、民政，此举对于稳定人心和大局有着重要作用；否则，群龙无首的新军难成气候，更经不起嗣后清军的反攻。由于时间上的延误，最初的革命领袖们纷纷赶回时，水泊梁山的座次已经排定，而由革命派所发动的起义成果亦已在无形中转入改良派的手中，武汉三镇也由革命的策源地一变而为立宪派的重镇了。

武昌起义在旧历八月十九日爆发，次日就是袁世凯 53 岁的寿辰，不少故旧、朋友都来到洹上村的袁府贺寿。21 日，武昌起义的消息传来，“人心惶惶，然而大家都认为袁公必将起用”[22]。果然，22 日即有朝廷起用袁为湖广总督的消息传来，23 日，袁昔日的亲信幕僚阮忠枢就到了彰德，他名为祝寿，实际是作为庆王的专使，特地前来敦劝袁世凯出山的。袁世凯的人生、事业，又一次面临重大的抉择。

当时在洹上村袁府做客的故旧中，主要有两种意见，多数主张袁不宜马上出山，而应静观待变，持此观点的有王锡彤[23]、杨度、段芝贵等，据王锡彤回忆：

图94　在垣上养寿园隐居垂钓的袁世凯。

二十三日，庆王派阮斗瞻（即阮忠枢，斗瞻为其字）来劝驾，袁公上呈了谢恩折。惟我与云台（即袁氏长子袁克定，云台是其字）主张不应清廷之命，因而轮番迭次劝说。杨皙子（即杨度，皙子为其字）与斗瞻同来，其主张与我和云台相同。皙子说，“革命初起，袁公督师必会一鼓荡平它，（但）清廷的改善绝没有希望。”我则以为乱事一旦平定，袁公即有性命之忧（意谓功高震主，有不测之祸）。侍坐时再三（向袁）陈说，袁公忽然面色不快地说：“我不能做革命党，我的子孙也不愿他们做革命党。”我知道自己人微言轻而牵连到云台了，默然退出。[24]

8月29日，徐世昌也奉庆王之命，亲赴彰德敦劝袁世凯出山。袁世凯开出的条件是，开国会，组织责任内阁，宽容武昌事变人员，解除党禁，

图95　湖北革命军政府都督黎元洪。

总揽兵权，宽予军费，并调用王士珍、冯国璋、张锡銮、倪嗣冲、段芝贵、袁乃宽等一批老部下，与自己同赴前敌。不用说，朝廷没有还价的余地，只能一一照办。9月6日，朝廷授予袁钦差大臣和节制前线所有水陆军队的全权，隆裕皇太后还拨发内帑银一百万两，供湖北前线军用。9日，摄政王载沣以“用人无方，施治寡术”下诏罪己。

从接到督师的上谕，到亲赴前敌，袁瞻顾徘徊了半个多月，其间他表面上不动声色，内心里则沉机默运，何去何从，实际上斟酌已定。何以见得？据说，冯国璋率军南下时，袁所面授的机宜是“慢慢走，等等看”的六字方针。[25] 此后，他又托人给在京城的梁士诒带话，“南方军事，尚易结束，北京政治头绪棼如，正赖燕荪（即梁士诒，燕荪为其号）居中策划一切。请与唐少川（即唐绍仪）预为布置。”[26] 九月初九，他自洹上乘火车南下督师之前，已授意其幕僚刘承恩[27] 以同乡之谊先后两次致函黎元洪，提出议和，但均无回音。9月11日，刘再发一函，仍无音讯。“袁世凯乃遣刘承恩、蔡廷干二人为代表委员，自汉口渡江，与黎元洪晤商，此九月二十日事也。”[28] 袁世凯此时的想法和议和的宗旨何在？从刘承恩对黎元洪的说辞中可以一窥究竟。

项城之意，不过三世受恩，不忍清政府（被）推倒，故特派代表等前来协议。都督（指黎元洪）所以革命之原因，无非为清廷虚言立宪，实行专制。现在清廷已下诏罪己，宣誓太庙，将一切恶捐恶税全行改除，实行立宪，与民更始，目的可说是已经达到，倘若再延长战争，生灵益将涂炭……伏望都督统筹善策，顾全大局，传之各省，暂息兵端。一面公举代表入京，组织新内阁，共图进行之策。朝廷仍拥有帝位的虚名，人民已达参政的目的，所谓一举而两善存也。满人虽居心狡诈，然而经过这样一番改革，大权均操之于汉人之手。清室帝号虽存，已如众僧人供奉一佛祖。佛祖有灵，则皈依信奉他；不然，焚香顶礼，权在僧人，佛祖也是无能为力的。[29]

另一位代表蔡廷干与黎元洪是北洋海军时的老相识[30]，他的发言也反映了袁当时的想法是实行君主立宪制。

（义军的）代表们要求蔡廷干发表意见。蔡廷干说，他作为总督代表前来致力于恢复和平，如果可能的话，达成和解。他极力陈说共和政体的政府不适合中国国情。他指出如果每个省是联邦共和国的一个州的话，可能由此而发生的危险。怎样防止各个省退出联邦呢？如果某省打算退出中华联邦，由谁来挽留呢？例如，假如有云南省片马问题[31]那样的边境问题，其他省份的公众不会和受到影响省份的人民对危机的严重性持相同的观点。在本省内，事情被认为是生死攸关的，而在更遥远（地方）的人看来，或许以妥协为好。如果这种事情在云南发生了，云南会和旁的省份分离。在这种情况下，旁的省份是否要以武力来阻止云南的脱离呢？同样的，对日本人在满洲的侵略行径，以及同法国在广东、广西的纠纷等，诸如此类的事怎么办？他强调指出，在袁世凯看来，保留清朝而限制君权是维持帝国统一的最好保障。

（在义军代表们一致表示赞成共和制度后）蔡廷干回答说，像现在英国那样的君主立宪制，是最稳定的政体，是廉洁政府的最好例证。他谈到法兰西共和国所显示出的极度的腐败，并援引巴拿马丑闻为例说明那里的情形。他提醒代表们，他曾在美国受教育，而后描述了在美国社会生活各个部门蔓延着极端腐败的状况。代表们指出所有的人都渴望中国能够稳定，问他能举出什么例子来说明君主制比共和制更稳定。蔡廷干回答说，看看在墨西哥发生的事情吧，不要忘记自从南美洲建立共和制以来，各共和国中屡屡发生的自相残杀，每隔两三年就要来一次革命！

晚上，蔡廷干同代表们一道进餐。他们坐在一起，相互交谈，“亲如一家”。蔡廷干为袁世凯，为有限的君主制辩护，但他承认，代表们决没有被他的话所打动。相反地，我（即莫理循）深信……事实上，蔡廷干一方面在理论上捍卫君主立宪制，而同时又和他的谈判对手一样强烈反满。如果他真的像和我交谈时那样激烈地表露出反满情绪的话，我想他就不会对和解作出很大帮助了。他和我谈话近一个小时后，使我深信，他就像黎元洪的许多追随者一样内心里赞成共和制。他说，所有的代表都给袁世凯以好评，并表示他们非常惊讶，在满人给了他那样的待遇之后，现在竟站出来帮助满人。[32]

刘、蔡的话透露了袁世凯最初的打算：利用此次革命，架空皇室，实行君主立宪政治。这样既可以实现其宏愿，成就力挽狂澜，再造国家的丰功伟绩；又能使他免于专制制度下因功高震主，事后难逃不测之祸的危机。如此，他可以像曹操一样，成为大权独揽的权臣，而又不蒙受背主篡权的历史恶名。在袁世凯当时所能有的若干种选择中，这是最稳妥的一种。

当然，袁世凯也可以一鼓荡平革命党，从武汉三镇小小的攻守战役，到后来二次革命时南军的表现来看，北洋完全有这个能力。问题是，荡平以后如何？倪嗣冲建议他直接夺位做皇帝，他拒绝了，那会使他蒙受篡权的恶名。做忠臣？幕僚故旧们担心的那种鸟尽弓藏、兔死狗烹的局面，从历史经验来看，是屡见不鲜的呢。那时怎么办？反抗？那同样会使自己蒙上叛乱篡夺的恶名，这是袁世凯所不取的。所以要“议和”，保持着革命的压力，朝廷才离不开他，主动权也才会牢牢握在自己的手里。中国古代有句话，叫作“养寇自重”，就是这个道理。

再有一种考虑是，如果真的是“民心”已去，在君主立宪搞不成时，只能要皇室逊位，转行共和立宪，袁世凯有这个思想准备，也完全有这个能力。问题是，他绝不想由自己出头办这件事。所以最好的办法还是议和，由南方的革命党挑这个头，自己只要在适当的时候暗中策动、施加一些压力，事态就会向预想的方向发展，水到渠成地实现这种历史转变。

袁世凯所谓“三世受恩”，指的是其叔祖父袁甲三，嗣父袁保庆、叔父袁保恒、袁保龄和自己这一代都受到了朝廷的重用，因此不忍也不能背叛朝廷。这个话应该是可信的。袁世凯虽无科举出身，但中国的史书是读得很熟的，中国史书对于大臣的出处进退，是否忠于朝廷是看得很严重的，所以史家有“一字之褒，荣于华衮；一字之贬，严于斧钺”的说法。袁家是世代耕读为生的地方望族，对家族的荣誉看得非常重，个别家族成员的不忠不孝行为会使整个家族蒙羞，所以，袁世凯即使心里存有“彼可取而代之”的想法，也绝不愿自己出头做这件事。而迫使清廷主动把政权交到自己手里，南方的革命党可以派上大用场，由他们做恶人，而自己则要努力为皇室争取优厚的退位条件，这样，以“揖让”得天下，才能不担历史的骂名，求得内心的坦然。袁世凯主动提出议和，以及他在和议期间的种种做法，可以说主要出自这种心理，所以他的种种作为，全是在演戏，自不免给人以矫揉造作、翻云覆雨的感觉。袁氏的老友中，徐世昌与他相交最早，相知最深，后来论及辛亥时袁世凯的所为时，他的分析较为切合袁的思想的实际。

> 辛亥革命时，清廷起用项城，督师武汉，没有多久，擢升为内阁总理，其权势之重，一时无与抗衡者，当时其左右亲昵之人，即有劝袁利用机会取清廷而代之之议，即后来号称反对帝制的张一麐，也曾驰电劝进，然而项城之所以不出此者：（一）袁氏世受清室恩遇，不肯从孤儿寡妇手中取天下，为后世所诟病；（二）清廷旧臣尚多，如张人骏、赵尔巽、李经羲等，均具有相当势力；（三）北洋旧部握有军权者，如姜桂题、冯国璋等尚未灌输此种思想；（四）北洋军力未能达到长江以南，即令帝制自为，亦是北洋半壁（江山），南方尚须用兵；（五）南方人心向背，尚未可知。因此，项城最初表面维持清室，其次始讨论民主君主（问题），又其次则偏重民主，最后清帝退位而自为大总统。此时南北和议，北方代表唐绍仪主张民主，杨士琦主张君主。袁本想在清帝退位后，自为总统，故清帝退位诏书中有“由袁世凯以全权组织临时共和政府，与民军协商统一办法”之语。不料南京选举孙中山为总统，项城之总统且由中山推荐，此非项城所能逆料的。当时杨士琦主张君主（制），人们皆以为是维持清室，不知杨之所谓君主者，非溥仪，乃项城也。同时，汪兆铭（即汪精卫）、杨度组织国事匡济会，杨度也主张君主制，其意图正与杨士琦相

同，但两人各不相谋而已。

总之，项城为人，表面上大开大阖，在实际上则先求千稳百当，方肯做去。选举大总统顺理成章，而另起炉灶，则多少带有冒险性，虽是双管齐下，项城终由稳着走大总统一途。[33]

客观上说，当时的中国，就治国的能力和经验，掌握的政治、经济、军事和人才资源，在国内外享有的声望上，没有人能同袁比肩。所以黎元洪在与刘、蔡会晤时即表示，“以项城之威望，将来大功告成，选举总统，当推首选”。[34]黄兴到武汉后，也曾致函袁世凯，说以民族大义，表示“以明公之才能，高出兴等万万，以拿破仑、华盛顿之资格，出而建拿破仑、华盛顿之事功，直捣黄龙，灭此虏而朝食，非但湘、鄂人民戴明公为拿破仑、华盛顿，即南北各省当亦无有不拱手听命者。”[35]后来孙中山在就任临时大总统时，也致电袁世凯，表示自己不过是承乏暂代，只等清室退位，大总统一职仍将“虚位以待”，还是他袁世凯的。[36]当然，袁与革命党之间不过是政治上的相互利用而已，说的都是一些言不由衷的话。但只要清室退位，即以总统一职作为袁世凯的酬劳，已是南方革命领袖们的一致意见，因为无论就军事、经济实力，还是自己内部的团结上，革命党人都远不如北洋，这是他们不能不作出的让步。这个意见通过已同杨度、袁克定等建立起密切关系的汪精卫传达给了袁世凯，但袁世凯正在处理北方的乱局，稳定自己的阵脚，于是打哈哈说，他希望黄兴来做这个总统。[37]

图96　出任临时大总统时的袁世凯。

9月9日，袁世凯自彰德南下，11日，奕劻内阁辞职，授予袁世凯（河南项城市博物馆提供）内阁总理大臣职务，同时仍节制前敌陆海军。9月12日，北洋冯国璋部占领汉口，整个形势，似有转机，但后方突然变起肘腋，驻扎滦州的陆军第二十镇统制（师长）张绍曾[38]、陆军第二混成协协统（旅长）蓝天蔚[39]等一批高级军官电奏朝廷，提出十二条政纲，要求立即召开国会，改定宪法，组织责任内阁，皇族不得干政，特赦革命党人，等等。当天，驻扎在石家庄的陆军第六镇统制吴禄贞[40]，截留了运往湖北前线的军火，并致电清廷，请求明降谕旨，大赦革命党人，速停战争，饬令冯国璋所部退出汉口。清廷慌了手脚，一面公布资政院拟订的所谓“大信”十九条，全面接受了张绍曾等的要求，一面电令袁世凯迅速来京主持大局。一时间，整个北方的局面似乎要大变，这后面的背景是什么呢？这就要由立宪党人的政变计划说起了。

1908年末，光绪、慈禧相继去世，康梁等海外保皇党人既忧又喜。忧的是，光绪之死，使得他们一下子失去了奋斗目标，无“皇”可保了。喜的是，慈禧这个老顽固不在了，摄政王是光绪的亲弟弟，有可能继承先帝的遗志，重新开始维新立宪运动，而他们作为先帝器重的旧臣，有可能在政治上复出当政。后来看到载沣罢黜了袁世凯，更觉得他是个有作为的英主，寄予了很大期望，书信交驰，希望他能推动立宪政治，与民更始。梁启超更是踌躇满志，自认为“中国前途非我归而执政，莫能拯救”，[41]大有匡扶天下，舍我其谁之慨。然而落花有意，流水无情，摄政王连赦免令也不肯下，何论其他。梁氏愤激之余，转而倾向革命。先是，梁于1908年派汤觉顿[42]赴北京，活动于肃亲王善耆和军咨使良弼之间，又联络禁卫军统领载涛与海军大臣载洵，试图利用亲贵间的矛盾，推倒载泽、奕劻，开国会，实行责任内阁和立宪政治，把清廷“暂借为过渡，但使立宪实行，政权令归国会，则皇帝不过坐支乾修之废物耳。国势既定，存之废之，无关大计，岂虑其长能为虐哉？”[43]自辛亥夏秋以来，梁等“多布吾党入禁卫军，而外抚第六镇（驻保定）之统制吴禄贞为我用，一切布置皆略备矣。”武昌起义后，梁试图利用张绍曾、蓝天蔚和吴禄贞三军夹击北京，推倒“皇族内阁”，立即召开国会，安抚南方革命派，运动南方各省督抚暂倡自主，以杀革命党之势，并组织以自己为首的责任内阁，以达到挽救清廷实现君主立宪的目的。梁自命此策为“和袁（世凯）、慰革（命党）、逼满、服汉”的八字大方针。但问题是梁氏手中可用的资源太少，其政变计划只能是文人的纸上谈兵，既不足以“安抚”南方的革命党，更非北洋盟主袁世凯的对手。

这种变更国体、四海混一的天字第一号的政治游戏，哪里是赤手空拳的人凭谋略所能玩得起的！所以，等到梁启超九月初六冒险乘船经旅大回国，试图会见张、吴等人，鼓动他们实施政变计划时，黄花菜已经凉了。吴氏就在6日石家庄的兵变中遇害；稍晚，张、蓝的兵谏也于11日失败，袁世凯则于13日安全抵达北京就任内阁总理。梁氏知道大势已去，不得不返逃日本。这个立宪党人的流产政变计划，在辛亥年的大转折中，只是个小小的插曲。但吴、张、蓝等人的行动，对于袁世凯全面控制朝局，仍有不容忽视的促成作用。

平息了北方的不稳，袁世凯转过头来对付南方。11月27日（旧历十月七日），北洋军攻克汉阳，冯国璋原想乘胜一鼓拿下武昌，袁世凯亲自以长途电话制止了他，目的当然是按照自己预定的步骤行事。但是，此时距武昌起义已过去了一个半月，有了这一个半月的相持，许多犹豫观望的省份也加入到革命排满的潮流中来了。后来的国民党人把这归功于黄兴的苦战坚持，其实，这里面起码要有袁世凯一半的功劳，如果他不约束急于求战的北洋精锐，保持一种打打停停的状态，武昌早已陷落是可以肯定的。这种土崩瓦解的局面毋宁说是袁所预期和乐于见到的，非如此，皇室不会承认大势已去，乖乖地听从他的安排。然而形势终究已大不相同，武昌虽还是前线，但在政治上开始沦为次要的舞台；流亡海外多年的“老政治犯”孙文和黄兴成为袁的新政治对手，他们可不同于黎元洪那类袁所熟悉的官场人物，而是意志顽强，理念坚定的革命党人。尤其是，他们背后有一个组织——同盟会的支撑，而且在南方的革命浪潮中，与原先的立宪派结合到了一起，使多数人由君主立宪转到共和立宪的立场上去了。

图97　出任中华民国临时大总统时的孙文。

孙文（1866—1925），原名孙德明，字逸仙，广东香山人。在日本一直称他本名孙文，欧美多称其字作孙逸仙，唯独在中国，辛亥以后，不知何故，称他作孙中山[44]，他在流亡年代，起过多个化名，其中有“中山樵”“中山二郎”二名，似与“中山”搭界，反正以后叫开了，其本来名字反倒不如其化名叫得响了，所以我们也约定俗成，此后称他作中山了。中山可以说是中国最早的职业革命家。年轻时，他也曾对维新改良抱有期望，曾北上上书于李鸿章，不果；后遂转持革命排满思想，对于后来的革命党人，可谓是先知先觉者。孙于理论、宣传及奔走组织联络出力实多，而于实干方面，则主要依赖黄兴。但中山因为最先倡导排满革命，成为清廷缉拿的重要案犯，尤其在伦敦蒙难后，便由无名的流亡者一跃而为中外瞩目的革命党的代表性人物。在革命排满思想大兴后，中山顺理成章地成为革命的先辈与元勋。

后来大家推举他当临时大总统，一是为了促动一下袁世凯，二是由于他在国际上的知名度高，革命党人都期望他能从国外搞到急需的贷款[45]，并尽快获得各主要列强的外交承认[46]。但由于他没能办成这两件事，加上手中又没有自己的军队，所以大总统的位置，就不能不“虚位以待”袁世凯了。

黄兴（1874—1916），原名轸，字岳生，又字廑午，号克强，湖南善化（今长沙）人。父为塾师，幼读书兼习拳术，后入张之洞所办两湖书院学习。“为人厚重，工书能文”；1902年公派赴日留学，入东京弘文书院学习师范，课余从日本军官讲习军略战术和骑射。日俄战争时，加入留日学生组成的抗俄义勇队受训；同年6月回国，因在两湖书院演说废除满汉界限及更改国体政体，张之洞下令拿办，黄逸去。同年冬即在湖南联络会党，准备次年在长沙起事，事败东走日本，改名黄兴，字克强。1905年，孙文由欧美赴日本，由杨度牵线，与黄兴结识，引为同志。孙氏之兴中会，黄氏之华兴会及陶成章之光复会联合而成立中国同盟会，自此，革命排满运动才获得新的势头，打开了新的局面。孙任总理，黄为庶务，孙为革命运动之理论宣传家，黄兴则注重于组织和实干，二人可谓珠联璧合，相得益彰。排满革命遂为之一变，

图98　黄兴像。

由舆论宣传走入实际。辛亥前国内发生的革命暴动，半数以上为黄兴亲自主持，屡仆屡起，百折不挠。且黄为人大度，顾全大局，不争名位，有功成不居、成功不必在我的胸怀，广为同志所爱戴。钦州、广州两役后，黄威名大著，各地革命党人无不遥奉其为领袖，所以后来才有武汉新军专人邀请其前往主持大局之举。

12月5日，袁世凯致电其和谈代表刘承恩、蔡廷干，要他们转达新的和谈提议：双方继续休战15天，他将派唐绍仪赴武汉与黎元洪的代表共商大局。6日，隆裕太后发布懿旨批准摄政王载沣引咎退归藩邸，嗣后的用人行政，均责成内阁总理大臣，袁世凯至此完全控制住了北京的局面。7日，袁获得朝廷全权大臣的授权，并正式委派唐绍仪为全权代表，杨士琦、严修（未受职）为参赞，南下议和。袁世凯派唐绍仪出任自己的议和全权代表，一是唐是交涉和谈判的好手，更是基于对唐的信任，二人自朝鲜时起，已共事了近三十年，而且是患难之交。然而袁世凯忽略了，唐是受过美国教育的人。从十四岁出洋留学，到入哥伦比亚大学攻读，绍仪在美国整整学习、生活了七年。美国的民主，已在他成长中的心灵里，深深地埋下了种子，当气候适宜时，它就会萌发出来。

图99　南北议和时的北方首席代表唐绍仪，后出任民国首任内阁总理。

所以，唐绍仪南下伊始，就对南方的革命党人抱有同情，对他们所主张的立宪共和制，更有着衷心的期望，自觉不自觉地，他的立场就站到了南京一方。譬如，到达南京后，在拜访南方代表伍廷芳时，唐就表示，“美利坚之平民政治，我们游学此邦时，即已醉心；自奉使新大陆，益领悟其共和政体有利于国计民生，更是倾倒的不得了。”[47]在正式谈判中，唐又畅言说：“共和立宪，万众一心，我等汉人，无不赞成，不过宜筹一善法，使和平解决，免致清廷横生阻力。且我共和思想尚早于君（指伍廷芳），我在美国留学，素受共和思想故也。今所议者，非反对共和宗旨，但求和平达到之办法而已。”[48] 以致革命党人都认为他“名为清廷代表，实则事事为革命军设计”。[49]

这样，在唐与伍进行的五次谈判中，北方处于被动和守势，南方则咄咄逼人，由于唐曲意弥缝，所以进行得相当顺利。北方和议的宗旨（君主立宪）从开始就未能贯彻，袁世凯虽有怀疑和不满，但从秘密渠道传递过来的信息，还算令他满意，所以对唐、伍二人达成的条款，也就虚与委蛇。这幕后的另一桩交易几乎与公开的和谈同时进行，北方的代表为保定陆军小学督办廖宇春，背后的主脑人物是北洋大将段祺瑞；南方的代表是江浙联军总参谋顾忠琛，他背后则是声名赫赫的黄兴。12 月 20 日，双方达成秘密协议五条：（一）确定共和政体；（二）优待满清皇室；（三）先推覆清廷者为大总统；（四）南北满汉将士，不负战争责任；（五）组织临时议会，恢复各地秩序。23 日，廖宇春自上海返回汉口，当即会晤段祺瑞，报告在沪协议情形，决定由段采取主动行动，拥护袁世凯主政。这个消息传到北京，袁世凯才下决心逼宫。他与徐世昌、奕劻等老搭档密议之后，认为共和政体已是大势所趋，决定将矛盾上交，请隆裕太后召集御前会议讨论国体问题。据当时在袁内阁署理度支部大臣绍英[50] 的日记记载：

> 宣统三年辛亥十一月初九日，内阁具奏，请上（指隆裕太后）召集近支王公会议大计。是日，上先召见王公，次见内阁国务大臣。皇太后垂泪谕袁总理大臣云：“汝看着应如何办，即如何办。无论大局如何，我断不怨汝。皇上长大，有我在，亦不能怨汝。”袁对云：“臣等国务大臣，担任行政事宜。至皇室安危大计，应请上垂询皇族近支王公。论政体本应君主立宪，今即不能办到，革命党不肯承认，即应决战。但战须有饷，现在库中只有二十余万两，不敷应用，外国又不肯借款，是以决战亦无把握。今唐绍仪请召集国会公决，如议定君主立宪政体，固属善甚；倘议定共和政体，必应优待皇室。如开战，战败后，恐不能保全皇室。此事关系皇室安危，仍请召见近支王公再为商议，候旨。”[51]

袁话中的语意，可听出是倾向于共和，但他决不肯担这个责任，所以又把球踢了回去，要隆裕与近支王公们自己做决定。当然议不出什么结果来，隆裕只能屈服。28日，太后发布懿旨，谕令召集临时国会，公决国体。不料29日就有十七省代表公推孙文为临时大总统的事情，袁世凯觉得受到了愚弄，大为恼火。他一面电斥绍仪越权，拒不承认唐、伍此前议定的各条，使进退维谷的绍仪被迫辞职；一面提出另外九条，坚持国民会议要在北京召开，并决定此后和议由自己一手操办。尽管孙文致电表示不过是暂时承乏，袁世凯的口气却变了："君主共和问题，现方付之国民公决，所决如何，无从揣测。临时政府之说，未敢与闻"。孙文再复一电，要他放心："倘由君之力，不劳战争，达国民之志愿，推公让能，自是公论。若以文有诱至之意，则误会矣。"而段祺瑞、冯国璋等数十名北洋高级将领在袁授意下，联名通电反对共和，要求讨伐革命军。于是，南北和议一下子陷入了僵局。

实际上，南方此举，无非是造成共和政体的既成事实，迫使袁世凯加速倒清，并没有与袁争总统的意思。在南方公开与私下的一再保证下，袁确信大总统一职非他莫属后，很快再次启动了迫清退位的程序。1912年1月，清廷连续召开御前会议，讨论所谓"国体"问题（也就是皇室退位问题），恭亲王溥伟是个强硬分子，作为皇室近支宗亲，出席了头两次会议。从他的回忆中，可以知道，除极少数顽固分子之外，当时多数亲贵乃至太后，对保持皇位已不抱希望了。

> 十一月二十九日内阁会议，我抱病到内阁，醇、庆诸王及蒙古亲王均到。袁世凯以有病请假，派遣赵秉钧、梁士诒为代表。最可气愤的是，群臣列坐二三刻钟之久，惟彼此闲谈，不提及国事。我忍耐不住，猛地诘问梁、赵说："总理大臣邀请我等会议，究竟议论何事，请总理大臣宣布出来。"赵秉钧说："革命党势力甚强，各省响应，北方军队不足为恃。袁总理想设立临时政府于天津，与他们开议，或和或战，再定办法。"我说："朝廷以慰庭为钦差大臣，复任命为总理大臣者，是以为他能讨贼平乱吧。今天朝廷在此，而再设立一临时政府于天津，岂北京之政府不足恃，而天津足恃吗？况且汉阳已经收复，正应该乘胜痛剿，却罢战议和，这是什么

道理呢？”梁士诒说：“汉阳虽胜，奈何各省响应，北方无饷无械，孤立危急已甚。设立政府于天津者，是害怕惊扰了皇上。”我说：“从前发捻之乱[52]，扰及畿辅，用兵用了几乎二十年，也没有议和与别设政府之举。今天革命党之势，远不及发捻，何至于一下子议论这种事情？若用兵筹饷之事，为诸臣应尽之责，当勉为其难。若遇贼即和，人人都可以作到，朝廷又何必召用袁慰庭呢？”梁、赵语塞。胡惟德（时任外交大臣）说：“此次之战，列邦皆不愿意，我若一意主战，恐怕要受到外国人的责难。”我说：“中国自有主权对内平乱，外国人何能干预。且英、德、俄、日，皆君主之国，也万没有强行胁迫人君俯从乱党的道理。公既然如此说，请指出是哪国人，伟愿意当面问问他。”庆亲王说：“议事不可争执，况且事体重大，我们也不敢决断，应该请旨办理。”说完，就站了起来，群臣附和他，（会议）遂结束。呜呼！群臣中再无一人开口说话支持我的，真是令人痛心呵。

次日，醇王来电话，以初一日开御前会议，嘱咐我参加。十二月初一日卯正（早5—7时）到上书房，泽公叔（即载泽）对我说：“昨天见到冯华甫（即冯国璋，华甫为其字），他说革命党甚不足以畏惧，但求发饷三个月，即能奏功。等会儿你先奏知，我再详奏。”不一会，醇王叔到了，秘密对我说道：“今天这个会，庆邸（即庆亲王）本不愿意你来，有人问时，只说你自己要来。”我恭敬地答应了。辰刻（早7—9时）入养心殿，皇太后西向坐，皇帝未出席。被召见者有醇王、（溥）伟、睿王、肃王、庄王、润贝勒、涛贝勒、郎贝勒、泽公、那王、贡王、帕王、宾图王、博公。太后问道：“你们看是君主（制）好，还是共和（制）好？”全都回答说：“臣等皆力主君主（制），没有主张共和（制）的道理，求太后圣断坚持，勿为所惑。”太后说：“我何尝要共和，都是奕劻和袁世凯说，革命党太厉害，我们没有枪炮，没有军饷，万不能打仗。我说可否求外国人帮助，他说奴才同外国人说说看。过了两天，奕劻说：‘外国人再三不肯，经奴才努力陈说，他们才说：革命党本是好百姓，因为改良政治，才用兵，如要我们帮忙，必得使摄政王退位。你们问载沣，是不是这样说的。’醇王回答说：“是的。”我对奏说：“既然是奕劻这样说，现在载沣已然退政，外国何以仍不帮忙？显然是奕劻欺罔。”那彦图（即那王）上奏说：“既然太后知道如此，求嗣后不要再相信他的话。”我上奏说：“乱党实不足惧，昨日冯国璋对载泽说，求发饷三个月，他情愿破贼，请问载泽有没有这回事？”载泽对答说：“是有（此事）。冯国璋已然打有胜仗，军气颇壮，求发饷派他去打仗。”太后说：“现在内帑已竭，前次所发的三万现金，是皇帝内库的，我真没有。”我叩头上奏说：“库帑空虚，哪里敢追求？惟军饷紧要，饷足，则兵气坚，否则气馁兵溃，贻患甚大。从前日俄之战，日本帝后解簪饰以赏军，现在人心浮动，必须振作。既是冯国璋肯于报效出力，请太后将宫中金银器赏出几件，暂充战费，虽不足数，然而军人感激，必能效死。如果获得一次胜仗，则人心大定。恩以御众，胜则主威。请太后圣明三思。”善耆（即肃亲王）上奏说：“恭亲王所说甚是，求太后圣断立行。”太后说：“胜了固然好，要是败了，连优待条件都没有，岂不是要亡国吗？”我上奏说：“优待条件是欺人之谈，不过与迎闯王不纳粮的话一样。彼是欺民，此是欺君。就请用贤斩佞，激励兵心，足可以转危为安。若一议和，则兵心散乱，财用又空，奸邪得志，后事真不堪言。况且大权既去，逆臣乱民倘有篡逆之举，又有什么法子制止他们呢？那时又向谁索取优待条件呢？”又叩首陈奏说：“即使优待条件可恃，夫以朝廷之尊，而受臣民优待，岂不贻笑列邦？贻笑千古？太后皇上欲求今日之尊荣，不可得也。臣忝列宗支，实在不忍见到此等事情！”太后说：“就是打仗，也只有冯国璋一人，焉能有功？”善耆陈奏说：“除去乱党几人，中外诸臣，不是没有忠勇之士，太后不必忧虑！”我陈奏说：“臣大胆，敢请太后皇上赏兵，情愿杀贼报国！”（太后）望着载涛说：“载涛你管陆军，知道我们的兵力怎么样？”载涛奏答说：“奴才没有打过仗，不知道。”太后默然，过了很久才说：“你们先下去吧。”善耆上奏说：“一会儿国务大臣进见，请太后慎重降旨。”太后叹息道：

"我怕见他们。"又看着溥伟说："待会儿他们又是主和，我应该说什么？"（我）对奏说："请太后仍是坚持前次谕旨，要他们通过国会解决。若是设立临时政府，或迁就革命党，断不可行。如彼等有意外要求，请太后断不可行。"太后说："我知道了。"（我）又叩首陈奏说："革命党，无非是些年少无知的人，本不足畏惧；臣最忧虑的，是乱臣借着革命党的势力，恫吓朝廷。又再用甘言诈骗，以揖让为美德，以优待为欺饰，请太后明鉴。"……按那天被召见的共十四人，惟有四人发言，其余的人皆缄口不言，真是令人感慨呀。过了两天，醇王叔对我说："你在御前的奏对，言语太激烈，太后很不喜欢。说是时事何至于这样。恭亲王、肃亲王、那彦图三个人，爱说冒失话，你告知他们，以后不准再如此。"[53]

从上述御前会议的情况来看，恭亲王溥伟等人徒托空言，反不如隆裕太后有现实感。冯国璋何许人？袁世凯的老部下，是能够冒天下之大不韪，出头支撑风雨飘摇中的大清江山的人么？所谓请饷，不过是在财政上榨干皇室的手法而已。果不其然，前不久还通电坚持"君主立宪"的段祺瑞十二月初七突然通电内阁，来了个一百八十度的大转变。通电声称，"政体付诸公决，以现在人民趋向，何待再卜？""近来各路统兵将领不时来言，人民进步，非共和不可。且兵无备补，饷械缺置，战守无具，败亡不免……昨闻恭王、泽公阻挠共和，多愤慨不平，要求代奏；各路统将也来联衔，压制则立即暴动，敷衍亦必全溃。"恫吓之后，次日北洋高级将领四十余人联衔通电宣称，即使通过国会公决政体，"而默察人心趋向，恐仍不免出于共和一途。彼时万难反悔，是徒然以数月水火之患贻害民生。何如预行裁定，示天下以至公……祺瑞等受国厚恩，何敢不以大局为念。故敢比较利害，冒死陈言。恳请涣汗大号，明降谕旨，宣示中外，立定共和政体，以现在内阁及国务大臣等暂时代表政府，担任条约、国债及交涉未完各事项，再行召集国会，组织共和政府，俾（使）中外人民咸与维新，云云。"2月8日，段祺瑞等一批将领再发通电，其势更为汹汹，矛头直指反对退位的皇族亲贵："三年以来，皇族之败坏大局，罪实难数……该国体一日不决，则百姓之因兵燹冻馁死于非命者，日何啻数万？瑞等不忍宇内有此败类也，岂敢坐视乘舆之危而不救？

仅率全军将士入京，剖陈利害，祖宗神明实式鉴之”。挥泪登车，昧死上达，这副要拼死对决的架势，王公亲贵们能不怕？此后，还在清廷控制下的各省督抚、外交使节、资政院与咨议局议员等纷纷通电拥护共和，请求皇室识大体，顾大局，顺天应人，尽快退位，宣布共和。就在段祺瑞等联名通电的当天（1月2日），宗社党的主脑良弼又被革命党的彭家珍炸毙，皇室亲贵们顿成惊弓之鸟，纷纷逃出京都，避入天津、青岛和大连的外国租界。

袁世凯也曾挨炸，借此不再参加朝会，内阁与皇室，均由梁士诒、胡惟德、赵秉钧三位国务大臣居间联络。人心、大势已去，隆裕皇太后在接见三位大臣时掩面而泣说：“梁士诒啊！赵秉钧啊！胡惟德啊！我母子二人性命都在你三人手中。你们回去，好好对袁世凯说，务要保全我们母子二人性命。”[56]在皇室优待条件最后敲定后，隆裕皇太后于2月12日（旧历十二月二十五日）正式颁布了皇室退位懿旨。它不仅标志着大清帝国二百六十八年统治的寿终正寝，也是自秦始皇统一中国以来实行了二千一百三十二年的专制帝制的终结，所以是一篇富于历史意义的大文章，值得原文照录如下：

奉旨：朕钦奉隆裕皇太后懿旨：前因民军起事，各省响应，九夏沸腾，生灵涂炭，特命袁世凯遣员与民军代表讨论大局，议开国会，公决政体。两月以来，尚无确当办法，南北睽隔，彼此相持，商辍于途，士露于野。徒以国体一日不决，故民生一日不安。今全国人民心理多倾向共和，南中各省既倡议于前，北方诸将亦主张于后，人心所向，天命可知。予亦何忍因一姓之尊荣，拂兆民之好恶。是用外观大势，内审舆情，特率皇帝将统治权公诸全国，定为立宪共和政体，近慰海内厌乱望治之心，远协古圣天下为公之义。袁世凯前经资政院选举为总理大臣。当兹新旧代谢之际，宜有南北统一之方，即由袁世凯以全权组织临时共和政府，与民军协商统一办法。总期人民安堵，海宇乂安，仍合满汉蒙回藏五族完全领土为一大中华民国，予与皇帝得以退处宽闲，优游岁月，长受国民之优礼，亲见郅治之告成，岂不懿欤！钦此。[57]

这篇退位诏书据说主要出自张謇的手笔，发表前袁世凯等加入“袁世凯前经资政院选举为总理大臣……即由袁世凯以全权组织临时共和政府”几句作为伏笔，以防南方万一食言，他即可据此确立自己的合法性，即他是受命于大清皇室和民意机关——资政院，其地位非南方各省所能动摇。最后一句“岂不懿欤”，据说是徐世昌的手笔，收煞得相当干脆而巧妙，显示了翰林出身的笔头功力。

逊位诏书下达的次日，袁世凯即电告南京临时政府，并宣布自己的政见：“共和为最良国体，世界之所公认……大清皇帝既明诏辞位——业经袁世凯副署，则宣布之日，为帝政之终局，即民国之始基。从此努力进行，务令达到圆满地位，永远不使君主政体再行于中国。”[58]2月16日下午，袁世凯在其所居住的外务部大楼（在石大人胡同，即今东城外交部街）中，由秘书蔡廷干为他剪掉了辫子，袁世凯随即朗声大笑，是否在得意于自己拔大树谋略[59]的成功呢？同日，通令自2月18日（即旧历正月初一日）起，所有军官和官吏一律剪发，以示“咸与维新，喜庆共和”。[60]

南京方面，孙文尽管不情愿，也只能依约向南京的临时参议院辞职并推举袁世凯为大总统：“有约以‘清帝实行退位，袁世凯君宣布政见，赞成共和，即行推让’，提议于贵院，亦表同情。此次清帝逊位，南北统一，袁君之力实多；发表政见，更为绝对赞同，举为公仆，必能尽忠民国[61]”至此，一切顺利，这样大的一场历史变革，并未演变成为通常会有的杀人盈野、血流漂杵的惨剧，而是匕鬯不惊地完成了新旧时代的嬗递，不能不说是南北双方的大成功，而且可以说是达到了“三赢”的结果。清室得到了优待，而没有像历代亡国之君一样惨遭灭族之祸，一赢；革命党人实现了排满革命的目标，建立了民国，二赢；袁世凯在不担篡位骂名、不动用武力的情况下成就了自己国家领袖的地位，三赢。应该说，辛亥南北议和是以谈判妥协方式处理政治分歧的典范，展露了袁世凯出色的政治智慧，如果他能够更进一步，与孙、黄开诚共事，中华民国的前途是大为光明的。然而，双方缺乏互信，彼此猜防的现象立刻就出现了。

首先，孙文在辞职的同时，提出了三条附加条件：一、必须定都于南京；二、袁必须到南京就任总统；三、袁必须遵守南方制订的临时约法。但头两条并未得到临时参议院的认同，包括同盟会员在内的大多数议员都认为应该定都北京，当日参加议事的二十八人中，有二十人赞成定都北京。

因章炳麟、宋教仁等均反对建都南京，参议员多受其影响。是日，参议院讨论临时政府设置地点问题，同盟会员中如李肇甫亦强调迁都北京之必要。经过激烈辩论，竟以多数票通过临时政府设于北京。孙中山、黄兴闻讯震怒，急召参议员中同盟会员李肇甫、黄复生等严责不应为袁氏张目。黄兴尤其怒不可遏，两手插入军服口袋中，踱来踱去。李、黄等以交回复议为请，黄兴突然说："政府决不为此委屈之手续，议院自动翻案，尽于今日，否则我将派宪兵入院，缚所有同盟会员去！"

亲历此事的吴玉章的回忆是：

本来在参议院中，革命党人占据多数，是完全可以根据孙中山先生的意见通过建都南京，反对迁都北京的。但十四日开会的时候，革命党人李肇甫，却到台上去大放厥词，说了一通迁都北京的必要。参议员中原来就有不少人对袁的不愿南下表示同情，而李又善辞令，他这么一说，赞成迁都北京的人便成了多数。孙中山先生和黄兴知道了这件事情以后，非常生气，当天晚上把李肇甫叫来大骂了一顿，并限次日中午十二时以前必须复议改正过来。十五日晨，秘书处把总统提请复议的咨文做好后，需要总统盖印，而总统已动身祭明孝陵去了。我急着去找黄兴，他也正在穿军装，准备起身到明孝陵去。我请他延缓时间，他说："过了十二点如果还没有把决议改正过来，我就派兵来！"说完就走了。这怎么办呢？只好找胡汉民去。好容易才把他找到，拿来了钥匙，开了总统的抽屉，取出他的图章盖了印，把咨文发了出去。同时，并通知所有的革命党人，必须按照孙中山先生的意见投票。经过我们一天紧张的努力，当日召开的参议院会议终于把十四日的决议纠正过来了。[62]

2月15日，南京临时参议院全票选举袁世凯为民国临时大总统。18日，南方临时政府委派的专使宋教仁、汪精卫、蔡元培等即北上欢迎袁世凯"南下"就职，而南北双方新一轮的政治较量就此开始了。放着好好的首都北京不要，偏要另起炉灶，为的是什么，有这个必要性吗？显然，孙文此举，是调袁出山，把他放在南方的势力范围之内，削弱其力量的一步棋。而作为政坛老手，袁是决不可能离开自己在北洋的权力基地的。所以孙、黄等人的意图，很快就为一场人为的兵变化解了。一般认为，这场兵变是袁世凯授意的，目的是制造不能南下的借口，根据是唐绍仪目睹的一件事。

唐少川（即唐绍仪，少川为其字）告诉我（即刘成禺）说："当时兵变发生，南方代表束手无策，催促我黎明时分访袁。我坐在门的一侧，袁则当门而坐，曹锟戎装革履，推门而入，见到袁后请安说：'报告大总统，昨夜奉大总统密令，兵变之事，已办到了。'侧身见到我后，也请了一个安。袁说：'胡说，滚出去。'我才知道大总统下令的谣言不假。后来查考兵变始末，其策建于段芝贵。起初想要扩大为拥立袁的陈桥之变[63]，后见南方军势尚盛，内有冯国璋的禁卫军不合作，乃缩小范围，令曹锟第三镇中密派一营哗变，借以恐吓南方代表。不知一发不可收拾。京中变兵，经禁卫军镇压击散，冯国璋恐兵变危及两宫，故全军出击。没有多久，京、津、保定全都报告发生兵变了。曹锟为段芝贵所绐（欺哄），愤极回天津原籍，因此密令系由段芝贵黑夜亲手交给曹锟的。"[64]

但唐绍仪的这个说法，是否就是事实，仍存有疑问。首先，袁世凯是个办事缜密的人，如果真要制造兵变，不会不事先协调好各方，则姜桂题、冯国璋部不会干预。其次，袁世凯既已经被推举为民国大总统，应该不会纵容部下再搞什么黄袍加身的闹剧。所以段芝贵等暗中策划兵变、吓阻南京代表容或有之[65]，但袁未必知情，否则不会盛怒，曹锟也不会在请功时遭到呵斥，委屈气愤得跑回天津。兵变当时，身在袁世凯身边的叶恭绰的说法更为可信。

新春兵变之夕，我在马大人胡同内阁官舍，同数人正在用晚餐，忽闻枪声劈啪，起于所坐窗外，开始以为是新年爆竹，而后空中人声鼎沸，随即又红光烛天，知道必有变故。因而一同出奔到院中，则卫兵秩序纷乱，出入杂沓，项城神色颇为慌张，屡屡由电话问西城情形。大概当时本有禁卫军想要进城为变的谣传吧。但电话随即中断，电灯也灭了，大家更没有办法了，项城于是与我等避入地窖。随后又命令将某处解来的军饷，赏给卫队每人数千元。当时探报不断送到，已知是兵变抢劫，项城的神色也安定了，说："他们如此胡闹，拿我的家伙来——等我去打他们！"扰攘许久，天已微明，即接到汪精卫等人由六国饭店送来致唐少川的一封信，我知道必然重要，于是陈明项城折视，知道欢迎团（即欢迎总统南下就职者）如蔡子民（即蔡元培。子民为其字）、魏注东（即魏宸组，注东为其字）诸君，皆已逃到六国饭店，而且衣履不备，其他尚有多人失踪，希望赶紧访寻云云。项城因命我速往会晤汪精卫，并为他们筹办购买所需物品，我因此步行前往京汉铁路局，取到四千元，费了许多事，才找到人力车，坐至东交民巷东口（因北口已严密守卫不能进入），为口外守卫的外国士兵所拦截，幸亏身上带有名片，出示以后始放行，但仍然拒绝车子进入。我身上只有十元钞票一张，即以之付车费。然后步行到六国饭店会晤汪及同人，状态甚为狼狈，我于是拿出钱交给他们。等到将近十二时，才陆续知道其他人的下落，遂召开会议，决定致电南京，主张项城改在北京就职了。[66]

但无论如何，2月29日晚的这场兵变来得及时，为袁化解了一个难题。3月10日袁在北京正式就任临时大总统，之后又委派唐绍仪赴南京与临时政府办理交接，组织新内阁。4月1日，孙文正式解职，此后临时参议院再次投票，决定定都北京。5日，临时政府和参议院北迁，南北终于实现了有名无实的统一。之所以说是有名无实，是因为双方仍然缺乏互信，定都何处和在哪儿就职的问题虽然解决了，但最重要的"遵从临时约法"一条，又在责任内阁问题上出现了纷争。

先是，南京临时参议院制订的临时约法，规定的行政体制是责任内阁制，而不是总统制，总统只是形式上起国家元首的作用。内阁总理代总统行政，对参议院负责，总统发布的政令，须经内阁总理的副署才能生效。孙、黄等之所以把遵守临时约法作为让位的条件之一，也含有利用内阁权利限制袁大权独揽的用意在内。在与唐绍仪讨论组阁问题时，

图100　袁世凯就任临时大总统后与北洋军官的合影。

南方起初坚持内阁总理的人选，必须出自同盟会，袁当然不能同意，而是提出由追随他多年的唐绍仪担任此职。在双方相持不下，几成僵局之时，列席会议的赵凤昌[67]提出了一个折中的建议，即首届国务总理应为袁、孙新旧两位总统都能接受和信任之人，而为了取信于革命党人，唐可以加入同盟会成为会员，这是可以兼顾双方意愿的办法。话音刚落，孙、黄同时鼓掌，表示欢迎，即时同意推举唐为总理人选。3月23日，经临时参议院通过，袁任命唐为首任内阁总理。25日，唐赴南京组阁，30日正式发表的内阁人事为：

总理兼交通部长	唐绍仪（老北洋、新同盟会员）
外交总长	陆征祥（职业外交官，倾向北洋）
内务总长	赵秉钧（老北洋）
陆军总长	段祺瑞（老北洋）
海军总长	刘冠雄（老北洋）
财政总长	熊希龄（立宪派）
司法总长	王宠惠（同盟会）
教育总长	蔡元培（同盟会）
农林总长	宋教仁（同盟会）
工商总长	陈其美（同盟会）

3月26日，南京方面公宴唐绍仪，席间一致欢迎唐绍仪加入同盟会，唐当场填写了志愿书，孙、黄二人作为他的介绍人随后签名。此后由孙文主誓，唐起立宣誓，与会者高呼同盟会万岁，尽欢而散。

图101　唐绍仪内阁部分阁员合影。前排从右至左为总理唐绍仪，署外交总长胡惟德、海军总长刘冠雄、署工商次长王正廷、教育总长蔡元培。后排右起为国务院秘书长魏宸组、司法总长王宠惠、陆军总长段祺瑞、交通总长施肇基、农林总长宋教仁。

袁世凯完全没有如何通过民主方式运作一个共和国的经验，而作为旧官僚，他更熟悉的是旧官场的行政模式。对于所谓临时约法、责任内阁的种种，起初并不甚在意，认为国务总理既然是跟从了自己近三十年的亲信人物，在行政上不难做到如臂使指般的自如，殊不知对方正是由这里打进了楔子。

唐绍仪在美国受的教育发挥了作用，他真的把责任内阁当成了一回事，于是与袁世凯大权独揽的行政模式，产生了难以并存的冲突。唐既加入了同盟会，也视调和党见为己任，希望南北精诚团结，合作；但由于他倾向共和，故在思想上自觉不自觉地偏向于同盟会，对于有碍南北团结的政令，他必赴总统府力争缓办或更改，以至他每次到总统府，袁之侍从武官均私下议论，说是今日唐总理又来欺侮我们总统了。袁觉得，这个老部下、老朋友似乎愈来愈变成了另一个人。他开始认为唐是挟同盟会以自重，于是以党争为由劝唐退出同盟会，唐却表示：宁可辞职，断不肯牺牲党籍。这使袁更觉得他有了异心，在唐因事同他争执时，遂脱口说出：我老了，少川你来当总统吧！猜忌、不满之意溢于言表[68]。据总统府军事处参议唐在礼回忆，每次袁唐二人发生争论，唐总是说，“责任内阁凡事要对国家负责，自己任总理也要对国家负责”这类话，袁既不便反对，便总是话里话外地对唐说，“我们是没有几天好做的，这个位子早晚要让给你们的。”[69]这样，袁开始有意疏远唐，并以视如无物的方式打击这个认真的总理，贬损他的威信和自尊。譬如赵秉钧是内阁的重要成员，唐为了认真贯彻责任内阁制，规定每周一、三、五举行内阁会议，二、四、六各国务员（各部部长均为国务员）可自行谒见请示总统。但赵自恃有袁的支持，根本无视这项规定。

唐内阁会议，赵从来不参加。而且尽管他不出席，遇事都在会议之外，独自与袁世凯商量做出决定；还往往对唐内阁会议的决议，从旁横生枝节或加以删改。唐既无可奈何，阁员也自然没有异议，拥护而已。赵这般做，目的在于表现他的手面，而最终却在于拆唐的台。除了内政方面以外，当时陆征祥是外交总长，但实际上外交方面是蔡廷干在按照袁的意旨行事。蔡经常与英、美、日各国公使进行外交活动，不仅不接受唐内阁的领导，就连他进行活动的情况，内阁也不得而知。陆、海军方面也是如此，真正重要的公事都是经袁和坂西（袁的军事顾问）、王士珍、段祺瑞等商量决定之后，通过总统府军事处和陆、海军部分别付诸实施。至于筹备组织大元帅统率办事处和收买各系军队，调遣“讨伐”，则更非唐内阁所得与闻。财政方面也由袁和赵秉钧、梁士诒密商解决。当时是小事由赵秉钧一人独挑，大事就必须与徐世昌商量，实际上徐好比是宰相，而赵秉钧、坂西、王士珍、段祺瑞、梁士诒等是各部大臣，唐内阁不过是遮场的幂幕罢了。因此，唐袁矛盾早已严重存在，到了王芝祥事件发生以后，矛盾便表面化了。[70]

王芝祥（1858—1930），字铁珊，直隶通县人。举人出身，清末曾任广西布政使。武昌首义后，广西响应，被举为军政府副都督。南京临时政府成立后，任陆军部高等顾问，第三军军长。临时政府北上时，孙文曾提出派兵一万护送，之后留驻北方，为袁世凯所拒绝，那个带兵的人选，就是王芝祥。

> 参议院还在南京的时候，就有些来自北方的绅士参议列席，其中直隶的绅士有谷钟秀、刘若曾等。这些直隶的政客们与南方的势力接近，当时就想举出有些声望有些实力的顺直咨议局的王芝祥来，谋借内阁总理唐绍仪的推荐，求袁任为直隶都督。同时民党也在暗地里打算借重王来掌握直隶的军事力量，起助唐抑袁的作用。以王督直的建议经唐提出后，袁表示“此事好商量”，并未拒绝。唐轻信袁已应允，即向那些绅士人等表示“没有什么问题”，因此顺直咨议局就正式作出推举王督直的决议。不料王跑到北京正准备就职，直隶省各路北洋军队忽然通电，发出北洋军界公启，声讨发动此事的绅士谷钟秀等，说他们受贿多少万元。同时，有很多人接到匿名恐吓信说：“谁要附和此事，要拿头颅来见”。一时外面谣言很多，说能得谷头颅者，赏洋一万元，等等。以上这些，都是袁与冯国璋、段祺瑞商量以后制造出来的。袁就以此拒绝了唐的推荐……如此，南方的党人和直隶绅士等当然责袁失信，责唐不负责任，唐一再对袁表示要尊重南京临时约法，袁则以“驻军反对，处理困难”一类的话一再推托。

同时，袁又釜底抽薪，借口南京留守府的撤销，不经唐的副署，派任王芝祥为南京宣慰使，前往协助解散黄兴的军队，并发给他一笔远远超过实际需要的公费，示意省下的他可以不必上缴，王感激不尽，满意而去。而唐则被搞得灰头土脸，里外难做人，遂于6月15日发表王任南京宣慰使的当天，请假挂冠而去了。随后，同盟会的四名阁员也联袂辞职，以示与总理共进退；经过一番形式上的慰留，不过三个月的唐内阁即倒台了。袁即以外交总长陆征祥[72]组阁，成立了所谓“超然内阁”。袁之所以选中陆，是因为陆无政党背景，又为人孱弱，相对于唐，他是个弱势的总理，对大总统自会恭顺服从。

临时政府北上时，黄兴等要求设立南京留守处，表面上是为了处理南方的一些善后事宜，实际上“因为他们需要一个拥有最高民政和军权的总机关，以便在出现分裂时能够同北方抗衡。这样，当南京临时政府尔后不复存在时，革命力量仍然能够完好无损。”[73] 对这个小九九，袁世凯痛快地批准了，并任命黄兴为南京留守，全权统辖南方水陆各军。当时，南京周围驻扎着五万多军队，南方各种杂牌军队，不下二十余万。但袁世凯并不担心，北京政府才是合法性的所在，只有中央政府能从外国借到钱，而只要国库不发钱，领不到军饷的队伍就会是个烫手的山芋，随时可能闹事、哗变，所以他尽可以坐看黄兴的笑话。果然不出世凯所料，黄兴虽百计罗掘，仍难以解决军饷问题，兵变、抢劫不断发生，把他搞得焦头烂额，不得不主动请求撤销留守府，解散军队了。

头几个回合的暗斗，孙、黄制衡袁的努力或失败，或被化解于无形。革命党方面遂知道自己没有在最高行政权力上挑战袁世凯的实力，于是改弦易辙，扬长避短，凭借自己组织号召能力强，及在议会中的多数地位，在宋教仁的主持下，注重于组建国民党，以确立议会第一大党的地位，并由此组阁行政的新目标了。而袁世凯在重挫革命党人之后，也觉得有必要以包容大度的姿态予对手以安抚，故致函邀请南方的黎元洪、孙文和黄兴北上共商国是，调和歧见。于是，1912 年八九月间，孙、黄相继北上，北京方面以接待国家元首的礼仪，给予二人极为隆重热烈的欢迎。双方握手言欢，情意殷渥，孙在京近一个月，与袁晤商多达十三次，印象良好。此时中山对袁的评价是：“余信袁之为人，甚有肩膀（担当），其头脑亦甚清楚，见天下事均能明澈，而思想亦甚新；不过做事手腕，稍涉于旧。但办事本不能尽采用新法，故欲治民国，非具有新思想、旧经验、旧手段等不可，而袁总统适足以当之。”[74] 他甚至认为“十年之内，大总统非袁莫属”，决定不再过问政事，并提议袁着手训练一支二百万人的军队，自己则为修筑二十万里铁路而奋斗。袁自然乐得他致力于实业建设，于是发表他为全国铁路督办，全权筹划兴建大计。对于黄兴，袁则称赞他“光明磊落，一片血诚”。“他们几乎每两天都要作一次长时间的、亲切的会谈”，双方关系，十分热络。袁世凯也任命黄出任汉粤川铁路总办，每月奉送薪水和办公费数千元，待遇十分优厚（当时各部总长一般月薪只有八百元、办公费一千元），并授予黄陆军上将军衔。后来黄在武汉演说时，也盛赞袁世凯说，“兴至京时，觉有一绝大希望及一绝大乐观之事，为袁总统苦心谋国是也。报纸有以拿破仑诋毁他的，殊为失当，而且是绝对没有之事。袁之为人，精神充足，政策亦非常真确。忠心谋国，反不见谅于人，此最足以灰办事者之心。然而袁总统未曾因人言而遂有所踌躇也，其度量宽宏有如此。”[75]这些南北巨头调和歧见，共商国是的成果是一份“八大政纲”，内容如下。

> 民国统一，寒暑一更。庶政进行，每多濡缓。欲为根本之解决，必先有确定之方针。大总统劳心焦思，几废寝食。久欲联合各政党魁杰，捐除人我之见，商榷救济之方。适孙中山、黄克强两先生先后莅京，过从欢洽，从容讨论，殆无虚日。因协定内政大纲八条，质诸国务院诸公，亦翕然无间。乃以电询武昌黎副总统，征其同意。旋得复电，深表赞成。其大纲八条如左（下）：
>
> 一、立国取统一制度；
>
> 二、主持是非善恶之真公道，以正民俗；
>
> 三、暂时收束武备，先储备海陆军人才；
>
> 四、开放门户，输入外资，兴办铁路矿山，建置钢铁工厂，以厚民生；
>
> 五、提倡资助国民实业，先着手农林工商；
>
> 六、军事、外交、财政、司法、交通，皆取中央集权主义，其余斟酌各省情形，兼采地方分权主义；
>
> 七、迅速整理财政；
>
> 八、竭力调和党见，维持秩序，为（外交）承认之根本。
>
> 此八条者，作为国民、共和两党首领与总揽政务之大总统之协定政策可也。各国元首与各政党首领互相提携，商定政见，本有先例。从此进行标准，如车有辙，如舟有舵；无旁挠，无中专，以专趋于国利民福之一途，中华民国庶有豸（治）乎！此布。

如果当时袁世凯和孙、黄等人真能捐弃前嫌，勠力同心，认认真真地履行八大政纲，今天的中国会是什么样子？恐怕不在美国以下吧！就此而言，袁世凯作为当国的领袖，责任最大。他其后因私欲蒙蔽了心智，没有把握住这样的机会，使民族复兴的机运延迟了几十年，对国家、人民、历史，恐怕都是难辞其咎的吧。

但袁世凯看来是把这次高层会晤，当作了以高位厚禄笼络羁縻反对派的手段，心里想的还是如何摆脱内阁和议会的束缚，按照自己的意愿和方式治国行政。而革命党人也在宋教仁的一番纵横捭阖之后，由同盟会和四个小党组合而成为国民党，这个新党的影响和能量，不久就在国会两院的选举中崭露无遗了。1913 年 2 月，选举结束之后，袁世凯吃惊地看到，参、众两院的国民党议员的人数，几乎都占到了半数[76]。这意味着，要么国民党人会以第一大党的地位组阁，要么它会作为最大的在野党在实质上制约内阁的行政，不与其合作的任何内阁均会倒台。陆征祥内阁就是前车之鉴，陆的内阁提名被同盟会控制的临时参议院否决，第二次虽然通过，但在政务上时常遭到议院的刁难杯葛，所以不过三个月，陆征祥也托病辞职，改由赵秉钧组阁。这样，民国的头一年，就换了三届内阁。

正当各地议员纷纷北上就职，袁世凯苦思如何在议会遏阻国民党的势力之际，却突然传来了宋教仁遇刺的消息。经过是，宋于 3 月 20 日晚乘 10 时 45 分的火车赴京就职，黄兴等人送行到车站，一行人刚走到检票口时，“突于宋君背后闪出一人，（拔）出手枪连发三出。第一出中宋君右肋，斜入腹部；第二出向黄克强身边掠过；第三出从吴君颂华胯下而过，幸未伤人[77]。”凶手乘乱逃走，黄兴等将宋送往医院抢救，因伤势过重，延至 23 日凌晨不治弃世。同日上海英、法两租界的巡捕根据线索逮捕了一个叫应夔丞的人，次日在应的寓所中捕获了刺客武士英，并搜到了应夔丞与当时的内务部秘书洪述祖和内阁总理赵秉钧往来的密电多封。这一情况经报界公布后，前不久才渐行融洽的南北关系，一下子又跌到了决裂的边缘。

> 宋案出后，举国哗然，除公布电文外，空气紧张，日甚一日。（总统）府正在筹划对策，恰好四月三十日，府秘书长梁士诒自沪返京（在宋案前梁以私事去粤），建议：“此事只有先免赵（秉钧）职，改任唐绍仪，另组内阁以平（国）民党之气。至于赵有无嫌疑，再待国民评判，庶可缓和。”其时赵辞职呈文已递多日，总统采用梁说，即令府秘书办理赵秉钧

> 免职、唐绍仪为国务总理的命令。当时电话召我到府，嘱咐（我）将命令带到（国务）院，由总理署名交印铸局发表。当时有一人在座（不认识其人，年约五十岁以上），力言“汉杀晁错，不能止吴濞[78]之兵。总统能始终迁就，即可牺牲晁错（指赵秉钧）；若果有决心，今日万不必出此”云云。袁迟回半晌，将命令收回。至五月一日而陆军总长段祺瑞代理国务总理之令下矣（内务总长以言敦源代理）。[79]

张国淦当时任国务院秘书长，此事是他亲所闻见，可见袁在起初似乎有心与国民党和解。至于宋之被刺是否出于袁、赵的授意，由于高层政治斗争大多为暗箱操作，真相难明，只能存疑。此案由应夔丞追至洪述祖、赵秉钧，但没有直接证据可以指证袁。当事人应夔丞，原是同盟会的干将、上海青帮头子陈其美手下的头目，曾任沪军都督府的谍报科长和孙大总统的庶务科长兼侍卫队长，对同盟会和国民党的内幕非常了解。洪述祖曾任直隶候补道，是北洋老人，与袁、赵都很熟（袁曾任直隶总督，赵曾任直隶巡警道），此时任内务部秘书，因筹办长江水上警察，时常往来于北京、上海之间。赵秉钧则发迹于办理警政，几乎一直是警察头子，从晚清到民国，一直担任巡警部和内务部的次长、总长，即使任总理后还兼任此职，所以肩负有治安、情报的职责。国民党是袁政治上最大的对手，所以他们为了收集情报，掌握对手的内幕、动向，由洪出面收买、安插因失意而对孙不满的应夔丞[80]当坐探，与之有密电往来，并不奇怪。问题是，在袁忧心国民党通过议会坐大之际，赵是否下达过刺杀宋的命令以为袁分忧？还是袁直接授意于他，结果内情揭破以后，以他作为戴罪的羔羊？

据章士钊回忆，宋遇刺的电报传到时，他正在总统府与袁一起用餐。袁闻讯后的反应是叹息说，“遁初可惜，早知如此，何必当初？”在随后闲谈时，“竟然以宋案的凶手归诸（黄）克强，以先一日在同孚路黄兴寓所议事，黄、宋争国务总理，两派大决裂为证”，章愤然辞出[81]。章有同盟会的背景，又与黄兴交好，袁是知道的，说这些话的用意何在？令人费解。那么赵的反应又如何呢？据张国淦当时的日记，3月21日消息传来时，赵正在主持内阁例会，听到宋遇刺，“总理大惊变色，当即离座，环绕会议长桌数次，自言自语：‘人若说我打死宋教仁，岂不是我卖友，那能算人？’各总长相顾均未发言。少顷，府中电请总理，总理即仓皇去府。”[82] 如果是赵预先布置，则宋遇刺乃意料之中的事，他应有思想准备，决不至于当着全体阁员的面绕室彷徨、变色失态的。但在应夔丞住处搜出洪与他的密电后，他则有口难辩，不能不蒙受重大的嫌疑了。

赵所谓的“卖友”，是因为宋案发生前，他与宋教仁的关系十分融洽密切。

图102 民国第三任内阁总理赵秉钧。

> 宋教仁去职后（指追随唐绍仪辞去农林总长之事），住在农事试验场（即后来的北京动物园）。每于夜间进城，到国务院秘室，与国务总理赵秉钧私人对谈，至天明始返。据魏宸组说：“宋以政客手腕，推崇赵无所不至，许以国会成立后举其为内阁总理，甚而选为总统。赵亦推许宋为大党领袖，应组织政党内阁。宋之吏事究竟不如赵，有进而将党内秘密尽情倾吐；赵（也）告以北洋底细，似乎也没有什么隐讳，由是两人交欢。只是是否彼此推诚（交往），抑或系相互利用，均不得而知。”[83]

还有一则来自京兆尹王治馨的说法，他告诉张继（国民党人）等人说，“洪述祖于南行之先，见总统一次，说：‘国事艰难，不过是二三人反对所致，如能设法剪除，岂不甚好？’袁说：‘一面捣乱尚不了，况两面捣乱乎？’话止如此。遁初被难后，洪自南来，又见总统一次。总统问及遁初究竟何人加害，洪说：‘这还是我们的人替总统出力。’袁有不豫之色，洪出府即告假赴天津养病[84]。”王在代赵秉钧回答议会质询时，还有“杀宋决非总理，总理不能负责，此责自有人负”的话，袁知道后很不满意。

由上述资料所透露出来的消息是，赵与宋的交往很可能被袁认为是相互勾结，认为赵有野心，想借国民党之势当总统，所以才会有“一面捣乱尚不了，况两面捣乱乎”的说法；而赵闻讯惊恐失态，是担心袁在除掉宋后，也放不过自己，所以在张国淦问宋案内幕时，赵有“此事此时不能谈，但我不免职非死不可”的话。赵在得知宋被刺的第二天即住进法国医院，称病辞职，也与他对袁的担心有关，因为只有辞职，才能表明自己并无野心，并愿意为宋的死引咎负责。不久后赵秉钧暴死，王治馨则为了区区五百元坐赃处死，都传说是袁杀人灭口，从情理上说，是合理的解释。“宁我负天下人，莫天下人负我”，曹操的这句名言，代表着古今枭雄人物的共同心理，袁世凯是完全可能依此行事的，但由于没有直接的证据，也只能存疑了。

宋教仁（1882—1913），字遁初，湖南桃源人，故自号桃源渔父。十二岁丧父，少时家贫力学，“有大志，天资俊伟”。在武昌学习期间，曾加入革命组织“科学补习所”，后与黄兴、刘揆一等在长沙组织华兴会，谋联络会党起事，他负责联络常德一路。事败，宋被学堂开除，遂东走日本，先入弘文书院，后转入早稻田大学。宋创办《二十世纪之支那》杂志，鼓吹革命，成为后来同盟会的机关报——《民报》的前身。黄兴在国内组织暴动时，宋代理庶务，主持同盟会机关的工作。他还一度潜入东北，联络马贼，成立同盟会东北支部，并就东北见闻，参考图书资料，写成《间岛问题》一书，成为当时中国对日交涉的有力根据之一，为此曾得到慈禧的赏识，以五品京卿的位置邀其来京供职，但宋未应诏。

同盟会屡次起义失败，他提议调整战略，在长江流域发动大举，并在上海组建了同盟会中部总部，宋为负责人之一。武昌首义后，随黄兴赴鄂，与立宪党人汤化龙接近，刻意留心于政体问题。在同盟会中，他是力主实行责任内阁制的第一人。南北统一后，曾任农林总长，辞职后醉心于政党政治，力主并一手促成同盟会与志愿相近的四个小党合并为国民党；孙文虽为理事长，但党务全由宋代理主持。宋颇有折冲能力，且擅长于演说，民初第一次国会大选，宋实为以政治理念和立国宗旨进行竞选演说的第一人。当时他回乡省亲，循京汉路南下，回程溯长江而下，沿途每经过重要城市，必发表演说，宣传国民党的政见，批评政府的失误。在上海国民党的欢迎大会上，“先生演说现政府种种失政，滔滔数万言，然皆一本于事理，无一叫嚣谩骂之语，论者咸谓先生不失在野党监督政府之真面目。”[85] 国民党能够在大选中胜出，宋实与有力焉。

按照民主制度下的常理，无论执政党还是在野党，在竞选时揭露、抨击对方，乃正常现象，非如此不足以争取选民。但在全无民主经历和训练的中国，宋的做法却被当政者视作大威胁（其实，袁及北洋集团握有的资源，远胜于国民党，但由于忽略了民主政治的运作方式，没有能够在大选中下力竞选，故输给了深通此道的宋教仁）。宋被刺时年方而立，是国民党内地位仅次于孙、黄的青年领袖，也是当时中国政坛上唯一热心并真心推动民主宪政的政治家。但生不逢时，中国专制独裁的土壤太深厚，而民主的根芽太浅嫩，且有水土不服之患，所以宋教仁的政党政治的理想，虽不失为民主政治的机会，但却转瞬即逝，其失败令人惋惜，但也可以视为中国政治转型初期的一种必然。

国民党方面痛失干城，孙、黄均悲愤不能自已。黄兴等多数主张法律解决，而孙文则力主武力解决，理由是：“袁世凯是总统，总统指使暗杀，则断非法律所能解决，所能解决者只有武力。”[86] 但此时的国民党已非在野时的同盟会，冒险犯难的精神已经大不如前了。握有兵权的同志大都做了各省的都督，有了自己的地盘和既得利益，对孙中山的讨袁指令大都徘徊瞻顾，借故推脱，较为坚决的只有江西的李烈钧和上海的陈其美，武力解决的事遂耽搁了下来。由于赵秉钧拒绝上海特别法庭的传讯，法律解决也陷于停顿。袁、赵还炮制出了一个“血光团”，据称是黄兴搞得针对政府要人的暗杀组织。于是，北京地方检察庭也票传黄兴到案。一时间，双方你来我往，开始了一场热闹的口水战。

4 月 26 日，北京政府与五国银行团二千五百万英镑的“善后大借款”达成协议，又在南方党人的怒火上浇了一桶油。这原本是唐绍仪内阁开始经手的一项借款，因为条件苛刻没能谈成；孙、黄等国民党人也都持反对立场，认为是丧权辱国。辛亥革命后，各省大都独立，中央财政竭蹶，不借外债难于维持，这是个事实。各列强鉴于中国一直未能真正统一，外交上不予承认，政府的信用等级自然也高不了，所以在借款条件上也很苛刻（要求以全部盐税及关税余额作为担保，利息也高），这也是事实。而孙、黄对此心知肚明，既反对借款，又拿不出积极可行的替代办法（黄兴曾倡议实行“国民捐”，但当时根本行不通，且远水救不了近火）。就北京政府而言，在财政破产之际，这借款就算是一杯毒酒，也得先喝下去。所以袁世凯采用了先斩后奏的办法，把一个既成事实摆到了议会面前。

> 众议院提出质问案，请国务员到院当场答复。袁不派当时签字的财政部国务员，而派代国务总理的陆军总长段祺瑞出席。谷钟秀、张耀曾、李肇甫等根据约法严词质问政府为何不先咨请国会讨论，非法签字，借款合同应行无效。田桐、白逾桓等跳到凳子上大骂袁世凯破坏约法，欺凌国会。还有拍案高喊打倒袁世凯或向段摔掷墨盒的。共和党、民主党及其他党同政府的议员，则默不作声。段祺瑞坐在国务员席上，神色自若，傲然不动。各议员质问了一大堆，而段走到发言台上，却只说借款案送国会请求追认，三言两语了事。再质问，再答复如故。参议院提出质问案，也是由段出席答复，与众院同。袁党议员明知政府理亏，无法辩解，只得在休息室委婉疏通，要求予以追认。国民党本部召集两院部分同人商量，认为袁凭借外力压制民意，借款既已签字，势必蛮干到底，除武力倒袁外，光利用国会否决权是无济于事的；否决了，下一步怎么办？既是违法，就要弹劾，政海波澜，将无休止。因此商定对此案不作硬性决议，遂先由众议院予以追认。参议院自由投票，不加约束，也勉强以半数通过。[87]

在宋案火头上的孙、黄，则以借款事先没有经过国会讨论通过，违反约法为名发难，5月3日通电“各国政府和人民”，要求禁止银行团借款给北京政府，同时国民党籍的四位都督柏文蔚（安徽）、李烈钧（江西）、胡汉民（广东）和谭延闿（湖南）也通电反对违法借款。

孙、黄的用意，袁当然明了，他也愤怒了。在他看来，南方是故意与他作对，成心毁坏中央的国际声誉，想让政府陷于破产的境地。他已经借到了钱，有了底气，决心不再容忍另立山头的国民党。5月6日，他在总统府召开秘密会议，布置南方的军事，宣称要“除暴安良”，严厉指责孙、黄等人是“捏词耸听，淆乱人心”，“信口雌黄”，“自污国体”；饬令各省“遇有开会聚众、散布浮言、潜谋内乱者，立予查拿缉办。”[88] 9日，副总统黎元洪致电黄兴及赣、皖、粤、湘四都督，称“今日舍借款无救急之方，舍五国无现成之款”，宋案应“由法庭主持办理，政府有无犯罪，司法独立，自有特权”，认为袁世凯“为救时之英雄，决不逆潮流而犯名义”，劝黄兴等不要“市虎杯蛇，疑心暗鬼”。北方各省都督张凤翙（陕西）、阎锡山（山西）、冯国璋（直隶）、张锡銮（奉天）、周自齐（山东）、张镇芳（河南）等联名通电，指斥黄兴等“不惜名誉，不爱国家，谗言横行，甘为戎首；始以宋案牵诬政府，继以借款冀逞阴谋”，[89]其中张凤翙、阎锡山都是国民党人，表明国民党已经分裂。

在军事布置就绪后，袁于5月25日对梁士诒、段芝贵等人说，“现在看透孙、黄除捣乱外无本领。左又是捣乱，右又是捣乱。我受四万万人民托付之重，不能以四万万人之财产生命听人捣乱。自信政治经验、外交信用不下于人，若他们的能力能够取代我，（我）也未尝不愿意，但今日诚未敢多让，他们若敢另行组织政府，我就敢举兵征伐他们。”在梁士诒建议曾彝进以个人身份向国民党人传话时，袁又补充说：“就说是袁慰亭说的，我当（对此）负责任[90]”

为了逼迫南方首先发难，袁以中央名义，先于6月9日免去了李烈钧江西都督的职务，理由是在京江西籍京官以“人民代表”的名义，上书要求制裁李。在罢免李的同时，袁任命与自己同一立场的黎元洪兼任江西都督，并以李之部下欧阳武（国民党人）为护军使，以收分化之效。嗣后，袁又以调动的名义，发表胡汉民为西藏宣慰使，柏文蔚为陕甘筹边使；广东都督由陈炯明（国民党人）继任，安徽都督由北洋方面的安徽民政长孙多森接任。袁当然知道他们不会乖乖地交出地盘，而是一定会反抗，这样中央对南方用兵就可以名正言顺地进行。果然，7月12日，李烈钧在江西湖口宣布独立，以江西讨袁军总司令的名义发布讨袁檄文，号召“天下共击之”。此后数日内，国民党控制的江苏、安徽、广东、上海、福建、湖南及重庆的部分川军相继响应，一时间颇有声势，似乎要重现辛亥年的局面。

但在实际上，形势已经与当年大不相同了。满清政府退位后，全国人心思治，希望国家早日走上安定建设的轨道。宋案的发生虽使举国哗然，但多数人认同由法律解决。而善后借款在多数人看来，是国家摆脱财政困境的必然。至于国民党方面，由于许多杂牌小党的加入，已成为一个谋求政治利益的俱乐部，就是原来老同盟会的同志，大多以为大功告成，汲汲于仕途名利。所以国民党声势虽大，肯于跟从孙、黄反对袁世凯者甚少，其中又多犹豫动摇者。大背景如此，军事、经济实力又差着很多，“二次革命”的失败就是必然的结局了。黄炎培当时任江苏省咨议局常驻议员，兼任江苏都督府民政司官员，熟知江苏举事内情，就他的回忆，也可看出革命党人绝无幸胜的可能。

> 就我在南方目睹的来说，国民党既和袁世凯势成水火，中间陈其美最主张起兵北伐。看到程德全率民军打垮张勋，创议依前轨进行；而黄兴为人比较慎重，陈其美故意诬他受袁世凯贿，逼他说，你不是受袁世凯贿，何不去南京劝程德全都督出兵，你不去（游）说程，证明你受袁贿。黄兴急赴程德全前跪下，要求出兵讨袁，否则将不可为人。程德全说：“袁世凯这样残杀，我自然同意讨袁的。”但是出兵要饷要械，总而言之，要钱。黄兴长途电话问上海陈其美，答称明天有两列车钞票运来。明天钞票运到，一检查，全是因接济民军而倒闭的信成银行的无用钞票（行长沈缦云因此被害于大连）。程德全色然对黄兴和大众说：“讨袁我和诸君完全同意，不过把废票当军饷，军官和士兵拿了枪械向民间购食用品，老百姓苦死了”。黄兴再请，叩首不已，程德全说：“这样害民的事，即使出兵，也不能打胜仗。诸君！害民事我决不做，我辞职。”这是1912年7月15日我在场而睹的事。[91]

内部分歧，仓促举事，军队的战斗力可想而知。举义各省的部队，在兵精饷足的北洋军面前，望风披靡，没有经过什么像样的战斗，就溃散了。孙、黄及革命同志们只得东渡日本再次流亡。革命党人原有的地盘均为北洋所接收，北洋的势力第一次越过了长江，“凡南军已溃之地，悉以北军充之”。于是，直东皖（直隶山东安徽）三省之白丁，人人首其缨而腰其刀，走卒厮养皆为高官，皂隶舆台尽充末将，北洋集团在中国真正占据了主导地位。

清室退位后，无论是主张革命排满的同盟会，还是主张君主立宪的改良派，都失去了原来的奋斗目标，因而顺应新形势，纷纷重新组合，以求在未来的议会政治中分一杯羹。国民党在大选中胜出后，袁备感威胁，但因须由新国会选举自己做正式大总统，他并没有借孙、黄起事而解散国民党议会党团，而是亡羊补牢，通过梁启超、汤化龙等，将不满意于国民党的共和、民主、统一三党组合而成进步党，奉黎元洪为理事长，梁、汤、张謇、伍廷芳、孙武等人为理事。但进步党在参众两院的人数仍远不及国民党。为此，袁又以威胁加利诱，双管齐下，以迫使国民党就范。先是在“二次革命”期间，京师总检查所致函在京的国民党代理理事长吴景濂，要求“速削除黄兴、李烈钧、柏文蔚、陈其美等党籍，否则认为内乱机关。吴氏从命，始得无事。”但此后仍以串通乱党为名，逮捕了七名国民党议员。

宋教仁遇刺，孙、黄流亡，北京的国民党议会党团群龙无首，袁遂趁机大行利诱分化之术。

> 国民党议员自宋教仁死后，除了邹鲁率领少数的粤籍议员南下从事反袁的军事活动外，多数留在京中各跑门子。有的被袁世凯收买脱离党籍，有的投入共和、进步两党，还有的坐待袁世凯来买他们的选票。虽然有些人在国会开幕之初，也曾力争要制定宪法然后再选举总统，但一经袁世凯唆使一些流氓将议会包围，又命各省的都督来电威胁，他们也就趁势收场了。袁世凯深知旧社会的人情，除了威胁之外还要来一个利诱，事情才可作的圆满，所以在选举总统时，又拿一大笔款子交给他的一些走狗，分头去向议员们收买选票，价钱是每票大洋八千元。据我所闻，没有哪一个不依价出卖。居然还有人（覃振）自我解嘲地说：“横竖袁世凯要当选的，收到这笔钱作亡命费也好。”[93]

据梁漱溟先生（当时任国民党籍议员张耀曾的秘书）回忆，当时为了争夺众议院正副议长的位置，在袁暗中给予财力支持下，进步党大肆收买策动国民党议员脱党，以减少其表决票数；当时《民视报》（后为御用党——公民党的党报）的头版上，满载议员脱党的声明，为数近百。进步党遂由此击败国民党，获得了众议院正副议长之职（参议院正副议长为国民党人，但议长张继不久因南下革命被除名，参院议长亦为进步党人所得）[94]。在袁和进步党人的金钱攻势下，国民党议会党团分化出了相友会、政友会、同志会、集益社、超然社等五个小团体，实力大为削弱，其中政友会直接由袁资助经费。[95]

为了获得当选总统的足够选票，坚定进步党人的拥袁立场，袁还特意挑选了正在热河做都统的熊希龄（进步党人），由他在7月31日组成了所谓“一流人才内阁”。何谓“一流人才”？主要是内阁成员多为政坛名流，如梁启超、张謇、汪大燮[96]等。

为了给自己当选总统加上双保险，袁遂又授意其亲信梁士诒出面组织了一个“公民党”。其前身是国会中的一个广东人的小团体——潜社，约有十人，由于是同乡又都接受梁的资助，所以即以此为基础，联合议员同志会、集益社等小团体于9月18日组成了公民党，公民党的核心是北洋集团中的交通系官僚，以梁士诒为党魁，叶恭绰为副手，加入者多是北洋系统的官僚政客。梁掌握财政大权，被人称作“财神”，所以公民党虽是后起，实力、气势却足以与国民、进步两党抗衡，是袁氏手中的御用党。[97]

10月4日，总统选举法公布；6日举行选举，到会议员七百五十九人，其中国民党人三百五十余人，根据选举法，候选者第一轮得票必须超过3/4，方能当选（按到场议员人数计算，至少需要五百七十票）。当时无现代计票的先进手段，每轮投票从检点人数、发票、投票、开票、唱名计算，一次约需要四个小时，如果两轮仍不能决出胜负，本应延至次日继续进行。但拥袁派担心万一国民党人借故抵制，不出席决胜轮的投票，可能造成法定人数不足，而使选举流产，故又组织了三四千人（其中相当部分是便衣军警）以“公民团”的名义包围了众议院会场。据国民党籍参议员韩玉辰回忆：

> 院外袁党的“公民团”约三四千人，从上午八时起，把会场重重包围，许进不许出。四面围墙上都站满了便衣军警，声言议员们不选出袁大总统，不准出场。议员偶跨大门，即遭呵斥，逼令退回，院外任何人不准入内。籍忠寅、田应璜、张汉、廖宗北、彭邦栋等多人嗜吸洋烟，瘾发了，涕泪满面。而“公民”无情，决不通融。进步党本部送来两担面包点心，不许入门，经解说系拥护袁总统的议员们用的，才准予送进。国民党本部也援例送来食品，被阻门外，始终未获传进，“公民”们且破口大骂：“饿死也是活该”。

第一次投票结果，袁仅得过半数票，较法定票额差得太远。时已正午，主席宣告休息后继续投票，无有持异议者，盖都明白不交卷不许出考场也。余向众议院庶务科长马吉阶（湖北公安人，同乡）告急，马为（我）谋得一小碗鸡蛋炒饭，还有几个同事笑着吃白饭夹酱菜。国民党选举人十之有九挨饿……

第二次计票，袁得票较第一次多若干票，还是不及格。时已薄暮，而又不能散会，主席宣告，根据大总统选举法第二条“两次投票，无人当选时，就第二次得票较多者二名决选之，以得票过投票人数之半者当选”之规定，“请大家就得票较多的袁世凯、黎元洪二人投选其一，此外投选任何人，以废票论，不唱被选人姓名。”……国民党人本不愿选黎，而又不得不选黎，以另选他人，因废票不起作用故也。会场中窃窃私语，“投黎元洪，投黎元洪”。

第三次计票结果，袁得票过投票人数之半。主席大声宣告袁某当选为中华民国第一届大总统。在座鼓掌声不甚响亮，以（因）国民党人不鼓掌，进步党老者、病者、饥饿者、发烟瘾者，疲极无力，亦不愿鼓掌也。外间所谓公民团者，并不欢呼万岁，悄然离去。[98]

然后就是本章开头就职典礼那一幕了。袁如愿以偿地当上大总统后，国会的作用也就到头了。他并不想由这个不顺从的国会继续什么制宪的工作，因为他们不可能制定出一部让他满意的宪法出来。因此袁又以许多国民党议员参与了“二次革命”的密谋，与南方党人互通声气为借口，决心一举铲除国民党。为了使此举更具合法性，他的政令需要内阁总理的副署，而熊希龄由于让袁世凯抓住了短处，不得不乖乖就范，让袁牵着鼻子走了。

熊希龄（1870—1937）字秉三，湖南凤凰人，光绪十七年举人，二十年（1894）进士，入翰林院为庶吉士。熊在戊戌变法时是维新派，散馆后回湖南协助陈宝箴、黄遵宪等推行新政，被任命为长沙时务学堂提调，力聘梁启超来长沙讲学，又与谭嗣同等组织南学会，是当时知名的维新活跃分子。政变后，熊受到牵连，东走日本。清廷大赦政治犯后，

图103　“第一流人才内阁”总理熊希龄。

官复原职，随五大臣出洋考察宪政。回国后任职奉天，是立宪派的活跃分子。民国后，出任唐绍仪内阁的财政总长，因为大借款失败而辞职，被袁派任为热河都统。希龄文人禀性，见承德避暑山庄景色幽美，遂不住都统公署，径自迁入山庄办公居住。在任期间，熊曾命其亲信杨显曾（公署总务科长，熊的同乡）清点山庄内的宝物，颇有瓜田李下之嫌。热河一带是北洋毅军姜桂题的防地，熊曾慷公家之慨，将山庄古物如乾隆用过的折扇等，作为私人礼品馈赠给姜；姜素来忠于袁世凯，遂将此事密报，文物上缴。在熊离热河赴京组阁后，袁即派前司法总长许世英赴热河明察暗访，搜集材料，汇编成册，呈报自己。袁拿到这份材料，却引而不发，到了袁要解散国民党时，这份材料果然派上了大用场。

11月3日上午，袁世凯约熊希龄至总统府议事。熊方到，即有外国公使来谒袁（时间抵触，当系袁预为设定）。在势，袁须先会见外宾，然后再与僚属谈话，即嘱熊暂时退入袁之办公室内稍候。熊入内室，并无一人，只见袁办公桌上放着许世英查报避暑山庄盗宝案卷，显然袁意在于“取瑟而歌，使之闻之”。熊悄悄略加窥探，知其关系自身，面色立变苍白，神态极为不安。外使走后，袁立传熊到外室谈话，见熊神态，便以极为关心的口吻对熊说：“秉三，你昨晚别是因公事忙没有睡好觉吧？不然，为什么面色这样不好看，精神很显疲惫呢？”熊婉言谢过。袁随即严词厉色地说：“国事不好向前推进，都因国民党凡事故意刁难掣肘，真令人痛心。我国现在是责任内阁制，如不将国民党这个障碍铲除，内阁既不能顺利执行职责，总统的权力也就不能行使了。根据目前形势，我们要把国家治理好，非立即解散国民党不可，取消国民党籍的议员资格。我的意见如此，秉三，你看怎样？”熊处此情势之下，内心恐惧万分，迫于袁的威慑，只好听从袁的摆布。袁见熊无异言，即将已准备好的大总统命令摆出，熊即俯首签署。熊签署方毕，袁立即传令已预先在邻室等候的阁员们进来，顺序副署齐备。翌日，解散国民党，取消国民党籍议员资格的大总统命令即行发表。[99]

这样，所有的国民党机关、支部被勒令解散，隶籍国民党的438名议员被吊销资格，收缴证书徽章，延及地方，各省议会也纷纷取缔国民党。于是，作为辛亥以来国内最大政治势力的国民党土崩瓦解了。而余下的议员因不足法定人数，已无法有效活动，遂由参众两院议长王家襄、汤化龙联名通告国会停会。国会虽已停会，但立法仍须进行，袁即下令由李经羲等组织中央政治会议，制定新约法。为了彻底除掉如同赘疣的议会，袁又于1914年1月10日解散国会；2月3日，下令各地停办自治会；2月28日，又下令解散各省议会。此后，全国唯一的“民意机关”即御用的政治会议，政治会议中多为名流硕彦和法学专家，袁认为以这些人的社会声望、从政经验和专业知识，足以制定出体现“民意”而又合乎己意的新约法来。政治会议禀承袁的意愿制定新约法，而新约法的作用则在于以总统制取代旧约法的责任内阁制。“当约法会议未开幕前，袁时（常）言总统制之利，说：‘现体制总统、总长、都督为三级制，共有三总，殊多滞隔！’汪荣宝因出使比利时谒辞，临别乞言：‘请勿行总统制，而行总统内阁制，因为该制（指总统制）实际上令总统首当其冲。现在办事难满人意，若行此制，殊多不利’等语。袁说：‘不然！以往本来实行内阁制，而只闻有讨袁，不闻有讨陆讨段！’[100]”

在颁布《中华民国约法》的通告中，有一段话足以反映袁氏欲搞中央集权制的心声：

查中国有历史数千年，治乱兴亡之迹，代各不同；然无论何种时期，其国家之能治与不能治，率视政权之能（统）一与不能（统）一为衡。是以《春秋》著大一统之文，孟子垂“定于一”之训，微言大义，深入人心。此与最近世纪之宪法家所揭示的统治权唯一不可分之原则，实为先后同符。历稽史乘，断未有政权能一，而其国不治；亦未有政权不一，而其国不乱且亡者！方今共和成立，国体变更，而细察政权之转移，实出于因（袭）而不出于创（造），故虽易帝国为民国，然一般人民心理，仍责望政府者独重，而责望于议会者尚轻。使为国之元首而无权，即有权而不能完全无缺，则政权无由集中，群情因之涣散，恐为大乱所由生。

……夫国家处开创之时，当多难之际，与其以挽救之责，委之于人民，委之于议会，其收效缓慢而艰难，不如得一强有力之政府以挽回之。其收效快速而容易，所谓易则易知，简则易从也。况且人民政治知识尚在幼稚时代，想要他们运用议院政治，私下里恐怕转致混乱败亡……

本会议基于此理论，勒为成文，以统治权不可分割也，于是设总揽机关；以议会政治万不宜于今日之中国也，于是以总揽统治权，属至于国家元首！以重大总统之权；而又不能无所限制也，于是有对于全体国民负责之规定；以国势至今，非由大总统以行政职权急起直追，无以救危亡也，于是凡可以掣行政之肘，如官制官规之须经议院任命，国务员、外交员以及普通缔结条约之须得同意等项，皆与删除。凡可以为行政之助者，如紧急命令、紧急财政处分等，悉与增加。[101]

袁世凯这种中央集权的思想，在当时的中国，是重量级政治家们的共识，如梁启超就主张“开明专制”，孙文稍后也提出了通过军政、训政、宪政三阶段实现民主的理论。所以，袁世凯说大一统深入中国民族心理，实在是深谙国情之言。但是，为维持国家统一实行中央集权是一回事，以此为借口潜谋帝位是另一回事。中国有句古训，叫作“修辞立其诚”，袁世凯既已对全国人民发誓“永不使君主政体再行于中国”，而却有计划地一步步走向帝制自为，其尽心谋国为假，私欲膨胀是真，当真面目露出之际，也就是信用崩溃和“民心”转移之时。但在此时，多数人还期望他在总揽大权之后，能够使国家政治走上轨道呢。

袁就任大总统后，中华民国也获得了列强的承认（其中美国早于其他列强五个月承认袁政府），国家在政治上也趋于统一。“二次革命”失败后，原由国民党人占据的地盘大多被北洋系统的将领所接收，此时各省的都督的变动如下。

安徽都督	倪嗣冲（北洋集团，取代原国民党的柏文蔚）
上海镇守使	郑汝成（北洋集团，取代原国民党的陈其美）
江西都督	李　纯（北洋集团，取代原国民党的李烈钧）
广东都督	龙济光（亲北洋，取代原国民党的胡汉民）
江苏都督	张　勋（北洋集团，取代原国民党的程德全）
湖南都督	汤芗铭（亲北洋，取代原国民党的谭延闿）
福建都督	刘冠雄（北洋集团，取代原国民党的许崇智）
湖北都督	段芝贵（北洋集团，取代原任都督，进京就任副总统的进步党人黎元洪）
浙江都督	朱　瑞（国民党人，亲北洋）
贵州都督	唐继尧（进步党人，二次革命中参加讨伐孙、黄）
云南都督	蔡　锷（进步党人，二次革命中参加讨伐孙、黄）
广西都督	陆荣廷（国民党人，二次革命中参加讨伐孙、黄）
四川都督	胡景伊（进步党人，二次革命中参加讨伐孙、黄）
陕西都督	陆建章（北洋集团，取代原国民党人张凤翙，张在二次革命中反对孙、黄，后因镇压白朗起义不力被免职）
山西都督	阎锡山（国民党人，二次革命中反对孙、黄）
直隶都督	冯国璋（北洋集团）
山东都督	周自齐（北洋集团）
河南都督	张镇芳（北洋集团）
奉天都督	张锡銮（北洋集团）
吉林都督	陈昭常（北洋集团）
黑龙江都督	宋小濂（亲北洋）
甘肃都督	赵惟熙（亲北洋）
新疆都督	杨增新（亲北洋）

图104　袁世凯接见各国驻华使节。

这样，中国虽还不能说是袁世凯和北洋的一统天下，但国内已无任何可与之抗衡的政治势力。在外交上，各列强也先后承认了袁治下的中华民国，外蒙古取消独立的问题也有望很快通过谈判解决。此时的世凯虎视九州，踌躇满志。可能是被胜利冲昏了头脑，认为天下事不过如此，尽可玩弄于股掌之中吧。袁世凯自满了，不谨慎了，处事行政开始有倒行逆施的味道了。

袁世凯此时担任民国大总统已有一年半的时间，在他的经验感受之中，这个总统当得没有味道。在前清任巡抚、总督的时候，他在自己的权力范围之内可以独断独行，生杀陟黜的大权操诸己手，快意威风，甚至超过今日的总统。就是在军机处时，国家大政也只是谋及三两位大臣，太后拍板，即刻就可以贯彻施行。哪里像现在，一受制于国会，几百个只会清谈的议员事事要求讨论、表决；二受制于内阁，重要行政及人事的发布，还得经过总理和相关总长的签字副署；事事掣肘，不仅事情办不痛快，效率也低。袁世凯是否怀念起了过去的好时光，不得而知，反正我们看他打败孙、黄之后的作为，隐约可以感觉到一种欲置共和民主于死地的狠劲儿。所以说，袁世凯虽然坐在民国大总统的位置上，脑子里想的却是如何逆转共和政治，加强中央集权。他心目中的偶像也许就是当年一手栽培他的老太后吧，不然，他为什么非要在历代皇帝登基的太和殿，举行自己的总统就职大典呢？

注　释

1.转引自《近代稗海》（第3辑），第53—57页。

2.唐在礼《辛亥以后的袁世凯》，《文史资料选辑》（第53辑），第174页。

3.丁士源所撰《梅楼章京笔记》中曾记载此事：“惟丁士源所带之宪兵，于登车后，报告袁家有电报房。天津制台衙门电报生厉姓者，司电报之事。”参见《近代稗海》（第1辑），第459页。

4.《曹操集·让县自明本志令》，时代文艺出版社1995年版，第32—33页。

5.《袁世凯奏议》（上），第18页。

6.《在参议院之演说词》（民国元年四月廿九日），参见《近代稗海》（第3辑），第37页。

7.胡思敬：《国闻备乘》，《近代稗海》（第1辑），第294页。

8.张达骧、李石孙：《张之洞事迹述闻》，《文史资料选辑》（第99辑），第81—82页。

9.郭廷以：《中国近代史事日志》（下），中华书局1987年版，第1375页。

10.胡思敬：《国闻备乘》，《近代稗海》（第1辑），第299页。

11.徐凌霄、徐一世：《凌霄一士随笔》（二），第607—608页。

12.同上，第608页。

13.同上，第609页。

14.许炳昆：《浙路收归国有的内幕》，《文史资料选辑》（第11辑），第92页。

15.无独有偶，孙文也是主张大借外债修路的。他后来在宣传自己十年之内修筑二十万里铁路的主张时，在谈到经费从何而来时说：“鄙人主张借款办铁路，更主张批给外国人包办”。参见陈锡祺《孙中山年谱长编》（上），第728页。

16.蒋翊武（1884—1913），字伯夔，湖南澧州（今澧县）人。学堂出身，1904年在常德师范读书时结识宋教仁，参与长沙起义的准备工作；起义流产后被学校开除，后辗转从事革命活动。1909年投入湖北新军四十一标当兵，蒋为人办事“慎密不露锋芒”，因而未受到军官的怀疑，遂被推举为文学社社长。他常与羁押在狱的同盟会员胡瑛联系求教，因而与同盟会有了间接联系。蒋原被推举为起义临时总指挥，但起义前夕，因逃避追捕躲到汉川，未能参加起义的领导和指挥，返回武昌已在光复两天之后，故只被授予军事顾问的虚职。二次革命时参加反袁，失败后被捕枪决。

17.刘公（1870—1920），字仲文，湖北襄阳人。清末赴日留学，1907年发起成立共进会，为第一任会长。武昌起义前夕，被公推为政治筹备处总理（即接管行政权力后的临时政府），为逃避追捕，刘避居汉口，也未能赶上起义。赶到武昌，已在光复两日之后，被黎元洪委以军政府总监察的虚职。

18.孙武（1880—1939），字尧钦，湖北武备学堂毕业，与吴禄贞为同学，后入日本大森军校。共进会成立时，被推举为军事部长，共进会只吸收士兵入会的方针即其所定。辛亥八月，蒋湖武被公推为起义总指挥，孙武则为参谋长。起义前夕，孙在汉口秘密机关实验炸弹时发生爆炸，受伤入医院治疗；机关所藏印信、名册、旗帜、布告和预制钞票等均被俄国巡捕搜去。新军中人心惶惶，人人自危。蒋、孙均主张立刻发动起义，作鱼死网破之争。但孙同蒋一样，未能直接参加起义的领导指挥，但被义军推为军务部长，9月5日才到职视事。后因争权嫉妒，与先前的革命同志反目，倒向黎元洪等立宪派一边。

19.贺觉非：《辛亥武昌首义人物传》（上），第249—250页。

20.贺觉非：《辛亥武昌首义人物传》（下），第612页。

21.薛君度：《黄兴与中国革命》，第111页。

22.王锡彤：《抑斋自述》，河南大学出版社2001年版，第172页。

23.王锡彤（1866—1938），字筱汀，河南汲县（今卫辉市）人，绅商家庭出身；进学后屡试不第，后以拔贡进京朝考，发往直隶任州判，后还乡从事教育和实业。世凯被黜后，王很为袁抱不平，主动与地方绅商一同以后进身份前去拜望，一见颇为投契，被袁聘请代为经管北洋产业和袁氏私产，与周学熙、孙多森共为世凯在经济实业方面的亲信幕僚。

24.同上，第172页。

25. 袁静雪：《我的父亲袁世凯》《文史资料选辑》（第74辑），第137页。

26.《三水梁燕孙先生年谱》（上册），第100页。

27.刘承恩，字浩春，湖北黄陂人。民国后历任广西省长、湖北省长，将军府承威将军。

28. 郭孝成：《议和始末》，《辛亥革命》（八），上海人民出版社1957年版，第65页。

29.郭孝成：《议和始末》，《辛亥革命》（八），上海人民出版社1957年版，第65—66页。

30.蔡廷干（1861—1935），字耀堂，广东香山人。12岁时赴美国留学，是第二批幼童留学生之一。回国后任职于北洋海军，任北洋舰队鱼雷艇管带，当时黎元洪只是鱼雷艇上的三副。蔡率领鱼雷部队参加了甲午海战，威海战役时因鱼雷艇搁浅而被俘，《马关条约》签订后被释放。蔡于北洋水师溃败后被罢职，后由袁世凯奏保开复，入袁幕府，极得袁的信任；后任海军部司长、海军正参领。武昌起义时与刘承恩一起担任袁与湖北义军联络的秘密代表。民国后以海军中将专任袁的英文秘书，总统府顾问，负责办理外交方面的机要事务。世凯死后，曾出任北洋政府税务处督办、外交总长等职。

31.片马位于高黎贡山以西，清代属保山县登埂土司辖区。1900年，英军侵占片马附近的村寨，激起当地少数民族的武装抵抗。1910年以后，英军多次侵入片马、古浪、岗房地区，屡经交涉后，英方虽承认片马属于中国，但仍占据这些地方不还，成为外交上的悬案。直到1961年6月，缅甸政府才根据1960年签订的《中缅边界条约》的有关规定，将片马、古浪、岗房地区完全交还给中国。

32.[澳]洛惠敏；《清末民初政情内幕》（上），知识出版社1986年版，第792—793页。

33. 张国淦：《洪宪遗闻》，《文史资料选辑》（第1辑），第133—134页。

34. 郭孝成：《议和始末》，《辛亥革命》（八），第66页。

35.毛注青：《黄兴年谱长编》，中华书局版，第221页。

36.陈锡棋：《孙中山年谱长编》（上），中华书局1991年版，第605页。

37.《辛亥革命》（八），第77页。

38.张绍曾（1879—1928），字敬舆，直隶大城人，少时留学日本，毕业于士官学校炮兵科，与吴禄贞、蓝天蔚并称为“士官三杰”。归国后为良弼等笼络重用，历任北洋督练公所教练处总办，贵胄学堂监督；1911年2月，被任为陆军第二十镇统制（师长）。武昌起义爆发后，张通电清廷，要求实行立宪政治，并与吴禄贞、蓝天蔚等密谋联合进兵北京，吴被杀害后，张亦被解职。民国后曾被袁世凯派任为绥远将军，后曾任北洋政府陆军训练总监，1928年被刺身亡。

39.蓝天蔚（1878—1922），字秀豪，湖北黄陂人。早年以湖北武备学堂优秀生资送日本留学，入士官学校；1903年日俄战争前夕，在东京组织拒俄义勇队，任队长。后考入日本陆军大学，1910年毕业回国后，被良弼等重用为陆军第二混成协统领（旅长），驻扎奉天。武昌起义后，蓝与张绍曾、吴禄贞共谋进京实行兵谏，又策动奉天独立，失败后，逃赴上海，任北伐军司令。南北和议后，出国游历，归国后参与护法军政府，后死于军阀混战。

40.吴禄贞（1880—1911），字绶卿，湖北云梦人。早年曾参与唐才常的自立军活动和黄兴的华兴会的活动；1902年毕业于日本士官学校骑兵科，归国后在练兵处军学司任职；东北建省时被调任吉林边务帮办、督办，在日本以所谓“间岛问题”图谋夺占我延边地区时，吴亲自勘察绘图，在第一线与日方据理力争，为国家民族立了大功，名传遐迩。1910年被派赴法国、德国考察军务，回国后被任用为陆军第六镇统制（师长）。吴与良弼为士官学校的同学，既与革命党人来往，又倾向于立宪派。武昌起义后，吴积极联络张、蓝及山西义军，截留前线军火，打算进军北京。袁遂利用第六镇协统周符麟与吴的矛盾，促成兵变，吴于兵变中被杀。此后又调派张绍曾为长江宣抚大臣，解除了他的兵权，所部图谋起事的下级军官也被镇压，整个兵谏计划遂失败。

41.董方奎：《梁启超与护国战争》，重庆出版社1986年版，第6页。

42.汤觉顿（1875—1916）又名汤为刚，字荷庵，广东番禺人。早年与梁启超同学于康有为的万木草堂，维新党人，戊戌政变后赴日本，此后一直追随梁启超。有梁启超的“智囊”之称。民国初年，为进步党骨干，曾任中国银行总裁；帝制运动时，辞职隐居天津，与梁、蔡等策划反袁。后为梁派往广东联络龙济光，在海珠事变中被杀。

43.同注41，第9页。参见《梁启超年谱长编》，上海人民出版社2009年版，第553—554页。

44.关于“孙中山”一名之出处，据吴业新《章士钊与吴弱男》（参见《文史资料选辑》总113期，第85页）一文所说，实为章士钊所起，时在1903年，章当时在沪，任《苏报》编辑。章在编译日人宫崎寅藏所著回忆录《三十三年落花梦》（中文版名《大革命家孙逸仙》）时，为避人耳目，将孙之姓，与孙在日本时的化名“中山樵”之日姓中山，合而为一，构成一个中日合璧的化名——孙中山。此书出版后，此名不胫而走，广为流传，后又得孙氏默认，假姓变成真名。由此亦可见中山与日本渊源之深。

45.由于孙文在革命排满运动中一直担任海外筹款的工作，所以他刚刚回国时，“盛传（他是）携带华侨捐款数十百万以来饷军者。其时军队之所亟须者，财也；南京联军诸将既新胜（指攻下南京）虚骄，而轻视黄兴为败将（指丢失汉阳事），尤其有大欲以望于孙文。徐绍桢以粤人为总司令，久镇江南，又新有功（指攻占南京），一言为轻重；而以孙文（同）乡人，革命先觉，如果选举大总统，候选者非他莫属，昌言于大庭广众之中，主张尤力。各省选举代表集于南京，以绍桢侃侃而言，不敢有异议。遂选举孙文为大总统。（当选后）告谒者纷至，有人询问道：‘公携来多少华侨捐款？诸军望之如盼过年呀！’孙文应声说：‘我带来的乃革命精神耳！’于是相与拊掌大笑。于是黄兴持（顾）忠琢与廖宇春所订之约告诉他说：‘不要使我们负约！’因而孙文就职时，即向参议院声明暂行就职，俟政体解决，当逊位让贤者。且致电袁世凯，宣布此意。”参见钱基博《辛亥南北议和别纪》，《辛亥革命》（八），第106—107页。

46.列强对中华民国的承认，是在1913年袁世凯镇压了二次革命，武力统一中国之后。

47.甘移：《辛亥和议之秘史》，《辛亥革命》（八），第117页。

48.《南北代表会议问答速记录》，《辛亥革命》（八），第77—78页。

49.冯自由：《革命逸史》（第2集），第391页。

50.绍英，姓马佳氏，字越千，满洲镶黄旗人。清末曾任商部右丞、考察宪政大臣等职，遇刺受伤未能成行。辛亥革命时曾任袁世凯内阁度支部左侍郎、署理度支大臣等职。

51.马士良（绍英之子）：《清廷退位前后》，引自《北京文史资料精华——世纪风云》，北京出版社2000年版，第31—32页。

52.即太平天国、捻军起义。

53.溥伟：《让国御前会议日记》，《辛亥革命》（八），第111—114页。

54.《辛亥革命》（八），第172、174页。

55.同上，第179页。

56.《三水梁燕孙先生年谱》（上册），第111页。

57.《辛亥革命》（八），第183页。

58.白蕉：《袁世凯与中华民国》，《近代稗海》（第3辑），第24页。

59.据说南方立宪派对北洋军忽而猛击民军，忽而按兵不动的做法十分不解，致电袁之亲信幕僚张一麐打探虚实。张面询袁时，袁世凯回答说："诸位懂得拔树方法么？几百年的大树，专用猛力，虽折断，无法去根。只有左右'晃'的一法，'晃晃'，晃之不已，根土松动，全根一拔即起。我军的忽进忽退，就是'晃'的一法。"（参见黄炎培：《八十年来》，中国文史出版社1982年版，第64页）

60.[澳]骆惠敏：《清末民初政情内幕》（上），第879页。

61.同上，第25页。

62.毛注青：《黄兴年谱长编》，第273—274页。

63.陈桥驿，地名，在今河南开封东北。五代后周时，契丹与北汉联兵南侵，后周朝廷派赵匡胤率兵御敌，军次陈桥驿，部下发动兵变，以黄袍加于赵，拥立他做皇帝；随即回师开封，废黜后周的小皇帝，建立了北宋皇朝。后人就把以兵变拥立君主的方式称作"陈桥兵变"或"黄袍加身"，以后成为成语。

64.刘成禺：《世载堂杂忆》，山西古籍出版社1995年版，第196页。

65.袁之幕僚张一麐有另一说法，说是兵变为袁之长子袁克定所策划，"召集各镇中下级军官开会密议，议决以兵入东华门，夺清帝位，仿效黄袍加身故事。是时禁卫军为冯国璋所统，不与谋，故火焚东华门，禁卫军抵御不能进入。兵无所发泄，遂大掠东西城以及于天津"。张一麐《心太平室集》卷一。此说得自传闻，袁克定从未在军队任过职，怎能直接召集中下级军官开会？颠覆政权这样重大的事情，没有宫中的内应，绝无成功的可能，这对任何稍有政治头脑的人都是常识，所以如有政变企图，不可能不谋及统率禁卫军的冯国璋。且袁世凯已是国家元首，有什么必要自我政变？故政变之说，不足凭信。

66.叶遐庵：《辛亥宣布共和前北京的几段逸闻》，《辛亥革命》（八），第120页。

67.赵凤昌（1856—1938），字竹君，江苏武进人。早年以捐纳候补广东，曾在两广、湖广总督府任文案。1893年因案被革职永不叙用，勒令回籍。1912年南京临时政府成立后，夤缘同盟会，曾被任命为汉冶萍公司董事长，旋即辞职。后与张謇、章炳麟等筹组统一党。临时政府北迁后，退出政坛。

68.张焕宗：《唐绍仪与清末民国政府》，河北人民出版社1998年版，第111页。

69.唐在礼：《辛亥以后的袁世凯》，《文史资料选辑》（第53辑），第168页。

70.同上，第168—169页。

71.同上，第167页。

72.陆征祥（1871—1949）字子欣，亦字子兴，上海市人。早年入同文馆学习法文，后留学俄国，历任清廷驻荷兰、俄国使臣；民国后历任外交总长、国务总理；帝制时期接替徐世昌任国务卿兼外交总长。巴黎和会时任中国政府代表团长。陆是基督教徒，后又入天主教；退出政界后，一直从事宗教活动。

73.薛君度：《黄兴与中国革命》，第137页。

74.同上，第140 —141页。

75.毛注青：《黄兴年谱长编》，第343页。

76.在众院596名议席中，国民党人占了269席；在参院274席中，国民党人占了123席；在两院总、计870席中，国民党人占了392席。其他为共和党175席，统一党24席，民主党24席，跨党派者185席，无所属者70席。参见谢彬：《民国政党史》，《辛亥革命》（八），第591页。

77.上海《申报》1913年3月22日。

78.吴濞，即西汉时的吴王刘濞。汉景帝时，晁错提议削减各诸侯国的封地和特权，激起了各诸侯王的反叛，刘濞即“七国之乱”的盟主；七国之乱以清君侧为名，为平息叛乱，景帝诛杀了晁错，但仍未能阻止叛乱的蔓延。

79.张国淦：《北洋述闻》，第48页。

80.应夔丞因违法乱纪，被孙撤职，在上海自任由青红帮改组而成的“国民共进会”会长，在沿江各城市活动，鼓吹“二次革命”，曾为黎元洪所通缉。袁知道应氏对孙不满后，便派洪述祖到上海，以商谈解散共进会为名，收买了应，并委任他为“江苏驻沪巡查长”，充当内务部的特务。参见李宗一《袁世凯传》，第238页。

81.章士钊：《与黄克强相交始末》，《辛亥革命回忆录》（二），第144页。

82.张国淦：《北洋述闻》，第47页。

83.同上，第46—47页。

84.同上，第49页。

85.邹鲁：《中国国民党史稿》（第六册），第1492页。

86.陈锡祺：《孙中山年谱长编》（上），第793页。不知中山是否忘记了南京政府所制订的临时约法中有弹劾总统的专门条款。不依法律，而诉诸武力，本身就是违法行为；而国民党的实力人物竟无人指出这一点，当时政界的民主政治素质普遍低下的状况可想而知。

87.韩玉辰：《民初国会生活散记》，《文史资料选辑》（第53辑），第233—234页。

88.陈锡祺：《孙中山年谱长编》（上），第812页。

89.毛注青：《黄兴年谱长编》，第382—383页。

90.陈锡祺：《孙中山年谱长编》（上），第816页。

91.黄炎培：《八十年来》，中国文史出版社1982年版，第70页。

92.张一麐：《心太平室集》卷一。

93.杨思义：《二次革命失败后国民党人的形形色色》，《文史资料选辑》（第48辑），第125页。

94.梁漱溟：《有关民国初年政史的见闻纪实》，《文史资料选辑》（第1辑），第95页。

95.谢彬：《民国政党史》，《辛亥革命》（八），第593—595页。

96.汪大燮（1859—1929），字伯唐，浙江钱塘人。光绪十五年（1889）举人。历任户部郎中、总理衙门章京，驻英国、日本使臣；民国后历任教育总长、平政院院长、参政院副院长、交通总长、外交总长、代国务总理等职。

97. 谢彬：《民国政党史》，《辛亥革命》（八），第597页；温雄飞《袁世凯怎样指使梁士诒组织公民党》，《梁士诒史料集》中国文史出版社1991年版，第138—141页。

98. 韩玉辰：《民初国会生活散记》，《文史资料选辑》（第53辑），第246—247页。袁世凯第一轮得票数为471；第二轮得票为497；第三轮以507票当选。参见李宗一《袁世凯传》，第263页。

99.郑廷玺：《袁世凯挟制熊希龄解散国民党的经过》，《文史资料选辑》（第48辑），第152—153页。

100.白蕉：《袁世凯与中华民国》，《近代稗海》（第3辑），第88—89页。陆，指陆征祥；段，指段祺瑞。两人均曾任内阁总理。

101.白蕉：《袁世凯与中华民国》，《近代稗海》（第3辑），第93—94页。

第十七章

“二十一条”本末

“二十一条”交涉的内幕如何，

袁世凯是否用卖国做了交易，

九十年后，

随着有关资料的逐渐发现和公开，

我们终于能够坐下来冷静地分析一下那段沉重的历史。

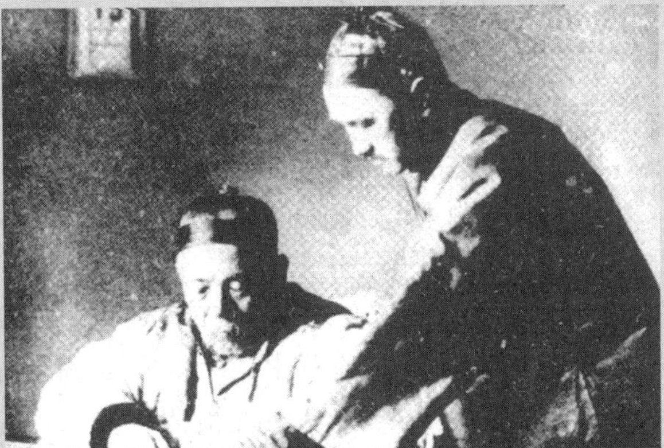

图105 “二十一条”谈判时的袁世凯，右为袁外事秘书蔡廷干。此时的袁世凯，看上去已垂垂老矣。

【导读】“卖国”是一个严重的罪名。袁世凯之所以有了这个罪名是因为“二十一条”。既然如此，我们就有必要搞清楚“二十一条”的本末，以及袁世凯在有关交涉中的所作所为：他是否以国家权益与日本人做了私下交易？他是否为维护国家权益做了最大努力？日本的苛刻条件是在什么境况下被接受的？由此又涉及到，在对抗必败，必给国家带来更大灾难的前提下，对外交涉中的屈辱与让步是否就是“卖国”？本章开头所选引文是1915年5月9日中国被迫接受日本最后通牒一周之后，袁世凯向政府各级官员发布的密谕，他分析了日本的图谋和政府不得不委曲求全的原因，但基点是要求大家不忘此奇耻大辱，以卧薪尝胆的精神，力图振作，以待将来。总之，史家评史论人，应讲“恕道”，否则难有公正可言。随着岁月的流逝，日本外交部有关“二十一条”交涉时的保密档案逐渐解密，历史之真相遂大白于天下，而袁世凯戴了近九十年的“卖国”帽子，是不是也可以摘下来了呢？

关于二十一条的大总统密谕[1]

（1915年5月14日）

立国今日，非自强无以图存；而强弱之分，悉由人事。日本前在闭关时代，其学术政治与中国无殊；自明治维新以来，上下一心，步武西法，乘时而动，发愤为雄。四十余年所惨淡经营者，无非求达其东亚大帝国之政略。当合并朝鲜之时，现在首相大隈重信已自命为将来中国之统监[2]。盖其兼营并进之图，远交近攻之策，处心积虑，殆非一朝。究其致强之由，则以国民教育为根本，而明耻教战即寓于教育之中。故人人以当兵为义务，以战死为殊荣。就其近年军事言之，征发陆军，可达百万，海军战舰，已逾六十万吨。席其方张之势，日思拓地殖民。彼为刀俎，我为鱼肉，实逼处此，岌岌可危，厝火积薪，早成险象。前清末造，政失其纲，泄沓成风，人无远虑。加以亲贵用事，贿赂公行，各私其家，何知为国？迨至武昌事起，举朝失措，列强响应，瓦解土崩。日本浪人，利用此机，秘计阴谋，无所不至。我人民之生命财产，间接直接而受损失者，不可胜计。苍赤[3]何辜，言之流涕。幸而天佑中国，祸乱削平，予得以衰病余生，底定全局，殊出强邻预料之外。回忆当日，万险环生，至今心悸。国事粗定，欧战发生，关系于均势者甚大。日本利欧洲列强之相持，乘中国新邦之初建，不顾公法，破坏我山东之中立。军队所至，四境骚然；官吏见侮之横，居民被祸之惨，笔不能罄，耳不忍闻。我国受兹痛苦，方以退兵为抗议，彼不之省，又提出酷烈要求之条款。其中最为难堪者，曰切实保全中国领土，曰各项要政聘用日人为有力顾问，曰必要地方合办警察，曰军械定数向日本采买，并合办（军）械厂，用其工料。此四者，直以亡韩[4]视我。如允其一，国即不国，牛马奴隶，万劫不复。予见此四条，曾向在京文武重要各员，誓以予一息尚存，决不承诺；即不幸交涉决裂，予但有一枪一弹，亦断无听从之理。具此决心，饬外交部人员坚持磋商。此外凡损失权利较重者，均须逐字斟酌，竭力挽回。乃（于是）日人利用我国乱党，各处滋扰，而又散布谣言，鼓惑各国，分遣大枝陆军，直趋奉天之沈阳、山东之济南，海军亦时在渤海出没游弋。因之举国恐惶，全球震动，不知其用意之所在。予以保全国家为责任，对外则力持定见，始终不移；对内则抚辑人民，勿令自扰。将及四月，持之益坚。彼遂以最后通牒迫我承认，然卒将最烈四端，或全行消灭，或脱离此案；其他较重之损失，亦因再三讨论得以减免，而统计已经损失权利颇多。疾首痛心，愤惭交集。往者已矣，来日方长。日本既有极大政略，谋定已久，此后但有进行，断无中止。兼弱攻昧，古有明训。我岂可以弱昧自居，甘为亡韩之续？处此竞争世界，公理强权，势相对待。人有强权之可恃，我无公理之可言。长此终古，何以为国？经此次交涉解决之后，凡百职司，痛定思痛，应如何刿鉥[5]心神，力图振作？！倘仍复悠忽[6]，事过辄忘，恐大祸转瞬即至，天幸莫可屡邀，神州陆沉，不知死所。予老矣，救国舍身，天哀其志，或者稍缓须臾，不致亲见灭亡。顾此林林[7]之众，齿少于予者[8]，决不能免，而子孙更无论矣。予为此奇痛之言者，万不愿予言之竟中，诚以存亡呼吸，断非予一手足之力所可旋转。持危扶颠，端资群策。我国官吏，积习太深，不肖者竟敢假公济私，庸谨者亦多玩物丧志；敌国外患，漠不动心；文恬武嬉，几成风气；因循敷衍，病在不仁。发墨针肓[9]，期有起色。所望凡百职司，日以亡国灭种四字悬诸心目，激发天良，屏除私见，各尽职守，协力程[10]功。同官为僚，交相勖勉，苟利于国，死生以之。其有亲民之责者，尤当随时设法劝导人民，使蚩蚩者氓[11]，咸晓然于各国之大势、国民之义务。但能治人者事事以循名责实为归，受治者人人以视国如家为志，能由此道，则中国可强。我人民及身与子孙可免亡国之痛。此则予所独居深念寝馈不忘者。但坚忍始可图成，虚骄足以害事，京外各官，当规劝僚属，申儆人民，忍辱负重，求其在己。切勿妄逞意气，空言谩骂，非徒无益，反自招损。务各善体此意，努力为之。今之言革命者，动称排满。试思满洲以一二百万人入主中国，国祚尚近三百年，我汉族以四万万人，如不能久主其国，人必视我汉族为天生受（奴）役之性质，无人类自立之资格，讵非奇辱？我汉族皆神明之胄裔，诘以斯言，能甘心忍受否？其亡其亡，系于苞桑[12]，惟知亡庶可不亡。凡百职司，其密志之。此谕！

在近代史上，袁世凯一生中最为人所诟病的主要是三件事：一是戊戌政变时，袁告发了康梁等的密谋，出卖了维新同志；一是帝制自为；一是为了换取日本对帝制的支持，出卖国家权益，接受了“二十一条”。前两者是事实，后者则不免令笔者怀疑。按照常理，没有哪一个人会甘愿把属于自己的东西白白地送给他人，也没有一个主权国家的领袖或元首会冒着千古骂名，甘心出卖国家的权益。况且，拆袁氏称帝的台，最厉害的当属日本人。

值得一提的是，日本在辛亥以后一直是鼓吹中国实行君主立宪制度最有力的国家，袁如果真的与之作了交易，为何日本在它所希望的事情发生时，反而不合作了呢？而没有日本的支持，袁氏也照样称帝不误，似乎并没有在乎日本人的态度，那么他又有何必要“卖国”呢？凡此种种，不免使笔者想深入研究一下这段历史。

日本为何会提出“二十一条”？它与当时的政治情势和国际背景有何关系？这就要从日俄战争结束后，双方的重新勾结说起了。如前所述，日本作为后起的帝国主义国家，从地缘政治出发，早就把中国东北看作其“利益线”。为此，在沙俄拒绝退出东北时，日本甚至不惜出头同它打了一仗，付出了重大的代价和牺牲，所以它根本不满足于仅仅接收沙俄在南满的权益。但它需要时间消化战果，恢复元气，也没有力量与主张东北门户开放的美国搞新的对抗，故而在相当长的时间内，日本在东北地区保持低调。除去提出所谓“东北六案”作为未来攫取更多权益的借口外，日本把主要力量放在了消化战争中攫得的果实——朝鲜上。同时，为了抵制美国开放东北的要求，独占满蒙的权益，日本与俄国，这对昔日的冤家对头，竟然携起手来，相继签订了四次密约，就瓜分满蒙乃至中国权益问题做了全面、长远的交易。所以说，“二十一条”的提出，在日本是处心积虑，早有打算的。

1907 年 7 月 30 日，日俄订立第一次密约，“互相尊重彼此在中国之权利，划分南北满界限；俄承认日本在朝鲜之地位，日承认俄在外蒙之利益。”[13] 当时国际国内的背景是：中国为防日俄瓜分，在东北建省，移民实边，兴办实业，并力图实行开放政策，大力引入美英资本以遏制日俄。美国陆军部长塔夫脱访华，中美接近，而罗斯福总统积极回应了德皇威廉二世关于德美中三国结盟，抗衡日俄的建议。

1910 年 7 月 4 日，日俄订立了第二次密约，“维持满洲现状，并相互协助，以增进彼此在满洲的利益（目的在对付美国）。”[14] 当时的国内国际背景是：中国各省咨议局和立宪派人士纷纷赴京请愿，要求立刻召开国会，立宪运动进入高潮；美国提议满洲铁路中立，并准备投资与中国合建锦瑷（锦州—瑷珲）铁路；遭到日本和俄国的拒绝；日本于本年 8 月 29 日“合并”了朝鲜。日俄双方有了默契之后，即各自着手实行其计划。日本起初以全力吞食消化朝鲜，在南满则保持低调，但极力阻止中国引进美英资本、开放东三省的计划。俄国则将注意力集中于外蒙和新疆，1911 年的武昌起义使清廷无遑外顾，被俄国看成实施其计划的极好机会。起义爆发十几天后（10 月 23 日），俄国总理大臣科科弗采夫在同日本驻俄大使的谈话中提醒说："根据 1907 年及 1910 年（日俄）两次秘密协约，日俄两国关于分割满洲和蒙古的问题已经预有设想。只要时机一到，两国即可根据 1907 年协约中规定的分界线分割满洲，并进一步商谈如何分割蒙古的问题。"[15]

为此，俄、日又在 1912 年 7 月 8 日第三次订立密约，瓜分东蒙（即内蒙古呼和浩特以东）和西蒙（即内蒙古西部及甘肃和新疆北部的蒙古族居住区），以东经 116.27 度为东西蒙分界线，东蒙归日本，西蒙归俄国[16]。在俄国看来，中国内部的革命或动乱，是浑水摸鱼的好机会。"兼弱攻昧，取乱侮亡"，对中国人来说，是一再应验的古训。国家为什么需要稳定，为什么对内乱要予以无情的镇压，就是因为周围有无数双虎视眈眈的眼睛在盯着你，你的内乱，就是强邻的机会。因此，辛亥革命固然有积极的意义，但负面的作用也不可否认，它为沙俄提供了一个下手分裂中国的机会。

1916 年 7 月 3 日，袁世凯死后不久，俄、日又在圣彼得堡第四次订立密约。密约"承认双方重要利益须要在中国不落在任何第三国之政治势力之下"，如遇第三国危及两国任何一方在华"重要利益"而导致战争时，一方一经请求，缔约国即须援助，"且两缔约国在未得彼此同意之先，不得单独媾和。"[17] 此项密约，将双方所谓"重要利益"的范围由满蒙延伸至中国全境，甚至结为盟国，不惜一战，其吞噬中国领土的野心，可见一斑。但一年后俄国爆发革命，此约遂不了了之。

回过头来看这段痛史。先是，日俄 1907 年订立了瓜分满蒙的秘密协议后，为了抵制日俄的阴谋，清廷先后做出了联美制日、东北建省、全面开放、移民实边、发展实业等多项决策。一批大臣，如岑春煊（两广总督）、锡恒（科布多办事大臣）、程德全（署理黑龙江巡抚）、贡桑诺尔布（内蒙喀喇沁郡王）等先后上折建议，在外蒙实行新政。1909 年 10 月，朝廷派三多出任库伦办事大臣。三多（1875—1940），汉姓张，字六桥，蒙古正白旗人。十七岁中举，历任杭州知府、浙江武备学堂总办、洋务局总办、京师大学堂提调、民政部参事、归化副都统等职。三多为人“年力精壮，好文事，有干练才”，但行事不免操切。他“以俄人谋蒙日亟，力纠积弊”，[18]在外蒙古力行新政，主要是兴办教育，移民实边[19]，开放招垦，筹练新军，奏请修建张恰铁路（张家口—恰克图）等。

自明朝中叶以来，蒙古就分为三大部，即：内蒙古（又称漠南蒙古、东蒙古）、外蒙古（即喀尔喀蒙古，又称漠北蒙古）、厄鲁特蒙古（又称漠西蒙古或西蒙古）。康熙年间，清廷击败噶尔丹后，喀尔喀蒙古内附，行内蒙古制度，与清皇室世代通婚。当时外蒙又分为土谢图汗部、车臣汗部和札萨克图汗三部，在行政上也分为三部分：库伦、科布多和乌里雅苏台，由朝廷直辖，分别由两位办事大臣和乌里雅苏台将军管理。库伦活佛哲布尊丹巴八世[20]等僧俗封建领主认为三多的新政危及了自己的特权和既得利益，同时也觉得清廷衰弱已极，不如另找有力的靠山，遂决定派出使团赴圣彼得堡，提出脱离中国，托庇于沙皇俄国的保护。对于这样送上门来的机会，沙俄当然不会放过，于是宣称在外蒙推行新政“是敌视俄国的行为”，[21]并于8月向中国外务部提出交涉，“谓中国近来在蒙古新理移民，练兵，整顿吏治，蒙民不安，俄不能漠视，将筹对付方法[22]云云。

哲布尊丹巴叛变的另一重要原因是，十三世达赖喇嘛由于出逃印度大吉岭，投靠英国人，而于宣统二年被清廷革去了封号。八世哲布尊丹巴是十二世达赖的亲侄子，与十三世达赖的关系也非同寻常，达赖被革职的消息传来，哲布尊丹巴不免有兔死狐悲、唇亡齿寒之感。哲布尊丹巴何以会有藏族的亲缘？这还要从乾隆皇帝对喇嘛教的政策改变谈起。喇嘛教有四大活佛：除藏区的达赖、班禅外，就是外蒙古的哲布尊丹巴呼图克图和内蒙古的章嘉呼图克图。由于哲布尊丹巴的转世灵童出自蒙古王公家族（如二世哲布尊丹巴就是土谢图汗之子），为防止僧俗大权集于一身，尾大不掉，且易引起蒙古王公之间的争夺，乾隆二十一年决定，今后哲布尊丹巴的灵童不再由蒙古转世，而是在西藏寻找。在五十七年，乾隆又制定了金瓶掣签制度，并定制了两个金奔巴瓶，一存放于拉萨大昭寺，决定达赖、班禅和藏区各寺庙活佛的灵童身份；一存放于北京雍和宫，决定蒙古和内地的大小活佛转世灵童的身份，由理藩院尚书主持其事。

辛亥革命爆发后，俄国立即策动外蒙喇嘛王公“独立”。此时，三多所辖的武力仅二百四十余名，而且分布在库伦各地，他手下仅有八十多名亲兵；而俄国当时在边境上驻有重兵，并派兵千余名直接进入了外蒙古。11 月 28 日，哲布尊丹巴以防备内地革命党“扰乱蒙疆”为名，擅自向喀尔喀四盟征调蒙兵，两天后，哲布尊丹巴派人向三多下了这样一道通令，说他们已决定建立“大蒙古国”，要求三多及清廷驻库伦文武官员及兵丁出境。

> 我蒙古自康熙年间隶入版图，所受历朝恩遇不为不厚，乃近年来，满洲官员对于我蒙古欺凌虐待，言之痛心。今内地各省既皆相继独立，脱离满洲，我蒙古为保护土地宗教起见，亦应宣布独立，以明万全。现已由四盟王公公推本哲布尊丹巴为大蒙古国皇帝，不日即将御极。库伦地方既已无需用中国官员之处，自应即时全数驱逐，以杜后患……札到，该三多即便凛遵。限三日内带同文武官员及马步队等快速出境，不准逗留。[23]

因力量对比众寡悬殊，三多等被迫撤离。清廷正面临灭顶之灾，无力顾及外蒙，只能将三多革职，并宣布其所推行的不利于外蒙古的“弊政”一律革除；劝告哲布尊丹巴等不要“轻举妄动，为人所愚”，并派出蒙古郡王和科布多办事大臣前往“宣慰”。但外蒙古当局根本不予理睬，一个月后，哲布尊丹巴宣布建立“大蒙古国”，自立为皇帝，年号为“共戴”。随后，在沙俄的支持下，他们又派兵攻占了乌里雅苏台和科布多，驱逐了那里的清

图106　沙俄乘中国内乱之际，策动外蒙“独立”，此为沙俄使臣与库伦活佛哲布尊丹巴的合影。

廷官员和驻军。

沙俄十分狡猾，11 月 3 日，在外蒙刚刚投入其怀抱，一切唯其命是从之际，即与哲布尊丹巴政权签订了《俄蒙协约》及《俄蒙商务专约》，声称“蒙古对中国的关系已经终止”，俄国“扶助蒙古自治”，不准许中国军队进入蒙古，不准汉人移居蒙古地区，俄国人则在蒙古享有特权，其他外国人不得有超于俄人之权利；不经俄国允许，蒙古不得与“中国或别国立约”，等等。外蒙在实际上成了沙俄的保护国。对此，清廷于 11 月 7 日照会俄国，声明俄国与外蒙古所订立的任何条约，“中国政府概不承认”。次年，沙俄又策动库伦的蒙军开进外蒙西北部的唐努乌梁海，宣布“独立”，并于 1914 年 6 月派军队直接占领并兼并了这块十七万平方公里的地区。

唐努乌梁海位于外蒙古西北部，地旷人稀，但“河流灌注，山多森林，金矿亦多，地气较乌里雅苏台地方暖和，牧畜、渔猎外兼宜耕种”[24]，是漠北较为富庶的地区，行政上分为五个旗，一直归属中国。1915 年，中俄蒙恰克图会谈时，中国代表提出唐努乌梁海问题，沙俄代表拒绝讨论，问题遂被搁置。以后苏俄继承了沙俄的衣钵，先是扶植当地傀儡成立所谓唐努图瓦共和国，1944 年正式并入苏联，改为唐努图瓦自治省，但苏俄对此做贼心虚，苏联官方及媒体均未就此发表声明或予以报道，所以很长一段时间内，中国和世界其他国家并不知道这件事。但俄国对这一地区的侵占，自袁世凯以来的历届中国政府从未声明放弃对此地区的主权，这一地区至今仍为俄国所占据，其归属问题如何解决，让我们拭目以待。

在其他边疆地带，沙俄也时刻窥伺时机，蚕食鲸吞不遗余力。1912 年 1 月，继外蒙“独立”后，沙俄策动当时陈巴尔虎旗总管福胜率领数百人，在俄军配合下，占领了海拉尔和满洲里，宣称“独立”，成立所谓“呼伦贝尔自治政府”；此后福胜被“大蒙古国”授予参赞大臣和海拉尔总督职务，呼伦贝尔也被并入“大蒙古国”。沙俄还同福胜集团订立了多项“合同”，攫取了呼伦贝尔地区的伐木、采矿、垦殖、渔业等多项权益。在中国政府出兵平叛时，俄又以“调停”为名进行干涉。1915 年 11 月，中国政府被迫与沙俄签订了《中俄会订呼伦贝尔协约》，除获得呼伦贝尔“为直属中华民国中央政府之特区”的名义主权外，沙俄从福胜手中攫取的所有权益均得以保留，而且还规定中国政府如欲向该地派兵、修路，均须事先征得俄国同意，使中国实际行使主权的能力大受限制，直至俄国爆发革命后，呼伦贝尔之主权才为中国所收回。

1912年6月，在新疆于田县的一个大镇——策勒村，一些俄国商人与私自加入俄国籍的当地居民，横行乡里，欺压良善；辛亥革命爆发后，这些人散布流言，鼓动当地居民“从速投俄”，并与当局前来查办的人员武装对抗。在冲突中，我方死三人，伤一人；俄方及亲俄分子死二十九人，头目塞依提[25]逃亡。沙俄即借此扩大事态，先后派兵一千五百余人侵入喀什噶尔城外，并擅自在中国境内绑架官员和平民。新疆都督杨增新派杨缵绪为喀什噶尔提督兼外交特派员，与沙俄领事就“策勒村事件”进行交涉，要求交出肇事祸首塞依提，拒绝了俄方处决中国官民的要求，谈判陷入僵局。1913年8月，北京政府决定妥协，命杨缵绪与俄领事索柯夫达成协议，以判处地方行政官员和居民徒刑，赔偿白银七万两结案。10月1日签字后，沙俄军队先后撤出伊犁和喀什噶尔。但沙俄并不甘心，次年又唆使当地行政长官马福兴[26]组织“独立回教国”，10月，杨增新设计除掉了马福兴，稳定住了喀什噶尔的局面。

“大蒙古国”建立后，沙俄和哲布尊丹巴政权乘中国国内革命之机，先后兼并了乌里雅苏台和科布多后，其矛头又对准了新疆北部的阿尔泰地区。阿尔泰地区包括阿尔泰乌梁海、新土尔扈特、新和硕特三部，原属科布多办事大臣管辖，1904年，为防俄国的侵略渗透，清廷决定科、阿分治，设立阿尔泰办事大臣，治所在承化寺（今阿勒泰）。民国后，办事大臣改称阿尔泰办事长官，由中央直接管辖。1912年，库伦军队攻打科布多时，袁世凯命令新疆、伊犁、阿尔泰三地出兵增援科布多，但援军尚未集结，科布多即于8月20日陷落。杨增新认为阿尔泰为新疆北部屏障，故全力援阿，在军需粮草和军队布置上做了有效的安排，在进驻阿尔泰境内后，即听候中央政府与沙俄的交涉结果[27]。1913年8月，一名增援阿尔泰的新疆伊犁军队的士兵，击伤了俄国驻承化寺的领事，俄国遂借此赤膊上阵，直接干预。为避免冲突，北京政府应俄国要求撤回了增援军队，俄国却以保护领事和俄人商务为名，派兵一千三百余人，强行进驻承化寺和布尔津河一带。10月，沙俄又策动阿勒泰办事长官帕勒塔亲王（即土尔扈特亲王）宣布阿尔泰“独立”，并与之签订《临时停战条约》六条，试图将阿尔泰并入“大蒙古国”。袁世凯下令将帕勒塔撤职，宣布其所签订的所有条约一概无效后，沙俄于1914年2月向中国提出六项要求，作为从阿尔泰撤军的条件，主要内容是哈萨克人归哈萨克总管节制，承认俄国人在阿尔泰境内有购置或租赁土地及其他不动产的权利，准许俄国商人任意运进货物并在沿途随意销售等。新疆都督杨增新在回复外交部的电报中对“六条”予以驳斥说，俄“要求将哈萨（克）归总管节制，言外即有不归阿尔泰长官节制之意。无非欲引哈萨（克）外向，使逐渐脱离中国管理主权，俨然含有独立性质”，“将来煽惑中、哈，即可效库伦故智，土地人民，皆入俄国之势力范围，居心叵测。”[28] 此六条为中国政府所拒绝，俄军遂长期赖在阿尔泰不走，直至1917年俄国爆发革命后，俄军才被驱逐出境。1919年，中国政府将阿尔泰地区并入新疆，改为阿山道。

对俄国的趁火打劫，袁世凯的对策是，忍辱负重，沿袭晚清的老法子，以外交谈判解决问题。在经济权益方面，可以作出让步和妥协，在主权问题上则决不让步，只要能够争取到在条约中对中国主权的承认和肯定，异日国家强盛后就不难收回丧失掉的权益。在当时国力衰微已极的情况下，袁氏的这种方略无疑是正确的，所以在他的统治下，中国尽管被迫出让了许多权益，但并未丧失对原有领土的主权。经过耐心而艰难的外交谈判，1913年11月，中国与沙俄签订《中俄声明文件》，沙俄在文件中承认了中国对外蒙的宗主权，承认外蒙古是“中国领土的一部分”；而中国则承认外蒙古“自治”，同意只派办事大臣及属员、卫队驻扎库伦，不派军队驻守外蒙古；当然中国为此也付出了很大的代价，承认了沙俄在与外蒙傀儡政权签订的《俄蒙商务专约》中所攫取的全部特权，并答应在涉及外蒙政治、土地交涉事宜上，俄国及外蒙古当局有权参与协商。

1914年9月起，中国又与俄国和外蒙古自治当局进行了恰克图会谈，并于翌年6月签订了《中俄蒙协约》，协约规定：沙俄承认中国对外蒙的宗主权；哲布尊丹巴取消“大皇帝”称号和“共戴”年号；中国则承认外蒙的“自治”和沙俄在外蒙的各项特权。俄国革命爆发后，沙皇政权倒台，中国政府遂于1918年派兵进驻库伦，完全恢复了对外蒙的主权，1919年11月，徐世昌政府发布政令，取消外蒙“自治”。可叹的是，中国很快陷入内战和革命不断的内乱之中，未能及时有效地加强和巩固在外蒙的主权，外蒙遂在后起的苏联支持下再次宣布独立。第二次世界大战时，蒋介石政权屈服于列强的压力，为了换取苏联的出兵参战，承认了外蒙古的独立，使中国最终失去了这块相当于现有国土面积1/6的领土[29]。国家不是从袁世凯手里，而是从国民党手里丢失了大片领土的。

俄国在外蒙和新疆的侵略频频得手，日本看在眼中，急在心里。在日俄密约中，除了满洲外，双方约定的瓜分范围是：外蒙属于俄国，东蒙（即当时的内蒙古东部）属于日本。但日本缺乏俄国所拥有的地理上的便利，俄国与其所欲插手的地区相邻，在边境上驻有重兵，随时可以出兵进占。日本则不然，进兵非得深入中国内地，这就难免遭到其他列强，尤其是美国的干涉。所以日本在辛亥革命爆发后，起初采取的方针是，维持大清，哪怕是形式上的君主制，必要时甚至不惜直接运用武力扑灭革命，其目的当然是将来向这个受惠于它的朝廷索取高额回报。殊不料，它的这个计划遭到了普遍的冷遇，不仅袁世凯内阁无意维持大清，就是其他列强也全无兴趣。反之，美、英认为大清已经是一个朽烂不堪、扶不起来的朝廷，他们所感兴趣的是大清朝的政治继承人——袁世凯。这颗落而复起的新星，才是他们理想中的统治者。而袁世凯对日本有着根深蒂固的不信任，其外交主导方针即联美英以制日俄，这对于日本对华的图谋，无疑是一种潜在的、强有力的遏阻。叶恭绰曾论及袁复出后与各国列强之间的关系。

袁世凯倚外力以自重，尤显者在英国方面，而朱尔典[30]实为其枢纽。朱尔典固为发展在华势力计，然利用私交之关系，易于进行，亦其中一大关键（朱尔典与袁之私交，始于同在朝鲜时）。辛亥年袁出山后，一切规划，朱尔典多与其谋，居间奔走，实为蔡廷干等。且朱工华语，有时直接交谈，亦不（依）赖通译（翻译）的。据我所知，辛亥革命初汉口英国总领事的态度，及其后袁与黎元洪的交涉、南北议和各重要事件，朱尔典皆多所运筹。他对于制造袁的权位，实在是极费苦心。他所以如此，则是因为英国自甲午以后，中俄密约成立，对华力量大受挫折，至袁下野后为尤甚。所以英国朝廷政策已经一贯趋于毁灭清室，一方面即极力培植他方势力以为之做准备；袁之出山，正是英国恢复在华势力的机会，故积极加以运用也。自是而后，各国竞相角逐，争着想要拥袁。于是德国恺撒（指威廉二世）首先结交袁克定，进以帝制的学说，克定民国二年自德回国，即以此学说游说其父，遭其拒绝，其后渐渐得势。英国公使朱尔典刺探到此事，当面问袁，因而达成默契。美国也继之而来，古德诺博士因而来华倡帝制之说。日本知道自己落后了，以此事询问袁，袁仍然否认。日本大怒，以为袁得志，日本在中国将无立足之地，且将修朝鲜旧怨，于是断然决定倒袁。故民国三、四年间，日本窘袁之事不一而足，最后乃有二十一条的提出。[31]

叶恭绰此说，由黑龙会向日本政府提交的一份备忘录中得到了佐证。黑龙会是1900年由内田良平[32]发起的一个民间政治组织，但对日本官方的政策有着很大的影响力。其名称借用东北的黑龙江，有着很深的用心，即如其宣言中所称：“当前急务，首先在于同俄一战，击退帝俄，使满洲、蒙古、西伯利亚连成一片，以建设经营大陆的基础。”从这个组织的活动来看，它深入朝鲜、满洲、蒙古、西伯利亚等地，刺探情报，绘制地图，收买民族败类，策动内乱。如朝鲜之“合并”，中国之“革命”，拉拢宗社党人，策动满蒙“独立”，等等，背后都有黑龙会的影子，它完全是日本侵略扩张政策的先遣军和别动队。1913年，由黑龙会发起，十三个右翼团体的三百多名扩张主义分子，成立了所谓“对华联合会”，加紧了在满蒙地区搜集情报、策动叛乱的步伐。内田良平在是年发表的《支那观》一书中，提出了“大亚细亚主义”的主张：“今我帝国，要联合觉醒的亚洲各邦并成为其盟主，以保证亚洲人在即将到来或已经到来的人种的竞争、宗教的竞争、经济的竞争中，免遭其他人种的蹂躏践踏”，[33]这个思想是后来的“大东亚共荣圈”理论的张本。

1914年7月，第一次世界大战爆发，欧洲列强全部卷入战争。内田敏锐地觉察到这是日本全面扩张的大好时机，于是亲自起草了《对华问题解决意见书》（又称《黑龙会备忘录》），以黑龙会的名义，呈交日本首相大隈重信[34]。这份意见书提出，必须乘西方列强卷入战争，无力东顾，中国孤立无援之机，迫使“中国自动地依赖日本”。“对日本帝国政府来说，强迫中国处于这一地位，除了利用目前机会取得政治及财政权力，以及用一切方法订立包含下列秘密条款的防御同盟以外，没有其他的办法。”内田提出的建立“防御同盟”的秘密条款有十条，作用在于把中国变为日本的保护国（为的是将来像对朝鲜那样加以“合并”），他是这方面的操作老手。这份意见书实际上是日后“二十一条”的源头和蓝本，其精神和主旨全部被“二十一条”吸收了进去。

值得注意的是《对华问题解决意见书》对袁世凯的看法，印证了叶恭绰的说法。内田显然很清楚袁在外交上惯用“以夷制夷”的手法，对袁氏抱有很深的不信任：“从袁世凯迄今为止的态度来判断，我们知道他在外交交涉方面往往采取权宜的策略。虽然在外表上可能对我们表示友善，实际上他将依靠不同列强的势力作为对我们最方便的牵制而拒绝我们的要求。”[35]出于这一前提，在支持袁世凯镇压革命党，武力统一中国，还是帮助革命党倒袁的问题上，黑龙会的态度极为鲜明：“我们应该使中国革命党人、宗社党人及其他失意分子在全国范围内引起骚动。整个国家将陷于混乱，袁政府将因之垮台。那时候我们将从四亿中国人中选择一位最有势力、最著名的人物，帮助他组织新政府，统一全中国”，而“目前是我们唆使中国革命党人及失意分子起事的最适当的时机。这些人目前之所以不能进行积极的行动，是由于他们没有足够的资金。如果帝国政府能利用这一事实，给他们以贷款，并教唆他们同时起事，极大的骚动和混乱，必将普及全中国。我们就能出来干涉并轻易地调整关系[36]。”黑龙会意见书竟同袁世凯一样，认为共和制不适合中国国情。但日本不赞成共和制的原因在于“中国共和政体的保留，将是未来中日同盟道路上的巨大阻碍”，为什么呢？因为这会给吞并中国造成体制上的障碍，“在共和国内，政府的根本原则以及人民的社会与道德的标准是与君主立宪国家截然不同的；它们的法律与行政也是相冲突的”，因此，“我们必须利用目前的机会改变中国共和政体为君主立宪，而这一立宪政体必须在一切细节上与日本的君主立宪相符合，而不是符合其他任何国家的君主立宪政体。这确实是为了实际改造中国政体必须牢牢掌握的关键和首要的原则。”至于推倒袁世凯后，由谁来当新的统治者，是宣统复辟，在宗社党内物色，还是从革命党人中挑选，可以等到将来再定。但“确实执行中日同盟的政策及改变中华民国为君主立宪的政策，实际乃是改造中国所应采取的根本原则。”[37]

由黑龙会的这篇意见书，我们可以大致窥见当时日本朝野侵略中国的思路：

一、借中国孤立无援之机，胁迫中国接受不平等条约，造成“保护国”的既成事实；

二、以此打击袁世凯的威望，以动摇其统治基础；

三、对一切反袁势力，无论是革命党，还是宗社党，只要是有助于煽起中国的内乱，均予以积极地支持；

四、支持除袁以外的复辟帝制的活动，使中国在政体上与日本保持同一性，为将来“合并”中国打好政治基础。

很显然，日本并不反对中国的帝制复辟活动，但“新皇帝”必须是一个日本信得过且好摆弄的傀儡，而非袁世凯那样足智多谋，不仅不听摆弄，反而足以成为日本阴谋的巨大障碍的枭雄人物。日本想要搞掉袁世凯，与后来搞掉张作霖的动机是一样的。所以，所谓袁世凯“卖国”一说似乎站不住脚。

第一次世界大战前夕，日本与英国有盟约（即日俄战争之前建立的英日同盟），与俄国有密约（即瓜分满蒙的秘密协约），而在当时的欧洲方面，以德国和奥匈帝国为一方，以英、法、俄国为一方，形成了对峙局面。日本之所以迫不及待地对德宣战，就是看好了德国在中国的势力较弱，而且为欧洲战争缠身，无力东顾；日本可以借宣战为借口，一举全面接收德国在华的权益，其醉翁之意不在酒，目的还是侵略中国。日军在山东的登陆和对胶州湾德租界的进攻，事先并未通知中国政府。袁世凯还是从山东都督的报告中获知日军登陆的消息的。袁的对策是，在无力阻止日军行动的条件下，采用当年日俄战争时期用过的方式，划定日军过境的一条走廊和参战国战区，此外即为中立区，以防战争波及中国。当时的决策过程，据参加了那次会议的顾维钧回忆如下：

图107 顾维钧像。

总统急忙在总统府召集会议，所有的内阁部长均出席，参事也被邀与会。那时我是外交部参事，是被邀的三个人之一，另外两个是国务院（内阁）参事。一个是伍朝枢，伍曾就学于牛津，是英国律师，伦敦林肯法学协会会员；另一个是金邦平，他曾留学日本，也是国务院参事。总统宣布开会后说，邀请三位参事与会，是因为他们曾在三个不同的国家留过学，学过法律，懂得国际法；议题是如何对付日本对中国领土的侵犯。他首先要听取三位法学家的意见。总统先叫我发言，我毫不犹豫地说，日军在龙口登陆是公然违犯国际法的行动，因为中国已宣布对欧战保持中立；根据国际法，交战国双方应尊重中国的中立。因此，为了表明中国在尽其中立国的责任，有义务保卫国土以维护其中立立场。因此，抵御日本侵略，理由至为明显。

总统叫伍朝枢发言，说愿意听听研究国际法的留英学生的意见。伍是以前著名的中国驻华盛顿公使伍廷芳的儿子。他简捷地说他的观点完全与我相同，认为中国必须履行其中立的义务，才能按照国际法保障中立国的权利。如果中国不保卫其中立，沉默即便是不承认，也等于是默许日本的行动。袁世凯又叫金邦平发表意见。金说日本造成的局势越乎常规，他实难以表示明确的意见。

袁世凯转向陆军总长段祺瑞，他想从陆军总长那里了解为了保卫国土，中国军队能采取哪些行动。段回答说，如总统下令，部队可以抵抗，设法阻止日军深入山东内地。不过由于武器、弹药不足，作战将十分困难。总统直截了当地问他抵抗可以维持多久。段立即回答说四十八小时。总统问他四十八小时以后怎么办，他望了望总统说，听候总统指示。总统再问外交总长孙宝琦。孙支支吾吾不知说了些什么，总之是他没有成熟的意见。总统环顾左右，等待别位总长发表意见，然而大家沉默不语。总统深深叹口气说，他很明白根据国际法，法学家们认为我国应该怎样做的意见，然而我国毫无准备，怎能尽到中立国的义务呢？这话显然是对着我和伍朝枢说的……总统拿着一个准备好的小纸条作为发言的依据，他提醒大家，十年前在满洲，中国曾遇到过类似的事件。1904年至1905年日俄在中国境内交战，那时无法阻止日军的行动，只好划出“交战区”。那么，现在也可以划出走廊，日本可以通过走廊进攻青岛，中国不干涉日本在此区内通过，在此地区以外中国仍保持中立。

显然，这是应付非常局面的非常措施。总统叫在场的法

> 学家起草划定所谓交战区的文件，以及在此区外保持中立的条例。由于陆军总长说明中国没有准备不能进行长期抵抗，而且总统提出自己的解决方案，与会者一致认为此方案是当前中国应遵循的惟一切实可行的政策。三位参事凑到一起，草拟官方声明和执行中立的细则。这些文件经过批准，即作为官方政策予以公布。[38]

德国在青岛只做了象征性的抵抗，日军两天之后即开进并接管了德国租界，随后又以武力控制了青岛至济南的铁路线。这是一个明显的迹象，表明日本并不以接收德国的权益为满足。袁世凯政府的忧虑和担心是有道理的，1915年1月18日，从东京回任的日本驻华公使日置益在面谒袁世凯时，突然呈交了日本政府的对华要求，共计五号二十一条，即“二十一条”；日置益当面要求袁世凯对此保密，声言秘密如果泄露出去，日本将断然采取行动。袁世凯虽然震惊、愤怒，但并非没有思想准备。他明了中国没有力量与日本进行军事对抗，躲是躲不过去的，只有先谈判，在谈的过程中想办法化解危机。下面我们来看看“二十一条”的具体内容。

第一号是有关山东问题的，共计四条：

（1）中国承认日本接收德国在山东的一切权益；

（2）山东省内或沿海地带的所有土地岛屿，无论何种名目，概不得租让他国；

（3）由日本建造从烟台或龙口连接胶济线的铁路；

（4）从速开放山东省内各主要城市，作为商埠，供外国人居住贸易。

第二号是关于南满和东蒙（即当时的内蒙古）的事项，共计七条：

（1）将旅顺、大连的租界期及南满和安奉两条铁路的期限，均展延为九十九年；

（2）日本人在南满、东蒙可租赁土地用于工商业和耕作；

（3）日本人在南满、东蒙可任便居住往来和经营工商业；

（4）日本人可在南满、东蒙各地获得矿产开采权；

（5）在南满和东蒙地区，欲允许他国人建造铁路，或为建造铁路向他国借款，并将南满、东蒙各项税课做为借款的抵押时，中国政府须先经日本政府的同意方能办理；

（6）中国政府如在南满、东蒙聘用政治、财政、军事顾问或教习时，必须尽先向日本政府商议；

（7）将吉长（吉林—长春）铁路的管理经营权委托于日本政府，期限九十九年。

第三号是关于汉冶萍公司的，共计两条：

（1）两国约定，将来将汉冶萍公司作为合办事业，不经日本政府同意，该公司所属一切权利、产业，中国及该公司均不得自行处分；

（2）所有属于汉冶萍公司各矿附近矿山，不经该公司同意，一概不许外人开采，无论直接间接影响到该公司的举动，必须先经该公司同意。

第四号仅一条，但严重侵害中国的领土主权：

所有中国沿岸港湾及岛屿，概不让与或租与他国。

第五号最明显不过地暴露了日本扩张的野心和胃口，共计七条：

（1）中国中央政府，须聘用有力之日本人，充当政治、财政、军事等各方面的顾问；

（2）日本在中国内地所设有的病院、寺院、学校等，中国一概允许其拥有土地所有权；

（3）日中合办必要地方的警察，或在此等地方的警察官署中，聘用多数日本人，以改良中国警察机关；

（4）中国所需军械的半数以上须由日本采办，或在中国设立中日合办的军械厂，聘用日本技师，采买日本材料；

（5）将连接武昌与九江、南昌的铁路，及南昌至杭州，南昌至潮州的各线铁路建造权，让与日本；

（6）福建省内筹办铁路、矿山，及整顿海口、船厂，如需外国资本，先向日本协议；

（7）日本人在中国有传教之权。[39]

在听完日置益对“二十一条”的陈述后，袁世凯并未动怒，而是以外交辞令告诉日本人，“中日两国亲善为我之夙望，但关于交涉事宜应由外交部主管办理。当交曹次长带回外交部，由外交总长与贵公使交涉。”在日使辞出后，袁将条约文本留下细读。当晚，袁召集紧急会议，国务卿徐世昌、陆军总长段祺瑞、秘书长梁士诒、政事堂左丞杨士琦、外长孙宝琦、次长曹汝霖等出席。次日至21日，又连续会议三天，详议对策。

袁在告知他们日本“觉书”（即二十一条）的大致内容后，指出日本“意在控制我国，不可轻视。至于觉书第五项竟以朝鲜看待我国，万万不可与他商议。”此后，他便与梁士诒等密商避重就轻的办法。[40]对于“二十一条”，袁曾逐条批注，整个谈判实即根据他的指示进行。

> 例如，对于第一条批称：此本于前清中俄协定，东三省会议时已允继续俄国未满之年限，由日本展续满期，今又要重新更定，但将来若能收回，对于年限没有多大关系，此条不必争论。对于承认（日本接收）德国利益问题，批称：应双方合议，何能由日本议定，由我承认？这是将来之事，不必先行商议，可从缓议。对于合办矿业，批称：可答应一二处，须照矿业条例办理，愈少愈好，可留与国人自办。对于建造铁路，批称：须与他国借款造路相同，铁路行政权须由中国人自行管理，日本只可允以管理借款之会计审核权，惟须斟酌慎重。对于开商埠，批称：须用自开办法，并应限制，免（得）日本人充斥而来，反客为主。对于汉冶萍矿厂，批称：这是商办公司，政府不能代谋。对沿海地区之让与，批称：荒唐、荒唐，领土怎能让与第三国。对内地杂居，批称：治外法权没有收回之前，不能允与杂居。至于第五号，批称：此项限制我国主权，简直似以朝鲜视我，这种条件岂平等国所应提出，实堪痛恨，万万不可开议，切记切记。[41]

如果说袁世凯是枭雄，那么他处理“二十一条”的手法，最能表现其枭雄本色。这是袁从政以来所遇到过的最大外交挑战，他决计顶住，即使明里顶不住，暗里也要顶住。为此，他从四个方面着手布置。

第一个方面，是摸清日本的底牌，以确定外交谈判的方针和对策。“二十一条”提出的次日下午，袁即交给总统府秘书曾彝进[42]一项任务，要他即刻拜访总统府日籍法律顾问有贺长雄[43]，摸清日方此番的真正意图何在，在得知有贺也不知道其中内幕后，即提供旅费一万元，遣有贺赴日一行，利用他与日本政界元老松方侯爵[44]和山县公爵[45]的关系，摸清日方的底牌。不久，有贺返回北京，向来接他的曾叔度透露了此事的原委和日本元老的态度。

下车见面，我问他（有贺）消息怎样？他一言不发，约我同到他的寓所详谈。到有贺秦老胡同的寓所后，他说：“这件事真相已明。我见了松方侯爵，哪里知道，侯爵实不知其内容。如此大事，并未经过御前会议，松方只知道大隈要与中国解决悬案，不知其他。我乃将二十一条内容告之松方，并言日本公使直接向驻在国元首提出要求，有失国际间通行礼貌。松方说：‘大隈重信言大而夸，你快回华告诉袁世凯，满洲系我帝国臣民以血肉性命向俄国人手里夺过来的，应当予帝国以发展的机会。至于满洲以外中国领土上的主权及一切，帝国毫无侵犯的意思。大隈的要求，是他大隈重信的要求，帝国臣民不见得都支持他的要求’”云云。有贺附言：“山县公爵，我因保守秘密，怕招人耳目，故未往见”云云。

我将其言回报项城（即袁世凯），项城喜云：“得要领了，得要领了。满洲以外的要求，当然半个字也不能答应他。就是满洲，俄国所抢去的，他日本都拿去了，他还想要发展，你发展了，我却瘪了”……

项城又派我一项很难的任务，在二十一条未发生以前，项城叫我联络日本浪人，即日本人有相当智识而怀才抑郁者，挥金与交。数年之间，经我手推荐了若干人。项城就选定了六七人，最高有每月给五百元者，至少者亦月给二百元。直言之，即我方收买的日本间谍。其事极密，除项城与我外，无第三人知之。项城说：“现在正当紧要关头，你务必常跟他们联络，无论何种情报，是真是假，是虚是实，是大是小，都来报告我。并且你见了他们，应该说什么话，也要斟酌。你预先来问我，我告诉你”云云。我担负此项任务，即与彼等往来，竭力搜求日本公使馆的内部情形，但毫无所得。我将我无能情形，回报项城，请求解除此项任务。项城说：“我所想要知道的，不专指日本使馆内部情形，我要知道日本商民之动静。例如最近来的日本人多，还是回国的日本人多，以及他们为什么要来，为什么要走。走时是否把家财一起卖尽，有一去不复返之势。是否接到日本公使馆或领事馆的命令，劝他们回国”云云。[46]

袁世凯之所以要随时了解日本侨民在华的动向，显然也是为了摸清日方的底线，是虚声恫吓还是真的要诉诸武力，以此把握谈判的分寸。对于有贺带回的信息，袁也并不完全相信，随后又派金邦平等二次前往日本拜访松方，证实有贺所说确实后，才松了一口气。此后袁即让曾叔度前往有贺长雄处研究日本宪法，曾不愿意去，认为这种时候研究什么宪法，未免迂腐。袁告诉他："我现在所想知道的，乃是外交真正决裂后，大隈应取何种态度，他能否奏请天皇即日派兵来中国。依日本宪法，天皇必须依他所请出兵呢？还是可以驳回不出兵呢？关键在此。你万不可将此问题涉及“二十一条”，宜用旁敲侧击法，叫他就宪法论上解答问题。”[47]在得到有贺对“二十一条”交涉失败后，就宪法而言日本八成不会因此出兵的分析后，袁指示在交涉中持强硬但不激怒对方的方针。由于探得了大限内阁此次交涉的底细，袁的应对方略使得日方颇为被动，据中国驻日公使陆宗舆电告，“大限内阁得袁氏复文，惊袁氏之胆大。而未经御前会议，自己即提出此项要求，遭袁氏回敬一棒，狼狈万状。不得已上奏天皇，已开御前会议”云云[48]。袁的摸底活动，显然深合“知己知彼”的战法，故中国虽处于劣势，但在谈判对手面前起初并未落下风。

图108 “二十一条”谈判时的中国首席代表、外交总长陆征祥。

第二即为配合第一步的摸底活动，在谈判中采用拖延战术。袁世凯既已决定坐下来同日本人谈，即再次起用了擅长在困难局面下谈判的陆征祥（如前不久进行的与俄国人有关蒙古主权的交涉）担任外交总长，以代替在对外交涉上不那么在行的孙宝琦[49]，并指示陆征祥、曹汝霖应逐项逐条商议，不可笼统并商，尽量拖延谈判。

日本要求谈判尽快得出结果，每天会谈一次以加速进度，在最短的时间内签订条约。而袁世凯却极力拖延，希望得到外国的外交支援，特别是美国的支援。中国代表团的组成是外交部与日方代表团需要立即解决的另一问题。中国提出双方应各组成五人代表团……日本提出只由公使和外交总长出席，顶多带一名秘书，构成三人代表团。显然日本公使是奉东京之命要进行秘密谈判，把和北京讲英语国家公使有来往，特别是与国外讲英语国家新闻界有联系的中方人员排除在外。日本坚持己见，迫使中国撤回自己的建议，接受日本的反建议。因此我（即顾维钧，时任国务院和总统府英语秘书）和另一位秘书被排斥于中国代表团之外。我虽未参加谈判，这并不意味着我对每次谈判内容和进展毫无所知。事实上，外交总长每次和日本公使及其同事会晤之后，总是召开小型会议，讨论会晤中提出的问题。

头几次会谈的时间很长，除了程序问题外，没有什么进展。实际上，袁世凯总统曾指示陆征祥先生，要他尽量拖延，这和日本公使要尽快结束谈判的急切心情完全矛盾。为了执行总统的指示，陆先生想出许多巧妙的计策来拖延谈判。日本要天天谈，每周五次，陆则提出每周开会一次，并且和颜悦色地和日方争辩。他说他很忙，有许多别的外交问题等他处理，他还要参加内阁的会议。日本公使多方坚持，最后达成妥协，每周会谈三次。

陆的另一任务是缩短每次会谈的时间。已有决定每周会谈三次，时间是下午四点至六点。陆的妙计是每次说完开场白后即命献茶，尽管日本公使不悦，他还是决意尽量使喝茶的时间拖长，而日置益[50]先生也知道这是东方待客的礼节，无法加以拒绝。

第三就是向西方国家特别是美、英及报界秘密透露日本独霸中国权益的计划，即“二十一条”的细节，引起列强的关注，以牵制和对日本施加国际压力。这一任务是由袁世凯的英文秘书顾维钧具体执行的。

此时，北京急需从国际上获得外交方面的支持。尽管中国许诺将此事保守秘密，不让其他国家知道，但我向总统和外交总长说明，这种许诺是在威胁之下作出的，中国没有义务遵守。根据世界的形势，惟一能给中国以外交和道义上的支持的是美国……

这时关于二十一条的消息少量而不断地出现在外国的报纸上，引起了各国，特别是华盛顿和伦敦的关注。我征得总统和外交总长的完全同意，和英美公使馆保持接触。我每次在外交部开完会后，如不是当天下午，至晚在第二天便去见美国公使芮恩施[51]和英国公使朱尔典。当日本驻华盛顿大使电询政府二十一条的详情，尤其是第五号时，东京开始焦急不安，显然东京并未将二十一条的性质及谈判进展等详情通报其驻外使馆，据报日本驻华盛顿大使完全不知道所谓的第五号。但（美国）国务院出示了二十一条的全文副本，使日本大使非常难堪。此后日本政府也开始感到难堪，当然不是为了在北京的谈判中，而是在和华盛顿和伦敦的关系上确实是这样。秘密泄露后，至少是日本外相感到，如果继续否认二十一条及其第五号的存在，殊非明智之举。秘密越来越公开，日本谈判代表对中国政府的压力越来越大，企图迅速签订条约，结束谈判。陆征祥仍采取拖延办法，但已越来越不灵了。在日本的强大压力下，他只好一点一点地把前四号的谈判结束下来。[52]

其实，在日本提出“二十一条”半个多月后，袁即通过专办秘密外交的蔡廷干，将此事透露给了西方。2月11日和15日，英国记者端纳（后曾任张学良和蒋介石的顾问）和袁的政治顾问莫里循就先后将条约全文传达给了《泰晤士报》和英国驻华公使朱尔典[53]。消息的透露很快就产生了应有的效果。美国国务卿布赖恩3月照会日本驻美大使，认为日本提出的条件与其过去所做出的关于中国主权的声明不相符合，美国在原则上“反对日本有关山东、南满、蒙古东部的要求”；同时，美国“对一个外国在政治上、军事上或经济上对中国行使支配权力，不能漠不关心”，日本的这些提议如果被接受，“就会排斥美国人，使他们不能平等参加中国的经济和工业发展，并限制了中国的政治独立”。美国的政策“是要维持中国的独立、完整和商业自由，并保持美国人在中国的合法权利和利益。”在日本以最后通牒的方式强迫中国签订协约后，布赖恩国务卿于5月11日再次照会中、日两国政府，声明美国“对于中日两国政府间已经缔结或行将缔结的任何协定或约定，凡有损害美国及其在华公民的条约权利或中华民国政治或领土完整，或通称门户开放政策的国际对华政策者，一概不能承认[54]。”

美国的介入无疑是对日本的重大压力。日本只得否认第五号要求的存在，并匆匆结束了条约的谈判，它原来的企图只实现了少一半，而把中国变为像朝鲜那样的保护国，以便将来加以吞并的阴谋完全失败，大隈内阁后来即因此而倒台。从此，美国被日本视为实现自己在中国和东太平洋霸业的最大障碍，从这个意义上来说，“二十一条”可以被视作未来太平洋战争的远因，在那次战争中，中美最终结盟，彻底击垮了日本的帝国迷梦。

第四，扶植张作霖作为关外的政治强人，以此阻遏日本对东北的渗透和控制。读民国初年那段历史，常令人感叹扼腕，国家内乱不止，国势危殆，西边的新疆和东边的满蒙分别被沙俄和日本这两个强邻所窥伺，它们之所以今天还属于中国，不能不承认当时一西一东两个强人的柱石作用，西边的强人是新疆的都督杨增新，东边的强人是东北的张作霖。

杨增新（1863—1928）字鼎臣，云南蒙自人，光绪十四年（1889）进士。历任甘肃中卫、天水县知县，河州知州，甘肃武备学堂总办、候补道，新疆陆军学堂总办，阿克苏道、镇迪道道尹，新疆提法使（即官制改革前的按察使）；1912年由袁世凯任命为新疆都督。杨在政治上亲北洋，“终袁世凯之世，他是拥护袁世凯的”，“他每次提起袁，总是以‘项城’相呼，认为项城在世时对新疆的一切措施是谅解并且支持的，比起后来的黎（元洪）、段（祺瑞）好得多。”[55]杨增新虽是进士出身，却并不迂腐，而是奉行黄老，善于以术驭人。在新疆当时极为复杂危险的局势面前，他能敉平内乱，潜消反侧，挫败沙俄分裂新疆、攫夺领土的种种阴谋，表现了出色的领导才能。1916年，他妥善处理了自俄国逃入新疆的三十万哈萨克和吉尔吉斯难民问题；此后又解决了窜入新疆的四万多白俄军队造成的危机；他还完成了伊犁、塔城和阿尔泰改隶新疆的行政改革。与一心进关争雄、逐鹿中原的张作霖不同，杨宁可固守新疆，决不介入内地的纷争，他奉行的是“小国寡民，无为而治”的方针，他在督署大堂上题写的一副对联颇可反映其固境自守的心态：

共和实草昧初开，羞称五霸七雄，纷争莫问中原事；

边庭有桃源胜境，狃率南回北准（噶尔），浑噩长为太古民。

在杨增新统治新疆的十七年中，新疆对中央奉命唯谨，保持了稳定和领土完整。在晚清民初衰微的国势下，新疆之所以还能留在祖国的怀抱之中，要感激两个人：一个是左宗棠，他率军西征把新疆从叛乱的阿古柏政权手中夺了回来；一个是杨增新，他在危机四伏的局面下为国家守住了这块领土。这两个人对于国家民族，功莫大焉。

现在我们再来看张作霖。张作霖当时不过是陆军第二十七师师长，他的快速崛起，乃至后来成为“东北王”，与袁世凯的有意扶植分不开。在“二十一条”交涉之初，袁世凯就对曾叔度透露过他的对策，“满洲外的要求，我尽量全数驳回；满洲内的要求，多少答应几点，而这几点纵答应了，我有办法要他等于不答应。不但如此，我还回打他一棍，我还向他有所要求。”[56]这“回打他一棍”，即5月1日中国政府提交给日本的“最后修正案”。此方案对日方第四、五号要求完全不予考虑，在第一号山东问题的解决方案中提出中国在承认日本继承德国在山东权益时，日本政府应声明未来将胶澳交还中国，并撤回租界外的日军，胶澳交还中国时，所有日军一并撤回；在第二号满蒙问题解决方案中，在同意日本人租用土地办厂经商耕作的同时，要求服从中国警律并像中国人一样照章纳税，在东三省司法制度完全改良后，则取消领事裁判权，所有诉讼，完全由中国法庭审理，等等[57]。袁世凯之所以这样做，是因为他摸准了大隈内阁不经过御前会议没有用兵之权。果然，在中国外柔内刚的对策下，

图109 张作霖像。张在抵制日本控制东北上功不可没。

谈判陷于僵局，大隈不得不要求召开御前会议，否则他的威吓战略就起不了作用。而袁世凯亦吩咐曾叔度，全力探查日本御前会议的情况，以摸清日本方面的底线。

此时我等急欲探知者，乃东京御前会议后的消息。暗悬（赏）重金，购买消息，迄无所得。日本间谍，思得重金，每日都有人向我报告。或云东京回电已到日使馆，计有三个方案：

> 第一案如何如何；第二案如何如何；第三案如何如何。先提第一案，不行，提第二案，再不行，提第三案。第三案不行，则决裂。我以为此种谰言，无报告之价值。而项城一再问及，并云："你何以知其无价值，在我看来，一句谣言，都有价值。今日之事，犹如打扑克牌，快到最后摊牌之时了，你以无价值了之？错了。你遵我是真是假，是虚是实，是大是小，都要报告之言，万勿隐匿。"言下颇有责备我之意。
>
> 某日，日本间谍来报，日公使馆的确接东京来电了，御前会议，依诸元老意见，只有一个方案。满洲以外不提，满洲以内较原来的方案略有让步。最重要的是：（1）日本人得在满洲内地杂居；（2）日本人得在满洲租地种地；（3）满洲警察局须聘雇日本人为顾问。似乎此三条最为重要，非中国答应不可，不答应即决裂。我立刻报告项城。项城说："真货假货，我一眼就看得出来，这个报告是真的。"我说或者还能让步，焉知无第二案。项城说："我同日本人办交涉数十年，他们的性情，我知之熟矣。他们性急，喜欢痛快。况且证以日本元老松方的意见，大都相符。我看这个报告，比较其他报告，最接近于真实"。其后果然，此报告与日使馆来文，大致相符。
>
> ……
>
> 我草拟一道条陈，内容大致是说，已经答应了的各条，宜速筹补救之法：（1）破坏杂居，宜订一外侨内地杂居条例；（2）破坏租地、购地，宜订一外侨永租地条例；（3）破坏警察顾问，宜订聘雇外国人条例。于条例中寓含限制之意，即能暗中破坏条约。似此之类，尚有若干条。条陈呈递上去后，项城告诉我说："你的条陈，意在破坏，但你系法学家，只知道

法律，单靠法律，破坏不了条约。我已经筹划好了：（1）购地、租地，我叫他一寸都买不到手；（2）杂居，我叫他一走出附属地，即遇危险；至于（3）警察顾问用日本人，用虽用他，月间给他几个钱便了，顾不顾，问不问，权却在我。我看用行政手段，可以破坏条约，用法律破坏不了。又其他各条，我都有破坏之法”云云。

项城所用老秘书某君（即张一麐），也参与机密，本来反对签订此约，听到项城及我的暗中破坏之说，大不以为然。说：“既签订条约，即应忠实履行。明知不行，而虚与委蛇，表面允其所要求，暗中却加以破坏，必为祸根。本应推诚布公，向彼明言不能应允之故。如彼不听，纵以兵戎相见，彼曲我直，胜败之数，尚不可知，而我理直气壮，虽败犹荣。我意本应坚持不答应，今天既然答应了，成事不说，壮士断腕，听其所为；白山黑水，暂时视同丢弃的地方，痛定思痛，在关内励精图治，待机而动，收复故土，似乎也是一种策略”，等等。项城斥为书生之见，并且说：“推诚布公果真能够成事，世界早太平了。”

项城曾对我说，拟颁布一惩治国贼条例，凡未经政府许可，私卖田土与外国人者，以国贼论，杀无赦。我未见此条例，也未曾见其颁布，惟闻东北军界及民间皆传言有此不成文法，而法制局及东北行政官署，却无片纸只字。又张作霖只任巡防营某路统领，有兵千人，枪千余支而已。二十一条签订后，段芝贵仆仆风尘，密赴奉天数次。张氏势力陡增，以巨金向德国某洋行购枪械，遂大言有我在，日本人不敢出附属地，东北寸土不能入日本人手。其后尾大不掉，竟逐段芝贵而代之。作霖为国而死，春秋之笔或……应与之。而用作霖者袁氏也，作霖暗中排日，殆有人指示欤。张氏父子据东北若干年，有人说其基础奠立于项城，而实奠立于二十一条，此言似乎并不是没有原因的。

项城死后数年，我去东北。日本友人告诉我说：“我等被囚于附属地界内，一步不敢出附属地。”至于向中国人购地、租地，更谈不到。日本人受中国各机关聘雇人员，也向我说：

“我等名为顾问，其实绝无人顾，绝无人问”，等等。二十一条签字后，东北情形如此，张氏父子据有东北时也是如此，难道不是实行项城的政策所致吗？[58]

曾叔度的说法，是根据袁世凯的说法和后来东北的实际情况所作的揣度，但袁世凯对张作霖确实是格外笼络的，据他的女儿回忆，袁世凯住在西苑（今中南海）的居仁堂，他的办公室，在居仁堂楼下东头，西头是会客、开会及吃饭的所在，在居仁堂前院，还有一处叫作“大圆镜中”的房子，也是会客的地方。袁世凯见客，是依身份的不同在不同的地方会见的。

他（即袁世凯）在什么地方会什么样的客，是按照来客的身份以及跟他的关系来区别对待的。例如，一般的生客在“大圆镜中”，熟客在居仁堂楼下西部，最熟的就在办公室内会见了。如果来客比较有身份，那么，会见的地方也可能有所改变。但是他接见张作霖却是个例外。张作霖是当时的二十七师师长，他由东北来京谒见我父亲。按照他的身份以及他和我父亲的关系，是只能在“大圆镜中”会见的。可是我父亲为了表示对他的优遇，却破例地在办公室内接见了他。当时办公室的北面，安设着一个多宝格子。格子里摆设着一些古玩器物。其中有一个丝绒盒子，里面放着四块打簧金表，每一个表的边上环绕着一圈珠子，表的背面是珐琅烧的小人，样子是极其精致的。当时我父亲和张作霖分坐在沙发上谈话，张在谈话的时候，不时地注视着离他座位很近的这四块金表。我父亲看到这种情况，晓得他是爱上这几块表了，当时就送给了他。[59]

对张作霖在东北的作用，台湾学者王禹廷在其所撰《中原大战史话》中给予了很高的评价：“张作霖虽然出身草莽，雄踞东北，在俄、日两强交侵中，尤其在日本大力胁诱之下，善为应付，不稍屈服，保障国权，奋力建设，其成就非当时（山海）关内任何地区所能及”，并列举其事迹如下。

日本视满洲（东北）为其生命线，久蓄攘夺吞并之心。它于民国初年，胁迫袁世凯，订立了“二十一条”，其重点就在东北。多年以来，日本人据此不断向张作霖威胁利诱，纠缠不休，张作霖不理会，迄未达成所愿。民国十五六年间，日本驻奉天的总领事吉田茂（日本著名的外交家和政治家，第二次世界大战结束后，对日本的重建复兴，有很大的贡献），某次与张作霖进行一种交涉，曾对张盛气凌人地说：“你要真不接受的话，日方当另有办法。”张作霖立即还以颜色，岸然答道：“怎么样？你们有什么好办法，尽管拿出来。难道又要出兵吗？我姓张的等着你的好了。”言罢即起身送客，吉田茂悻悻而去，不久就被调回国。民国十六七年革命军大举北伐，节节进展。日本驻华公使芳泽谦吉（日本名外交家，中日复交后，他任第一任驻华大使）及有关人员，曾用多种威胁利诱的手段，迫使张作霖接受其条件。张氏如果答应，日本即使用各种力量，包括武力协助，易服出兵，助其作战，支持他统治北中国，与南京的革命政府划江分治。张作霖秉诸中国人闹家务，自己事自己了，绝不愿外人插手的大义和理念，坚决不为所动。日本人见张作霖硬不就范，转头向张宗昌接洽。张作霖闻讯把张宗昌电召到北京，亲口告诉他：“效坤（张宗昌的别号），我们自己闹家务，绝不能借助外人，落千秋万世的骂名。”张宗昌奉命惟谨，日本人的这一狂图，又告落空。（民国）十七年五月十八日，日本政府对我南、北两政府发出将在东北采取军事行动的觉书，张作霖于二十五日提出答复，谓断难承认日本觉书所称“适当有效处置”，且声明东三省及京津为中国领土，主权所在，不容漠视。盼日本鉴于济南惨案，勿再有不合国际惯例措置。同时发表宣言，指出日本此举违背华盛顿会议的立场，亦有诉诸国际评裁的含义。殆张作霖离开北京的前一天，日使芳泽谦吉，仍密访张作霖有所要挟，他劝张接受日本的条件，否则对他不利。两人会谈很久，张氏毫不妥协，且大声对芳泽说：“我姓张的不会卖国，也不怕死。”故无结果而散。因此，日本视张作霖的顽强不屈，为其攫夺我东北的大障碍，必欲去之而后快，乃种下张氏被炸身亡的祸因。[60]

对付日、俄这样的虎狼之国，必用张作霖、杨增新一类的枭雄人物，袁世凯用人的高明处，于此可见一斑。一般史家对袁、张、杨等脱不开成王败寇的陈腐套路，或套用某种意识形态的框架，多给予负面的评价，而全然远离了历史的真实，这是十分令人遗憾的。

日本发出最后通牒是在5月7日。通牒限令中国对1~4号及福建问题于48小时内给日本以“满足之答复，如到期收不到满足之答复，帝国政府将执认必要之手段。”[61]此时，已是日本开过御前会议之后，袁世凯知道不满足最基本条件，日本将不惜决裂，将其威胁付诸实施。审时度势，他不得不接受修改过后的条件，违心地同意签约。当天，他即将日本发出最后通牒和交涉现状通知了各省军政长官和驻外使领馆；次日，他召集政府各机关首长开会，莅会者有副总统黎元洪、国务卿徐世昌、左丞杨士琦、右丞钱能训，参谋总长及各部总长，各院院长，参政院议长、参政，外交次长，总统府、国务院秘书长。袁通告了日本最后通牒和不得不接受的原因，“总统悲愤陈词，衣沾涕泪；与会者或怨愤填胸，或神气惨沮[62]”在谈到交涉情况时，袁虽强调政府已尽力作了挽回，但“在南满方面权利损失已巨”，而“我国国力未充（实），目前尚难以兵戎相见……为权衡利害，而至不得已接受日本通牒之要求，是何等痛心，何等耻辱！”他呼吁“经此大难后，大家务必认此次接受日本要求为奇耻大辱，本（着）卧薪尝胆之精神，做奋发有为之事业。举凡军事、政治、外交、财政，力求刷新，预订计划，定年限，下决心，群策群力，期达目的……若事过境迁，因循忘耻，则不特今日之屈服奇耻无报复之时，恐十年以后，中国之危险更甚于今日，亡国之痛，即在目前。”[63]

当时中国政府高层对于是否接受通牒，意见并不一致，争论十分激烈。主战者的主要代表是陆军总长段祺瑞、陆海军统率办事处办事员蔡锷等高级将领。在讨论过程中，还有这样一段插曲，但对袁最后下决心，起了重要的作用。

当时，外交总长陆征祥正与英国公使朱尔典会晤。朱尔典说，今日大会关系重大，我因关心，特于会前来见。日本因各国忙于欧战，不遑东顾，提出最后通牒，意在挑衅，并非空言恫吓。袁总统明白内外情势，不至中他诡计。听说陆军段总长主张强硬对待，我知他已秘密动员，晚间运输彻夜不停，已三星期，这明明是在备战。设若开衅，不堪设想。我与袁总统是三十年的老友，不愿见他遭此惨运。目前只能暂时忍辱，只要力图自强，埋头苦干，十年以后，即可与日本一较高下。今日之会，重在外交，贵总长应负起责任力争，不可听任陆军总长轻率之行动。贵总长若不与我以确实答复，我不告辞。朱尔典说话时声泪俱下。陆征祥回答说，我一定将贵公使的忠告报告总统与大会，如果不听贵公使的忠告，我必定去力争。朱尔典这才告辞而去。陆征祥向袁世凯和会议报告了与朱尔典会晤的情况后，袁说，朱公使之言也是为中国的前途着想，日本此次提出的“觉书”附有第五号各条，真是亡国条件。今外交部尽最大努力，避重就轻，使“二十一条”议决者不满十条，且坚拒开议第五号。外交部当局恪守我的指示，坚拒到底，已能尽其责任，使日本最后通牒中已将第五号自行撤回，挽救不少。惟最后通牒的答复只有“诺”与“否”两字，我受国民付托之重，度德量力，不敢冒昧从事，愿听听诸君的意见。接着，陆军总长段祺瑞就表示反对，说这样迁就，何能立国？宁为玉碎，不为瓦全。袁世凯说，段总长之说自然是正当的办法，但也应审度情势，量力而行。如果第五号不撤回，我与段总长取同一意见。现在既已撤回，议决各条虽有损利益，尚不是亡国条件。只望大家记住此次承认是屈于最后通牒，认为奇耻大辱，从此各尽各职，力图自强，此后或可有为，如朱公所言。若事过就忘，不事振作，朝鲜殷鉴不远，我固然责无旁贷，诸君也有责任。段祺瑞仍持异议，说民国肇兴就承认此案，如果各国效尤，如何应付？袁世凯又分析形势，说我岂愿意屈辱承认，环顾彼此国力，不得不委曲求全，两国力量之比较，您应该最明白。段不再坚持，遂宣告散会。[64]

可见，袁世凯在外交谈判之外，也在军事上做了准备，没有他的同意，段祺瑞不可能自行进行为时数周的军事动员和物资装备的调配。在高层会议认可之后，5 月 9 日上午 11 时，由陆征祥、曹汝霖、施履本（即中方谈判代表）亲赴日本使馆，将签字文本递交给日置益。三人一路心境凄凉，“若有亲递降表之感”。[65]

袁世凯自青年时起，甲午、庚子……国家一步步衰败，他是亲眼看着走过来的；但那时他不在国家领导的位置上，所以没有当事人那种锥心刺骨的痛苦感受。现在则不同了，丧权辱国的条约是由他批准盖印生效的，当年李鸿章签下《马关条约》和《辛丑条约》时的那份屈辱和痛苦，他现在是感同身受了。所以袁世凯又于一周之后发布训令，就是本章篇首收录的密谕，密谕详述日本的图谋和“二十一条”谋我之凶险用心，提醒国人警惕重蹈朝鲜的覆辙，言下极为沉痛：“疾首痛心。惭愤交集。往者已矣，来日方长，日本既有极大政略，谋定已久，此后但有进行，断无中止，兼弱攻昧，古有明训。我岂可以弱昧自居，甘（心）为亡韩之续。处此竞争世界，公理强权，势相对待，人有强权之可逞，我无公理之可言，长此终古，何以为国？经此次交涉解决之后，凡百职司，痛定思痛，应如何刿鉥心神，力图振作。倘仍复悠忽，事过辄忘，恐大祸转瞬即至，天幸未可屡邀，神州陆沉，不知死所[66]。”袁世凯密谕的核心思想只有一个，归结起来就是，日本亡我之心不死，则我应牢记“兼弱攻昧，取乱侮亡”的古训，全国官民应以卧薪尝胆，忍辱负重的精神，励精图治，以待将来。

图110 “二十一条”谈判时的中国代表之一，外交次长曹汝霖。

从“二十一条”交涉的全过程来看，看不出袁如何卖国，如何与日本人私下做交易，换取日本人支持他搞帝制的迹象。反之，袁极力拖延，交涉达二十五次之多，只是在最后通牒的胁迫下，他才部分接受了日本的要求。据自始至终参与了交涉的外交次长曹汝霖晚年回忆，日本在交涉中远没有达到其预定目的。

日本此次所提二十一条，包罗万象，集众大成，势力由东北、内蒙以至闽、浙，权利由建铁路、开矿产以至于开商埠、内地杂居，甚至第五项要求政府机关设立日本顾问，两国用同一军械，警察由日本训练，小学用日本教师，日本僧人到内地传教，凡此苛刻条件，思以雷霆之压力，一鼓而使我屈服。若使随其所欲，直可亡国。幸我府院一心，内外协力，得此结果，亦是国家之福。世人不察，混称二十一条辱国条件，一若会议时已全部承认者，不知二十一条中之第五项各条不但辱国，且有亡国可能，已坚决撤回不议，而所议定者不满十条。世人对此交涉不究内容，以讹传讹，尽失真相。[67]

在交涉中，袁世凯明里暗里大施纵横之术，对日本欲将中国变为保护国的图谋，穷其智计地予以抵制和化解；交涉的情况，政府亦及时向各省和驻外使领馆通报；条约迫订后，他全无交易达成后的窃喜，而只有蒙受奇耻大辱后的锥心痛苦。针对条约有关内容，袁世凯亦授意参政院在《惩办国贼条例》中加入了严禁与外国人私订契约、出租售卖土地矿产的条例和“中国所有沿海港口湾岸岛屿”概不割让租与外国的议案[68]，以扼制日本蚕食国土的阴谋。故所谓“卖国”一说，不过是其政治对手的造谣或局外人的揣度之言，不足凭信，不能成立。

而且袁世凯当时刚刚当上正式大总统，帝制运动尚未开张，最能说明日本未以“称帝”作为诱饵的，是日本公使日置益在来华之前就“二十一条”问题向外相加藤明高请训时，提出“要向中国千方百计进行威胁、劝诱，并用尽其他一切计策”中所列出的五条“引诱条件[69]”中，并无支持袁搞帝制之说。

“二十一条”交涉中不存在“卖国”问题的另一有力反证是，袁氏称帝时，蔡锷、梁启超等护国战争的元勋，在讨袁檄文中，并未提出所谓“卖国”问题。“二十一条”交涉时，蔡、梁等均为政府中的要员，悉知签约的内幕。袁如有卖国行为，他们后来反袁时，不可能不加以利用，作为起兵的重要根据。

在历史人物与事件的评论中，一般史家或世人往往患有一种“局外虚骄症”，其症状为，在并不详尽占有、分析可靠史料的情况下，同时不抱有“同情”（即设身处地）的态度，而动辄指责、抨击他人不遗余力，譬如甲午战争时的翰林院学士、都察院御史们对李鸿章的指责。这种动辄义愤填膺一番，时时批评别人“卖国”者的虚骄，即缘于他们是局外人，可以放言高论，而又不必承担任何责任。实际上，国家存亡续绝的千斤重担若撂在他们肩上，这些人的表现殊难逆料，但可以肯定的一点是，他们的表现会比李鸿章、袁世凯差得多。所以自古就有“清谈误国”的说法，指的就是这般文人。

明知道打不过人家，怎么办？抵抗必然失败，随失败而来的是割地赔款，其损失比和平妥协要大得多，甲午、庚子已有前车之鉴。谈判，对方绝不肯空手而归，必得作出让步，让人家攫取相当的权益。在此局面下，只能是两害相权取其轻，走妥协让步的路子，这样尚可赢得喘息时间，徐图恢复。所以屡战屡败、积弱积贫的中国，在当时那个年代，外交上只有一条路可走：忍辱负重，以待将来。不仅晚清政府如此，北洋政府如此，后来的国民党政府也是如此。这种屈辱和痛苦，不是当事人是难以体会的。1931 年“九一八事变”，张学良下令不抵抗，举国都骂他是“不抵抗将军”。有了这段当事人的经历，他的感受就不一样了。后来（1936 年 3 月 28 日）他在南迁西安的东北大学讲演时，感慨地说：“当年袁项城应许二十一条时，我是学生，一腔热血，誓死反对；及至二十年后我执政，还不如人家。”[70]

图[111]　青年时代的张学良。

在当时举国的嘲骂声中，只有《大公报》上王芸生写的一篇社评为张说了公道话。王芸生是著名的报人，也是一个对近代中日关系有着深湛研究的学者，他所著的《六十年来中国与日本》，直到今天还是研究中日关系的必读书。这篇社评基于对中日关系的深刻了解，对张学良当时的处境抱有同情，以至于六十年后，张氏还记忆犹新。

“九一八”之后，我最佩服的是《大公报》上写的一篇社评，好像是王芸生什么人写的……我最佩服这篇文章啦，好像我在哪儿还收藏着它。不是当时看见的，是后来不知什么时候看见了这篇文章。它主要的观点是说，关于“九一八”，无论何人是张学良，他也定是要这样办的。他这话真是说到我心里去了。

这篇文章说得太长。它说，历史上的事情，中国和日本出了问题的时候，都是采取这种措施，大事化小，小事化了。他说无论是谁，处在当时张学良那地位上，也得这样办。所以，他评论说，只有设身处地知道那个环境的人，说出来的话才能公道。《大公报》这个社论，就设身处地地想了。他说旁的话我都忘了，记不住了，要紧的一句话，就是不仅仅是张学良，任何人，如果当时处在那个地位上，他也是这样办。我很佩服这句话。[71]

我们同样可以这样说，在与日本甲午议和或交涉“二十一条”的那个当口，无论谁处在李鸿章、袁世凯的位置上，也只能像他们那样行事，而不能像那些不负实际责任的局外人一样，为逞一时的意气，拿国脉民命做赌注。

注释

1.黄纪莲：《中日“二十一条”交涉史料全编》，安徽大学出版社2001年版，第235—237页。

2.统监，日本官名。1905年，日本强迫朝鲜接受《日韩保护条约》，朝鲜由此成为日本的保护国，日本为此在汉城设立统监府，统监成为朝鲜政府的太上皇，相当于日本驻朝鲜总督，首任统监即发动甲午战争，迫订《马关条约》的侵略老手伊藤博文。又过了五年，日本最终将朝鲜吞并。

3.苍赤，苍生、赤子，在这里作为人民的代称。

4.亡韩，即已经灭亡了的朝鲜。上述要求，也是日本当年要求朝鲜接受《日韩保护条约》时所提出过的。日本在“二十一条”中提出这些要求，意在把中国也变为它的保护国。

5.刿鉥，刿，割；鉥，刺。刿鉥在这里引申为刺激、振作之意。

6.悠忽，轻忽、放荡；这里指优游岁月，不思进取。

7.林林，即林林总总，纷然众多的意思。

8.齿，这里指年岁，意思是“年岁小于我的”。

9. 发墨，即磨墨，引申为用力针肓，针，古代医疗工具，引申为治疗；肓，膏肓，古人认为是药力达不到的地方。全句意为：即使病入膏肓，也要全力医治。

10.程，考核、衡量之意。

11. 蚩蚩，意为敦厚；氓，草野之民；语出《诗经》，这里的意思是“敦厚无知的民众”。

12.其亡其亡，系于苞桑；语出《易·丕卦》，比喻根基稳固，又有岌岌可危之意。

13.郭廷以：《中国近代史事日志》（下），第1281页。

14.郭廷以：《中国近代史事日志》（下），第1360页。

15.参见吕一燃：《中国北部边疆史研究》，黑龙江教育出版社版，第209页。

16.参见《中国近代对外关系史资料选辑》（上卷第二分册），上海人民出版社1977年版，第317页。

17.同上，第378—379页。

18.吕一燃：《中国北部边疆史研究》，黑龙江教育出版社1991年版，第201页。

19.清末“移民实边”的规模相当可观：在东北，河北、山东等省“闯关东”，移居东北的人口超过1000万；而自1902年取消对“口外”的封禁后，“晋、秦、燕、豫贫民争趋之，日操畚锸者常数万人”，截至清末，内蒙古移民已达160万人。参见池子华《流民问题与社会控制》，广西人民出版社2001年版，第177页。

20. 哲布尊丹巴呼图克图（1870—1924），喀尔喀蒙古人，亦称博格多汗，是库伦活佛。1911年在沙俄策动、支持下，被部分库伦王公拥立为“大蒙古国” 皇帝，背叛清廷“独立”。

21.同注18，第206页。

22.郭廷以：《中国近代史事日志》（下），第1396页。

23.车明怀等：《边疆忧患录》，西藏人民出版社1995年版，第266页。

24.樊明方：《唐努乌梁海历史资料汇编》，西北大学出版社1999年版，第219页。

25.此人自称为安集延（在今乌兹别克斯坦）人，于1905年来到策勒村，是个负有沙俄喀什领事馆秘密使命的奸商。起初，他策动引诱当地居民购买假护照，说是交钱即可拿到俄国的侨民证，享受俄侨在华的一切特权。在他的诱惑下，有些商人和居民加入了“俄国籍”，塞依提借机牟利之外，还将这些所谓“俄侨”纠集成为当地的一股恶势力，横行乡里，欺压良善，甚至霸占了对当地居民的生活和生产都至关重要的水源，并以此要挟策勒村民，诱迫他们加入“俄国籍”。当地正直的百姓为了反抗这伙人的欺压，组织起来向官府告状，但和田和于田两县官员惧怕外交交涉，互相推诿；百姓们遂向喀什道上告。正值1912年5月，喀什会党（哥老会）组织起义，掌握了南疆政权；南疆民军派出参将熊高升（熊也是叶尔羌一带的会党首领）带兵三十余人到策勒村查办此案，熊召集乡民、绅香和俄商调查事情原委，但塞依提依仗沙俄淫威，拒不到场。经过三天调查，熊打算调解解决，塞依提等不仅拒绝商谈调解，反而聚众武装对抗，首先开枪打死前往其居处商谈此事的中国士兵和百姓，使当地居民蓄积已久的愤怒一下子爆发了出来，事态遂失去控制。聚集于塞依提家中的“俄侨”被民众打死、烧死二十九人，塞依提化装潜逃到喀什，向俄国领事诬告。俄国遂抓住此事大做文章，除进兵喀什外，还直接派兵到策勒村抓捕中国居民。

26.马福兴，系云南回族人，清末因犯案被发遣新疆。马行伍出身，胆识过人；辛亥革命时，杨增新为了控制住新疆局势，用马组织回族军队，作为自己的基本武装。马先后担任马队管带、回军统领；1914年杨派其出任喀什提督，马在喀什作威作福，成了地方上的土皇帝，野心渐大。在沙俄和英国领事的策动下，他企图在南疆建立“回教独立国”，杨得知后，遂利用另一回教首领马绍武与马福兴的矛盾，面授机宜，除掉了马福兴父子。

27.包尔汉：《杨增新统治时期的新疆》，《新疆文史资料精选》（第一辑），第98—101页。

28.杨增新：《补过斋文牍》庚集一，第2—3页。

29.1945年2月，美英苏三强在雅尔塔签订的协定中，罗斯福、丘吉尔为了争取苏联出兵对日作战，与斯大林作了私下交易，在没有征求盟国意见的情况下，同意维持外蒙古独立的现状。而蒋介石政府未能顶住压力，嗣后在与苏联签订的《中苏友好同盟条约》及其照会换文中，承认了外蒙的独立。中国作为二次大战战胜国，居然丧失大块领土，为世界史中前所未有之奇闻。二战中，中国与美英为盟国，但美英出于自身利益，背弃了中国。这再鲜明不过地证明了国际政治中，利益为真，公理为假的现实。

30.朱尔典（1852—1925），英国职业外交官，生于爱尔兰的巴罗，毕业于贝尔法斯特皇家学术研究所和皇后学院。1876年来中国，历任英驻华使馆翻译、助理秘书、秘书；后任英国驻朝鲜领事馆总领事，与当时任职朝鲜的袁世凯结识，甲午战前曾协助袁世凯脱险，交情深厚。后任驻华公使，北京公使团团长等，在晚清民初政坛上，是个极为活跃的人物，在南北和议、“二十一条”交涉和洪宪帝制运动中，朱尔典都是幕后的重要人物。

31. 叶恭绰：《英、德、美、日对袁世凯关系的内幕》，《文史资料选辑》（第8辑），第131—132页。

32.内田良平（1874—1937），出身于日本士族家庭，是狂热的扩张主义分子。在甲午中日战争期间，曾打入朝鲜东学党起义军内部搜集情报；后又深入西伯利亚和俄国刺探情报。1900年组织“黑龙会”，在内田主持下，“黑龙会”成为日本侵略政策的先遣军和别动队。内田并亲自组织和操纵了朝鲜的卖国组织“一进会”，为日本并吞朝鲜制造“民意”舆论。第一次世界大战爆发时，内田亲自起草了《对华问题解决意见书》，要求政府抓住时机，提出一系列全面控制中国的条件，胁迫中国成为日本的保护国，并提出支持宗社党和革命党人在中国制造内乱，搞垮袁世凯政权，以顺利推行日本计划的建议。这份意见书是一个多月后日本政府提出的“二十一条”的蓝本，反映了日本扩张主义者侵略中国的基本思路。

33.伊文成等：《日本历史人物传·内田良平》（近现代篇），黑龙江人民出版社1984年版，第339页。

34.大限重信（1838—1923）出身于日本士族家庭，年轻时醉心西学，积极参加倒幕维新运动。明治维新后出任公职，1880年以后，与伊藤博文、井上馨等共同发起立宪运动，组织立宪改进党，并出任总裁。后来多次担任内阁大臣，两度出任首相，因在废除不平等条约上未能取得完满结果，而遭到炸弹袭击，失去右脚。大限1907年一度退出政界，创办了早稻田大学并任校长。1914年大限再入政坛，出任首相；第一次世界大战爆发后，大限内阁力主参战，为的是乘机侵略中国，并攻占青岛，接管德国租界和德国在山东全部权益，训令驻华公使向中国政府提出“二十一条”，试图一举将中国变为日本的保护国，受到挫败后，于1916年辞职。1922年因患胆石症去世，终年85岁。

35.黄纪莲：《中日“二十一条”交涉史料全编》，第7页。

36.黄纪莲：《中日“二十一条”交涉史料全编》，第8页。

37.黄纪莲：《中日“二十一条”交涉史料全编》，第9页。

38.《顾维钧回忆录》（1），中华书局1994年版，第119—121页。

39.黄纪莲：《中日“二十一条”交涉史料全编》，第670—678页。

40.曹汝霖：《曹汝霖一生之回忆》，第116页。

41.同上，第117页。

42.曾彝进，字书度，四川华阳人。早年留学日本，入东京帝大法学部，于有贺长雄有师生之谊。毕业后回国，先后任职于工部、邮传部、大理院、资政院；民国时曾任约法会议议员、政事堂参议、国务院参议兼总统府秘书，是袁世凯的心腹幕僚。“二十一条”交涉期间，负责对日外交秘密事务。

43.有贺长雄（1860—1921），日本国际法学家。毕业于日本东京帝国大学法学系，后留学德、奥，获博士学位；回国后曾任枢密院书记官、东京帝国大学国际法教授。1913年由袁世凯的英籍政治顾问莫里循推荐，被聘为中国政府法律顾问。

44.松方正义（1835—1924），日本元老政治家，曾两次出任日本内阁首相，七次担任日本大藏大臣，创办了日本的金本位和纸币制度，因此贡献被天皇封为华族，生前是日本政界和财界有影响的重量级人物。

45.山县有朋（1838—1922），日本长州人，出身于武士家庭，元老派政治家；历任内务大臣、枢密院议长、法务大臣、陆军大臣，日俄战争时任日第一军军长，后升任参谋总长、陆军大将、元帅，他也曾两度出任日本首相，先后被天皇晋封为侯爵、公爵。

46. 曾叔度：《我所经手二十一条的内幕》，《近代稗海》（第3辑），第282—284页。

47.同上，第284页。

48.同上，第286页。

49.孙宝琦（1867—1931），字慕韩，浙江杭县人。长期任职于北洋，袁世凯小站练兵以前，即与其结拜为兄弟，两人关系既深且久。袁世凯任直隶总督兼北洋大臣后，孙官运亨通，从直隶候补道而先后出任驻法国、德国公使、山东巡抚；民国后与袁氏结为儿女姻亲，历任外交、财政总长、审计院长、代国务总理等职。

50. 日置益（1861—1926），日本外交官，1914—1917年任驻华公使，是“二十一条”交涉时的日方首席代表。后出任驻北欧国家公使和驻德国大使。

51.芮恩施（1869—1923），美国外交官。威斯康星大学毕业，曾任该校政治学教授。1913—1919年出任驻华公使，此后被北洋政府聘为法律顾问。

52.《顾维钧回忆录》（1），第122—124页。

53.[澳]骆惠敏：《清末民初政情内幕》（下），第398、401页。

54.黄纪莲：《中日“二十一条”交涉史料全编》，第381—382页。

55.包尔汉：《杨增新统治时期》，《新疆文史资料精选》（第1辑），第139页。

56.曾叔度：《我所经手的二十一条的内幕》，《近代稗海》（第3辑），第286页。

57.黄纪莲：《中日“二十一条”交涉史料全编》，第35—36页。

58.曾叔度：《我所经手二十一条的内幕》，《近代稗海》（第3辑），第287—289页。

59. 袁静雪：《我的父亲袁世凯》，《文史资料选辑》（第74辑），第140 —141页。

60.王禹廷：《中原大战史话》，书目文献出版社版，第80—81页。

61.黄纪莲：《中日“二十一条”交涉史料全编》第142页。

62.《三水梁燕荪先生年谱》，《北洋军阀》（二）第782页。

63.黄纪莲：《中日“二十一条”交涉史料全编》第234页。

64. 曹汝霖：《曹汝霖一生之回忆》，转引自贾熟村《北洋军阀时期的交通系》，河南人民出版社1993年版，第87—88页。

65.曹汝霖：《曹汝霖一生之回忆》，转引自贾熟村《北洋军阀时期的交通系》，河南人民出版社1993年版，第89页。

66.黄纪莲：《中日“二十一条”史料全编》，第236页。

67.《曹汝霖一生之回忆》，第127页。

68.参见《中华民国史资料丛稿》（大事记）第三辑，中华书局1975年版，第57、62页。

69.日置益提出的五项“引诱条件”是：

（1）在一定条件下，将胶州湾交还中国；

（2）保证袁大总统及其政府之安全；

（3）严格取缔日本及其保护下之革命党员、宗社党员、留学生及不法日本商民与浪人；

（4）奏请给袁大总统及其政府各部部长援助；

（5）同意修改税率。

以上参见《中日“二十一条”交涉史料全编》，第13—14页。

70.唐德刚、王书君：《张学良世纪传奇（口述实录）》（上），山东友谊出版社版，第586页。

71.唐德刚、王书君：《张学良世纪传奇（口述实录）》（上），山东友谊出版社版，第435—436页。

第十八章

洪宪末路

帝制自为，身败名裂，
不仅是袁世凯个人的悲剧，
也是中国改良主义与近代化运动的悲剧。
个人的失误导致民族与国家的灾难，
究其根源，还在于体制的不完善，
也可见社会转型之艰难。

图112　晚年时的袁世凯。

【导读】在本章中，袁世凯的政治生命和个体生命都走到了尽头。看看袁世凯帝制自为的前前后后，就会知道什么叫作“一失足成千古恨”了。无论出于何种动机，恢复帝制都不能不说是一种逆潮流而动的做法。在当时危机潜伏、扰攘不已的中国，此举无异于授人以柄，反对派可以名正言顺地号召全国，使刚刚平静不久的中华大地再起烽烟。本章开头所选的引文，就是袁世凯在众叛亲离形势下，被迫撤销帝制的申令。“天作孽，犹可逭；自作孽，不可活。”袁世凯帝制自为，闹了个众叛亲离，身败名裂，最后羞愤而亡的下场，可说是自作自受。但值得探讨的是，以袁这种一向精明稳重之人，怎么忽然昏了头，一股劲地往险路上走？袁世凯属于从传统向现代转型时代的早期政治家，是过渡性的、亦新亦旧的历史人物，这种人物不可避免地带有其所由产生的那个时代的烙印，所以他成为大总统之后，想更进一步，动了做皇帝的念头毋宁说是很自然的，如果他不那么急，而是假以时日，先把江山坐稳了再说，也不见得就一定不能成功。所以，他为什么会着急偾事的主观原因，是值得探讨的。再有，何以会出现墙倒众人推的局面？特别是各种政治派别何以会不约而同地借此反袁，而原来团结紧密的北洋集团何以不再服从袁氏，从而导致了他的最终失败，这是需要探讨的客观原因。袁的失败给后来者树起了一块警告牌，大家明白了称帝原来是做不得的事情。后来的某些独裁者尽管实际权力不逊于皇帝，但不再有人敢于称帝，这可算是袁氏从反面为中国政治做了贡献吧。但袁氏的失败不仅是他个人的失败，也是中国近代改良主义的失败，更是中国近代化事业的失败，所以它不但是袁氏个人的悲剧，在一定意义上，也是我们民族的悲剧。古代有“一言兴邦，一言丧邦”的说法，领袖人物能有那么大的作用，甚至将整个民族拖入灾难，就在于独裁专制体制赋予了个人太大的权力，所以个人的失误往往会造成全局性的危机和灾难。

关于撤销帝制的大总统申令[1]

（1916 年 3 月 22 日）

政事堂奉申令：民国肇建，变故纷乘，薄德如予，恭膺艰巨，忧国之士，怵于祸至之无日，多主恢复帝制，以绝争端而策久安。癸丑[2]以来，言不绝耳。予屡加呵斥，至为严峻。自上年时异势殊，几不可遏，佥[3]谓中国国体，非实行君主立宪，决不足以图存，倘有墨、葡之争，必为越、缅之续，遂有多数人主张恢复帝制，言之成理。将吏士庶，同此悃忱，文电纷陈，迫切呼吁。予以原有之地位，应有维持国体之责，一再宣言，人不之谅。嗣经代行立法院议定由国民代表大会解决国体，各省区国民代表一致赞成君主立宪制，并合词推戴。中国主权本于国民全体，既经国民代表大会全体表决，予更无讨论之余地。然终以骤跻大位，背弃誓词，道德信义，无以自解，掬诚辞让，以表素怀。乃该院坚谓元首誓词，根于地位，当随民意为从违，责备弥严，已至无可诿避，始以筹备为辞，藉塞众望，并未实行。及滇黔变故，明令决计从缓，凡劝进之文，均不许呈递。旋即提前召集立法院，以期早日开会，征求意见，以俟转圜。予忧患余生，无心问世，遁迹洹上，理乱不知。辛亥事起，谬为众论所推，勉（强）出维持，力支危局，但知救国，不知其他。中国数千年来史册所载，帝王子孙之祸，历历可征，予独何心，贪恋高位？乃国民代表既不谅其辞让之诚，而一部分之人心，又疑为权利思想，性情隔阂，酿为厉阶[4]。诚不足以感人，明不足以烛物，予实不德，于人何尤？苦我生灵，劳我将士，以至群情惶惑，商业凋零。抚衷[5]内省，良用瞿然[6]；屈己从人，予何惜焉。代行立法院转陈推戴事件，予仍认为不合事宜，著将上年十二月十一日承认帝位之案，即行撤销，由政事堂将各省区推戴书，一律发还参政院代行立法院，转发销毁。所有筹备事宜，立即停止，庶希古人罪己之诚，以洽上天好生之德，洗心涤虑，息事宁人。盖在主张帝制者，本图巩固国基，然爱国非其道，转足以害国；其反对帝制者，亦为发抒政见然，断不致矫枉过正，危及国家，务各激发天良，捐除意见，同心协力，共济时艰，使我神州华裔，免同室操戈之祸，化乖戾为祥和。总之，万方有罪，在予一人！今承认之案，业已撤销，如有扰乱地方，自贻口实，则祸福皆由自召，本大总统本有统治全国之责，亦不能坐视沦胥[7]而不顾也。方今闾阎[8]困苦，纲纪凌夷，吏治不修，真才未进，仰念及此，中夜以忧。长此因循，将何以（为）国？嗣后文武百官，务当痛除积习，黾勉图功。凡应兴应革诸大端，各尽职守，实力进行，毋托空言，毋存私见。予惟以综核名实，信赏必罚，为致治之大纲，我将吏军民尚其共体兹意！此令。（国务卿徐世昌副署）

1915年12月13日（旧历十一月七日），袁世凯在中南海的住处居仁堂大厅举行了“登基”仪式。据袁的亲信、躬予其事的唐在礼[9]回忆。当时的情况如下：

忽然，在12月13日（阴历十一月七日）早晨八九点钟，在我们毫无准备之下，由段芝贵临时通知皇帝即日在居仁堂登基，召集所有原总统府、政事堂、大元帅统率办事处及各部司长、局长以上和各军队师长以上各员，即刻准备依次分批参与朝贺。说办就办，一时忙乱异常。大家想，参与盛典需要整换衣履，但时间确已来不及。当时在京城左近的大员有的也得到消息，赶着入京朝贺，但负有地方守土重责的大员则接到指示，应以职守为重，概免朝贺。

约在9点多钟，居仁堂大厅内朝贺典礼开始了。厅中上首摆设龙案龙座。出于一般意料的是龙座设在龙案前面，两旁并无仪仗，只有平日贴身伺候袁的几个卫兵排列在座后两旁。袁这天龙衮、皇冠并未加身，只穿着平时的大元帅戎装。他素来不喜欢上饰叠羽的元帅军帽，平时很少戴用，这时也未戴帽。

参加朝贺的人先到先贺。当时段芝贵传袁的话，说行礼要简单些，三鞠躬就行了。但大家朝贺时，仍旧跪拜，很多人还行三跪九叩首的大礼，只是旁无司仪，因之行礼时并不齐整。朝贺人下拜时，袁并未就座，只站在座旁，左手扶着龙座搁臂，右手掌向上，不断对行礼者点头。有时对年长、位高的人，袁就作出用右手搀扶的姿态，表现出一种内心受用而外表故作谦逊的、难于刻画描写的复杂心情。朝贺者有的着戎装，有的着袍褂，有的着便服，形形色色，多种多样。当天引人注意的是黎元洪、段祺瑞等并未参加。总之，这次大礼使我这身与"旷世盛典"的人感到怀疑。为什么偏要赶在这天这样局促草率地突然举行？大有坐在家里称天子，不敢公开的模样。事后大家说："这样就算改朝换代了吗？"可见抱着闷葫芦的不止我一个。我们这一批人认为，如此大典，殊欠郑重。因此对负责张罗布置的段芝贵、黄开文、张士钰等有意见的人就很不少。[10]

登基称帝，这在袁世凯来说，是其一生事业的顶点；而袁氏为人行事，也向来以缜密稳妥著称，为何在如此重大的问题上，莽撞草率行事呢？这是探讨袁世凯帝制自为时，时时出现在笔者脑中的一个问题。

在击败革命党人的"二次革命"，以武力实现了国家形式上的统一之后，袁世凯开始有计划地整理内政，在中央和地方都有所措置更张，目的是加强中央集权，潜消地方割据势力。

在中央，主要的举措是制订新约法，确立总统制。具体步骤如下：

一、孙、黄失败，流亡日本后，袁因成为正式大总统，仍须借重国会完成有关程序，故请熊希龄组阁，并听任国民党人占优势的"宪法起草委员会"通过了《天坛宪法大纲》十二条，这个《大纲》仍然主张"责任内阁制"，当然，这绝非袁所需要的宪法，但总统选举更为重要，所以他对此不动声色。

二、在当选总统半个月后（10 月 25 日），袁致电各省军政长官，授意他们反对宪法草案。但"宪法起草委员会"仍然于一周之后通过了《大纲》。显然，国民党不去，袁氏后几步的棋就走不下去。故袁以国民党议员中有多人与孙、黄通谋，参与反叛为由，于 11 月 4 日断然宣布解散国民党，追缴国民党籍议员的证书和徽章。这样，国会因不足法定人数而陷于瘫痪，“宪法起草委员会”也于10日自行解散。

三、11月26日，袁委派李经羲、梁敦彦[11]等九人为“政治会议”议员，与各部各省所派代表一起，组成“政治会议”，代行国会职权；以李经羲[12]、张国淦为正副议长。不用说，这是世凯实现自己目的的御用组织。1914年1月9日，政治会议议决停止国会所有现有议员的职务，解散国会；1月24日，政治会议议决特设“约法会议”（相当于原来国会的“宪法起草委员会”），2月，又议决解散各省省议会；至此，原来的民意立法机构已全部不存在了。

四、3月18日，“约法会议”正式开会，以孙毓筠、施愚为正副议长，议员有宝熙、袁金铠、齐耀珊、马良等六十人。到了4月29日，“约法会议”通过了《中华民国约法》（即所谓“民三约法”，又称新约法）十章六十八条，规定采用总统制，赋予总统相当大的权力。如规定官制、官规的制订，国务员和外交使节的任用，对外的宣战、媾和及公布宪法等等，一概由总统自行决定。

图113　袁世凯的御用立法工具——参政院参政的合影。前排左三为段祺瑞，左八为院长黎元洪，左九为徐世昌，黎身后为梁启超，三排左二为蔡锷。

五、5月1日，正式废除《临时约法》（即所谓“民元约法”，又称旧约法），公布《中华民国约法》，实行总统制，废国务院，设政事堂于总统府，以徐世昌为国务卿，杨士琦、钱能训[13]为左、右丞。至此，政治会议完成了其使命，被参政院取代。黎元洪、汪大燮分任参政院正副院长，以陆征祥等七十三人为参政员，张国淦为秘书长（后改为林长民）[14]。

六、7月，袁公布了复古色彩很浓的文官官秩令，分为上卿、中卿、下卿；上大夫、中大夫、下大夫；上士、中士、下士。共计九等。

七、12月，“约法会议”通过了《总统选举法》修正案，并于29日公布：总统任期十年，得连选连任；这在实际上确认了袁世凯的终身总统地位。至于袁的继任者，法案规定由袁世凯自行推荐三人，藏于金匮石室，于其身后开封确认，颇类似于帝王的遗诏。

所谓金匮石室，是师法雍正皇帝置传位遗诏于乾清宫“正大光明”牌匾后面的遗意，为的是防止对于皇位的觊觎和争夺，但当时袁世凯还是民国大总统的身份，其申令为：“中华民国大总统继承人，照大总统所亲书继承者三人姓名，按先后次序承继，特设石室金匮之制。此令[15]。”共和制度，总统例由全民或国会选举产生，袁氏却来了一个接班人钦定，非驴非马，但很能反映他对帝制的醉心程度。这个石室就建在居仁堂之右、经过丰泽园，转过卍字廊的小坡上。袁氏死后，黎元洪按临时约法继任大总统，但仍按捺不住自己的好奇心，开启石室一探究竟。刘成禺[16]曾就此面询过黎元洪。“

图114　袁世凯身着“洪宪”朝服，赴天坛参加祭天典礼。

我问黎："总统已经开启了石室金匮了吗？"黎说："开了。""其中所藏何物？"黎说："大总统继承人，项城亲笔书写的人名册子呗。""名册为何种样式？"黎说："全是用中国线装书的方式装订，长一尺，宽六七寸，共十页，用最名贵的白夹宣纸，册边用黄丝线装订，封面用黄绫，书头用红绫包角。题签是项城亲笔书写的四个大字'万民攸赖'。翻开黄绫封面，又是四个亲笔大字'中华民国'；再翻开一页，则划有三条红格长线。（项城）亲笔书写三人姓名，顶格书写，每人姓名各占一行。"我进言说："总统的姓名，项城必是亲笔书写在第一行中了。"黎笑着说："我做总统，乃中华民国约法上的合法总统，全国公认，岂是借袁项城一笔写出来的吗？我做总统与袁何干，倒是经你们的笔写出来的。"[17]

刘成禺是国会议员。黎元洪的意思是自己是由国会选出来的。刘成禺一再追问名册中写的是谁，黎则坚决不肯透露。直到黎元洪去世后，随同黎开启石室金匮的秘书黎澍（湖北黄陂人，字劭平），才透露了实情。

民国五年农历五月初七日，黎副总统正位为中华民国大总统。农历五月初九日，赴中南海开启金匮石室。石室钥匙由三海指挥官徐邦杰[18]保管，我是总统秘书，随大总统前往开匮。徐邦杰献钥匙于总统，总统亲手拆去封条，开锁启门；徐邦杰再献上金匮的钥匙，总统拆去封条，开锁启匮，再开启匮中的金函（匣子），取出黄绫面的线装书一册。总统令随行人等一概退到门口，自己打开书册阅看，阅看后合上书，装入衣袋中，关闭石室回府。随行人等都不知道书中说了些什么事，题写了何人姓名，只知道是大总统继承人而已。我后来去春耦斋，一天，陪黎元洪闲话聊天，黎无意中说出金匮石室所藏，黎为第一人，徐（世昌）为第二人，段（祺瑞）为第三人。我对黎宣誓保证不外泄。我又问及徐邦杰诸人，说是取消帝制后，袁又将金匮中的名册，更换过一次，大概原本是袁克定第一，徐世昌第二，段祺瑞第三。后来更换时，乃改袁克定为黎元洪。开始的意图是传子，后来才依照约法，首先列黎元洪，借以掩天下人的耳目而已。[19]

现在让我们回到正题上来。在地方上，袁则主要是实行军民分治的方针，废除集军政民政大权于一身的都督职务，改设“将军”一职，专管军事；另设巡按使（相当于省长）负责民政。在京城则设立将军府，将权倾一方、尾大不掉的地方军头，调入将军府，以高位厚禄尊崇羁縻之。袁氏此举，与扫平孙、黄一样，实在是强干弱枝，潜消割据所必须进行的一步，否则就不可能实行中央集权。黄绍竑在谈到民国初年的军民分治时曾回忆说。

1913、1914年代的各省都督，掌管军政大权，民政不过是都督执掌的一部分，民政长（或称内务司长）是都督的下属。1913年，黎元洪首倡军民分治的论调。他的秘书长饶汉祥用骈四俪六的文章，力陈唐代藩镇之害。而当时的都督也真是无所不督，各省自成王国。袁世凯实行中央集权，黎元洪的这种论调，正合了他的心意。1914年6月，将各省都督一律裁撤。另于北京建将军府，给那些都督们以各种将军的称号（其实是都督的集中营）。然后选择亲信，予以督理军务的名义，都督就一变而为督军（督军是督理军务的简称）了。说明白一些，就是以前都督什么都可以督，现在只能督理军务了。

民政方面，仿明朝制度，把民政长改为巡按使。明朝的巡按使，既可以管民，也可以管军；也就是要用文人来管军人，以防军人造反。袁世凯在巡按使的职权内，还可以以大总统命令巡按使会办或帮办军务，在巡按使署，有它的军事组织。民元的都督，多半是由前清的偏裨武官出身，或是革命的草莽英雄。因此，袁世凯所用的巡按使，就尽量利用前清的封疆大吏。这些人多半是那些都督或督军旧日的顶头上司。这样，在旧社会的感情上，督军既不能拒绝巡按使，还要相对地听巡按使的指导或监督。袁世凯认为这是无上的妙法。[20]

军民分治是维护国家统一的必须，却损害了大大小小拥兵自重的地方军头的既得利益，袁世凯在这上面犯了众怒，但此举名正言顺，他又挟扫平孙、黄的余威，却也没有人敢于据地称兵，对抗中央。但潜在的不满已经在蓄积，如有机会，是一定会爆发出来的。

在中央的军政方面，袁世凯也开始进行权力上的调整，从而触动某些人的既得利益，使北洋集团内部出现了裂痕。首先，为了牢牢抓住军权，袁在就任正式大总统后，将原总统府军事处改组为统率办事处，将一批高级将领任命为办事员，共计六人：段祺瑞（陆军总长）、刘冠雄（海军总长）[21]、陈宧（参谋次长、代参谋总长）[22]、萨镇冰[23]、王士珍、蔡锷。此六人都是上将军衔，被称为大办事员。这样，袁就将原来由陆军部、海军部分掌的军权和人事任用权集中到自己手中了。重要军务和军队人事，都要经办事处会议，而办事处为总统属下的集体议事机构，陆军部长、参谋总长和海军部长均为办事员，只有总统（同时兼任陆海军大元帅）有拍板权，办事员的作用只相当于参谋、幕僚。统率办事处的作用在分权制衡，“表面上汇聚陆、海、参谋三部，统筹军事，实则减削陆军部之权。”[24]袁之所以这样做，有他的道理，他发现，有些北洋老人恃功自傲，有自立山头的迹象了。徐世昌曾言及当时北洋内部之矛盾说。

就军人方面，项城成功，所倚为干城者为段祺瑞、冯国璋、王士珍三人，时称为“北洋三杰”也。帝制失败，其原因固然很复杂，而关系此三人者为多。段素性倔强，任陆军部长有年；冯久驻南京，俨然藩镇，渐渐不如当年之绝对服从。项城思以军政大权操之于己，于是在总统府设陆海军统率办事处，以移陆军部之权，已为段所不快。关于军事人员之进退，段请求旅长以上由大总统主持，团长以下交陆军部办理，其用心可以想见。项城又借口北洋军队暮气沉沉，另组模范团，挑选各师旅之优秀将校为主干，以别于北洋旧军队。盖因某公子（即袁之长子袁克定）对于北洋老前辈不能指挥，故项城为其培养新势力，此更予段以最深之刺激。某公子最忌段，段又毫不敷衍，即项城左右其他诸人，段亦皆盛气凌之。后来项城屡次对段表示：“你气色不好，想是有病，应当休息休息。”六月间，又有陆军次长徐树铮参案（三次长参案之一）发生，以迫胁段。段于是请假赴西山，托辞养病，愤愤不平。段管军事教育，又握军政多年，亦有其普遍之潜势力，然摄于项城之威势，也无可如何。[25]

图115　民国陆军总长段祺瑞，袁死后出任内阁总理。

袁世凯与段祺瑞原来是通家之好的关系，段的妻子张佩蘅是张芾[26]的女儿，袁世凯的养女。

“张芾死后，仅仅留下一妻一女，家境很贫寒。我父亲看到她们这种无依无靠的情形，就把她母女二人接到自己任上。当时，张芾的女儿还在吃奶。从这以后，她们就始终住在我们家里。

我父亲和我娘还把这个女儿认作是自己的大女儿，后来我们也就把她叫做大姐。其后经我父亲介绍，嫁给了段祺瑞。在她过门之后，虽然她母亲也跟了过去，但还是认我家为娘家，来往是极其密切的。她每次回到了我们家，对我父亲和我娘，仍然是爸爸、娘地叫得很亲热，我们也把段祺瑞叫做姐夫[27]。”但是段祺瑞服袁世凯，不服袁克定，这对想搞家天下的袁世凯可就是隐患了，必须拿出办法，弭患于无形。当时任总统府秘书的夏寿田即认为，统率办事处的设立，即在于潜削段祺瑞的兵权：

段祺瑞素性刚愎，有主见，平时对项城不事趋承。担任陆军部长时，关于军官的进退，常以陆军总长的名义颁行，不请示；他所赏识提拔的人，多半是他的学生部属，隐然成为一股势力。而在北洋旧部之中与段的地位不相上下的人，此时都争相追随顺从（袁世凯）。于是项城渐渐觉得段专擅了。[28]

袁在军事上的另一举措，就是于1914年10月，在北京设立模范军官团。据夏寿田的说法，这也是袁培植北洋新生代力量的手段。

> 组织模范团之动机，系本于蒋方震[29]之条陈。蒋认为北洋军队暮气太重，想另行编练，作为模范，建议在统率办事处之下，设立模范师筹备处，先练两师，中级军官用留学生，下级（军官）参用军官学校学生及速成军校学生。总之，一变历来重用速成生，屏除留学生的宗旨。（袁）克定与北洋旧军队素来没有深切的关系，尤其对于宿将不能指挥，早有步武小站，建立一种新势力以对抗旧势力的意思。陈光远[30]、陆锦[31]等趋附克定门下，我（夏寿田自称）也是参与其中的一个人。在项城本人，一方面认为北洋军队暮气太重，认为应当编练新军，一如淮军继湘军，小站继淮军的故事；另一方面又打算为其子培养新势力，所以借蒋的条陈，马上成立了一个类似军官教导团的模范团。团长项城自己兼任，陈光远为副团长（克定保荐），筹备员有王士珍、袁克定、张敬尧、陈光远。团址在西城旃檀寺，团本部设在北海。兵士由各师下级军官中抽派，以各师中上级军官为该团下级军官；以训练十个师的军官为目的，分五期训练，每半年一期，每期可以产生四个旅的新军军官。第二期袁克定为团长，陆锦为副团长（克定所荐），挑选一批中学以上学生与各师下级军官配合训练。[32]

说到“暮气”，不能不说这是一种普遍存在于人类社会生活之中的现象。就以治军来说，曾国藩办团练，从湖南带出来的都是一些“扎硬寨，打死仗”的三湘子弟，生龙活虎，故能与太平军一决胜负。但打下“天京”之后，曾即认为，湘军暮气已深，断然予以解散复员。李鸿章所带的淮军，起初也是一支悍厉能战的队伍，在与太平军和捻军的战斗中，也善于打硬仗，继湘军之后成为国家军队的主力。然而不过二十年，就又暮气沉沉，在甲午战争中一败涂地。袁在小站练出的新军，起初也是朝气勃勃，令中外人士刮目相看的；北洋六镇也算得上是国家武装力量中的精华，但辛亥、癸丑，与革命党的军队交锋时，虽然不落下风，但在战斗力和军风纪上已经大打折扣了。北洋军的暮气，最为突出的表现，就是在围剿河南悍匪“白狼”过程中的无能与不得力。“白狼”，原名白永成（1873—1914），河南宝丰人。据说他曾在吴禄贞手下当过兵。1912 年末，他组织河南鲁山、舞阳、宝丰三县数百农民造反，次年打出了 “打富济贫”的口号，队伍很快发展到数千人，活动区域遍及鄂、豫、皖三省交界各县。孙、黄在“二次革命”期间，曾数次派人与之联络共同反袁。1914 年初，“白狼”相继攻破固始、商城、光山等县城，横越京汉铁路，进入桐柏山区；3 月攻克湖北老河口，队伍扩大到上万人，在老河口军事会议上，“白狼”作出了避实就虚，西进陕西的决策。随后，“白狼”所部由紫荆关西进，连克商南、丹凤、商县、柞北等县，越过秦岭，直逼西安。陕西都督张凤翙[33]屡战屡败，退守西安，一筹莫展。“白狼”则乘胜由子午岭西进，席卷雩县、周至、武功、乾县，一路“势如破竹，无当之者”；旋又回师攻破永寿、彬县，全陕震动。袁世凯将败军之将张凤翙调入北京将军府，代之以北洋系的陆建章；以赵倜代其表弟张镇芳主持河南军事，并跟踪追击“白狼”部队；川军、甘军也受命协防，驻守入川入甘的要隘通道；袁还调北洋第七师张敬尧[34]部在陕豫交界处进行堵截，形成合围态势。但“白狼”仍连克凤翔、千阳、阶州、通渭、陇西、天水、徽县、陇川等地。6 月初，“白狼”所部试图入川时，在甘谷受挫于赵倜部，“白狼”受伤；在突围返回河南的转战中，其部队受到尾追堵截的各部夹击，损失惨重。8 月初，在河南鲁山与张敬尧部的激战中，“白狼”阵亡，队伍星散。“白狼”之役，北洋以陆军总长段祺瑞坐镇信阳，大兵云集，而这样一支由农民为主体的部队仍能够转战纵横五省，队伍最多时发展到两万多人，把中原地区搅了个天翻地覆，而人数、装备、训练、给养远远优于“白狼”的北洋部队，以狮子搏兔之力，费时一年八个月方将其扑灭，不能不说是暮气已深的表现。这不仅使袁世凯恼怒异常，就是当时在统率办事处参与军事的蔡锷也由此洞悉了北洋的真正实力，日后他挑头发起反帝制战争的决心，就是来源于此的呢。蔡锷的参谋长殷承瓛[35]曾道出过蔡氏发难的原委：

> “松坡（即蔡锷，松坡为其字）入京，我实相随。他想要察知袁的虚实，每日必到统率办事处陪袁办公。袁常邀松坡及唐在礼共进午餐，关于剿办白朗的一切计划情报的有关文电，袁尽交松坡审阅。松坡因得以洞悉北洋军的底蕴及其弱

点。（蔡）退值后常常喟然而叹说，为了剿平几千乌合之众的白朗，先后调动了所有兵力的三分之二，费时近两年，械齐饷足，奖赏超乎常规，而白朗纵横出入豫、鄂、陕、甘间，如履无人之境，谁说小站兵力足以威令天下？云南一师，足够打败北洋十个师。就军事论，胜算决不属于袁。以是信心十足，毅然回滇首义”云云，他的话颇中实情。[36]

这样，袁世凯在“二次革命”后的一系列举措，虽属实行中央集权的必须，但也在自己和盟友一方的阵营中，造成了不满、离心和分裂。

譬如，解散国民党，罪名虽然勉强，但总算还有所借口。国民党的政治对手进步党原想借机收编，将未参与“二次革命”密谋而又热衷于仕途的那部分国民党议员，招降纳叛到自己阵营中来，使自己成为国会第一大党。所以梁启超等人连上条陈，要求对国民党议员采取收罗政策；在因驱逐国民党议员而造成法定人数不足后，梁等又力主召集候补议员，以维持国会。但袁世凯认为进步党也热衷于“责任内阁”，现有国会不能成为自己操纵自如的工具，不仅不予采纳，反而以人数不足难于履行职责为借口，解散了国会，代之以“政治会议”“约法会议”等御用组织。这不仅使进步党大失所望，而且严重损害了进步党暨其所由代表的那个社会阶级的既得利益。进步党的成员大都是前立宪派成员，在中央和地方议会中的人数都不少，国会及地方议会的解散，等于是砸了他们的饭碗。进步党人本来是袁对付革命党人的政治盟友，代表的是“中等阶级”的利益，而中等阶级实际上是袁世凯改良主义的社会政治基础之一。袁氏独裁专制的做法，使得这部分人离心离德，从袁的阵营分化了出去，如梁启超、汤化龙等相继退出政坛，在实际上成了袁世凯的敌人。在后来的“护国战争”中，梁、汤、蔡锷等立宪党人成为反袁的主导力量和领袖，就是明证。但在解散国会上，袁有拿得出手的理由，当时的进步党人也是无可奈何。

又如，袁世凯废督，以“军民分治，军人不能干政”为号召，地方上大大小小的军头尽管不情愿，但说不出反对的理由，事出有名，却也无人敢于反对。各省都督，无论是北洋系还是非北洋系的，不仅其既得利益被剥夺了很大一块，而且在名义上也落到了二把手的地位上，心情是愉快不了的，这也使各地军事当局心生不满和怨恨，一旦师出有名，有人倡议，反叛几乎是不可避免的。

再如，设立陆海军统率办事处，原陆军部的权力被削弱，段虽不满，亦没有反对的充足理由。因为“责任内阁制”既已改为“总统制”，原属内阁的权力转移到总统这里，原是题中应有之义。

最后，建立模范军官团，培养新的军事骨干，对暮气已深的军队更新改造，提高军队素质，在外侮严重、亟须自强之际，是没人能够提出反对的。但北洋和非北洋的军头们仍不免于担心和不满，不满的原因是袁氏此举挟有私心，袁通过这种方式，可以使儿子（即袁克定）名正言顺地进入军界培植势力，为将来的事业打基础。我们看后来的蒋介石办军官训练团，让蒋经国以组建青年军的方式插足军队，师法的就是袁世凯的这个法子呢。担心的原因是，此举不仅对小站、北洋时期的军界老人，而且对于全国各地非北洋系的督军们，都是一个潜在的威胁，因为新的军事指挥人才，势必在将来的某一天，取他们而代之。但办模范团的理由冠冕堂皇，现有军队暮气重，是不争的事实，军头们尽管不愿，也难以反对。

凡此种种，对袁氏的阵营（北洋集团及其盟友）产生了一系列的离心分化作用。袁在形式上一切如意，其统治呈现空前强大、一统的面貌，但在内里已陷入离心状态，蕴涵着空前的危机，他的统治基础正在瓦解。在外部，则还有处心积虑要推倒他的日本人和与之不共戴天的革命党人，他貌似强大，其实正处在最为脆弱的时期。袁世凯此时已是终身大总统，而且继承其位置的候选人也由自己推荐，没有不许传子的限制，在这种状态下，他就是实际上的皇帝。而若再向前一步，由不满和积怨所酿成的危机，势必借其称帝爆发出来。可叹袁世凯见不及此，在这一点上，他比起曹操来，可就差得远了。

袁世凯有曹操的绰号，也具有同样的枭雄素质，在称帝这件事上，他所处的地位优越于曹操。曹操当时仍旧是丞相，上面还有一位名义上的“天子”，而袁世凯此时已经是名至实归的“第一人”了。但操作起来，曹操要便利得多，而袁世凯则有一定的难度。具体而言，曹操没有体制上的麻烦，都是帝制，“禅让”就可以了，而袁世凯则须将“共和”重新变回“帝制”。就算度和自知之明来说，袁世凯就远不如他那位一千多年前的前辈了。

曹操自建安十三年扫灭袁绍父子，平定三郡乌丸，统一中原后，被朝廷封为丞相，此后又晋爵为魏公、魏王；他独揽朝政十二年，朝廷内部的反对派早已被他剪刈净尽。地方上除东吴孙权、西蜀刘备而外，其他大大小小的割据势力也已基本荡平，他若称帝，可以说是水到渠成的事情，但他执意不为。孙权曾上书称臣，劝他代汉称帝，他将孙权的书信示于臣下说："这小子是想把我放到炉火上烤啊！"大臣们也纷纷劝进，认为天命不可违，他应该顺天应人，早即大位。曹操的回答是："若是天命在我，我愿作周文王呀。"当然，曹操不是不想当皇帝，而是想等到完成统一中国的大业后再当皇帝，如果不能及身实现这个目标，就由自己的儿子去完成大业，而他则甘愿起周文王的作用，为子孙奠定事业的基础[37]。所以，做皇帝这种大事是急不得的，天时、地利、人和，一样也不能少。曹操独揽朝纲十几年，有条件做，但一直拖着不做，为什么？就是天下没有归于一统，他有所担心，担心一招出错，满盘皆输，所以他能做而不做。

袁世凯是熟读史书的人，曹操的故事及其他相关故事他应该知道得很清楚。称帝这种大事，必须稳步慢行，时机不成熟绝不能硬做，他心里也应该很清楚。所以，他请自己的头号高参、老谋深算的徐世昌出山，为他主持筹划此事。徐世昌走的是稳妥一路，1914 年 5 月，徐就任政事堂国务卿后，想以参政院取代"政治会议"并代行立法院职能，通过总统选举法修正案以使袁成为终身总统，公布国民会议组织法（1915 年 3 月），等等，步步为营，稳扎稳打，在程序上全依"法制"而行，以确立"合法性"为第一。但这种循序渐进的作业方式所需时间较长，显然并不很对袁的胃口，于是，一派更为积极和急进的"帝制派"走上了前台。

> 当时在袁周围主要有三个包围圈：一是朱启钤、梁士诒、杨度、顾鳌、夏寿田等；二是袁克定、段芝贵、袁乃宽、张士钰（在最初期张不在内，而我是在内的）等；三是官邸中袁的妻妾及儿女等。这三重包围圈的组成分子，除官邸内与前两者不大通气外，前两者既各起作用，又密切联系的。两者之中，朱等在最初实为主力，而且背后有徐世昌指挥，有时直接由朱向袁请示。后来朱等逐渐不如以前那样重要，重心转移到袁克定这一群。直到筹备将近结束阶段，朱等除办些事务外，实已不起什么作用。而袁克定的一群中又新加了黄开文。朱等先是

日夜集结在一起，初无定处，亦有时在筹安会里，没几时重心就移到公府秘书厅梁士诒处来了。他们这些人多是着重在策划和布置方面。文电多由杨等起草，经朱、梁等点头之后，再由朱和袁克定、段芝贵商量，同意即发出去。重要的文件一定要经袁自己看过。朱、梁、段等人尤其是段（芝贵）个人，与各省军政大员函电很频繁。梁每天起身很早，上午八时前已开始办公，中午在公府包饭，与张仲仁（即张一麐）形影不离，很晚才回家，办事很紧张。袁克定等主要是围住袁，因为重大事务必须经袁亲自决定。他们通过各方面的关系，尤其和朱、梁等密切联系，了解有关情况，密筹打动袁的办法。到张士钰加入这方面时，他只不过充当袁、段等人的“小跑腿儿”而已……由于他们围住袁，所以后来相形之下朱、梁的作用就小了，就是袁（世凯）也不复是全部操纵，这时实际决定权基本上掌握在袁克定、段芝贵、袁乃宽之手。[38]

7月，在组成宪法起草委员会后，关于何种国体适用于中国的讨论，忽然成为舆论关注的中心和焦点，舆论先行，这是帝制发动的第一步。先是，8月3日，总统府宪法顾问古德诺（Frank J. Goodnow）[39]发表了《共和与君主论》，认为中国国情不适用于共和制。14日，即有杨度、孙毓筠、严复、刘师培、李燮和、胡瑛等“六君子”发起成立“筹安会”，杨度并于26日发表题为《君宪救国论》的长文，全面阐述中国应该实行君主立宪制的理由。30日，袁的亲信段芝贵等密电各省长官，要求各地以公民的名义向参政院上书请愿更改国体。9月1日，参政院代行立法院开会，沈云沛、周家彦、马安良、蔡锷等请愿改变国体。9月6日，袁派政事堂左丞杨士琦答复立法院称，改变国体须听之于国民。于是，开始“制造民意”，这是帝制发动的第二步。

这事的具体做法是，袁先叫梁士诒等领起头来，把所有袁的亲信拉在一起，于1915年9月19日，在北京成立了全国请愿联合会，叫沈云沛[40]做会长，那彦图、张镇芳做副会长，积极在全国范围内发动他们所联系的社会上有地位的人，请愿变更国体，拥护袁做皇帝。他们发动的对象，上自王公遗老、各省将军、巡按使，下至各种行业的把头，三教九流，行行俱全，多多益善。拉到的人，列入了请愿名单，就被请去吃饭、看戏，此外还大有大份，小有小份地送钱。这样，当然轰动起来了，很快就在全国各地造成了诸色人等“无所不包”的所谓全国性请愿的大局面。[41]

沈云沛的请愿团于9月24日向参政院发起了总请愿，反对召集国民会议解决国体问题。次日，袁世凯即咨复参政院，主张提前召集国民会议解决国体问题。袁为何一再坚持要由国民会议解决国体问题呢？读者还记得四年多前，他就任临时大总统前，向全国申明的“永远不使君主政体再行于中国”的誓言吧，这个誓言尽人皆知，他现在要想回过头去搞帝制，这个誓言就成了他沉重的政治负担，为了避免被国人视为出尔反尔，毫无道德信义可言的小人，他必须把自己的背誓归结为“民意”的要求。据说，当时的英国驻华公使朱尔典是坚决主张中国搞帝制的，当袁谈及自己当年的誓言时，朱即以“民意”为说，劝其打消顾虑。商务印书馆30年代在日本访书时，曾见到过二人密谈的记录，据亲见者回忆，其谈话内容如下：

朱尔典首先提出中国国情不适合民主政制，非实行帝制不能治理图强，只有袁的威望才能担此重任。袁初则装腔作势，坚持不可。朱再三劝进，袁最后说他就任总统时，曾经在参议院宣誓，现在怎能背约。朱笑着说：“时势变迁，前后情形不同，当时公从人民公意出任总统，今日人民公认国体应该变更，请愿公为皇帝，公应时势要求，名正言顺，何必顾虑。”朱告退时又对袁说，他今日一番谈话，是为着中国人民福利，为着英中两国交谊着想，完全出于诚心。至于就他个人而言，则有莫大的损失。袁问此话怎么说？朱笑着回答说：“我和总统多年交谊，谒见谈话都极为自由，何等畅适愉快。他日公登大宝，非国家大事，不易得见龙颜；殿前拜谒，礼仪何等繁重，不能畅所欲言，对我说来，不是一个大损失吗？”[42]

袁既下决心以“民意”涂饰自己的背誓无信，徐世昌即提出由“国民代表”决定国体，选举皇帝。为了加速这个进程，就有了“十人密电”的发生，上演了中国成为共和政体以来第一次大规模操纵民意的闹剧。这十个人是：朱启钤、周自齐、梁士诒、张镇芳、阮忠枢、唐在礼、袁乃宽、雷震春、吴炳湘、张士钰，由袁世凯“钦点”，专门负责主持这件大事。其手法，据参与其事的唐在礼回忆，事情由表里两条线进行，具体过程如下：

一条线是专门做一套与实际选举完全不相干的表面宣传，做法是以命令指定“办理国民会议事务局”为全国决定国体选举皇帝事务的总机关，奉大总统命令办理一切决定国体和选举的事务。然后，用该局的名义按时期、有步骤地发出指示和各式文告等成套的官样文章，命令各地把这一成套的文章及时发表，在报刊上大肆宣扬，标榜这一决定国体、选举皇帝的大事，是完全出于民意，是完全合法的、民主的。

另一条线是由名义上主持国体决定和选举事务的朱启钤、周自齐、梁士诒、张镇芳、阮忠枢、唐在礼、袁乃宽、雷震春、吴炳湘、张士钰等十人出面，向各省将军、巡按使发出密电，传示“主座”（当时对袁由总统选任皇帝时的过渡尊称）命令，按内定步骤指示实际的具体选举工作。当时，先由十人发出一个密电，向各省当权者郑重说明“办理国民会议事务局”完全是一套表面文章，但所有该局指示的官样文章，一定要在各方面进行宣传，并相应地在表面上要有些表演，也只限于表演。重要的是万万不可按照那些官样文章假戏真做，因为那里面没有一件是合乎实际要求的。在这个说明密电以外，另有一封密电详细指示一套实际的做法，要求各省今后一切行动，必须遵照这一密电所指示的原则办理，并必须严守秘密。另外还密示只要能达到密电的目的，尽可以不按国家法律办事。也就是说：尽可不择手段，不妨违法乱纪，便宜行事；但叮嘱如果不按照国家法律办事的时候，却万勿以电报向事务局请示，以为一经请示，局方就不得不以打官腔复示“应当按照法律规定办理”，如此表里便难于分清，反而弄得枝节横生，事情就难以顺利办通了。

> 在正式投票之前，首先要在全国各省区“选举”参加国体投票的“国民代表”。选举“国民代表”，先由北京政府拟订各省代表候选人的名单。这个名单里的人绝大多数是袁自己和他的亲信所提出的在京任职的军政官员，按他们的籍贯分别提到本省去。名单中也包括些各省附袁的著名人士。这个候选名单是基本的。在这以外，留出一些名额，由各省官绅提出补充名单，补充名单授权给各省将军、巡按使决定。如此便合成了一个整个的候选名单，责成各省照单把“代表”选出，非经批准不得遗漏或更改。
>
> 选举的方法是，指定每县由该县县官推荐选举人一人，在所指定之日到达本省指定的处所——将军衙门，去谒见指定的选举监督，也就是本省的将军、巡按使。选举监督在一定期限内，在衙门内厅随时准备着对来谒的选举人进行午宴招待。宴后，由招待人员召集选举人个别谈话，介绍本省拟选代表的名单，形式上似乎是征求选举人的同意。一般选举人都是县里的绅士，当然总是惟恐不及地唯唯从命，表示一切遵办决不贻误，接着就由招待人请选举人把名单抄写清楚，立即陪同选举人到前面大堂里特设的选举厅里面进行“堂而皇之”的投票。偶有个别莫名其妙的“代表”支支吾吾，或竟有独具意见反对照办的，那么招待人就对他不提名单和“大堂选举”的事，只是含糊地表示将来进行选举时再当奉约。捧起茶杯，下个逐客令了事。事后，还由省里把这个选举人的行动，密示其本县县官，申斥他办事不力，限令重新妥为推荐适当的选举人，以免贻误，致干未便。县官接到这般密示，当然紧张万分，诚惶诚恐地克期遵办。[43]

经过上述这番布置安排，10月25日终于选出了“国民代表”，10月28日即进行“决定国体”的投票。这个投票仍是分散在各省举行，由各省的将军、巡按使监督，由“国民代表”进行记名投票。“方法是在票上预先印好‘君主立宪’四个大字，由代表自己在选票上签名，再于自己名下写‘赞成’或‘反对’字样，进行投票。在参加决定国体投票之前，每个国民代表‘赠给’大洋五百元，作为参加选举的‘川资和公费’。代表们拿到这笔‘川资’，当然心中有数；投票既是记名式的，谁投什么票都不难查明，所以投票结果，全体国民代表一千九百九十三人全部‘赞成君主立宪’。”[44]随即又进行了皇帝的选举，其程序与国体投票完全相同。选票上印有“选举袁世凯为中华帝国皇帝，以国家最上完全主权奉之皇帝传之万世”的字样，也由“国民代表”在选票上亲自签名，投票，结果自然也是全票当选。这个结果汇总到中央后，参政院代行立法院即于12月11日正式推戴袁世凯为中华帝国皇帝。据说，推戴书草成、誊写及上呈，是在上午11时半，午后即得到了袁氏的书面答复，说是国体改革既经国民代表一致同意，“自无可讨论之余地”，而推戴他为皇帝，则“改造民国，已历四稔（年），忧患纷乘，衍尤丛进，救过不瞻，图治未遑，岂有功业足以称述……上无裨于国计，下无济于民生，追怀故君，已多惭疚。今若骤跻大位，于心何安？此于道德不能无惭者也。制治保邦，首重大信，民国初建，本大总统曾向参议院宣誓：愿竭能力发扬共和，今若帝制自为，则是背弃誓词，此于信义无可自解者也”。由此，他要求“熟筹审虑，另行推戴”。[45]

收到这份答复咨文后，代行立法院即于当日午后5时再次开会，宣读完袁的咨文后，院长孙毓筠提议起草呈递第二份推戴书，全体通过，于是休会15分钟后，通过了秘书厅起草的第二份推戴书。这次对袁氏的功德备极颂扬，说他“功崇德茂，威信素孚；中国（第）一人，责无旁贷；昊苍眷佑，亿兆归心”，督促他“毋循礼让之虚仪，久旷上天之宝命，亟颁命诏，宣示天下，正位登极[46]。”这些当然都是事先预备好了的，用的是传统上“劝进”的那一套路数，否则，代行立法院也不可能在短短15分钟的休息时间内，连拟稿带誊写地完成两千多字的推戴书呀。反而是从袁世凯的答复书中，可以看出他并非不知道此时称帝不合时宜：“于道德不能无惭”，“于信义无可自解”。但问题是，明知不宜，为何还要硬做？这是本章开头就提出过，后面还要探讨的一个问题，这里暂且按下不提。

袁世凯一手操纵、导演的这幕喜剧至此已经收不住脚了，但幕落得也十分仓促。本来按照古代的规矩，“劝进”或“禅让”应该进行三推三让的程序，世凯不知急得个什么，省去了中间那一道，在第二次推戴书呈上的次日，即宣布接受“帝位”：“天下兴亡，匹夫有责，予之爱国，讵在人后……乃国民责备愈严，期望愈切，竟使予无以自解，并无可诿

图116　为袁世凯称帝做准备的“大典筹备处”成员的合影。前排左起第五人为筹备处处长朱启钤、左六曹汝霖、左七杨士琦。

避！”这是12日的事，13日，即演出了本章开头在居仁堂接受百官朝贺的那一出戏。

在帝制自为这件事上，最能反映出袁氏的枭雄本质，整台戏都是他一手操纵的，在幕后出谋划策的是徐世昌，在前台导演的则是梁士诒。梁士诒其人，我们在“北洋新政”那一章已有所介绍。进入民国以后，梁的地位更形重要，“辛亥之秋，项城再起，京师以内之事，先生（指梁士诒）主之；休战息兵，调停和议，如何派代表南下之步骤，如何促清廷退位之机宜，统一南北，联合各省，改革政制，措集财用，千端万绪皆先生一人任之。适统一政府成立，先生任公府（总统府）秘书长，掌握中枢，赞襄密勿（参与机密），凡入谒项城禀商事件者，（袁）辄说：‘问梁秘书长去！’先生也不问事之大小，酌情审势以处理之。”[47]梁因此又被称为“二总统”。梁在北洋属于后进，如此权势，大遭他人嫉妒。他与唐绍仪交好，又同是广东同乡，在唐与袁生嫌辞职后，杨士琦等（杨、周学熙等为安徽人，与梁不和，被称为‘皖系’；梁被称为‘粤系’）遂通过袁克定向袁世凯进言，说梁与唐绍仪、孙中山等同为粤人，心怀叵测，勾结军人，觊觎总统的位置。袁世凯是个雄猜之主，有驾驭属下的一套办法。梁是北洋“交通系”的首脑，脑子活，办法多，又是搞钱能手，有“梁财神”之称。他在国会大搞金钱政治，组织“公民党”“公民请愿团”，为袁当选正式大总统出了大力，也展现了其操纵“民意”的手段，对这种“暗箱政治”不可或缺的人才，袁是既倚重，又防备，“常以极困难繁重之事交给他来办。表面上示以倚重，暗地里实为羁縻，而且使之费力而不易讨好。”[48]据说，梁起初对帝制一事并不积极，而帝制活动又亟须梁这样的高手，恰逢“五路大参案”发生，袁遂使出去年迫使熊希龄赞同他解散国民党时的那套做法，迫梁就范。

> 津浦路局为“交通系”筹款之源，收入巨大，用人众多，借以培植势力，弊端日益明显，舆论哗然。遂由肃政使王瑚、蔡宝善等赴津浦路密查，罗列十大罪状，由都肃政使庄蕴宽具呈严参。当时王瑚以廉劲著称，所列应当不虚。因此更涉及京汉、京绥、沪宁、正太四路，即是所谓轰动一时的五路大参案了。当时众议沸腾，袁世凯迫于舆论，遂将津浦路局局长赵庆华[49]撤职，京汉路局局长关赓麟、京绥路局局长关冕钧均离职听候审讯，交通部次长叶恭绰[50]也暂时停职听候查办……一时粤系惶急，密议对策，思所以转移局势，非出奇不能制胜，因与袁世凯长子袁克定相结纳，迎合袁的意图，创为帝制之议。[51]

袁的亲信幕僚张一麐也认为，梁之积极参与帝制活动，乃是迫于“五路大参案”：“梁病疟，有人探访他时说：你若要缓解五路大参案，只须为帝制出力。梁于是起而组织请愿团，本案即在无形中打消。人们方知五路案即帝制的反笔文章也。”[52]以梁自己的说法，当时的所谓“三次长案”“五路大参案”等，全都是袁为了胁迫不赞成帝制的官员刻意策划而成：“于是有为之策划者，主张胁迫陆军次长徐树铮以迫段（祺瑞）；胁迫交通次长叶恭绰以迫梁（士诒）；胁迫财政次长张弧以迫熊（希龄），大概因当时张与熊接近的缘故吧。于是分头办理，结果，段祺瑞辞职，以王士珍代之；陆军次长徐树铮、财政次长兼盐务署长张弧免职，交通次长叶恭绰停职候传，当时称之为‘三次长案’[53]。”梁士诒在《年谱》中说自己对帝制“始终无所表示”，是事后的涂饰。在实际上，“五路大参案”发生后，袁世凯曾当面告诉他，参案中本来也有他的名字，是自己下令去掉的。梁当然明白袁的意思，此后，梁即成为帝制活动的中坚分子了。

梁士诒参与后，帝制活动果然大有起色，而筹安会的发起，据说也是梁运动的结果。前面说到，袁世凯曾派杨士琦到参政院代行立法院发布宣言书，认为由该院讨论国体问题不合时宜，应诉诸“多数国民之公意”。一时间，热衷帝制运动如杨度者，颇感摸不着头脑，遂前往请教张一麐：

> 此宣言书发表后，杨度忽然夜间来访，说：“我与总统的关系不如你们之间的交情那么久，今天忽然有‘不合时宜’的谕令，究竟总统的性情如何，请告诉我。”我说：“这样的话，你必须将此事主动告诉我，才可以讨论。”杨说：“我本来打算回湖南的，士诒说，总统有大事须要你出头。实际上我也是被动的，并非主动，但我向来主张君主立宪之说，所以愿意做这件事，今天为何有这样不同的言论呢？”我说：“我告诉你两件事，一件是前清预备立宪，一件是苏杭甬铁路，事前（袁）全都坚决拒绝，事后则幡然改计。你做这件事，将来诛晁错以谢天下，你的脑袋就危险了！”杨听了此话，吃惊不小。翌日，朱桂莘（即朱启钤）[54]等约杨谈话，其意志又坚定起来，大概又有人唆使他了吧。[55]

至于后来的公决国体、选举皇帝的闹剧，“十人密电”向各省将军、巡按使指示机宜，申明“主座”的意见，无一不是出于袁的授意，则更可以肯定，真正想做皇帝的正是袁世凯自己，所谓“民意”“公决”，等等，只是他及其亲信制造出来的遮羞布，为的是解决他“背誓失信”的难题而已。

自8月古德诺发表《共和与民主论》及“六君子”发起筹安会后，袁世凯帝制自为的用心即大白于天下了。而前述所有潜在的反袁势力，也开始了新一轮的活动，其中起主导作用的，就是袁氏原来的盟友——进步党人。其主脑一文一武，文为梁启超，武为蔡锷。

梁启超（1873—1929），字卓如，广东新会人。梁早年科场得意，

图117　护国战争前的梁启超。

后师从康有为，投身维新变法运动，与袁世凯曾同为维新同志。变法失败，梁亡命日本，与康有为组织保皇党，鼓吹君主立宪，在本书前半部中已多有介绍。入民国后，梁热衷于议会政治，与熊希龄等组织进步党，在国会中与国民党相抗衡，是袁世凯政治上的盟友和策士。梁氏绝顶聪明，学识渊博，缺点是热衷政治，心有旁骛，学问虽博，而失之于不精不专。梁这类深受儒家思想浸淫的旧知识分子，一般都有"治国平天下"的抱负，所以梁也是个"长不满七尺，而心雄万夫"的角色。梁的力量，在于他的那一支笔，为文不拘绳墨，自创了一种"新民体"，汪洋恣肆，酣畅淋漓，而又"笔端常带感情"，在清末民初，不知倾倒了多少爱国志士、热血青年。帝制运动期间，梁所作反对君主制的文章《异哉所谓国体问题》，袁曾出价二十万元，买它不要发表，此数额恐怕迄今未有人能打破，可见其文章影响力之大。袁对于梁，以金钱、高位笼络之，羁縻之，甚至还让进步党组织了一届内阁；但在内心里，则认为这些人不过是徒托空言、不切实际的书呆子，成不了大事。梁在帝制发起前后，曾数度致信袁世凯，苦谏他不要称帝，可见他有谋国之忠，反袁不纯从私怨，但袁将其言当作了耳旁风。梁虽为手无缚鸡之力的文人，但作为政坛名流，有社会影响，有舆论号召力，这确是轻视不得的。所谓枪杆子、笔杆子，打天下靠的是这两杆子。梁就是一流的笔杆子，而枪杆子，自然非他的学生蔡锷莫属了。

蔡锷（1882 — 1916），字松坡，湖南邵阳人。蔡自幼聪明好学，十三岁时就考中了秀才，十五岁时由湖南学政徐仁铸（维新派）推荐，以优异成绩考入湖南时务学堂。该学堂创自谭嗣同，是当时湖南维新派的大本营，梁启超当时就在那里担任中文总教习。蔡年纪虽小，但"每月月考，皆居前列，英气蓬勃，同学皆敬慕之"，[56] 并与梁结下了深厚的师生之谊。戊戌政变后，梁亡命日本，蔡应梁之召东渡，入梁任校长的东京大同高等学校。这个学校的教材中，多西方自由民主、天赋人权等内容，故蔡于此也得到了新思想的启蒙。1900年，保皇党的唐才常等组织自立军，蔡和几名同学一度回国助唐起义，但旋即失败，唐等罹难，蔡遂再赴日本，入成城学校学习军事，1903年考入日本陆军士官学校第三期。次年毕业回国，先后在江西、湖南、广西等省武备学堂任教，后历任广西陆军小学总办、新军标统、协统。1911年春，应云贵总督李经羲之邀，赴云南训练新军，余暇编成《曾胡治兵语录》一书。6月，被任命为云南新军第十九镇三十七协协统，其军中骨干多为士官学校同学，其中有不少同盟会会员。武昌首义后，蔡在云南首倡义旗，于10月30日午夜发难。次日中午即控制了昆明全城，十九镇统制钟麟同被杀，李经羲逃走，云南全省随即光复，蔡锷被公举为云南都督。这是他办的第一件大事，而此时他还不过是个二十九岁的青年将军。

图118　护国战争时的蔡锷。

蔡锷虽参加了辛亥革命，但在政见上却是个立宪派，在贵州独立时，他左袒贵州的立宪派，派部下唐继尧带兵入黔，血洗贵阳，将革命党人几乎斩尽杀绝，唐继尧随即被任命为贵州都督，扩张了滇军的地盘。在“二次革命”时，他也把孙、黄视为不安分的“乱党”，联络西南各省，外示“中立”“调停”，内实支持袁世凯的武力镇压政策。当时国民党曾派谭心休到云南运动他参加反袁，碰了一鼻子灰，值得注意的是他当时对袁的态度。

刚到昆明，还未落座，松坡就抢先对我说：“民国成立不久，国基还没稳固，听说克强（即黄兴）又要闹场火了，你劝他放安静些，不要自取灭亡。”我气愤地说：“人家正在残杀我们的同志，要消灭我们，如果再不讨伐他，将来袁世凯定会做皇帝。”松坡冷笑着说：“他敢吗？如果袁世凯真要做皇帝，那我在西南也将做起皇帝来。”我见他说话更不对头，便懒得和他争辩了。后来他告诉我，他已和广西的陆荣廷、四川的胡景伊、贵州的唐继尧结成了一个西南同盟，行动一致。最好劝克强息事宁人，保全实力，如果盲目地去干，定会失败。他只好和西南各省共守中立态度，以保存一部分的革命实力。[57]

袁世凯扫平“二次革命”后，趁热打铁，实行“废督”和“军民分治”，调蔡进北京将军府。蔡本来主张统一，以身作则，相当配合。到京后与袁接触频繁，关系融洽，袁任命他为统率办事处办事员、政治会议议员、参政院参政、全国经界局督办等要职。他同梁启超等“当时很有点痴心妄想，想带着袁世凯上政治轨道，替国家做些建设事业”。[58]

蔡之对袁灰心，始于政府接受日本“二十一条”（蔡主战），一度打算退出政界，回乡从事矿业。但袁帝制自为迹象明显后，蔡极愤懑，筹安会成立的第二天，他就赴天津访晤其老师梁启超，筹议对策，一场倒袁的大计划由此酝酿而成。据梁启超回忆其经过如下：

云南首义之中心人物蔡锷将军，当时正在京师。蔡君十三岁时即从余就学，当民国二年辞去云南都督之职，即来京与余日夕过从。当筹安会发生的次日，蔡君即访余于天津，共商大计。我说：“我的责任在言论，所以我必须立即作文章，堂堂正正地来反对他们；你则是军界大有实力的人物，应该深自韬晦，不要引起他的猜忌，才可以密图匡复。”蔡君赞成我的话，所以在京与他（指袁世凯）虚与委蛇了两个月，使袁不再猜忌他。一面密电云贵两省军界，共商大义，又召戴戡[59]来京面商……戴君以去年十月到京，于是与蔡君定策于我在天津的寓所。后来的种种军事计划，全都是当时数次会谈的结果呢。当时决议云南于袁氏下令称帝后即独立，贵州则过一个月后响应，广西则过两个月后响应，然后以云贵之力拿下四川，以广西之力拿下广东，约三四个月后可以会师湖北，底定中原，这就是我与戴、蔡两君在津所作的策划了。[60]

此后，蔡锷每周均赴天津与梁密议，但对外则大行韬晦之计，积极附庸帝制运动之外，则醇酒妇人，寄情声色。11 月 11 日，蔡以有病赴日疗养为名，潜往天津，在梁启超家换装后，乘船赴日，在神户转船南下香港，与戴戡会合后经越南河内转赴云南。12 月 16 日，梁启超也以赴美治病为名，离津赴沪，与当时在上海的进步党另一领导人汤化龙[61]会商，确定了进步党反对帝制到底的立场。12 月 19 日，蔡锷、戴戡抵达昆明，连日与唐继尧等举行军事会议，筹议举事。袁世凯此时虽已知道蔡、梁有反对帝制的密谋，但可能觉得这是两个书生气十足的人的一时意气，搞不出什么大事情，所以并未重视，而是兴兴头头地继续其帝制运作。在蔡等到达昆明的那天，袁下令设立大典筹备处；次日又申令颁给徐世昌、赵尔巽[62]、李经羲、张謇以"嵩山四友"的称号；申令新朝永远废除太监、宫女、跪拜之制；21 日和 23 日，则大封爵位，授予龙济光、张勋、冯国璋、姜桂题、段芝贵、倪嗣冲等一百二十八人以公、侯、伯、子、男五等爵位。

反袁方面，梁启超 12 月 22 日由南京致电蔡锷，促其即刻发动。蔡等于次日在昆明五华山歃血为盟，拥护共和。次日，即由唐继尧、任可澄[64]向袁世凯发出梁启超起草的函电，请取消帝制，诛罪魁杨度等七人以谢天下，并限袁于 25 日上午 10 时前答复。同时又通电各省，请联电要求取消帝制。25 日，通电宣告独立，号召讨袁；次日，蔡锷、李烈钧、唐继尧分别就任护国军第一、二、三军总司令。27 日，唐继尧留守云南，蔡锷、李烈钧二军分别出师四川、广西，护国战争爆发。

袁世凯得知云南宣告独立后的措置是：将唐继尧、任可澄、蔡锷免职，命令云南邻近各省"严筹防剿"，派张敬尧的陆军第七师入川迎击蔡锷，以曹锟为督师，统率北洋进剿云南的各路军队，另派龙觐光为云南查办使，与广西督军陆荣廷会同攻滇。袁此时仍把云南独立看作是另一次"二次革命"，而蔡唐等人的力量又远不如国民党，不足为患。殊不知人心的向背，已与彼时大不相同。当时舆论、人心多在中央一边；而此刻，由于前述种种原因，他的阵营内部正在离心、瓦解，而他帝制自为，背誓失信于天下的行为，又为所有反对他的人提供了最好不过的借口。

两千多年前孔夫子的学生子路曾问过他，如果他从政，首先会做什么，孔子的回答是：正名。"名不正，则言不顺；言不顺，则事不成；事不成，则礼乐不兴；礼乐不兴，则刑罚不中；刑罚不中，则民无所措手足”。[65]后世“名正言顺”这个成语，就是出典于此。袁世凯之所以非要诉诸“国民代表”的公决、选举，为的就是以“民意”涂饰自己的背誓失信，换句话说，也就是要为自己当皇帝制造出一个名正言顺的理由，使之具有合法性。但这样做骗骗老百姓可以，官场上的人心里可都是明镜一般的。譬如说那些负责安排、监督“国民代表”公决、选举的各省的将军、巡按使，公私密电，指授机宜，在这套玩弄民意的把戏中，也都是重要的参与者呢。这些人中，对袁氏不满，有积怨的人可是大有人在。其中有的是出于公义，如蔡锷、梁启超等；有的是出于私怨，如对袁实行中央集权，裁抑地方势力的种种措置感到威胁的地方军头和北洋内部因权力之争而心怀怨望的将领，等等。在袁氏称帝之前，他们尽管不满，却难以出头对抗，原因即在于袁的诸般政策“名正”；而“称帝”则不然，袁既背弃总统誓言在先，又玩弄、强奸民意在后，在名义上是“大不正”，只要有人带头振臂一呼，所有的积怨、不满即可借此爆发出来。袁世凯在根基未稳之际，就忙不迭地复辟帝制，自己授人以柄，促成了反对派的大联合，名不正，言不顺，则事不成，这是他失败的第一个原因。

在军事上，袁起初也并没有把蔡、唐等人的起事看得多么严重，“二次革命”时，国民党人控制的五六个省曾同时宣布独立，军队有十几万人，北洋军一出动，不过一个多月时间，就被荡平了。云南地处边荒，是个穷省，滇军也不过万余人，力量远不如当年的国民党人。所以，袁世凯认为蔡、唐举事不足为患，旬月之间，不难平定。如果北洋集团此时仍旧团结，袁应该是有成算的，但在“二次革命”期间率兵接收了国民党地盘的北洋军头们，现在也都是盘踞一方的都督、将军了，袁世凯“废督”“军民分治”的政策，同样损害威胁到了他们的既得利益，况且这些人还不如党人有所谓“主义”“理想”，他们的目的十分现实，就是当官揽权发财，因而对袁之所作所为也有很深的忧虑和戒心。西南倡义，他们因均系袁多年一手提拔起来的嫡系，虽不便积极地参与响应，但却对袁的措置消极怠工。而当形势明朗化后，也借着“帝制不合时宜、人心”为名，加入墙倒众人推的行列。尤为关键的是，这些人盘踞着长江中下游各省（江苏、江西、两湖、四川等省），袁要想在军事上很快收功，非得到这几省督军的全力配合支持不可。“长江五督一怠工，北洋即使有力量荡平西南，劲儿也使不上了。”更何况这些人不但不出力，反而与西南密电频传，暗通款曲呢。这是袁世凯所万万没有料到的。

而且在实际上，护国战争也真就没打几场硬仗，实际情形是，明里暗里，或声讨，或调停，各种通电满天飞，“口舌战争”打得远比实际战斗激烈，几乎可以说是辛亥武昌、癸丑赣宁两役的翻版。为此我们简单介绍一下战争的进程。

以蔡锷为总司令的护国军第一军，总计不过四千多人，为滇军精锐，也是护国战争中的主力。这支部队在宣布独立之前，既已陆续开拔，12月20日出发，约一个月后（1916年1月17日），抵达四川叙府，与北洋方面伍祥祯的混成旅和川军巡防营接战；四天之后，攻占叙府。

第一军的右路由戴戡率领进入贵州，1月24日到达贵阳。因事前有约，又经过一番运动，1月27日，刘显世[67]以贵州都督的名义通电独立。贵州独立，兵不血刃，解除了云南的腹心之患，使云南正面有了很大的缓冲区域。之后，戴戡率领一营滇军，两团黔军北经遵义前往四川，2月2日，在綦江一带与北洋军交手。

在北洋方面，实力大大超过了滇军。北洋兵分三路，一、二路总司令为长江上游警备总司令、虎威将军曹锟，下辖五个师，约三万人，在兵力上占着绝对的优势。但确如袁世凯、蔡锷所言，北洋军暮气已深。接到出征命令之后，这些部队（包括非北洋系的杂牌部队，如贵州刘显世、广西陆荣廷等）或索饷要挟，或逗留缓进，与中央讨价还价；在开赴前敌的过程中，一路上强征夫役，虐杀无辜，抢劫商民，强奸妇女，无恶不作，军纪荡然。叙府失守后，袁又调集五六千人，围攻叙府，而此时叙府前线的护国军兵力仅千人，经过一周激战，北洋方面竟然全线溃退。无怪乎蔡锷有滇军一师可抵北洋数师的判断，毅然起兵反袁呢。

2月2日，原为蔡锷部下的刘存厚（时为川军第二师师长）经蔡等运动后，率所部川军三千人于泸州附近的纳溪响应蔡锷，宣布独立，并导滇军入川。2月5日，护国军开始攻打泸州，但8日北洋精锐张敬尧部赶到增援，激战后护国军败退。此时，曹锟坐镇重庆，其精锐张敬尧、吴佩孚等部兵力有两万余人，护国军所部不过五六千人，双方激战相持至26日，北洋军增至三万，而护国军则饷械不继，又经数日阵地战，3月6日，蔡等率部撤退。

在叙府方面，2月29日，北洋冯玉祥等部乘护国军兵力空虚之机，猛攻叙府，3月2日，护国军放弃叙府。但冯玉祥占领叙府后，即按兵不动，骑墙观望。

右路戴戡部，曾一度攻占綦江、江津，北洋军则固守待援。护国军中路败退后，泸州方面的北洋军增援綦江，戴部寡不敌众，退守黔边。在湘南、川东一线，没有激烈的战斗，两军一直处于相持状态。

所以，整个护国战争的兵戎相见只持续了一个多月，此后双方相持于川、黔、滇、湘边界，而四川督军陈宧、前敌督师曹锟等不仅没有乘胜追击，反而顿师不前，与蔡锷达成了停战协议。有了这一个多月的相持不下，也就为形势的变化争取到了足够的时间。经过梁启超等人的运动，广西于3月15日通电独立，而被袁任命为临武将军兼云南查办使龙觐光[68]所部连同军械饷银均被陆荣廷[69]缴械。此后局面即直转急下，颇为类似于辛亥年武昌两军相持，各省纷纷独立时的那种局面。而这种局面的造成，与其说是护国军的战斗力所致，毋宁说是北洋将士不肯用命，以当年袁氏治清廷之道，反治其身而造成的。

> 自广西宣布独立后，西南各省，群情益烈。中央前敌诸将，又受江苏督军冯国璋及段祺瑞等人的密旨，顿兵不前，日日向袁政府索取粮饷军械。袁世凯派阮忠枢前往徐州游说张勋，想要调张勋的兵南下。张向阮陈述“四不忍”之旨说：“容忍纵容长子，图谋复辟帝制，密电岂能戡乱，国本因而动摇，不忍一。赣宁（即“二次革命”）乱后，元气亏损，无开诚布公之治，开奸佞尝试之门，贪图（一己）尊荣，将国家当作赌注，不忍二。云南不安定，兄弟阋墙，（内战造成）寡妇孤儿，生灵涂炭，地方夷为灰烬，国家养兵，反而祸乱了自己，不忍三。宣统的名号，依然存在，却妄自称尊，惭负于隆裕皇太后，活着不齿于世人，死后也会受到历史的诛伐，不忍四。”阮无言以对，回京复命，袁于是更感到武力解决已不足为恃了。[70]

不忍言而言，表明了一种态度，跟从自己最久、最听话的张勋竟然也是这种态度，袁世凯的心这下子是一凉到底了。段祺瑞、冯国璋等均是小站练兵时的骨干，也是北洋集团中最重要的成员。在辛亥革命时，冯国璋力克汉阳、汉口，重创了湖北民军，遏阻了革命党的势头；奉调回京后，冯一手控制住了由旗人组成的禁卫军，使清廷失去了武力抗争的最后凭借。段祺瑞继冯国璋出任湖北前敌总指挥，秉承袁世凯的意旨，一面维持前线不战不和的局面，一面联络北洋各将领，联名通电威逼清廷退位。袁世凯能够顺利成为临时大总统，冯、段二人出力最多，功劳最大，也成为袁世凯之下最有势力和影响的北洋军头，但也因此渐渐受到袁的猜忌。袁与段的交恶，已在前面交代过。袁与冯，原本关系很好，甚至为冯续弦，两家由此结成了通家之好。据袁静雪回忆，其事经过如下：

冯国璋从小站练兵起就跟随我父亲做事，后来经过我父亲的不断提拔，到了民国初年，直做到了宣武上将军、督理江苏军务，雄踞东南，手握重兵，成为我父亲手下的一员大将。有一天，我父亲在晚间上楼后，看见几个姨太太和我俩正在他的卧室里闲谈，便和我们说："今天冯华甫来了。"我不知道华甫是冯国璋的字，就问："冯华甫是谁？"我父亲说明了以后，接着问我俩，"你们应当叫他什么？"二姐迟迟疑疑地说："叫世哥。"我父亲笑着说："不是世哥，是四哥。"由这一称呼看来，我父亲对于冯国璋是怎样看待，也就可想而知了。

在这里还应该插叙一下冯国璋和我们老师周砥结婚的一段故事。周砥，字道如，家住天津（并不是天津人），曾教过二姐和我读汉文，及至我们搬进了中南海，她虽然已经不在万字廊的专馆里担任课程，却由于她和三姨太太相处得很好，所以仍然常来常往。她是一个老姑娘，曾经声明过不再嫁人。那时候，冯国璋断了弦，他原想再要一个姨太太，所以就叫他的儿子到北方来物色。谁知他儿子错会了意，竟自和周家说定了。当他回到南京复命的时候，冯说："我这么大岁数了，还要娶太太做什么。"因此不肯应允。周老师的弟妇周四太太平素和六姨太太最好，就到北京来求我父亲从中说合，这才定局。随后，由我父亲代为置办嫁妆，并派我的姓武的保姆作为陪嫁的老妈，此外，还派了男佣人护送着周老师到南京和冯国璋结婚。结婚以后，周老师有时回到北京来，还把我家当娘家走动，我们也都改了称呼，叫他"四姐"。[71]

袁的秘书夏寿田也曾谈到过，帝制运动初起时，袁对进京谒见的冯国璋优礼备至，甚至连冯的饮食习惯都很熟悉。

> 某日，本人（夏寿田自称）同袁一起早餐，有牛奶酪，袁令差官打电话问冯上将军早上起来没有，命将这碗奶酪送过去，说是冯上将军爱吃的，总统今天早上正在吃，便想起上将军，特地送来。又一日，同袁一起午餐，有大碗红烧猪蹄膀，袁说："这是华甫爱吃的"，又令差官电话告诉冯上将军等等再吃饭，总统就送菜过来，佐以大馒头四个，说是今日午饭，知道这道菜上将军爱吃，所以送过来。又赠送周夫人（周砥，字道如，冯国璋夫人）礼物甚厚。冯觉得总统把自己当作自家人，所以体贴如此。[72]

袁与冯的关系，原属亲密无间，"袁公倚公（即冯国璋）为长城"，[73]"二次革命"时以冯部为主力出征南方，击垮国民党后，即由冯及其部下分别接任长江中下游各省都督，冯由此成为北洋集团中握有武力的最大地方势力。但袁做总统以后的最大毛病，就是待人不能以"诚"，冯后来与袁交恶就在这上面。冯对袁称帝，内心虽不以为然，但以二人之关系，袁如能交底给他，也未必不能得其谅解。但袁偏偏矢口否认，甚至编了一番推心置腹的话让冯信以为真，并亲自代袁向报界辟谣。因此当袁以密电指示各省帝制进行机宜时，冯觉得袁对他的种种优礼，不过是要手腕而已，自己则受到了袁的愚弄。冯秀才出身，自尊心强，受辱后内心很自然生出一股怨愤之气，加上梁启超的策动，冯遂在关键时刻联络长江各督，挑头怠工，反对帝制，使袁筹划的整盘棋局步步被动，动弹不得，导致了袁的最终失败。徐世昌亲历此事，他的说法是：

> 当帝制风传甚盛时，六月间冯入京谒见项城说："外间传说，大总统欲改行帝制，请预为秘示，以便在地方着手布置。"项城说："我绝对没有皇帝思想，袁家没有过六十岁的人，我今年五十八，就做皇帝能有几年？况且皇帝传子，我的大儿子克定残废，二儿子克文假名士，三儿子克良土匪，哪一个能继承大业？你尽管放心。"又说："北洋军队暮气沉沉，

> 有事时便不能用，你在南京要好好整顿，我们自家人总应当团结，保持我们的实力，你既然来到北京，可与相国（徐世昌）、芝泉（段祺瑞）等筹划一番”，等等。此次项城说话甚多，对冯抚慰备至。冯退出后，忻然密告我。冯回南京，相信袁决不做皇帝了。等到帝制揭晓，（冯）以为受袁欺骗，倘若袁正位，自己的脑袋将要保不住，所以此后与西南暗通声气，以防阻帝制。冯在南京有实权，其势力固然不可轻侮。王（士珍）则以黄老之学依违其间，一面听任袁所为，一面则偏袒于冯（王素来不倾向于段祺瑞）。在项城左右，以新势力尚未养成，不得不勾结张勋、倪嗣冲（此时倪尚未投靠段）等极旧派以抵制段、冯，某公子（袁克定）皆主其谋。而项城遂陷于孤立，以至失败。[74]

徐世昌这段话中透露出北洋集团分裂的另两个原因：一个是袁氏培植新生力量的做法引起了老北洋们的忧虑和不满，离心作用由此产生。一个是袁利用北洋内部的矛盾，使部下互相牵制，结果反而使老部下都疏离了他。而冯国璋在得知袁氏本意是想称帝之后，还担心自己不赞成帝制的立场，在君主专制制度下，会惹来杀身之祸。

其实，冯国璋等对“君主立宪”问题无可无不可，并无定见。当时的《申报》曾报道冯对袁的建言：“南方一带闻改革国体之说，并非不肯赞成，但是多以为（称帝的）时间问题，尚有可以研究的地方。将来，大总统将中国治理到由弱转强的时候，则天与人归，恐怕大总统虽然想要避让，都避让不开了。”[75]而且不光北洋内部，即使梁启超，也并非坚持只能实行共和。他在抨击帝制运动的《异哉所谓国体问题》一文中，也曾认为，“今大总统内治修明之后，百废俱兴，家给人足；整军经武，尝胆卧薪，遇有机缘，对外一战而霸。功德巍巍，亿兆敦迫，受兹大宝，传之无穷。”[76]梁氏的意思，也是假以时日，袁将国家治理得强盛之后，功在国家、社稷、人民，那时天与人归，称帝乃是水到渠成的事情。而此刻国家元气未复，内忧外患重重，称帝不惟不合时宜，而且会将国家拖入危机。但“袁氏与我和冯将军谈话时，皆矢口誓言不肯为帝，他的话也甚为恳切”[77]；甚至正言厉色对冯国璋说：“听你这番话，仍是在我身上打主意。我第四、第五个儿子在英国留学，我已经要他们在英国购买了少许的田园，假如将来有用这等事逼迫我时，我只有直接远赴外国，在那里经营菟裘[78]，退隐终老了。”[79]

据当时的《中华新报》报馆编辑的《共和军纪事》中的统计资料，当时中国陆军统共不到五十万人，而中央政府所辖或听命于中央政府的军队总计约四十四万人，而反袁的云、桂、黔三省兵力仅有三万七千多人，不足中央军力的1/11[80]。所以护国军方面，绝无席卷中国，直捣北京的实力。任何战争，从根本上讲，打的都是钱和资源。西南三省，落后贫瘠，其资源根本不足以支撑一场全面、持久的战争。首先他们就越不过冯国璋这一派势力所控制的长江一线，所以打来打去，也还是出不了川、滇、黔、湘各边，这还是在冯、曹等人勒兵不进、养寇自重的方针下才能维持的局面。护国军方面唯一的胜算，就是通过发难，在与北洋军相持一段时间后，使原来隐伏的矛盾公开化，而更多犹豫观望的省份能够加入反袁的阵营。应该说，西南方面这个战略的成功，多一半要归功于冯国璋。

图119 冯国璋像。由于他及其所联络的一批北洋将领的抵制，最终导致了袁氏帝政的失败。

在广西宣布独立后三天（3月18日），江苏将军冯国璋、江西将军李纯[81]、浙江将军朱瑞[82]、湖南将军汤芗铭[83]、山东将军靳云鹏[84]即联名密电袁世凯，要求取消帝制，惩办祸首，立场与西南一致。这五位将军手握的兵力约十万七千人，而长江中上游的王占元[85]、陈宧[86]和前敌督师的曹锟还辖有约七万军队，他们与冯等暗通着声气，对局势持观望态度。这样，北洋军队的一半，袁世凯实际上已指挥不动了，北方的部队已不够应付局面，继续打下去，不仅全无胜算，而且很可能酿出更大的危机。在这种情况下，袁不得不面对现实，3月17日，袁召“智囊”梁士诒入府，商量撤销帝制的事情。

既见，袁以案头上的文电交先生阅看。其一，为康有为劝袁撤销帝制，世所称“慰庭总统老弟大鉴”的详细函电。其二，为天津徐世昌来函，有“在今天尚可转圜，失此机会将没有（转圜）余地”之语。其三，江苏将军冯国璋、山东将军靳云鹏、江西将军李纯、浙江将军朱瑞、长江巡阅使张勋，五将军联名电请尽快取消帝制，以安人心的电文。其四，驻日公使陆宗舆密电，说大隈首相与各大臣及元老，借宫宴之便，开御前会议，专为对华问题，认为时机已到，有自由行动，派兵进驻中国要地，以免妨害东亚和平的报告。其他则为滇军反攻，占江安、复占南川；黔军攻克湖南永祥，及滇军攻克綦江、泸州，纳溪大战，张敬尧受伤等军报。又有各省反对帝制电文一束。先生阅文件完后，与袁对坐一方桌两边。袁以手指蘸着茶水沫，在桌上涂画，如某方情形如何，某人变动如何，应付得失如何，涂满后用纸擦去，这样作了三次，最后说：“事已至此，我的意思定了！今后分数段进行。撤销帝制后，中央政事由徐菊人（世昌）、段芝泉（祺瑞）担任。安定中原军事，由冯华甫（国璋）担任。君为我致电二庵（陈宧，时任四川将军），嘱其一面严防，一面与蔡松坡言和。君与卓如（梁启超）有旧，以私人情谊，请他疏通滇桂，并回复长素（康有为）电函，请其婉劝卓如。倘若有办法能令国家安定，我无论牺牲到何种地步，全都没有什么不可以的。”计议既定，乃邀请徐世昌入京。[87]

在上述所有因素中，最具有杀伤力的就是“五将军密电”，而促成者，冯国璋也。所以冯国璋在护国战争中实在是主导大局的关键性人物，冯支持袁，则西南不难平复；冯支持西南，则北洋必陷入巨大分裂，导致全面内战；冯不作左右袒，则西南、中央成不战不和之僵局。所以，袁与其说是败于蔡锷的起义，莫如说是败于冯国璋的抵制。而这都是由他自己造成的，待人不能以诚，而靠玩弄权术，自欺欺人，促使北洋集团分化离心，这是袁失败的另一重要原因。

袁世凯是个头脑精明、心思细密的人，为何决策会出现如此重大的失误？他为什么会对北洋阵营内部的危机失察，甘冒天下之大不韪，自已往绝路上走？这就不能不涉及专制政体下的一种独有现象了。袁世凯混迹政界三十余年，到了民国初年已经登上了大总统的高位，按理说，已经是一个政客所能达到的巅峰了，但作为政治人，其追求从本质上说就是没有止境的。当了总统，还想连选连任；连选连任还不过瘾，就再搞个终身制；终身制也办到了，但还是不能够满足，想要把这种尊荣一代代传诸永久，怎么办？只有一条路，当皇帝。其实就算是做了皇帝的人，也还是不能满足的。翻翻中国的史书，历朝历代的皇帝中，为了永享荣华富贵，追求长生不老而服食丹药，中毒身亡者多矣，即使英明睿智如秦始皇、汉武帝、唐太宗者，也不能免俗。读历史读到这种地方，不能不废书而叹，人内心的欲望真是望不到底的深渊呢。

唐德刚先生在其力作《晚清七十年》中，论及帝制运动时，有一节关于“真小人”和“伪君子”的精辟论述，颇有助于我们探寻袁世凯失败的原因，这里不妨摘录若干以飨读者：

> 袁公之不幸，是他原无做皇帝之实，却背了个做皇帝之名。“皇帝”在“近代中国政治转型史”中，被认为是“万恶之源”。一个政客，一旦背上“做皇帝”之恶名，他就会变成过街老鼠，人人喊打而遗臭万年了。
>
> 可是一个野心的政客如果想做皇帝，就真的去搞个帝制运动，努力去做皇帝，这种政客虽是个“真小人”；但是某些野心政客、寡头独裁者，他分明早已是个事实上的皇帝，而表面上却偏偏伪装成“主席”“总统”去向人民打马虎眼，那这种政客就是“伪君子”了。我们如从“社会伦理学”的观点来看，则“做伪君子”反不若“做真小人”之有道德勇气也！
>
> 可是，朋友知否？在我们中国的政治圈内，做“伪君子”无伤也！您千万不能做“真小人”。何也？因为在政治圈内耍政治的政客，哪一位不是伪君子呢？大家都是一丘之貉，狐鼠成群，尔虞我诈；兵来将挡，水至火迎，如入鲍鱼之肆，久而不闻其臭。伪君子有啥稀罕？为啥要大惊小怪呢？！
>
> “真小人”就不然了。真小人的表现，第一是“率直”；第二是“笨”。这两重德行，在政治圈内是不易生存的。纵能勉强生存，也要遗臭后世的。

我国政治史上，那位“治世之能臣，乱世之枭雄”的曹操，便是个真小人。但是“天下无孤，不知几人称帝，几人称王”，他是有其安定汉末乱局之功勋的。可是他遭人辱骂，也是两千年不能平反。

我民国政治史上，第一任正式大总统袁世凯，原也是个第一等大政客、伪君子。不幸受了儿子愚弄，群小包围，以一念之差，偶一失足，变成了真小人——至今不能翻身，亦可叹矣。[88]

“儿子愚弄，群小包围”，是使袁世凯丧失了政治现实感，做出错误判断和决策的重要原因，也是专制政治圈中几乎必然会发生的一种现象。不信可以仔细观察一下你周围的政坛诸公，看看有多少是真正能够过得好老婆、子女这一关的。一个人官做得小的时候，往往能够做到谦虚谨慎，但随着官越做越大，其自我也难免随之膨胀；如果一旦做到了领袖这个位置，程度不够的人往往就没有了自知之明，真个觉得自己英明伟大得不行，对于不同的、甚至逆耳的意见就难得听的进去了。手下的政客们，自然也不脱了政治人的本性，个中的况味，当然了然于胸，对领导人的心理变化早也揣摩得明白透彻。话拣好听顺耳的说，高帽子不妨时时递上几顶，领导高兴，自己也由之发达，何乐而不为呢？报喜不报忧、舆论一律，等等，就是这么来的。像称帝这种大事，积极参与拥立，那在新朝可就都是“从龙”之臣，前途未可限量呢。一个精明的领袖人物，存了当皇帝的私欲，就暴露出了自己的弱点，给了“小人”可钻的空子，久而久之，其心智会为这种谄媚逢迎的环境蒙蔽、窒息，不可避免地陷入“当局者迷”的状态。阎锡山当时是山西督军，作为冷眼旁观者，后来曾指出：

促成袁世凯称帝的有五种人：一为袁氏长子袁克定，意在获立太子，膺承大统；一为清朝的旧（官）僚，意在尔公尔侯，谋求子孙荣爵；一为满清的亲臣，意在促袁失败，以作复清之地步；一为副总统黎元洪之羽翼，意在陷袁于不义，冀（希望）黎得以继任总统；一为日、英、俄三国，意在促中国于分崩离析，永陷贫弱落后之境地，以保持其在中国之利益与东亚之霸权及瓜分中国的阴谋……可以说怂恿帝制的人，很少是主张关系，大多数是为富贵利禄所趋，或者是另有别图。[89]

譬如，当时既无广播，又无电视，外界信息或来自政府报告公文，或来自报刊，袁氏十分关注国内外舆论对帝制运动的反应，小袁为了当太子，也知道父亲能否下称帝的决心，舆论的影响很关键，于是伙同亲信伪造了袁世凯最看重的《顺天时报》，悄悄替换下了真的《时报》，若不是让他妹妹揭破，老袁恐怕到死还被蒙在鼓里呢。

《顺天时报》是当时在北京销行数量比较多的日本人所办的汉文报纸。我父亲平时在公余之暇，总是专门看它。这大概由于它是日本人办的报。可是，也就是因为这个缘由，才使他受了假版《顺天时报》的欺骗而毫不自知。假版《顺天时报》，是大哥纠合一班人……搞出来的。不但我父亲看的是假版，就是我们家里别人所看的，也同样都是假版。大哥使我们一家人和真实的消息隔绝了开来。有一天，我的一个丫头要回家去探望她的父亲，我当时是最爱吃黑皮的五香酥蚕豆的，便让她买一些带回来吃。第二天，这个丫头买来了一大包，是用整张的《顺天时报》包着带回来的。我在吃蚕豆的时候，无意中看到这张前几天的报纸，竟然和我们平时所看到的《顺天时报》的论调不同，就赶忙寻着同一天的报纸来查对，结果发现日期相同，而内容很多都不一样。我当时觉得非常奇怪，便找二哥，问是怎么回事？二哥说，他在外边早已看见和府里不同的《顺天时报》了，只是不敢对我父亲说明。他接着便问我："你敢不敢说？"我说："我敢。"等到当天晚上，我便把这张真的《顺天时报》拿给了我父亲。我父亲看了之后，便问从哪里弄来的，我便照实说了。我父亲当时眉头紧皱，没有任何表示，只说了一句："去玩去吧。"第二天早晨，他把大哥找了来，及至问明是他捣的鬼，我父亲气愤已极，就在大哥跪着求饶的声音中，用皮鞭子把大哥打了一顿，一边打，一边还骂他"欺父误国"。大哥给人的印象是，平素最能孝顺父母，所以他在我父亲面前的信用也最好。我父亲时常让他代表自己和各方面联系。可是从这以后，我父亲见着他就有气，无论他说些什么，我父亲总是面孔一板，从鼻子里发出“哼”的一声，不再和他多说什么话，以表示对他的不信任。[90]

自己的儿子尚且如此，手下的官员，可想而知，更难得向他讲真话，所以袁满耳朵听到的都是想要听到的话，在这种错误信息基础上所做的决策，偏离了实际情况，当然会导致失败。

当然，袁世凯的部下故交之中也不都是谄媚之徒，也有直言相谏的朋友。譬如当年与他一起在直隶办新政的严修，可说是袁世凯的患难之交。前清末造袁世凯失势，罢官回乡之时，满朝文武没有几个人敢于出头说话的，独严修上折为袁鸣不平，且亲自到车站为袁送行，自己后来亦因此丢官。袁世凯复出后，一直想以高位酬报这位患难朋友，但严修绝意仕进，拒绝了一切高官厚禄，以在野之身从事教育，今天的南开大学就是严所创办的。但严修答应袁世凯看顾指导他儿子的教育，所以，克定、克文等与严修都有师生之谊。1915年8月，筹安会成立，严看出袁世凯有称帝之意，出于私谊公义，他致信张一麐，要张向袁转达自己对帝制问题的看法：

图120　袁世凯之长子袁克定。（河南项城市博物馆提供）

顾念国本关系之重与我总统缔造之难，为中国计，不改国体，存亡未可知，改则其亡愈速。为大总统计，不改国体而亡，犹不失为亘古惟一之伟人；改而亡，则内无以对本心，外无以对国民；上无以对清之列祖列宗，下无以对千秋万世。且国家亡与不亡，要看政治是进步还是退步，宪法是否良好，人才的消长。今天议论（更改国体）的人，以无耻引导人，金钱诱导于前，斧钺威逼于后，誓词等于玩笑，明令全都是骗人的话语。这样做而想要有良好的宪法产生，清白的人才出现，是绝对不可能的啊。以我大总统的明哲，绝不能不考虑这些。特以受总统恩遇之隆，无以伦比，爱之诚不觉忧之切，故敢于恳求有机会时代我陈述这番道理。[91]

严修这番话说得够重了，但仍觉得不能释怀，故于次日进京，向袁面陈意见："若这么办事（指帝制），则信誉成为妄语，节义成为虚言；公（指袁世凯）虽想要如此，而各派人士，恐怕要相率解体的[92]。"事实证明，日后出现的正是严修所预见到的那种局面，可叹的是，袁执迷不悟，把严修的话当作了书生之见。其实，严修是"旁观者清"，而袁世凯才是"当局者迷"呢。

严修、张一麐（据说还有王士珍）的劝谏是袁世凯所听到的北洋内部唯一公开的反对意见，帝制失败后，袁世凯才认识到"忠言逆耳"的意义，但为时已晚。张一麐回忆说：

项城在取消帝制时期，与我最亲。有一天召见我三次谈话的时候，实际上并没有什么重要的话要谈。有一次项城说："我今天才知道淡于功名、富贵、官爵、利禄的人，才真正是国家需要的人哪。仲仁（即张一麐，仲仁为其字）在我的幕府数十年，未曾有一字要求官阶俸给；严范孙（即严修，范孙为其字）与我相交数十年，也未曾说到过官阶升迁。（你）二人全都苦口阻止帝制，有国士在面前而不能听从其劝谏，我甚为之羞愧。如今事已至此，那些推戴我的人，真有救国的怀抱吗？前日推戴，今日反对（帝制）的人，比比皆是。梁燕荪（即梁士诒，燕荪为其字）原来不赞成，今天乃劝我决不可取消（帝制），说是取消了那些日日盼望封爵封官的人就会解体，最后依靠谁呢？还说得上不是首鼠两端。那些（原来）极力推戴，今日又劝我取消的人，更是卑下而不足道了。总之，我办事情的时候多，读书的时候少，咎由自取，不必抱怨他人，只能与仲仁谈谈了。误我事小，误国事大，当国者不能不畏惧呀！”观此，人之将死，其言也善，项城能说出这番话来，毕竟是英雄本色啊。[93]

在这里需要补上一笔的是日本在帝制运动期间的态度和活动。原因是，在第二次世界大战战败投降以前，中国任何重要的内部纷争，日本都非要在里面搅和一番，这已经成了常规，讲这一段的历史，你想甩都甩不掉它呢。

在帝制运动进入高潮时，日本内阁指示驻华使领馆静观发展，不予表态；而在内里，大限首相则密告中国公使陆宗舆给袁世凯带话：如果袁诚意联日，日本会努力予以援助。由于没能得到袁的回应，日本内阁遂于10月内阁会议中议决干涉袁世凯的帝制活动。在袁世凯接受皇帝推戴书后的第三天，日本联络英、俄、法、意五国公使联合向中国外交部提出警告，要求暂缓改行帝制，但袁世凯未予理会。护国战争爆发后，日本自1916年1月起，由参谋本部次长田中义一、第二部部长福田稚太郎少将和外务省政务局长小池张造每周聚会一次，研究对华政策。同时，派出参谋本部高级特务青木宣纯中将，以“考察时政”的名义前往上海，实际上是日本联络策动中国各派反袁势力的总情报官和总联络官。他于1月26日抵沪后，次日即会见了梁启超，商讨反袁事宜。护国战争爆发前后，蔡锷、梁启超及海外流亡的孙文、岑春煊、黄兴等的活动均有日本人的参与，如蔡锷假道日本南下赴滇，一路上就有多名日本特务跟随保护；又如协助梁启超南下策动广西独立，也是青木一手做出的安排，用随同梁启超赴广西的黄溯初的话说，此行“因事前与日本当道预有接洽，故到处得到日本人的帮助，否则会被香港或海防政府捉将官里去了[94]。”

在外交层面上，日本先是拒绝袁世凯的特使周自齐[95]赴日参加天皇加冕典礼，故意羞辱袁世凯。随后又以内阁名义“严重警告”袁政府，再次要求延缓帝制，否则实力干涉。3月7日，日本内阁会议决定乘中国内乱之机，确立对华霸权，推翻袁世凯；承认中国南北两军为交战团体，默许日本国民援助南军，公开与袁为敌了。

至于流亡海外的原国民党人，除黄兴一派的李烈钧、李根源等先期潜回云南，附庸蔡锷，参与了护国战争以外，困处日本的中华革命党，虽然看到这是倒袁的大好机会，但限于财力，难有作为。中山其时焦灼不已，每日奔走于日本朝野政要之门，奋力告帮，但收效甚微。面对国内党人纷纷来电要求接济饷械的电文，中山曾于云南发难之初致电上海机关，告以“吾党当力图万全而后动”。直到日本内阁作出了支持倒袁的决策，中山的窘境才有了转机。3月7日，日本阁议倒袁。3月8日，中山就从日本财阀久原房之助那里得到了第一笔二十万元的借款，此后两个月内，久原陆续向中山提供了总计一百四十万元。此外，久原还借给袁的老对头岑春煊一百万元，让他招兵买马拉队伍。还资助北方的肃亲王等宗社党人搞满蒙独立，等等。好在护国战争的主流出自进步党和立宪派，并非日本之阴谋主使，否则这场战争在历史上就难逃负面的评价了。

图121　梁启超等立宪党人与袁的老对头岑春煊合作，成立了护国军军务院，此为二人合影。

袁审时度势，知道帝制已不可为，与梁士诒计议之后，于3月20日召集国务卿、各部总长、参政院参政、肃政厅肃政使、平政院院长等集体商讨，决定撤销帝制；次日又与徐世昌、段祺瑞、黎元洪（未到会）讨论帝制取消后的善后问题；22日，袁正式宣布撤销帝制，也就是本章所选的大总统申令。这篇申令据说出自张一麐之手[96]，张为跟随袁多年的亲信幕僚，故在此篇类似于罪己诏的申令中，仍极力为袁开脱。虽称“万方有罪，在予一人”，但仍将接受帝位，说成不是出于本心，而是“以筹备为词，藉塞众望，并未实行。”所以，袁世凯晚年的毛病，就犯在“不诚”这两个字上，言不由衷，文过饰非，又怎能取信于人呢？

徐世昌于取消帝制的当日被任命为国务卿，次日，段祺瑞被任命为参谋总长，两人与黎元洪联名致电各省，称“帝制取消，公等目的已达，务望先戢（平息）干戈，共图善后”。而西南方面却并不买账，3月26日，蔡锷等复电提出了要袁退位的问题：“默察全国形势，人民心理，尚未能为项城曲谅……已失之人心难复，既坠之威信难挽，若项城本着悲天悯人的怀抱，从事洁身引退的计划，国人轸念

图122　撤销帝制后，出山善后，重任国务卿的徐世昌。

从前的勋劳，感怀袁公的德义，以馨香崇奉，岂有涯量[97]！”此后，护国战争的重心转向了袁世凯退位的问题。反对派方面，自然是穷寇猛追，非袁下台不能罢手。各界劝袁退位的电报也是纷至沓来，造成了一种铺天盖地的舆论攻势。由于在军事上不能有所作为，形势再次急转直下，广东、浙江、四川、湖南、陕西等省相继“独立”，辛亥年的局面又一次出现了。居间担任调解任务的冯国璋、陈宧等人，与西南不谋而合，在逼袁退位上其实是一致的。3月30日，陈宧即致电蔡锷，赞成倒袁，从冯国璋、徐世昌、段祺瑞三人中推举一人为总统。而冯国璋见到袁世凯大势已去，自然也就生出了“彼可取而代之”的心理。据梁启超派去运动冯国璋的黄溯初说，他们用来打动冯国璋最为有效的诱饵，就是当总统这件事：“最足以打动冯者，不外乎总统终有一日可及，彼（指袁世凯）若为帝制，则彼（指冯国璋）终为人下而已……总之，冯之所以肯为任公（即梁启超）代为致电蔡锷者，其根本原因在于他自身的总统梦[98]。”冯想当总统还可以从他反对黎元洪按约法继任总统职务的主张中看出来，为此，他后来甚至又赞成暂时保留袁的总统地位了。冯既然有了这样的居心，又担心袁一旦缓过手来会报复他的不忠，故也于4月16日，致电袁世凯劝他退位。冯国璋在北洋集团中带了这个头后，陈宧、汤芗铭、靳云鹏等亦公开通电请袁退位。西南方面又于5月8日在肇庆成立了护国军军务院，以唐继尧、岑春煊为正、副抚军长，陆荣廷、梁启超、龙济光、蔡锷、刘显世、李烈钧、陈炳琨为抚军，遥奉黎元洪为大总统，继续迫袁退位。此时的袁世凯面对的是烽烟四起、众叛亲离的局面，甚至跟了他几十年的小厮唐天喜[99]也背叛了他。名誉扫地，众叛亲离，欲退不甘，欲战不能，他的方寸乱了，他的身体也垮了。

据说，袁世凯在民国初年，健康状况即已不佳，由后院至前院，楼下至楼上，均需以肩舆代步[100]。春节过后不久，袁已恹恹成疾。他扶病坚持了几个月后，5月17日，袁出现了腰痛和枕骨痛的症状，饮食锐减，晚间睡不着觉；延至24日，他已不能办公。6月3日病笃，6月5日又一度出现了休克昏迷的状态，6月6日，袁病逝，享年五十八岁。

沉疴中的袁世凯，不仅心力支绌，智竭计穷，身体状况也难以维持了，他终于放弃了对命运的抗争。5月22日，在接到四川督军陈宧要其退位并宣告与他断绝关系的电报后，袁亲笔起草了同意退位的电文：

> 昨见到松坡致黎（元洪）、徐（世昌）、段（祺瑞）的电文，劝我退位。公谊私情，感佩交集，但尚未了解我的用心。我厌弃问世（从政），几乎一天都不愿意干了。一再商议重要诸公（指黎、徐、段等人），担任善后。全都认为这件事体重大，难于轻易放弃；内忧外患，相逼而来，马上就有亡国的祸患。我年近六十，有难万状，还能有什么贪图的念头，就是再愚蠢也不至于如此。我的心志已决，退位不成问题。所当研究的，惟在于善后。政府诸公，讨论多日，仍然没有结果。如果不考虑善后，撒开手就走，危亡立见，实在不能忍心至此，而且也没办法自拔。眼下所差的是速筹善后之策，但非有二三分的担待，不至于立见危亡、分裂，退位一议，立刻可以解决。务望切商于政府，速定办法，力担责任，期盼能够早些定局。希望即刻详筹，共同妥善商量如何？务祈严守秘密，电未尽言。[101]

人之将死，其言也善。袁在此电文中表现出来的万念俱灰的心情应该是真实的。他之所以不马上退位，是担心善后未决，撒手不管，会给国家造成危亡、分裂的局面。知错能改，见帝制不可行，遂断然取消，可谓识时务；不诿过于他人，拿部下当替罪羊，可谓有担当；最后同意退位，不以国事作为个人进退的孤注，反映了他还有起码的责任感。

行百里而半九十，袁世凯这一生，就是这最后几步没走好，所谓“一失足成千古恨”，袁世凯是最典型的例子。英雄末路，晚节不终，身后被人口诛笔伐了近一个世纪，或许会像他那位老前辈——曹操一样，继续被骂上几千年，没办法，谁让他一念之差，做了“真小人”呢！本书无意为袁世凯翻案，而且“洪宪”帝制是铁的事实，也无案可翻。但就完整客观地认识一个历史人物，笔者是服膺太史公“不以成败论英雄”的史识的，是主张“不隐恶，不溢美”，以同情的态度看待、评价袁世凯的历史作用和地位的。袁所处的时代，是中国历史上最为复杂多变的时代，或借用唐德刚先生的话，称其为“社会转型的时代”，所以袁既是时代的产物，自然会带有其所由产生的那个时代的烙印和痕迹。对袁这个历史人物，以笔者的归纳，可以用三句话概括其一生：青年为爱国之英雄，中年为治世之能臣，晚年为误国之奸雄。这样一个人物是不能简单地盖棺论定的，或者说是盖棺也难以论定的。

袁静雪原名袁叔祯，是袁家三小姐，也是袁生前最宠爱的女儿之一。解放后她曾撰有《我的父亲袁世凯》一文，发表在《文史资料选辑》上，其中披露了袁生前的许多生活细节，使后人能够从“人”的角度和层面观察袁世凯，是弥足珍贵的第一手资料。根据袁三小姐的回忆，辅之以其他史料，我们得以大致复原出袁为人行事的真实面貌，并由此摸索出袁世凯何以自我毁灭的真实轨迹。

首先，袁世凯出身于一个几世同堂、聚族而居的大家族中，这种聚族而居的生活方式，我们从现今尚存于福建、赣南的客家人的“围屋”中，还能感知其遗意。这类大家庭在晚清还有很多，袁家不过其中之一。他们世代耕读而生，通常都沿袭礼教传统，思想上一般都是比较保守的。在这种家庭中，“忠”“孝”的道德伦理是最被看中的；“忠臣必出于孝子之门”，在传统社会中，是下至个人的修身齐家，上至出仕做官、治国平天下的社会伦理政治基础。我们看袁世凯在辛亥年拒绝出头迫清廷退位而大费周折的种种做法，就是为了逃避“逼宫”“不忠”的罪名，就这样，他的姊妹和兄弟中还有人登报与他脱离关系，指责他“不忠”呢。由此，我们可以了解，袁在民国当政期间的重大举措中，如当总统、称帝等，为何总是遮遮掩掩，矫揉造作地搞一番政治把戏。因为“忠”的理念在数千年文化的延续和积淀中，已经内化于我们民族的集体潜意识之中，成为判断是非善恶的标准了。袁违背总统誓言，是对民国的不忠，不忠就是不正，难以获得民众对其政治合法性的认同，所以要通过“公决”“民意”“推戴”的方式来加以涂饰，而西南也是以此为借口发难的。

政坛多伪君子、多政治把戏的原因就在这里。

至于“孝”，更是涉及千家万户的道德戒律了。袁世凯在这个方面，堪称模范，其婿薛观澜称他“守礼甚严，秉性孝悌，私德无亏。袁出嗣他房，事嗣母甚孝；其姊未嫁而女婿得病死，姊遂终身不嫁，平日凛若冰霜，永无笑容，袁尊敬而畏惮之，就是当了总统之后，每日向姊请安时都不敢坐下”。[102]其嗣母牛太夫人、本生母刘太夫人，袁世凯只要条件允许，晨昏定省，亲侍汤药，直至养老送终，他是做到了的。由此，他也深通了老太太们的心理，是个能讨而且善讨老太太欢心的人，慈禧太后对他崇眷不衰，袁还真就是得力于这套本事呢。

出于这种传统家庭的人，大都崇奉“多子多福”，袁世凯自然不能例外，追求的也是妻妾成群，子孙满堂，聚族而居的生活方式。袁这一生有一妻九妾，子女三十二个，按今天的眼光来看，这是腐朽没落生活方式的典型表现，在那个时代却是举世称羡的理想家庭模式呢。旧中国纳妾是既合理又不违法的事，男人只要有能力负担，尽不妨多娶几房，况且袁世凯认为姨太太娶得越多越能显出男人的本事来呢。袁的二儿子袁克文先后娶过五个姨太太，他的原配跑到家长那里哭诉，袁的态度是：“有作为的人才三妻四妾，女人吃醋是不对的。”[103]在品位上，袁继承了传统文化中的不良嗜好，喜欢女人缠足，他的十房妻妾，除朝鲜国王送给他的三个姬妾外，余者均为小脚女人。

图123　袁世凯一生共有十七子、十五女，这是袁世凯及其子孙的合影。

对于子女，袁之所作所为也秉承了大家族的传统方式。由于儿女众多，他设立了家塾，并亲手编写了家塾训言，对子女的要求相当严格。到了北京，他又将家塾改为学馆，分为男馆、女馆，男馆由严修负责，女馆也聘有多名才女担任教师，一些年轻的姨太太也随馆念书。袁对子女，要求很严，他是信奉“棍棒之下出孝子”的古训的，甚至已经结婚成家后的儿子，也不能免于他的责打。在儿女们的婚姻大事上，他则遵循“父母之命，媒妁之言”的传统，“往往一两句话就决定了儿女们的终身大事。”[104]在联姻上，世凯又讲究门当户对，亲家多是晚清民初的高官大僚，如吴大澂（湖南巡抚）、张人骏（两江总督）、周馥（两广总督）、端方（两江总督）、张百熙（邮传部大臣）、荫昌（陆军大臣）、黎元洪（民国副总统）、孙宝琦（外交总长），等等，起着政治联姻的作用。

袁世凯五短身材，但多年军旅生涯，使其起坐立行，颇有“龙行虎步，瞻视不凡”的军人气概。“由于他好武，所以无论是站着或是坐着，总是挺直了腰的，就是坐在沙发上和人谈话的时候，也直着腰。当然，靠着沙发背坐着的时候是有的，但也是直着腰在靠着，从来没有看到他斜歪在那里的时候。他在坐下的时候，总是由鼻子发出‘嗯’的一声，一边用手摸着胡子，然后慢慢地就座。他坐下以后，总是两腿叉开，两只手经常放在膝盖上。由于他的腿比较短，所以在坐的时候，总是两腿垂直，仿佛‘蹲裆骑马’的姿势，从来没有看到他架‘二郎腿’的时候。”[105]

其待人接物，面容庄重，不苟言笑，喜怒不形于色；“与人言煦煦和易，人人皆如愿而去，故各方人才奔走其门者如过江之鲫。”[106]袁视人双目炯炯，不怒而威，且记忆力奇好，“某人一为所见，某事一为所闻，类能终身不忘。故各省官吏入见时，一谈及所在省区人物或政事，袁谙熟之程度，往往过于所在地官吏。故人多惮之。”[107]据说阎锡山曾蒙袁世凯召见过两次，但却说不清楚袁的长相，原因是他既敬畏又紧张，俯首听训，始终未敢直视袁的面孔。

袁的饮食起居，也很刻板。他每日早6时起床，6时半吃早餐，总是一大碗鸡丝汤面；7时下楼办公会客，11时半吃午饭，饭菜花样经久不变，最爱吃的是清蒸鸭子。午饭后，上楼午睡1小时，下午2时至5时，继续办公会客，然后携家人在中南海各处散步，晚7时晚餐，9时归寝，十分有规律。饮食起居如此，其装束、嗜好、习惯也是一成不变。前清时，除上朝穿朝服袍褂外，退值回家后，必换短装制服；“制服的样式都是短立领，四个暗兜”，夏天为黑羽纱制服，戴巴拿马草帽；冬天为黑呢制服，戴黑绒平顶的貂皮帽。其居处装有热水浴盆、抽水马桶等西洋卫生设施，但他几乎不使用。他一年只洗一次澡，平时都是让姨太太为其擦身，而大便则只用让人定制的木马桶。袁平时不喝酒，只在年节全家聚餐期间略喝些绍兴酒，除雪茄烟外，水、旱、香烟一概不动，对抽大烟尤其深恶痛绝。

西苑总统府内有中、西医生各二人。但袁一向笃信中医，从不请西医为他看病，府中的大夫，只能为其家人和府中工作人员看病。西药，他只吃些助消化的苏打片，却爱吃参茸一类的补药，“常常一把一把地将人参、鹿茸（片）放在嘴里嚼着吃。”[108]袁氏起病的经过，据他女儿说，是在1916年的元宵节，在阖家吃团圆饭时，几个小姨太太为了“妃”“嫔”的名分与他当面争讲起来，当时护国战争已经爆发，袁心情郁闷，面对着呶呶不休的姨太太们，他“把筷子一撂，长叹一口气，说：‘你们别闹啦！你们都要回彰德，等着送我的灵柩一块儿回去吧！’说完，就走回办公室去了。”[109]这是预感还是谶言？总之，“从这以后，他就吃不下东西去，觉得食量渐减，精神不振，慢慢地就恹恹成病。”[110]

袁世凯的病，并非必死之症[111]，其病势加重在很大程度上源于情志不舒，肝气郁结，而内外交困、众叛亲离的局面使他穷于应付，自然不利于他的病体，加上在治疗上他又固执己见，延误了时机，以至于不治。

> 他致死的病症，是膀胱结石，最初的症状是小便困难。这个时候，如果住院导尿或开刀，是不会有生命危险的，但他一向坚信中医，从不肯找西医来诊视。到了最后的几天，不能吃，不能尿，尿毒渐渐地在全身蔓延开来，那时候已经到了极其危险的时刻，但他的神智始终清醒如常。家里的人看到他的病况严重，中医已经束手无策，但又不相信西医。这时候，大哥（即袁克定）坚决主张改请西医。他人别无良策，就商经我父亲的同意，由大哥亲自去请法国医生贝希叶来府诊治。贝希叶大夫说，这个病需要住院动手术取出结石，但我父亲不肯到医院里去。于是就决定先行导尿，以解除当前的痛苦。在导尿的时候，大哥、二哥、二姐和我都是留在我父亲屋里的。我们

看到，贝希叶大夫在我父亲后脊梁扎了一针，接着便用了五个玻璃火罐在后腰部位往外导尿，但导出来的并不是尿，而是血水（可能是夹杂着血的尿）。当时在场的人都很惊慌，可是我父亲并没有看到导出来的究竟是些什么。他呻吟了一声，似乎是很痛苦。到了黄昏他可能意识到自己的病情是够危险的了，却又认为或者还不至于死，所以就叫人把段祺瑞和徐世昌找了来，把大总统印交付给徐世昌，并且和他两人说："总统应该是黎宋卿（即黎元洪）的。我就是好了，也准备回彰德啦。"从此以后，我父亲才渐渐地昏迷不醒。到了第二天，也就是旧历五月初六日（阳历6月6日）的早晨六时，就死去了，终年五十八岁。[112]

从袁氏上述为人行事的方式来看，他身上确实带有很深的旧时代、旧文化的烙印，其思想，尤其是晚年的思想偏向保守的一面。这样一个人在坐上总统的高位之后，生出当皇帝的念头，是一点也不奇怪的，需要索解的是，在当上终身总统，成了实际上的皇帝之后，袁氏不致力于内政外交，把国家的政治经济导入正轨，稳固国基，反而忙于不急之务，在条件尚不成熟的时候，急于称帝，原因何在？本来这件事完全可以放到将来去做，如梁启超、冯国璋所说，那时国家由弱转强，袁氏威信大增，"天与人归"，做皇帝就是水到渠成的事情了。袁世凯不是不知道这一点，但他为什么放着有把握的事不做，偏要做没有把握甚至风险很大的事情呢？

袁世凯在晚年，不仅是一个思想偏于保守的人，也是一个十分迷信的人。他曾派人专门到项城老家袁家祖坟察看过舆地风水，风水师看过后，认为第七座坟茔地势上佳，主出皇帝，而这正是其本生母刘氏的坟茔。当然这很可能是袁克定和帝制热心分子与风水师事先串通好了的把戏。

我父亲是有迷信思想的，他既相信批八字，也相信风水之说。有人给我父亲批过八字，说他的命"贵不可言"。还听得说，我们项城老家的坟地，一边是龙，一边是凤。龙凤相配，主我家应该出一代帝王。这些说法，无疑地会使我父亲的思想受到影响。他之所以"洪宪称帝"，未始不是想借此来"应天承运"吧。[113]

但是光有帝王思想仍不足以解释袁何以行险侥幸，笔者赞同唐德刚先生的看法，最终的病根还是在袁的迷信心理上，正是这种迷信心理促成了其失败和死亡。袁世凯晚年最常念叨的话就是：我家几代人没有长寿的，我年近五旬，没有几年活头了，当皇帝对我没有什么意义，云云。一般史家常常把这当作袁世凯的欺人之谈而加以忽略，殊不知这恰恰是索解其行为的钥匙呢。

袁氏家族自从以科举发迹之后，其出名的男性长辈确实都是短寿之人。如袁之叔祖袁甲三（1806—1863，袁家第一代进士）只活了五十七岁；甲三的长子袁保恒（1826—1878，袁家第二代进士、翰林）死时年仅五十二岁；次子袁保龄（1841 —1889，举人）命更短，死时年仅四十八岁。袁世凯的本生父袁保中（1823—1874）死时年仅五十一岁，而其嗣父袁保庆（1829—1873）只活了四十四岁。这种普遍的短寿现象，后来成为袁世凯心理上的一种宿命，尤其年过五十之后，他更是觉得进入了临界期，恐惧成为心头挥之不去的阴影。他那么急着做皇帝，是否存有把称帝当作“厌胜”的办法，以渡过这一劫，目前还没有直接的证据，但就他晚年不断向人念叨袁家没有长寿的男人，以及不计利害地匆匆称帝的方式来看，唐德刚先生对袁为何急于称帝的推测应该是最为合理的解释：

> 袁家这个短寿的传统，对后来做了总统的袁世凯，也是他生命中很大的压力——他在五十五、五十六岁的时候（与国民党和日本斗争最激烈之时），他就怕他自己也余日无多了。他既有这桩迷信的恐惧，“大太子”袁克定，以迷信治迷信就乘虚而入了。克定认为只有做皇帝，做“真命天子”，才能突破他们袁氏家族传统中的生死大关——项城显然是听信了太子之言，坠入“欺父误国”的太子术中，才决心称帝的——这也是民国历史上，“迷信影响政治”的实例之一吧。[114]

袁氏之死，对中国当时扰攘不已的政局和处于僵持之中的各派势力，可谓是天从人愿，及时解开了一个死结。如蔡锷所说，“项城退，万难都解”。[115] 经过一番讨价还价，各方同意黎元洪继任大总统，而民元约法（即临时约法）和旧国会（即被袁世凯解散了的参众两院）也得以恢复。虽不能说是皆大欢喜，也可以说是各遂所愿：黎元洪没有实力，只相当一个“虚君”，这个局面既不妨害北洋独大，也有利于各地军头割据一方。袁病逝前已恢复“责任内阁制”，段祺瑞任总理，实权在握，可以满意（此为日后“府院之争”的张本）。冯国璋经运动当选为副总统，有望在将来圆其总统之梦。西南方面，则既解除了“倒袁”心有余而力不足的尴尬，又不同程度地扩大了自己的地盘，心满意足。孙中山之最大政敌消失，其手订的“临时约法”得以恢复，自然，中山先生也就成了民国的缔造者。进步党、国民党的议员们得以重拾铁饭碗，北上赴任，冠盖如云，“把酒临风，其喜气洋洋者矣”。日本也因去一劲敌而舒了一口气。总之，袁世凯既然混到了千夫所指的地步，死亡也就不失为一种不错的解脱了。

袁世凯死时并未退位，仍是在职的总统，故中央政府仍按在职国家元首的规格为其治丧。黎元洪除拨发五十万元治丧费用外，还通令文武机关下半旗二十七天，停止宴乐二十七天，民间娱乐也停止七天，文武官吏及驻京军队一律佩戴黑纱服丧，并由曹汝霖、王揖唐、周自齐三人承办大典丧礼，在怀仁堂附近设立“恭办丧礼处”，有关丧葬方面的大事，均由“恭办丧礼处”随时请示黎（元洪）、段（祺瑞）、徐（世昌）后才能办理。袁世凯死后，旧怨冰释，北洋的袍泽故旧又想起了他生前的好处，所以他身后的丧礼，算得上是备极哀荣了。[116]

袁世凯的灵堂设于怀仁堂。灵堂内外满布祭幛、挽联和花圈，门前还搭了鲜花扎成的牌坊一座，新华门外还搭有素彩牌坊三座。京城各机关文官和驻京军队按日分班到灵前致祭行礼，停灵期间，京都各大寺院道观的和尚、道士、喇嘛被请来做道场，超度亡魂，鼓号笙管齐鸣，热闹非常。

6月28日出殡。起灵时用的是皇杠，棺罩所用也是皇家规制：黄缎底，绣龙纹、云水纹。新华门内用三十二人的小杠，出新华门后换八十人的大杠。送殡的路线是由怀仁堂出新华门，经天安门向南过中华门（在现广场纪念堂的位置）、正阳门至前门车站，路上黄土垫地，清水喷洒。总统黎元洪以下文武官员在新华门处行礼，此后由京师警察总监吴炳湘率警察开道，陆军仪仗队一个团，海军仪仗队一个连，总计两千人组成的队列跟随其后。此后为灵柩和送灵的袁氏家人亲属队伍，袁克定等男性子孙均披麻戴孝，手执哭丧棒一根在灵柩后步行，袁的妻妾、女儿、媳妇等女眷则乘轿跟在后面。其后是执绋送葬的人群和官员队伍，外国使节、清室代表送到中华门止，国务院总理段祺瑞以下文武官员胸戴白

图124　为袁氏移灵出殡的行列。

（河南项城市博物馆提供）

花，臂缠黑纱，步行送灵到前门车站。整个送葬队伍计约五千人，前头的队伍已到车站，后面的大杠还在新华门前，一路上四城居民拥塞在街道两旁观看，人山人海。

在车站举行路祭之后，灵柩被抬上灵车（据说是前年隆裕皇太后出殡时用过的）。当日，京汉铁路客运停运一天，除灵车之外，路局专门拨了两列专列，一列搭乘护卫军队、治丧人员和物品，一列运送前往彰德送葬的文武官员和知交故旧，著名的如徐世昌、严修等。

袁的墓地在他生前即已请堪舆家采定，位置在其洹上住宅之北一里多地，占地约二百亩，由德国工程师设计监造，墓地遍植松柏，被称作“袁公林”。墓园四周有围墙，墙外引漳河水环绕一周。入大门，有巨石铺成的甬道，两侧树木葱郁，排列着十二对石兽，直通享殿。甬道逐渐倾斜，通向地下墓室，墓室分为两层，上层用红色花岗岩砌成，高约三四丈。下层为石室，石室的大石门上雕有龙纹，中间正室三间，两旁耳室各五间。正室中设有汉白玉制的石桌、石座，也都雕有龙纹，石桌上陈设供品和袁生前喜爱的玉器古玩。桌旁立有“金灯”两架，高四尺，灌满了灯油，

图125　洹上袁世凯陵墓全景。

下葬后点燃。袁之葬礼，穷奢极欲，光是参与办理丧事的就多达一千人，因而政府的拨款竟然不敷足用，墓地的工程拖了两年多才全部完工。

我父亲的丧葬费用，原是由当时政府拨款五十万元来承办一切的。在北京办丧事用了将近九万元，其后的移灵、购置墓地和安葬，用了十几万元。当时估计，以后的墓地建筑和典置祭田等项，还需用五十万元左右。核计收支，相差很多。所以我父亲生前的旧属徐世昌、段祺瑞、王士珍等八人联名发出公启，请求当时的内外要人解囊相助。从当时的大总统起，总理、各部总长、各省督军，还有护军使、镇守使、师长等多有捐赠。他们捐款的数目，绝大多数是一万元，最少的是二千元，总计收到捐款二十五万余元，这才算结束了我父亲的丧事和葬礼。[117]

袁世凯自开府山东、总督北洋以来，从封疆大吏到朝廷重臣，直至民国大总统，在政治高层干了近二十年，他要是想敛钱发财，机会有的是，但袁虽不能说是个清官，但他不好货、不谋私财是出了名的，否则北洋的老友故旧也不会募捐帮他办丧事，他们多数都比他富有。据袁后期的幕僚、负责袁家经济事务的王锡彤回忆，袁去世前一个月，不知是否预感自己来日无多，曾将自己的家财向王作了交代，使王很是感慨。

五月一日，大总统传见。当时人们全都说大总统有病。等到见面后，面色略显清瘦，好像没什么大病。因此询问他的病状，说是吃东西不慎而已，并没有什么大不了的。在案头放置着一纸清单，所有存款、股票等共约二百万元。（他）指着它对我说："我的家产全都在这里了。请把你经管的公司的状况告诉我。"我略作报告，全不知此老的用意何在……然而此老一生的宦囊，连股票统计实在只有二百万元左右，我是全都知道的。或者他自知病情不佳，故叫我来嘱托以为子孙打算吧。然而袁公的子女计三十余人，以二百万元分配给他们，无论如何，可以断言的是，十年后就会有贫穷者。总之，袁公自从担任大总统以来，（家产）实际上未曾再增加过一钱，其为国忘家之情，实在是不可以冤枉污蔑他的。世间所传袁公有数千万资产，污蔑之言也。[118]

那么王锡彤是否有意回护袁世凯呢？就袁世凯死后由河南巡按使田文烈上报政府的《袁公林墓工报告》（1918 年财政部印本）中所载，安葬和造墓共用银七十余万两。袁死后，由前往彰德送葬的老友徐世昌主持分配遗产，他将全部田产股票现金分为三十份，诸子各一份，未出嫁的女儿两人一份，姬妾无子女者一份，每份八万余元，合计共二百余万元。[119]显然王说的是实话、公道话，而也正像他所预料的，袁氏死后，袁克定、袁克文等也都现出了贵家公子哥的本来面目，很快将家产挥霍一空。克文死时据说只在他桌上的笔筒中找到了二十元钱，后事还是靠他在青帮中的弟子们凑钱办的。而克定在解放以后，只能依靠着政府每月二十元的救济过活。袁家子孙中，只有克文的第三子袁家骝和妻子吴健雄成为著名的科学家。所以历史上的很多领袖人物，在世时声名显赫，身后却子孙飘零，家业萧条，其追求奋斗的历史，真让人觉得像是南柯一梦呢。

袁世凯死了，他的故事也讲完了，但作为一个历史人物，他还会带给后人许多教训和思考。袁世凯之死化解了政治危机，共和恢复了，但仍然久久上不了轨道。反袁的各路英雄，除去蔡锷、梁启超二人实践了自己"失败就战死，绝对不亡命；成功就下野，绝对不争地盘[120]"的诺言，一病逝于日本，一退出政界，到大学教书而外，讨袁诸公，如唐继尧、陆荣廷、刘显世、刘存厚、陈炯明等，全都成了拥兵自重，割据一方的军阀；而北洋集团也因权力之争而分裂成直、皖、奉等几大派系，逐鹿中原，互争雄长，"乱哄哄你方唱罢我登场"。你要说这些个把中国搞得乌烟瘴气的人物，反袁是出于对共和的热爱，有谁相信呢！袁世凯身后留下的，是一个干戈扰攘、战乱频仍的国家，老军阀们打了十年，什么护法战争、直皖战争、直奉战争，等等；代之而起的国民党新军阀又打了十年，什么蒋桂战争、中原大战，等等；直到日本人打进来了，内战仍旧消停不了。在这几十年的内乱中，中国追赶西方的脚步放慢了，停滞了，中国持续稳定发展的改良主义运动中断了，主导着中国命运的改良和建设，在很长的时间内被以暴易暴的革命、内乱所取代，陷入了恶性循环之中。这一切的祸根就是袁世凯的帝制运动，他晚年的这一步错着不仅误己，而且误国，说祸国殃民是一点也不冤枉他的。所以，袁世凯这一失足，不仅是他个人人生事业的悲剧，也是中国改良主义和近代化事业的悲剧。

历史的发展，社会的转型，都会有一定的过程，这种过程一定是由必然性与偶然性交织结合而成的。发展、转型是必然的，但发展的好坏，转型的快慢则是偶然的，受制于制度的。人治且又专制，是变数极大而且可怕的一种政治，所谓“一言兴邦，一言丧邦”是也。摊上一个好领袖，是国家的造化，百姓的造化。但好领袖若无好制度做保障，最终不免于走向反面。袁世凯本来不失为经世治国的能臣，经验、手段、谋略、心胸都足以领导中国的改良主义运动，但专制制度为他提供了自我膨胀的空间，致使私欲蒙蔽了心智，落得个身败名裂的下场。当然，袁氏的失败，也为一切有皇帝欲念的人树起了一道警告牌：不管权势有多大，万万不能真做皇帝。

注　释

1.荣孟源、章伯锋：转引自《近代稗海》（第3辑），第232—234页。

2.癸丑，即1913年。

3.佥，全；都。

4.厉阶，祸端。

5.衷，内心。

6.矍然，惊慌失措的样子。

7.沦胥，沦陷之意。

8.闾阎，泛指民间。

9.唐在礼（1880—1965）字执夫，上海人。日本陆军士官学校炮兵科毕业，历任直隶督练处参议、库伦兵备筹办处总办；后任大总统府军事处副处长（处长为段祺瑞兼任）、海陆军大元帅统率办事处总务厅长、办事员、参谋次长等职，是袁世凯的亲信；袁死后投靠段祺瑞。

10.唐在礼：《辛亥以后的袁世凯》，《文史资料选辑》（第53辑），第220—222页。

11.梁敦彦（1857—1924），字崧生，广东顺德人，早年留学美国，是幼童留学生之一。回国后任北洋电报学堂教习，汉阳、天津海关道，出使美、日、秘（鲁）、古（巴）大臣，外务部右侍郎、会办税务大臣、外务部尚书、外务大臣；民国后历任驻德公使、交通总长、约法会议议员、参政院参政等职。

12.李经羲（1859—1925），字虑生，安徽合肥人。李鹤章之子，李鸿章之侄。光绪五年（1879）优贡生，朝考后以知县用，以捐纳升道员。历任四川永宁道、湖南盐法道、署理湖南按察使、福建布政使、云南布政使、广西巡抚、云南巡抚、云贵总督。武昌首义后，云南响应，李携眷避居上海。民国以后，依附袁世凯，历任政治会议议长、约法会议议员资格审定会会长、参政院参政、审计院院长；帝制成立后，袁世凯以“嵩山四友”的名义，以示优待耆旧，李亦列名其中。袁死后，李曾任段祺瑞内阁的财政总长，段被黎元洪免职后，李经羲短期出任国务总理，随即发生张勋复辟，李不过五日京兆而已。

13.钱能训（1869—1924），字干臣，浙江嘉兴人，进士出身。清末历任广西学政、刑部主事、巡警部左参议、民政部左丞、顺天府尹、陕西布政使等职；民国后历任内务次长、约法会议议员、政事堂右丞、平政院院长、内务总长、国务总理等职。

14.参政院基本上全由社会名流和耆老硕彦组成，由总统任命。袁氏认为，这些人曾任中央或地方高官，或是知名学者专家，或为全国和地方知名人士，其能力、经验和责任感足以代表国家利益，故赋予参政院以代行立法院的职能。

15.刘成禺：《洪宪纪事诗本事簿注》，山西古籍出版社1997年版，第148页。

16.刘成禺（1876—1953），字禺生，号世载堂，原籍湖北江夏（今武昌），生于广东番禺。早年肄业于张之洞所办的武汉经心书院，1901年在香港加入兴中会，后赴日本入成城学校，1914年赴美入加州大学。武昌起义时回国参加革命，后为临时参议院议员。刘成禺在民初国会中是活跃人物，当时政坛名流多与之过从甚密，与黎元洪有乡谊且有武昌首义时同事关系，故所知掌故甚多，著有《世载堂杂忆》《洪宪纪事诗本事簿注》等。

17.刘成禺：《洪宪纪事诗本事簿注》，第149页。

18.徐邦杰，字国俊，江苏人，为小站老人，曾任新建陆军右翼步兵第三营统带。民国时期任大总统府（即三海）总指挥、陆军中将。

19.刘成禺：《洪宪纪事诗本事簿注》，第150页。

20.黄绍竑：《旧桂系的兴灭》，《文史资料选辑》（第16辑），第177—178页。

21.刘冠雄（1861—1927），字子英，福建闽侯人，出身贫寒，后考入福建船政学堂，以优异成绩毕业，被李鸿章调入北洋海军，曾任“定远”号铁甲舰大副；1886年被派赴英国学习海军；回国后仍任职北洋海军，任“靖远”舰大副，参加甲午海战；战后一直服务于海军。民国后曾任南京临时政府顾问，后被袁世凯任命为海军总长、海军上将；“二次革命”时，刘奉命率海军南下，协同陆军镇压革命党人，此后兼任福建都督、陆海军统率办事处办事员，拥护袁世凯称帝；袁忧病而亡后，刘十分伤悼，辞职退隐于天津。

22.陈宧（1870—1939），字养钿，湖北安陆人。北洋武备学堂毕业，清末曾随锡良在川滇等省办讲武堂，与蔡锷等均有交情，后曾任东北新军第二十镇统制；民国后投靠袁世凯，尽极谄媚之能事，为袁所信任、重用。他是袁同意外放出任封疆大吏的少数几个非嫡系的将军之一。袁调派他为四川巡按使，会办四川军务，并率北洋军三旅入川，接收四川地盘，可见对他的信任。护国战争初起时，他是坚决执行袁的镇压政策的，但随着形势的变化，他也由观望而逐渐加入反袁阵营，通电独立，劝袁退位，使袁大感愤懑，病势加重。陈调任四川后，由唐在礼接任参谋次长和办事员缺。

23.萨镇冰（1859—1952），字鼎铭，福建侯官（今福州）人。萨先世为色目人，原籍山西雁门，父为落第秀才，以塾师为业。萨氏幼承家学，年仅11岁即考入福建船政学堂，毕业后服务于北洋舰队“扬威”号；1876年被选派英国格林威治皇家海军学院学习，四年后学成归国，不久调入北洋，历任天津水师学堂教习、“威远”“康济”号兵船管代等职；甲午战争时，萨率“康济”舰防守威海卫基地，基地失守后被革职，后又复职于海军，被袁世凯调用于北洋，曾任海军提督（司令）。萨氏与刘冠雄皆为中国海军元老，民国后出任陆海军统率办事处办事员、海军上将、闽粤巡阅使等职。袁死后，萨曾任海军总长、代国务总理、福建省长。新中国成立后，曾出任全国政协委员、中央人民政府革命军事委员会委员等职。

24.张国淦：《北洋述闻》，第75—76页。

25.张国淦：《北洋述闻》，第75—76页。

26.张芾，字小浦，陕西泾阳人，曾任陕西巡抚。张家与袁家是世交，袁氏正室于氏没有女儿，认张佩蘅为干女儿，躬自抚养，袁家上下都称她为大姑奶奶。袁任山东巡抚时，将张介绍给段祺瑞作续弦夫人。

27.袁静雪：《我的父亲袁世凯》，《文史资料选辑》（第74辑），第189页注。

28.张国淦：《北洋述闻》，第81页。

29.蒋方震（1882—1938），字百里，浙江海宁人。清末被公派留学日本，入成城学校，继升入士官学校第三期，与蔡锷同学，以优异成绩获日本天皇亲赠军刀，毕业后赴德国见习，归国后曾任禁卫军管带；民国后，被袁世凯授予陆军少将军衔，并任保定军官学校校长，向袁提出建立模范军官团，以加强军队素质的条陈，被袁采纳并任命他为第一期模范团副团长（袁自兼团长）。

30.陈光远，字秀峰，直隶武清人。天津北洋武备学堂毕业，历任小站新军队官、北洋常备军军政司总务处总办，北洋第四镇第八协协统（旅长）、第四镇统制（师长），随冯国璋赴武昌镇压民军，后因所部兵变被免职。后复职任热河巡防营统领兼赤峰镇守使，陆军中将。1914年袁世凯开办模范军官团，袁自任第一期团长，陈任副团长兼新编陆军十二师师长、模范团督练。袁死后，陈归入冯国璋的直系集团。

31.陆锦，字绣山，直隶天津人。民国后历任参谋次长、陆军第九师师长、陆军总长等要职，依附于袁之长子袁克定，袁克定任模范军官团第二期团长、陆锦任副团长，是袁氏父子的亲信。袁死后，归入直系。

32.张国淦：《北洋述闻》，第81—82页。

33.张凤翙（1881—1958），字翔初，原籍河南沁阳，生于陕西咸宁。1904年由清廷公派赴日留学，先后入振武学校和日本陆军士官学校第六期骑兵科。毕业回国后历任陕西新军督练公所委员、陕西新军第三十九混成旅参谋兼营管带（营长），与新军中同盟会分子交往密切。武昌首义后，陕西新军响应革命，于10月22日发动西安起义，张被推举为“秦陇复汉军”大统领、陕西军政府大都督。民国肇建，任陕西省都督，后袁世凯借口其对“白朗”作战不力，将其调入北京将军府。抗日战争期间，曾任国民参政会参政员；解放后曾任西北军政委员会委员、陕西省人民政府副主席、副省长等职。

34.张敬尧（1881—1933），字勋臣，安徽霍邱人。北洋武备学堂毕业，是北洋集团中的后起之秀。历任陆军第三混成旅长、陆军第七师师长、湖南督军等职，1933年在北京六国饭店遇刺身亡。

35.殷承瓛（1S77—1945），字叔恒，云南陆良人。日本士官学校毕业，曾加入同盟会。回国后曾任云南陆军十九镇参谋官、参谋处总办；民国后任滇军军政府参谋部总长，为蔡锷的亲信。

36. 韩玉辰：《民初国会生活散记》，《文史资料选辑》（第53辑），第256—257页。

37.参见《三国志·魏志·武帝纪》

38. 唐在礼：《辛亥以后的袁世凯》，《文史资料选辑》（第53辑），第215—246页。

39.古德诺（1859—1939），美国政治学者，历任哥伦比亚大学行政学教授、美国政治学院代理院长、约翰霍普金斯大学校长；1913年受聘于袁世凯，任总统府宪法顾问，主张中国从国情出发，实行君主立宪制。

40.沈云沛，江苏海州人。前清举人、进士、翰林，庚子以后在家乡从事实业，与南通张謇齐名，是中国早期著名民族实业家，出入于官商两界，曾任晚清邮传部侍郎、署理尚书等职。沈与袁之亲信杨士琦为儿女亲家，故由此夤缘依附袁世凯，积极参与帝制运动，牵头发起成立全国国民请愿联合会，担任会长。

41.唐在礼：《辛亥以后的袁世凯》，《文史资料选辑》（第53辑），第209页。

42.郑贞文：《我所知道的商务印书馆编译所》，《文史资料选辑》（第53辑），第164页。

43.唐在礼：《辛亥以后的袁世凯》，《文史资料选辑》（第53辑），第209—211页。

44.唐在礼：《辛亥以后的袁世凯》，《文史资料选辑》（第53辑），第212页。

45.荣孟源、章伯锋：《近代稗海》（第3辑），第197—198页。

46.华泽宇：《北洋军阀》（二），第54页。

47.《三水梁燕孙先生先生年谱》，《北洋军阀》（二），第762页。

48.《三水梁燕孙先生先生年谱》，《北洋军阀》（二），第737页。

49.赵庆华，字燧山，浙江金华人，监生出身。北洋交通系重要成员，历任广九铁路总办、津浦铁路局局长、交通银行上海分行经理、沪甬杭铁路局局长等职。关冕钧，字耀琴，广西苍梧人，进士出身。交通系重要成员，历任京张铁路会办、总办，京张铁路局局长、参政院参政。关赓麟，字扬善，广东南海人，日本留学生出身。交通系重要成员，历任邮传部路政司主事、电政司郎中、京奉铁路总办，京汉铁路局局长等职。

50.叶恭绰（1881—1968），字誉虎，广东广州人。北洋交通系主要成员，历任交通部次长、总长，交通银行总理。解放后任全国政协委员。

51.周志俊：《袁世凯帝制活动与粤皖之争》，《文史资料选辑》（第13辑），第89页。

52.华泽宇：《近代稗海》（第3辑），第186页。

53.《北洋军阀》（二），第786页。

54. 朱启钤（1872—1962），字桂莘，号蠖园，贵州开州（今开阳）人。清末举人，历任道员、京师大学堂译书馆监督、北京内城普察总监、蒙古事务督办、津浦铁路督办，是“交通系”的重要成员。民国后，朱历任交通总长、内务总长、代国务总理等要职。朱是帝制运动积极分子，被袁世凯任命为大典筹备处处长；袁死后，避居天津租界，解放后曾任全国政协委员。

55.《近代稗海》（第3辑），第187页。

56.《蔡锷集·前言》，湖南人民出版社2008年版，第2页。

57.杨思义：《宋案见闻》，《辛亥革命亲历记》，中国文史出版社2010年版，第799—800页。

58.丁文江、赵丰田：《梁启超年谱长编》，第701页。

59.戴戡（1880—1917），字循若，贵州贵定人。清末在云南矿务局任职，结识唐继尧；云南光复后，随唐继尧带兵入黔，唐任临时都督，戴任都督府参赞，不久升任贵州巡按使；卸任后调入北京，任参政院参政，是进步党的活动分子，参与梁启超与蔡锷的反袁活动，并与蔡锷一同潜赴云南，任护国军第一军右翼总司令，率部入黔，策动贵州独立，并率军北上入川，与北洋军相持于川黔边界；袁死后由蔡锷保荐他任四川军务会办、省长。

60.同注58，第729页。

61.汤化龙（1874—1918），字济武，湖北蕲水人。清末赴日留学，入法政大学学习法律；回国后参加立宪运动，被选为湖北咨议局议长。武昌起义后，任湖北都督府政事部长、南京临时参议院副议长，后与梁启超共组进步党，任国会众议院院长，拥护袁世凯，反对国民党，是进步党的领袖之一。袁解散议会后，汤出任教育总长。汤对袁失望，也是起于"二十一条"交涉的失败。汤辞去教育总长职务后，即寓居上海租界。袁称帝后，汤曾通电切责袁氏，说他脑筋尽为旧思想所弥布，非时代所能容，倘不立即下野以谢国人，千夫所指，必至无病而死。汤的兄弟汤芗铭是当时的湖南督军，后来也为汤策动通电独立，给袁很大的精神打击。袁死后，国会复会，汤仍是国民党的劲敌，1918年9月他在加拿大访问时，被国民党人刺杀于维多利亚市。

62.赵尔巽（1844—1922），字次珊，晚清时曾任湖广、四川、东三省总督；清退位后寓居青岛过遗老生活。

63."嵩山四友"的待遇是：每人每年两万元年金；赏乘朝舆，穿特种朝服；临朝时，得设矮几以坐。此外袁还有"故人勿称臣"之命，"故人"共七人：黎元洪、奕劻（庆亲王）、世续（前军机大臣）、载洋（醇亲王、前摄政王）、那桐（前军机大臣）、锡良（前东三省总督）、周馥（前两广总督）。"四友""故人"外，尚有"耆硕"王闿运、马相伯，共计十三人，与袁相见时均免于称臣跪拜，以示优礼。

64.任可澄（1878—1945），字志清，贵州安顺人。清末举人，热心教育，曾创办贵州优级师范学堂、法政学堂。辛亥革命后，曾任贵州都督府参赞、审计处长、约法会议议员。1914年被袁世凯任命为云南巡按使。

65.《论语·子路》

66.这五位督军是：江苏督军冯国璋、江西督军李纯、湖北督军王占元、湖南督军汤芗铭、四川督军陈宧；此外，长江巡阅使张勋也曾一度加入。

67.刘显世（1870—1927），字如周，贵州兴义人。辛亥革命后，任贵州新军第四标标统（团长）兼西路巡防军统领。唐继尧督黔时，历任贵州军务处长、军务司长兼国民军总司令；后继唐任贵州护军使、都督、督军等职，与蔡、唐有很深的关系，故首先响应护国战争，宣布贵州独立。

68.龙觐光，云南蒙自人，土司出身。广东督军龙济光之兄，时任广东第一师师长。护国战争爆发后，袁以其与广西督军陆荣廷为儿女亲家这层关系，任命他为临武将军、云南查办使、督理云南军务，发给饷械，借道广西进攻云南，不想陆翻脸无情，设计将龙部全部包围缴械。

69.陆荣廷（1865—1927），字干卿，广西武鸣人。游民土匪出身，后投军入广西巡防营，因军功升为统带；1907年因击败黄兴领导的镇南关起义，被提升为右江镇总兵；1911年升任广西提督。辛亥广西独立之后，被举为广西副都督，后继任都督。“二次革命”时，反对孙、黄；后因不满于袁氏废督及军民分治，又因封爵等问题不满于袁氏，遂为梁启超策动加入反袁阵营，宣布广西独立，对全局产生了很大的影响。肇庆军务院成立后，陆为“抚军”之一，并以湘、粤、桂联军总司令的名义进军湖南。袁死后，陆曾任广东都督，是老桂系军阀的领袖。

70.《三水梁燕荪先生年谱》，《北洋军阀》（二），第814页。

71.袁静雪：《我的父亲袁世凯》，《文史资料选辑》（第74辑），第148页。

72.张国淦：《北洋述闻》，第83页。

73.张一麐：《故代理大总统冯公事状》，《北洋军阀》（五），第101页。

74.张国淦：《北洋述闻》，第76页。

75.荣孟源、章伯锋：《近代稗海》（第3辑），第114—115页。

76.荣孟源、章伯锋：《近代稗海》（第3辑），第170页。

77.丁文江、赵丰田：《梁启超年谱长编》，第725页。

78.菟裘，地名，在泰山梁父县南。典出《左传》，意思是离职为退隐养老经营居处。

79.荣孟源、章伯锋：《近代稗海》（第3辑），第115页。

80.参见《共和军纪事》，《北洋军阀》（二），第623—628页。

81.李纯（1874—1920），字秀山，直隶天津人。北洋武备学堂毕业。历任北洋督练公所教练处提调、标统、协统，辛亥革命时，随冯国璋南下与民军作战。民国后历任陆军第六师师长；“二次革命”时为攻打江西的北洋主力，此后任江西都督、督军；袁世凯死后归入直系，冯国璋就任代总统后，李纯接任江苏督军，是直系主力大将，“长江三督”之一。

82.朱瑞（1883—1916），字介人，浙江海宁人。南洋陆军学堂毕业。早年曾加入光复会，历任浙江新军管带、标统；辛亥革命时参加杭州起义，后率浙军参加攻克南京的战斗，因功升为第六师师长，旋任浙江都督。“二次革命”时支持袁世凯，后又积极参与帝制活动，被授予兴武将军、浙江督军。袁氏死后，朱被浙江民军驱逐，北上寓居天津。

83.汤芗铭（1885—1975），字铸新，湖北蕲水人，汤化龙之弟。早年毕业于福州船政学堂，后留学英国；回国后服役于海军，任轮机长、副舰长等职。民国后曾任海军部次长，“二次革命”时，率北洋军人于湖南残酷镇压民军，被称为“屠夫”，因此获袁氏赏识，被任命为湖南都督兼民政长、湖南督军。汤芗铭是为数不多的受袁信任的非北洋出身的将领，他的背叛，给袁以重大的精神打击。

84.靳云鹏（1877—1951），字翼青，山东邹县人。北洋武备学堂毕业。清末曾任云南清军第十九镇参议，云南新军起义时，在五华山战败逃走。民国后任陆军第五师师长、山东都督等职。袁世凯死后，归入皖系，是段祺瑞的心腹，曾任陆军总长、国务总理等要职。

85.王占元（1861—1934）字子春，河北馆陶人。北洋武备学堂毕业，历任小站新军队官、营长、协统等职；辛亥革命时随冯国璋南下镇压民军，民国后历任陆军第二师师长，“二次革命”时进军江西镇压反袁军，因功升任湖北护军使、湖北都督、襄武将军、湖北督军等职；王虽未参加反帝制通电，但实际上惟冯国璋马首是瞻。袁死后，归直系，是著名的“长江三督”之一。

86.《三水梁燕孙先生年谱》，《北洋军阀》（二），第815页。

87.德刚：《晚清七十年》，岳麓书社1999年版，第484—485页。

88.《近代史资料》（第55号），中国社会科学出版社版，第149页。

89.袁静雪：《我的父亲袁世凯》，《文史资料选辑》（第74辑），第145—146页。

90.严修：《严修年谱》，第345页。

91.严修：《严修年谱》，齐鲁出版社1990年版，第346页。

92.刘成禺：《洪宪纪事诗本事簿注》，山西古籍出版社版，第66页。

93.《梁启超年谱长编》第764—765页。

94.周自齐（1871—1923），字子翊，山东单县人。早年留学美国，历任清廷驻旧金山领事、外务部左丞、度支部大臣；民国后历任山东都督，交通、陆军、财政、农商各部总长，国务总理等职。

95.张一麐因不赞同帝制而受到袁的疏远，据他说，当天袁世凯把他召去说："予昏聩不能听你的话，以至于此。今天这个申令，非由你来写不可。"张说："此事你是受了小人的蒙蔽了。"袁说："这是我自己不好，不能怪别人"。参见《近代稗海》（第3辑），第234页。

96.参见《三水梁燕孙先生年谱》，《北洋军阀》（二），第816页。

97.于文江、赵丰田《梁启超年谱长编》，第755页。

98.唐天喜，河南人，是袁家下人之子。袁世凯出使朝鲜时将其带到汉城，是袁的贴身仆从。小站练兵时，先后任新军哨官、队官，后升至北洋陆军第三镇标统（团长），民国后，袁即以此标作为自己的卫队，对唐极为宠信，后升任协统（旅长）、混成旅长，派任京汉线北段护路司令，为袁看护彰德老家。护国战争期间，唐面见袁世凯，哭着要求上前线打蔡锷，以报袁三十年养育之恩。袁遂派任他随陆军第六师马继增部进军湖南，马任援湘军司令，唐任副司令，所部归马继增节制。但唐是个贪财小人，率部抵达湖南后，被反袁派的赵恒惕等以三十万两银子收买，偷袭马继增的第六师，马部猝不及防，全军溃乱，马愤而拔枪自杀。袁接到唐天喜叛变的消息，如晴空霹雳，震动非常，下令通缉唐天喜，抓到后即行正法。唐的背叛，予袁以强烈的精神刺激，也是袁致病的重要因素之一。

99.贾熟村《北洋军阀时期的交通系》，第109页。

100.《三水梁燕荪先生年谱》，《北洋军阀》（二），第822页。

101.薛观澜：《袁世凯与黎元洪结合之史实》，《民国大总统黎元洪》中国文史出版社1991年版，第215页。薛观澜，江苏无锡人，是前清曾任湖南按察使、出使英、法、意、比四国大臣薛福成之子，袁世凯的二女儿袁仲祯之婿。

102. 袁静雪：《我的父亲袁世凯》，《文史资料选辑》（第74辑），第197页。

103.同上，第171页。

104.同上，第160—161页。

105.张一麐：《心太平室集》卷8，第37页。

106.荣孟源、章伯锋：《近代稗海》（第3辑），第9页。

107.袁静雪：《我的父亲袁世凯》，《文史资料选辑》（第74辑），第168页。

108.袁静雪：《我的父亲袁世凯》，《文史资料选辑》（第74辑）第185页。

109.袁静雪：《我的父亲袁世凯》，《文史资料选辑》（第74辑），第185页。

110.袁氏的直接死因是因膀胱结石导致的尿毒症；但据当时为他治病，被称为北京四大名中医之一的萧龙友说，袁还患有糖尿病，"得病之时，口渴胸闷，小便频频，身体日渐羸瘦，针药罔效。”

111.同上，第 185—186 页。

112.同上，第147页。

113.唐德刚：《晚清七十年》，第496页。

114.《蔡锷集》，湖南人民出版社2008年版，第439页。

115.袁的对头蔡锷本年末因病去世时，黎元洪才批给两万元丧葬费，可见北洋政府仍是厚己薄彼的。

116.袁静雪：《我的父亲袁世凯》，《文史资料选辑》（第74辑），第192页。

117.王锡彤：《抑斋自述》，河南大学出版社版，第235页。

118.参见李宗一《袁世凯传》，第374页注20。

119.《蔡锷集》，第369页。

附录一

项城袁氏世系表

- 袁志恭—九芝—耀东
  - 重三
    - 保皖
    - 保恬
    - 保纯
    - 保晋
  - 凤三——保颐
  - 甲三
    - 保诚
    - 保龄
      - 世威
      - 世传
      - 世同
      - 世荣
      - 世扬
      - 世显
      - 世承
    - 保恒——世勋
  - 树三
    - 保庆——世凯(在“世”字辈中，大排行第四)
    - 保中
      - 世彤
      - 世辅
      - 世廉
      - 世敦
      - 世昌

（**注**：本表转引自唐德刚《晚清七十年》，经袁氏后人袁家诚先生订正）

附录二

袁世凯之配偶、子女及姻亲表

配 偶	籍贯	子女	姻 亲
正室于氏	河南	长子克定（已故）	娶前清湖南巡抚、河道总督吴大澂之女吴本娴
第一如夫人沈氏	苏州	无出，过继金氏之子袁克文	
第二如夫人吴氏	朝鲜	长女伯祯（已故） 五子克权（已故） 七子克齐（已故） 十 子 克 坚（已 故） 十二子克度（已故） 六女箓祯（已故）	嫁前清两江总督张人骏之子 娶前清两江总督端方之女陶雍 娶民国内阁总理孙宝琦之女孙用熙 娶民国陕西督军陆建章之女陆毓秀 娶天津罗云章之女罗佩如 嫁民国内阁总理孙宝琦之侄
第三如夫人金氏	朝鲜	次子克文（已故） 三子克良（已故） 三女叔祯（已故） 八女环祯（早亡） 十女思祯（已故）	娶天津刘姓道台之女刘梅真 娶前清管学大臣、邮传部尚书张百熙之女 嫁前清直隶总督杨士骧之子 嫁河南省长邵文凯
第四如夫人闵氏	朝鲜	四子克瑞（已故）次女仲祯（已故） 四女次祯（早亡） 七女复祯（已故）	娶天津盐商何仲瑾之女何慎基 嫁前清出使英、法、比、意四国大臣薛福成之子薛观澜 嫁前清陆军大臣荫昌之子荫铁阁，后离异
第五如夫人杨氏	天津	六子克恒（已故） 八子克轸（已故） 九子克玖（已故） 十一子克安（已故） 五女季祯（已故） 十五女玲祯（早亡）	娶前清江苏巡抚陈启泰之女陈征 娶民国财政总长周学熙之妹 娶民国大总统黎元洪之女 娶天津富商李士铭之女李宝慧 嫁苏州状元陆宝忠之子
第六如夫人叶氏	扬州	十四子克捷（早亡） 十七子克友（已故） 九女福祯（已故） 十一女奇祯（已故） 十二女端祯（已故）	娶李姓之女 娶于姓之女于如英 未嫁 未婚

配偶	籍贯	子女	姻亲
第七如夫人 张　氏		无出	
第八如夫人 郭　氏	苏州	十三子克相（已故） 十五子克和（已故） 十四女怙祯（现在美国）	娶前清大学士、军机大臣那桐之孙女张寿芬，后离异 娶天津河间铁门张秉钰之女张文仪嫁民国大总统曹锟之子曹世岳，后离异
第九如夫人 刘氏	天津	十六子克藩（早亡） 十三女仪祯（已故）	五女季祯故后续嫁苏州陆状元之子

说明：本表根据袁世凯第三个女儿袁叔祯（袁静雪）1963年的叙述编制，原载于全国政协所编《文史资料选辑》第七十四辑。原表有明显错误，目前袁氏子女这一代人已凋零殆尽。本表请袁氏后人袁家诚（袁世凯第十子袁克坚次子）先生订正，改正了原表中的明显错处，补充了新内容，更准确地反映了袁氏配偶暨子女姻亲的状况。

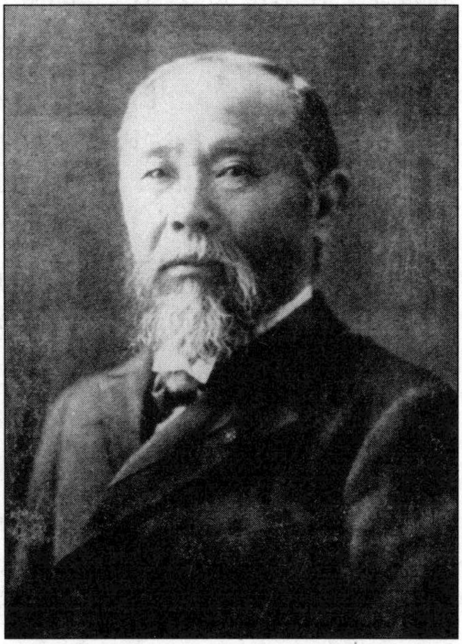

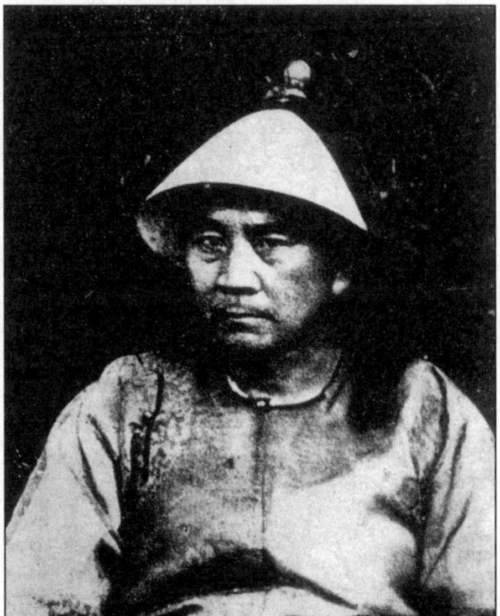

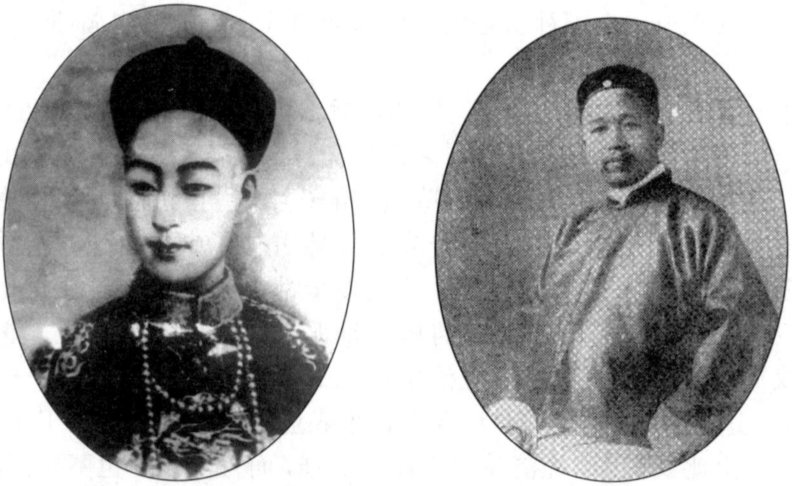

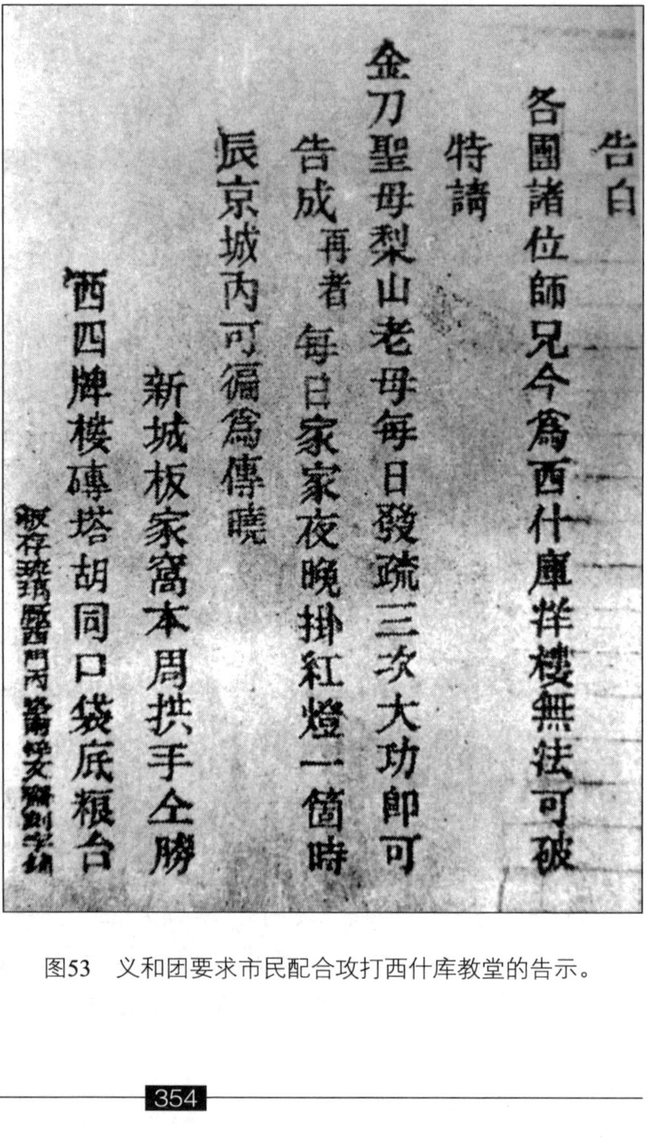
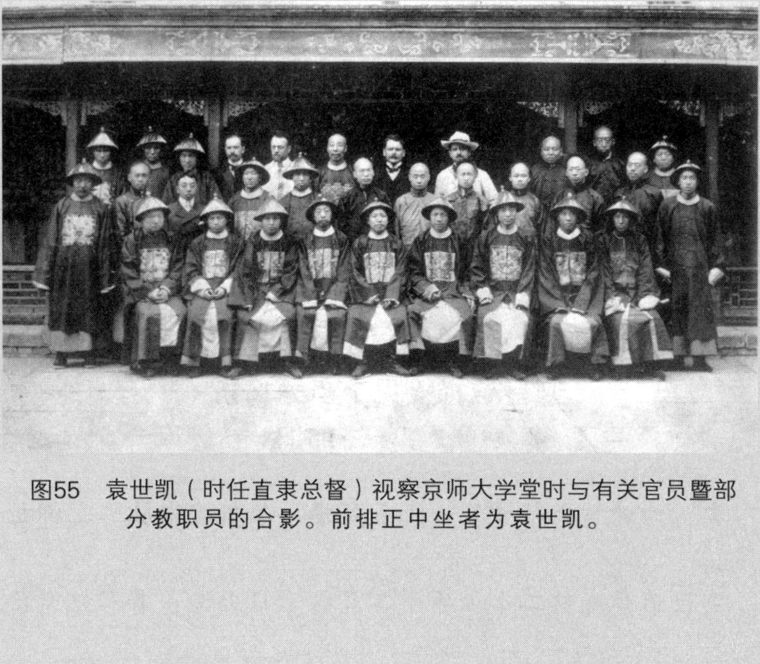

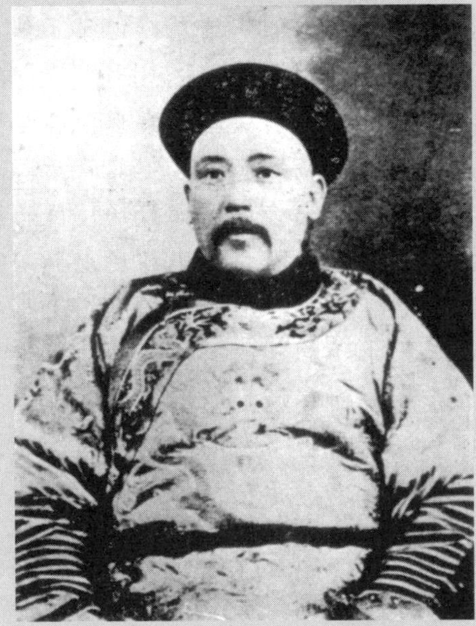

附录三

南京临时参议院议员名单

（1912年1月28日）

议　长：林　森
副议长：王正廷
全院委员长：季肇甫
江　西：王友兰、文　群、汤　漪
湖　南：刘　彦、彭允彝、欧阳振声
湖　北：时功玖、刘成禺、张伯烈
福　建：林　森、藩祖彝、陈承泽
安　徽：常恒芳、凌　毅、胡绍斌、范光启
江　苏：杨廷栋，陈陶怡、凌文渊
浙　江：殷汝骊、黄　群、王正廷、陈毓川
四　川：熊成章、黄树中、张懋隆、吴永珊、周代本、彪斐然、李肇甫
山　西：刘懋赏、李　素、景耀月
陕　西：赵世钰、张蔚森、马步云
广　东：钱树芬、赵士北、金章、邱逢甲
广　西：邓家彦、曾　彦、朱文劭
云　南：张耀曾、席聘臣、段宇清
贵　州：平　刚、文崇高
山　东：彭占元、刘星楠
河　南：李　凿、陈景南
奉　天：吴景濂
直　隶：谷钟秀

（**说明：**此表转录自徐友春主编的《民国人物大辞典》。南京临时参议院之议员多为各省军政府指派，甫经成立，相当一部分议员就因政见分歧和经费支绌而纷纷离会，常川驻会者经常不足半数，所议事项缺

乏合法性。南京临时参议院为民国史上最为涣散和缺乏合法性之立法机构，后期基本上是南京临时政府的御用工具，比之袁世凯解散国会后所建立的御用立法机构还要等而下之。）

附录四

袁世凯解散国会后，代行立法的政治会议、约法会议和参政院人员名单

一、政治会议议员名录

（1913年12月15日）

议　长： 李经羲
副议长： 张国淦
总统府特派人员： 李经羲、梁敦彦、樊增祥、蔡　锷、宝　熙、马　良、赵惟熙、杨　度
国务总理派： 方　枢、吴贯因
外交部选派： 陈懋鼎
内务部选派： 顾　鳌
财政部选派： 吴乃琛
陆军部选派： 徐树铮
海军部选派： 王崇文
司法部选派： 余绍宋
教育部选派： 许寿裳
工商部选派： 夏敬观
农林部选派： 刘　馥
交通部选派： 陆梦熊
大理院选派： 汪羲芝、姚　震
蒙藏事务局选派： 阿穆尔灵圭、那彦图、江赞桑布、贡桑诺尔布、塔望布鲁克札勒、厦仲阿旺益喜、扎尔顿丹增尔布
绥远城将军选派： 吴　渊、刘朝望
乌里雅苏台将军选派： 徐　蔚

阿尔泰办事长官选派：恩　华
直　隶：梁建章、刘彭寿
山　东：王丕煦、艾庆镛
山　西：邢殿元、李庆芳
河　南：沈铭昌、王印川
安　徽：江绍杰、孙毓筠
陕　西：王恒晋、白常洁
江　苏：许鼎霖、张一麐
浙　江：孙世伟、朱文劭
江　西：梅光远、夏孙桐
湖　北：刘邦骥、夏寿康
湖　南：贝允昕、任福黎
四　川：邓　镕、胡忠亮
云　南：朱家宝、周传性
贵　州：黎　渊、王　朴
福　建：林万里、李景铭
广　东：周　易、苏乃锴
广　西：朱为潮、王德传
奉　天：张国淦、陈瀛洲
吉　林：齐忠甲、徐鼎康
黑龙江：蔡运升、张志潭
新　疆：王学增、杨增炳
甘　肃：苑振绪、秦望澜
热　河：艾羲命
打箭炉：严崇经

二、约法会议议员名录

（1914年3月18日）

议　长：孙毓筠
副议长：施　愚
京师选出者：邓　镕、宝　熙、黎　渊、程树德
直隶选出者：王劭廉、李　榘

奉天选出者： 袁金铠、陈瀛洲
吉林选出者： 齐耀珊、徐鼐霖
黑龙江选出者： 秋桐豫、施愚
江苏选出者： 庄蕴宽、马　良
安徽选出者： 孙毓筠、王揖唐
江西选出者： 赵惟熙、李盛铎
浙江选出者： 朱文劭、邵　章
福建选出者： 严　复、王世澂
湖北选出者： 刘心源、张国溶、陈　仪、胡壁城
湖南选出者： 夏寿田、舒礼鉴
山东选出者： 柯绍忞、王丕煦、景耀月
河南选出者： 王祖同、王印川
山西选出者： 贾　耕、田应璜
陕西选出者： 汪　涵、王恒晋
甘肃选出者： 顾　鳌、秦望澜
新疆选出者： 王学增、王树枏
四川选出者： 傅增湘、曾彝进
广东选出者： 梁士诒、龙建章、凌福彭
广西选出者： 张其锽、关冕钧
云南选出者： 严天骏、胡商彝
贵州选出者： 任可澄、陈国祥
蒙藏青选出者： 那彦图、齐默特色木丕勒、阿旺根敦、棍布札布、噶拉增、江曲达结、许世英、钱能训、恩　华、巴哈布
全国商会联合会选出者： 向瑞琨、李湛阳、张振勋、冯麟霈

三、参政院参政名录

（1914年5月26日—1916年6月29日）

院　长： 黎元洪
副院长： 汪大燮
参　政： 李家驹、瞿鸿禨、于式枚、周学熙、陆征祥、张荫棠、唐景崇、

熊希龄、梁士诒、联　芳、李国杰、吕海寰、严　修、梁启超、宝　熙、施　愚、黎　渊、程树德、胡　钧、蔡　锷、蒋尊簋、王家襄、汪有龄、陈国祥、朱文劭、荫　昌、徐绍桢、陈汉第、王世澄、邓　镕、王印川、萨镇冰、王揖唐、赵尔巽、锡　良、孙毓筠、宋小濂、姚锡光、阿穆尔灵圭、李经羲、袁树勋、赵惟熙、李盛铎、毛庆蕃、刘若曾、丁振铎、冯　煦、那彦图、樊增祥、饶汉祥、陈　钰、李开侁、杨守敬、王树枬、马其昶、宋炜臣、李湛阳、塔旺布鲁克札勒、劳乃宣、严　复、张振勋、渠本翘、冯麟霈、王闿运、柯绍忞、马　良、刘锦藻、孙多森、李士伟、钱　恂、杨　度、高增爵、秦望澜、增　韫、孟继笙

（以下为1915年增补人员）

院　长：溥　伦（即原恭亲王）

参　政：江　瀚、李兆珍、吕逵先、王祖同、凌福彭、王劭廉、张凤台、齐耀珊、袁金铠、徐鼐霖、张　謇、李国筠、萨福懋、陈懋鼎、胡景伊、刘师培、谢桓武、王锡彤、林万里、戴　戡、张元奇、陈　璧、张锡銮、沈云霈、孙　武

（以下为1916年增补人员）

参　政：言敦源、吴肇邦、李鸿祥、汪瑞闿、龚心湛、杨士琦、李映庚、李景林、杨寿枢

跋

这部书稿最初是想做成“清代名臣奏议”系列的一部述评。晚清最重要也最著名的几位“名臣”，如曾国藩、左宗棠、李鸿章等，近年正在图书界热炒，为防撞车，就选了比较冷僻的袁世凯。为什么要选袁世凯？一是知名度高；二是局面搞得大，自然历史影响也大。曾、左、李再行，也不过是“中兴名臣”，而袁世凯则由臣做到了“君”，搞成这么大局面的人，毕竟不是一般的人物，有些好奇心，想了解一下他是怎么弄的。于是，就开始了奏折的阅读与分析。

一读，问题就出来了。奏折当然是文言，文辞时有古奥难解之处，但还可以通过白话译注来解决，难的是折子所涉及的都是近百年以前的事情，若不对历史背景、事件始末、典章制度、人物渊源等加以详细铺陈阐释，单就奏议本身，若非熟悉清史的读者，还真是会不知所云，难于索解且味同嚼蜡呢。作为文史读物，要使人读得有兴味并由之获得历史的教益，看来非得在奏折之外下一番功夫不可，也就是说，要讲出奏折背后的故事，才能使读者从干巴巴的官样文章的字里行间中，体会出它真正的意味来。于是，笔者开始尽可能地收集有关袁世凯的资料，全面阅读，仔细挖掘奏折背后的那些故事。

由此，问题就更多了。一方面，国内史学界流行的版本中，对袁世凯基本上全是一边倒的负面评价，其历史哲学的框架，如阶级斗争史观等，不仅呆板生硬，而且陈旧过时，在“文化大革命”结束二十多年后的今天，在很多问题上仍不能自圆其说。另一方面，在阅读晚清民初大量档案、笔记等史料中，一个有血有肉、活生生的袁世凯现形了，与笔者先前的印象大不相同。笔者之宗旨，既摒弃原来公式化、漫画化了的袁世凯，又不愿凭空生造一个“戏说”式的袁世凯，而是要交代给读者一个真实、可信的袁世凯，所以理所当然地以其同时代的当事人、知情人留下的笔记资料和第一手的档案史料为主，借以勾勒袁世凯的真实面目。当然史实的堆砌不足以为史，因为人之为人、行事又是受其所处时代、社会、制度和文化等诸多因素制约的。历史因果的链条环环相扣，个人的事业和命运无不贯穿于其中，凡后果必有前因，有来龙方有去脉，故史家对于故事发生的时代背景、脉络线索必得有所交代，否则历史将成为散漫无章之孤立事件的集合，后人即难于从中获取教益了。中国史学一贯强调“知人论世”的意义即在于此。

譬如，北洋之崛起，袁世凯的主观努力固然起作用，但更重要的机缘在于日俄战争的爆发；日俄何以会爆发战争？根源又在于俄国于庚子事变中想要独吞中国东北，使日俄间的均势失衡；而庚子事变则源于戊戌政变后的政治反动，这种反动又引发于维新变法运动；而维新变法运动的动力，则来自于甲午战败和瓜分危机对旧体制、旧观念的沉重打击，使在几十年洋务运动中逐渐积聚起来的改良主义力量得以释放出来；等等。把袁世凯个人的行为观念放在历史的因果链条中去看，他的所作所为，如小站练兵、参与维新、戊戌告密、镇压义和团、北洋扩军、推动新政，等等，就具有相当的合理性，是顺应时势的现实性选择。

晚清民初的历史大背景是，一个古老的文明面临了新兴资本主义文明的空前挑战，用李鸿章的话说，就是遇到了数千年未有的大变局。中国起而应战的过程，也就是逐渐苏醒和觉悟的过程，因而文明间的挑战／应战的互动模式远比所谓“阶级斗争”模式更适用于中国近代史，因为此时的中国社会还是一个阶级尚未充分分化的传统社会。晚清民初的中国社会，是一个转型之中的传统社会，而传统社会中，国民分为士、农、工、商四个阶层，其中只有“士”这个阶层因掌握文化知识而有参与政治的机会与可能；直至晚清，这个格局没有根本的变化，但在西方文明的冲击和压力下，“士”已处于分化与改变之中。1912年的国会选举，是中国近代史上第一次普选，在全国四亿多人口中，符合文化、财产等资格限制的选民只有四千零八十六万七千余人，约占总人口的1/10[1]。也就是说，9/10的国人仍属于“沉默的大多数”，既无资格，也无能力参与国家政治生活，是被动的、自在的一群。而有资格有能力参与政治，从而具有能动、自为意识的这1/10的人群又是什么人呢？就是当时所称的“中等阶级”或“士绅阶级”。所谓“中等”云云，是指他们处在皇室和官僚阶层之下、“沉默的大多数”之上，在社会地位和影响方面具有承上启下的作用，他们是国家架构得以建立的基础。袁世凯也好，康、梁也好，孙文也好，均出于这个阶层，他们之间的不同，在于他们是这个阶层中不同派别的政治代表。前面已指出过，这个阶层的政治文化倾向在外来文明的挑战和压力下，逐渐分化和改变：开始强大而渐趋衰落的保守主义，开始弱小而渐趋强劲的改良主义，而改良主义又分化为渐进与激进两派，当改良受阻时，作为极端的反应，又进一步分化出了革命派。李鸿章、袁世凯是渐进改良主义的代表，康有为、梁启超是激进改良主义的代表，而孙文则是激进革命派的代表，再加上传统的保守主义势力，晚清民初政治舞台上活跃着的就是这四股力量。这个分析工具比起所谓“阶级斗争论”要合用得多，也更为贴近历史事实。

笔者无意建构近代历史哲学的分析框架，想强调的只是，对历史事件也好，历史人物也好，应该在充分占有史料的基础上，运用自己的头脑，选择或建构适当的分析工具，其评述和结论才能符合历史的真实。当然，纯粹的客观是不可能的，但以“恕道”评价历史人物，想必是比较中肯的。人哪能够不犯错误呢，怎么可能一点私欲都没有呢，在那种错综复杂的情势下，你我又能做得如何呢，设身处地思考一下，对于古人的失误，我们的同情或许会多于责备。

孔子曰：“君子恶居下流，天下之恶皆归焉”。[2]袁世凯身后就是如此，晚年走错的一步，使之沦于众恶所归的地步，被人骂了近一个世纪，今后可能还要被骂下去。华人史评中，迄今只见到唐德刚先生在《晚清七十年》中为袁说了公道话，在认真阅读了相关史料并独立思考后，笔者认同唐先生的评论。历史人物的评价，本来就不存在盖棺论定这种事，且不论文献是否足征，即便史家已将史料罗掘尽净，也难以深入到古人的心理层面，能给出一个近似的面貌已很不错了。人心亦一小宇宙，或如康德所言，也存在一个隐秘与难以认知的彼岸，人之心灵与浩渺的星空一样，永远是人类迷惘与敬畏的对象呢。

人是复杂的，其一生也必会随环境、时势之变化而变化。白居易有诗云：“周公恐惧流言日，王莽谦恭未纂时，向使当初身便死，一生真伪有谁知”，很有哲理。

注 释

1.李宗一：《袁世凯传》，第233页。

2.《论语·子张》

后记

寒暑一更，又是阳春三月时。书稿杀青一年，即将出版，面世之前，再补充几句话。

“板起面孔说历史”的呆板模式使读者远离历史，拙著使用新的体裁与撰述风格，希望能以“共时性”的史料说话，为的是使历史更真切、更好读，从而起到它鉴往知来、发人深省的本来作用。尝试是否成功，要由读者去裁定了。学术乃天下之公器。孔子曰：独学无友，则孤陋寡闻。至理名言，百世不易。此书所论之史事，也不过是块引玉之砖，“嘤其鸣矣，求其友声”。期望在近代历史人物事件的研究中，不断有更扎实、更深入、更好读的佳作涌现，值此物欲横流、人心躁动的时代，但愿这不是一种奢望。

书的著者虽只一人，但为之付出劳动和辛苦者实多。这里特别要感谢老友张宏模、刘小利、朱新宇、张大为、郑光和余妹刘忆嘉、余弟刘忆黎等，他们或代为搜集提供资料，或披阅全文、指点不足，或誊抄打印文稿……诸多帮助，不一而足。本书责编孙展先生、出版社总编辑韩文高先生，数次通读全稿，提出切实中肯的修改意见，对此书的顺利出版，与有力焉。在拙著即将面世之际，谨向上述亲朋挚友和出版社的同志再致深切的谢意。

历史是门鉴往知来的学问，据说可以使人明思睿智。但就整个人类社会而言，我们实在不敢对人性抱有太大的乐观。通观今日世界，发达富有者傲慢自负，倚其强势，在世界事务上颐指气使；因落后而被边缘化了的弱势民族与国家则满腹穷人式的嫉妒、绝望与仇恨，其暴戾恣睢者，铤而走险，滥杀无辜。“人们不断处于暴力死亡的恐惧和危险中，人的生活孤独、贫困、卑污、残忍而短寿。”大哲霍布斯三个半世纪前对人性的悲观预言，不幸而再现于今日。

从一而再、再而三地重蹈覆辙来判断，人类是个不善于汲取历史教训的健忘物种。据说，现代人的出现不过数十万年，走出非洲不过十万年，这时的人仍然是野兽之一种，既是捕食者，也是猎物。人类真正跨入文明的历史不足万年，直至数百年之前，人类伴随自身进步点滴积累而成的理性，相对其数百万年来基于生存竞争发展出来的本能，十分脆弱。杀戮、掳掠与征服，仍旧是文明扩张的基本方式。文艺复兴、宗教改革与启蒙运动据说拉开了理性时代的帷幕，理性之光催动了人类前进的脚步，其进步的表现触目皆是。可一涉及到人性的层面，更多的仍是自私、贪欲和兽性。人类残酷无情地攫取地球资源，破坏环境，挤压其他物种的生存空间，是自然界所有生物实至名归的公敌。实力与强权，仍旧是强悍者唯一能够听懂并尊重的语言。至于世俗生活中的种种自私与贪欲，举目滔滔者皆是，人人感同身受，不言自明。

基督教认为，人“一半是天使，一半是野兽”。作为天使象征的理性，由于其脆弱，能否占到一半的分量，很可怀疑。反之，作为野兽象征的本能，由于其悠久深厚，无疑在大得多的层面上主宰着人性。从根上说，人从基因起就是自私的。近万年的文明，尤其是近几百年积累进步而来的人类理性，在我们身上的物质表现仅仅是大脑皮层表面一层薄薄的沟回；而自数百万年前物种诞生时即已生成的本能巨大而深厚，遍布于全身心。一旦触及生存竞争的基本层面，在本能的力量面前，理性发出的通常是苍白无力的呻吟。霍布斯等哲人对于人性的悲观，或即种因于此。

悲观归悲观，感叹归感叹，生活却还要继续下去。理性虽脆弱，仍可予人以希望；历史虽常被遗忘，史家却不可放弃责任。前事不忘，后事之师，“兼弱攻昧，取乱侮亡。”百年屈辱留给国人的教训是：落后必定挨打，内乱必定挨打，故步自封必定挨打，外强中干亦必定挨打。今天，世界既处于纷争扰攘的民族国家时代，中国人民只有埋头发展自己，才能实现民族复兴的理想。如此，才能最终与世界强国平等对话。平等的地位，本来就是要靠实力支撑的；大清国时如此，民国时如此，今天依然如此。

拉拉杂杂地写了这么些话，言为心声，不吐不快，是为后记。

刘忆江